Allitera Verlag

Auf 120.000 Kilometer hat man die gesamte Reisestrecke geschätzt, die Ibn Battuta im 14. Jahrhundert zu Pferd und Kamel, zu Schiff, im Ochsenwagen und in der Sänfte zurücklegte. Siebenundzwanzig Jahre lang reiste der Marokkaner bis an die Grenzen der damals bekannten Welt. Er lernte Heilige und Wandermönche, Könige, Sultane und Despoten in den entlegensten Teilen der muslimischen Reiche kennen, während er die heiligen Stätten des Islam besuchte: Bagdad, Mekka, Kairo und Damaskus, aber auch Indien, die Malediven und China sind seine Stationen. Nach einem kurzen Besuch Spaniens und einer zweijährigen Reise nach Mali und Niger legte der rastlose Reisende den Wanderstab endgültig zur Seite. Der Bericht, den er nach seiner Rückkehr diktierte, trug ihm nicht nur in der arabischen Welt den Beinamen des *größten Reisenden des Islam* ein.

Im zweiten Band führt die Reise von Delhi und Südindien auf die Malediven und Ceylon, dann nach China und schließlich nach Spanien und in die Sahara. Nachwort sowie Hinweise auf die arabische Aussprache und reichhaltiges Kartenmaterial vervollständigen den Reisebericht.

Horst Jürgen Grün begann nach seiner Pensionierung im Jahre 1998 ein Studium mit dem Schwerpunkt Geschichte und Germanistik an der TU Darmstadt. Dabei gerieten schon bald die arabischen Reisenden des Mittelalters, insbesondere der Marokkaner Ibn Battuta in den Mittelpunkt seines Interesses. Dessen Reisebericht lag bislang nur in verschiedenen Fremdsprachen vor – Grund genug, den opulenten Text endlich ins Deutsche zu übertragen.

Die Reisen des Ibn Battuta

Herausgegeben
und aus dem Arabischen übersetzt
von Horst Jürgen Grün

Band 2

Allitera Verlag

Weitere Informationen über den Verlag und sein Programm unter:
www.allitera.de

Bibliographische Information der Deutschen Bibliothek

Die Deutsche Bibliothek verzeichnet diese Publikation
in der Deutschen Nationalbibliographie;
detaillierte bibliographische Daten sind im Internet
über <http://dnb.ddb.de> abrufbar.

Januar 2007
Allitera Verlag
Ein Verlag der Buch&media GmbH, München

Umschlaggestaltung: Kay Fretwurst, Freienbrink
Herstellung: Books on Demand GmbH, Norderstedt
Printed in Germany
ISBN 978-3-86520-230-7

Inhalt

Band 1

Vorbemerkung . . . 7

Aufbruch nach Ägypten . . . 15
Syrien . . . 58
Nach Mekka . . . 111
Persien und der Iraq . . . 168
Von der Ostküste Afrikas in den Persischen Golf . . . 237
Durch Kleinasien . . . 276
Südrußland . . . 316
Die Reise nach Konstantinopel . . . 338
Von der Wolga an den Indus . . . 351

Band 2

Der Weg nach Delhi . . . 7
Das Sultanat von Delhi . . . 32
Sultan Muḥammad bin Tuġluq . . . 54
Die Herrschaft des Muḥammad bin Tuġluq . . . 88
Im Dienste des Sultans . . . 110
Durch Südindien . . . 136
Auf den Malediven . . . 175
Ceylon, Indiens Küsten und Bengalen . . . 194
Die Reise nach China . . . 217
Die Rückkehr . . . 245
Spanien . . . 262
In den Süden der Sahara . . . 269

Nachwort Ibn Ǧuzayy . . . 296

Anhang . . . 297
Zur Aussprache des Arabischen . . . 299
Die Monate des islamischen Mondjahres . . . 300
Glossar häufig verwendeter Begriffe . . . 300
Literatur . . . 301
Karten . . . 303

Der Weg nach Delhi

Es spricht Scheich Abū ʿAbdallāh Muḥammad bin ʿAbdallāh bin Muḥammad bin Ibrāhīm al-Lawāti-ṭ-Ṭanǧī, genannt Ibn Baṭṭūṭa – Gott sei ihm gnädig:

Als der erste Tag des Gottesmonats Muḥarram des Jahres 734 gekommen war, erreichten wir den Fluß des Sind, der als Banǧ Āb bekannt ist und ›Fünf Wasser‹ heißt.[1] Der Fluß zählt zu den größten Strömen der Welt und tritt in der heißen Jahreszeit über die Ufer, so daß das Volk die Überschwemmung für das Einsäen der Felder nutzt, wie es das Volk Ägyptens zur Zeit der Nilschwemme ebenfalls tut. An diesem Strom liegt die erste Provinz des mächtigen Sultans Muḥammad Šāh, des Königs von Indien und dem Sind, und als wir den Fluß erreicht hatten, kamen die mit den Nachrichten beauftragten Offiziere zu uns und schrieben dem Emir von Multān, Quṭb al-Malik, unsere Ankunft. Zu jener Zeit war der oberste Emir des Sind ein Mamluk des Sultans, der sich Sartaiz nannte, alle Mamluken beaufsichtigte und die Truppen des Sultans vor sich paradieren ließ. Sein Name bedeutet: ›der mit dem lebhaften Kopf‹, denn im Persischen bedeutet ›sar‹ ›Kopf‹ und ›taiz‹ heißt ›scharf, lebhaft‹. Zur Zeit unserer Ankunft hielt er sich in der Stadt Sīwasitān im Sind auf, die von Multān zehn Tage entfernt ist. Zwischen dem Lande Sind und der Residenz des Sultans in der Stadt Delhi liegen fünfzig Tage, aber wenn die Nachrichtenoffiziere aus dem Sind dem Sultan schreiben, so erreichen ihn die Meldungen mit der Post bereits nach fünf Tagen.

Es gibt in Indien zweierlei Arten von Post: Die Pferdepost heißt ›ulāq‹ und setzt Pferde ein, die dem Sultan gehören und an Stationen stehen, die alle vier Meilen aufeinander folgen. Die Stationen der Läuferpost dagegen stehen nur eine Meile auseinander, die in je drei Abschnitte geteilt ist, die ›dāwa‹[2] genannt werden, denn eine ›Dāwa‹ ist eine Drittelmeile, während eine Meile bei ihnen ›kurūh‹[3] heißt. An jeder Drittelmeile nämlich steht ein belebtes Dorf, außerhalb dessen drei Zelte stehen, in denen, bereit zum Lauf, die Männer sitzen. Sie haben ihren Gürtel geschnallt und ihre zwei Ellen lange Peitsche bereit-

[1] Die Bezeichnung ›Sind‹ stammt aus dem Sanskrit-Wort ›Sindhu‹ (Indus) und galt als Bezeichnung des gesamten Industals, das bereits im achten Jahrhundert von den Arabern erobert wurde. Das östlich davon gelegene eigentliche Indien war erst seit dem elften Jahrhundert den ersten islamischen Invasionen durch die Ġaznaviden aus Afghanistan ausgesetzt; die systematische Eroberung Indiens begann erst Ende des 12. Jahrhunderts.

[2] Aus dem persischen ›daw‹: ›Lauf, Rennen‹.

[3] Aus dem Urdu, wo ›kurok‹ eine Meile von etwa 1.750 Meter bezeichnet.

gelegt, an deren oberem Ende kupferne Glöckchen angebracht sind. Verläßt ein Läufer nun die Stadt, so nimmt er die Post in eine Hand, die Peitsche mit den Glöckchen in die andere und läuft mit äußerster Schnelligkeit. Sobald die Männer in den Zelten den Klang der Glocken hören, machen sie sich bereit, und einer nimmt, sobald der Läufer ankommt, die Post an sich und springt mit größter Geschwindigkeit davon. Er schwingt seine Peitsche, bis er zum letzten Drittel kommt, und so geht es immer weiter, bis die Post ihr Ziel erreicht hat.

Diese Post ist sogar schneller als die Pferdepost, und mitunter wird auf diese Weise sogar Obst aus dem Ḫurāṣān transportiert, das man in Indien besonders schätzt. Sie legen es in große Schüsseln und laufen nun damit, bis es den Sultan erreicht. So werden auch die größten Verbrecher fortgeschafft: Sie schnallen einen von ihnen auf ein Bett, heben ihn auf ihren Kopf und laufen mit ihm nun sehr rasch davon. Auch Trinkwasser wird so zum Sultan gebracht, wenn er sich in Daulat Ābād aufhält: Sie schöpfen es aus dem Ganges, zu dem die Hindus wallfahren und der von dieser Stadt 40 Tagesreisen weit entfernt ist.

Wenn die Nachrichtenoffiziere an den Sultan schreiben, wer ins Land gekommen ist, nehmen sie alles sehr gründlich und sorgfältig in ihren Brief auf, melden ihm, daß ein Mann von der und dieser Art und in der und jener Kleidung eingetroffen ist, mit wie vielen Gefährten, Dienern und Sklaven er gekommen ist, wie viele Reittiere er mitgebracht hat, wie er sich verhält, wenn er reist und lagert, und wie er im allgemeinen aufzutreten pflegt. Nichts von alldem übersehen sie. Wenn der Neuankömmling nun Multān erreicht, die Hauptstadt des Sind, so hält er sich dort auf, bis ein Befehl des Sultans eintrifft, der ihn an seinen Hof befiehlt und besagt, welcher Empfang für ihn dort vorgesehen ist. Denn in diesem Lande wird ein Mann nach Maßgabe seiner Werke, seines Auftretens und seines hohen Sinnes geehrt, denn sein wahrer Wert und seine Vorfahren sind ja unbekannt.

Der König von Indien, Sultan Abu-l-Muǧāhid Muḥammad Šāh, pflegt Fremde zu ehren, und seine Zuneigung zu ihnen zeigt sich darin, daß er ihnen Provinzen und hohe Würden überträgt. Daher stammt die Mehrzahl seiner Höflinge, Kammerherren, Wesire und Qāḍīs und Schwäger aus der Fremde. Er hat einen Befehl erlassen, demzufolge jeder Fremde in seinem Lande als ›Lieber Freund‹ anzusprechen sei, so daß diese Anrede für sie zu einem Eigennamen geworden ist. Niemand, der zu diesem König kommt, darf versäumen, ihm ein Geschenk anzubieten und vorzulegen und sich ihm auf diese Weise gefällig zu zeigen. Der Sultan vergilt es ihm mit dem Mehrfachen, und ich werde noch viel von den Geschenken sprechen, die Fremde ihm gemacht haben. Als die Menschen sich an diesen seinen Brauch gewöhnt hatten, begannen die Kaufleute im Sind und in Indien, jedem, der sich an den Hof des Sultans begab, Tausende von Dinaren als Darlehen vorzuschießen. Sie versorgten ihn mit allem, was er dem Sultan zu schenken gedachte oder für sich selbst, zum Beispiel für Reittiere, Kamele oder sonstigen Bedarf, ausgeben wollte. Die Kaufleute standen ihm mit ihrem Vermögen und mit anderen Diensten zur Verfügung, als gehörten sie zu seiner Dienerschaft. Wenn der Besucher nun vor den Sultan trat, machte dieser ihm ein ansehnliches Geschenk. Aus ihm beglich er seine Schulden und erfüllte seine Verpflichtungen. So fand der ganze Handel seinen Lohn und brachte den Kaufleuten großen Gewinn.

Als ich in den Sind kam, ging ich ebenso vor und kaufte von den Händlern Pferde und Kamele, Sklaven und anderes; von einem iraqischen Kaufmann aus Takrīt namens Muḥammad ad-Dūrī hatte ich bereits in Ġazna ungefähr dreißig Pferde und ein Kamel mit einer Ladung Pfeile erworben, alles Dinge, die dem Sultan geschenkt zu werden pflegten. Dieser Kaufmann war daraufhin in den Ḫurāsān gegangen, kehrte aber dann nach Indien zurück und verlangte von mir, was ihm zustand. Er erzielte durch mich einen bedeutenden Gewinn und kehrte als reicher Mann zurück. Ich traf ihn viele Jahre später in Ḥalab[4] wieder, nachdem die Ungläubigen mir alles geraubt hatten, was ich besaß, erfuhr aber keinerlei Wohltat durch ihn.

Als wir den Strom des Sind, den Banǧ Āb, überquert hatten, drangen wir in einen Schilfsumpf ein und folgten einem Weg, der ihn durchschnitt. Da erschien ein Nashorn vor uns. Es ist ein Tier mit schwarzer Haut, massigem Körper, aber auch mit einem so gewaltigen Kopf, daß seinetwegen ein Sprichwort sagt: ›Das Nashorn: ein Kopf ohne Rumpf.‹ Es ist kleiner als der Elefant, aber sein Kopf ist um ein Mehrfaches größer als der eines Elefanten. Es besitzt zwischen seinen Augen nur ein einziges, etwa drei Ellen langes und zwei Spannen dickes Horn. Als es sich uns zeigte, griff einer unserer Reiter es an, aber es stieß mit seinem Horn nach dem Pferd unter ihm, durchbohrte dessen Schenkel und warf es zu Boden. Dann zog es sich in den Sumpf zurück, so daß wir ihm nicht mehr beikommen konnten. Ein zweites Nashorn sah ich auf dem gleichen Weg einmal nach dem Nachmittagsgebet, als es Pflanzen weidete. Aber es floh, als wir versuchten, ihm näherzukommen. Noch ein weiteres Mal sah ich ein Nashorn in der Gesellschaft des indischen Königs. Wir drangen in ein Rohrdickicht ein, der Sultan auf seinem Elefanten, und auch wir ritten auf Elefanten. Zu Fuß und beritten drangen Männer in das Dickicht ein, spürten es auf, töteten es und nahmen seinen Kopf ins Lager mit.

Zwei Tage, nachdem wir den Indus überquert hatten, kamen wir an die Stadt Ǧanānī[5], eine große und schöne Stadt am Flußufer mit gefälligen Märkten, in der der Stamm der Sāmira wohnt, der sich dort vor langer Zeit niederließ und dessen Vorfahren zur Zeit der Eroberung in den Tagen von Ḥaǧǧāǧ bin Yūsuf dort seßhaft wurden, wie es die Geschichtsschreiber der Eroberung des Sind wiedergeben.[6] Mir erzählte der gelehrte und wohltätige, der asketische und

[4] Aleppo in Syrien.

[5] Dieser Ort ist nicht mehr zu identifizieren.

[6] Es handelt sich um den Clan der Sūmrā aus dem Stamme der Rajput, der nach der

gottesfürchtige Scheich und Imām Rukn ad-Dīn, Sohn des Rechtsgelehrten und frommen Scheichs Šams ad-Dīn, der wiederum der Sohn des gottesfürchtigen und asketischen Scheichs und Imāms Bahāʾ ad-Dīn Zakarīyāʾ al-Qurašī[7] gewesen war – er war einer jener drei, die mir der heilige und fromme Burhān ad-Dīn al-Aʿraǧ in Alexandria genannt hatte und denen ich auf meiner Reise begegnen würde, und tatsächlich, ich habe sie, Gott sei gelobt, getroffen –, er erzählte mir also, daß der erste seiner Vorfahren Muḥammad bin Qāsim al-Qurašī[8] geheißen hatte und an der Eroberung des Sind in jenem Heere teilgenommen hatte, das Ḥaǧǧāǧ bin Yūsuf zu diesem Zwecke entsandt hatte, als er noch Emir im Iraq gewesen war, daß er dort geblieben war und seine Nachkommenschaft sich vermehrt hatte.

Der Stamm dieser Sāmira ißt nie mit jemandem zusammen, und nie darf sie jemand, wenn sie essen, anschauen. Nie verschwägern sie sich durch Heirat mit einem anderen Stamm, und nie heiratet jemand in den Stamm hinein. Ihr Emir war zu jener Zeit Wunār, dessen Geschichte ich noch erzählen werde.

Von Ǧanānī reisten wir weiter nach Sīwasitān[9], einer großen, von Wüste und Sand umgebenen Stadt, wo es außer der Umm Ġīlān[10] keinerlei Bäume gibt. Außer Melonen wird an den Flußufern nichts angebaut, und die Nahrung der Menschen besteht aus Mohrenhirse und Erbsen, die sie ›mušunk‹[11] nennen und für die Zubereitung von Brot verwenden. Aber es gibt viel Fisch und Büffelmilch. Sie verspeisen auch ein kleines Tierchen, das sie ›saqanqūr‹ nennen und das der Eidechse ähnlich ist, welche die Maġribiner die ›kleine Garteneidechse‹ nennen, obwohl sie keinen Schwanz hat. Ich beobachtete, wie sie im Sande nach ihm gruben, es herausholten, ihm den Bauch aufschnitten, die Eingeweide herausnahmen und ihn mit Kurkuma füllten, das sie ›zardašūba‹[12] nennen, was ›gelbes Holz‹ bedeutet und von ihnen anstelle von Safran verwendet wird. Als ich aber das kleine Tierchen sah, als sie es aßen, fand ich es schmutzig und aß nichts davon.

Niederlage von Masʿūd, dem Sohne Maḥmūds von Ġazna, im Jahre 1040 im Sind eine gewisse Macht ausübte. Zu Beginn Hindus, ließen sie sich später islamisieren.

7 Dieser Bahāʾ ad-Dīn Zakarīyāʾ (1183–1267) war von Šihāb ad-Dīn Abū Ḥafṣ ʿUmar as-Suhrawardī als sein Prophet und Botschafter nach Indien geschickt worden, wo er den indischen Zweig des Suhrawardī-Ordens gründete. Sein Sohn Ṣadr ad-Dīn, und nicht, wie Ibn Baṭṭūṭa sagt, Šams ad-Dīn, starb 1285, sein Enkel Rukn ad-Dīn starb 1335. Sie hatten in Multān eine erbliche Ordensdynastie gegründet.

8 ʿImād ad-Dīn Muḥammad bin Qāsim, Vetter von Al-Ḥaǧǧāǧ, eroberte den Sind im Jahre 712, aber nach At-Tāzī, der sich auf dessen Biographen beruft, wurde Bahāʾ ad-Dīn als Botschafter der Suhrawardī aus dem Ḫurāsān nach Indien entsandt.

9 Sehwan am Indus, 20 Kilometer nördlich von Karatschi.

10 Wörtlich etwa: ›Mutter der Wüstendämonen‹ oder ›Hexenmutter‹, eine Akazienart.

11 Aus dem persischen ›mušang‹, eine kleine Erbsenart.

12 Aus dem persischen ›zard tschuba‹.

Wir betraten die Stadt in der größten Sommerhitze; es war so heiß, daß meine Gefährten sich nackt hinsetzten. Sie banden sich nur noch einen Schurz um die Lenden und legten sich einen in Wasser getränkten Schurz um die Schultern. Nach kurzer Zeit aber war dieses Tuch wieder trocken und wurde abermals angefeuchtet und so immer von neuem. Ich besuchte in dieser Stadt den Prediger namens Aš-Šaibānī. Er zeigte mir ein Schreiben des Fürsten der Gläubigen und Kalifen ʿUmar bin ʿAbd al-ʿAzīz an den ersten seiner Vorfahren, mit dem er ihn als Prediger in dieser Stadt eingesetzt hatte. Sie alle erbten das Amt seit jener Zeit bis auf den heutigen Tag. Der Brief lautet: »Hier ist, was der Diener Gottes und Fürst der Gläubigen ʿUmar bin ʿAbd al-ʿAzīz zugunsten eines gewissen Soundso befahl …«, und das Datum war das Jahr 99.[13] Und wie der Prediger mir erzählte, hatte ʿUmar bin ʿAbd al-ʿAzīz, der Fürst der Gläubigen, mit eigener Hand auf den Brief die Worte gesetzt: »Das Lob allein Gott!«

Ich begegnete auch dem bejahrten Scheich Muḥammad al-Baġdādī, der in der Zāwiya am Grab des heiligen Scheichs ʿUṯmān al-Mirandī lebte. Es wird davon gesprochen, daß er bereits die hundertvierzig Jahre überschritten habe und Zeuge des Meuchelmordes von Al-Mustaʿṣim Billāh gewesen war, dem letzten Kalifen der ʿAbbāsiden, der von dem heidnischen Halāwūn bin Tankīz[14], dem Tataren, ermordet wurde. Der Scheich hat trotz seines hohen Alters noch einen kräftigen Körper und kann sich noch auf eigenen Füßen unbeschränkt bewegen.

In der Stadt lebten der oben erwähnte Emir Wunār as-Sāmirī und Emir Qaiṣar ar-Rūmī, die beide im Dienste des Sultans standen und ungefähr 1.800 Reiter unter ihrem Befehl hatten. Ein ungläubiger Hindu namens Ratan, der sich gut aufs Schreiben und Rechnen verstand, reiste in Gesellschaft eines Emirs zum Sultan von Indien, der Gefallen an ihm fand und ihn zum ›Großen des Sind‹ ernannte. Er bestellte ihn zum Gouverneur des Sind, wies ihm Sīwasitān und das zugehörige Land als Lehen an und verlieh ihm auch als Zeichen seiner Würde die Trommeln und Standarten, wie sie den großen Emiren zustanden. Als er in sein Land zurückkehrte, litten Wunār, Qaiṣar und andere stark unter dem Vorrang des Ungläubigen, den er nun vor ihnen einnahm, und sie beschlossen, ihn zu töten. Als einige Tage seit seiner Rückkehr verstrichen waren, forderten sie ihn auf, in die Bannmeile der Stadt zu kommen, um die dortigen Angelegenheiten zu überprüfen. Zusammen mit ihnen verließ er die Stadt, doch als die Nacht hereinbrach, riefen sie einen Tumult im Lager hervor, indem sie vorgaben, daß ein Raubtier es überfallen hätte. Sie wandten sich zum Zelt des Ungläubigen, töteten ihn, kehrten zur Stadt zurück und nahmen alles an sich, was sie an Geld des Sultans fanden, und zwar zwölf ›lak‹; ein ›lak‹ nämlich ist 100.000 Dinar, so daß die Summe 10.000 indischen Golddinaren entsprach, und ein indischer Di-

13 717/18.

14 Gemeint ist wohl Hulagu, ein Enkel von Dschingis Chan.

nar hat den Wert von zwei und einem halben maġribinischen Dinaren.[15] Wunār wurde zum Anführer gewählt und fortan Malik Fīrūz genannt. Er teilte das Geld an die Soldaten aus. Dann aber fürchtete er um sein Leben, weil er so weit von seinem Stamm entfernt war. Er verließ mit seinen Getreuen, die bei ihm waren, die Stadt und wandte sich seinem Stammesgebiet zu. Die zurückgebliebenen Soldaten wählten nun Qaiṣar ar-Rūmī zu ihrem Anführer.

Diese Nachrichten gelangten zu ʿImād al-Mulk Sartaiz, dem Mamluken des Sultans, der damals erster Emir des Sind war und in Multān seinen Sitz hatte. Er sammelte sein Heer und bereitete es auf den Marsch über Land und über den Strom des Sind vor. Zwischen Multān und Sīwasitān liegen zwölf Tagesmärsche. Qaiṣar marschierte ihm entgegen und es kam zur Schlacht. Qaiṣar und seine Getreuen wurden in schmachvoller Weise in die Flucht geschlagen und verschanzten sich in der Stadt. Sartaiz belagerte sie und stellte Steinschleudern gegen sie auf. Schließlich wurde die Umzingelung so unerträglich, daß sie vierzig Tage nach Beginn der Belagerung um Gnade baten, die er ihnen auch gewährte. Doch als sie zu ihm herauskamen, brach er sein Wort, nahm ihnen ihr Hab und Gut ab und befahl, sie alle zu töten. Jeden Tag ließ er einige enthaupten, andere mittenzwei hauen, wieder andere ließ er häuten, die Häute mit Stroh füllen und an die Mauern hängen. Der größte Teil der Mauern war mit Häuten behängt, als seien sie ans Kreuz geschlagen worden, so daß jeden, der es sah, Entsetzen packte. Die Köpfe ließ er mitten in der Stadt zu einem Hügel aufhäufen.

Ich war unmittelbar nach diesem Ereignis in Sīwasitān angekommen und hatte in einer großen Koranschule Unterkunft gefunden. Ich schlief auf ihrem Dach und sah, als ich in der Nacht aufwachte, die gekreuzigten Häute und schauderte. Mein Herz empfand kein Glück mehr im weiteren Aufenthalt in dieser Madrasa und ich verließ sie. Der gelehrte und gerechte Faqīh ʿAlāʾ al-Mulk al-Ḫurāsānī, genannt Faṣīḥ ad-Dīn, ehemals Qāḍī von Harāh, war zum indischen König gereist, der ihm die Verwaltung der Stadt Lāharī und des zugehörigen Landes übertragen hatte. Er hatte zusammen mit ʿImād al-Mulk Sartaiz und seinen Truppen an diesem Feldzug teilgenommen. Ich beschloß, mit ihm nach Lāharī zu gehen. Er hatte fünfzehn Schiffe, mit denen er auf dem Strom des Sind gekommen war und die seine gesamte Ausrüstung trugen. Mit ihm reiste ich ab.

Faqīh ʿAlāʾ al-Mulk besaß unter seinen Schiffen eines, das als ›ahaura‹ bezeichnet wird und von der Art ist, die man bei uns ›ṭarīda‹ nennt, aber breiter und kürzer ist.[16] In der Mitte steht eine hölzerne Kabine, die man über

15 Die Währung des Reiches von Delhi rechnete zur damaligen Zeit mit zwei Münzen, die beide ›tanka‹ hießen; der goldene Tanka wog 9 Gramm, der silberne hatte ein Gewicht von 9,3 Gramm. Die Goldmünze hatte nominell den zehnfachen Wert der Silbermünze. Ibn Baṭṭūṭa nennt die Goldmünze ›Tanka‹ und die silberne ›Dinar‹.

16 ›Ṭarīda‹ bezeichnet ein Lastschiff, wie es die Mittelmeeranrainer für den Transport von Pferden und Waren verwendeten.

eine Treppe besteigen kann und auf der ein Sitz für den Emir angebracht ist. Vor ihn setzen sich seine Offiziere, rechts und links neben ihm nehmen die Mamluken Aufstellung. Die Besatzung, die aus etwa vierzig Männern bestand, bediente die Ruder. Rechts und links dieser Ahaura fuhren vier Schiffe, von denen zwei die Ehrenzeichen des Emirs trugen, und zwar Standarten, Trommeln, Trompeten, Fanfaren und eine Art Flöten, die ›Ġaiṭa‹ heißen. Auf den beiden anderen Schiffen fuhren Musikanten, die zunächst Trommeln und Trompeten hören ließen und dann Gesänge vortrugen. So ging es ohne Unterbrechung von Tagesanbruch bis zum Mittagsmahl. Als die Zeit des Mahls gekommen war, drängten sich die Schiffe zusammen und wurden durch Fallreeps miteinander verbunden, so daß die Musikanten auf die Ahaura des Emirs steigen konnten. Sie sangen, bis er sein Mahl beendet hatte. Dann aßen sie selbst, kehrten auf ihre Schiffe zurück und setzten ihre Musik von der Abfahrt bis zum Einbruch der Nacht, sich in gewohnter Weise abwechselnd, fort. Abends wird das Lager aufgeschlagen und der Emir zieht sich in sein Zelt zurück. Tische werden aufgestellt und der größte Teil seiner Truppen nimmt an dem Mahl teil. Nach dem letzten Nachtgebet ziehen die Wachen auf und wechseln einander, ständig die Stunden rufend, ab. Sobald die Männer ihre Nachtwache beendet haben und abgelöst werden, ruft ihr Ausrufer mit lauter Stimme: »O Ḫawanda und König! Von der Nacht sind soundso viele Stunden verstrichen.« Dann treten die nächsten Wachen an und wenn auch sie ihren Dienst beenden, ruft ihr Ausrufer, wie viele Stunden verstrichen sind. Ist die Nacht beendet, erschallen Trompeten und Trommeln, das Frühgebet wird gesprochen und das Essen aufgetragen. Nach dem Ende dieses Frühmahls wird abgefahren. Will der Emir auf dem Fluß reisen, so tut er es auf die geschilderte Weise. Reist er dagegen zu Lande, werden Trommeln geschlagen und Trompeten geblasen, die Kammerdiener gehen voran, gefolgt von den Fußtruppen, die unmittelbar vor dem Emir marschieren. Den Kammerdienern selbst reiten sechs Berittene voraus, von denen drei Trommeln um den Hals hängen haben, während die anderen drei Flöten mitführen. Wenn sie sich einem Orte nähern oder sich in ansteigendem Gelände befinden, lassen sie Trommelschlag und Flötenspiel hören. Dann antworten die Trommeln und Trompeten der Soldaten. Rechts und links der Kammerdiener ziehen die Musikanten mit und singen abwechselnd. Sobald die Zeit des Mittagsmahls gekommen ist, macht der ganze Zug Halt.

Ich reiste fünf Tage mit ʿAlāʾ al-Mulk, und wir erreichten schließlich den Sitz seines Gouvernements, die Stadt Lāharī, eine schöne Stadt an der Küste des großen Ozeans, wo sich der Indus ins Meer ergießt und wo sich zwei Meere begegnen.[17] Die Stadt hat einen sehr großen Hafen, den auch die Leute

[17] Lāharī, bekannt auch unter dem Namen Larri Bandar, lag zu jener Zeit etwa 45 Kilometer südöstlich von Karachi, wo sich der Indus in den Indischen Ozean ergießt.

aus dem Jemen, aus Persien und anderen Ländern anfahren. Sie hat sehr viele Einnahmen und ist sehr reich. Emir ʿAlāʾ al-Mulk hat mir gesagt, daß sich die Einnahmen der Stadt im Jahr auf sechzig Lak belaufen. Den Wert eines Lak habe ich schon genannt. Davon behält der Emir den zwanzigsten Teil ein. Auf diese Weise vertraut der Sultan seinen Statthaltern die Provinzen an, so daß sie die Hälfte des Zehnten für sich einbehalten.

Eines Tages ritt ich mit ʿAlāʾ al-Mulk aus, und wir gelangten sieben Meilen vor Lāharī auf eine Ebene, die Tārnā hieß.[18] Dort erblickte ich zahllose Steine in der Form von Menschen und Tieren. Viele waren schon stark verwittert und hatten ihre ursprüngliche Form verloren, so daß nur noch ein Kopf, ein Fuß oder andere Teile zu erkennen waren. Andere Steine sahen aus wie Weizenkörner, Kichererbsen, Bohnen oder Linsen, wieder andere wie Reste von Mauern und Hauswänden. Dann sahen wir Überbleibsel eines Hauses mit einer Kammer aus behauenem Stein, in deren Mitte, wie aus einem einzigen Stein herausgemeißelt, eine steinerne Bank stand, auf der eine Figur saß, die einem Menschen ähnelte, der aber einen viel zu langen Kopf, den Mund auf einer Gesichtshälfte und seine Hände wie ein Gefangener hinter dem Rücken hatte. Es gab dort entsetzlich stinkende Tümpel, und eine der Mauern trug eine Inschrift auf Hindi. ʿAlāʾ al-Mulk erklärte mir, daß die Geschichtsschreiber behaupten, an dieser Stelle habe einst eine große Stadt mit einem Volk gestanden, das zum größten Teil ein lasterhaftes Leben führte und in Steine verwandelt wurde. Ihr König sei jener Mensch gewesen, der in dem Hause, von dem ich soeben gesprochen habe, auf der Bank saß, das Haus hieße deshalb noch heute ›Haus des Königs‹, und die Hindi-Inschrift auf einer Hauswand nenne das Datum des Untergangs dieses Volkes, der vor ungefähr tausend Jahren eingetreten sei.

Ich verbrachte in Lāharī in der Gesellschaft von ʿAlāʾ al-Mulk fünf Tage. Er versah mich mit Reiseproviant, und ich brach nach Bakkār auf, einer schönen Stadt, die ein Kanal des Indus durchfließt.[19] Inmitten dieses Kanals steht eine Zāwiya, in der Reisende verpflegt werden. Kišlū Ḫān hat sie in den Tagen seiner Statthalterschaft im Sind errichtet. Ich werde noch von ihm sprechen. Ich begegnete dort dem ḥanafitischen Faqīh und Imām Ṣadr ad-Dīn, dem Qāḍī Abū Ḥanīfa sowie dem frommen und demütigen Scheich Šams ad-Dīn Muḥammad aus Šīrāz. Er war schon sehr betagt und sagte mir, er sei älter als 120 Jahre. Von Bakkār reiste ich weiter nach Ūğah, einer großen und gut gebauten Stadt

Infolge zunehmender Verlandung der Küste wurde sie gegen 1800 durch Šah Bandar und später durch Karachi ersetzt.

18 Möglicherweise ein Hinweis auf die Ruinen von Mora Mari, zwölf Kilometer nordöstlich von Lāharī.

19 Bakkar, eine befestigte Indusinsel zwischen den Städten Sukkur und Rohri, etwa 170 Kilometer von Sehwan entfernt.

am Indus mit schönen Märkten.[20] Der Emir der Stadt war damals der vornehme und verehrte König Ǧalāl ad-Dīn al-Kīǧī, ein Held und Wohltäter. Er ist in dieser Stadt nach einem Sturz vom Pferd gestorben.

Zwischen mir und diesem verehrten König Ǧalāl ad-Dīn war Freundschaft entstanden, eine Liebe und eine Zuneigung, die sich bewähren sollte. Wir begegneten uns in der Hauptstadt Delhi wieder. und als der König nach Daulat Ābād abreiste, wie ich noch schildern werde, und mir befahl, in Delhi zu bleiben, sagte Ǧalāl ad-Dīn zu mir: »Du wirst viel Geld für deinen Unterhalt brauchen, und der König wird lange ausbleiben. Nimm also mein Dorf und ziehe seinen Ertrag bis zu meiner Rückkehr für dich ein!« Ich nahm seinen Vorschlag an und zog ungefähr 5.000 Dinar ein. Gott möge es ihm vergelten!

Ich traf in Ūǧah auch den gottesfürchtigen, demütigen und edlen Quṭb ad-Dīn Ḥaidar, den ʿAlīden, der mir sein Ordenskleid anlegte. Er war ein heiliger Mann, und den Rock, mit dem er mich gekleidet hatte, bewahrte ich gut auf, bis ungläubige Hindus ihn mir auf See raubten.

Von Ūǧah aus reiste ich nach Multān, der Hauptstadt des Sind und dem Sitz des obersten Emirs dieser Provinz.[21] Auf dem Weg dorthin kam ich zehn Meilen vor der Stadt an den Fluß Ḫusraw Ābād[22], einen großen Strom, den man nur in Booten überqueren kann. Dort werden die Waren eines jeden Ankömmlings aufs strengste untersucht und sein Reisegepäck geprüft. Als wir dort ankamen, nahmen sie ihrer Gewohnheit gemäß ein Viertel aller Waren, die die Kaufleute mit sich führten, an sich und für jedes Pferd erhoben sie eine Gebühr von sieben Dinar. Zwei Jahre nach meinem Eintreffen in Indien, als der Sultan dem Kalifen Abu-l-ʿAbbās den Treueid geleistet hatte, schaffte er diese Gebühr ab und ordnete an, daß nur noch die Almosensteuer und der Zehnte erhoben werden sollten.[23]

Als wir uns anschickten, den Fluß zu überqueren, und das Gepäck durchsucht wurde, war die Untersuchung meines Hab und Guts für mich nur schwer erträglich, denn es enthielt nichts von Wert, schien aber in den Augen dieser Menschen wertvoll zu sein. Es war mir widerwärtig, ansehen zu müssen, wie sie alles in Augenschein nahmen, aber durch die Gnade Gottes erschien einer der Offiziere von Quṭb al-Mulk, dem Herrn von Multān, und befahl, daß die Durchsuchung und Überprüfung meines Gepäcks unterbleiben solle. So

[20] Usch, auf dem Wege nach Multān und westlich von Bahawalpur, war zu jener Zeit ein bedeutendes islamisches Zentrum, in dem Ǧalāl ad-Dīn al-Buḫārī, Scheich des Suhrawardī-Ordens (1199–1291), lebte.

[21] Multān war bereits in der ersten arabischen Eroberungswelle 713 eingenommen worden und wurde eines der wichtigsten islamischen Zentren im Sind. Zur Zeit Ibn Baṭṭūṭas war Multān der Hauptort des Sind.

[22] Der Ravi, einer der fünf Zuflüsse des Indus.

[23] Diese Verordnung stammte aus dem Jahre 1341 und nicht aus dem Jahre 1335 oder 1337, da Ibn Baṭṭūṭa 1335 oder 1333 in Indien eingetroffen sein muß.

geschah es auch, und ich lobte Gott für die Gunst, die er mir erwiesen hatte. Die Nacht verbrachten wir am Flußufer, und am Morgen kam der oberste Aufseher der Post zu uns, der Dahiqān hieß und aus Samarqand stammte. Er war es, der aus seiner Stadt und seinem Bezirk dem Sultan meldete, was vorgefallen und wer angekommen war. Er befragte mich und in seiner Gesellschaft ging ich zum Sultan von Multān.

Der Emir von Multān war Quṭb al-Mulk, ein großer und vornehmer Fürst. Als ich zu ihm trat, stand er vor mir auf, schüttelte mir die Hand und hieß mich, an seiner Seite Platz zu nehmen. Ich bot ihm einen Sklaven, ein Pferd sowie eine bestimmte Menge Rosinen und auch Mandeln an, denn sie sind das Wertvollste, was man ihnen schenken kann, weil sie in ihrem Lande nicht vorkommen, sondern aus dem Ḫurāsān eingeführt werden müssen. Der Emir saß auf einem großen, mit Teppichen belegten Podest, neben ihm saßen der Qāḍī Sālār und der Prediger, an dessen Namen ich mich nicht erinnere. Auf beiden Seiten standen seine Offiziere und hinter ihm bewaffnete Soldaten. Vor ihm paradierten seine Truppen, darunter sehr viele Bogenschützen. Wenn jemand als Bogenschütze ins Heer aufgenommen werden will, wird ihm ein Bogen gegeben, damit er ihn spannt. Diese Bögen sind von unterschiedlicher Starrheit, und der Sold eines Schützen bemißt sich nach der Kraft, mit der er seinen Bogen spannen kann. Für den Mann, der Reiter werden will, steht eine Zielscheibe bereit: Er treibt sein Pferd an und wirft seine Lanze nach der Scheibe. Ferner hängt an einer niedrigen Mauer ein Ring. Der Reiter reitet das Pferd, bis es vor dem Ring steht: Wenn er nun den Ring mit seiner Lanze abheben kann, gilt er als ausgezeichneter Reiter. Dem Mann, der berittener Lanzenwerfer werden will, wirft man eine Kugel auf die Erde. Er treibt sein Pferd an und schleudert aus dem Sattel die Lanze nach der Kugel. Sein Sold wird nach der Geschicklichkeit bemessen, mit der er die Kugel trifft.

Als wir, wie ich erzählt habe, vor den Emir traten und ihn grüßten, wies er uns ein Haus außerhalb der Stadt zur Wohnung an, das den Gefährten des frommen Scheichs Rukn ad-Dīn gehörte, den ich schon genannt habe. Sie nehmen erst dann Gäste auf, wenn es der Sultan ihnen befohlen hat.

Ich traf in der Stadt eine Anzahl von Personen, die sich ebenfalls an den Hof des indischen Königs begeben wollten. Darunter befanden sich Ḫuḏāwand Zādah Qiwām ad-Dīn, der Qāḍī von Tirmiḏ, mit Frau und Sohn; in Multān schlossen sich ihm seine Brüder ʿImād ad-Dīn, Ḍiyāʾ ad-Dīn und Burhān ad-Dīn an. Ferner kamen Mubārak Šāh, ein bedeutender Mann aus Samarqand, Arūn Buġā, einer der Großen aus Buḫārā, Malik Zādah, der Neffe von Ḫuḏāwand Zādah, und Badr ad-Dīn al-Faṣṣāl. Jeder hatte seine Gefährten, Diener und Gefolgsleute.

Als zwei Monate seit unserer Ankunft in Multān verstrichen waren, erschienen ein Kammerherr des Sultans, Šams ad-Dīn al-Būšanǧī, und der Polizeioffizier Malik Muḥammad al-Harawī, um Ḫuḏāwand Zādah zu empfangen. Mit ihnen kamen drei Eunuchen, die von ihrer Dienstherrin Ǧihān, der Mutter des Sultans, zum Empfang der Gattin Ḫuḏāwand Zādahs entsandt worden waren. Sie brachten Gewänder für das Ehepaar und seine Kinder und hatten für die Verpflegung der Neuankömmlinge zu sorgen. Sie alle kamen gemeinsam zu mir und fragten mich, warum ich gekommen sei. Ich erklärte ihnen, ich sei gekommen, in diesem Lande im Dienste des ›Herrn der Welt‹ meinen Aufenthalt zu nehmen, denn so nennt man den Sultan in seinen Ländern. Der Sultan hatte angeordnet, daß niemand, der aus dem Ḫurāsān kam, Indien betreten dürfe, es sei denn, er wolle sich auf Dauer niederlassen. Als ich sie wissen ließ, daß ich mit der Absicht gekommen wäre, meinen dauerhaften Aufenthalt in Indien zu nehmen, riefen sie den Qāḍī und die Rechtsgehilfen, ließen eine Urkunde mit meinem Namen und den Namen meiner Gefährten aufsetzen, die ebenfalls bleiben wollten. Einige dieser Gefährten aber lehnten diese Verpflichtung ab.

Wir bereiteten uns nun auf die Abreise in die Hauptstadt vor, die von Multān vierzig Tagesreisen, die stets durch besiedeltes Land führen, entfernt ist. Der Kammerherr und der Offizier, der mit ihm abgesandt worden war, statteten Qiwām ad-Dīn mit allem aus, was er brauchte, und nahmen aus Multān ungefähr zwanzig Köche mit. Der Kammerherr ritt nachts zu jeder nächsten Herberge voraus und ließ schon das Essen und auch sonst alles vorbereiten, so daß, wenn Ḫudāwand Zādah eintraf, die Speisen schon zubereitet waren. Jeder der neu angekommenen Gäste, die ich genannt habe, wurde einzeln mit seiner Begleitung in seinem Zelt untergebracht. Häufig nahmen sie aber am Mahle teil, das für Ḫuḏāwand Zādah zubereitet worden war, ich allerdings nur ein einziges Mal. Diese Mahlzeiten nahmen den folgenden Verlauf: Zunächst wird Brot vorgesetzt, das wie unsere Brotlaibe aussieht. Das geröstete Fleisch schneiden sie in große Stücke, so daß ein Schaf in vier bis sechs solcher Stücke zerlegt und jedem Mann ein solches Stück Fleisch vorgesetzt wird. Sie stellen auch ein rundes, in Butteröl zubereitetes Fladenbrot dazu, das den Brotfladen in unseren Ländern ähnlich ist und deren Mitte mit einer Süßigkeit gefüllt ist, die ›sābūnīya‹[24] genannt wird. Über den ganzen Fladen legen sie noch einen süßen Kuchen, den sie aus Mehl, Zucker und Butteröl zubereiten und ›ḫištī‹ nennen, was ›gebrannter Ziegel‹ heißt. Dann wird Fleisch, das in Butter mit Zwiebeln und grünem Ingwer gekocht wurde, in chinesischem Porzellan aufgetragen, danach ein Gericht, das ›samūsak‹[25] heißt, aus gehacktem Fleisch besteht, das mit Mandeln, Nüssen, Pistazien und mit Gewürzen gekocht und in einen in Butter gebackenen Brotkuchen gefüllt wird. Jedem Teilnehmer werden vier oder fünf Stücke von diesem Fleisch vorgesetzt. Danach werden Hühner mit Reis aufgetragen, der

[24] Süßspeise aus Ägypten, die aus Mandeln, Pistazien, Stärke, Honig und Sesamöl zubereitet wird.

[25] Aus dem persischen ›sanbusa‹: ›Dreieck‹.

ebenfalls in Butter gekocht ist, es folgen kleine Qāḍī-Bissen[26], die sie ›hāšimī‹ nennen, und schließlich die ›qāhirīya‹.

Vor dem Essen stellte sich der Kammerherr vor dem Tisch auf und verneigte sich in die Richtung, in der sich der Sultan befand, und mit ihm verneigte sich die gesamte Dienerschaft. Diese Verneigung besteht bei den Indern darin, daß sie den Kopf senken wie im Gebet. Sobald sie dies getan hatten, setzten sie sich zum Essen nieder. Es wurden goldene, silberne und gläserne Trinkbecher mit Obstsäften hereingetragen, die aus in Wasser verdünntem Sirup bestanden. Sie nennen diesen Saft ›šurba‹ und trinken ihn vor dem Essen. Dann sprach der Kammerherr die Worte: »Im Namen Gottes«, und nun begannen sie zu essen. Nachdem sie gegessen hatten, wurden Krüge mit Bier herbeigetragen. Als diese geleert waren, wurden Betel und Betelnüsse gebracht, von denen ich schon gesprochen habe. Nach dem Genuß von Betel und Nüssen sprach der Kammerherr: »Im Namen Gottes«, sie verbeugten sich wie vor dem Mahl und zogen sich zurück.

Von Multān aus reisten wir in der gleichen Ordnung, wie ich sie schon geschildert habe, weiter bis in die indischen Länder. Die erste Stadt, die wir dort betraten, hieß Abūhar, mit der die erste indische Provinz beginnt.[27] Sie ist klein, aber sehr schön, gut bevölkert und mit Flüssen und Bäumen gesegnet. Es gibt dort keinen Baum, der auch bei uns wächst, außer dem Jujuba-Strauch[28], der aber in Indien sehr hoch wird und dessen Früchte so groß wie der Gallapfel, aber sehr süß werden. Die Inder haben sehr viele Bäume, die sich weder bei uns noch andernorts finden.

Zu den Bäumen Indiens zählt der Mangobaum. Er gleicht dem Orangenbaum, ist aber viel dicker und belaubter. Er wirft viel mehr Schatten als andere Bäume, aber dieser Schatten ist sehr drückend, denn wer unter ihm schläft, fühlt sich unwohl. Seine Früchte sind so groß wie dicke Birnen. Wenn sie grün sind und ihre volle Reife noch nicht erreicht haben, sammelt man die vom Baum gefallenen Früchte ein, bestreut sie mit Salz und legt sie ein wie in unserem Lande die Zitronen und Limonen. So behandeln die Inder auch den grünen Ingwer und die Pfefferbüschel. Sie essen sie mit ihren anderen Speisen zusammen und nehmen nach jedem Bissen ein wenig von diesen gesalzenen Früchten zu sich. Wenn die Mango im Herbst reif ist, wird sie gelb und kann gegessen werden wie ein Apfel. Die einen schneiden sie mit einem Messer auf, die anderen saugen sie aus. Sie ist süß, aber in den süßen Geschmack mischt sich ein wenig Säure. Sie hat einen großen Kern, der so ausgesät wird wie Orangen- und andere Kerne, aus dem die Bäume entstehen.

[26] In Öl gebackenes und mit Honig bestrichenes oder mit Zucker bestreutes Mehlgebäck.

[27] Abohar an der pakistanisch-indischen Grenze, bei Firozpur südlich von Lahore, in der heutigen indischen Provinz Punjab.

[28] Ziziphus Lotus.

Weiter wachsen in Indien der ›šakī‹ und der ›barkī‹.[29] Diese Namen gibt man dort sehr langlebigen Bäumen. Ihre Blätter gleichen denen des Nußbaums, und ihre Früchte wachsen aus dem Stamm heraus. Der ›barkī‹ ist der Baum, dessen Früchte nahe am Boden wachsen, sehr süß und von bestem Geschmack sind. Was darüber wächst, wird ›šakī‹ genannt: Seine Früchte gleichen einem großen Kürbis und haben eine Schale, die an Rinderhaut erinnert. Wenn die Frucht im Herbst gelb geworden ist, wird sie abgeschnitten und gespalten, und man findet in ihr hundert bis zweihundert Kerne, die wie kleine Gurken aussehen. Zwischen den Kernen liegt ein gelbes Häutchen und jeder Kern hat wieder einen Stein, der einer großen Bohne gleicht. Wird dieser Stein geröstet oder gekocht, so schmeckt er auch wie eine Bohne, die es aber in Indien nicht gibt. Diese Kerne werden in roter Erde aufbewahrt und halten bis ins nächste Jahr. ›Šakī‹ und ›barkī sind die besten Früchte Indiens.

Der ›tandū‹ ist die Frucht des Ebenholzbaums, die so groß wird wie die Aprikose, die gleiche Farbe hat und sehr süß ist.

Der Baum, der die ›ǧumūn‹[30] hervorbringt, wird sehr alt. Seine Frucht gleicht der Olive, ist schwarz und hat wie die Olive nur einen Kern.

Die süße Orange kommt im Überfluß vor, während die saure Orange sehr selten ist. Eine dritte Orange, die zwischen der süßen und der sauren die Mitte hält, ist eine Frucht, die die Größe einer Zitrone erreicht, einen sehr angenehmen Geschmack hat und mir sehr zusagte.

Auch die ›mahwā‹[31] ist ein langlebiger Baum mit Blättern, die zwar rötlichgelb sind, aber sonst aussehen wie die Blätter des Nußbaums. Die Frucht ähnelt einer kleinen Birne und ist sehr süß. Sie besitzt in ihrem oberen Teil einen kleinen Kern, so groß wie eine Weintraube, hohl und vom Geschmack der Weintraube, doch wer zuviel von ihr ißt, bekommt Kopfschmerzen. Erstaunlich aber ist, daß sie, wenn sie an der Sonne getrocknet worden ist, wie eine Feige schmeckt. Ich aß sie anstelle von Feigen, die man in Indien nicht findet. Sie heißen dort ›ankūr‹, was in ihrer Sprache ›Weintrauben‹ bedeutet.[32] Diese aber sind in ihren Ländern sehr selten, es gibt sie nur an einigen Stellen um Delhi und einigen anderen Provinzen. Die ›mahwā‹ trägt zweimal im Jahr Früchte; aus den Kernen wird Öl hergestellt, das für die Beleuchtung verwendet wird.

Eine weitere ihrer Früchte nennen die Inder ›kasīra‹. Sie graben sie aus der Erde; sie ist sehr süß und ähnelt der Kastanie.

Von den Früchten, die auch bei uns wachsen, findet sich in Indien der Gra-

29 Brotfruchtbaum (Artocarpus comunis).

30 Möglicherweise identisch mit der an anderer Stelle (vgl. Kapitel ›Die Reise nach China‹) ›ǧambū‹ genannten Frucht (Eugenia malaccensis).

31 Bassa latifolia.

32 ›Angur‹ ist persisch ›Weintraube‹.

natapfel, der zweimal im Jahr trägt. Ich habe auf den Malediven Bäume gesehen, die immer Früchte trugen. Die Inder nennen sie ›anār‹, und ich glaube, daß aus dieser Bezeichnung das Wort ›ǧulnār‹ entstand, denn ›ǧul‹ bedeutet im Persischen ›Blume‹ und ›anār‹ ist der Granatapfel.[33]

Die Inder säen zweimal im Jahr. Wenn im Sommer die Regenfälle kommen, bringen sie die Herbstsaat aus und ernten nach sechzig Tagen. Zu dieser Herbstsaat gehören das ›kuḏrū‹, eine Hirseart, ihr wichtigstes Korn, ferner das ›qāl‹, eine kleinkörnige Hirse.[34] Das ›šāmāḫ‹[35] ergibt ein noch kleineres Korn als das ›qāl‹ und wächst meist wild. Es ist die Speise der frommen Männer und Asketen, der Armen und Bettler. Sie sammeln, was von diesem Korn wild wächst. Einer trägt einen großen Korb in seiner Linken und eine Rute in seiner Rechten. Mit ihr schlägt er auf das Korn, das nun in den Korb fällt. So sammeln sie das ganze Jahr ein, was sie zum Leben benötigen.

Das Korn des ›šāmāḫ‹ ist sehr klein. Wenn es eingesammelt ist, wird es in die Sonne gelegt und in hölzernen Mörsern zerstampft. Die Schale wird davongeweht und es bleibt ein weißes Mark zurück, aus dem ein Brei zubereitet wird, den sie mit Büffelmilch kochen. Er ist schmackhafter als Brot aus dem gleichen Korn. Ich aß es häufig und gern in Indien. Das ›māš‹ ist eine Art Erbse.[36] Das ›munǧ‹ ist mit dem ›māš‹ verwandt[37], hat aber ein längliches Korn und eine hellgrüne Farbe. Sie kochen es mit Reis, essen es mit Butter und nennen es ›kušarī‹. Es ist ihr tägliches Morgenmahl und für sie, was für uns im Maġrib das ›ḥarīra‹[38] ist. Die ›lūbīyā‹[39] ist eine Bohnenart. Das ›mūt‹[40] ist dem ›kuḏrū‹ ähnlich, hat aber kleineres Korn und wird als Futter für das Vieh verwendet, das davon fett wird, während ihre Gerste kraftlos ist. Ihr Viehfutter besteht deshalb nur aus diesem ›mūt‹ und aus Kichererbsen, die sie zermahlen und mit Wasser verrühren. Sie füttern ihr Reitvieh statt mit Grünfutter mit ›māš‹-Blättern, nachdem es zehn Tage lang jeden Abend mit Butteröl, und zwar mit drei oder vier ›raṭl‹[41] täglich, getränkt wurde, und reiten es während dieser Zeit nicht. Danach wirft man ihnen, wie ich gesagt habe, etwa einen Monat lang ›māš‹-Blätter vor.

33 ›Gul‹ ist das persische Wort für ›Rose‹ (vgl. auch türk. ›gül‹).

34 ›Kuḏrū‹ ist die gemeine Hirse (Paspalum scrobiculatum).

35 Kolben- oder Vogelhirse (Setaria italica).

36 Es handelt sich vielmehr um eine Bohnenart (Phaseolus radiatus).

37 Ebenfalls eine Bohnensorte (Phaseolus mungo).

38 Eine in Nordwestafrika weit verbreitete, sehr nahrhafte Suppe auf der Grundlage von zerstoßenem Gries (Kuskus), Milch und Fett, mit der im Ramaḍān häufig das Fasten gebrochen wird.

39 Persische Bezeichnung für eine kleine Bohne.

40 Eine weitere Hirseart (Cyperus rotundus).

41 Ein ›raṭl‹ ist eine Gewichtseinheit von etwa 450 Gramm.

Die erwähnten Kornarten sind sämtlich Herbstgetreide. Sobald sie sechzig Tage nach der Aussaat geerntet sind, wird die Saat für die Frühlingsernte ausgebracht, und zwar Weizen, Gerste, Kichererbsen und Linsen, die auf die gleichen Felder gesät werden, die auch das Herbstkorn aufgenommen haben, denn das Land ist gesegnet und hat einen fruchtbaren Boden. Reis säen sie dreimal im Jahr aus, es ist ihr meistgeerntetes Getreide. Auch Sesam und Zuckerrohr bauen sie an, und zwar gemeinsam mit ihrem Herbstkorn, das ich schon genannt habe.

Aber kehren wir auf unseren Weg zurück! Wir brachen von Abūhar auf und reisten durch eine Ebene, die sich eine Tagesreise weit ausdehnte und an deren Rändern unüberwindliche Berge standen, in denen ungläubige Hindus leben, die manchmal die Wege überfallen. Die meisten Inder sind ungläubig, manche sind den Muslimen tributpflichtig und leben unter deren Schutzpflicht in ihren Dörfern. Sie leben dort unter der Herrschaft eines Muslims, der vom Gouverneur oder dem Vasallen eingesetzt wurde, dem das Lehen übertragen worden ist. Andere sind Aufständische, die sich in den Bergen verschanzen, Widerstand leisten und die Wege unsicher machen.

Als wir von Abūhar aufbrechen wollten, verließ der größte Teil unserer Gruppe die Stadt am frühen Morgen, während ich mit einigen meiner Begleiter bis Mittag zurückblieb. Dann reisten auch wir ab, 22 Reiter an der Zahl, darunter Araber und andere. Da griffen uns auf der Ebene achtzig Ungläubige und zwei Reiter an, aber meine Gefährten waren mutig und standhaft. Wir bekämpften sie heftig, töteten einen ihrer Reiter und erbeuteten sein Pferd. Von den übrigen Männern töteten wir ungefähr zwölf. Einer ihrer Bogenschützen traf mich, ein zweiter Pfeil traf mein Pferd. Doch Gott wachte über meine Unversehrtheit, denn ihre Pfeile waren ohne Kraft. Aber das Pferd eines meiner Begleiter war verwundet worden. Wir ersetzten es durch das Pferd des Ungläubigen und schlachteten das verwundete Tier, das die Türken, die in unserer Gesellschaft reisten, verspeisten. Die Köpfe der Toten nahmen wir in die Festung von Abū Bakhar[42] mit, wo wir sie an die Mauern hängten. In dieser Festung kamen wir mitten in der Nacht an.

Zwei Tage nach der Weiterreise kamen wir in Aǧūdahan an[43], einem kleinen Ort, der dem frommen Scheich Farīd ad-Dīn al-Badāwunī gehörte[44], dessen

[42] Der Ort besteht nicht mehr.

[43] Ibn Baṭṭūṭa irrt sich in der Reihenfolge der Etappen auf dem Weg nach Delhi: Ajodhan liegt zwischen Multān und Abohar, am Übergang über den Sutlej, den östlichsten der Indus-Zuflüsse. Die Stadt erhielt ihren Namen vom Herrscher Akbar Pakpattan zu Ehren von Scheich Farīd ad-Dīn, der im Text genannt wird.

[44] Farīd ad-Dīn Masʿūd mit dem Beinamen Šakarkanǧ (›Zuckerspeicher‹), gest. 1271, war Schüler von Quṭb ad-Dīn Baḫtiyār al-Kaʿkī und Gründer der Šištīya-Sekte der Scheichs von Ajodhan. Ihm folgte sein Sohn Badr ad-Dīn Sulaimān, gest. 1281, diesem wiederum dessen Sohn ʿAlam ad-Dīn Mauǧ Daryā, der 1334 starb. Ihm hätte Ibn Baṭṭūṭa

Begegnung mit mir der gottgläubige und heilige Scheich Burhān ad-Dīn al-Aʿraǧ mir in Alexandria vorhergesagt hatte. So geschah es gottlob auch. Er war der Lehrer des indischen Königs, der ihm dieses Städtchen zum Geschenk gemacht hatte. Der Scheich war von böser Schwermut heimgesucht – Gott bewahre uns vor ihr! Er gibt niemandem die Hand, nähert sich niemandem, und wenn sein Kleid das eines anderen Menschen streift, wäscht er es. Ich betrat seine Zāwiya, fand ihn und überbrachte ihm die Grüße von Scheich Burhān ad-Dīn.[45] Er wunderte sich und sagte: »Dessen bin ich unwürdig.« Ich traf auch seine beiden ehrwürdigen Söhne, den älteren Muʿizz ad-Dīn[46], der nach dem Tode seines Vaters die Würde des Scheichs übernahm, und ʿAlam ad-Dīn.[47] Ich besuchte das Grab seines Großvaters, Farīd ad-Dīn al-Baḏāwunī, des Pols des Glaubens, der aus der Stadt Baḏāwun in der Provinz Sambal stammte. Als ich die Stadt schließlich verlassen wollte, sagte mir ʿAlam ad-Dīn: »Du mußt noch meinen Vater sehen!«, und ich sah ihn ganz oben auf dem Dach, ganz in Weiß gekleidet mit einem großen Turban, an dem ein Haarbüschel zur Seite herunterhing. Er betete für mich und schickte mir Zucker und einige Pflanzen.

Als ich den Scheich verließ, sah ich einige Männer, wie sie aus unserem Lager rannten, darunter auch einige meiner Begleiter, und ich fragte sie, was es gäbe. Sie antworteten mir, daß ein ungläubiger Hindu gestorben sei, daß ein Feuer angezündet worden sei, um ihn zu verbrennen, und daß seine Frau sich mit ihm verbrenne. Als die beiden in Flammen standen, kamen meine Begleiter und sagten, die Frau habe den Toten umarmt, bis sie selbst verbrannt war. Später habe ich in diesem Lande Frauen ungläubiger Hindus, geschmückt und beritten, gesehen, wie das Volk, ob muslimisch oder Hindu, ihnen folgte, wie sie Trommeln und Trompeten vor sich hertrugen, und wie sie von Brahmanen, den Großen der Hindus, begleitet wurden. Wenn dies im Lande des Sultans geschieht, bitten sie ihn um Erlaubnis, die Frau zu verbrennen. Er gestattet es ihnen, und dann verbrennen sie sie.

Eine gewisse Zeit später befand ich mich in einer Stadt, deren Volk in der Mehrzahl ungläubig war und die Amǧarī hieß.[48] Ihr Statthalter war ein Muslim aus dem Stamme der Sāmira im Sind. In der Nachbarschaft lebten aufstän-

begegnen können, wenn man 1333 als das Jahr seiner Ankunft in Indien annimmt. Dieser ʿAlam ad-Dīn war auch der geistige Lehrer des Sultans Muḥammad Tuġluq. Ibn Baṭṭūṭa verleiht Farīd ad-Dīn auch einen falschen Beinamen, denn er stammte nicht aus Budaun, östlich von Delhi, sondern aus Ghutaval in der Nähe von Multān.

45 Vgl. Kapitel ›Aufbruch nach Ägypten‹.

46 Muʿizz ad-Dīn wurde später von Muḥammad Tuġluq zum Gouverneur der Provinz Gujarat ernannt und fiel in einem Aufstand im Jahre 1348.

47 Gelangte zur Würde eines Scheich al-Islām und Ersten Muftis (Verfasser von Rechtsgutachten) in Delhi.

48 Amjhera, im Südwesten des indischen Bundesstaates Madhya Pradesh, in der Nähe von Dhar.

dische Hindus, die eines Tages Raubüberfälle verübten. Der muslimische Emir trat ihnen entgegen, um sie zu bekämpfen. Mit ihm ritten seine muslimischen wie ungläubigen Untertanen, und es kam zu einem erbitterten Gefecht, in dem sieben seiner ungläubigen Männer fielen, von denen drei verheiratet waren. Ihre drei Frauen kamen überein, sich zu verbrennen. Die Verbrennung der Frau nach dem Tode des Mannes ist bei ihnen eine Regel, der sie sich unterwerfen, die aber nicht erzwungen wird. Aber wenn eine Frau sich nach dem Tode ihres Mannes verbrennt, so erlangt ihre Familie dadurch Ehre und wird für ihre Treue gerühmt. Eine Frau dagegen, die sich nicht verbrennt, trägt grobe Kleider, bleibt bei ihrer Familie und wird wegen ihres Mangels an Treue unglücklich und verachtet. Aber sie wird nicht gezwungen, sich zu verbrennen.

Als sich die drei Frauen, von denen ich sprach, geeinigt hatten, sich verbrennen zu lassen, verbrachten sie die drei vorausgehenden Tage mit Gesang, Musik sowie mit Essen und Trinken, um von der Welt Abschied zu nehmen. Von allen Seiten kamen Frauen herbei, und in der Frühe des vierten Tages brachte man jeder ein Pferd, das sie, geschmückt und in Wohlgerüche gehüllt, bestiegen. In ihrer Rechten hielten sie eine Kokosnuß, mit der sie spielten, in ihrer Linken einen Spiegel, in der sie ihr Gesicht betrachteten. Die Brahmanen umgaben sie, ihre Verwandten begleiteten sie. Vor ihnen wurden Trommeln geschlagen, Trompeten geblasen und Flöten gespielt. Jeder dieser Ungläubigen sagte zu ihnen: »Bringe meinen Gruß meinem Vater oder meinem Bruder oder meiner Mutter oder meinem Freund.« Und sie antworteten ihnen lächelnd: »Ja.«

Ich stieg mit meinen Begleitern zu Pferd, um zu beobachten, wie sich die Frauen während der Verbrennung verhielten. Wir ritten ungefähr drei Meilen weit mit ihnen und erreichten einen düsteren Platz mit viel Wasser und vielen Bäumen, der unter dichtem Schatten lag. Unter den Bäumen standen vier Pavillons mit steinernen Götzenbildern. Zwischen diesen Pavillons lag in tiefstem Schatten ein Teich, um den die Bäume so dicht standen, daß kein Sonnenstrahl hindurchdrang, so daß es schien, als sei es ein Ort der Hölle – Gott bewahre uns vor ihr! Als wir diese Pavillons erreichten, traten die Frauen an den Teich, tauchten hinein, legten ihre Kleider und ihren Schmuck ab und verschenkten sie. Man brachte ihnen ein ungenähtes Tuch aus grober Baumwolle, das sie teils um ihre Hüften, teils über ihren Kopf und ihre Schultern wickelten. Unterdessen waren an einer vertieften Stelle in der Nähe des Teiches Feuer entfacht und ›rūġan kunǧut‹[49], das ist Sesamöl, hineingegossen worden, um die Flammen auflodern zu lassen. Ungefähr fünfzehn Männer hielten Bündel dünner Holzstäbchen in den Händen, zehn weitere trugen schwere Holzbretter herbei, und die Trommler und Trompeter warteten auf die Ankunft der Frauen. Der Anblick des Feuers war hinter einer Decke verborgen, die Männer in ihren Händen hielten, damit sein Anblick die Frauen nicht überwältigte. Ich sah eine Frau, die, als sie sich der

49 Von persisch ›kungud‹ (Sesam).

Decke näherte, sie heftig den Händen der Männer entriß, zu ihnen auf Persisch sagte: »Mārā mītar sānī az'aṭaš mīdānam aw āṭaš asta rahā kunī mārā«, und lachte. Und diese Worte bedeuten: »Erschreckt ihr mich etwa mit dem Feuer? Ich weiß, daß es ein brennendes Feuer ist.« Dann legte sie ihre Hände über dem Kopf zusammen, als wolle sie dem Feuer huldigen, und stürzte sich hinein. Sofort erklangen die Trommeln, Trompeten und Flöten, die Männer warfen die Holzbündel, die sie in ihren Händen hielten, in die Flammen und die anderen legten die Bretter auf die Frau, damit sie sich nicht mehr bewegte. Stimmen erhoben sich und ein lautes Geschrei entstand. Als ich dies sah, hatte ich Mühe, nicht vom Pferd zu fallen, aber meine Gefährten waren wachsam und brachten mir Wasser, wuschen mir das Gesicht und wir ritten fort.

Ähnlich halten es die Inder mit dem Ertränken: Viele nämlich ertränken sich im Fluß Kank[50], zu dem sie zu wallfahren pflegen. In ihn wird auch die Asche Verbrannter gestreut, denn sie glauben, der Fluß entspringe im Paradies. Kommt jemand an diesen Strom, um sich zu ertränken, sagt er zu den Umstehenden: »Glaubt nicht, daß ich mich ertränke, weil mir hier unten in dieser Welt etwas zugestoßen sei, oder weil ich arm bin! Vielmehr will ich mich Kusā'ī nähern«, denn Kusā'ī ist in ihrer Sprache der Name Gottes des Allgewaltigen. Danach ertränkt er sich. Sobald er gestorben ist, ziehen sie ihn heraus, äschern ihn ein und streuen die Asche in den Fluß.

Aber kehren wir zu unserer Reise zurück! Wir brachen von Aǧūdahan auf und erreichten nach vier Tagen Sarsatī[51], eine große Stadt, in der sehr viel Reis angebaut wird. Dieser Reis ist ausgezeichnet und wird in die Hauptstadt Delhi gebracht. Der Steuerertrag der Stadt ist sehr hoch; der Kammerherr Šams ad-Dīn al-Būšanǧī hat mir den Betrag genannt, aber ich habe ihn vergessen. Von dort reisten wir weiter nach Ḥānsī[52], einer schönen und gut bevölkerten Stadt mit einer mächtigen Stadtmauer, die von einem großen Sultan der Ungläubigen namens Tūra errichtet worden sein soll, über den viele Geschichten erzählt werden. Aus dieser Stadt stammen Kamāl ad-Dīn Ṣadr al-Ǧihān, der Oberqāḍī Indiens, sein Bruder Quṭlū Ḫān, der Lehrer des Sultans, und ihre beiden Brüder Niẓām ad-Dīn und Šams ad-Dīn, der sich ganz Gott widmete und nach Mekka ging, wo er starb. Von Ḥānsī aus erreichten wir in zwei Tagen Masʿūd Ābād[53], das nur noch zehn Meilen von der Hauptstadt Delhi entfernt ist. Ḥānsī und Masʿūd Ābād gehören dem großen König Hūšanǧ, dem Sohn des Königs Kamāl Kurk, was ›Wolf‹ bedeutet; von ihm werde ich noch sprechen.

50 Der Ganges.

51 Sarsati, eine alte Stadt im Bundesstaat Haryana, im 18. Jahrhundert aufgegeben und durch Sirsa ersetzt.

52 Hansi, ebenfalls im Bundesstaat Haryana, etwa 140 Kilometer nordwestlich von Delhi.

53 Heute verfallen, nahe dem heutigen Dorf Najafgarh.

Der König von Indien, dessen Residenz wir aufsuchen wollten, war abwesend und befand sich in der Gegend um die Stadt Qinauǧ[54], zehn Tage von Delhi entfernt. In der Residenz aber hielt sich seine Mutter auf, die Maḫdūma Ǧihān genannt wurde, worin ›ǧihān‹ ›Welt‹ bedeutet. Auch sein Wesir Ḫūǧa Ǧihān, der kleinasiatischer Abstammung war und auch Aḥmad bin Ayās genannt wurde, war anwesend.[55] Er sandte uns seine Beauftragten entgegen, uns zu empfangen, und entsandte für jeden von uns Männer gleichen Ranges. Für meinen Empfang hatte er Scheich Al-Bisṭāmī und Šarīf Al-Māzandarānī, den für ausländische Gäste zuständigen Kammerherrn, bestimmt, dazu den Faqīh ʿAlāʾ ad-Dīn al-Multānī, genannt Qunnarah. Er schrieb dem Sultan über uns und schickte den Brief mit der ›dāwa‹, jener Läuferpost, die ich schon beschrieben habe. Das Schreiben gelangte zum Sultan, und die Antwort erhielt der Faqīh noch binner jener drei Tage, die wir in Masʿūd Ābād zubrachten. Nach Ablauf dieser drei Tage erschienen die Qāḍīs, Faqīhs und Scheichs und auch einige Emire zu unserem Empfang, die dort den Titel ›König‹ führen, denn wen die Ägypter und andere ›Emir‹ nennen, den sprechen sie dort als ›malik‹ an. Auch Scheich Ẓahīr ad-Dīn az-Zanǧānī, den der Sultan mit hoher Würde bekleidet hatte, kam zu uns heraus.

Wir verließen Masʿūd Ābād und machten in der Nähe eines Dorfes namens Bālam Halt, das dem Herrn und Šarīf Nāṣir ad-Dīn Muṭahhar al-Auharī, einem Vertrauten des Sultans, gehörte, in dessen höchster Gunst er stand. Am nächsten Morgen betraten wir die Residenz Delhi, die Hauptstadt Indiens, eine mächtige und bedeutende Stadt, bestehend aus Schönheit und Stärke und umringt von einer Stadtmauer, wie man sie in der ganzen Welt nicht kennt. Es ist die größte Stadt Indiens, ja aller östlichen Länder des Islam.

Delhi ist von gewaltiger Ausdehnung und sehr dicht besiedelt. Sie besteht heute aus vier benachbarten und miteinander verbundenen Städten, von denen eine, die eigentliche Trägerin des Namens Delhi, die alte, noch von den Ungläubigen erbaute Stadt ist, die im Jahre 584 erobert wurde.[56] Die zweite Stadt heißt Sīrī, wird aber auch ›Haus des Kalifats‹ genannt[57], die der Sultan dem Ġiyāṯ ad-Dīn, dem Enkel des Kalifen Al-Mustanṣir, dem ʿAbbāsiden, gab, als dieser ihn aufsuchte. In ihr haben Sultan ʿAlāʾ ad-Dīn und sein Sohn Quṭb ad-Dīn, von denen ich noch sprechen werde, ihren Sitz. Die dritte Stadt heißt

[54] Kannauj, am rechten Gangesufer südlich von Farukhabad im Bundesstaat Uttar Pradesh.

[55] Es handelte sich vielmehr um einen Hindu, der von den Rajas von Deogir, dem späteren Daulat Ābād im Bundesstaat Maharashtra, abstammte.

[56] Delhi wurde von Quṭb ad-Dīn Aibak im Jahre 1192 erobert; das von Ibn Baṭṭūṭa genannte Jahr dagegen entspricht dem Jahre 1188.

[57] Vier bis fünf Kilometer nordöstlich der alten Stadt gelegen und ab 1303 zunächst als Feldlager von ʿAlāʾ ad-Dīn Ḫalǧī angelegt.

Tuġluq Ābād[58], so genannt nach ihrem Erbauer, Sultan Tuġluq, dem Vater des indischen Sultans, an dessen Hof wir uns begaben. Der Anlaß ihrer Gründung war, daß er eines Tages vor Sultan Quṭb ad-Dīn stand und sagte: »O Herr der Welt, du solltest hier eine Stadt errichten.« – Da erwiderte der Sultan spöttisch: »Wenn du einmal Sultan bist, dann baue sie doch!« Und mit Gottes Willen geschah es, daß er Sultan wurde, sie gründete und ihr seinen Namen gab. Die vierte Stadt heißt ›Ğihān Banāh‹[59] und ist der Residenz des Sultans und heutigen indischen Königs Muḥammad Šāh vorbehalten, den wir aufsuchten. Er hat sie erbaut und hatte gewünscht, alle vier Städte durch eine einzige Stadtmauer miteinander zu vereinigen, baute auch einen Teil zu Ende, ließ aber dann die Arbeiten wegen des gewaltigen Aufwandes einstellen.

Die Umfassungsmauern von Delhi haben nicht ihresgleichen. Sie sind elf Ellen stark und enthalten Kammern für die Nacht- und Torwachen, Vorratsspeicher für Lebensmittel, die sie ›anbār‹ nennen, sowie Läger für Kriegsgerät, Belagerungsmaschinen und Steinschleudern. Korn kann sehr lange in ihnen aufbewahrt werden, ohne daß es sich verändert oder verdirbt. Ich habe gesehen, wie Reis aus einem dieser Speicher geholt wurde; er war ganz schwarz geworden, hatte aber noch einen angenehmen Geschmack. Ich sah auch Hirse, die aus dem Lager fortgeschafft wurde. Alle diese Vorratsspeicher waren vor neunzig Jahren von Sultan Balaban angelegt worden. Reiter und Fußsoldaten können innerhalb der Mauer von einem Ende der Stadt zum anderen marschieren, denn zur Stadtseite hin sind Bogenfenster eingelassen, durch die Licht einfällt. Der untere Teil der Mauern ist aus Stein, der obere aber aus Ziegeln erbaut; viele Türme stehen dicht hintereinander.

Die Stadt hat achtzehn Tore, die ›darwāza‹ genannt werden: Das erste und größte ist das Baḏāʾun-Tor[60]; es folgen das Mindawī-Tor[61], wo sich der Kornmarkt befindet; das Ğul-Tor[62] in der Nähe der Gärten; das Tor des Šāhs, so genannt nach einem Manne, der so hieß; das Bālam-Tor nach dem Dorfe, von dem ich schon gesprochen habe; das Naǧīb-Tor, das nach einem Mann benannt ist ebenso wie das Kamāl-Tor; das Ġazna-Tor[63], das seinen Namen von der Stadt Ġazna an der Grenze zum Ḫurāsān hat; außerhalb dieses Tores liegen mehrere Friedhöfe und der Gebetsplatz, auf dem das Fest des Fasten-

[58] Tuġluq Ābād, acht Kilometer südöstlich der alten Stadt, von Ġiyāṯ ad-Dīn Tuġluq ab 1320 angelegt.

[59] ›Zuflucht der Welt‹, von Muḥammad Tuġluq seit 1325 zwischen dem alten Delhi und Sīrī erbaut.

[60] Im Osten Delhis, führt nach Tuġluq Ābād und Budaun.

[61] ›Mandwī‹ bezeichnet in Hindi eine Getreideart.

[62] ›Rosentor‹ nach dem persischen ›gul‹ (›Rose‹).

[63] Das alte Ranjit-Tor, das von ʿAlāʾ ad-Dīn Ḫalǧī gleichzeitig mit der Zitadelle ausgebaut und befestigt wurde.

brechens begangen wird. Außen vor dem Bağāliṣa-Tor⁶⁴ liegen die schönen Friedhöfe Delhis, wo die Grabkuppeln errichtet werden. Ausnahmslos jedes Grab ist mit einer Gebetsnische versehen, selbst wenn es keine Kuppel hat. Man hat dort Blumensträucher wie Narzissen, Jasmin, Jonquillen und andere angepflanzt, denn Blumen blühen in Indien zu jeder Jahreszeit.

Die Moschee von Delhi ist von großer Ausdehnung.⁶⁵ Mauern, Dach und Pflaster sind ganz aus vollendet geglätteten weißen Steinen hergestellt, die kunstvoll durch Blei miteinander verbunden sind, während keinerlei Holz verwendet wurde. Sie trägt dreizehn steinerne Kuppeln, und auch ihre Kanzel ist aus Stein. Sie umschließt vier Höfe, und in ihrer Mitte steht eine ungeheure Säule, von der man nicht weiß, aus welchem Metall sie besteht. Ein indischer Weiser hat mir erzählt, sie würde ›haft ğūs‹ heißen, was ›sieben Metalle‹ bedeutet, aus denen sie zusammengesetzt sein soll.⁶⁶ Ein Teil der Säule, so lang wie ein Zeigefinger, ist poliert und erstrahlt in höchstem Glanz. Eisen hinterläßt keine Spur auf ihr, ihre Länge beträgt dreißig Ellen. Wir wickelten einen ganzen Turban um sie, und der Teil des Turbantuches, der sie umfaßte, maß acht Ellen.

In der Nähe des Osttores der Moschee liegen zwei zu Boden gestürzte, sehr hohe Götzenstatuen aus Kupfer, die von Steinen zusammengehalten werden. Jeder, der die Moschee betritt oder verläßt, tritt sie mit Füßen. Die Stelle, an der die Moschee steht, war eine ›buḏaḫāna‹, das heißt ein Götzentempel, aber als die Stadt erobert wurde, verwandelte man sie in eine Moschee. Im Nordhof steht ein Minarett, wie es in der ganzen islamischen Welt nicht mehr seinesgleichen findet. Es besteht im Gegensatz zur übrigen Moschee, die ganz weiß ist, aus rotem Stein, der zudem mit Steinschnitzereien versehen ist. Es ist außerordentlich hoch, seine Spitze ist aus leuchtend weißem Marmor und ihre Äpfel bestehen aus lauterem Gold.⁶⁷ Ihr Aufstieg ist so breit, daß sogar Elefanten hinaufgehen können.⁶⁸ Mir erzählte jemand, dem ich Vertrauen schenke, er habe während des Baues einen Elefanten, mit Steinen beladen, hinaufsteigen sehen. Es ist das Werk von Sultan Muʿizz ad-Dīn bin Nāṣir ad-Dīn, dem

---

64   Nach einer Stadt in Richtung auf Kannauj.
65   Die Moschee heißt Quwwat al-Islam (›Kraft des Islam‹) und wurde bereits 1192 von Qūṭb ad-Dīn Aibak auf einem älteren Hindu-Tempel errichtet. Zu Beginn des 13. Jahrhundert erweiterten sie Iletmiš (von Ibn Baṭṭūṭa in den nachfolgenden Abschnitten ›Lalmiš‹ genannt) und anfangs des 14. Jahrhunderts ʿAlāʾ ad-Dīn Ḫalǧī.
66   Diese Säule von acht Metern Höhe wird auf einen Vishnu-Tempel aus dem 4. Jahrhundert zurückgeführt. ›Haft ğūs‹ kann ›sieben Ecken‹ oder ›sieben Temperamente‹ bedeuten, möglicherweise ein Hinweis auf die Widerstandsfähigkeit des Materials gegen Rost und Witterungseinflüsse.
67   Bei den genannten Äpfeln handelt es sich Zierkugeln, die auf der Spitze des Minaretts angebracht waren, aber heute verschwunden sind.
68   Das 70 Meter hohe Quṭb-Minar-Minarett, von Quṭb ad-Dīn Aibak begonnen, von Iletmiš fertiggestellt und von Fīrūz Šāh (1351–1388) noch einmal erhöht.

Sohn von Sultan Ġiyāṯ ad-Dīn Balaban.[69] Sultan Quṭb ad-Dīn wollte auch im Westhofe ein noch höheres Minarett bauen, aber der Tod raffte ihn dahin, als erst ein Drittel errichtet war. Sultan Muḥammad wollte es vollenden, ließ aber wieder davon ab, da man es als böses Vorzeichen ansah. Wegen seiner Höhe und der Breite des Aufgangs gilt dieses Minarett als Wunder der Welt, denn drei Elefanten können nebeneinander hinaufsteigen.[70] Aber dieses Drittel, das fertiggestellt worden ist, übertrifft die Höhe des gesamten Minaretts, das im Nordhof steht und das ich erwähnt habe. Ich stieg einmal hinauf und sah die Mehrzahl der Häuser der Stadt und trotz ihrer eigenen Höhe tief unter mir die Stadtmauern. Die Menschen am Fuße des Minaretts erschienen mir wie kleine Kinder. Wer es allerdings von unten betrachtet, hat wegen seiner Breite und seines Umfangs nicht den Eindruck, als sei es besonders hoch.

Sultan Quṭb ad-Dīn wollte auch in Sīrī eine Hauptmoschee bauen und sie den ›Sitz des Kalifen‹ nennen. Aber er vollendete nur die Wand, die in Gebetsrichtung weist, und die Gebetsnische. Er setzte weißen, schwarzen, roten und grünen Marmor ein, und wäre sie vollendet worden, sie hätte nirgends auf der Welt ihresgleichen gefunden. Auch sie wollte Sultan Muḥammad vollenden und beauftragte erfahrene Baumeister, den Aufwand zu schätzen, und sie veranschlagten die Vollendung des Baus auf 35 Lak. Da verzichtete der Sultan, weil er die Kosten für zu hoch hielt. Ja, einer seiner Vertrauten verriet mir, der Sultan habe nicht wegen der übermäßigen Kosten abgelehnt, sondern weil er im Weiterbau ein böses Vorzeichen erblickt hätte, denn Sultan Quṭb ad-Dīn war noch vor seiner Vollendung getötet worden.

Vor Delhi sieht man den großen Teich, der auf Sultan Šams ad-Dīn Lalmiš[71] zurückgeht und aus dem das Volk von Delhi sich mit Trinkwasser versorgt. Er liegt in der Nähe des Gebetsplatzes und sammelt Regenwasser. Er ist ungefähr zwei Meilen lang und halb so breit. Seine Westseite reicht an den Gebetsplatz heran und ist mit übereinander gesetzten Steinterrassen ausgebaut, über die man auf Stufen zum Wasser hinabsteigen kann. Seitlich neben jeder Terrasse steht ein steinernes Häuschen mit Sitzen darin für Müßiggänger und Beobachter, die sich zerstreuen wollen. In der Mitte des Teiches steht ein hoher zweistöckiger Pavillon aus behauenen Steinen. Wenn das Wasser im Teich steigt, kann man nur in Booten zum Pavillon fahren. Steht das Wasser niedrig, gehen die Leute zu Fuß hinüber. Im Inneren steht eine Moschee. Meistens sieht man

[69] Hier verwechselt Ibn Baṭṭūṭa oder sein Gewährsmann zwei Personen miteinander, und zwar Muʿizz ad-Dīn Qaiqubād (1287–1290; vgl. weiter unten) und Muʿizz ad-Dīn Muḥammad (gest. 1206), der Sultan von Ġazna und Oberherr Aibaks gewesen war, der das Minarett begann und auf seinen Herrn einen Lobvers ins Minarett schlagen ließ.

[70] Der Basisdurchmesser dieses Minaretts ist doppelt so groß wie der des Quṭb-Minar-Minaretts. Es wurde von ʿAlāʾ ad-Dīn Ḫalǧī und nicht von seinem Sohn Qutb ad-Dīn Muḥammad erbaut.

[71] Šams ad-Dīn Iletmiš (s. das folgende Kapitel).

in ihr Faqīre, die sich dem Dienst an Gott geweiht und ihr Leben in seine Hand gegeben haben. Ist der Teich bis zu einem bestimmten Maße leer, werden Zukkerrohr, Kürbisse und Gurken sowie grüne und gelbe Melonen angebaut, die zwar klein, aber sehr süß sind.

Zwischen Delhi und dem ›Sitz des Kalifen‹ liegt der königliche Teich, der noch größer ist als der Teich des Sultans Šams ad-Dīn und an dessen Rand etwa vierzig Pavillons stehen. Um sie herum wohnen, an einem Ort namens Ṭarb Ābād, die Musikanten. Ihr Markt gehört zu den größten Märkten überhaupt, sie haben eine Hauptmoschee und viele andere Moscheen. Mir wurde erzählt, daß die Sängerinnen, die dort wohnen, im Monat Ramaḍān in diesen Moscheen gemeinsam die Tarāwīḥ-Gebete sprechen.[72] Sie nehmen in großer Zahl und unter dem Vorsitz von Imāmen daran teil. So halten es auch die männlichen Sänger. Diese sah ich anläßlich der Hochzeit des Emirs Saif ad-Dīn bin Muhannā. Jeder hatte einen Gebetsteppich auf dem Schoß und erhob sich, sobald der Gebetsruf erklang, wusch sich und betete.

Unter den Heiligtümern Delhis ist zu nennen zunächst das Grab des frommen Scheichs Quṭb ad-Dīn Baḫtiyār al-Kaʿkī, das offenbare Segnungen erfuhr und sehr verehrt wird.[73] Er hieß Al-Kaʿkī, weil er, als ihn völlig verschuldete Leute aufsuchten, um sich bei ihm über ihre Armut und Bedürftigkeit zu beklagen, oder Leute zu ihm kamen, die ihre Töchter zur Hochzeit nicht mit einer Mitgift ausstatten konnten, ihnen Gold oder Silber in der Form eines kleinen Gebäcks schenkte, so daß er unter dem Namen ›kleines Gebäck‹ bekannt wurde.

Ferner sind zu nennen die Gräber des ehrwürdigen Rechtsgelehrten Nūr ad-Dīn al-Karlānī und des Faqīh ʿAlāʾ ad-Dīn al-Kirmānī aus Kirmān. Auch dieses letztere Grab ist Gegenstand offenbarer Segnungen geworden und erstrahlt im Licht. Sein Standort zeigt die Gebetsrichtung an und hat noch viele andere Gräber heiliger Männer aufgenommen – Gott der Allerhöchste helfe uns durch sie!

Unter den Weisen und Wohltätern Delhis findet sich der fromme und gelehrte Scheich Maḥmūd der Bucklige[74], einer der ehrwürdigsten Heiligen, von dem die Menschen glauben, er lebe von übernatürlichen Gütern, denn er besitzt keine sichtbaren Reichtümer und gibt doch jedem, der kommt, zu essen, verschenkt Gold, Dirhams und Kleider. Viele Wunder haben sich ihm offenbart

[72] Das traditionelle Gebet, das in den Nächten des Ramaḍān gesprochen wird.

[73] Quṭb ad-Dīn Baḫtiyār al-Kaʿkī (gest. 1235/36), Schüler und Nachfolger von Muʿayyan ad-Dīn aš-Šištī, dem Gründer des Šištī-Ordens in Indien. Sein Grab wird noch heute verehrt. Sein Beiname führt sich zurück auf arab. ›kaʿk‹ (Kuchen, Feingebäck).

[74] Maḥmūd al-Kubbā findet sich zwar nicht in den indischen Chroniken, aber es könnte sich nach At-Tāzī um Nāṣir ad-Dīn Maḥmūd handeln, der auch den Beinamen ›die Leuchte von Delhi‹ führte, Niẓām ad-Dīn Aulīyās Nachfolge antrat und 1356 starb.

und ihn berühmt gemacht. Ich habe ihn viele Male gesehen, und sein Segen ist mir zuteil geworden. Außerdem ist zu sprechen von dem frommen und gelehrten Scheich ʿAlāʾ ad-Dīn an-Nīlī[75], so genannt, als habe er seinen Beinamen dem Nil Ägyptens zu verdanken, aber das weiß Gott allein. Er gehörte zu den Gefährten des gelehrten und frommen Scheichs Niẓām ad-Dīn al-Biḏāʾunī und predigte jeden Freitag zu den Menschen, so daß viele, wenn sie ihn hörten, Buße taten, sich ihre Köpfe schoren, sich mit Leidenschaft grämten, und einige sogar in Ohnmacht fielen.

Ich nahm eines Tages an seiner Predigt teil. Vor ihm standen die Koranrezitatoren und lasen: »O ihr Menschen, fürchtet euren Herrn! Gewiß, das Beben der Stunde ist etwas Schreckliches. Am Tage, an dem ihr es sehen werdet, wird jede Amme das Stillen vernachlässigen, jede Schwangere wird ihre Leibesfrucht gebären. Man wird trunkene Männer sehen, nein, nicht trunken werden sie sein, aber Gottes Strafe ist hart.«[76] Faqīh ʿAlāʾ ad-Dīn wiederholte die Worte und in einem Winkel der Moschee stieß ein Faqīr einen lauten Schrei aus. Der Scheich wiederholte den Vers abermals, der Faqīr schrie ein zweites Mal laut auf und stürzte tot zu Boden. Ich betete mit anderen an seinem Leichnam und nahm auch an seinem Begräbnis teil.

Zu den Heiligen Delhis gehörte auch der weise und gottesfürchtige Ṣadr ad-Dīn al-Kuhrānī. Er fastete ständig, verbrachte die Nächte im Gebet und hatte sämtliche Güter dieser Welt von sich gewiesen und dahingegeben. Seine Kleidung bestand aus einem wollenen Überwurf. Der Sultan und die Großen des Staates suchten ihn auf, aber bisweilen entzog er sich ihnen. Als der Sultan ihm Dörfer zu Lehen übertragen wollte, aus deren Ertrag er Arme und Reisende speisen konnte, lehnte er ab. Und als der Sultan ihn eines Tages besuchte und ihm 10.000 Dinar brachte, nahm er sie nicht an. Man erzählte sich, daß er das Fasten erst nach drei Tagen bräche und, als er darauf angesprochen wurde, nur sagte: ›Ich breche das Fasten nicht, es sei denn, der Tod zwinge mich dazu.‹

Ferner ist zu erwähnen der fromme, weise, demütige und gottesfürchtige Kamāl ad-Dīn ʿAbdallāh al-Ġārī, der Glanz seines Zeitalters und der Trefflichste seines Jahrhunderts. Er verdankte seinen Beinamen einer Höhle, die er außerhalb von Delhi in der Nähe der Zāwiya des Scheichs Niẓām ad-Dīn al-Baḏāʾunī bewohnte. Dreimal habe ich ihn in dieser Höhle besucht.[77] Ich hatte einen jungen Sklaven, der mir davongelaufen war und den ich im Besitz eines Türken wiederfand. Ich ging, um ihn zurückzuholen, aber der Scheich sagte zu mir: »Dieser Sklave taugt nicht für dich; hole ihn nicht zurück!« Der Türke war bereit, sich mit mir zu vergleichen, und wir einigten uns auf hundert Dinar, für die ich ihm den Jungen überließ. Sechs Monate später

75 Schüler von Niẓām ad-Dīn Aulīyā, gest. in Delhi 1361.

76 Koran, Sure 22, Abschnitte 1 und 2.

77 Vgl. Kapitel ›Das Sultanat von Delhi‹.

brachte dieser seinen Herrn um. Er wurde vor den Sultan geführt, der befahl, daß er den Söhnen seines Herrn zu übergeben sei. Diese brachten ihn daraufhin zu Tode. Als ich Zeuge dieses Wunders des Scheichs geworden war, zog ich mich zu ihm zurück und blieb ständig um ihn, entsagte der Welt und verschenkte mein ganzes Hab und Gut an die Armen und Elenden. Ich blieb eine Zeitlang bei ihm und sah, wie er zehn oder zwanzig Tage ununterbrochen fastete und den größten Teil der Nächte betend verbrachte. Dann ließ der Sultan mich holen, und ich kehrte zu weltlichen Dingen zurück. Gott gewähre mir ein gutes Los! So Gott will, werde ich davon später erzählen, auch, wie ich in die Welt zurückkehrte.

Das Sultanat von Delhi

Der hochgelehrte Faqīh und Imām Kamāl ad-Dīn Muḥammad bin al-Burhān aus Ġazna mit dem Beinamen Ṣadr al-Ğihān, Oberqāḍī von Indien und dem Sind[78], hat mir erzählt, daß die Stadt Delhi im Jahre 584 aus den Händen der Ungläubigen erobert wurde, wie ich es auch einer Inschrift an der Gebetsnische der Großen Hauptmoschee der Stadt entnehmen konnte.[79] Er berichtete mir weiter, daß sie von Emir Quṭb ad-Dīn Aibak erobert wurde[80], der den Beinamen Sibāh Sālār trug, was ›Heerführer‹ bedeutet, daß er Mamluk des Großsultans Šihāb ad-Dīn Muḥammad bin Sām al-Ġūrī, des Königs von Ġazna und des Ḫurāsān, gewesen war, der sich des Reiches Ibrāhīms bemächtigt hatte, des Sohnes des Sultans und Kriegsherrn Maḥmūd Ibn Sabuktikīn, der die Eroberung Indiens begann.[81]

Sultan Šihāb ad-Dīn hatte Emir Quṭb ad-Dīn mit einem gewaltigen Heer entsandt, und Gott öffnete ihm die Stadt Lāhūr, wo er sich niederließ und große Macht gewann.[82] Doch er wurde beim Sultan verleumdet, dem dessen Tafelfreunde einflüsterten, Quṭb ad-Dīn wolle sich zum Alleinherrscher Indiens aufwerfen und befände sich schon in vollem Aufruhr. Quṭb ad-Dīn erfuhr jedoch davon, brach in aller Eile auf, kam nachts in Ġazna an und drang, ohne daß die Verleumder davon wußten, zum Sultan vor. Am Morgen setzte sich der Sultan auf seinen Thron, während sich Aibak darunter versteckte, so daß er unsichtbar blieb. Die Vertrauten und Verwandten des Sultans, die ihn verleumdet hatten, kamen hinzu, und als sie Platz genommen hatten, fragte sie der Sultan nach Aibak. Sie antworteten, er hätte sich aufgelehnt, und fuhren

[78] Kamāl ad-Dīn war Oberrichter des Heeres in Delhi und Ibn Baṭṭūṭas Hauptquelle für diesen Teil der indischen Geschichte.

[79] Das tatsächliche Datum der Eroberung Delhis war das Hiğra-Jahr 587 (A.D. 1191/92).

[80] Quṭb ad-Dīn Aibak war zunächst einfacher Mamluk, dann Offizier und General des Ġuridensultans von Ġazna gewesen, bevor er sich nach dessen Tod unabhängig machen konnte; er war somit von 1206–1210 der erste unabhängige Herrscher des Sultanats von Delhi. Der nachfolgende ihm beigelegte Titel ›Sipāh Sālār‹ ist persisch und bezeichnet einen Oberbefehlshaber oder General.

[81] Šihāb ad-Dīn wurde 1173 Vizekönig von Ġazna und damit Stellvertreter seines Bruders Ġiyāṯ ad-Dīn Muḥammad des Ġuriden, der von 1163–1203 Herrscher von Herat in Afghanistan war und Nordindien eroberte. Nach seinem Tod zerfiel sein Reich in Teile, von denen Aibak die indischen Besitzungen an sich nahm.

[82] Lahore fiel 1186 in die Hände des in der vorhergehenden Anmerkung genannten Ġiyāṯ ad-Dīn Muḥammad, der den letzten Ġaznaviden, Ḫusrau Malik, besiegte.

fort: »Wir wissen mit Bestimmtheit, daß er das Königreich für sich fordert.« Da stieß der Sultan mit dem Fuß gegen seinen Thron, klatschte in die Hände und rief: »O Aibak!« – Da antwortete dieser: »Hier bin ich«, kam hervor und zeigte sich ihnen. Sie waren so erschrocken, daß sie den Boden küssen wollten, und der Sultan sagte: »Ich verzeihe euch diesen Fehler, aber hütet euch, noch einmal etwas gegen Aibak zu sagen!« Er befahl ihm, nach Indien zurückzukehren. Er ging zurück und eroberte Delhi und andere Städte. Seither hat sich der Islam in diesen Ländern gefestigt und Quṭb ad-Dīn blieb bis zu seinem Tode im Lande.[83]

Sultan Šams ad-Dīn Lalmiš war der erste Alleinherrscher Delhis.[84] Er war zunächst Mamluk, dann General und Stellvertreter des Emirs Quṭb ad-Dīn Aibak gewesen. Als dieser starb, machte er sich zum unabhängigen Herrscher und rief das Volk zum Treueid auf. Unter der Führung des damaligen Oberqāḍīs Waǧīh ad-Dīn al-Kasānī kamen die Rechtsgelehrten zu ihm, traten bei ihm ein und setzten sich vor ihn hin. Der Qāḍī dagegen nahm seiner Gewohnheit gemäß neben ihm Platz. Der Sultan verstand, was sie mit ihm besprechen wollten, hob die Ecke des Teppichs, auf dem er saß, an und holte eine Urkunde hervor, in der seine Freilassung verbrieft war. Der Qāḍī und die Rechtsgelehrten lasen sie und gelobten ihm Gehorsam. Er war zwanzig Jahre lang unbeschränkter Herrscher, gerecht, fromm und wohltätig. Zu seinen denkwürdigen Taten gehörte, daß er Unrecht wiedergutmachte und den Unterdrückten ihr Recht verschaffte. So befahl er, daß jeder, dem ein Unrecht widerfahren war, ein gefärbtes Kleid zu tragen habe, während alle Inder ja weiße Gewänder tragen. Wenn er Audienz hielt oder ausritt und jemanden mit gefärbtem Gewand sah, untersuchte er die Angelegenheit und verschaffte ihm auf Kosten des Frevlers sein Recht. Dann aber übertrieb er es und sagte sich: »Manche Menschen erleiden ein Unrecht des Nachts, ich möchte es schnellstens beheben.« Er stellte auf zwei Türmchen, die vor seinem Palasttor standen, zwei Marmorlöwen auf, die eiserne Ketten mit großen Glocken um den Hals trugen. Wenn einem Manne nachts ein Unrecht geschehen war, kam er und schlug die Glocken. Der Sultan hörte sie, prüfte den Fall auf der Stelle und machte das Unrecht wieder gut. Als Sultan Šams ad-Dīn starb, hinterließ er drei Söhne, und zwar Rukn ad-Dīn, der ihm nachfolgte, Muʿizz ad-Dīn und

83 Diese Anekdote hat Ibn Baṭṭūṭa für sich allein. Aibak wurde 1195 nach einem ergiebigen Beutezug in das Gujarat von seinem Souverän Ġiyāṯ ad-Dīn Muḥammad nach Ġazna gerufen und blieb dort ein Jahr, aber der Besuch fand nach der Eroberung Delhis statt.

84 Iletmiš war nicht der unmittelbare Nachfolger Aibaks, der 1210 in Lahore nach einem Sturz vom Pferde starb. Aibaks Hof versuchte zunächst, dessen Sohn Arām Šāh zum Sultan zu erheben, während die Hofkreise von Delhi Šams ad-Dīn Iletmiš, einen Mamluken Aibaks, wählten. Nach seiner Niederlage 1211 verschwand Arām Šāh von der historischen Bühne Indiens. Iletmišs Herrschaftszeit währte von 1211 bis 1236.

Nāṣir ad-Dīn, sowie eine Tochter, die Raḍīya hieß und die leibliche Schwester Muʿizz ad-Dīns war, aber Rukn ad-Dīn wurde, wie schon erwähnt, sein Nachfolger.[85]

Als Rukn ad-Dīn nach dem Tode seines Vaters der Treueid geleistet worden war, behandelte er seinen Bruder Muʿizz ad-Dīn feindselig und brachte ihn schließlich um.[86] Dessen leibliche Schwester Raḍīya aber nahm Rukn ad-Dīn den Mord übel, so daß dieser auch sie töten wollte. Eines Freitags, als sich Rukn ad-Dīn zum Gebet begab, stieg Raḍīya auf die Terrasse des alten, Daulat Ḫāna genannten Palastes neben der Großen Moschee und trug ein Kleid, wie es jene trugen, denen ein Unrecht geschehen war. Sie wandte sich ans Volk und rief ihm von der Terrasse herab zu: »Mein Bruder hat seinen Bruder getötet und will auch mich töten.« Sie erinnerte das Volk an die Tage ihres Vaters, an dessen gerechte Herrschaft und an die Wohltaten, die es ihm zu verdanken hätte. Daraufhin empörte sich die Menge gegen Rukn ad-Dīn, der sich in der Moschee befand, packte ihn und brachte ihn zu Raḍīya. Sie sagte: »Der Mörder wird getötet«, und das Volk brachte ihn aus Rache für seinen Bruder um. Da der Bruder Nāṣir ad-Dīn noch zu jung war, einigte sich das Volk darauf, Raḍīya die Herrschaft zu übertragen.[87]

Als Rukn ad-Dīn tot war, traten die Offiziere zusammen, um seine Schwester Raḍīya einzusetzen, und vertrauten ihr die Herrschaft an, die sie vier Jahre lang unumschränkt ausübte. Sie ritt wie ein Mann mit Bogen und Köcher und mit ihren Vertrauten aus und verschleierte nie ihr Gesicht. Dann aber geriet sie in den Verdacht, mit einem ihrer abessinischen Diener Umgang zu haben, und das Volk beschloß, sie abzusetzen und zu verheiraten. So wurde sie abgesetzt und mit einem ihrer Verwandten verheiratet; Nāsīr ad-Dīn aber wurde die Herrschaft übertragen.[88]

Nach dem Sturz Raḍīyas trat ihr jüngerer Bruder Nāsīr ad-Dīn die Herrschaft

[85] Tatsächlich hatte Iletmiš seine Tochter Raḍīya zu seiner Nachfolgerin bestimmt. Sein Hof aber, der sich nur schwer damit abfinden konnte, eine Frau auf dem Thron zu sehen, berief Rukn ad-Dīn, der freilich nur wenige Monate regierte und schon im November 1236 von der Bühne abtrat.

[86] Dazu hatte Rukn ad-Dīn keine Zeit mehr; vielmehr überlebte Muʿizz ad-Dīn ihn und folgte seiner Schwester Raḍīya bereits im Jahre 1240 auf dem Thron von Delhi nach.

[87] Rukn ad-Dīn befand sich außerhalb von Delhi auf einem Feldzug gegen rebellische Statthalter, als ihn die Nachricht erreichte, daß die Königinmutter einen Meuchelmord an ihrer Tochter Raḍīya plane. Es kam in Delhi zu einem Volksaufstand, der schließlich Raḍīya auf den Sultansthron hob. Rukn ad-Dīn sah sich von seinen eigenen Truppen verlassen, wurde ergriffen und gelyncht.

[88] Die politische Bühne Delhis wurde von vierzig türkisch-mongolischen Familien beherrscht, die von Anfang an gegen die Einsetzung Raḍīyas gewesen waren. Als diese den Abessinier Ǧalāl ad-Dīn Yāqūt zum Herrn ihres Marstalles erhob, griffen diese Familien ein und setzten Raḍīya ab.

an, die er eine Zeitlang ausübte, bis Raḍīya und ihr Gemahl sich gegen ihn auflehnten.[89] An der Spitze ihrer Mamluken und des Gesindels, das ihre Gefolgschaft bildete, ritten sie zum Kampf gegen ihn. Nāsīr ad-Dīn stellte sich dem Kampf und mit ihm sein Mamluk und Vizekönig Ġiyāṯ ad-Dīn Balaban, derselbe, der nach ihm König wurde. Das Gefecht entbrannte, und die Truppen Raḍīyas wurden geschlagen. Sie selbst ergriff die Flucht, bis sie von Hunger und Müdigkeit übermannt wurde. Sie wandte sich an einen Ackerbauern, den sie beim Pflügen sah, und bat ihn um etwas zu essen. Er gab ihr ein Stück Brot, das sie aß. Dann überwältigte sie der Schlaf. Sie war in Männerkleidung, und als sie schlief, betrachtete sie der Bauer und erblickte unter ihrer Kleidung ein schmuckbesetztes Obergewand. Da wußte er, daß sie eine Frau war, tötete sie, zog ihr die Kleider aus, verjagte ihr Pferd und begrub sie auf seinem Feld. Er nahm einige ihrer Kleider und ging auf den Markt, um sie zu verkaufen. Aber die Menschen auf dem Markt schöpften Verdacht und brachten ihn zum Polizeikommandanten, der die oberste Gewalt hatte und ihn verprügeln ließ. Er gestand, sie getötet zu haben, und führte sie zu ihrem Grab. Sie wurde ausgegraben, gewaschen, in ein Leichentuch gehüllt und an der gleichen Stelle, an der auch eine Grabkuppel errichtet wurde, beigesetzt. Heute wird ihr Grab besucht und verehrt. Es liegt am Ufer des großen Stromes Ǧūn[90] in der Entfernung eines Farsaḫ von der Stadt.

Nach ihrem Tode herrschte Nāṣir ad-Dīn unangefochten zwanzig Jahre lang. Er war ein gottesfürchtiger Herrscher: Er kopierte mehrfach das Erhabene Buch, verkaufte die Kopien und ernährte sich von ihrem Erlös.[91] Qāḍī Kamāl ad-Dīn zeigte mir ein Exemplar aus seiner Hand: Es war mit vollendeter Kunst und in vollkommener Handschrift geschrieben. Später aber tötete ihn sein Stellvertreter Ġiyāṯ ad-Dīn Balaban und bestieg nach ihm den Königsthron.[92] Diesem Balaban war ein Abenteuer widerfahren, das ich erzählen werde.

Als Balaban seinen Herrn, Sultan Nāṣir ad-Dīn, getötet hatte, übte er nach

[89] Der Nachfolger Raḍīyas war zunächst Muʿizz ad-Dīn Bahram (1240–1242); ihm folgte von 1242–1246 ʿAlāʾ ad-Dīn Masʿūd, ein Sohn Rukn ad-Dīns: erst danach erklomm Nāṣir ad-Dīn Maḥmūd den Thron und herrschte von 1246–1266. Raḍīyas Gemahl war Iḫtiyār ad-Dīn at-Tuniyā, der zunächst den Aufstand gegen sie geleitet hatte. Als er von dem neuen Machthaber in Delhi aus dem Zentrum der Macht entfernt wurde, heiratete er Raḍīya und marschierte auf Delhi. Am 13. Oktober 1240 wurde er geschlagen, Raḍīya am folgenden Tag von Hindus getötet.

[90] Die Yamuna.

[91] Nāṣir ad-Dīn war ein kluger Herrscher, über dessen politisches Geschick freilich weniger bekannt ist als über seinen Hang zur Kalligraphie. Die hier erzählte Anekdote stimmt nach At-Tāzī auch mit anderen Quellen überein.

[92] Ġiyāṯ ad-Dīn Balaban, von Iletmiš 1233 als Mamluk gekauft, wurde von Nāṣir ad-Dīn zu Beginn seiner Regierung 1246 zum Kammerherrn befördert, wurde aber schnell der wahre Herr des Reiches, bis Nāṣir ad-Dīn am 18. Februar 1266 eines, wie es scheint, natürlichen Todes starb. Balaban folgte ihm unmittelbar nach und herrschte bis zu seinem Tode 1287.

ihm zwanzig Jahre lang die Herrschaft aus, nachdem er bereits zwanzig Jahre sein Vizekönig gewesen war. Er zählte zu den besten Sultanen, war gerecht, sanftmütig und wohltätig.[93] Unter seine Großtaten ist zu rechnen, daß er ein Haus baute, dem er den Namen ›Haus des Asyls‹ gab. Wer Schulden hatte und es betrat, sah sich von ihnen befreit, und wer sich aus Furcht hineinbegab, war in Sicherheit. Wenn es ein Mann betrat, der jemanden getötet hatte, so stellte der Sultan die Verwandten des Toten zufrieden. Auch wenn ein Verbrecher dort Zuflucht suchte, so versöhnte der Sultan jene, die ihn verfolgten. In diesem Haus wurde er bestattet, als er starb; ich habe sein Grab gesehen.

Es wird erzählt, daß ein Faqīr aus Buḫārā den kleinwüchsigen, häßlichen und armseligen Balaban sah und zu ihm sagte: »Du kleiner Türke!« Dies ist ein Ausdruck, mit dem man seine Verachtung kundtut. – Balaban antwortete: »Hier bin ich, mein Herr!« – Diese Worte gefielen dem Faqīr und er sagte: »Kaufe mir von diesen Granatäpfeln!«, und er zeigte ihm Granatäpfel, die auf dem Markte verkauft wurden. – Er erwiderte: »Gut«, holte einige Geldstücke hervor, denn mehr hatte er nicht, und kaufte ihm einige Granatäpfel. Als der Faqīr sie nahm, sagte er: »Dafür gebe ich dir das Königreich von Indien.« – Balaban küßte sich auf die Hand und sagte: »Ich nehme es an und bin zufrieden.« Diese Worte setzten sich in seinem Herzen fest.

Nun geschah es, daß Sultan Šams ad-Dīn einen Kaufmann aussandte, der ihm in Samarqand, Buḫārā und Tirmiḏ Mamluken kaufen sollte. Er erwarb hundert Mamluken, unter denen sich auch Balaban befand. Als er mit ihnen zum Sultan kam, gefielen sie ihm alle mit Ausnahme von Balaban wegen dessen häßlichen Aussehens, von dem ich gesprochen habe. Er sagte: »Den nehme ich nicht.« – Da sagte Balaban: »O Herr der Welt! Für wen hast du diese Mamluken gekauft?« – Der Sultan lachte und antwortete: »Ich habe sie für mich gekauft.« – Da erwiderte Balaban: »Dann kaufe mich um Gottes willen!« – Da gab der Sultan zur Antwort: »Nun gut.« Er nahm ihn und reihte ihn unter seine Mamluken ein, aber er wurde verachtet und den Wasserträgern zugeteilt. Da sagten die Männer, die in den Sternen lesen konnten, zu Sultan Šams ad-Dīn: »Einer deiner Mamluken wird das Königreich aus den Händen deines Sohnes an sich reißen und in Besitz nehmen.« Immer wieder sprachen sie so zu ihm, aber er achtete wegen seiner Frömmigkeit und Gerechtigkeit nicht auf ihre Worte, bis sie es auch der Großen Ḫātūn und Mutter seiner Söhne sagten, die es dem Sultan wiederholte. Jetzt machte es Eindruck auf ihn, er ließ die Sterndeuter holen und fragte: »Erkennt ihr den Mamluken, der meinem Sohn das Königreich entwenden wird, wenn ihr ihn seht?« – Sie erwiderten: »Gewiß, wir haben ein Zeichen, an dem wir ihn erkennen werden.« Da befahl

[93] Diese Sanftmut geht nach At-Tāzī aus anderen Quellen, welche die Niederschlagung des Aufstands in Bengalen 1280 schildern, nicht hervor. Das im folgenden erwähnte Grabmal besteht noch im Südosten der alten Stadt in der Nähe der Ǧamālī-Moschee.

der Sultan, seine Mamluken antreten zu lassen, und setzte sich vor sie. Rang für Rang traten sie heran, die Sterndeuter betrachteten sie und sagten: »Wir sehen ihn noch nicht.« Als die Mittagszeit gekommen war, sagten die Wasserträger zueinander: »Wir sind hungrig, werfen wir einige Münzen zusammen und schicken wir einen von uns auf den Markt, damit er uns etwas zu essen kauft!« Sie sammelten einige Dirhams und schickten Balaban damit los, denn niemand unter ihnen war verachteter als er. Er fand aber auf dem Markt nicht, was sie wollten, ging auf einen anderen Markt und verspätete sich. Unterdessen war die Reihe, vor dem Sultan anzutreten, an die Wasserträger gekommen, aber er war noch nicht zurückgekehrt. Sie nahmen seinen Wasserschlauch und sein gesamtes Eßgeschirr, legten sie einem jungen Burschen über die Schultern und ließen diesen vortreten, als sei er Balaban. Als der Name Balaban gerufen wurde, trat der junge Mann vor, aber die Parade ging zu Ende, ohne daß die Sterndeuter das Gesicht gesehen hätten, das sie suchten. Erst jetzt kehrte Balaban zurück, denn Gott wollte, daß sein Schicksal sich erfüllte. Es zeigte sich in der Folge sein edler Charakter: Er wurde zum ersten Wasserträger, danach zum ersten Truppenoffizier und schließlich zum obersten Emir ernannt.

Sultan Nāṣir ad-Dīn hatte, noch bevor er auf den Thron gelangt war, Balabans Tochter geheiratet und machte ihn, als er König geworden war, zwanzig Jahre lang zu seinem Stellvertreter. Dann aber brachte dieser ihn um und bestieg selbst den Thron, den er zwanzig weitere Jahre innehatte, wie ich schon gesagt habe. Balaban hatte zwei Söhne: Der eine war der Ḫān und Held des heiligen Krieges, der erwählte Nachfolger und Statthalter seines Vaters im Sind mit Sitz in Multān, der in einem Krieg gegen die Tataren fiel und zwei Söhne, Kaiqubād und Kaiḫusrau, hinterließ.[94] Sultan Balabans zweiter Sohn hieß Nāṣir ad-Dīn und war Statthalter seines Vaters in Laknautī und Binğāla.[95]

Als der Hān und Märtyrer im Glaubenskampfe gefallen war, setzte Sultan Balaban dessen Sohn Kaiḫusrau als Thronerben ein und überging seinen eigenen Sohn Nāṣir ad-Dīn. Dieser aber hatte selbst einen Sohn, der in der Hauptstadt Delhi bei seinem Großvater lebte und sich Muʿizz ad-Dīn[96] nannte; dieser

[94] Dieser ›Ḫān Šahīd‹ war Balabans erster Sohn namens Maḥmūd, dem die Förderung von Wissenschaft und Literatur nachgerühmt wird. Er fiel in einem Feldzug gegen die Mongolen am 7. März 1285. Sein Grab steht neben dem seines Vaters. Er hinterließ aber nur einen einzigen Sohn, nämlich Kaiḫusrau. Der im Text erwähnte Kaiqubād war Sohn des zweiten Sohnes Balabans, der Nāṣir ad-Dīn hieß und Balabans unmittelbarer Nachfolger war.

[95] Laknautī war damals die Hauptstadt Bengalens (›Binğāla‹) und entspricht der Ruinenstätte von Gaur bei Rājshāhi an der Grenze Indiens mit dem heutigen Bangla Desh, etwa 250 Kilometer nördlich von Calcutta. Balaban ernannte seinen Sohn Nāṣir ad-Dīn nach der Niederwerfung des bengalischen Aufstands von 1280 zum Statthalter Bengalens.

[96] Identisch mit dem vorgenannten Kaiqubād.

übernahm nach dem Tode seines Großvaters, noch zu Lebzeiten seines Vaters und unter sonderbaren Umständen die Herrschaft, wovon ich nun berichten werde.

Als Sultan Ġiyāṯ ad-Dīn eines Nachts starb, befand sich sein Sohn Nāṣir ad-Dīn in Laknautī. Zu seinem Nachfolger hatte er seinen Enkel, den Gotteskrieger Kaiḫusrau, ausgerufen. Der oberste Emir und Stellvertreter des Sultans Ġiyāṯ ad-Dīn war ein Gegner Kaiḫusraus und griff zu einer List, die ihm glückte.[97] Er schrieb ein Treuebekenntnis, fälschte aber die Handschrift der obersten Emire, so daß es schien, als hätten sie Muʿizz ad-Dīn, dem Enkel Balabans, gehuldigt. Damit ging er zu Kaiḫusrau und sagte, als sei er ihm wohlgesonnen: »Die Emire haben dem Sohn deines Onkels Treue geschworen, und ich habe Angst um dich wegen ihrer Umtriebe.« – Da antwortete Kaiḫusrau: »Welchen Ausweg gibt es?« – Er antwortete: »Rette dich und fliehe in den Sind!« – Da gab er zurück: »Wie soll ich fliehen, wenn die Tore versperrt sind?« – Er antwortete: »Ich habe den Schlüssel und werde dir öffnen.« – Kaiḫusrau dankte ihm und küßte seine Hand. Nun sagte der Emir: »Reite sofort los!« So ritt er mit seinen Verwandten und Mamluken davon, das Tor wurde ihm geöffnet, er ritt hindurch und das Tor wurde hinter ihm wieder geschlossen.[98] Nun bat der Emir bei Muʿizz ad-Dīn um Einlaß und huldigte ihm. Da sagte dieser: ›Wie kann das sein, wenn die Nachfolge dem Sohn meines Onkels übertragen wurde?‹ Da entdeckte ihm der Emir, welche List er ersonnen und wie er den Vetter aus der Stadt gelassen hatte. Da dankte Muʿizz ad-Dīn ihm, ging mit ihm zum Königspalast hinüber und schickte nach den Emiren und Höflingen. Sie huldigten ihm noch in der gleichen Nacht. Am nächsten Morgen leistete ihm auch das übrige Volk den Treueid, und so war er König geworden.

Sein Vater aber lebte noch im Lande Binǧāla und in Laknautī, wo ihn diese Nachricht erreichte. Er sagte: »Ich habe das Reich geerbt. Wie kann mein Sohn die Herrschaft antreten und die Macht ausüben, solange ich noch am Leben bin?« Er mobilisierte seine Truppen und wandte sich gegen die Hauptstadt Delhi. Auch sein Sohn stellte seine Soldaten auf, um die Stadt zu verteidigen. Sie begegneten sich in der Nähe der Stadt Karā am Fluß Kank, zu dem die Hindus wallfahren.[99] Nāsir ad-Dīn schlug, als er Karā erreichte, sein Lager am Flußufer auf, während sein Sohn, Sultan Muʿizz ad-Dīn, am anderen Ufer Lager machte, so daß zwischen beiden der Fluß lag. Sie entschlossen sich zum Kampf, doch Gott der Erhabene wollte das Blut der Muslime schonen, und das Herz Nāṣir ad-Dīns füllte sich mit Mitleid für seinen Sohn, so daß er sagte: »Wenn mein

97 Bei diesem Intriganten handelte es sich um Faḫr ad-Dīn, den Polizeikommandanten von Delhi.

98 In Wirklichkeit befand sich Kaiḫusrau zum Zeitpunkt des Todes Balabans schon in Multān im Sind.

99 Diese Begegnung fand statt im März 1288 am Gaghra, einem Nebenfluß des Ganges.

Sohn herrscht, so ist dies auch eine Ehre für mich; es ist gerechter von mir, dies zu wünschen.« Da senkte Gott Demut vor seinem Vater ins Herz von Sultan Muʿizz ad-Dīn. Je einzeln und ohne ihre Soldaten bestiegen sie ein Schiff und trafen sich in der Flußmitte. Der Sultan küßte den Fuß seines Vaters und bat um Verzeihung. Da sagte der Vater zu ihm: »Ich schenke dir mein Königreich und vertraue es dir an.« Er leistete ihm den Treueschwur und wollte in sein Land umkehren, aber der Sohn sagte zu ihm, er solle unbedingt in seine Länder kommen. So gingen sie gemeinsam nach Delhi und betraten den Palast. Der Vater ließ seinen Sohn auf dem Thron Platz nehmen und nahm vor ihm Aufstellung. Die Begegnung, die auf dem Fluß zwischen ihnen stattgefunden hatte, wurde das ›Treffen der zwei Glückssterne‹ genannt, weil es Blutvergießen verhindert hatte, sie einander das Königreich geschenkt und vom Kampf gegeneinander Abstand genommen hatten. Die Dichter feierten das Ereignis sehr.

Nāṣir ad-Dīn kehrte in seine Provinzen zurück, verstarb dort einige Jahre später und hinterließ eine Nachkommenschaft, zu der auch Ġiyāṯ ad-Dīn Bahādūr gehörte[100], den Sultan Tuġluq gefangensetzen ließ und den nach dessen Tode sein Sohn Muḥammad Tuġluq wieder in Freiheit setzte. Muʿizz ad-Dīn behielt die Macht noch vier Jahre lang, in denen ein Fest dem anderen folgte. Ich lernte jemanden kennen, der die Jahre noch erlebt hatte, das Wohlergehen des Landes beschrieb und die niedrigen Preise sowie die Großmut und Freigebigkeit Muʿizz ad-Dīns pries. Er war es gewesen, der das Minarett im Nordhof der Großen Moschee von Delhi erbaute, das in der Welt nicht seinesgleichen hat.

Ein Inder erzählte mir, daß Muʿizz ad-Dīn sehr den Frauen und dem Trunk zugetan und von einer Krankheit befallen war, die kein Arzt heilen konnte, ja, daß eine seiner Seiten ausgetrocknet war. Da erhob sich sein Stellvertreter Ǧalāl ad-Dīn Fīrūz Šāh al-Ḫalaǧī gegen ihn.[101]

Als Sultan Muʿizz ad-Dīn auf einer Seite von der Austrocknung befallen war, wie ich erzählte, wandte sich sein Stellvertreter Ǧalāl ad-Dīn gegen ihn, rückte an den Rand der Stadt hinaus und lagerte an einem Hügel neben einer Grabkuppel, die als Ǧaišānī-Kuppel bekannt war. Muʿizz ad-Dīn schickte ihm zum Kampf seine Emire entgegen. Aber alle, die er ausgeschickt hatte, leisteten Ǧalāl ad-Dīn den Treueschwur und liefen zu ihm über. Sie kehrten in die Stadt zurück und belagerten ihn drei Tage lang in seinem Palast. Ein Augenzeuge berichtete mir, daß Sultan Muʿizz ad-Dīn während dieser Tage hungrig

[100] Nāṣir ad-Dīn regierte unter dem Namen Šāh Buġra bis 1291; ihm folgten seine Söhne. Ġiyāṯ ad-Dīn Bahādūr war sein Enkel, dessen Geschichte später erzählt werden wird.

[101] Ǧalāl ad-Dīn Fīrūz war aus dem türkischen Stamm der Ḫalaǧ, der seit langem um die afghanische Stadt Ġazna siedelte. Da er als Afghane angesehen wurde, beobachteten sowohl die herrschenden türkischen Familien wie auch das Volk von Delhi sein Machtstreben mit Argwohn.

wurde, aber nichts zu essen fand. Ein Šarīf, einer seiner Schützlinge, schickte ihm das Nötigste für seinen Unterhalt, aber da drangen sie in seinen Palast ein und Muʿizz ad-Dīn wurde getötet. Ǧalāl ad-Dīn folgte ihm nach, ein sanftmütiger und vortrefflicher Mann, dessen Milde zu seiner Ermordung führte, wie ich noch erzählen werde. Er übte einige Jahre lang die Herrschaft aus[102] und ließ den nach ihm benannten Palast errichten, den gleichen, den Sultan Muḥammad seinem Schwager, Emir Ġadā bin Muhannā, überließ, als er ihn mit seiner Schwester verheiratete, wie noch zu berichten sein wird.[103]

Sultan Ǧalāl ad-Dīn hatte einen Sohn Rukn ad-Dīn und einen Neffen namens ʿAlāʾ ad-Dīn, den er mit seiner Tochter verheiratet und dem er die Statthalterschaft über die Stadt Karā sowie über Mānikbūr und das zugehörige Land übertragen hatte.[104] Es gehörte zu den fruchtbarsten Provinzen Indiens, in dem es Überfluß an Weizen, Reis und Zucker gab und in dem feinste Tuche hergestellt werden, die man bis in das achtzehn Tage entfernte Delhi bringt. Die Gattin ʿAlāʾ ad-Dīns quälte ihn, und er beklagte sich ständig über sie bei seinem Onkel, Sultan Ǧalāl ad-Dīn, so daß es ihretwegen zum Zerwürfnis zwischen den beiden Männern kam. ʿAlāʾ ad-Dīn war ein kluger, kühner, fähiger und siegreicher Mann, in dessen Herz sich der Wunsch nach der Herrschaft fest verankert hatte. Allerdings besaß er bis auf das, was er sich mit seinem eigenen Schwert durch Plünderung der Reichtümer Ungläubiger erworben hatte, nichts. Da geschah es, daß er eines Tages einen Raubzug nach Duwīqīr, das man auch das Land Kataka nennt, unternahm, von dem ich noch sprechen werde. Es ist die Hauptstadt des Landes Mālwa und Marhata.[105] Ihr Sultan war der mächtigste Sultan der Ungläubigen.[106] Auf diesem Raubzug

102 Von 1290 bis 1296.

103 Auf diesen, den sogenannten Roten Palast (Kušk-i Laʿl), wird Ibn Baṭṭūṭa im folgenden Kapitel noch zu sprechen kommen. Er liegt in der alten Stadt von Delhi, wurde aber noch von Balaban errichtet. Galāl ad-Dīn Firūz dagegen baute den Grünen Palast in Kiloḫrī, zehn Kilometer im Nordosten der alten Stadt am Ufer der Yamuna, der eine Erweiterung des Palastes des Muʿizz ad-Dīn Kaiqubād darstellte.

104 Meist in der Zusammenfassung Karā-Manikpur anzutreffen; dieses Lehen lag im Nordwesten von Allahabad am Ganges. Zur Zeit von Ǧalāl ad-Dīn Fīrūz wurde es von Tschadschu Chan, einem Neffen Balabans, gehalten, der es bis zu seinem Aufstand auch behielt. Danach wurde es eingezogen und ʿAlāʾ ad-Dīn, Neffe und Nachfolger Ǧalāl ad-Dīns, ausgehändigt.

105 Deoghir, von Muḥammad Tuġluq in Daulatabad umbenannt, der dort seine neue, zentraler gelegene Hauptstadt gründete, nordöstlich des heutigen Aurangabad im Bundesstaat Mahārashtra (im Text: ›Marhata‹). Die Provinz Malwa liegt weiter nördlich neben dem Bundesstaat Gujarat.Zu Kataka vgl. das Kapitel ›Durch Südindien‹.

106 Es war Ramashandra, der ʿAlāʾ ad-Dīn zunächst zurückwarf, sich ihm aber dann doch geschlagen geben mußte. Wenn die Anekdote vom ausgegrabenen Schatz möglicherweise auch ins Reich der Legende gehört, so soll ʿAlāʾ ad-Dīns Beute doch so groß gewesen sein, daß sie ihm die Machtergreifung ermöglichte.

strauchelte das Reittier mit ʿAlāʾ ad-Dīn, als es gegen einen Stein trat. Da hörte er ein Klingeln, befahl, unter dem Stein zu graben, und fand einen gewaltigen Schatz, den er unter seinen Gefährten verteilte. Er kam nach Duwīqīr, dessen Sultan sich unterwarf und ihm die Stadt nebst großen Geschenken ohne weitere Kämpfe übergab. Sodann kehrte er nach Karā zurück, schickte seinem Onkel aber nichts von seiner Beute. Doch diesen hetzte man gegen ihn auf, so daß der Sultan ihn zu sich rief. Doch als er sich weigerte, zu ihm zurückzukehren, sagte Sultan Ǧalāl ad-Dīn: »Ich gehe zu ihm und hole ihn zurück, denn er nimmt bei mir die Stelle eines Sohnes ein.« Er ließ seine Truppen aufmarschieren und legte den Weg rasch zurück, bis er bei Karā am Flußufer sein Lager aufschlug, wo auch Sultan Muʿizz ad-Dīn gelagert hatte, als er gegen seinen Vater Nāṣir ad-Dīn zu Felde gezogen war. Auf dem Fluß schiffte er sich ein, um zu seinem Neffen zu gelangen, der in der Absicht, seinen Onkel zu vernichten, ein zweites Schiff bestiegen hatte. Er sagte zu seinen Gefährten: »Sobald ich ihn umarme, tötet ihr ihn!« Als beide sich in der Flußmitte begegneten, umarmte der Neffe seinen Onkel, den seine Gefährten daraufhin meuchlings umbrachten, wie es verabredet war. Er bemächtigte sich nun der alleinigen Herrschaft und stellte die Soldaten unter seinen Befehl.[107]

Nachdem er seinen Onkel hatte töten lassen, vereinigte er alle Macht im Königreich auf sich, und auch die meisten Truppen seines Onkels gingen zu ihm über. Einige aber kehrten nach Delhi zurück und sammelten sich um Rukn ad-Dīn.[108] Dieser rückte aus, um ʿAlāʾ ad-Dīn abzuwehren, floh aber, als die Truppen geschlossen zu ʿAlāʾ ad-Dīn überliefen, in den Sind. ʿAlāʾ ad-Dīn betrat den Sultanspalast und herrschte zwanzig Jahre. Er wurde einer der besten Sultane, und das Volk Indiens lobte ihn aufs höchste. In eigener Person untersuchte er alle Angelegenheiten seiner Untertanen, erkundigte sich nach den Preisen und ließ ihretwegen täglich den Marktaufseher, den sie dort ›raʾīs‹ nennen, zu sich kommen.[109] Es wird erzählt, er habe ihn eines Tages gefragt, warum der Preis für Fleisch so stark gestiegen sei, und erhielt zur Antwort, daß es an den hohen Abgaben auf Rindvieh läge. Daraufhin ordnete er an, die Abgabe abzuschaffen und die Händler vor ihn zu führen. Er gab ihnen Geld und sagte: »Kauft davon Ochsen und Hammel und verkauft sie wieder! Der Erlös

[107] Ibn Baṭṭūṭas Bericht stimmt nach At-Tāzī bis aufs Wort mit den anderen Quellen überein. Ǧalāl ad-Dīn Fīrūz' Ermordung fiel auf den 19. Juli 1296.

[108] Galāl ad-Dīns auserwählter Thronerbe war sein Sohn Arḥalī Chan, der sich, als diese Ereignisse sich zutrugen, als Statthalter in Multān aufhielt. Dieses Vakuum in Delhi nutzte Galāl ad-Dīns Witwe dazu, ihren zweiten Sohn Qadr Chan unter dem Thronnamen Rukn ad-Dīn Ibrāhīm zum Sultan auszurufen, der aber, als ʿAlā ad-Dīn sich der Stadt näherte und am 22. Oktober 1296 die Stadt betrat, die Flucht ergriffen hatte.

[109] Ibn Baṭṭūṭa verwendet hier den Ausdruck ›muḥtasib‹, der im Arabischen den Marktaufseher bezeichnet (vgl. span. ›almotacén‹: ›Inspektor der Maße und Gewichte‹). Im Osten des arabischen Sprachraums wurde ›rāʾis‹ eher für den Polizeichef verwendet.

kommt dem Staatsschatz zu und ihr erhaltet einen Lohn für euren Verkauf.« So handelten sie denn auch. Ebenso tat er es mit Tuchen aus Daulat Ābād. Als der Kornpreis stieg, ließ er die Vorratsläger öffnen und Getreide verkaufen, bis die Preise sanken. Man erzählt, daß er, als einmal die Preise wieder anstiegen, befahl, das Korn sei zu dem von ihm selbst festgesetzten Preise zu verkaufen. Die Menschen aber weigerten sich, es zu diesem Preis zu verkaufen. Daraufhin ordnete er an, daß nur Korn aus den Vorratsspeichern verkauft werden dürfe, und sechs Monate lang ließ er es an die Menschen verkaufen. Da fürchteten die Kornbesitzer, ihr Getreide würde durch Wurmfraß verderben, und sie wünschten, wieder verkaufen zu dürfen. Er erlaubte es ihnen, verlangte aber einen noch niedrigeren Preis als den früheren, zu dem sie sich geweigert hatten.[110]

Niemals ritt er zum Freitagsgebet, zu einem Fest oder zu einem anderen Anlaß aus. Der Grund dafür war, daß er einen Neffen hatte, der Sulaimān Šāh[111] hieß und den er liebte und ehrte. Eines Tages war er mit ihm auf die Jagd geritten. Dieser plante in seinem Herzen, seinem Onkel anzutun, was dieser seinem Onkel Ǧalāl ad-Dīn angetan hatte, nämlich ihn zu ermorden. Als dieser abstieg, um sein Mittagsmahl zu halten, schoß er einen Pfeil auf ihn ab und streckte ihn zu Boden. Ein Sklave aber deckte ihn mit einem Schild, und als der Neffe kam, um ihm den Gnadenstoß zu geben, sagten die Sklaven, er sei tot. Er glaubte ihnen, stieg auf sein Pferd, ritt zum Palast und ging in die Frauengemächer. Sultan ʿAlāʾ ad-Dīn erholte sich aus seiner Ohnmacht, stieg aufs Pferd und sammelte seine Krieger um sich. Der Neffe floh, wurde aber eingeholt, zu ihm gebracht und getötet. Danach stieg der Sultan nie mehr auf ein Pferd.

Die Söhne des Sultans hießen Ḫiḍr Ḫān, Šādī Ḫān, Abū Bakr Ḫān, Mubārak Ḫān – dieser hieß auch Quṭb ad-Dīn und wurde König – sowie Šihāb ad-Dīn. Quṭb ad-Dīn wurde von seinem Vater unterdrückt, schlecht behandelt und geringgeschätzt. Allen seinen Söhnen hatte der Sultan einen Ehrenrang gegeben, indem er ihnen Standarten und Trommeln zuteilte. Ihm dagegen gab er nichts, sagte aber eines Tages zu ihm: »Ich muß dir das Gleiche geben wie deinen Brüdern.« – Da antwortete Quṭb ad-Dīn: »Gott wird es mir geben.« Diese Worte erschreckten den Vater, und er begann sich vor ihm zu fürchten. Bald darauf wurde er von der Krankheit befallen, an der er starb. Seine Gemahlin, die auch

110 Nach den Mongoleneinfällen des frühen 14. Jahrhunderts benötigte ʿAlāʾ ad-Dīn ein starkes Heer, das er gut besolden mußte. Anstatt den Sold zu erhöhen, zog er eine Senkung der Lebensmittelpreise vor, die sich aufgrund der allgemeinen Inflation erhöht hatten, die mit dem Zustrom des Beutegoldes aus den Feldzügen nach Südindien einherging. Er schuf ein Einkaufsmonopol, das die Bauern zwang, ihre Ernte zu Festpreisen an bestimmte Händler zu verkaufen, die es ebenfalls zu Festpreisen verkaufen mußten, in denen er ihnen aber eine Gewinnspanne beließ. So wurden auch die großen Staatsvorräte geschaffen, die Ibn Baṭṭūṭa vorfand, als er das Land 30 Jahre später betrat.

111 Nach anderen Quellen hieß er Aqaṭ Šāh.

die Mutter seines Sohnes Ḫiḍr Ḫān war, hieß Māh Ḥaqq, worin ›māh‹ in ihrer Sprache ›Mond‹ bedeutet. Sie hatte einen Bruder namens Sanǧar, mit dem sie einen Bund schloß, um ihren Sohn Hiḍr Ḫān zum Königtum zu verhelfen.[112] Davon erfuhr der Erste Emir des Sultans Malik Nāʾib, der den Beinamen ›Al-Alfī‹ trug, weil der Sultan ihn für tausend Tanka, also für 2.500 maġribinische Dinare, erworben hatte.[113] Er verriet dem Sultan, was die beiden vereinbart hatten, und dieser sagte zu seinen Vertrauten: »Wenn Sanǧar bei mir eintritt, schenke ich ihm ein Gewand. Sobald er es anlegt, packt ihn an den Ärmeln, werft ihn auf den Boden und erwürgt ihn!« Als Sanǧar kam, taten sie es so und brachten ihn um.

Ḫiḍr Ḫān hielt sich zu dieser Zeit an einem Ort namens Sandabat[114], eine Tagesreise von Delhi entfernt, auf, um die Grabstätten einiger Gotteskrieger zu besuchen, die dort bestattet sind, weil er ein Gelübde abgelegt hatte, diesen Weg zu Fuß zu gehen und für das Wohlergehen seines Vaters zu beten. Als ihn aber die Nachricht erreichte, sein Vater habe seinen Onkel getötet, fiel er in größte Trauer und zerriß sein Obergewand, wie es die Inder zu tun pflegen, wenn jemand, den sie lieben, gestorben ist. Dies kam seinem Vater zu Ohren, der es ihm sehr übelnahm und ihn aufs heftigste schalt und zurechtwies, als er zu ihm kam. Dann befahl er, daß er an Händen und Füßen gefesselt werden sollte, lieferte ihn an Malik Nāʾib aus, von dem schon die Rede war, und befahl, ihn auf die Festung Kāliyūr, die auch Kuyāliyūr genannt wird, zu schaffen.[115] Es ist eine einsam gelegene uneinnehmbare Festung inmitten einer Landschaft, die nur von ungläubigen Hindus bewohnt wird und zehn Tagesreisen von Delhi entfernt ist; ich habe dort auch eine Zeitlang gewohnt. Als Malik Nāʾib ihn in diese Festung gebracht hatte, übergab er ihn an den Kutwāl, wie der Festungskommandant genannt wird, und an die Soldaten. Er sagte zu ihnen: »Ihr sollt nicht sagen, daß dies der Sohn des Sultans ist und ihr ihn deshalb ehrenvoll zu behandeln habt. Er ist vielmehr sein erbittertster Feind; bewacht ihn, wie ihr einen Feind

112 Diese Königin trug den Titel Malikat Gihān und hieß Mahru. Sie war die Schwester Malik Sanǧars, desselben, der Ǧalāl ad-Dīn Fīrūz mit eigener Hand getötet hatte und unter ʿAlāʾ ad-Dīn zu einem der führenden Fürsten aufgestiegen war. Nachdem er seine Tochter 1312 mit Ḫiḍr Chan verheiratet hatte, betrieb er energisch dessen Thronbesteigung.

113 Malik Nāʾib (›Vizekönig‹) war Kāfūr, ein Hindu, der im Jahre 1297 bei der Plünderung von Khambāt im Gujarat für 1.000 Dinar gekauft worden war. Er stieg in den letzten Jahren von ʿAlāʾ ad-Dīn zu großem Einfluß auf. Er soll es gewesen sein, der die Beseitigung der gesamten königlichen Familie in die Wege leitete und, allerdings ohne Wissen des Sultans, mit der Vernichtung Sanǧars und seines Anhangs begann.

114 Sonipat im Norden Delhis.

115 Gwalior, südlich von Delhi und Agra, Standort eines späteren Staatsgefängnisses; Ibn Baṭṭūṭa wird den Ort nach seiner Abreise aus Delhi besuchen (vgl. Kapitel ›Durch Südindien‹).

bewacht!« Die Krankheit des Sultans verschlimmerte sich, und er sagte zu Malik Nā'ib: »Schicke jemanden, der mir meinen Sohn Ḫiḍr Ḫān herbeiholt, damit ich ihm meine Nachfolge übertrage.« – Malik Nā'ib antwortete: »Gut«, aber er ließ sich Zeit damit und wenn er nach ihm gefragt wurde, gab er zur Antwort: »Er kommt bald an«, bis der Sultan starb.

Als Sultan ʿAlāʾ ad-Dīn gestorben war, setzte Malik Nāʾib dessen jüngsten Sohn Šihāb ad-Dīn auf den Thron.[116] Das Volk leistete ihm den Treueid, aber Malik Nāʾib beherrschte ihn, blendete Abū Bakr Ḫān und Šādī Ḫān, schickte beide nach Kāliyūr und befahl, daß auch ihr Bruder Ḫiḍr Ḫān geblendet werden solle, der dort schon gefangen saß. Auch sie wurden eingekerkert, ebenso wie Quṭb ad-Dīn, den man aber nicht blendete. Sultan ʿAlāʾ ad-Dīn hatte zwei Mamluken gehabt, die zu seinen Vertrauten gehört hatten, von denen der eine Bašīr, der andere Mubšir hieß. Diese ließ die Großḫātūn und Gemahlin ʿAlāʾ ad-Dīns zu sich kommen.[117] Sie war die Tochter Muʿizz ad-Dīns, erinnerte die beiden Mamluken an die Güte ihres Herrn und sagte zu ihnen: »Ihr wißt, was dieser Sklave Nāʾib Malik meinen Söhnen angetan hat; er will auch Quṭb ad-Dīn töten.« – Da sagten sie zu ihr: »Du wirst sehen, was wir tun.« Nun pflegten sie in der Nähe von Malik Nāʾib zu übernachten. Noch in derselben Nacht drangen sie in Waffen zu ihm vor. Er befand sich in einer Kammer aus Holz, die mit Stoffen ausgeschlagen war und die sie dort ›ḫuramqa‹[118] nennen. In ihr pflegte er in der Regenzeit auf dem Dach des Palastes zu schlafen. Zufällig nahm er einem der beiden das Schwert aus der Hand, schwang es und gab es ihm zurück. Der Mamluk schlug zu und sein Kamerad versetzte ihm einen zweiten Hieb. Dann schlugen sie ihm den Kopf ab, brachten ihn zu Quṭb ad-Dīn ins Gefängnis, warfen ihm den Kopf vor die Füße und befreiten ihn. Dieser ging zu seinem Bruder Šihāb ad-Dīn und blieb einige Tage bei ihm, als sei er sein Stellvertreter. Dann aber entschloß er sich, ihn abzusetzen, und führte diesen Beschluß auch durch.

Quṭb ad-Dīn setzte seinen Bruder Šihāb ad-Dīn ab, schnitt ihm einen Finger ab und schickte ihn nach Kāliyūr, wo er mit seinen Brüdern eingekerkert wurde.[119] Quṭb ad-Dīn trat die Herrschaft an und begab sich von der Hauptstadt Delhi nach Daulat Ābād, das vierzig Tagesreisen entfernt ist. Der Weg dorthin

[116] ʿAlāʾ ad-Dīn starb am 5. Januar 1316. Kāfūr setzte dessen jüngsten Sohn Šihāb ad-Dīn ʿUmar, der gerade fünf oder sechs Jahre alt war, als Sultan ein.

[117] Die Witwe ʿAlāʾ ad-Dīns war Tochter Ramashandras, des indischen Herrschers von Deogir, und Mutter Šihāb ad-Dīns. Nach einer anderen Quelle aber war es Quṭb ad-Dīn Mubārak, der Bašīr und Mubšir, die ihn aufgesucht hatten, um ihn zu ermorden, ›umdrehte‹ und gegen Kāfūr aufwiegelte. Kāfūr fiel am 4. Februar 1316 einem Mordanschlag zum Opfer.

[118] Zimmer der Zuflucht oder der Erholung, des Vergnügens.

[119] Šihāb ad-Dīn wurde von seinem Bruder abgesetzt und geblendet; am 19. April 1316 bestieg Quṭb ad-Dīn selbst den Thron.

ist von Weiden und anderen Bäumen umgeben, so daß jeder, der ihn beschreitet, meint, er befände sich in einem Garten. Auf jeder Meile stehen drei Poststationen, deren Anordnung ich schon beschrieben habe, und an jeder Station findet der Reisende alles, was er braucht. So kommt es, daß er glaubt, er gehe vierzig Tage lang über einen Markt, und so setzt dieser Weg sich sechs Monate lang bis ins Land von Talink und Maʿbar fort.[120] An jeder Station stehen ein Palast für den Sultan und ein Hospiz für Reisende. Auch arme Leute, die keine Wegzehrung mitnehmen können, leiden keinen Mangel.

Als Sultan Quṭb ad-Dīn zu dieser Reise aufbrach[121], verschworen sich einige Emire gegen ihn und kamen überein, seinen gefangenen Neffen Ḫiḍr Ḫān auf den Thron zu setzen, der erst etwa zehn Jahre alt war und sich beim Sultan befand. Aber dieser erfuhr davon, nahm seinen Neffen, ergriff ihn bei den Füßen und schlug seinen Kopf an die Steine, bis sein Gehirn hervorspritzte. Dann schickte er einen Emir namens Malik Šāh nach Kāliyūr, wo sich der Vater und die Onkel dieses Kindes aufhielten, und befahl, sie alle umzubringen.

Der Richter Zain ad-Dīn Mubārak, der Qāḍī dieser Zitadelle, hat mir folgendes erzählt: »Malik Šāh kam eines frühen Morgens zu uns, als ich gerade bei Ḫiḍr Ḫān in seiner Zelle war. Als er von seiner Ankunft erfuhr, bekam er Angst und wechselte die Farbe. Als der Emir zu ihm hereintrat, fragte er: ›Warum bist du gekommen?‹ – Er antwortete: ›Auf Wunsch des Herrn der Welt.‹ – Er fragte daraufhin: ›Bin ich in Sicherheit?‹ – Er erwiderte: ›Gewiß‹, ging hinaus und ließ den Festungskommandanten und die Soldaten antreten, die dreihundert Mann zählten. Dann rief er mich und die Gerichtsdiener und zeigte den Befehl des Sultans. Sie verlasen ihn, gingen zum abgesetzten Sultan Sihāb ad-Dīn und schlugen ihm den Kopf ab. Er war standhaft und ohne Furcht. Dann köpften sie Abū Bakr Ḫān und Šādī Ḫān. Als sie kamen, um auch Ḫiḍr Ḫān zu enthaupten, erstarrte er vor Entsetzen. Seine Mutter war bei ihm. Sie schlossen die Türe hinter ihr und töteten ihn. Sie schleppten sie alle in einen Graben, ohne sie ins Totentuch zu legen und ohne sie zu waschen. Erst nach Jahren grub man sie aus und bestattete sie in den Gräbern ihrer Vorfahren.« Ḫiḍr Ḫāns Mutter lebte noch einige Jahre; ich hatte sie im Jahre 728[122] in Mekka gesehen.

120 Telingana im östlichen Zentrum der indischen Halbinsel mit dem Hauptort Warangal im Norden des heutigen Bundesstaates Andhra Pradesh. Maʿbar ist die arabische Bezeichnung für die indische Koromandelküste, die Ostküste des indischen Archipels.

121 Es war ein im Jahre 1318 begonnener Feldzug gegen Hurapaladeva, den Schwiegersohn Ramashandras, der nach dem Tode ʿAlāʾ ad-Dīns seine Unabhängigkeit erklärt hatte. Von der im folgenden von Ibn Baṭṭūṭa erwähnten Verschwörung ist zwar aus anderen Quellen nichts bekannt, allerdings sind aus dem Jahre 1318/19 Münzen gefunden worden, die in Delhi geprägt wurden und den Namen eines im übrigen unbekannten Šams ad-Dīn Maḥmūd Šāh tragen.

122 A.D. 1327.

Die Zitadelle Kāliyūr liegt auf einem hohen Felsen und erweckt den Anschein, als sei sie aus dem Felsen herausgehauen worden. Kein Berg steht in ihrer Nähe. In ihrem Inneren stehen Wasserzisternen, und etwa zwanzig gemauerte Brunnen sind angelegt worden. Steinschleudern und Flammenwerfer sind in ihr aufgestellt. Zur Festung steigt man auf einem breiten Weg hoch, den auch Elefanten und Pferde begehen können. Am Tor steht ein steinerner Elefant und über ihm das Abbild eines Elefantentreibers. Sieht man die Figuren aus der Ferne, zweifelt man nicht, daß es sich um einen wahrhaftigen Elefanten handelt. Unterhalb der Festung liegt ein hübsches Städtchen, dessen Häuser und Moscheen ganz aus weißem behauenem Stein erbaut sind. Außer den Türen ist nichts aus Holz, weder der Königspalast noch die Grabkuppeln oder die Sitzungssäle. Die meisten Untertanen sind Ungläubige. In der Zitadelle leben 600 Reitersoldaten des Sultans, die einen unablässigen Glaubenskrieg gegen sie führen, denn sie sind von ihnen umringt.

Als Quṭb ad-Dīn seine Brüder getötet und die Herrschaft übernommen hatte und als es niemanden mehr gab, der sie ihm streitig gemacht oder sich gegen ihn aufgelehnt hätte, da schickte ihm Gott der Erhabene seinen bevorzugten Günstling, den größten und in höchster Würde stehenden Emir Nāṣir ad-Dīn Ḫusrau Ḫān. Er überfiel ihn unversehens, ermordete ihn und warf sich selbst zum Herrscher auf. Aber seine Herrschaft dauerte nicht lange, denn Gott schickte auch ihm einen Mörder, der ihn absetzte und tötete: Dies war Sultan Tuġluq, wie nun erklärt und ausführlich dargelegt werden soll, so Gott will.

Ḫusrau Ḫān war einer der mächtigsten Emire Quṭb ad-Dīns, tapfer und von schöner Gestalt.[123] Er hatte die Länder Ǧandīrī[124] und Maʿbar erobert, die fruchtbarsten Provinzen Indiens, die von Delhi sechs Monate weit entfernt waren. Quṭb ad-Dīn liebte ihn sehr und zog ihn allen anderen vor, aber dies war auch der Grund dafür, daß er von seiner Hand den Tod fand. Quṭb ad-Dīn hatte einen Lehrer, der Qāḍī Ḫān Ṣadr al-Ǧihān hieß[125], sein größter Emir und ›Kalīt Dār‹, das heißt, Herr der Schlüssel des Palastes war. Er pflegte die Nächte gemeinsam mit den Nachtwachen vor dem Tor des Sultans zu verbringen. Diese Wachen zählten tausend Mann und übernahmen abwechselnd jede vierte Nacht den Dienst. In zwei Reihen waren sie zwischen den Palasttoren aufgestellt und hatten ihre Waffen bei sich. Jeder, der eintreten wollte, mußte

[123] Ḫusrau war Inder von Geburt und 1305 anläßlich des Feldzuges gegen Malwa im östlichen Gujarat gefangengenommen worden. Nach dem Thronwechsel auf Quṭb ad-Dīn war er von diesem zum Wesir ernannt worden.

[124] Chanderi war der Name einer Festung in Malwa, die zum Sultanat von Delhi gehörte. Der Feldzug Ḫusrau Chans richtete sich gegen Warangal und gegen die Herrscher von Pandya an der Koromandelküste. Doch der Kriegszug verlief nach anfänglichen Erfolgen unglücklich und Ḫusrau wurde nach Delhi zurückgerufen.

[125] Nach anderen Quellen Ḍiyāʾ ad-Dīn. Das folgende Wort ›kalīd‹ ist persischer Herkunft und bedeutet ›Schlüssel‹.

zwischen diesen beiden Reihen entlanggehen. Wenn die Nacht vorüber war, erschien die Tagwache. Die Wachen haben Führer und Schreiber, die Streife gehen und aufschreiben, wer abwesend und anwesend ist.

Dem Lehrer des Sultans, Qāḍī Ḫān, waren die Machenschaften Ḫusrau Ḫāns verhaßt und es schmerzte ihn, wenn er sah, wie dieser die ungläubigen Hindus bevorzugte und wie er ihnen zugetan war, da er ja von ihnen abstammte. Er wurde nicht müde, den Sultan daran zu erinnern, der aber nicht auf ihn hörte, sondern zu ihm sagte: »Genug davon!«, und nichts unternehmen wollte, denn Gott hatte beschlossen, ihn aus den Händen dieses Mannes den Tod empfangen zu lassen. Eines Tages sagte Ḫusrau Ḥān zum Sultan: »Eine Gemeinschaft von Hindus möchte den Islam annehmen.« Nun gehört es zu den Bräuchen des Landes, daß, wer Muslim werden will, zum Sultan geführt und von ihm mit einem schönen Gewand sowie einem Halsband und einem goldenen Armband beschenkt wird, die seinem Rang entsprechen. Der Sultan antwortete: »Bringe sie herein!« – Da sagte der Emir: »Sie sind wegen ihrer Verwandten und Glaubensgenossen zu schüchtern, am hellen Tage zu dir zu kommen.« – Da antwortete er: »Dann bringe sie nachts!« Da versammelte Ḫusrau Hān eine Schar tapferer und bedeutender Hindus, darunter seinen Bruder Ḫān Ḫānān.[126] Es war zur Zeit der Sommerhitze, und der Sultan pflegte auf der Terrasse seines Palastes zu schlafen, wo außer einigen Sklaven niemand bei ihm war. Als die Hindus, bis an die Zähne bewaffnet, die vier Tore des Palastes durchschritten und das fünfte Tor erreicht hatten, stand dort Qāḍī Ḫān, der Argwohn schöpfte und Unheil kommen sah. Er hinderte sie am Eintritt und sagte: »Ich muß vom Herrn der Welt selbst die Erlaubnis hören, sie eintreten zu lassen. Dann können sie hereinkommen.« Als ihnen so der Eintritt versperrt war, stürzten sie sich auf ihn und töteten ihn. Der Lärm am Tor wurde lauter, und der Sultan sagte: »Was ist das?« – Ḫusrau Ḫān antwortete: »Die Hindus, die gekommen sind, um den Islam anzunehmen. Aber Qāḍī Ḫān hat sie daran gehindert, hereinzukommen.« Der Tumult wurde immer lauter, und der Sultan begann sich zu fürchten. Er erhob sich und wollte in den Palast gehen, aber das Tor war verschlossen und die Sklaven standen daneben. Er schlug ans Tor, da umfing ihn Ḫusrau Ḫān von hinten mit den Armen. Aber der Sultan war kräftiger als er und warf ihn zu Boden. Nun drangen die Hindus ein und Ḫusrau Ḫān sagte zu ihnen: »Hier ist er, er liegt auf mir, tötet ihn!« Sie töteten ihn, schlugen ihm den Kopf ab und warfen ihn vom Dach des Palastes in den Hof hinunter.[127]

126 Ḫusrau Chan hatte aus dem Gujarat nicht weniger als 40.000 Angehörige seines eigenen Stammes, der Barwar, herangeführt, die seine Privatarmee dargestellt haben dürften. Ḫān Ḫānān ist ein Titel. Ḫusraus Bruder hieß Ḥusam, der sich im Gujarat bereits gegen Quṭb ad-Dīn Mubārak aufgelehnt hatte.

127 April 1320.

Ḫusrau Ḫān rief sofort die Emire und Fürsten zusammen, die nicht wußten, was sich zugetragen hatte. Jede Gruppe, die eintrat, sah ihn auf dem Thron des Königs sitzen. Sie leisteten ihm den Treueid, und am Morgen ließ er verkünden, daß er die Herrschaft übernommen hatte, und schrieb seine Erlasse an alle Provinzen. Jedem Emir schickte er ein Gewand. Alle waren ihm zu Willen und unterwarfen sich bis auf Tuġluq Šāh, der Vater des Sultans Muḥammad Sāh, der damals noch Statthalter in Dibālbūr im Sind war.[128] Als Ḫusrau Ḫāns Gewand eintraf, warf er es auf den Boden und setzte sich darauf. Ḫusrau Ḫān schickte daraufhin seinen Bruder Ḫān Ḫānān gegen ihn ins Feld, aber Tuġluq schlug ihn vernichtend. Schließlich gelang es ihm, ihn zu töten, wie ich noch berichten werde, wenn ich über Tuġluq spreche.

Als Ḫusrau Ḫān König geworden war, bevorzugte er die Hindus und verkündete verwerfliche Gesetze, so auch, daß keine Rinder mehr geschlachtet werden durften, wie es den Bräuchen der ungläubigen Inder entsprach, denn das Schlachten von Rindern ist ihnen nicht erlaubt, und jeder unter ihnen, der ein Rind schlachtet, wird bestraft, indem er in eine Kuhhaut eingenäht und verbrannt wird. Sie halten die Rinder für heilig, trinken ihren Urin und erlangen dadurch Segen und Heilung, wenn sie krank sind. Mit ihrem Mist bewerfen sie ihre Hauswände und beschmutzen ihre Zimmer. Damit machte sich Ḫusrau Ḫān bei den Muslimen immer verhaßter, so daß sie sich mehr und mehr Tuġluq zuneigten, und so dauerte seine Herrschaft nicht lange und die Tage seiner Macht waren gezählt, wie ich jetzt berichten werde.

Der fromme und gelehrte, stets im Dienste Gottes wirkende Scheich und Imām Rukn ad-Dīn, der Sohn des frommen Scheichs Šams ad-Dīn Abū ʿAbdallāh, Sohn des heiligen, weisen und gottesfürchtigen Imāms Bahāʾ ad-Dīn Zakarīyāʾ al-Qurašīy al-Multānī, hat mir in seiner Zāwiya in Multān berichtet, daß Sultan Tuġluq zu einem türkischen Stamm gehörte, der sich Qarauna nannte und in den Bergen zwischen dem Sind und den Ländern der Türken siedelte.[129] Er befand sich in elender Lage und kam im Dienste eines Kaufmanns in den Sind, dem er als ›kulwānī‹, das heißt als Pferdehirt diente. Es war in den Tagen Sultan ʿAlāʾ ad-Dīns, als dessen Bruder Ulū Ḫān Statthalter im Sind war.[130] Tuġluq trat in dessen Dienst und wurde ihm persönlich als ›biyāda‹, das heißt als Fußsoldat zugeordnet. Es zeigte sich seine hohe Eignung, er wurde unter die Reiter und später unter die Offiziere geringeren Ran-

128 Dipalpur im heutigen Pakistan, südlich von Lahore.

129 Nach indischen Quellen soll der Stamm der Qarauna von türkisch/mongolischen Vätern und indischen Müttern abstammen, es kann sich aber auch um einen rein türkischen Stamm handeln, denn der Name ›Tuġluq‹ ist ohne Zweifel türkisch.

130 Almās Beg, der nach der Thronbesteigung seines Bruders 1296 unter dem Namen Uluġ Chan Statthalter des Sind wurde. Nach der Eroberung von Ranṯambūr im Rajastan 1301 übernahm er dort das Amt des Gouverneurs und starb im darauffolgenden Jahr.

ges aufgenommen. Dann beförderte ihn Ulū Ḫān zum Emir seines Marstalls und später auch zu einem großen Emir mit dem Titel eines Kriegsherrn. Ich selbst habe am vergitterten Gebetsraum der Moschee in Multān, deren Bau er angeordnet hat, die Inschrift gesehen: ›Ich kämpfte neunundzwanzig Mal gegen die Tataren und trage seither den Titel des ›Malik al-Ġāzī‹.[131]

Als Quṭb ad-Dīn König wurde, vertraute er Tuġluq die Statthalterschaft der Stadt Dibālbūr und des zugehörigen Landes an und ernannte dessen Sohn, der heute Sultan Indiens ist, zum Emir des Marstalles. Man nannte ihn Ǧauna, und als er König wurde, nannte er sich Muḥammad Šāh. Als dann Quṭb ad-Dīn getötet wurde und Ḫusrau Ḫān herrschte, beließ dieser ihn im Amte des Aufsehers des Marstalls. Als Tuġluq sich gegen ihn empörte, hatte er 300 Krieger, auf die er sich im Kampfe verlassen konnte. Er schrieb an Kišlū Ḫān[132], der sich zu jener Zeit in dem drei Tagesmärsche von Dibālbūr entfernten Multān aufhielt, forderte ihn zur Unterstützung auf, erinnerte ihn an die Wohltaten Quṭb ad-Dīns und stachelte ihn zur Rache an. Da sich Kišlū Ḫāns Sohn in Delhi aufhielt, schrieb er Tuġluq zurück: »Wenn mein Sohn bei mir wäre, würde ich deine Pläne unterstützen.« Nun schrieb Tuġluq seinem Sohn Muḥammad Šāh, um ihm seinen Entschluß mitzuteilen und ihm zu raten, er solle zu ihm fliehen und Kišlū Ḫāns Sohn mitbringen. Tuġluqs Sohn wollte eine List gegen Ḫusrau Ḫān ins Werk setzen und sie gelang ihm. Er sagte zu ihm: »Die Pferde sind zu fett und zu dick geworden, sie brauchen ›yarāq‹«, das heißt sie müssen magerer werden. Er gestattete ihm, sie abzumagern. Er ritt nun täglich mit seinen Knechten eine, zwei oder drei Stunden, manchmal gar bis zu vier Stunden aus, bis er eines Tages noch zur Mittagstunde ausgeblieben war, zu der sie dortzulande ihr Mahl einzunehmen pflegen. Der Sultan befahl, Berittene auf die Suche nach ihnen zu schicken, die aber keine Spur von ihnen fanden. Er aber erreichte seinen Vater und hatte Kišlū Ḫāns Sohn in seiner Begleitung. Nun erklärte Tuġluq den offenen Aufstand und sammelte seine Truppen. Zusammen mit Kišlū Ḫān und dessen Gefolge zogen sie zu Felde. Der Sultan entsandte seinen Bruder Ḫān Ḫānān, um die beiden zu bekämpfen, aber ihm wurde die schlimmste Niederlage bereitet, und seine Soldaten liefen zu den beiden Aufständischen über. Ḫān Ḫānān kehrte zu seinem Bruder zurück, aber seine Offiziere wurden getötet und seine Schätze und sein ganzes Hab und Gut erbeutet.

Tuġluq wandte sich nun nach der Hauptstadt Delhi. Ḫusrau Ḫān zog ihm an der Spitze seines Heeres entgegen und lagerte außerhalb von Delhi an einem

[131] Seine erste Bewährungsprobe als Ġāzī bestand Tuġluq während des Mongoleneinfalls im Jahre 1304, den Titel erhielt er nach der Abwehr einer zweiten mongolischen Invasion 1306.

[132] Der ursprüngliche Name dieses Waffengefährten Tuġluqs war Bahrām Aibā, Gouverneur von Ūš. Als er später die Statthalterschaft des Sind übernahm, die er bis 1328 innehatte, nannte er sich Kišlū Ḫān.

Ort namens Aṣiyā Ābād[133], was Windmühle bedeutet. Er befahl den Staatsschatz herbei, ließ ihn öffnen und verteilte das Geld in Unsummen, weder nach Gewicht noch nach gezählten Münzen unterscheidend. Dann kam es zum Treffen zwischen ihm und Tuġluq. Die Inder kämpften einen erbitterten Kampf, die Truppen Tuġluqs wurden besiegt und sein Lager geplündert. Er selbst befand sich inmitten seiner 300 bewährtesten Krieger und sagte: »Wohin sollen wir fliehen? Wo immer man uns fassen kann, werden wir getötet.« Aber die Soldaten Ḫusrau Ḫāns waren mit der Plünderung beschäftigt und hatten sich verstreut, so daß nur noch wenige um ihn waren. Da wandte sich Tuġluq mit seinen Kriegern der Stelle zu, an der er sich aufhielt, denn dort ist der Sultan immer an dem Sonnenschirm zu erkennen, der über seinem Kopf aufgespannt ist und der in Ägypten, wo man ihn an Festtagen aufrichtet, als Baldachin oder als Vogel bezeichnet wird. In Indien und in China dagegen trennt sich der Sultan weder auf Reisen noch in seiner Residenz je von seinem Sonnenschirm. Als Tuġluq und seine Krieger ihn suchten, entbrannte ein neuer Kampf zwischen ihnen und den Hindus. Aber die Kämpfer des Sultans wurden geschlagen, und er hatte niemanden mehr um sich. Er ergriff die Flucht, stieg vom Pferd, warf seine Kleider und Waffen ab, so daß er nur noch ein Hemd trug und seine Haare auf die Schultern fallen ließ, wie es die Faqīre Indiens tragen. Dann flüchtete er sich in einen nahen Garten. Tuġluqs Leute sammelten sich um ihn, und er wandte sich der Stadt zu. Der Gouverneur kam mit den Schlüsseln, er betrat den Palast und schlug in einem Teil sein Quartier auf. Er sagte zu Kišlū Ḫān: »Du wirst Sultan«, aber Kišlū Ḫān antwortete: »Nein, du wirst Sultan.« Sie stritten miteinander, aber Kišlū Ḫān sagte: »Wenn du dich weigerst, Sultan zu werden, dann reißt dein Sohn die Macht an sich!« Doch dieser Gedanke war ihm widerwärtig: Er nahm an und setzte sich auf den Königsthron. Die Männer von Rang und das Volk huldigten ihm.

Nach drei Tagen, die er in seinem Versteck im Garten verbracht hatte, wurde Ḫusrau Ḫāns Hunger unerträglich. Er kam heraus, lief um den Garten herum, traf auf den Aufseher und bat ihn um Essen. Aber der Aufseher hatte nichts. Da gab er ihm seinen Ring und sagte: »Geh und verpfände ihn für Essen!« Als der Aufseher mit dem Ring auf den Markt kam, wurden die Menschen argwöhnisch und übergaben ihn der Šiḥna, das ist die Polizei. Diese führte ihn vor Sultan Tuġluq, dem er gestand, wer ihm den Ring gegeben hatte. Der Sultan schickte seinen Sohn Muḥammad, um ihn herbeizuschaffen. Dieser ergriff ihn und brachte ihn, auf einem ›tatū‹, einem Lastgaul, reitend, zurück. Als Ḫusrau Ḫān vor dem Sultan stand, sagte er: »Ich bin hungrig, laß mir etwas zu essen bringen!« Dieser ließ ihm einen Trank bringen, dann Essen, dann Bier und schließlich Betel. Als er gegessen hatte, stand er auf und sagte: »O Tuġluq, behandle mich wie einen König und entehre mich nicht!« – Da bekam er zur

[133] Asyabad liegt in der Ebene von Lahrawat, zwei bis drei Meilen nordwestlich von Sīrī.

Antwort: »Das sei dir gewährt!« Tuġluq befahl, ihm an der gleichen Stelle, an der er selbst Quṭb ad-Dīn getötet hatte, den Kopf abzuschlagen, und ließ Kopf und Rumpf vom Dach werfen, wie es mit dem Kopf Quṭb ad-Dīns geschehen war. Er befahl, ihn zu waschen, in ein Totentuch zu hüllen und ihn in seinem Grabmal zu bestatten. Tuġluq herrschte gerecht und gütig vier Jahre lang.

Als Tuġluq seine Macht im Königspalast gefestigt hatte, entsandte er seinen Sohn Muḥammad zur Eroberung des Landes Talink, das drei Monate von Delhi entfernt ist.[134] Er gab ihm eine mächtige Armee, zu der die größten Emire wie Malik Tamūr, Malik Tikīn, der Obersiegelbewahrer Malik Kāfūr, Malik Bairam und andere zählten. Als sie Talink erreicht hatten, wollte er sich gegen seinen Vater erheben. Unter seinen Tischgenossen befand sich auch ein Faqīh und und Dichter namens ʿUbaid, von dem er verlangte, er solle das Gerücht ausstreuen, daß Sultan Tuġluq gestorben sei, denn er glaubte, seine Soldaten würden, sobald sie davon hörten, ihm eiligst huldigen. Als aber diese Nachricht sich unter den Truppen verbreitete, rief sie das Mißfallen der Emire hervor. Sie schlugen ihre Trommeln und leisteten ihm Widerstand, so daß Muḥammad niemanden mehr um sich hatte. Schon wollten sie ihn töten, aber Malik Tamūr hinderte sie daran und stellte sich vor ihn. Mit zehn Reitern, die er ›yārān mawāfiq‹, die Gleichgesinnten nannte, floh er zu seinem Vater. Dieser gab ihm Geld und Truppen und befahl ihm, nach Talink umzukehren, und er kehrte zurück.[135] Aber sein Vater kannte seinen Plan, ließ den Faqīh ʿUbaid umbringen und befahl, Malik Kāfūr, den Obersiegelbewahrer, hinzurichten. Ein Zeltpflock, der am oberen Ende zugespitzt war, wurde in den Boden geschlagen und ihm in den Hals getrieben, bis die Spitze an der Seite heraustrat. Kopfunter hängend ließ man ihn zurück. Daraufhin flohen die übrigen Emire zu Sultan Šams ad-Dīn, dem Sohn des Sultans Nāṣir ad-Dīn bin as-Sulṭān Ġiyāṯ ad-Dīn Balaban, und nahmen bei ihm Aufenthalt.

Die flüchtigen Emire ließen sich bei Sultan Šams ad-Dīn nieder.[136] Als dieser starb, übertrug er die Nachfolge seinem Sohn Šihāb ad-Dīn, der nun den Platz seines Vaters einnahm. Aber dessen jüngerer Bruder Ġiyāṯ ad-Dīn Bahādūr Būrah, was auf Hindi ›der Schwarze‹ bedeutet, besiegte ihn, bemächtigte sich der Herrschaft und tötete auch seinen Bruder Quṭlū Ḫān und seine anderen Brüder. Šihāb ad-Dīn und Nāṣir ad-Dīn freilich gelang die Flucht zu Tuġluq, der mit ihnen zusammen gegen ihren Bruder zu Felde zog.

134 Diese Kampagne der Jahre 1321/22 richtete sich gegen die Familie der Katakiya in Telingana, dessen König Prataparudra sich mit einem Seitenblick auf die Wirren in Delhi geweigert hatte, den Tribut zu zahlen.

135 Diese Rückkehr führte zur Vernichtung des Reiches von Katakiya im Jahre 1323.

136 Nāṣir ad-Dīn Maḥmūd, Sohn Balabans und Herrscher von Bengalen, hatte 1291 zugunsten seines Sohnes Kaikus abgedankt, der bis 1302 an der Macht blieb; ihm folgte Šams ad-Dīn Fīrūz nach.

Seinen Sohn Muḥammad ließ er als seinen Vertreter im Königreich zurück und wandte sich in Eilmärschen nach Laknautī. Er wurde Herr des Landes, nahm Sultan Ġiyāṯ ad-Dīn Bahādūr gefangen und kehrte mit ihm in seine Hauptstadt zurück.[137]

In Delhi lebte der Heilige Niẓām ad-Dīn al-Badā'ūnī[138], den Muḥammad Šāh, der Sohn des Sultans, ständig aufsuchte, dessen Diener er verehrte und um dessen Gebete er bat. Der Scheich wurde häufig von Zuständen der Ekstase übermannt, und der Sohn des Sultans hatte die Diener aufgefordert: »Wenn der Scheich in diesen Zustand gerät, so laßt es mich wissen!« Und als ihn wieder einmal die Ekstase ergriff, teilten sie es ihm mit, und er kam zu ihm herein, erblickte den Scheich und sagte: »Wir schenken ihm das Königreich!« Einige Zeit später, als der Sultan abwesend war, starb der Scheich. Der Sohn Muḥammad selbst trug die Totenbahre auf den Schultern. Davon erfuhr der Sultan, der es scharf mißbilligte und ihm drohte. Mehrere Vorfälle hatten bereits Argwohn gegen sein Sohn geschürt und seinen Groll hervorgerufen, denn dieser hatte ein Unzahl von Sklaven gekauft und, um die Herzen der Menschen zu gewinnen, freigebigste Geschenke verteilt. Jetzt wuchs sein Ingrimm weiter an, und als er erfuhr, daß die Sterndeuter behaupteten, er würde nach seiner Reise die Stadt Delhi nicht mehr betreten, drohte er ihnen.

Als er von seinem Feldzug zurückkam und sich der Hauptstadt näherte, beauftragte er seinen Sohn, ihm an einem nahegelegenen Fluß namens Afġānbūr ein Schloß zu bauen, das sie ›kušk‹ nennen.[139] Er baute es in drei Tagen und verwendete fast nur Holz. Es stand erhöht über dem Boden und ruhte auf hölzernen Säulen. Er errichtete es mit vollendeter Kunstfertigkeit und übertrug die Aufsicht Malik Zādah, der später unter dem Namen Ḫūǧa Ǧihān bekannt wurde. Sein wahrer Name allerdings war Aḥmad bin Iyās, der später Großer Wesir des Sultans Muḥammad wurde, damals aber noch die oberste Bauaufsicht innehatte. Das Besondere aber, was sie erfanden, war, daß das Bauwerk, wenn die Elefanten gegen eine seiner Seiten trampelten, zusammenstürzen sollte. Der Sultan stieg in diesem Bauwerk ab und ließ seinen

137 Ibn Baṭṭūṭa ist der einzige, der in der Flucht der Maliks nach Bengalen den Kriegsgrund Tuġluqs sieht. Andere Quellen erwecken den Anschein, als habe der Hilferuf der beiden Flüchtlinge Nāṣir ad-Dīn und Šihāb ad-Dīn Tuġluq zum Feldzug gegen deren Bruder veranlaßt. Sein Marsch auf Bengalen fiel in das Jahr 1324. Nāṣir ad-Dīn wurde als Herrscher Nordbengalens eingesetzt, die übrigen Teile Bengalens wurden dem Reiche von Delhi einverleibt.

138 Bekannt als Niẓām ad-Dīn Aulīyā' (›der Heilige‹, 1238–1324), einer der bedeutendsten Vertreter des Tschischti-Ordens in Indien. Da er mit Tuġluq nicht auf bestem Fuße stand, werfen manche Quellen ihm die Verwicklung in die Ermordung des Königs vor und schieben sein Todesdatum deshalb hinaus.

139 Afghanpur ist der Name eines Dorfes im Südosten der neuen Stadt Tuġluq Ābād, von einem Fluß ist aber nichts bekannt.

Leuten das Mahl bringen, nach dem sie sich entfernten. Der Sohn bat ihn um die Erlaubnis, die Elefanten in vollem Schmuck vor ihm aufmarschieren zu lassen, und erhielt sie.

Scheich Rukn ad-Dīn hat mir erzählt, daß er sich an diesem Tage beim Sultan und dessen Lieblingssohn Maḥmūd aufhielt. Muḥammad, der Sohn des Sultans, kam und und sagte zum Scheich: »O Meister! Es ist Zeit für das Nachmittagsgebet! Steig herab und bete!« – »Ich stieg hinab«, berichtete der Scheich mir weiter, »da wurden alle Elefanten von einer Seite herangeführt, wie sie es ersonnen hatten. Sie traten gegen den Pavillon, so daß er über dem Sultan und seinem Sohn Maḥmūd zusammenbrach. Ich hörte den Lärm«, fuhr der Scheich fort, »kehrte, ohne gebetet zu haben, um und fand den Pavillon völlig eingestürzt. Der Sohn Muḥammad befahl, Äxte und Schaufeln zu herbeizuschaffen, um sie auszugraben, aber er gab auch ein Zeichen, daß man sich Zeit lassen sollte. Erst gegen Sonnenuntergang wurden die Werkzeuge gebracht. Es wurde gegraben und man fand den Sultan, wie er sich mit dem Rücken über seinen Sohn geworfen hatte, um ihn vor dem Tode zu schützen. Manche behaupten, der Sultan sei tot geborgen worden, andere aber sagen, daß er noch lebte und den Gnadenstoß erhielt. Noch in der Nacht wurde er in sein Grabmal getragen, das er sich außerhalb der nach ihm benannten Stadt Tuġluq Ābād gebaut hatte, und dort beigesetzt.«[140]

Ich habe schon erzählt, aus welchem Grunde er diese Stadt gründete. Dort befanden sich seine Schätze und seine Paläste, auch der riesige Palast, den er aus vergoldeten Ziegeln herstellen ließ. Wenn die Sonne aufgeht, erstrahlt er im herrlichsten Licht, so daß der Glanz das Auge hindert, in seinem Anblick zu verweilen. Er bewahrte in dieser Stadt bedeutende Schätze auf. Er soll auch, wie man sich erzählt, ein großes Wasserbecken gebaut haben, in das er geschmolzenes Gold goß, um es zu einem einzigen Stück zu gießen. Sein Sohn Muḥammad Šāh aber gab alles aus, als er den Thron bestieg.

Es war der erwähnten Kunstfertigkeit des Wesirs Ḫūǧa Ǧihān im Bau des Pavillons, der über Tuġluq zusammenstürzte, zu verdanken, daß er unter dessen Sohn Muḥammad Šāh eine bevorzugte Stellung einnahm und großen Einfluß gewann. Es gab keinen, der ihm im Range gleichgekommen wäre, und kein Wesir und kein anderer genossen das gleiche Ansehen.

140 Dieses Mausoleum besteht noch heute im Süden von Tuġluq Ābād. Die ganze Geschichte wird von indischen Geschichtsschreibern mit deutlicheren Anspielungen wiedergegeben, aber die Version Ibn Baṭṭūṭas scheint die vorherrschende zu sein.

Sultan Muḥammad bin Tuġluq

Als Sultan Tuġluq starb, fiel das Königreich ohne Kampf und ohne Widerstand an seinen Sohn Muḥammad. Ich habe bereits gesagt, daß sein Name Ǧauna war, aber als König wurde er Muḥammad genannt und legte sich den Beinamen ›Vater der Glaubenskrieger‹ zu. Alles oder doch den größten Teil dessen, was ich über die Sultane Indiens berichten kann, lernte und erfuhr ich vom Scheich und Oberrichter Kamāl ad-Dīn bin al-Burhān aus Ġazna. Das meiste aber, was es über diesen König zu berichten gibt, habe ich während meines Aufenthaltes in seinem Lande selbst erlebt.

Niemand liebt es mehr als dieser König, Geschenke zu machen, aber auch Blut zu vergießen. Nie fehlt es vor seinen Toren an Armen, die reich geworden sind, oder an Lebenden, die zu Tode gebracht wurden. Seine Großzügigkeit und Kühnheit sind im Volke ebenso berühmt geworden, wie die Erzählungen von seiner Grausamkeit und rücksichtslosen Gewalt gegen Übeltäter ihn berüchtigt gemacht haben. Dennoch ist er einer der demütigsten Menschen und läßt sich in seiner Gerechtigkeit von niemandem übertreffen. Die Riten des Glaubens werden an seinem Hofe gewahrt, und das Gebet wird ebenso streng beobachtet, wie seine Vernachlässigung bestraft wird. Er ist ein König, dem das Glück folgt und dessen glückliche Erfolge alles Gewohnte übertreffen. Doch sein größter Vorzug ist seine Freigebigkeit, von der ich noch Wunderbares erzählen werde, wie man es von keinem seiner Vorgänger je vernommen hat. Ich bezeuge bei Gott, seinen Engeln und Propheten, daß alles, was ich über seine unerhörte Freigebigkeit zu berichten habe, die reine Wahrheit ist – Gott möge mein Zeuge sein! Ich weiß, daß der Verstand vieler Menschen manche seiner Taten nicht zu fassen vermag, ja daß sie es für unmöglich halten werden. Aber zu einem Vorkommnis, das ich mit eigenen Augen gesehen habe, dessen Wahrheit ich kannte oder an dem ich großen Anteil nahm, ist es mir nicht möglich, etwas anderes als die Wahrheit zu sagen. Das meiste aber, was ich zu berichten habe, ist fest in den mündlichen Überlieferungen der Länder des Ostens verankert.

Der Sultanspalast von Delhi heißt Dār Sarā und besitzt sehr viele Tore.[141]

[141] Der Palast ist eines der wenigen Überbleibsel aus der Zeit des Muḥammad Tuġluq. Er befindet sich in Djahanpanah, der vierten Stadt Delhis, in der Nähe des heutigen Dorfes Begampur zwischen dem alten Delhi und Sīrī. Er trug den Namen ›Palast der tausend Säulen‹ und war der von Ibn Baṭṭūṭa beschriebene Rats- oder Empfangssaal oder, wie die nachstehende Schilderung nahelegt, ein teilüberdachter Hof.

Am ersten Tor steht eine Anzahl von Männern, die es zu bewachen haben. Daneben sitzt das Volk der Fanfaren- und Trompetenbläser sowie der Pfeifenspieler: Kommt ein Emir oder sonst ein großer Mann, so lassen sie die Instrumente erschallen und rufen im Takt dazu: »Es kam der und der« – »Es kam der Soundso.« So geht es auch vor dem zweiten und dritten Tor. Vor dem ersten Tor stehen Tribünen, auf denen die Scharfrichter sitzen, die die Hinrichtungen durchführen, denn ist dortzulande Brauch, daß, wann immer der Sultan jemanden zum Tode verurteilt hat, er vor dem Tor zum Ratssaal hingerichtet wird, und daß man ihn dort drei Tage liegen läßt. Zwischen dem ersten und dem zweiten Tor läuft ein großer Korridor mit beidseits angebrachten Bänken, auf denen der Wachdienst sitzt.

Vor dem zweiten Tor nehmen die Türhüter Aufstellung, denen seine Bewachung obliegt. Eine lange Tribüne, auf welcher der Oberaufseher Platz nimmt, verbindet sie mit dem dritten Tor. Er hält einen goldenen Stab in der Hand und trägt auf dem Kopf eine große goldene und juwelenbesetzte Mütze, die obenauf mit Pfauenfedern geschmückt ist. Die übrigen Aufseher nehmen vor ihm Aufstellung. Sie tragen eine vergoldete Mütze auf dem Kopf, einen Gürtel um den Leib und eine Peitsche mit goldenem oder silbernem Schaft in der Hand. Dieses zweite Tor führt in einen großen Saal, in dem die Untertanen sitzen.

Auch vor dem dritten Tor stehen Tribünen. Auf ihnen aber sitzen die Torschreiber, denn durch dieses Tor darf niemand den Palast betreten, es sei denn, der Sultan habe ihn ausdrücklich dazu ausersehen. Er stellt ihm eine Anzahl seiner Vertrauten und Männer an die Seite, die mit ihm eintreten. Für jeden, der zu diesem Tor kommt, notiert der Torschreiber, daß ein gewisser Soundso zur ersten oder zweiten oder zu einer späteren Stunde gekommen ist, und so fort bis zum Ende des Tages. Der Sultan liest es nach dem letzten Abendgebet. Sie notieren auch, was sich an der Pforte zugetragen hat. Die Söhne der Fürsten[142] sind dazu angehalten, dem Sultan alles mitzuteilen, was die Schreiber notiert haben.

Zu den Bräuchen gehört es auch, daß, wer drei Tage lang oder länger dem Palast des Sultans ferngeblieben ist, sei er entschuldigt oder nicht, danach durch dieses Tor nicht mehr eintreten kann, wenn der Sultan es ihm nicht erlaubt. Hat er eine Entschuldigung, sei es eine Krankheit oder einen anderen Grund vorzubringen, bietet er dem Sultan ein Geschenk an, das er eines Sultans für würdig hält. So hält es auch, wer von einer Reise zurückkehrt: Der Faqīh schenkt eine Koranhandschrift, Bücher oder Ähnliches, der Faqīr einen Gebetsteppich, einen Rosenkranz, einen Zahnreiniger oder gleichwertige Dinge. Die Emire und ihnen gleichgestellte Würdenträger schenken Pferde, Kamele und Waffen. Dieses dritte Tor führt in den riesigen und ungeheuer weiten

[142] Der hier und im weiteren Text verwendete Begriff ›malik‹ (›König‹) war ein Ehrentitel für hochgestellte Staatsdiener. Verwandtschaft mit der Herrscherfamilie war für die Verleihung dieses Titels keine Voraussetzung.

Ratsaal, den ›Hazār Usṭūn‹[143], was ›Tausend Säulen‹ bedeutet. Diese Säulen bestehen aus gefirnißtem Holz und tragen ein hölzernes und wunderschön bemaltes Dach, unter das sich die Menschen setzen. In diesem Saal hält der Sultan seine öffentlichen Beratungen ab.

Die Mehrzahl seiner Sitzungen hält er nach dem Nachmittagsgebet, manchmal aber auch in den ersten Morgenstunden. Auf einem mit weißen Stoffen belegten Podest steht sein Thron, auf dem ein großes Kissen seinen Rücken stützt, weitere Kissen liegen an seiner rechten und linken Seite. Wenn er sich setzt, nimmt er die Haltung eines Menschen ein, der im Gebet sein Glaubensbekenntnis ablegt, denn so setzen sich in Indien alle Menschen. Hat er sich gesetzt, nimmt sein Wesir vor ihm Aufstellung, hinter diesen stellen sich die Schreiber und hinter den Schreibern die Kammerherren auf. Der Erste Kammerherr ist Fīrūz Malik, der Vetter und Stellvertreter des Sultans ist und ihm von allen Kammerherren am nächsten steht.[144] Ihm folgen der persönliche Kammerherr, diesem wiederum sein Vertreter, der Haushofmeister des Palastes und sein Vertreter, zwei Kammerherren, genannt die ›Ehre‹ und der ›Gebieter‹ der Kammerherren und schließlich alle, die unter ihrem Befehl stehen. All diesen folgen etwa hundert Vorsteher verschiedener Berufsstände.

Sobald der Sultan Platz genommen hat, rufen diese Vorsteher und die Kammerherren mit ihrer lautesten Stimme: »Im Namen Gottes.« Nun stellt sich der große Malik Qabūla hinter ihn und hält einen Fliegenwedel in der Hand, mit dem er die Fliegen verjagt. Hundert Mann seiner Leibwache nehmen zur Rechten des Sultans, hundert weitere zu seiner Linken Aufstellung. Sie tragen Schilde, Säbel und Bögen. Zu beiden Seiten und auf der ganzen Länge des Saales stehen der Großqāḍī, der Oberprediger, die übrigen Qāḍīs, die obersten Šarīfe, die Vorsteher der religiösen Einrichtungen, die Brüder und Schwäger des Sultans, die großen Emire, die Großen der ›Lieben Freunde‹, das heißt der Ausländer, und schließlich die hohen Offiziere.

Nun werden sechzig gesattelte Pferde im königlichen Zaumzeug hereingeführt, darunter auch solche, die die Zeichen des Kalifats, nämlich Zaumzeug und Leibgurte aus schwarzer, goldbestickter Seide tragen. Einige andere Pferde, die Zaumzeug aus weißer goldbestickter Seide tragen, dürfen nur vom Sultan geritten werden. Je zur Hälfte werden diese Pferde rechts und links im Saale aufgestellt, so daß der Sultan sie sehen kann. Daraufhin werden fünfzig in seidene und goldene Stoffe gekleidete Elefanten hereingeführt, deren Stoßzähne mit Eisen bewehrt sind, denn so werden sie zugerichtet, um Verbrecher zu töten. Jeder Elefant trägt auf dem Hals seinen Führer, der in der Hand ein eisernes Beil hält, mit der er seinen Elefanten bestraft und zu der Aufgabe führt, die er von ihm wünscht. Auf ihrem Rücken tragen die Elefanten einen

143 Richtig: ›Hezar Situn‹.

144 Er war auch Oberbefehlshaber der Streitkräfte von Muḥammad Tuġluq.

großen Aufbau, der zwanzig Kämpfer aufnehmen kann, oder mehr oder weniger, je nach Größe des Tieres und der Dicke seines Leibes. An den Ecken dieses Aufbaus sind vier Fahnen aufgepflanzt. Die Elefanten sind dazu abgerichtet, den Sultan zu grüßen und vor ihm den Kopf zu senken; wenn sie dies tun, rufen die Kammerherren mit ihren lautesten Stimmen: »Im Namen Gottes.« Auch diese Tiere läßt man, eine Hälfte rechts und eine Hälfte links, hinter den stehenden Personen Aufstellung nehmen. Alle Männer, die sich rechts und links aufgestellt haben, entbieten ihren Gruß von der Stelle aus, an der die Kammerherren zu stehen pflegen. Diese rufen jedes Mal: »Im Namen Gottes«, und ihre Stimme ist umso lauter, je höher das Ansehen des Grüßenden ist, der sich sogleich nach seinem Gruße rechts oder links an seinen Platz begibt und ihn nicht mehr verläßt. Ist der Grüßende ein ungläubiger Hindu, so sagen die Kammerherren und Vorsteher zu ihm: »Gott weise dir den rechten Weg!« Hinter allen Teilnehmern nehmen die Sklaven des Sultans mit ihren Schilden und Säbeln Aufstellung. Niemandem ist es möglich, durch ihre Reihen zu gehen, es sei denn, vor den Kammerherren, die vor dem Sultan stehen.

Kommt jemand ans Tor, der dem Sultan ein Geschenk überbringen will, so treten die Kammerherren in der Reihenfolge ihres Ranges vor den Sultan, angeführt vom Ersten Kammerherrn und seinem Vertreter, denen der persönliche Kammerherr und sein Vertreter, dann der Haushofmeister des Palastes und sein Vertreter, darauf der ›Gebieter‹ und die ›Ehre‹ der Kammerherren folgen. Sie verneigen sich an drei verschiedenen Stellen und teilen dem Sultan mit, wer am Tor steht. Wenn er ihnen befiehlt, den Mann hereinzuführen, legen sie das überbrachte Geschenk in die Hände von Männern, die sich vor den Versammelten mit den Geschenken so aufstellen, daß der Sultan sie sehen kann. Dieser ruft daraufhin den Überbringer herbei, der sich dreimal verbeugt, bevor er vor ihn tritt, und sich einmal in der Richtung der Kammerherren verneigt. Ist er ein bedeutender Herr, stellt er sich in eine Reihe mit dem Ersten Kammerherrn, wenn nicht, stellt er sich hinter ihn. Nun richtet der Sultan selbst auf die höflichste Weise das Wort an ihn und heißt ihn willkommen. Ist der Ankömmling ein Mann, dem Achtung entgegengebracht werden muß, reicht er ihm die Hand oder umarmt ihn und verlangt einen Anteil am Geschenk, das daraufhin vor ihm ausgebreitet wird. Handelt es sich um Waffen oder Stoffe, untersucht er sie, indem er sie mit seinen Händen hin und her wendet, und läßt sein Wohlgefallen erkennen, um das Gemüt des Schenkers zufriedenzustellen, ihn aufzuheitern und freundlich zu stimmen. Er schenkt ihm ein Ehrengewand und weist ihm, wie es indischem Brauche entspricht, eine Summe an, die für die Kopfwäsche bestimmt und dem Range des Schenkers angemessen ist.

Wenn die Beamten mit ihren Tributen und Steuern kommen, die sie in den verschiedenen Provinzen des Landes eingezogen haben, lassen sie sie goldene und silberne Schüsseln, Krüge und andere Gefäße herstellen, ebenso Gold- und Silberstücke in der Form gebrannter Ziegeln, die sie ›ḫišt‹ nennen. Dann stellen sich die Teppichdiener des Sultans mit diesen Gaben, von denen jeder ein Stück in der Hand trägt, in einer Reihe auf. Sodann läßt man die Elefanten antreten, falls auch sie zu den Geschenken zählen, dann die gesattelten und gezäumten Pferde, Maultiere und Kamele, die die Schätze tragen.

Ich sah eines Tages den Wesir Ḫūǧa Ǧihān an dem Tage ein Geschenk vorstellen, als der Sultan gerade aus Daulat Ābād zurückkehrte. Er traf ihn vor der Stadt Bayāna[145] und brachte ihm die Geschenke in dem geschilderten Zeremoniell dar. Darunter erblickte ich eine Schale voller Rubine, eine weitere voller Smaragde und eine dritte voller herrlicher Perlen. Dies fand statt in Anwesenheit von Ḥāǧī Kāʾūn[146], dem Vetter des Sultans Abū Saʿīd, des Königs des Iraq. Der Sultan gab ihm einen Teil der Schätze; davon werde ich, so Gott will, noch erzählen.

Am Abend des Festes schickt der Sultan seinen Maliks und Vertrauten, den Großen seines Staates, seinen Würdenträgern und Sekretären, den Kammerherren und Offizieren, den Truppenführern und Dienern sowie den Nachrichtenoffizieren das Ehrengewand, das sie öffentlich anlegen. Am Morgen des Festes werden alle Elefanten mit Seide, Gold und Juwelen geschmückt. Sechzehn von ihnen dürfen von niemandem geritten werden, da sie allein dem Sultan vorbehalten sind. Ihnen hat man sechzehn seidene und juwelenbesetzte Sonnenschirme aufgesetzt, deren Füße aus gediegenem Golde sind. Jeder Elefant trägt außerdem ein Seidenkissen mit Edelsteinen. Der Sultan besteigt einen dieser Elefanten, während ihm die ›Ġāšiya‹, das heißt Satteldecke, vorangetragen wird, die ebenfalls mit Steinen besetzt ist. Vor ihm schreiten, mit goldenen Mützen auf dem Kopf, seine Diener und Mamluken. Sie tragen goldene Gürtel um den Leib, die manche von ihnen mit Edelsteinen verzieren. Seine Offiziere, etwa 300 an der Zahl, marschieren ebenfalls vor ihm her, jeder mit einer hohen goldenen Mütze auf dem Kopf, einem goldenen Gürtel um den Leib und einer Peitsche mit goldenem Griff in der Hand.

Großqāḍī Ṣadr al-Ǧihān Kamāl ad-Dīn aus Ġazna, Großqāḍī Ṣadr al-Ǧihān Nāṣir ad-Dīn aus Ḫwārizm[147] und die übrigen Qāḍīs und großen Würdenträger aus dem Ḫurāṣān, den beiden Iraq, Syrien, Ägypten und dem Maġrib: Sie alle reiten auf Elefanten und werden in Indien sämtlich als Ḫurāsāner bezeichnet. Auch die Muezzins besteigen ihre Elefanten und verkünden die Größe Gottes. In dieser Ordnung verläßt der Sultan das Palasttor, wo ihn seine Truppen und alle Kommandanten getrennt von den anderen an der Spitze ihrer Abteilungen

[145] Bayana im Distrikt Bharatpur, etwa 190 Kilometer südlich von Delhi; Ibn Baṭṭūṭa wird die Stadt noch besuchen.

[146] Vgl. Anm. 162 weiter unten in diesem Kapitel.

[147] Diese beiden Qāḍīs, von denen der erstgenannte Ibn Baṭṭūṭas historische Quelle ist, werden zwar im laufenden Text noch häufig Erwähnung finden, sind aber im übrigen unbekannt.

mit Trommeln und Feldzeichen erwarten. Der Sultan erscheint, vor ihm die Fußtruppen, die ich erwähnt habe, vor ihm auch die Qāḍīs und Muezzins, die Gott den Erhabenen preisen, hinter ihm folgen die Insignien seiner Macht, die Trommeln und Fahnen sowie Trompeten, Fanfaren und Flöten. Dahinter folgen seine engsten Vertrauten, dann sein Bruder Mubārak Ḫān mit seinen eigenen Insignien und Soldaten, ihm wiederum folgen der Neffe des Sultans, Bahrām Ḫān[148], mit seinen Insignien und Truppen, sodann sein Vetter Malik Fīrūz, ebenfalls mit seinen Insignien und Soldaten, der Wesir mit seinen Zeichen und Truppen, Malik Muǧīr[149], der Sohn von Ḏu-r-Raǧā, mit seinen Zeichen und Truppen, und schließlich der Große Malik Qabūla, ebenfalls mit seinen Insignien und Soldaten.Dieser Malik ist ein Mann von gewaltigem Reichtum und genießt beim Sultan größtes Ansehen und höchste Ehren. Mir hat sein Vetrauensmann und Verwalter seines Haushaltes, ʿAlāʾ ad-Dīn ʿAlīy-al-Miṣrī, der auch als der Sohn des Mützenhändlers bekannt war, erzählt, daß seine gesamten Ausgaben sowie die seiner Diener und deren Löhne sich im Jahr auf 36 Lak belaufen.

Diesem Qabūla folgen Malik Nukbiyah[150] mit seinen Insignien und Soldaten, Malik Buġra mit seinen Zeichen und Truppen, Malik Muḫliṣ mit seinen Insignien und Soldaten, Malik Quṭb al-Mulk mit seinen Zeichen und Truppen. Sie alle zählen zu den ersten Fürsten, die sich immer in der Nähe des Sultans aufhalten. Sie besteigen am Tage des Festes mit ihm zusammen und mit ihren Insignien ihre Reittiere, alle anderen Emire ohne ihre Insignien. Wer an diesem Tage sein Pferd besteigt, ist ebenso wie sein Pferd in voller Rüstung. Die meisten sind Mamluken des Sultans. Sobald dieser das Tor des Betsaales erreicht, hält er an und befiehlt den Qāḍīs, den großen Fürsten und den großen Würdenträgern, einzutreten. Dann erst sitzt er ab, und der Imām betet und predigt. Sofern es sich um das Opferfest handelt, führt der Sultan ein Kamel herbei und schlachtet es, nachdem er sich eine seidene Schürze umgebunden hat, um sich vor dem Blut zu schützen, mit einer Lanze, die ›nīza‹ genannt wird. Danach besteigt er seinen Elefanten und reitet in seinen Palast zurück.

Am Tage des Festes wird der Palast aufs prunkvollste geschmückt und herausgeputzt. Auf dem gesamten Ratshof wird eine ›bārka‹ aufgeschlagen, ein riesiges Zelt, das auf vielen und massiven Stützen steht und allseits von Türmchen eingerahmt ist. Aus mehrfarbiger Seide werden Bäume nachgebildet, die

148 Adoptivsohn von Ġiyāṯ ad-Dīn Tuġluq, übernahm nach dem Feldzug von 1324 die Statthalterschaft von Ostbengalen (gest. 1337/38).

149 Muǧīr ad-Dīn Ibn Abi-r-Raǧā, mit der Niederschlagung der Revolte in Gushtashp 1326 beauftragter Befehlshaber.

150 Es muß heißen: Malik Nikpay, Obersekretär, Oberbefehlshaber der Himalaya-Expedition Muḥammad Tuġluqs, auf die Ibn Baṭṭūṭa (im folgenden Kapitel) noch eingehen wird.

sogar Blüten tragen, und in drei Reihen aufgestellt. Zwischen den Bäumen stehen vergoldete Bänke mit Kissen und Decken. Im Vorhof des Ratsplatzes wird der prächtige Thron aufgestellt, der aus massivem Gold besteht und dessen Füße mit Juwelen besetzt sind. Er ist 23 Spannen hoch und ungefähr halb so breit. Er besteht aus getrennten Teilen, die zum Ganzen zusammengefügt werden. Jedes Teil muß wegen des Gewichts des Goldes von mehreren Männern getragen werden. Auf diesen Thron legen sie das Kissen, und über dem Kopf des Sultans pflanzen sie den edelsteinverzierten Sonnenschirm auf.

Sobald der Sultan den Thron besteigt, rufen die Kammerherren und Offiziere mit lauter Stimme: »Im Namen Gottes!« Die Teilnehmer treten zum Gruß heran, zunächst die Richter, die Prediger, die Gelehrten, die Scheichs, die Šarīfe und die Brüder des Sultans, seine Verwandten und Schwäger, die anderen Würdenträger, danach die Wesire, Truppenkommandanten, die Mamlukenführer und Offiziere des Heeres. Sie entbieten einer nach dem anderen den Gruß, ohne daß es zu Gedränge oder Hast kommt.

Zu ihren Bräuchen gehört es, daß zum Opferfest jeder, dem ein Dorf zu Lehen gewährt worden ist, mit Goldmünzen erscheint, die in einen Stoffbeutel gesteckt werden, auf dem sein Name geschrieben steht und den er in ein goldenes Becken wirft, das dort aufgestellt ist. So sammeln sich ansehnliche Schätze an, die der Sultan, an wen es ihm beliebt, verschenkt. Sobald die Teilnehmer ihre Begrüßungen beendet haben, werden ihnen je nach Rang Speisen aufgetragen.

An diesem Tage wird auch der große Räucherkessel aufgerichtet, eine Art Turm aus massivem Gold, der aus einzelnen Teilen besteht und den sie, wenn sie es wünschen, zusammensetzen können. Ein einzelnes Teil muß von mehreren Männern getragen werden. Er hat in seinem Inneren drei Kammern, welche die Räucherdiener betreten und wo sie Hölzer, die man ›qamārī‹[151] und ›qāqulī‹[152] nennt, sowie grauen Amber und Balsamharz anzünden, bis ihr Rauch den ganzen Saal erfüllt. Junge Knaben halten in ihren Händen goldene und silberne Fäßchen mit Rosen- und Orangenblütenwasser, mit dem sie die Anwesenden reichlich besprengen.

Thron und Räucherkessel werden allein aus Anlaß der beiden besonderen Feste aufgestellt. An den anderen Festtagen setzt sich der Sultan auf einen zwar goldenen, aber bescheideneren Thron. Dann wird ein weiträumiges Zelt mit drei Toren aufgeschlagen, in dessen Innerem der Sultan Platz nimmt. Am ersten Tor nimmt ʿImād al-Mulk Sartīz Aufstellung, am zweiten steht Nukbiya und am dritten Yūsuf Buġra. Zu seiner Rechten und zu seiner Linken stehen die Anführer seiner schild- und säbeltragenden Mamluken; die übrigen

[151] Abgeleitet aus ›qamār‹ (›Khmer‹) aus Kambodscha.

[152] Abgeleitet aus ›qāqula‹ aus Malaysia, Kardamom (Elettaria cardamomum). Ibn Baṭṭūṭa wird auf diese beiden Riechkräuter noch eingehen.

Teilnehmer stehen nach Rängen geordnet. Der Aufseher des Zeltes ist Malik Ṭaġay, der einen goldenen Stab in der Hand hält, während sein Vertreter einen Silberstab trägt. Sie ordnen und überwachen die Aufstellung der Anwesenden in Reihen. Die Wesire und Sekretäre stellen sich hinter ihn, und auch die Kammerherren und Offiziere nehmen stehend ihre Plätze ein. Nun erscheinen die Musikantinnen, zunächst die Töchter der ungläubigen Hindu-Fürsten, die in diesem Jahr in die Gefangenschaft geführt wurden. Sie singen und tanzen und werden danach vom Sultan an die Emire und Würdenträger verschenkt. Nach ihnen treten andere Töchter Ungläubiger auf, die ebenfalls singen und tanzen und die der Sultan anschließend seinen Brüdern, Verwandten, Schwägern und den Söhnen der Maliks zum Geschenk macht. Diese Sitzung findet nach dem Nachmittagsgebet statt. Eine weitere Sitzung hält er tags darauf ebenfalls nach dem Nachmittagsgebet und beobachtet das gleiche Zeremoniell: Die Sängerinnen erscheinen, singen und tanzen, und werden dann von ihm den Mamlukenfürsten zum Geschenk gemacht. Am dritten Tage verheiratet er seine Verwandten und erweist ihnen seine Gunst, am vierten Tage schenkt er seinen Sklaven, am fünften Tage auch seinen Sklavinnen die Freiheit, am sechsten Tage verheiratet er seine Sklaven mit seinen Sklavinnen und am siebenten Tage verteilt er reichliche Almosen.

Wenn der Sultan von einer Reise zurückkehrt, werden die Elefanten geschmückt, von denen sechzehn mit teils vergoldeten, teils juwelenbesetzten Sonnenschirmen ausgerüstet werden. Vor ihm wird die ›Ġāšīya‹, das heißt die Satteldecke hergetragen, die mit kostbarsten Steinen besetzt ist. Hölzerne, aus mehreren Stockwerken bestehende und mit Seidenstoffen ausgeschlagene Pavillons werden errichtet. In jedem Stockwerk befinden sich Sängersklavinnen, darunter auch Tänzerinnen, in ihren schönsten Kleidern und ihrem hübschesten Schmuck. In der Mitte jedes Pavillons steht ein großes Becken aus Tierhäuten, das mit wasserverdünntem Sirup gefüllt ist. Jedermann, der es wünscht, Einheimischer oder Fremder, kann davon trinken, und wer davon kostet, erhält Betelblätter und Betelnüsse. Der Raum zwischen den Pavillons ist mit Seidenstoffen ausgelegt, auf die die Reittiere des Sultans treten. Die Mauern entlang der Straßen, die der Sultan vom Stadttor bis zum Tor seines Palastes nimmt, sind ebenfalls mit Seide verhängt. Vor ihm marschieren zu Tausenden seine Sklaven, hinter ihm seine Abteilungen und Soldaten. Ich war einmal Zeuge seines Einritts in die Hauptstadt: Den Elefanten waren drei oder vier kleinere Steinschleudern aufgesetzt worden, aus denen vom Einritt in die Stadt bis zur Ankunft im Palast Dinare und Dirhams in die Menschenmenge geschleudert wurden, die die Leute aufsammelten.

Zwei verschiedene Gerichte läßt der Sultan in seinem Palast auftragen: das private und das öffentliche Mahl. Am privaten Mahl im Ratssaal nimmt der Sultan selbst teil und läßt auch alle Anwesenden teilhaben. Es sind dies die Emire und Vertrauten, der Erste Kammerherr, der Vetter des Sultans, ʿImād al

Mulk Sartīz und der Haushofmeister, darüber hinaus lädt er diejenigen Würdenträger aus der Fremde und die Ersten Emire, die er hervorheben oder ehren will, zum gemeinsamen Speisen mit ihm ein. Mitunter will er einen Anwesenden besonders ehren: Dann nimmt er eine Schüssel mit eigener Hand, legt ein Brot darauf und reicht sie ihm. Der Geehrte nimmt sie und verbeugt sich, indem er mit der rechten Hand den Boden berührt. Manchmal schickt der Sultan von diesen Speisen auch zu einem Manne, der der Tafel ferngeblieben ist: Auch er verbeugt sich wie ein Teilnehmer und verspeist die Gaben zusammen mit denen, die sich in seiner Gesellschaft befinden. Ich habe selbst einige Male an diesem Privatmahl teilgenommen und sah, daß ungefähr zwanzig Männer bei ihm zu Tische saßen.

Für das öffentliche Mahl werden die Speisen aus den Küchen herbeigetragen. Voran schreiten die Offiziere und rufen: »Im Namen Gottes!«, vor sich ihren Anführer mit einer goldenen Keule und dessen Stellvertreter mit einer silbernen Keule in den Händen. Sobald sie das vierte Tor durchschritten und die Teilnehmer ihre Stimmen vernommen haben, erheben sie sich gemeinsam, und niemand außer dem Sultan bleibt sitzen. Nun werden die Speisen auf dem Boden abgestellt, und die Offiziere nehmen in einer Reihe Aufstellung. Ihr Anführer stellt sich vor sie und hält eine Ansprache, in der er den Sultan preist und rühmt. Er verbeugt sich bis zur Erde, und alle Teilnehmer, hoch und niedrig, tun es ihm nach. Es gehört zu ihren Gewohnheiten, daß, sobald die Worte des Ersten Offiziers vernommen werden, jeder, der in Bewegung war, stehen bleibt, und jeder, der stand, seinen Platz nicht mehr verläßt. Niemand bewegt sich mehr und niemand verläßt mehr seinen Standort, bis die Ansprache beendet ist. Danach spricht der Stellvertreter des Ersten Offiziers in ähnlicher Weise, verbeugt sich, und abermals verbeugen sich die Offiziere und die gesamte Gemeinde. Danach setzen sie sich nieder. Daraufhin schreiben die Pfortenschreiber dem Sultan auf, daß die Speisen eingetroffen seien, obwohl es dieser bereits weiß. Das Schreiben wird einem Knaben, dem Sohne eines Malik, gegeben, der den Auftrag hat, mit ihm zum Sultan zu gehen. Dieser liest es und erteilt, wie es ihm beliebt, einem der Ersten Emire den Auftrag, die Anordnung der Anwesenden und die Austeilung der Speisen zu bestimmen. Sie bestehen aus Brotfladen, geröstetem Fleisch, mit Zuckerwerk gefüllten Brotlaiben, Reis, Hühnchen und Fleischpasteten. Von all diesen Speisen habe ich schon einmal gesprochen und ihre Verteilung erklärt.

Nach alter Gewohnheit nehmen am Kopf der Tafel die Richter und die Prediger, die Rechtsgelehrten, die Šarīfe und die ehrwürdigen Scheichs Platz. Es folgen die Verwandten des Sultans, die großen Fürsten und schließlich alle übrigen Teilnehmer. Niemand setzt sich an einen anderen als den ihm zugewiesenen Platz, so daß es keinerlei Gedränge gibt. Sobald sie Platz genommen haben, erscheinen die Mundschenke mit goldenen und silbernen, kupfernen und gläsernen Gefäßen, die mit gezuckertem Wasser gefüllt sind, das vor dem

Essen getrunken wird. Während sie es trinken, rufen die Kammerherren: »Im Namen Gottes!« und dann beginnen sie zu essen. Jeder Person wird von allen Speisen, die zum Mahl gehören, vorgelegt, von denen jede für sich ißt, und niemand bedient sich zusammen mit einer anderen Person aus der gleichen Schüssel. Ist das Essen beendet, wird in Zinnkrügen ein vergorener Saft gebracht, den sie nun zu sich nehmen, während die Kammerherren rufen: »Im Namen Gottes!« Nun werden Schalen mit Betelblättern und -nüssen hereingetragen, und jeder erhält eine Handvoll zerstoßener Betelnüsse und fünfzehn Blätter, die an einen rotseidenen Faden gebunden sind. Die Teilnehmer nehmen die Blätter und die Kammerherren rufen erneut: »Im Namen Gottes!« Alle erheben sich, und der Emir, welcher der Tafel vorsaß, verneigt sich. Daraufhin verneigen sich alle und entfernen sich. Dieses Festmahl findet zwei Mal am Tage statt, und zwar das erste am Vormittag und das zweite nach dem Nachmittagsgebet.

Was die Großmut und Freigebigkeit des Sultans betrifft, so will ich nur jene seiner Geschenke erwähnen, bei denen ich zugegen war, die ich bezeugen kann und mit eigenen Augen gesehen habe. Gott der Erhabene allein kennt die Wahrheit meiner Worte. Er genüge als Zeuge, denn was ich berichten werde, ist wohlbekannt und weit verbreitet. Die Länder, die nicht weit von Indien entfernt sind wie der Jemen, der Ḫurāṣān und Persien, sind voll von Erzählungen über ihn und wissen, daß sie wahr sind und leugnen keineswegs seine Freigebigkeit gegenüber Fremden, denen er sogar den Vorzug vor den Indern gibt und die er hochschätzt, mit Gaben und Gunstbeweisen überhäuft, denen er hohe Ämter überträgt und prächtige Geschenke macht. Zu diesen Gunstbeweisen zählt auch, daß er sie die ›Ehrenwerten‹ nennt und es verbietet, sie die ›Fremden‹ zu nennen, denn er sagt: »Jemanden einen ›Fremden‹ zu nennen, heißt, ihm sein Herz zu brechen und ihn zu betrüben.« Ich will nun, so es Gott dem Allerhöchsten gefällt, von einigen seiner überreichen Geschenke und seiner Werke der Großzügigkeit erzählen.

Šihāb ad-Dīn war ein Freund des Vorstehers der Kaufleute Al-Kāzirūnī, genannt Barwīz, dem der Sultan die Stadt Kambāya zu Lehen und überdies das Versprechen gegeben hatte, ihm das Wesirat zu übertragen. Er bat seinen Freund Šihāb ad-Dīn, zu ihm zu kommen. Dieser suchte ihn auf und hatte sich vorgenommen, dem Sultan Geschenke zu überreichen, und zwar ein kleines Zelt aus zugeschnittenen und mit goldenen Blättern verzierten Stoffen, dazu ein großes Zelt, dem ersten ähnlich, ein kleines Zelt mit Zubehör und ein Ruhezelt, alle aus verzierten Tuchen angefertigt; obendrein wollte er ihm eine große Anzahl von Maultieren geben. Als aber Šihāb ad-Dīn mit all diesen Gaben zu seinem Freunde, dem Vorsteher der Kaufleute, kam, fand er seinen Freund im Aufbruch nach der Hauptstadt, wo er den Sultan mit allen Steuern, die er in seinem Lehen eingetrieben hatte, und einem Geschenk aufzusuchen gedachte.

Wesir Ḫūǧa Ǧihān erfuhr, daß der Sultan Barwīz das Wesirat versprochen hatte, wurde unruhig und eifersüchtig. Kambaya und das Ǧuzarāt hatten zuvor unter der Herrschaft des Wesirs gestanden, und das Volk war ihm zugetan, völlig ergeben und dienstbereit gewesen. Doch in ihrer Mehrzahl waren sie Ungläubige, einige sogar Rebellen, die in den Bergen lebten und Widerstand leisteten. Der Wesir flüsterte ihnen ein, den Vorsteher der Kaufleute, sobald er zur Hauptstadt aufbräche, zu überfallen. Als Barwīz schließlich mit seinen Schätzen und Reichtümern und in Begleitung von Šihāb ad-Dīn und dessen Geschenken abgereist war, machten sie wie üblich eines Vormittags Lager. Ihre Schutztruppen zerstreuten sich, und die meisten schliefen. Da fielen die Ungläubigen in großer Zahl über sie her, töteten den Vorsteher der Kaufleute, plünderten seine Schätze, sein ganzes Hab und Gut und auch die Geschenke von Šihāb ad-Dīn, der selbst aber entkommen konnte. Die Nachrichtenoffiziere schrieben dem Sultan von dem Vorfall, der befahl, Šihab ad-Dīn mit einer Summe von 30.000 Dinar aus den Einnahmen des Landes Nahruwāla[153] zu entschädigen und ihn wieder in sein Land zu entlassen. Diese Summe wurde ihm überreicht, er aber lehnte sie ab und sagte: »Mein einziger Wunsch war es, den Sultan zu sehen und den Boden vor ihm zu küssen.« So schrieben sie es dem Sultan, der diese Worte bewunderte und anordnete, Šihāb ad-Dīn mit allen Ehren nach Delhi zu führen.

Der Tag seines Auftritts vor dem Sultan fiel zufällig mit unserer eigenen Ankunft beim Herrscher zusammen, der uns allen Gewänder schenkte, anordnete, uns Unterkünfte anzuweisen, und Šihāb ad-Dīn reich beschenkte. Einige Zeit später befahl er, mir 6.000 Tanka auszuzahlen, wie ich noch erzählen werde, und erkundigte sich bei dieser Gelegenheit, wo denn Šihāb ad-Dīn sei. Bahāʾ ad-Dīn bin al-Falakī antwortete: »O Herr der Welt, na mīdānam« – das heißt: ›Ich weiß es nicht‹ – und sagte weiter: »Šunīdam, zaḥmat dārah« – das heißt: ›Ich hörte, er sei krank.‹ – Der Sultan darauf: »Birwi hamīn zamān, dar ḫazāna yik laki tankahi, zar bikuri wa bīš ū bibirī tādili ū ḫuš šiwad« – Diese Worte bedeuteten: ›Geh sofort in die Schatzkammer, nimm 100.000 Tanka Gold und bringe sie ihm, damit sein Gemüt sich aufheitert.‹ So geschah es auch, das Gold wurde ihm gebracht und der Sultan ließ ihm ausrichten, er solle mit dem Geld die indischen Waren kaufen, die er sich wünsche, aber niemand sonst dürfe etwas kaufen, bevor er sich versorgt hätte. Er befahl außerdem, daß ihm für seine Reise drei voll ausgerüstete Schiffe mit besoldeten Seeleuten und ausreichendem Proviant zur Verfügung gestellt werden sollten. Er reiste ab und legte an der Insel Hurmuz an, wo er sich ein prächtiges Haus baute. Ich habe es später gesehen, aber ich habe auch Šihāb ad-Dīn wiedergesehen, der alles, was er einmal besaß, verloren hatte. Ich traf ihn in Šīrāz, wo er den

[153] Anhilwara, alte Hauptstadt des Gujarat, das heutige Patan, war 1297 von ʿAlāʾ ad-Dīn Ḫalaǧī erobert worden.

Sultan Abū ʾIsḥāq um ein Almosen anflehte. So vergeht der Reichtum Indiens! Selten verläßt jemand das Land mit seinem ganzen Hab und Gut, und wenn ein Mensch Indien hinter sich läßt und in ein anderes Land kommt, schickt Gott ihm ein Unglück, das vernichtet, was er erworben hat, und so ist es auch Šihāb ad-Dīn ergangen. Er verlor alles im Bürgerkrieg zwischen dem König von Hurmuz und dessen beiden Neffen und kehrte der Insel, vollkommen ausgeplündert, den Rücken.

Der Sultan hatte dem Kalifen in Ägypten, Abu-l-ʿAbbās, im festen Vertrauen auf das Kalifat ein Geschenk geschickt und ihn gebeten, ihm eine Urkunde zu senden, die seine Vorherrschaft über Indien und den Sind bestätigte. Kalif Abu-l-ʿAbbās schickte ihm auch durch den Großscheich Ägyptens Rukn ad-Dīn, worum er gebeten hatte. Als dieser am Hofe des Sultans erschien, wurden ihm überschwengliche Ehren zuteil und ein ansehnliches Geschenk gegeben. Der Sultan pflegte sich vor ihm zu erheben und zu ehren, wenn er zu ihm kam. Als er ihn schließlich entließ, gab er ihm noch Reichtümer mit, darunter eine Anzahl Hufe und Hufnägel für Pferde, sämtlich aus gediegenem Gold, und sagte zu ihm: »Wenn du an Land gehst, beschlage damit deine Pferde!« Er wandte sich nach Kambāya, um an Bord eines Schiffes zu gehen und in den Jemen zu segeln, aber da kam es zum Angriff des Qāḍī Ǧalāl ad-Dīn, der sich den Besitz des Ibn Kaulamī[154] und auch alles, was der Großscheich bei sich führte, aneignete. Er floh mit Ibn Kaulamī an den Hof des Sultans, aber als dieser ihn sah, sagte er scherzend zu ihm: »Amadī kazar birī bā dikiri ṣanam ḫarī zar nabarī wasar nihī« – und dies bedeutet: ›Du kamst, um Gold mitzunehmen, und hast es verbraucht für schöne Dinge; doch du wirst kein Gold forttragen, sondern deinen Kopf hier lassen.‹ Aber er sprach in heiterem Tone und fügte dann hinzu: »Beruhige dein Gemüt! Ich werde gegen die Rebellen ins Feld ziehen und dir ein Mehrfaches von dem geben, was sie dir nahmen.« Nach meiner Abreise aus Indien erfuhr ich, daß er sein Versprechen hielt und ihn für alles, was er verloren hatte, entschädigte und daß Rukn ad-Dīn mit seinem ganzen erworbenen Reichtum nach Ägypten zurückkehrte.

Der Faqīh und Prediger Nāṣir ad-Dīn aus Tirmiḏ hatte den Sultan aufgesucht und genoß ein Jahr lang seine Gunst. Dann wünschte er, in seine Heimat zurückzukehren. Der Sultan gestattete es ihm, hatte ihn aber noch nicht ein Mal reden und predigen hören. Als er nun ins Land Maʿbar ziehen wollte[155], wünschte er, ihn vor seinem Aufbruch zu hören, und befahl, daß ihm eine Kanzel aus weißem Sandelholz, das ›muqāṣirī‹[156] hieß, geschenkt werden sollte. Sie wurde mit goldenen Plättchen und Nägeln beschlagen und an ihrem

[154] Aus Quilon an der südlichen Malabarküste; vgl. die folgenden Kapitel.

[155] Tuġluqs Feldzug des Jahres 1335 gegen Madura im äußersten Süden der indischen Halbinsel; vgl. das nachfolgende Kapitel ›Die Herrschaft des Muḥammad Tuġluq‹.

[156] Abgeleitet aus ›Mākaṣār‹ (die Insel Celebes).

oberen Aufsatz mit einem prachtvollen Rubin geschmückt. Naṣir ad-Dīn wurde in das schwarze Gewand der ʿAbbāsiden gekleidet[157], das ebenso wie sein Turban vergoldet und mit Juwelen besetzt war. Man richtete ihm die Kanzel im Inneren eines großen Zeltes auf, das bei uns ›afrāǧ‹ heißt. Der Sultan setzte sich auf seinen Thron, seine Vertrauten zu seiner Rechten und Linken, während die Qāḍīs, die Rechtsgelehrten und die Emire ihre Plätze einnahmen. Nāṣir ad-Dīn hielt eine wortgewaltige Ansprache, predigte und mahnte, aber es war nichts in ihr, was sie besonders bemerkenswert gemacht hätte. Aber sein Glück kam ihm zustatten. Als er von der Kanzel stieg, erhob sich der Sultan vor ihm, umarmte ihn und ließ ihn auf einen Elefanten steigen. Er befahl allen Anwesenden, zu denen auch ich gehörte, vor ihm her bis zu dem Zelt zu marschieren, das eigens für ihn genau gegenüber dem Zelt des Sultans aufgeschlagen worden war und vollständig aus mehrfarbiger Seide bestand. Auch das große Zelt war ebenso wie das kleine aus Seide errichtet worden. Er setzte sich, und wir setzen uns zu ihm. In einem Winkel des großen Zeltes standen goldene Gefäße, die der Sultan ihm geschenkt hatte: ein großer Kochkessel, in dem ein Mann sitzen konnte; zwei Kochtöpfe, Schüsseln, deren Menge ich nicht nennen kann; eine Anzahl Krüge, ein kleiner, ›timīsinda‹ genannter Topf, ferner ein vierfüßiger Speisetisch und ein Lesepult, alles aus reinstem Gold. ʿImād ad-Dīn as-Simnānī zog zwei Zeltpflöcke hoch, wovon einer aus Kupfer, der andere aber aus Zinn war. Wir nahmen zwar an, daß sie aus Gold und Silber wären, doch sie waren es nicht, bestanden vielmehr aus den erwähnten Metallen. Auch hatte der Sultan Nāṣir ad-Dīn bei dessen Ankunft 100.000 Silberdinare und Hunderte von Sklaven gegeben, von denen er einige freiließ, die anderen mit sich nahm.

ʿAbd al-ʿAzīz al-Ardawīlī war ein in den Überlieferungen bewanderter Rechtsgelehrter, der in Damaskus bei Taqīy ad-Dīn bin Taimīya, bei Burhān ad-Dīn bin al-Barkaḥ, Ǧamāl ad-Dīn al-Mizzī und Šams ad-Dīn aḏ-Ḏahabī[158] und anderen studiert hatte und anschließend zum Sultan gekommen war, der ihn ehrte und ihm seine Gunst schenkte. Eines Tages setzte er dem Sultan einige Überlieferungen über die Verdienste des ʿAbbās und dessen Sohnes auseinander und erklärte ihm auch einige Ruhmestaten der Kalifen, die von ihnen abstammten. Dem Sultan gefiel es sehr, denn er war dem Hause der ʿAbbāsiden sehr zugetan. Er küßte dem Faqīh die Füße und befahl, eine goldenen Servierschale herbeizuschaffen, die mit 1.000 Tanka gefüllt war, goß sie vor ihm aus und sagte: »Dies ist für dich und die Schale auch!« Diese Geschichte habe ich bereits erzählt.[159]

Faqīh Šams ad-Dīn al-Andukānī war ein Weiser und ein begabter Dichter.

[157] Schwarz war die Tracht der abassidischen Kalifen.

[158] Namhafter Historiker, gest. 1348.

[159] Vgl. Kapitel ›Persien und der Iraq‹.

Er pries den Sultan in einem Gedicht von siebzehn Versen in persischer Sprache. Für jeden Vers gab der Sultan ihm 1.000 Silberdinare, viel mehr als man von früheren Dichtern erzählt, die je Vers 1.000 Dirham bekamen, nur ein Zehntel dessen, was der Sultan gab.

ʿAḍud ad-Dīn aš-Šawankārī war ein vortrefflicher Faqīh und Imām, von hohem Rang und eine Berühmtheit, dessen Name in den Ländern, in denen er sich aufhielt, einen guten Klang hatte. Der Sultan hörte von ihm und seinen Verdiensten und schickte ihm in sein Land Šawankāra[160] 20.000 Silberdirham. Aber er sah ihn nie, denn der Faqīh suchte den Sultan nie auf.

Als er von Maǧd ad-Dīn, dem gelehrten und frommen Qāḍī von Šīrāz und Urheber berühmter Wunder, hörte, dessen Geschichte ich schon im ersten Teil meiner Reise erzählt habe, schickte der Sultan ihm durch Scheich Zādah, den Damaszener, 20.000 Silberdinar nach Šīrāz.[161] Ich werde ihn später noch einmal erwähnen.

Burhān ad-Dīn aṣ-Ṣāġarǧī war ein Prediger und Imām, bekannt für seine Nächstenliebe und Freigebigkeit. Er gab so viel, daß er oft Schulden machte, um anderen zu helfen. Davon hörte der Sultan, schickte ihm 40.000 Dinar, verlangte aber von ihm, in die Hauptstadt zu kommen. Der Prediger nahm das Geld an und löste seine Schulden ein. Dann brach er in die Provinz Haṭā auf, weigerte sich aber, die Hauptstadt aufzusuchen, sondern sagte: »Ich gehe nicht zu einem Sultan, vor dem die Gelehrten stehen müssen.«

Ḥāǧī Kāwun, der Vetter des iraqischen Sultans Abū Saʿīd und Bruder von Mūsā, dem Statthalter einer Provinz im Iraq[162], war zum indischen Sultan gereist, der ihn während seines Aufenthaltes mit hohen Ehren aufgenommen und ihm prächtige Geschenke gemacht hatte. Ich sah ihn eines Tages, als gerade der Wesir Ḫūǧa Ǧihān mit einem Geschenk erschien, darunter drei Schalen, von denen eine mit Rubinen, die zweite mit Smaragden und die dritte mit anderen Edelsteinen gefüllt waren. Ḥāǧī Kāwun, der anwesend war, erhielt einen großen Teil der Steine und später noch beträchtliche Reichtümer. Schließlich ging er, um in den Iraq zurückzukehren, fand dort, daß sein Bruder gestorben war und Sulaimān Ḫān dessen Stelle eingenommen hatte.[163] Er verlangte das Erbe seines Bruders, forderte das Königreich für sich, und die Soldaten leisteten ihm auch den Treueid. Er zog nach Persien bis zur Stadt Šawankāra, in der der

160 Shabankara, südostpersische Landschaft, deren Bezeichnung auf eine kurdischen Stamm zurückgeht, der sich dort im 12. Jahrhundert niederließ.

161 Vgl. Kapitel ›Persien und der Iraq‹.

162 Mūsā Ḫān bin ʿAlī war 1336 kurzzeitig von einigen nordiraqischen Teilfürsten zum Nachfolger von Abū Saʿīd, dem König des Iraq, ausgerufen worden, starb aber bereits 1337. Über seinen Bruder Ḥaǧī Kāwun ist dagegen nichts bekannt.

163 Sulaimān Ḫān bin Yūsuf Šāh, einer der Nachfolger Abū Saʿīds im kollabierten Ilchanidenreich. Er heiratete die Fürstin Sāṭī Bak, bekämpfte Scheich Ḥasan (vgl. Kapitel ›Persien und der Iraq‹) in Aserbeidschan und herrschte dort von 1339 bis 1344.

Imām ʿAḍud ad-Dīn lebte, von dem ich soeben gesprochen habe. Als er vor der Stadt sein Lager aufschlug, zögerten die Scheichs der Stadt eine Stunde lang, zu ihm zu gehen, und verließen erst dann die Stadt. Er herrschte sie an: »Was hinderte euch daran, rascher zum Treueid zu mir zu kommen?« Sie sprachen eine Entschuldigung aus, die er aber nicht annahm, vielmehr sagte er zu seinen Soldaten: »Qiliğ tiḫār«, was heißt: »Zieht eure Säbel!«[164] Sie zogen ihre Säbel und köpften die Scheichs, die sehr zahlreich waren. Als die Emire aus der Nachbarschaft der Stadt davon erfuhren, gerieten sie in Zorn und schrieben an Šams ad-Dīn as-Simnānī, der ein großer Emir und Rechtsgelehrter war, schilderten ihm, was den Menschen von Šawankāra widerfahren war, und forderten ihn auf, ihnen im Kampf gegen Kāwun beizustehen. Šams ad-Dīn rückte mit seinen Truppen aus. Das Volk des Landes sammelte sich, um Rache für Ḥāğī Kāwuns Mord an den Scheichs zu nehmen. Nachts griffen sie seine Soldaten an und schlugen sie in die Flucht. Kāwun selbst befand sich in einem Palast der Stadt[165], in dem sie ihn einschlossen. Er versteckte sich auf dem Abtritt, wo sie ihn aufspürten, sie schnitten ihm den Kopf ab und schickten ihn an Sulaimān Ḫān. Seine Gliedmaßen verstreuten sie aus Rache über mehrere Provinzen.

Emir Ġiyāṯ ad-Dīn Muḥammad bin ʿAbd al-Qāhir bin Yūsuf bin ʿAbd al-ʿAzīz[166], der Sohn des Kalifen Al-Mustanṣir Billāh, des ʿAbbāsiden aus Bagdad, war zu ʿAlāʾ ad-Dīn Ṭarmašīrīn gereist, dem Sultan von Mā wa rāʾ an-nahr, und war von ihm in Ehren empfangen worden. Der Sultan gab ihm die Zāwiya am Grabmal von Quṯam bin al-ʿAbbās, in der Ġiyāṯ ad-Dīn sich mehrere Jahre niederließ. Als er von der Zuneigung des indischen Herrschers zu den ʿAbbāsiden und dessen Bemühen hörte, ihre Anerkennung zu gewinnen, wollte er zu ihm gehen und schickte zwei Gesandte zu ihm, von denen der eine sein langjähriger Gefährte Muḥammad bin Abi-š-Šarafīy al-Ḥarbāwī und der andere der Ṣūfī Muḥammad al-Hamdānī waren. Sie kamen zum Sultan. Nāṣir ad-Dīn at-Tirmiḏī, von dem ich bereits gesprochen habe, war Ġiyāṯ ad-Dīn schon in Bagdad begegnet, hatte sich vom Volke Bagdads Ġiyāṯ ad-Dīns Abstammung bezeugen lassen und bestätigte sie nun gegenüber dem Sultan. Als die beiden Gesandten zum Sultan kamen, schenkte er ihnen 5.000 Dinar und gab ihnen zusätzlich noch 30.000 Dinar für Ġiyāṯ ad-Dīn mit auf den Weg, mit denen er seine Reise nach Delhi bestreiten sollte. Mit eigener Hand schrieb er ihm einen Brief, in dem er ihm seine Verehrung ausdrückte und ihn bat, zu ihm zu kommen. Als dieser Brief eintraf, machte sich Ġiyāṯ ad-Dīn auf den Weg. Er kam im Sind an, und die Nachrichtenoffiziere meldeten es dem

164 In heutigem Türkisch besser: ›Kılıç çıkar!‹

165 Wahrscheinlich die verbotene Stadt Īğ (Idsch).

166 Vgl. zu dieser Persönlichkeit das Kapitel ›Nach Mekka‹. Sie traf im Jahre 1340/41 in Indien ein, als Muḥammad bin Tuġluq mit dem abassidischen Kalifat Ägyptens Fühlung aufzunehmen begann.

Sultan, der ihm daraufhin nach der Gewohnheit des Landes Personen entgegensandte, die ihn in Empfang nehmen sollten. In Sarsatī schickte ihm der Sultan außerdem noch den Ṣadr al-Ǧihān namens Kamāl ad-Dīn al-Ġaznawī, den Großqāḍī, sowie eine Anzahl von Rechtsgelehrten und schließlich noch einige Emire zu seinem Empfang entgegen. Als er in Masʿūd Ābād vor der Hauptstadt ankam, verließ sogar der Sultan selbst die Stadt, um ihm entgegenzugehen. Als sie sich begegneten, stieg Ġiyāṯ ad-Dīn ab, und der Sultan saß ebenfalls ab. Er grüßte mit einer Verneigung, und daraufhin grüßte der Sultan ihn auf die gleiche Weise. Er legte die mitgebrachten Geschenke vor, darunter Gewänder, von denen der Sultan eines nahm, sich um die Schultern legte und sich verneigte, wie man sich vor ihm zu verneigen pflegte. Nun wurden Pferde vorgeführt. Der Sultan nahm eines an die Hand und führte es zu Ġiyāṯ ad-Dīn, hielt selbst die Steigbügel und beschwor ihn, es zu besteigen. Der Sultan saß auf und ritt mit ihm unter einem einzigen Sonnenschirm los. Er nahm Betel und gab ihm davon mit eigener Hand, ein Zeichen höchster Gunst, denn so behandelte er sonst niemanden. Dann sagte er zu ihm: »Hätte ich nicht schon dem Kalifen Abu-l-ʿAbbās meinen Treueid geleistet, so würde ich ihn dir leisten.« Ġiyāṯ ad-Dīn erwiderte: »Ich habe den gleichen Eid geschworen«, und fuhr fort: »Der Prophet hat gesagt: ›Wer ein unbestelltes Land belebt, der soll es auch besitzen. Du bist es, der uns wiederbelebt hat.‹« Der Sultan antwortete ihm auf freundlichste und wohlwollendste Weise. Als sie zu dem Zelt kamen, das für den Sultan vorbereitet worden war, überließ er es ihm, während für den Sultan ein zweites aufgeschlagen wurde. Die Nacht verbrachten sie außerhalb der Hauptstadt. Am Morgen betraten sie die Residenz des Königs, und Ġiyāṯ ad-Dīn wurde in der auch ›Haus des Kalifen‹ genannten Stadt Sīrī das Schloß gegeben, das von ʿAlāʾ ad-Dīn al-Ḫalaǧī und seinem Sohn Quṭb ad-Dīn erbaut worden war. Der Sultan wies alle Emire an, ihn dorthin zu begleiten. Dort war alles vorbereitet, was er benötigte, auch goldene und silberne Gefäße, darunter sogar ein goldenes Waschbecken. Er schickte ihm außerdem 400.000 Dinar für die Reinigung seines Kopfes nach Art des Landes, ferner eine Anzahl junger Burschen, Diener und Dienerinnen. Für seine täglichen Ausgaben wies er ihm 300 Dinar an und ließ ihm obendrein noch zahlreiche Tafeln mit den Speisen seines privaten Mahls bringen. Er gab ihm die ganze Stadt Sīrī zu Lehen mitsamt allen Häusern, Gärten, Vorräten und den Feldern, die zur Stadt gehörten, dazu hundert Dörfer und die Herrschaft über den Bezirk, der sich östlich an die Stadt Delhi anschließt. Er gab ihm dreißig Maultiere mit vergoldetem Sattelzeug und ließ ihr Futter aus den staatlichen Vorratslägern kommen. Er ordnete an, daß er nicht von seinem Reittier steigen müsse, wenn er in die Residenz des Sultans käme, es sei denn, er käme an einen besonderen Ort, an dem niemand außer dem Sultan im Sattel sitzen dürfe. Allen Menschen, hoch wie niedrig, befahl er, ihn mit einer Verbeugung zu begrüßen, wie sie auch dem Sultan selbst geschuldet war. Wenn Ġiyāṯ ad-Dīn zum Sultan kam, erhob sich dieser vom Thron. Saß er auf einem anderen Sitz, so stand er auf, beide verbeugten sich voreinander und setzten sich auf den gleichen Teppich. Wenn er aufstand, erhob sich auch der Sultan und wieder verneigten sie sich voreinander. Wenn er sich aus dem Ratssaal zurückzog, wurden Teppiche für ihn ausgebreitet, auf die er sich setzen konnte, wann er wollte, bis er sich entfernte. So geschah es zweimal am Tag.

Während Ġiyāṯ ad-Dīns Aufenthalt in Delhi erschien der Wesir aus Binǧāla, und der Sultan gab den großen Emiren den Befehl, ihn vor der Stadt zu empfangen. Er selbst ging ihm ebenfalls entgegen und erwies ihm außerordentlich große Ehren. Zahlreiche Pavillons wurden errichtet, wie sie auch für den Sultan selbst gebaut wurden, wenn er zurückkehrte. Der Sohn des Kalifen, die Rechtsgelehrten sowie die Richter und andere Würdenträger verließen zu diesem Empfang ebenfalls die Stadt. Als der Sultan in seinen Palast zurückkehrte, sagte er zum Wesir: »Gehe zum Maḫdūm Zādah« – so nannten sie Ġiyāṯ ad-Dīn, und die Worte bedeuten ›Sohn des Gebieters‹. Der Wesir suchte ihn auf und schenkte ihm 2.000 Tanka Gold und sehr viele Gewänder. Emir Qabūla und andere große Emire waren anwesend, auch ich selbst nahm teil.

Der König von Ġazna namens Bahrām kam zum Sultan.[167] Zwischen ihm und dem Sohn des Kalifen herrschte eine alte Feindschaft. Der Sultan ließ ihm ein Haus in der Stadt Sīrī anweisen, die er dem Sohn des Kalifen gegeben hatte, und gab den Befehl, ihm dort einen Palast zu bauen. Diese Nachricht kam dem Sohn des Kalifen zu Ohren, der darüber erbost war, zum Sultanspalast ging und sich dort auf die Teppiche setzte, die sein gewohnter Sitz waren. Er ließ den Wesir rufen und sagte zu ihm: »Grüße den Herrn der Welt und sage ihm, daß sich alles, was er mir gab, noch in meinem Haus befindet und ich nichts davon verwendet habe, mehr noch, daß es sich vielmehr bei mir vermehrt hat, aber daß ich nicht länger bleiben werde«, stand auf und ging davon. Der Wesir fragte einen von Ġiyāṯ ad-Dīns Gefährten nach dem Grund dieser Verärgerung und erfuhr, es sei der Befehl des Sultans gewesen, dem König von Ġazna in Sīrī einen Palast zu errichten. Daraufhin ging der Wesir zum Sultan und erzählte es ihm. Der Sultan ritt sofort mit zwanzig seiner Leute zum Haus des Sohnes des Kalifen, bat um Einlaß, stieg vor dem Hause vom Pferd, wo auch jeder andere abzusitzen pflegte, traf Ġiyāṯ ad-Dīn und entschuldigte sich bei him, der ihm verzieh. Der Sultan sagte: »Bei Gott, ich weiß nicht, ob du zufriedengestellt bist, solange du nicht deinen Fuß auf meinen Nacken gesetzt hast.« – Ġiyāṯ ad-Dīn antwortete: »Das werde ich nicht tun, selbst wenn du mich tötest.« – Der Sultan erwiderte: »Bei meinem Kopf, das mußt du unbedingt tun«, und legte seinen Kopf auf den Boden. Der Große Malik Qabūla nahm den Fuß des Kalifensohns in die Hand und

[167] Da Ġazna zu jener Zeit von Herat abhängig war, dürfte es sich bei Bahrām, der im übrigen unbekannt ist, nicht um einen selbständigen ›König‹, sondern um einen der Gouverneure gehandelt haben, die den Titel ›Malik‹ trugen.

setzte ihn auf den Nacken des Sultans. Dieser stand auf und sagte: »Jetzt weiß ich, daß du mit mir zufrieden bist, und mein Herz ist beruhigt.« Dies ist eine sonderbare Geschichte, wie man sie von einem König noch nicht gehört hat!

Ich hielt mich einmal an einem Festtag bei Ġiyāṯ ad-Dīn auf, da kam der Große Malik Qabūla mit drei sehr weiten Gewändern vom Sultan, die statt der seidenen Schlaufen, mit denen sie geschlossen werden, Perlenknöpfe von der Größe einer großen Haselnuß trugen. Qabūla blieb am Palasttor stehen, bis Ġiyāṯ ad-Dīn herauskam, und legte ihm die Gewänder an. Diese ganzen Geschenke, die er erhielt, können gar nicht gezählt oder genau bestimmt werden. Gleichwohl war der Sohn des Kalifen eines der habsüchtigsten Geschöpfe Gottes. Über seinen Geiz waren die absonderlichsten Geschichten in Umlauf, die wunderlich anzuhören sind. Unter den Geizigen nahm er den gleichen Rang ein, die der Sultan mit seiner Freigebigkeit innehatte. Ich will einige dieser Geschichten wiedergeben.

Zwischen mir und dem Sohn des Kalifen bestand Freundschaft. Ich besuchte ihn oft und ließ, als ich abreiste, einen meiner Söhne namens Aḥmad bei ihm.[168] Ich weiß nicht, was aus beiden geworden ist. Ich sagte eines Tages zu ihm: »Warum ißt du allein und versammelst zum Essen keine Freunde um dich?« – Da antwortete er: »Ich kann nicht zusehen, wenn es so viele sind, die mein Essen verzehren.« Deshalb speiste er stets allein und gab vom Essen nur seinem Gefährten Muḥammad bin Abi-š-Šarrafī einen Teil für diejenigen, die er mochte, und behielt alles Übrige für sich.

Ich ging bei ihm ein und aus und sah, daß der Vorraum des Palastes, den er bewohnte, stets im Dunkel lag und keinerlei Lampe hatte. Oft sah ich ihn, wie er in seinem Garten kleine Zweige als Brennholz aufsammelte, das er in einem Speicher lagerte; ich sprach ihn darauf an, aber er antwortete mir: »Ich werde es brauchen.« Seine Gefährten, Mamluken und jungen Burschen setzte er zur Arbeit in seinem Garten und seinen Gebäuden ein und sagte: »Ich bin unzufrieden, wenn sie mein Essen verzehren und sonst keinerlei Dienst tun.« Einmal hatte ich Schulden gemacht, die eingetrieben werden sollten, da sagte er eines Tages zu mir: »Bei Gott, ich trug mich schon mit dem Gedanken, deine Schulden einzulösen, aber mein Herz erlaubte es mir nicht und half mir nicht.«

Eines Tages erzählte er mir: »Ich verließ Bagdad als vierter von vieren« – einer war sein Gefährte Muḥammad bin Abi-š-Šarrafī –, »wir waren zu Fuß und hatten keinerlei Proviant bei uns. Wir ließen uns in einem Dorf an einem Brunnen nieder, da fand einer von uns einen Dirham im Brunnen, und wir fragten uns, was wir mit einem Dirham machen könnten. Wir einigten uns darauf, ein Brot zu kaufen, und schickten einen von uns los. Der Bäcker des Dorfes aber weigerte

[168] At-Tāẓī weist darauf hin, daß es in einer anderen Handschrift heißt: ›was aus ihm (dem Sohn Aḥmad) geworden ist‹ (wörtlich: ›was Gott mit ihm (ihnen) machte‹).

sich, ihm nur das Brot zu verkaufen, in Wirklichkeit wollte er für ein Brot einen ganzen Qīrāṭ und für Häcksel ebenfalls einen Qīrāṭ haben. Wir kauften das Brot und den Häcksel, den wir aber fortwarfen, weil wir ja keine Tiere hatten, die ihn fressen konnten. Das Brot teilten wir Bissen für Bissen unter uns auf. Heute hat sich meine Lage verbessert, wie du siehst.« Ich erwiderte ihm: »Du solltest Gott loben für das Glück, das er dir gewährt hat, und dich den Armen und Nächsten zuwenden und Almosen geben!« – Doch er antwortete: »Das kann ich nicht!« Nie habe ich gesehen, daß er freigebig gespendet hätte, und nie hat er jemandem eine Wohltat erwiesen. Gott bewahre uns vor der Habsucht!

Auf meiner Rückreise aus Indien befand ich mich eines Tages in Bagdad, saß am Tor der Al-Mustanṣirīya-Koranschule, die der Vorfahr von Ġiyāṯ ad-Dīn, der Fürst der Gläubigen Al-Mustanṣir gebaut hatte, und sah einen elenden jungen Burschen, der hinter einem Manne herrannte, der die Schule gerade verließ. Einer der Schüler sagte zu mir: »Der junge Bursche, den du gesehen hast, ist der Enkel des Kalifen Al-Mustanṣir und der Sohn von Emir Muḥammad, der in Indien ist.« Ich rief ihn zu mir und sagte zu ihm: »Ich komme aus Indien und kann dir Nachrichten von deinem Vater bringen.« – Doch er antwortete: »Ich habe neulich Nachrichten über ihn bekommen«, und lief wieder hinter dem Mann her. Ich erkundigte mich nach diesem Mann und erfuhr, daß er Verwalter einer frommen Stiftung und der junge Mann Imām in einer Moschee war, wofür er täglich mit einem einzigen Dirham entlohnt wurde, und nun von eben jenem Manne seinen Lohn verlangte. Mein Staunen war groß. Bei Gott, hätte ihm sein Vater doch nur eine der Perlen von dem Gewand geschickt, das er vom Sultan erhalten hatte: Er wäre reich damit geworden! Gott schütze uns vor einem ähnlichen Schicksal!

Als Emir Saif ad-Dīn Ġadā bin Hibat Allāh bin Muhannā, des Fürsten der syrischen Araber[169], zum Sultan kam, wurde er in Ehren als Gast aufgenommen und erhielt den Palast des Sultans Ǧalāl ad-Dīn in Delhi zur Wohnung, der ›Kušk Laᶜl‹ genannt wurde, was ›Roter Palast‹ bedeutet. Es war ein mächtiger Palast mit einem sehr großen Saal, einer riesigen Vorhalle und einem Turm vor dem Tor, von dem aus der ganze Saal und noch ein zweiter überschaut werden konnten, von dem aus man den Palast betrat. Vor diesem Platz pflegte Sultan Ǧalāl ad-Dīn zu sitzen und dem Turnierspiel zuzuschauen. Als Emir Saif ad-Dīn einzog, betrat ich den Palast und fand ihn voller Möbelstücke, Betten, Teppiche und ähnlicher Dinge, aber alles war zerrissen und unbrauchbar. Denn wenn in Indien der Sultan gestorben ist, überläßt man seinen Palast mit allem, was er enthält, sich selbst und kümmert sich nicht mehr um ihn. Sein Nachfolger baut sich vielmehr seinen eigenen Palast. Als ich in den Palast ging, durchstreifte ich ihn und stieg auch auf sein Dach. Dies wurde mir zur

[169] Zu Muhannā vgl. das Kapitel ›Syrien‹. Ġadā und dessen im Namen angegebener Vater Hibat Allāh sind unbekannt.

Mahnung, die mich zu Tränen rührte: Bei mir befand sich der Rechtsgelehrte, Arzt und Literat Ǧamāl ad-Dīn al-Maġribī aus Granada, aber geboren in Biǧāya, der sich mit seinem Vater in Indien niedergelassen hatte, wo er auch mehrere Kinder hatte. Er deklamierte, als er den Palast besichtigte:

»Frage die Erde nach ihren Sultanen und die mächtigsten Köpfe werden zu Knochen!«

In diesem Palast fand das Festmahl aus Anlaß der Hochzeit Saif ad-Dīns statt, wovon ich noch erzählen werde. Der Sultan war den Arabern sehr zugetan, denen er seine Gunst erwies und zu deren Verdiensten er sich bekannte. Als der Emir erschien, überhäufte er ihn mit Geschenken und überschüttete ihn mit Gunstbeweisen. Einmal gab er ihm, als gerade prächtige Geschenke vom König Al-Bāyazīdī aus der Provinz Mānikbūr eingetroffen waren, elf Pferde bester Rasse; ein anderes Mal schenkte er ihm zehn Pferde mit vergoldeten Sätteln und Zügeln. Später verheiratete er ihn mit seiner Schwester Fīrūz Ḫūnda.

Als der Sultan befahl, Emir Ġadā mit seiner Schwester zu verheiraten, ersah er Malik Fatḥ Allāh, genannt Šaunawīs[170], dazu aus, das Hochzeitsmahl auszurichten und zu bezahlen. Mich bestimmte er dazu, in diesen Tagen beständig um Emir Ġadā zu sein. Malik Fatḥ Allāh ließ große Zelte bringen, um die beiden Säle des Roten Palastes zu beschatten[171]. In jedem der beiden Säle ließ er einen mächtigen Turm errichten, dessen Boden mit den schönsten Teppichen ausgelegt wurde. Der Vorsteher der Sänger, Šams ad-Dīn at-Tibrīzī, erschien mit den Sängern und auch seinen Sängerinnen und Tänzerinnen, die alle Sklaven des Sultans waren. Die Köche und Bäcker, die Fleischröster, die Zuckerbäcker, die Mundschenke und die Betelträger erschienen, Hammel und Geflügel wurden geschlachtet. Fünfzehn Tage lang wurden alle Menschen gespeist, und Tag und Nacht waren alle großen Emire und Würdenträger aus der Fremde anwesend.

Zwei Nächte, bevor die Braut zugeführt wurde, verließen die Prinzessinnen die Residenz des Sultans und begaben sich nachts in den Palast, schmückten ihn, legten ihn mit schönsten Teppichen aus und führten Emir Saif ad-Dīn in den Palast. Er war ein Araber, ein Fremder und ohne jeden Verwandten. Sie umringten ihn und veranlaßten ihn, sich auf ein allein für ihn vorgesehenes Kissen zu setzen. Der Sultan hatte angeordnet, daß die Gattin seines Vaters und Mutter seines Bruders Mubārak Ḫān die Stelle der Mutter Emir Ġadās und eine andere Ḫātūn die Stelle seiner Schwester einnehmen sollte; eine andere Frau hatte seine Tante väterlicherseits, eine weitere seine Tante mütterlicherseits zu vertreten, so daß es schien, als befände er sich inmitten seiner Familie.

170 Kein Beiname, sondern der persische Titel ›Šau nawīs‹, der den die Heiratsurkunde aufsetzenden Beamten bezeichnet.

171 Es scheint sich demnach eher um offene Höfe denn um Säle zu handeln.

Nachdem sie ihn aufgefordert hatten, auf dem Kissen Platz zu nehmen, färbten sie seine Hände und Füße mit Henna rot, andere blieben vor ihm stehen, sangen und tanzten. Dann entfernten sie sich und begaben sich zum Haus der Braut, während er mit seinen Freunden und Gefährten zurückblieb. Der Sultan bestimmte ein Gruppe von Emiren, die sein Hochzeitsgeleit, und eine andere Gruppe, die das Hochzeitsgefolge der Braut bilden sollten, denn es ist Brauch in Indien, daß das Brautgefolge an der Tür des Brautgemaches Aufstellung nimmt. Der Bräutigam kommt mit seinem Gefolge, aber sie treten nicht ein, solange sie nicht die Männer des Brautgeleits überwältigt oder ihnen, wenn sie unterliegen, Tausende von Dinaren gezahlt haben.

Nach Sonnenuntergang wurde dem Bräutigam ein blaues, golddurchwirktes und juwelenbesetztes Seidenkleid gebracht, auf dem Edelsteine in solcher Vielzahl aufgebracht waren, daß die Farbe des Kleides nicht mehr durchschien; ähnlich war die Mütze, die man ihm brachte und wie ich noch keine gesehen hatte. Auch hatte ich noch nie ein schöneres Kleid erblickt als das, welches man ihm gebracht hatte. Zwar hatte ich schon Gewänder gesehen, die der Sultan seinen anderen Schwägern wie dem Großen Malik ʿImād ad-Dīn as-Samnānī, dem Sohn des Ersten Gelehrten, oder dem Sohn des ›Šaiḫ al-Islām‹ und dem Sohn von Ṣadr Ǧihān al-Buḫārī geschenkt hatte, doch nie war ein so prächtiges darunter.

Mit seinen Gefährten und Dienern, alle mit vorbereiteten Stöckchen in den Händen, stieg Emir Saif ad-Dīn zu Pferde. Aus Jasmin, Narzissen und weißen Rosen war ein Kranz geflochten worden, an dem ein Schleier befestigt war, der Gesicht und Brust bedeckte. Man brachte ihn dem Emir, damit er sich ihn auf den Kopf setzte, aber er wies ihn von sich. Er war ein Wüstenaraber, der mit den Sitten der Könige und großen Städte nicht vertraut war. Ich bemühte mich um ihn und beschwor ihn, bis er sich schließlich den Kranz auf den Kopf setzte und zur ›bāb aṣ-ṣarf‹ ging, wie sie die Tür zum Frauengemach auch nennen. Dort standen die Männer des Brautgeleits, auf die er mit seinem eigenen Gefolge einen Angriff nach Art der Araber unternahm und alle überwand, die sich ihm in den Weg stellten, denn die Männer des Brautgeleits konnten ihm nicht standhalten. Als der Sultan davon erfuhr, gefiel es ihm sehr. Ġadā betrat den Saal, wo die Braut auf einem erhöhten, mit Seidenbrokat geschmückten und juwelenbesetzten Podest saß. Der Saal war angefüllt mit Frauen und Musikantinnen, die die verschiedensten Instrumente mitgebracht hatten. Sie alle standen aus Verehrung und Achtung vor dem Bräutigam. Zu Pferde ritt er bis an das Podest heran, saß ab und verbeugte sich an der ersten Stufe. Die Braut erhob sich und stand, bis er zu ihr hochstieg, wo sie ihm aus eigener Hand Betel anbot. Er nahm es und setzte sich auf eine Stufe unterhalb derjenigen, auf der sie stand. Golddinare wurden unter Ġadās anwesende Gefährten verstreut, die die Frauen auflasen. Nun begannen die Sängerinnen ihre Lieder, und vor der Tür erklangen Trommeln, Trompeten und Flöten.

Der Emir erhob sich, nahm seine Braut an die Hand und stieg, von ihr gefolgt, herab. Er stieg auf sein Pferd, mit dem er auf die Teppiche und Matten trat. Nun wurden Dinare über ihn und seine Gefährten gestreut. Die Braut wurde in eine Sänfte gehoben, welche die Diener auf ihren Schultern in seinen Palast trugen. Vor ihr ritten die Prinzessinnen, während die anderen Frauen zu Fuß gingen. Wenn der Zug am Palast eines Emirs oder eines anderen Großen vorüberkam, trat der Bewohner heraus und warf nach Gutdünken Dinare und Dirhams auf sie, bis sie an den Palast der Braut kamen.

Am Morgen verteilte die Gattin Gewänder, Dinare und Dirhams unter die Gefährten ihres Gatten, und auch der Sultan gab jedem von ihnen ein gesatteltes und gezäumtes Pferd und eine größere Geldsumme zwischen 200 und 1.000 Dinar. Malik Fatḥ Allāh schenkte den Prinzessinnen, aber auch den Musikanten verschiedenste Arten von Seidenkleidern und Geld. Nach einem indischen Brauch darf niemand außer dem Emir, der die Hochzeit auszurichten hatte, den Musikanten etwas geben. An diesem Tage fand ein öffentliches Hochzeitsmahl statt, womit die Hochzeit beendet war. Der Sultan befahl, dem Emir Ġadā die Provinzen Mālwa, das Ǧuzarāt, Kambāya und Nahrawāla zu geben, ernannte Fatḥ Allāh zum stellvertretenden Gouverneur dieser Ländereien, und erwies damit Ġadā die allerhöchste Wertschätzung. Der aber war ein ungehobelter Araber, der diese Ehren nicht zu würdigen wußte. Die Grobheit der Wüste übermannte ihn, und schon zwanzig Tage nach der Hochzeit kam es zum Unglück.

Zwanzig Tage nach dem Hochzeitstag kam er zum Palast des Sultans und verlangte einzutreten. Doch der Aufseher der ›bardadār‹, der Türhüter, hinderte ihn daran. Er aber hörte nicht auf ihn und wollte gewaltsam eindringen, da ergriff ihn der Türhüter an seinem ›dabbūqa‹, das heißt an seinem Zopf, und riß ihn zurück. Daraufhin schlug der Emir mit einem Stock, den er dort vorfand, auf ihn ein, bis er blutete. Der Mißhandelte aber war ein großer Emir, dessen Vater unter dem Namen ›Qāḍī von Ġazna‹ bekannt war und zur Nachkommenschaft von Sultan Maḥmūd bin Sabuktikīn gehörte, den der Sultan mit ›mein Vater‹ und dessen Sohn er mit ›mein Bruder‹ ansprach. Mit seinem blutverschmierten Kleid ging er zum Sultan und schilderte ihm, was Emir Ġadā ihm angetan hatte. Der Sultan dachte eine Weile nach und sagte dann: »Der Qāḍī soll entscheiden! Ein solches Vergehen verzeiht der Sultan niemandem seiner eigenen Untertanen, es verdient vielmehr unausweichlich den Tod. Ich will es ihm jedoch durchgehen lassen, weil er in der Fremde lebt.« Qāḍī Kamal ad-Dīn war im Saal, und der Sultan befahl Malik Tatar[172], mit den beiden Gegnern vor den Qāḍī zu treten. Tatar war Mekkapilger gewesen, hatte sich auch einige Zeit in der Stadt aufgehalten und sprach auch gut arabisch. Er erschien mit den beiden und sagte zum Emir in der Absicht, ihm einen Vorwand

[172] Tatar Ḫān war ein anderer Name für Bahrām Ḫān (vgl. Anm. 167).

zu liefern: »Hast du ihn geschlagen? Wenn nicht, sag nein!« Aber Saif ad-Dīn war ein verblendeter Tor und antwortete: »Ja, habe ihn geschlagen.« Der Vater des Geschlagenen trat hinzu, um Frieden zwischen den beiden zu stiften, aber Saif ad-Dīn wollte davon nichts wissen. Daraufhin befahl der Qāḍī, ihn noch in der gleichen Nacht in den Kerker zu werfen, und, bei Gott, nicht einmal seine Gattin schickte ihm eine Matratze zum Schlafen, auch erkundigte sie sich aus Angst vor dem Sultan nicht nach ihm. Auch seine Gefährten bekamen Angst und brachten seinen Besitz in Sicherheit.

Ich wollte ihn im Gefängnis besuchen, aber ein Emir begegnete mir, erfuhr, was ich vorhatte, sagte: »Hast du schon vergessen?«, und erinnerte mich an eine Angelegenheit, die mir selbst zugestoßen war, als ich Scheich Šihāb ad-Dīn Ibn Šaiḫ al-Ǧām besucht hatte und der Sultan mich deshalb töten lassen wollte; ich werde noch davon erzählen. Ich kehrte um und unterließ den Besuch. Emir Ġadā wurde am nächsten Mittag freigelassen, aber der Sultan zeigte ihm seine Verachtung, entzog ihm die Provinz, die er ihm übertragen hatte und wollte ihn sogar verbannen.

Der Sultan hatte einen Schwager namens Muġīṯ, der Sohn eines Großen Maliks war, aber die Schwester des Sultans hatte sich beständig bei ihrem Bruder über ihn beklagt, bis sie gestorben war. Ihre Dienerinnen erzählten, sie sei gestorben, weil er ihr Gewalt angetan hatte. Seine Ahnentafel ließ manchen Zweifel zu, und der Sultan schrieb mit eigener Hand: »Der Findling soll verbannt werden« – damit meinte er seinen Schwager – und schrieb weiter: »Auch der ›mūš ḫūr‹ soll verbannt werden«, was ›Mäusefresser‹ hieß und womit er auf Emir Ġadā anspielte, weil die Wüstenabarer die ›yarbūʿ‹ essen, die eine Art Maus ist.[173] Er gab den Befehl, sie auszuweisen. Nun gingen einige Offiziere zu ihm, um ihn zum Verlassen des Landes aufzufordern. Er wollte in sein Haus gehen, um sich von seinen Verwandten zu verabschieden. Nacheinander suchten die Offiziere ihn, als er unter Tränen herauskam. Ich ging in diesem Augenblick gerade zum Palast des Sultans und verbrachte dort die Nacht. Ein Emir fragte mich nach meinem Wunsch, und ich sagte ihm, ich wolle mich für Emir Saif ad-Dīn verwenden, damit er zurückgerufen, nicht aber verbannt würde. Er sagte zu mir: »Das geht nicht an.« – Ich antwortete: »Bei Gott, ich bleibe im Hause des Sultans, selbst wenn ich hundert Nächte hier verbringen müßte, bis er zurückgebracht wird.« Die Nachricht erreichte den Sultan, der ihn zurückzuholen ließ und ihm befahl, in den Dienst von Malik Qabūlat al-Lahūrī zu treten. In dessen Dienst verbrachte er vier Jahre, ritt mit ihm aus und reiste mit ihm, bis er gute Sitten angenommen und Erziehung genossen hatte. Dann setzte ihn der Sultan wieder an den Platz, den er zuvor innegehabt hatte, gab ihm das Land wieder zu Lehen, stellte ihn an die Spitze der Soldaten und erhöhte sein Ansehen.

Als Ḫuḏāwand Zādah gekommen war, machte der Sultan ihm üppigste Ge-

173 ›Yarbuʿ‹ ist die Wüstenspringmaus (›Jaculus jaculus‹).

schenke, überhäufte ihn mit allen Ehren und erwies ihm höchste Gunst. Dann verheiratete er die beiden Söhne Ḫudāwand Zādahs mit den beiden Töchtern des Wesirs Ḫūğa Ğihān, der selbst zu dieser Zeit abwesend war. Nachts begab sich der Sultan ins Haus seines Wesirs, nahm als dessen Vertreter am Abschluß des Ehevertrages teil und blieb stehen, bis der Großqāḍī den Vertrag verlesen hatte, während die Qāḍīs, Emire und Scheichs saßen. Mit eigener Hand nahm der Sultan die Gewänder und die Geldbörsen und legte sie vor den Qāḍī und die beiden Söhne Ḫudāwand Zādahs. Die Emire erhoben sich, weil sie es ablehnten, daß der Sultan ihnen diese Dinge in eigener Person vorlegte. Er befahl ihnen, sitzen zu bleiben, gab einem großen Emir den Auftrag, seinen Platz einzunehmen, und entfernte sich.

Ein Großer der Hindus behauptete, der Sultan habe seinen Bruder ohne jeden Anlaß töten lassen, und forderte ihn vor den Richter. Der Sultan kam zu Fuß und unbewaffnet zum Gerichtssaal, grüßte und verbeugte sich. Noch bevor er eintrat, hatte der Qāḍī ihm bereits gesagt, daß er sich nicht vor ihm erheben müsse und sich nicht von seinem Platz bewegen dürfe, wenn er in seinen Gerichtssal käme. Er kam in den Saal und nahm vor dem Richter Aufstellung. Dieser entschied, der Sultan habe seinen Prozeßgegner für das vergossene Blut von dessen Bruder zu entschädigen, und der Sultan stellte ihn zufrieden.

Ein anderes Mal klagte ein Muslim gegen den Sultan, weil er einen geldlichen Anspruch gegen ihn habe. Sie stritten darüber vor dem Qāḍī, der gegen den Sultan entschied und diesem befahl, die Schuld zurückzuzahlen; und dieser zahlte sie auch zurück.

Ein Knabe, Sohn eines Maliks, klagte, der Sultan habe ihn grundlos verprügelt, und zog ihn vor den Richter. Dieser sprach das Urteil, daß der Knabe mit einer Geldsumme zu entschädigen sei, sofern er damit zufrieden sei, sei er es nicht, könne er stattdessen die Prügelstrafe ausüben. Ich war damals Zeuge, als der Sultan in seinen Ratssaal zurückkam, den Knaben zu sich rufen ließ, ihm einen Stock gab und zu ihm sagte: »Bei meinem Kopfe, du sollst mich verprügeln, wie ich dich verprügelt habe!« Der Knabe nahm den Stock und versetzte ihm damit 21 Schläge, bis ihm die Kappe vom Kopfe fiel.

Der Sultan war sehr streng in der Ausübung der Gebete und hatte befohlen, daß sie mit Eifer in der Gemeinschaft aller zu verrichten und ihre Unterlassung strengstens zu bestrafen seien. An einem einzigen Tage ließ er neun Menschen töten, weil sie es vernachlässigt hatten. Einer von ihnen war ein Sänger. Er pflegte Männer mit diesem besonderen Auftrag auf die Märkte zu schicken. Wen sie dort zur Zeit des Gebetes antrafen, wurde bestraft. Er ging so weit, die Sattelknechte zu züchtigen, welche die Reittiere der Diener, während diese beteten, am Tor des Ratsaals bewachten. Er ordnete außerdem an, daß jedermann die Pflichten der Reinigung, der Gebete und die Grundregeln des Islam kennen müsse. Sie wurden darüber befragt, und wer sie nicht kannte, wurde bestraft. Das Volk beeilte sich, sie im Ratssaal und auf den Märkten zu erlernen, und schrieb sie sich auf.

Er achtete streng auf die Einhaltung der Gesetze. Er trug zum Beispiel seinem Bruder Mubārak Ḫān auf, im Ratssaal seinen Sitz neben dem Großqāḍī Kamāl ad-Dīn unter einer Kuppel einzunehmen, die dort aufgerichtet und mit Teppichen ausgelegt war. Dort stand für den Qāḍī ein kissenbedecktes Podest, wie auch der Sultan eines besaß, und der Bruder des Sultans saß dort zur Rechten des Qāḍīs. Hatte einer der großen Emire Schulden, die er sich weigerte, dem Gläubiger zurückzuzahlen, so führten ihn die Leute des Bruders des Sultans vor den Qāḍī, damit er dem Gläubiger sein Recht verschaffte.

Im Jahre 741[174] ordnete der Sultan an, alle Steuern seines Landes abzuschaffen und nur noch die Almosensteuer und den persönlichen Zehnten[175] zu erheben. In eigener Person untersuchte er jeden Montag und Donnerstag Ungerechtigkeiten und wählte dazu einen großen Hof vor dem Ratssaal.[176] Er ließ sich an diesen Tagen von niemandem als dem Ersten Kammerherrn, dem persönlichen Kammerherrn sowie den beiden ›Ehre‹ und ›Gebieter‹ der Kammerherren genannten Herren unterstützen. Niemandem, der eine Klage vorzubringen hatte, wurde der Zugang zu ihm verwehrt. Vier Große Emire, von denen der vierte sein Vetter Malik Fīrūz war, hatte er bestimmt, sich vor die vier Tore des Ratssaales zu setzen, um die Gesuche der Kläger aufzunehmen. Wenn der Emir, der am ersten Tore saß, das Gesuch des Klägers annahm, war es gut, wenn nicht, nahm es der zweite oder der dritte oder der vierte an. Wenn es aber keiner der vier annahm, ging er zu Ṣadr al-Ǧihān, dem Qāḍī der Mamluken. Wenn auch dieser es nicht annahm, trug er seine Klage unmittelbar dem Sultan vor. Wenn der Sultan die Gewißheit hatte, daß die Klage einem der vier Emire vorgetragen, aber nicht angenommen worden war, wurde der Emir ermahnt. Alle Klagen, die an den anderen Tagen eingereicht wurden, untersuchte der Sultan nach dem letzten Abendgebet.

Als in Indien und im Sind die Hungersnot herrschte und die Teuerung so groß war, daß ein ›mann‹ Weizen sechs Dinar kostete, befahl der Sultan, daß die ganze Bevölkerung Delhis sechs Monate lang aus den staatlichen Vorräten versorgt werden sollte, und zwar sollte an jede Person, hoch oder niedrig, freier Mann oder Sklave, je Tag einundeinhalb maġribinische Raṭl ausgeteilt werden.[177] Die Rechtsgelehrten und die Richter gingen daran, das Volk je

[174] Das Jahr 741 der Ḥiǧra lief vom 27. Juli 1340 bis zum 16. Juli 1341.

[175] Diese Almosensteuer (›Zakāt‹ oder ›Zakwa‹) und den Zehnten (›ʿušr‹) schrieb das islamische Recht vor. Die Betonung dieser ausschließlich religiös vorgeschriebenen Steuern fiel in das gleiche Jahr wie Muḥammad bin Tuġluqs Annäherung an das Kalifat, diente wahrscheinlich aber auch dazu, sich nach einer siebenjährigen Periode von Revolten und Hungersnöten mit der unterdrückten Bevölkerung zu versöhnen.

[176] Es war das nichtreligiöse Hofgericht, das alle Vergehen und Mißbräuche ziviler Beamter untersuchte, die nicht unter die Rechtsprechung der Qāḍīs fielen, die nur Verstöße gegen das religiöse Recht der Scharia (›Šarīʿa‹) ahndeten.

[177] Die Hungersnot dauerte nicht weniger als sieben Jahre, setzte mit dem Jahre 1336 ein

Stadtviertel in Verzeichnisse einzutragen. Man ließ die Menschen kommen und gab jedem Nahrung für sechs Monate, mit der sie sich vor dem Hunger schützen konnten.

Trotz allem, was ich über seine Bescheidenheit, seinen Gerechtigkeitssinn, seine Milde gegenüber den Armen und seine unerhörte Freigebigkeit gesagt habe, besaß der Sultan eine große Neigung zum Blutvergießen. Nur selten lag vor den Toren nicht einer, den er hatte töten lassen. Ich habe oft gesehen, wie vor seinem Tor Menschen hingerichtet und ihre Leichen hingeworfen wurden. Eines Tages kam ich dort an, als mein Pferd scheute. Ich erblickte etwas Weißes auf der Erde liegen und fragte: »Was ist das?« Einer meiner Gefährten sagte: »Das ist der Rumpf eines Menschen, der in drei Stücke gehauen wurde.« Er strafte kleine Sünden und große Verbrechen und schonte weder Gelehrte noch fromme und ehrwürdige Männer. Es verging kein Tag, an dem nicht Hunderte von angeketteten, ins Halseisen geschlossenen und gefesselten Männern in den Ratssaal geschleppt wurden. Die einen wurden getötet, andere gefoltert oder geprügelt. Zu seinen Gewohnheiten gehörte es, sich täglich alle Gefangenen aus seinem Kerker im Ratssaal vorführen zu lassen; ausgenommen war nur der Freitag, der für sie ein Tag der Erholung war, an dem sie sich waschen und Ruhe finden konnten. Gott schütze uns vor dem Unglück!

Er hatte einen Bruder namens Masʿūd Ḫān, dessen Mutter die Tochter des Sultans ʿAlāʾ ad-Dīn war und der einer der schönsten Menschen war, die ich auf der Welt je gesehen habe. Der Sultan aber hatte ihn im Verdacht, sich gegen ihn zu empören, und befragte ihn dazu. Der Bruder gestand aus Angst vor der Folter, denn jeder, der leugnet, was der Sultan ihm vorwirft, wird gefoltert, und die Leute glauben, der Tod sei leichter zu ertragen als die Folter. Der Sultan befahl, seinem Bruder mitten auf dem Markt den Kopf abzuschlagen und ließ ihn dort, wie es üblich war, drei Tage liegen. Die Mutter des Toten war zwei Jahre vorher an der gleichen Stelle gesteinigt worden, nachdem sie gestanden hatte, Ehebruch begangen zu haben. Qāḍī Kamāl ad-Dīn hatte sie daraufhin steinigen lassen.

Einmal hatte der Sultan eine Abteilung seiner Soldaten unter dem Befehl von Yūsuf Buġra zum Kampf gegen die Ungläubigen entsandt, die in den Bergen im Bezirk von Delhi lebten. Yūsuf und der größte Teil seiner Soldaten verließen die Stadt, aber einige waren zurückgeblieben. Um ihm dies zu melden, schrieb Yūsuf dem Sultan, der befahl, die Stadt zu durchstreifen, und alle ergreifen

und herrschte somit fast während des gesamten Aufenthaltes Ibn Baṭṭūṭas in Indien. Sie war freilich nicht allein auf meteorologische und andere natürliche Ursachen zurückzuführen, sondern in erster Linie der chaotischen Finanz- und Steuerpolitik von Muḥammad bin Tuġluq zuzuschreiben. Das Maß des ›Raṭl‹ entspricht noch heute ganz unterschiedlichen Gewichten; nach At-Tāzī muß Ibn Baṭṭūṭa vom damaligen indischen ›Raṭl‹ ausgegangen sein, das 20 maġribinischen ›Raṭl‹ und damit etwa neun Kilogramm entsprach. Die pro Kopf und Tag ausgegebene Menge Getreide betrug demnach etwa 620 Gramm.

ließ, die zurückgeblieben waren. Die Anordnung wurde befolgt und man ergriff 350 Mann, die auf seinen Befehl hin umgebracht wurden.

Scheich Šihāb ad-Dīn war der Sohn des Scheichs Al-Ǧām al-Ḫurāsānī, auf dessen Großvater die Stadt Gām im Ḫurāsān ihren Namen zurückführte, wie ich schon erzählt habe[178], und einer der größten und ehrwürdigsten Scheichs, der zwei Wochen ununterbrochen zu fasten pflegte. Die beiden Sultane Quṭb ad-Dīn und Tuġluq hatten ihn verehrt, aufgesucht und seinen Segen erbeten. Als Sultan Muḥammad an die Macht kam, wünschte er, daß der Scheich in seinen Dienst treten und ein Amt versehen sollte, denn er nahm gern Rechtsgelehrte, Scheichs und fromme Männer in seine Dienste, weil er sich darauf berief, daß die frühesten Fürsten nur Männer von Gelehrsamkeit und Rechtschaffenheit in ihren Dienst genommen hatten. Scheich Šihāb ad-Dīn aber widersetzte sich, als der Sultan sich mit ihm während einer öffentlichen Ratssitzung darüber unterhielt, und ließ seine Abneigung erkennen. Der Sultan erzürnte und befahl dem hochverehrten Scheich und Faqīh Ḍiyāʾ ad-Dīn as-Simnānī, ihm den Bart auszureißen. Ḍiyāʾ ad-Dīn jedoch weigerte sich, sondern sagte: »Das tue ich nicht«, worauf der Sultan befahl, beiden den Bart auszureißen. Und so geschah es auch! Ḍiyāʾ ad-Dīn wurde nach Tilink verbannt, einige Zeit später als Qāḍī in Warankal[179] eingesetzt, wo er starb. Šihāb ad-Dīn wurde nach Daulat Ābād verbannt, wo er sieben Jahre zubrachte. Dann aber schickte der Sultan nach ihm, nahm ihn wieder in Ehren auf und berief ihn ins Amt für Steuereintreibungen, in dem die rückständigen Zahlungen von den Steuerbeamten durch Prügel und andere Mißhandlungen eingezogen wurden. Der Sultan begann, den Scheich mehr und mehr zu achten und gab seinen Emiren den Befehl, ihn zur Begrüßung aufzusuchen und seinen Worten zu gehorchen. Im Palast des Sultans stand niemand über ihm.

Als der Sultan seinen Aufenthalt am Fluß Kank nahm, wo ein Schloß mit Namen ›Sark Duwār‹ errichtet worden war, was ›dem Paradiese gleich‹ bedeutet, und befahl, dort Häuser zu bauen, bat Scheich Šihāb ad-Dīn, in der Hauptstadt bleiben zu dürfen. Er wies ihm ein unfruchtbares Land an, das sechs Meilen vor Delhi lag.[180] Dort grub er sich eine große Höhle, in deren Innerem er mehrere Kammern, Vorratsläger, einen Ofen und ein Bad anlegte. Wasser holte er sich aus dem Fluß Ǧūn, bearbeitete den Boden und erwarb sich mit seinem Ernteertrag ein großes Vermögen, denn es waren die Jahre der Dürre. Er harrte dort zweieinhalb Jahre während der Abwesenheit des Sultans aus. Seine Sklaven bearbeiteten tagsüber das Land, kamen nachts in die Höhle und verschlossen sie aus Angst vor diebischen Ungläubigen hinter sich und ihrem Vieh, die in der Nähe auf einem unzugänglichen Berge saßen.

178 Vgl. Kapitel ›Von der Wolga an den Indus‹.

179 Warangal, die Hauptstadt von Telingana (›Tilink‹).

180 Während der großen Hungersnot verlegte Muḥammad Tuġluq seinen Hof im Jahre 1338 in die Nähe von Kannauj am Ganges, etwa 300 Kilometer südöstlich von Delhi.

Als der Sultan in die Hauptstadt zurückkehrte, ging der Scheich ihm entgegen. Er traf ihn sieben Meilen vor der Stadt, der Sultan ehrte und umarmte ihn bei der Zusammenkunft, dann aber kehrte er in seine Höhle zurück. Nach einigen Tagen wollte der Sultan ihn wieder holen lassen, aber er weigerte sich, zu ihm zu gehen. Da schickte der Sultan ihm Muḫliṣ al-Mulk an-Nadarbārī[181], einen der großen Fürsten. Er schmeichelte ihm mit freundlichsten Reden, warnte ihn aber auch vor dem Jähzorn des Sultans. Aber er erwiderte: »Ich werde nie einem Tyrannen dienen!« Muḫliṣ al-Mulk kehrte zum Sultan zurück, berichtete ihm und erhielt den Befehl, den Scheich herbeizuschaffen. Als er ihn brachte, sagte der Sultan zu ihm: »Sprich: Bin ich ein Tyrann?« – Da sagte er: »Ja, du bist ein Tyrann, und von deiner Tyrannei nenne ich dir soundso viele Taten«, und zählte einige Dinge auf, darunter die Zerstörung der Stadt Delhi und die Vertreibung ihrer Bevölkerung. Da nahm der Sultan seinen Säbel, reichte ihn Ṣadr al-Gihān und sagte: »Bestätige, daß ich ein Tyrann bin und schlage mir mit diesem Säbel den Kopf ab!« – Šihāb ad-Dīn antwortete: »Wer das bezeugen will, wird getötet, aber du kennst deine Tyrannei selbst.« Der Sultan befahl, ihn dem Malik Nukbīya, dem Vorsteher der Schreiber, auszuliefern, der ihm vier Ketten anlegte und seine Hände fesselte. In dieser Lage mußte er vierzehn Tage hintereinander stehend verbringen, ohne etwas zu essen und zu trinken. Täglich wurde er in den Ratssaal geführt. Die Rechtsgelehrten und Scheichs sprachen auf ihn ein: »Nimm deine Worte zurück!«, doch er gab zur Antwort: »Ich werde sie nicht zurücknehmen, sondern will zu den Märtyrern gehören.« Am vierzehnten Tage ließ der Sultan ihm durch Muḫliṣ al-Mulk Essen bringen, aber er lehnte es ab und sagte: »Meine Nahrung kommt nicht mehr von der Erde; geh mit deinem Essen zu ihm zurück!« Als er dies dem Sultan sagte, befahl dieser, den Scheich fünf ›istār‹[182] – das sind zweieinhalb maġribinische Raṭl – Kot essen zu lassen. Die mit diesem Geschäft beauftragten Männer waren ungläubige Hindus: Sie legten den Scheich auf den Rücken, öffneten ihm mit Zangen den Mund, verdünnten den Kot mit Wasser und tränkten ihn damit. Am nächsten Tage wurde er zum Hause des Qāḍīs Ṣadr al-Ǧihān geführt. Die Faqīhs und Scheichs und die würdigsten Fremden hatten sich eingefunden, um ihn zu ermahnen, damit er von seinen Worten abrücke. Doch abermals lehnte er ab. Dann wurde ihm der Kopf abgeschlagen – Gott der Allerhöchste erbarme sich seiner!

In den Jahren der Dürre hatte der Sultan befohlen, außerhalb der Hauptstadt Brunnen zu graben und zu säen. Die Menschen erhielten Saatgut und was sie sonst noch für ihren Unterhalt brauchten. Er verlangte aber, daß das neue Saatgut an die öffentlichen Vorratsspeicher abgeliefert werden müsse. Als der Faqīh ʿAfīf ad-Dīn al-Kāsānī davon hörte, sagte er: »Dieses Saatgut wird nicht

181 Aus Nadarbar, dem heutigen Nandurbar im nordwestlichen Maharashtra.

182 Das indische Gewicht ›sir‹, etwa 400 Gramm.

den gewünschten Ertrag abwerfen.« Diese Worte aber wurden dem Sultan hinterbracht, der ihn ins Gefängnis werfen ließ und zu ihm sagte: »Was hast du dich in die Geschäfte des Königreiches einzumischen?« Später ließ er ihn wieder frei, der Faqīh konnte in sein Haus zurückkehren und begegnete unterwegs zweien seiner Freunde, die ebenfalls Rechtsgelehrte waren und zu ihm sagten: »Gott sei gedankt, daß du wieder frei bist!« – Er entgegnete: »Gott sei gelobt, der uns von dem Volk, das Unrecht tut, befreite!«[183] Sie gingen wieder auseinander, aber sie waren noch nicht zu Hause angekommen, da hatte der Sultan schon davon erfahren. Auf seinen Befehl wurden alle drei vor ihn geführt und er sagte: »Geht mit diesem da!« – damit meinte er ʿAfīf ad-Dīn – »und schlagt ihm den Kopf ab, wie die Tragriemen laufen«, das bedeutet, daß sie den Kopf, einen Arm und einen Teil der Brust abhauen. Er fuhr fort: »Und schlagt auch den beiden anderen die Köpfe ab!« Die zwei sagten: »Was ihn betrifft, so verdient er die Strafe wegen seiner Worte. Aber uns, wegen welcher Verbrechen läßt du uns töten?« Da sagte er: »Ihr habt gehört, was er gesagt hat, aber habt nicht widersprochen und das ist so, als seid ihr seiner Meinung.« Sie wurden alle getötet – Gott der Erhabene erbarme sich ihrer!

Zwei Rechtsgelehrte aus dem Sind, die in seinem Dienste standen, forderte er auf, mit einem Emir, den er dazu ernannt hatte, in eine Provinz zu reisen, und sagte den zweien: »Ich übertrage euch das Wohlergehen des Landes und seines Volkes. Dieser Emir geht mit euch, um sein Amt zu verwalten, wie ihr es ihm befiehlt.« Die beiden Faqīhs antworteten: »In Wahrheit sind wir zwei Zeugen, die ihm den Weg des Rechts weisen, dem er folgen soll.« – Der Sultan darauf: »In Wirklichkeit ist es eure Absicht, alle meine Güter zu verspeisen und zu vergeuden, es aber diesem Türken zur Last zu legen, der von nichts weiß!« – Da erwiderten die zwei Rechtsgelehrten: »Gott behüte, o Herr der Welt! Das ist keineswegs unsere Absicht!« – Er aber gab zurück: »Nichts anderes wolltet ihr! Geht mit ihnen zu Scheich Zādah an-Nuhāwandī!« Er war derjenige, der die Folterungen vornahm. Sie wurden zu ihm geführt und er sagte: »Der Sultan will euch töten. Gesteht, was er euch vorwirft, und laßt euch nicht foltern!« – Sie antworteten: »Wir haben nichts anderes gewollt, als was wir gesagt haben.« – Da wandte sich Zādah an seine Schergen: »Gebt ihnen etwas zu schmecken!«, – und er meinte damit einige Qualen. Sie wurden auf den Rücken geworfen, eine glühende Eisenplatte wurde ihnen auf die Brust gelegt und kurz darauf wieder entfernt, so daß das Fleisch ihrer Brust abgerissen wurde. Dann nahmen sie Urin und Asche, die sie auf die Wunden schmierten, und jetzt gestanden die beiden Faqīhs, daß sie nichts anderes gewollt hätten, als was der Sultan gesagt hatte, daß sie zwei Verbrecher seien, die den Tod verdient hatten, daß sie kein Recht hätten, in dieser oder der anderen Welt um ihr Blut zu betteln. Mit eigener Hand schrieben sie es nieder und

183 Koran, Sure 23, Abschnitt 28.

bekannten sich vor dem Qāḍī dazu, der eine Urkunde anfertigte, in der stand, daß sie ihr Geständnis aus freien Stücken und ohne Zwang abgelegt hätten. Hätten sie gesagt, sie seien unter der Folter gezwungen worden, wären sie noch schrecklicher gefoltert worden. Sie glaubten, daß ein rascher Tod durch Köpfen angenehmer sei als der Tod unter schmerzhaftesten Qualen. Sie wurden getötet und Gott der Allerhöchste sei ihnen gnädig!

Scheich Zādah, genannt Hūd, war der Enkel des frommen und heiligen Scheichs Rukn ad-Dīn bin Bahāʾ ad-Dīn bin Abī Zakarīyāʾ al-Multānī. Seinen Großvater, Scheich Rukn ad-Dīn, hielt der Sultan in hohen Ehren, so auch dessen Bruder ʿImād ad-Dīn, der dem Sultan sehr ähnlich sah und der am Tage der Schlacht mit Kišlū Ḫan gefallen war, wie ich noch erzählen werde. Als ʾImād ad-Dīn tot war, schenkte der Sultan seinem Bruder Rukn ad-Dīn hundert Dörfer, aus denen er seinen Lebensunterhalt und in seiner Zāwiya auch die Verpflegung von Reisenden bestreiten konnte. Als Rukn ad-Dīn starb, hatte er seinen Enkel, Scheich Hūd, zu seinem Nachfolger in der Zāwiya berufen. Aber der Sohn von Rukn ad-Dīns Bruder machte sie ihm streitig und behauptete, er hätte mehr Recht auf das Erbe seines Onkels. Beide gingen zum Sultan, der sich in Daulat Ābād aufhielt, das von Multān achtzig Tagesreisen entfernt lag. Der Sultan erhob Hūd in den Rang eines Scheichs, wie es Rukn ad-Dīn gewünscht hatte. Hūd war ein Mann in reifem Alter, Rukn ad-Dīns Neffe dagegen noch ein Jüngling. Der Sultan ehrte Hūd sehr und ordnete an, er sei in jedem Haus, in dem er absteigen wollte, wie ein Gast zu behandeln, und daß ihm auf seiner Reise nach Multān die Menschen aller Provinzen, die er aufsuchte, zum Empfang entgegenzugehen und ein Gastmahl auszurichten hatten.

Als dieser Befehl die Hauptstadt erreichte, verließen die Rechtsgelehrten, Richter, Scheichs und andere Würdenträger und auch ich zu seinem Empfang die Stadt. Wir erblickten ihn in einer von Männern getragenen Sänfte, daneben sein Pferd. Wir grüßten ihn, aber ich konnte es nicht gutheißen, daß er in der Sänfte sitzen blieb. Ich sagte: »Es hätte sich gehört, daß er auf seinem Pferde sitzt und zusammen mit den Qāḍīs und Scheichs, die zu seinem Empfang gekommen sind, ebenso wie sie in die Stadt reitet.« Er hörte, was ich gesagt hatte, bestieg sein Pferd und entschuldigte sich damit, daß er zunächst nicht geritten war, weil ihn ein Leiden daran hinderte, ein Pferd zu reiten. Er betrat die Hauptstadt, und es wurde ihm ein Festmahl ausgerichtet, dessen beträchtliche Kosten aus dem Schatz des Sultans bestritten wurden. Die Richter, Scheichs, Rechtsgelehrten und ausländischen Würdenträger nahmen daran teil. Tafeltücher wurden ausgebreitet, die üblichen Speisen herbeigetragen und danach an jeden Anwesenden nach Rang und Verdienst Dirhams ausgeteilt; der Großqāḍī erhielt 500 und ich bekam 250 Dinar. So ist es Brauch nach einem Festmahl, das der Sultan gibt.

Scheich Hūd reiste daraufhin in sein Land zurück und wurde von Scheich

Nūr ad-Dīn aš-Šīrāzī begleitet, den der Sultan entsandt hatte, damit er ihn auf dem Gebetsteppich seines Großvaters in seiner Zāwiya einsetzte und ihm dort auf Kosten des Sultans ein Festmahl gäbe. Hūd ließ sich in der Zāwiya nieder und lebte einige Jahre in ihr. Da schrieb ʿImād al-Mulk, der Statthalter des Sind, an den Sultan und teilte ihm mit, daß Hūd und seine Verwandtschaft die Anhäufung von Reichtümern betrieben, um sie für weltliche Vergnügungen zu verschwenden, aber in der Zāwiya niemandem mehr zu essen gäben. Es erging der Befehl, von ihnen die Herausgabe ihrer Schätze zu fordern, und ʿImād al-Mulk verlangte sie, warf einige in den Kerker, ließ andere verprügeln, preßte ihnen einige Tage lang täglich 20.000 Dinar ab und nahm ihnen schließlich alles fort, was sie besaßen. Es wurden große Reichtümer und Schätze bei ihnen gefunden, darunter zwei mit Perlen und Rubinen besetzte Sandalen, die für 7.000 Dinar verkauft wurden. Es wurde erzählt, sie hätten der Tochter von Scheich Hūd gehört, andere sagten, seiner Beischläferin. Nachdem sich so die Lage des Scheichs verschlimmert hatte, ergriff er die Flucht und wollte ins Land der Türken gehen, wurde aber ergriffen. ʿImād al-Mulk meldete es dem Sultan, der ihm befahl, ihn, aber auch den Mann, der ihn ergriffen hatte, als Gefangene zu ihm zu schicken. Als sie ankamen, ließ der Sultan den Mann, der Hūd ergriffen hatte, frei und sagte zu Scheich Hūd: »Wohin wolltest du fliehen?« Scheich Hūd entschuldigte sich mit einem Vorwand, aber der Sultan sagte: »In Wahrheit wolltest zu den Türken gehen und ihnen sagen, daß du der Sohn von Bahāʾ ad-Dīn Zakarīyāʾ bist, daß der Sultan dir dies und das angetan hätte, um dann mit ihnen wiederzukommen und uns anzugreifen. Schlagt ihm den Kopf ab!« Sie schlugen ihm daraufhin den Kopf ab – Gott der Erhabene erbarme sich seiner!

Der fromme Scheich Šams ad-Dīn, der Sohn von Tāǧ al-ʿĀrifīn, lebte, ganz der Andacht hingegeben, in der Stadt Kuwil[184] und genoß großes Ansehen. Als der Sultan nach Kuwil kam, ließ er ihn rufen, aber der Scheich ging nicht zu ihm. Da begab sich der Sultan zu ihm, kehrte aber in der Nähe seines Hauses wieder um und besuchte ihn nicht. Kurz darauf erhob sich einer der Emire in einer Provinz gegen den Sultan, und das Volk huldigte ihm. Dem Sultan wurde zugetragen, der Name dieses Emirs sei auf einer Zusammenkunft bei Scheich Šams ad-Dīn gefallen, und es sei sehr lobend über ihn gesprochen, ja er sei als der geeignete Mann für das Königreich bezeichnet worden. Da schickte der Sultan einen Emir zum Scheich, der ihn, seine Söhne, den Qāḍī und den Marktaufseher von Kuwil in Ketten legte, denn er wußte, daß diese beiden an der Zusammenkunft teilgenommen hatten, in welcher der Scheich den aufständischen Emir gelobt hatte. Nachdem man den Qāḍī und den Marktaufseher geblendet hatte, wurden sie alle ins Gefängnis geworfen, wo der Scheich starb. Der Qāḍī und der Marktaufseher wurden von einem Gefängniswärter

[184] Das heutige Aligarh, 120 Kilometer südöstlich von Delhi.

ständig ins Freie geführt, wo sie die Leute anbettelten, und wieder ins Gefängnis zurückgebracht.

Der Sultan hatte erfahren, daß die Söhne des Scheichs mit den ungläubigen und aufständischen Hindus in Verbindung standen und mit ihnen sogar freundschaftlichen Umgang pflegten. Als ihr Vater starb, ließ er sie aus dem Gefängnis holen und sagte zu ihnen: »Tut nicht mehr, was ihr getan habt!« – Sie antworteten: »Was haben wir denn getan?« – Der Sultan geriet darüber in Zorn und ließ sie alle umbringen. Sodann ließ er den Qāḍī herbeischaffen und sagte: »Sage mir, wer so denkt und handelt wie jene, die soeben hingerichtet wurden!« Der Qāḍī diktierte die Namen vieler Männer der Provinz, darunter große Namen. Als sie dem Sultan gezeigt wurden, sagte er: »Er wünscht die Zerstörung des Landes. Schlagt ihm den Kopf ab!« So geschah es – Gott der Allerhöchste habe Erbarmen mit ihm!

Scheich ʿAlīy-al-Ḥaidarī lebte in der Stadt Kambāya an der indischen Küste, ein Mann von höchstem Ansehen, bekanntem Namen und weitem Ruhm, dem die seefahrenden Kaufleute reiche Opfer gelobten. Wenn sie anlegten, war es ihr erstes, ihn zu begrüßen, und er enthüllte ihnen, wie es ihnen ergehen werde. Bisweilen hatte ihm jemand eine Opfergabe gelobt, es aber dann bereut. Kam er nun zum Gruß zum Scheich, teilte dieser ihm mit, was er ausgelobt hatte, und forderte ihn auf, sein Gelöbnis zu erfüllen. So war es mehrere Male geschehen und trug zu seinem Ruhme bei. Als Qāḍī Ǧalāl, der Afghane, und sein Stamm in dieser Gegend einen Aufstand anzettelten, erfuhr der Sultan, daß Scheich Al-Ḥaidarī für den Qāḍī Ǧalāl betete, daß er ihm seine eigene Mütze gegeben und ihm sogar den Treueschwur geleistet hatte. Der Sultan, der den Rebellen in eigener Person entgegenzog, schlug Ǧalāl in die Flucht und ließ den Emir Baḫt Šaraf al-Mulk als seinen Stellvertreter in Kambāya zurück, einen jener Männer, die mit mir nach Indien gekommen waren. Er gab ihm den Befehl, die Rebellen aufzuspüren, und stellte ihm einige Rechtsgelehrte an die Seite, die das Urteil sprechen sollten. Emir Baḫt ließ Scheich ʿAlīy-al-Ḥaidarī zu sich rufen und wies ihm nach, daß er dem Rebellen seine Mütze geschenkt und für ihn gebetet hatte. Daraufhin verurteilten sie ihn zum Tode, aber als der Scharfrichter zuhauen wollte, gelang es ihm nicht. Die Menschen erstaunten und glaubten, daß ihm nun die Strafe erlassen würde. Aber ein anderer Henker erhielt nun den Befehl, ihm den Kopf abzuschlagen, und dieser enthauptete ihn – Gott habe Erbarmen mit ihm!

Ṭūġān al-Farġānī gehörte wie auch sein Bruder zu den Großen aus der Stadt Farġāna[185], die den Sultan von Indien aufgesucht hatten. Er nahm sie in Ehren auf und machte ihnen reiche Geschenke. Sie blieben einige Zeit bei ihm, als sich aber ihr Aufenthalt in die Länge zog, wollten sie in ihre Heimat zurückkehren und versuchten zu fliehen. Aber einer ihrer Gefährten verriet sie beim

[185] Fergana bezog sich zu jener Zeit auf eine Landschaft südlich des Sir Darya im heutigen Uzbekistan.

Sultan, der nun befahl, sie in der Mitte entzweihauen zu lassen. So geschah es auch, demjenigen aber, der sie verraten hatte, schenkte er den ganzen Besitz der beiden. So ist es üblich in diesem Land, daß, wenn jemand denunziert wird und es für wahr befunden wird, was gegen ihn vorgebracht wird, der Verräter dessen ganzes Hab und Gut erhält.

Der Sohn des Vorstehers der Kaufleute war ein sehr junger Mann, der noch keinen Bart auf den Wangen trug. Als der Aufstand von ʿAin al-Mulk ausbrach und er gegen den Sultan zum Kampf antrat, von dem ich noch berichten werde, brachte der Aufrührer diesen jungen Mann in seine Gewalt, der somit unter die Rebellen gezwungen wurde. ʿAin al-Mulk aber wurde geschlagen, er und seine Spießgesellen wurden ergriffen, darunter auch der Sohn des Vorstehers der Kaufleute und dessen Schwiegersohn, der Sohn von Quṭb al-Mulk. Der Sultan gab den Befehl, beide an einen Pfahl zu fesseln, und ließ nun die Söhne der Maliks Pfeile auf sie abschießen, bis sie tot waren. Da sagte der Kammerherr Hūǧa Emir ʿAlīy-at-Tabrīzī zum Großqāḍī Kamāl ad-Dīn: »Dieser junge Mann hätte nicht sterben müssen.« Der Sultan erfuhr davon und sagte: »Warum hast du das nicht vor seinem Tode gesagt?«, und ließ ihm ungefähr 200 Peitschenhiebe versetzen, dann ins Gefängnis werfen und sein ganzes Vermögen dem obersten Scharfrichter ausliefern. Diesen sah ich am nächsten Tage in den Kleidern des Gefangenen; er hatte auch seine Kappe aufgesetzt und ritt sein Pferd, so daß ich ihn für Emir Ḫūǧa hielt. Dieser blieb einige Monate im Gefängnis, wurde danach auf freien Fuß gesetzt und erhielt auch sein Amt wieder. Doch abermals erregte er den Zorn des Sultans, der ihn nun in den Ḫurāsān verbannte. Hūǧa ließ sich in Harāh nieder und schrieb von dort aus dem Sultan, um ihn um seine erneute Gunst zu bitten. Auf der Rückseite des Briefes antwortete der Sultan: »Akar bāz amadī, bāz!« Dies heißt: »Wenn du bereut hast, kehre zurück!« Und daraufhin kam er zurück.

Den Oberprediger von Delhi hatte der Sultan beauftragt, während seiner Reise den Juwelenschatz zu beaufsichtigen. Aber ungläubige Räuber fielen eines Nachts über den Schatz her und nahmen einen Teil mit. Da befahl der Sultan, den Prediger totzuschlagen.

Das schrecklichste Verbrechen aber, das dem Sultan vorgeworfen wurde, war die Vertreibung der Bevölkerung von Delhi aus der Stadt[186], weil sie kleine Zettel geschrieben hatten, auf denen sie ihn schmähten und verfluchten. Sie versiegelten diese Zettel und schrieben darauf: »Beim Kopfe des Herrn der

[186] Der Versuch, den Herrschaftssitz von Delhi in das zentraler gelegene Daulatabad zu verlegen, wurde zwei Mal unternommen: Im Jahre 1327 befahl er nach der Revolte von Cushtashb seinem Hof und allen Amtsträgern, mit ihren Familien nach Daulatabad umzusiedeln. Im Jahre 1329/30 ordnete der Gouverneur von Delhi, beunruhigt durch die Klagen und Beschwerden der Bevölkerung Delhis, eine massive Auswanderung der gesamten Einwohnerschaft der Stadt an.

Welt, kein anderer als er soll sie lesen!« Sie warfen sie nachts in den Ratssaal, und wenn der Sultan das Siegel erbrach, fand er darin Schmähungen und Verfluchungen. Er beschloß, Delhi zu zerstören, kaufte alle Wohnungen und Häuser der Bevölkerung auf, bezahlte ihnen den Preis und befahl ihnen, nach Daulat Ābād zu übersiedeln. Das Volk weigerte sich, aber die Ausrufer verkündeten, daß sich nach drei Tagen niemand mehr in Delhi aufhalten dürfe. Die meisten verließen die Stadt, einige aber versteckten sich in den Häusern. Er gab den Befehl, alle zu suchen, die zurückgeblieben waren. Seine Sklaven fanden in den Gassen zwei Männer, von denen der eine lahm, der andere blind war. Sie nahmen sie mit und der Sultan befahl, auf den Lahmen aus einer Steinschleuder zu schießen und den Blinden von Delhi über eine Strecke von vierzig Tagesreisen nach Daulat Ābād zu schleifen. Er wurde unterwegs in Stücke gerissen und nur ein Bein erreichte das Ziel. Danach verließ das ganze Volk ohne Gepäck, ohne ihr Hab und Gut, das sie zurückließen, die Stadt, die jetzt völlig verlassen war.

Ein glaubwürdiger Mann hat mir folgendes erzählt: »Nachts bestieg der Sultan das Dach seines Palastes und schaute auf Delhi. Nirgends war ein Feuer zu sehen, nirgends Rauch oder ein Licht. Da sagte er: ›Jetzt hat mein Herz Frieden und meine Seele Ruhe.‹ Dann schrieb er an das Volk der Provinzen, daß sie nach Delhi übersiedeln sollten, um die Stadt wieder zu bevölkern.« Sie zerstörten zwar ihre Länder, konnten aber Delhi nicht bevölkern, weil die Stadt so außerordentlich groß und weit ist; tatsächlich gehört sie zu den größten Städten der Welt. Aber so fand ich sie, als ich nach Delhi kam: Es lebte nur eine sehr spärliche Bevölkerung in der Stadt.

Die Herrschaft des Muḥammad bin Tuġluq

Ich habe nun viel von den Ruhmestaten des Sultans, aber auch von seiner Rachsucht gesprochen. Ich werde jetzt auf die Ereignisse und Kämpfe seiner Zeit eingehen.

Als der Sultan seinem Vater in der Herrschaft über das Königreich nachgefolgt war und das Volk ihm den Treueid geleistet hatte, ließ er Sultan Ġiyāṯ ad-Dīn Bahādūr Būrah[187] zu sich kommen, den Sultan Tuġluq gefangengenommen hatte, begnadigte ihn, löste ihm die Fesseln, beschenkte ihn reich mit Geld, Pferden und Elefanten und entließ ihn in sein Land. Er gab ihm als Begleiter den Sohn seines Bruders Bahrām Ḫān mit und schloß mit ihm einen Bund, daß sein Land zwischen beiden geteilt, beider Namen auf die Münzen geprägt und das Gebet in beider Namen gesprochen werden sollten. Ferner sollte Ġiyāṯ ad-Dīn seinen Sohn Muḥammad Barbāṭ als Geisel zum Sultan schicken. Ġiyāṯ ad-Dīn kehrte in sein Land zurück und hielt sich an alle Bedingungen, die ihm auferlegt worden waren, schickte aber seinen Sohn nicht, sondern gab vor, daß dieser sich weigere, und brach sein Wort. Daraufhin schickte der Sultan seinem Neffen Bahrām Ḫān unter dem Befehl von Dulǧī, dem Tataren, Truppen, die gegen Ġiyāṯ ad-Dīn kämpften und ihn töteten.[188] Sie zogen ihm die Haut ab, stopften sie mit Stroh aus und führten sie durchs Land.

Sultan Tuġluq hatte einen Neffen namens Bahāʾ ad-Dīn Kušt Asb, den Sohn seiner Schwester, den er zum Statthalter einer Provinz ernannt hatte.[189] Als sein Onkel starb, weigerte sich der Neffe, dessen Sohn den Treueschwur zu leisten. Er war ein tapferer Held. Der Sultan schickte Soldaten gegen ihn ins Feld, an deren Spitze große Emire standen wie Malik Muġbir und der Wesir Hūǧa Ǧihān, der den Oberfehl hatte. Die Reitereien trafen aufeinander, die Schlacht wurde erbittert, aber beide Heere hielten stand. Schließlich aber

[187] Ġiyāṯ ad-Dīn Bahādūr Būrah wurde zum König von Ostbengalen mit Sitz in der Hauptstadt Sonargaon ernannt. Sein Bruder Nāṣir ad-Dīn Ibrāhīm behielt das westliche Bengalen mit der Hauptstadt Lakhnauti bis 1326. Südbengalen dagegen wurde seit dem Herrschaftsantritt von Muḥammad bin Tuġluq von seinen Gouverneuren von Satgaon aus regiert.

[188] Dieses Ereignis datiert von 1330.

[189] Bahāʾ ad-Dīn Kuštašb war Gouverneur der Provinz Gulbarga mit Sitz in Sagar im Norden der heutigen Provinz Karnataka.

behielt der Sultan die Oberhand und Bahā' ad-Dīn floh zu einem König der Ungläubigen, der Rāy Kambīla[190] hieß, denn bei diesem Volk bedeutet ›rāy‹ das gleiche wie in der Sprache der Römer, nämlich ›Sultan‹, und ›Kambīla‹ ist die Provinz, in der er lebte. Ihm gehören Länder in unzugänglichen Bergen, und er ist einer der führenden Sultane der Ungläubigen. Als Bahā' ad-Dīn zu ihm floh, verfolgten ihn die Truppen des Sultans und umstellten das Land. Die Lage wurde für den Ungläubigen immer bedrohlicher, seine Vorräte gingen zur Neige, und er fürchtete, ergriffen zu werden. Er sagte zu Bahā' ad-Dīn: »Es ist zum Äußersten gekommen, wie du siehst. Ich bin entschlossen, mit meiner Familie und mit allen, die mir folgen wollen, unterzugehen. Du aber gehe zu dem oder dem Sultan« – und er nannte ihm einen Sultan der Ungläubigen –, »und bleibe bei ihm, er wird dich schützen.« Dann gab er ihm jemanden mit, der ihn führen sollte.

Rāy Kambīla befahl, ein großes Feuer anzuzünden, das bald aufloderte. Er verbrannte sein Hab und Gut und sagte zu seinen Frauen und Töchtern: »Ich will mich töten und wer mir folgen will, möge es tun!« Die Frauen wuschen sich und rieben sich ihre Körper mit Sandelholz ein, das sie ›muqāṣirī‹[191] nennen. Sie küßten die Erde vor ihm und warfen sich ins Feuer, bis sie zusammen starben. Die Frauen seiner Emire und Wesire und anderer Würdenträger seines Landes taten es ihnen gleich; auch andere Frauen folgten ihrem Beispiel. Dann reinigte sich der Rāy, rieb sich mit Sandelholz ein und legte außer seiner Rüstung alle Waffen an. So taten es alle, die gemeinsam mit ihm sterben wollten. Sie gingen zum Heer des Sultans hinaus und kämpften, bis sie alle fielen. Die Stadt wurde erobert, das Volk gefangengenommen. Von den Kindern des Sultans wurden elf in die Gefangenschaft geführt und vor den Sultan gebracht; sie nahmen alle den Islam an. Der Sultan ernannte sie zu Emiren, ehrte sie wegen ihrer hohen Herkunft und wegen der edlen Tat ihres Vaters. Von diesen Brüdern habe ich im Umkreis des Sultans Naṣr, Baḫtiyār und Al-Muhurdār[192] gesehen: Dieser letztere verwahrt den Ring, in dem das Wasser verschlossen ist, das der Sultan zu trinken pflegt; sein Beiname war Abū Muslim, und zwischen ihm und mir bestand Freundschaft und Zuneigung.[193]

Als Rāy Kambīla gestorben war, wandten sich die Soldaten des Sultans dem Lande des Ungläubigen zu, bei dem Bahā' ad-Dīn Zuflucht gesucht hatte, und

190 Campil, ein kleines indisches Königreich im Bezirk von Raichur in der Provinz von Karnataka, das zuvor von Yadavas von Deogir abhängig gewesen war. Nach At-Tāzī wird ihr König in den muslimischen Chroniken ›Kampilideva‹ genannt. Die folgende Erklärung des Wortes ›rāy‹ geht vermutlich auf Ibn Baṭṭūṭas Kenntnis des spanischen Wortes ›rey‹ für König zurück.

191 Von Makassar, der Insel Celebes.

192 Der ›Siegelbewahrer‹.

193 Zwei Brüder aus dieser Familie, und zwar Harihara und Bukka, sollten später in den Süden zurückkehren und nach 1346 dort das Hindu-Reich von Vijayanagara gründen.

umzingelten ihn.[194] Der Fürst sagte zu ihm: »Ich bin nicht imstande zu tun, was Rāy Kambīla getan hat«, ergriff Bahāʾ ad-Dīn und lieferte ihn den Soldaten des Sultans aus. Er wurde in Fesseln und Ketten vor den Sultan gebracht, der befahl, ihn zu den Frauen seiner Familie zu bringen. Sie schmähten ihn und spuckten ihm ins Gesicht. Dann befahl er, ihn bei lebendigem Leibe zu häuten. Man häutete ihn, kochte sein Fleisch mit Reis und schickte es seinen Kindern und seiner Frau. Den Rest legte man auf eine große Schüssel und warf ihn den Elefanten zum Fraß vor, die ihn aber verschmähten. Seine Haut wurde auf Befehl des Sultans mit Stroh ausgestopft und gemeinsam mit der Haut von Bahādūr Būrah durch die Länder getragen. Der Statthalter des Sind war damals Kišlū Ḫān, ein Gefährte von Sultan Tuġluq, dem er geholfen hatte, an die Macht zu kommen. Der Sultan hielt ihn in höchsten Ehren, sprach ihn mit ›Mein Onkel‹ an und pflegte ihm zum Empfang entgegenzugehen, wenn er aus seinem Lande kam. Als sie nun mit den Hüllen in den Sind kamen, befahl Kišlū Ḫān, sie zu bestatten. Davon erfuhr der Sultan, geriet in Zorn und wollte ihn zugrunderichten.

Als den Sultan die Nachricht erreichte, daß Kišlū Ḫān die Bestattung der beiden Hüllen angeordnet hatte, ließ er ihn zu sich kommen. Kišlū Ḫān wußte sofort, daß der Sultan ihn bestrafen wollte, widersetzte sich und lehnte sich auf.[195] Er verteilte Geld, sammelte seine Truppen um sich und sandte eine Botschaft zu den Türken, Afghanen und Ḫurāsānern, die ihm in so großen Scharen zuliefen, daß sich seine Armee mit der des Sultans messen konnte oder sogar größer war. Der Sultan zog selbst zum Kampf gegen ihn aus, und sie stießen zwei Tagesreisen vor Multān in der Steppe von Abūhar aufeinander. Der Sultan ging bei diesem Treffen mit großer Entschlossenheit vor, setzte Scheich ʿImād ad-Dīn, den leiblichen Bruder von Scheich Rukn ad-Dīn al-Multānī, an seiner Stelle unter den Sonnenschirm, weil er, wie Rukn ad-Dīn mir erzählte, dem Sultan sehr ähnlich sah. Im heftigsten Gefecht löste sich der Sultan an der Spitze von 4.000 seiner Soldaten aus dem Kampf. Kišlū Ḫāns Truppen versuchten, zum Sonnenschirm vorzustoßen, weil sie glaubten, darunter befände sich der Sultan. Sie töteten ʿImād ad-Dīn, und es verbreitete sich unter den Soldaten das Gerücht, daß der Sultan tot sei. Als sich Kišlū Ḫāns Soldaten der Plünderung hingaben und sich von ihm trennten, bis nur noch sehr wenige um ihn waren, griff der Sultan ihn mit seiner Abteilung an, tötete ihn und schlug ihm den Kopf ab. Als Kišlū Ḫāns Truppen davon erfuhren, ergriffen sie die Flucht. Der Sultan betrat

194 Es handelt sich vermutlich um das Königreich von Hoysala mit der Hauptstadt Dvarasamudra, die im heutigen Bezirk von Hassan im Süden der Provinz Karnataka liegt. Bei dem im Text genannten König sollte es sich demnach um Vira Ballala III. (1292–1342) handeln.

195 Diese Revolte datiert von 1328, hatte aber auch den Grund, daß Kišlu Ḫān sich weigerte, seine Familie nach Daulatabad zu verpflanzen.

Multān, ergriff den Qāḍī Karīm ad-Dīn und ließ ihn häuten. Den Kopf Kišlū Ḫāns befahl er, an dessen Tür aufzuhängen. Dort sah ich ihn hängen, als ich nach Multān kam. Scheich Rukn ad-Dīn, dem Bruder ʿImād ad-Dīns, und dessen Sohn Ṣadr ad-Dīn gab der Sultan als Zeichen seiner Gunst hundert Dörfer, aus denen sie ihren Unterhalt bestreiten und das Hospiz ihres Großvaters Bahāʾ ad-Dīn Zakarīyāʾ versorgen konnten. Seinem Wesir Ḫūǧa Ǧihān gab er den Auftrag, nach Kamāl Būr[196] zu gehen, einer großen Stadt an der Küste, deren Volk sich in Aufruhr befand. Ein Faqīh hat mir erzählt, daß er anwesend war, als der Wesir die Stadt betrat. Er sagte: »Er rief den Qāḍī und den Prediger der Stadt zu sich und befahl, sie beide zu häuten. Aber sie baten: ›Gib uns einen anderen Tod!‹ – Er aber antwortete ihnen: ›Warum habt ihr den Tod verdient?‹ – Sie sagten: ›Weil wir uns dem Sultan widersetzt haben.‹ – Er sagte: ›Wie könnte ich mich also seinem Befehl widersetzen, da er mir doch befohlen hat, euch mit diesem Tode zu bestrafen?‹ – Und er forderte die Scharfrichter auf, beide zu häuten, und sagte: ›Bohrt ihnen ein Loch unter ihr Gesicht, damit sie atmen können!‹« Wenn in Indien – Gott behüte! – jemand gehäutet wird, werfen sie ihn mit dem Gesicht zu Boden. Nach all diesen Grausamkeiten kehrte in den Provinzen des Sind Ruhe ein, und der Sultan kehrte in seine Haupstadt zurück.

Der Qarāǧīl[197] ist ein gewaltiges Gebirge, das sich über drei Monatsreisen erstreckt und von Delhi zehn Tage entfernt ist. Es wird beherrscht von einem der größten Sultane der Ungläubigen. Der Sultan entsandte Malik Nukbīya, den Ersten Sekretär, um den Krieg in dieses Gebirge zu tragen, und gab ihm 100.000 Reiter und obendrein noch zahlreiche Fußtruppen mit. Er nahm die Stadt Ǧidya[198], die am Fuße des Gebirges liegt, und die umliegenden Ortschaften ein. Er machte Gefangene, schleifte und verbrannte die Städte, so daß die Ungläubigen ihr Land verließen, alles, was sie hatten, ihren Besitz, ihre Schätze und ihre Felder aufgaben und ins Hochgebirge flohen. Aus einem Tal, über dem sich das Gebirge auftürmt, führte nur ein Pfad in die Höhe, auf dem nur einer hinter dem anderen reiten konnte. Die muslimischen Truppen des Sultans stiegen diesen Pfad hoch und eroberten die hoch oben im Gebirge liegende Stadt Warankal[199], raubten alles, was sie darin fanden, und schrieben dem Sultan von ihrer Eroberung, der ihnen daraufhin einen Qāḍī und einen Prediger mit dem Befehl schickte, auf den Bergen zu bleiben.

196 Eine Ortschaft des Namens Kamalpur findet sich in der Nähe des heutigen Karatschi, obwohl die genaue Identifizierung mit dem im Text erwähnten Ort unsicher ist.

197 Das Himalaya-Gebirge, obwohl im Text möglicherweise nur das im Norden Delhis beginnende Vorgebirge im heutigen Bundesstaat Himachal Pradesh gemeint ist. Das Jahr dieses Feldzuges ist unbekannt, er dürfte aber in den Jahren 1330–1333 begonnen worden sein.

198 Nicht identifizierbar.

199 Warangal ist ebenfalls nicht identifizierbar, darf aber nicht mit der Hauptstadt der Provinz Telingana verwechselt werden, die Ibn Baṭṭūṭa bereits früher erwähnte.

Als die Regenzeit kam, breiteten sich Krankheiten im Heer aus. Die Soldaten wurden geschwächt, die Pferde verendeten und die Bogensehnen wurden schlaff. Da schrieben die Befehlshaber dem Sultan und baten um die Erlaubnis, sich aus dem Gebirge ins Tal zurückziehen zu dürfen, um in der Jahreszeit zwischen den Regenfällen wieder ins Gebirge zurückzukehren. Er erlaubte es ihnen, und Emir Nukbīya nahm alles Raubgut, die Schätze und Metalle, die er zusammengebracht hatte, und verteilte sie unter seine Truppen, damit sie es forttragen und ins Tal schafften. Kaum hatten aber die Ungläubigen von ihrem Rückmarsch erfahren, lauerten sie ihnen in den Schluchten auf, versperrten ihnen die Gebirgspässe, hackten ganz alte Bäume in Stücke und warfen sie von den Bergen herab, so daß alle, die sie trafen, ihren Tod fanden. Die meisten Soldaten gingen zugrunde, die übrigen wurden gefangen. Die Ungläubigen nahmen ihre Güter und Waren, auch die Pferde und Waffen an sich. Von der ganzen Armee entkamen nur drei Offiziere, und zwar der Befehlshaber Nukbīya, Badr ad-Dīn, der den Titel des Malik Daulat Šāh trug, und ein dritter, an dessen Namen ich mich nicht mehr erinnere. Die Folgen dieser Schlacht waren für das indische Heer verhängnisvoll, denn es war jetzt empfindlich geschwächt. Der Sultan schloß wenig später Frieden mit den Bergbewohnern. Aber sie hatten ihm einen Tribut zu entrichten, denn das Land, das sie am Fuße des Gebirges besitzen, können sie nur mit der Erlaubnis des Sultans bestellen.

Der Sultan hatte dem Šarīf Ǧalāl ad-Dīn Aḥsan Šāh[200] die Befehlsgewalt über das Land Maʿbar übertragen, das von Delhi sechs Monate entfernt ist. Doch der Šarīf verweigerte dem Sultan den Gehorsam und forderte die Herrschaft für sich selbst. Er ließ die Vertreter und Amtsträger des Sultans umbringen, eigene Münzen mit seinem Namen prägen und hatte auf eine Seite der Dinare die Worte schlagen lassen: ›Die Nachkommenschaft von Ṭāʾhāʾ und Yāʾsīn[201], dem Vater der Faqīre und Einheimischen, Pracht der Welt und des Glaubens[202]‹. Auf der anderen Seite stand: ›Im Vertrauen auf den Beistand des Erbarmers – Sultan Aḥsan Šāh‹. Sultan Muḥammad, als er von dem Aufstand erfuhr, brach auf, um gegen ihn Krieg zu führen, und machte Lager an einem Ort, der ›Kušk Zar‹ hieß, was ›goldenes Schloß‹ bedeutet. Dort verbrachte er acht Tage, um seine Truppen zu versorgen. In dieser Woche wurden der

200 Der Aufstand von Ǧalāl ad-Dīn Aḥsan datiert von 1334. Er war der erste, der einen von Delhi unabhängigen muslimischen Staat auf indischem Boden, und zwar in Madura im äußersten Südosten Indiens, gründete. Sein Staat allerdings war nur von kurzlebiger Dauer, denn schon 1378 zerfiel er unter den Angriffen des Hindu-Reiches von Vijayanagara.

201 Diese je zwei Buchstaben (Ṭāʾ Hāʾ Yāʾ Sīn) des arabischen Alphabets sind den Suren 20 und 36 des Korans vorangestellt.

202 ›Ǧalāl ad-Dunyā w-ad-Dīn‹ unter Anspielung auf seinen Namen ›Ǧalāl ad-Dīn‹ (›Pracht des Glaubens‹).

Neffe des Wesirs Ḫūǧa Ǧihān und drei oder vier Emire in Ketten und Fesseln vor ihn geführt. Der Sultan hatte den Wesir mit der Vorhut vorausgeschickt. Er war auch schon in der Stadt Ẓihār[203], 24 Tagesreisen von Delhi entfernt, eingetroffen und hielt sich dort einige Tage auf. Sein Neffe war ein tapferer Krieger, hatte sich aber mit den Emiren, die ebenfalls ergriffen worden waren, verschworen, seinen Onkel zu töten und mit allem, was dieser an Schätzen und Reichtümern bei sich hatte, zum aufständischen Šarīfen in die Provinz Maʿbar zu fliehen. Sie hatten beschlossen, den Wesir zu töten, sobald er sein Haus zum Freitagsgebet verließ. Aber jemand, den sie in ihren Plan eingeweiht hatten, verriet sie an den Wesir, und zwar Malik Nuṣra, der Kammerherr; denn er sagte dem Wesir, der Beweis wäre unter ihren Kleidern zu suchen, wo sie ein Panzerhemd trügen. Der Wesir ließ sie kommen, fand sie tatsächlich so gekleidet und schickte sie zum Sultan.

Ich befand mich beim Sultan, als sie ankamen.[204] Einen, der von hohem Wuchs war und einen langen Bart hatte, sah ich, wie er zitterte und die Yāʾsīn-Sure aufsagte. Auf Befehl des Sultans wurden sie Elefanten vorgeworfen, die auf das Töten von Menschen abgerichtet sind, der Neffe des Wesirs aber wurde zu seinem Onkel zurückgeschickt, damit er ihm selbst den Tod gebe. So geschah es auch, aber davon werde ich später erzählen.

Die Elefanten, die Menschen töten, haben Stoßzähne, denen Eisen aufgesetzt sind, die wie Pflugscharen geschärft werden, so daß ihre Enden wie Messer wirken. Der Elefant reitet mit seinem Treiber, wickelt, wenn ihm ein Mensch vorgeworfen wird, seinen Rüssel um ihn und schleudert ihn in die Luft. Er fängt ihn mit seinen beiden Stoßzähnen auf, wirft ihn wieder zu Boden, setzt ihm sein Bein auf die Brust und tut nun, was der Treiber ihm auf Befehl des Sultans zu tun befiehlt. Lautet dessen Befehl, ihn in Stücke zu hacken, zerfleischt der Elefant ihn mit seinen eisernen Zähnen; befiehlt der Sultan, von ihm abzulassen, läßt er ihn liegen, und dann wird dem Opfer die Haut abgezogen. So machten sie es mit den Emiren, von denen ich gesprochen habe. Ich verließ den Palast des Sultans nach Sonnenuntergang und sah, wie Hunde ihr Fleisch fraßen. Ihre Häute waren mit Stroh gefüllt worden. Gott behüte uns! Als der Sultan für den Feldzug gerüstet war, befahl er mir, in der Hauptstadt zu bleiben, wie ich noch berichten werde. Er reiste ab, bis er nach Daulat Ābād kam. Zu diesem Zeitpunkt empörte sich Emir Halāǧūn[205] gegen ihn und ver-

203 Dhar im gleichnamigen Bezirk im Südwesten des heutigen Bundesstaats Madhya Pradesh. Die Geschichte des Neffen des Wesirs ist unbekannt und wird nur von Ibn Baṭṭūṭa erzählt, aber Muḥammad bin Tuġluqs Zug in den Süden gab Anlaß zu mehreren Aufständen, darunter auch den in Lahore.

204 Demnach muß Ibn Baṭṭūṭa vor dem Aufbruch des Sultans nach Madura in Delhi eingetroffen sein. Da ihm, wie er bald sagt, der Sultan geboten hatte, in Delhi zu bleiben, dürfte der oben angegebene Ort Kušk Zar in der Nähe von Delhi zu suchen sein.

205 Gouverneur von Lahore mit dem mongolischen Namen ›Hulagu‹. Seine Rebellion

ließ seine Provinz. Wesir Ḫūğa Ğihān war ebenfalls in der Hauptstadt geblieben, um seine Truppen zusammenzuziehen und das Heer aufzustellen.

Als der Sultan in Daulat Ābād angekommen war und sich von der Provinz des Emirs Halāğūn weit entfernt hatte, brach in Lāhūr dessen Aufstand aus, indem er sich die Alleinherrschaft im Königreich anmaßte. Er fand Unterstützung in Emir Qulğund, den er zu seinem Wesir machte. Die Nachricht erreichte den Wesir Ḫūğa Ğihān in Delhi, der Soldaten aushob und Truppen zusammenzog. Er rekrutierte Männer aus dem Ḫurāsān und aus dem Hofdienst des Sultans, die in Delhi geblieben waren, so auch alle meine Gefährten, denn auch ich war in Delhi geblieben. Der Sultan unterstützte ihn mit zwei großen Emiren; einer war Qairān, der Malik Ṣafdār, das heißt ›der die Soldaten in Reih und Glied antreten läßt‹, der andere war Malik Tamūr, der Mundschenk. Halāğūn zog mit seiner Armee in den Kampf, und das Treffen fand an einem großen Fluß statt.[206] Halāğūn wurde geschlagen und floh, viele seiner Soldaten ertranken im Fluß. Der Wesir zog in die Stadt, wo er einige Männer häuten, andere auf andere Art töten ließ. Dieses Massaker leitete Muḥammad bin an-Nağīb, der Stellvertreter des Wesirs, der den Beinamen ›Malik Ungeheuer‹ trug, aber auch ›ṣakk‹ des Sultans genannt wurde, denn ›ṣakk‹ bedeutet ›Hund‹. Er war einer der grausamsten Tyrannen, den der Sultan den ›Löwen der Märkte‹ nannte. Oft biß er aus Blutgier und Haß Übeltäter mit seinen Zähnen. Ungefähr 300 Frauen der Rebellen schickte der Wesir auf die Zitadelle von Kālyūr[207], wo sie in Gefangenschaft gehalten wurden. Einige habe ich dort gesehen, darunter die Frau eines Rechtsgelehrten, der sie dort zu besuchen pflegte, bis sie ihm im Kerker ein Kind gebar.

Auf dem Wege nach Maʿbar, wo er den Šarīf bekämpfen wollte, kam der Sultan in die Provinz Talink, wo er in Badrakūt, der Hauptstadt von Talink und noch drei Monate von Maʿbar entfernt, Halt machte. Da brach im Heer die Pest aus, der die meisten Soldaten und Sklaven erlagen. Mamluken und hohe Offiziere gingen zugrunde wie Malik Daulat Šāh, den der Sultan mit ›Mein Onkel‹ ansprach, und Emir ʿAbdallāh al-Harawī, dessen Geschichte ich schon im ersten Teil der Reisen erwähnt habe. Er war es gewesen, dem der Sultan befohlen hatte, aus der Schatzkammer davonzutragen, soviel er nur konnte, und der sich dreizehn Beutel an seine Arme band und forttrug. Als der Sultan erkannte, was seiner Armee zugestoßen war, kehrte er nach Daulat Ābād zurück.[208] Nun gerieten die Provinzen in Aufruhr, an allen Enden des Reichs

aus dem Jahre 1335 fand Unterstützung durch einen gewissen Gul Tschand (von Ibn Baṭṭūṭa ›Qulğund‹ genannt) aus dem Stamm Khukarsch aus dem Kaschmir.

206 Wahrscheinlich am Sutledj, einem östlichen Zufluß des Indus.

207 Gwalior.

208 Muḥammad bin Tuġluq gab wegen der Pest, die vermutlich in Warangal ausgebrochen war, seinen Feldzug auf und zog sich nach Bidar zurück. Bidar entspricht wahrschein-

brach die Ordnung zusammen und wenig fehlte, daß ihm die Macht aus den Händen geglitten wäre, hätte nicht das Schicksal eingegriffen und sein gutes Glück bekräftigt.

Auf dem Rückweg nach Daulat Ābād erkrankte der Sultan. Es verbreitete sich das falsche Gerücht von seinem Tode, griff immer weiter um sich und rief allenthalben Aufruhr hervor. Malik Hūšanǧ, der Sohn von Kamāl ad-Dīn Kurk[209], hielt sich in Daulat Ābād auf und hatte geschworen, niemals, weder zu seinen Lebzeiten noch nach seinem Tode, jemand anderem als dem Sultan den Treueid zu leisten. Als sich das Gerücht vom Tode des Sultans ausbreitete, floh er zu einem Sultan der Ungläubigen namens Burabra, der auf unzugänglichen Bergen zwischen Daulat Ābād und Kūkan Tānah saß.[210] Der Sultan erfuhr von seiner Flucht und fürchtete den Ausbruch eines Bürgerkrieges, beschleunigte seinen Rückmarsch nach Daulat Ābād, folgte Hūšanǧ auf dem Fuße und schloß ihn mit seiner Reiterei ein. Dem ungläubigen Fürsten ließ er ausrichten, er solle ihm Hūšanǧ ausliefern, doch dieser lehnte ab und sagte: »Ich werde meinen Gast nicht ausliefern, auch wenn ich das Schicksal des Rāy Kambīla teilen sollte.« Doch Hūšānǧ hatte Angst um sein Leben. Er trat mit dem Sultan in Verbindung, und sie vereinbarten, daß der Sultan nach Daulat Ābād zurückkehren, daß aber Quṭlū Ḫān, der Lehrer des Sultans, bleiben solle, damit Hūšanǧ im Vertrauen auf sicheres Geleit zu Quṭlū Ḫān hinabgehen könne. Der Sultan reiste ab, Hūšanǧ stieg vom Berge zu Quṭlū Ḫān herunter, der ihm zusagte, daß der Sultan ihn weder töten noch im Range herabsetzen werde. Mit seinem ganzen Besitz, seiner Familie und seinen Freunden brach er auf und kehrte zum Sultan zurück. Dieser zeigte große Freude über seine Ankunft und ehrte ihn mit einem Gewand.

Quṭlū Ḫān war ein Mann von Ehre, dem die Menschen vertrauten und auf dessen Wort sie sich verlassen konnten. Er genoß beim Sultan, der ihn sehr achtete, hohes Ansehen. Immer wenn er zum Sultan kam, erhob sich der Herrscher aus Verehrung für ihn. Deshalb ging auch Quṭlū Ḫān nie zu ihm, ohne gerufen worden zu sein, um ihm die Mühe des Aufstehens zu ersparen. Er gab auch sehr viele Almosen, vollbrachte viele gute Werke und war für die Faqīhs und das Volk ein leidenschaftlicher Wohltäter.

Šarīf Ibrāhīm, genannt Ḫarīṭa Dār und im Palast des Sultans der Herr über Papier und Feder, war Statthalter in der Provinz Ḥānsī und Sarsatī, als der Sultan nach Maʿbar aufbrach. Sein Vater aber war eben jener Šarīf Āḥsan

lich der von Ibn Baṭṭūṭa genannten Stadt Badrakūt und liegt im Norden des heutigen Bezirks von Karnataka.

209 Kamāl ad-Dīn Kurk war hoher Offizier von ʿAlāʾ ad-Dīn al-Ḫalaǧī. Sein Sohn Hūšanǧ besaß das Lehen Ḥānsī im Westen Delhis.

210 Die im Text angesprochenen Berge sind die westlichen Ghat-Berge zwischen Daulatabad und Thana in der Nähe von Bombay. Der Hindu-Herrscher ist unbekannt.

Šāh, der sich in Maʿbar empört hatte. Als sich das Gerücht vom Tode des Sultans verbreitete, trachtete er selbst nach der Herrschaft. Er war ein großer Krieger und ein wohltätiger Mann von schönem Aussehen. Ich war mit seiner Schwester Ḥūrnasab verheiratet, die sehr fromm war, die Nächte im Gebet verbrachte und viel Zeit in Andacht und mit Dankgebeten zu Ehren Gottes des Allerhöchsten zubrachte. Sie gebar mir eine Tochter, aber ich weiß nicht, was aus beiden geworden ist. Sie konnte lesen, aber nicht schreiben. Als sich Ibrāhīm anschickte, sich gegen den Sultan zu erheben, zog ein Emir aus dem Sind mit Schätzen durch das Land, die er nach Delhi bringen wollte. Ibrāhīm sagte zu ihm: »Der Weg ist gefährlich, denn es gibt Räuber dort. Bleibe bei mir, bis die Wege wieder zuverlässig sind, und ich bringe dich an einen sicheren Ort.« Seine Absicht aber war es, sich des Todes des Sultans zu vergewissern und sich der Schätze zu bemächtigen. Da sich aber herausstellte, daß der Sultan noch lebte, entließ er den Emir, bei dem es sich um Ḍiyāʾ ad-Dīn al-Mulk bin Šams al-Mulk handelte. Als der Sultan nach einer Abwesenheit von zweieinalb Jahren in die Hauptstadt zurückkam, ging Šarīf Ibrāhīm zu ihm. Aber einer seiner jungen Sklaven verriet ihn beim Sultan und schilderte ihm, war er beabsichtigt hatte. Der Sultan wollte ihn auf der Stelle töten lassen, dann aber ließ er sich wegen seiner Zuneigung zu ihm Zeit. Eines Tages brachte man dem Sultan eine geschlachtete Gazelle. Er schaute sich die Schlachtwunde an und bemerkte: »Das Tier ist nicht einwandfrei geschlachtet worden; werft es fort!« Ibrāhīm sah es sich an und sagte: »Doch, es ist nach den Regeln geschlachtet worden, und ich werde es essen.« Diese Worte wurden dem Sultan gemeldet, dem sie mißfielen, der sie aber nun als Vorwand nahm, ihn zu ergreifen und in Ketten und Fesseln legen zu lassen. Er wurde gezwungen zu gestehen, wessen er beschuldigt wurde, nämlich daß er die Schätze hätte stehlen wollen, die Ḍiyāʾ al-Mulk bei sich getragen hatte. Ibrāhīm wußte, daß der Sultan ihn in Wahrheit wegen seines Vaters töten lassen wollte und eine Entschuldigung nutzlos war. Er fürchtete sich vor der Folter und gestand, weil er den Tod als das bessere Schicksal ansah. Er wurde verurteilt, in zwei Teile gehauen zu werden, und so ließ man ihn liegen. Denn es ist bei ihnen Sitte, daß immer, wenn der Sultan jemanden töten läßt, man ihn drei Tage lang an der Stelle seiner Hinrichtung liegen läßt. Nach dem dritten Tage nimmt ihn eine Gruppe von Ungläubigen auf, die damit beauftragt sind, ihn zu einem Graben außerhalb der Stadt zu tragen und hineinzuwerfen. Sie wohnen in der Nähe des Grabens, damit nicht die Angehörigen des Toten kommen, um ihn mitzunehmen. Bisweilen aber zahlt jemand diesen Ungläubigen etwas; dann meiden sie die Leiche, bis sie bestattet ist. So geschah es auch mit Šarīf Ibrāhīm – Gott der Erhabene habe Erbarmen mit ihm!

Als der Sultan aus Talink zurückkehrte und das Gerücht von seinem Tode umlief, hatte er Tāǧ al-Mulk Nuṣrat Ḫān, einen seiner langjährigen Vertrauten, als seinen Vertreter in der Provinz Talink zurückgelassen.[211] Dieser hörte von dem Gerücht, hielt eine Trauerfeier für den Sultan ab, rief sich selbst zum Herrscher aus und ließ sich in der Haupstadt Badrakūt den Treueid leisten. Der Sultan erfuhr davon und schickte seinen Lehrer Quṭlū Ḫān an der Spitze eines gewaltigen Aufgebotes von Soldaten gegen ihn ins Feld. Nach einer erbitterten Schlacht, in der Tausende den Tod fanden, schloß er Nuṣrat Ḫān ein. Die Belagerung lastete schwer auf dem Volk von Badrakūt, das gut befestigt war. Als aber Quṭlū Ḫān begann, eine Bresche hineinzutreiben, kam Nuṣrat Ḫān unter der Zusage sicheren Geleits zu ihm heraus. Quṭlū Ḫān verbürgte sich für seine Sicherheit und schickte ihn zum Sultan, der auch den Bürgern der Stadt und den Soldaten verzieh.

Zur Zeit der Hungersnot[212] siedelte der Sultan mit seinem ganzen Heer an den Fluß Kank um, zu dem die Hindus wallfahren und der von Delhi zehn Tagesreisen entfernt ist. Sein Gefolge wies er an, feste Häuser zu bauen, weil sie zuvor nur Zelte aus Pflanzen errichtet hatten, in denen häufig Feuer ausbrach und Schäden anrichtete. Dann hatten sie unter der Erde Höhlen gegraben, und wenn nun ein Feuer ausbrach, warfen sie ihr Hab und Gut in diese Höhlen hinein und verschlossen sie mit Erdreich.

Zu jener Zeit traf ich im Lager des Sultans ein. Die ganzen Provinzen westlich des Flusses, in denen der Sultan sich aufzuhalten pflegte, litten unter der größten Hungersnot, während die Länder östlich des Flusses fruchtbar waren. Zu ihnen gehörten die Städte ʿAuḍ, Ẓafar Ābād, Laknau und andere, und ihr Herrscher war ʿAin al-Mulk bin Māhir.[213] Emir ʿAin al-Mulk ließ täglich 50.000 ›mann‹ Getreide, Reis und Kichererbsen allein als Futter für die Tiere herbeischaffen. Der Sultan ordnete an, daß die Elefanten und die Mehrzahl der Pferde und Maultiere auf die fruchtbarere Ostseite des Flusses geschafft werden sollten, damit sie dort weiden konnten, und empfahl sie der Obhut ʿAin al-Mulks. Dieser Emir hatte vier Brüder, und zwar Šahr Allāh, Naṣr Allāh, Faḍl Allāh, aber an den letzten Namen erinnere ich mich nicht mehr. Sie kamen mit ihrem Bruder ʿAin al-Mulk überein,

211 Nach seinem Rückzug von Warangal nach Bidar im Jahre 1335 hatte der Sultan die Statthalterschaft über Bidar seinem Günstling Šihāb ad-Dīn Nuṣrat Ḫān für einen Betrag von 10 Millionen Tangas verpachtet. Als Nuṣrat Ḫān feststellte, daß er nicht einmal ein Viertel dieses Betrages aufbringen konnte, rebellierte er.

212 Nach den indischen Chroniken dauerte diese größte Hungersnot des Landes sieben Jahre. Der Sultan zog sich daraufhin ab 1336 in die Nähe von Kannaudj zurück, wo er vorübergehend seine Residenz in Sargadwara in der Provinz Ūḏ einrichtete, die von der Hungersnot nicht betroffen war.

213 ʿAin al-Mulk bin Māhir war einer der bedeutendsten Führer des indischen Sultanats. Er hatte unter Sultan ʿAlāʾ ad-Dīn al-Ḫalağī im Jahre 1305 die Provinz Malwa erobert und war ein Freund und Waffengefährte von Ġiyāṯ ad-Dīn Tuġluq gewesen. ʿAuḍ ist Ajodya im Bezirk Faizabad am Ghanghara-Fluß, Ẓafar Ābād liegt südlich von Jaunpur am Gomati, einem Nebenfluß des Ganges, Laknau ist Lucknow zwischen dem Ganges und Chaghra.

die Elefanten und Reittiere des Sultans an sich zu nehmen, ʿAin al-Mulk den Treueid zu leisten und sich gegen den Sultan zu erheben. Im Schutze der Nacht floh ʿAin al-Mulk zu seinen Brüdern, und die Sache wäre ihnen fast geglückt.[214]

Der Sultan hatte es sich zur Regel gemacht, jedem Emir, ob hoch oder niedrig, einen seiner Mamluken an die Seite zu geben, der sie auskundschaften und ihn über alles, was bei den Emiren vorging, unterrichten sollte. Auch schleuste er junge Sklavinnen in ihre Häuser ein, um die Emire auszuspähen, dazu Frauen, die sich Kehrichtfegerinnen nannten und ohne Erlaubnis die Häuser betraten, von den jungen Sklavinnen alles erfuhren und es an den Nachrichtenoffizier weitergaben, der wiederum den Sultan unterrichtete. Es wird sogar erzählt, daß einmal ein Emir mit seiner Gattin im Bett lag und mit ihr Verkehr haben wollte, sie ihn aber beim Kopfe des Sultans beschwor, sie nicht anzurühren. Doch er hörte nicht auf sie. Am nächsten Morgen rief der Sultan ihn zu sich und erzählte ihm davon. Es war der Grund für seinen Untergang.

Ein Mamluk des Sultans namens Ibn Malik Šāh spionierte ʿAin al-Mulk aus und unterrichtete den Sultan von dessen Flucht und Flußüberquerung. Der Sultan war ratlos, denn er glaubte, das Schicksal habe sich gegen ihn gewendet, weil sich seine Pferde, seine Elefanten und das ganze Futter in den Händen von ʿAin al-Mulk befanden, während sich seine eigenen Truppen zerstreut hatten. Schon wollte er in die Hauptstadt zurückkehren, seine Soldaten zusammenziehen, um den Rebellen zu bekämpfen, und beriet sich darüber mit den Großen seines Staates. Die Emire des Ḫurāsān und die ausländischen Gäste fürchteten den Rebellen am meisten, denn er war ein Hindu, und die Inder hassen die Fremden, weil diese beim Sultan in so hoher Gunst stehen. Den Emiren aber mißfiel, was der Sultan gegen ihn plante, und sagten: »O Herr der Welt! Wenn du das tust, wird der Aufrührer davon erfahren und es wird ihn stärken, er wird Truppen ausheben, und alle, die nur Unheil und Bürgerkrieg wollen, werden ihm zuströmen. Das Beste wäre, ihn anzugreifen, bevor er seine Kräfte sammeln kann.« Der erste, der so sprach, war Nāṣir ad-Dīn Muṭahhar al-Auharī, und alle stimmten ihm zu. Der Sultan folgte ihrem Rat und schrieb noch in der gleichen Nacht an alle Emire und Truppen, die alsbald eintrafen. Er griff dabei zu einer List: Wenn zum Beispiel hundert Reiter in seinem Lager eintreffen sollten, schickte er ihnen nachts Tausende entgegen, die mit ihnen zusammen ins Lager zurückkehrten, so daß es schien, als wären sie alle frisch eingetroffene Hilfstruppen.

Der Sultan zog am Flußufer entlang, um die Stadt Qannauǧ[215] in den Rücken

[214] Der Sultan, eifersüchtig auf ʿAin al-Mulk und seine fruchtbare Provinz Ūḏ, wollte ihn ins unregierbare Deccan versetzen, um seinen Untergang herbeizuführen. Diese Absicht soll der Anlaß für ʿAin al-Mulks Aufstand gewesen sein, der ins erste Halbjahr 1337 gefallen sein dürfte.

[215] Kannaudj im Bezirk Fategarh, etwa 290 Kilometer südöstlich von Delhi.

zu bekommen. Dort wollte er sich verschanzen, denn sie war gut befestigt und widerstandsfähig. Zwischen seinem Lager und dieser Stadt lagen noch drei Tagesmärsche. Nach der ersten Etappe stellte er sein Heer, als sie ankamen, in einer Linie zur Schlacht auf. Jeder Kämpfer hatte seine Waffen vor sowie sein Pferd und ein kleines Zelt neben sich, in dem er sich verpflegen und waschen konnte, bevor er auf seinen Posten zurückkehrte. Das Hauptlager war in größerer Entfernung aufgeschlagen worden, aber der Sultan betrat während dieser drei Tage nicht ein einziges Mal sein Zelt noch suchte er je den Schatten auf.

An einem dieser Tage hielt ich mich mit meinen Dienerinnen in meinem Zelt auf, als mich einer meiner jungen Sklaven namens Sumbul eilig herausrief. Ich ging zu ihm und er sagte: »Der Sultan hat soeben befohlen, jeden zu töten, der mit seiner Frau oder seiner Sklavin angetroffen wird.« Die Emire wollten zwar vermitteln, doch er hatte angeordnet, daß von Stund an sich keine Frau mehr im Lager aufhalten dürfe, sondern auf die drei Meilen entfernte Zitadelle Kanbīl[216] zu bringen sei. Keine Frau blieb mehr im Lager, auch nicht beim Sultan.

Wir verbrachten diese Nacht in Schlachtordnung, aber am zweiten Tage teilte der Sultan sein Heer in mehrere Regimenter auf und ordnete jeder Abteilung gepanzerte Elefanten zu, die Türmchen trugen, in denen sich die Kämpfer aufstellten. Die Soldaten legten ihre Panzerhemden an, bereiteten sich auf die Schlacht vor und verbrachten die Nacht in Kampfbereitschaft. Am dritten Tage wurde gemeldet, daß ʿAin al-Mulk, der Aufrührer, den Fluß überquert hätte. Der Sultan geriet darüber in Besorgnis, weil er argwöhnte, daß der Rebell den Fluß nicht überschritten hätte, wenn er sich nicht zuvor mit den Emiren des Sultans in Verbindung gesetzt hätte, die sich beim Sultan aufhielten. Er befahl sofort, die besten Pferde an seine Vertrauten auszugeben; auch mir schickte er einige. Ich hatte einen Gefährten, der sich Amīr Amīrān al-Karmānī nannte und ein sehr kühner Mann war. Ich gab ihm eines dieser Pferde, das von grauer Farbe war. Aber als er es in Bewegung setzen wollte, ging es mit ihm durch, so daß er sich nicht halten konnte, abgeworfen wurde und starb.

Der Sultan beschleunigte an diesem Tage den Marsch, weil er fürchtete, der Rebell würde vor ihm in Qannauǧ sein, wo wir nach dem Nachmittagsgebet eintrafen. Die Nacht über wies er seiner Armee selbst ihre Stellungen an und machte auch bei uns Halt. Mit seinem Neffen Malik Fīrūz zusammen gehörten wir zur Vorhut, ebenso Emir Ġadā bin Muhannā und Sayyid Nāṣir ad-Dīn Muṭahhar und Emire aus dem Ḫurāṣan. Der Sultan lud uns als Gäste zu seinen Vetrauten ein und sagte: »Ihr seid meine geachteten Freunde und sollt mich nie verlassen.« Die Folge war günstig für ihn: Der Rebell griff in der nächsten Nacht die Vorhut an, in der sich auch Wesir Ḫūǧa Ǧihān befand. Es entstand

[216] Kanbil, 45 Kilometer nördlich von Fategarh, wo Ġiyāṯ ad-Dīn eine Festung hatte erbauen lassen. Sofern Muḥammad bin Tuġluq nach Osten in Richtung auf Kannaudj zog, liegt Kanbil freilich nicht nur drei Meilen entfernt.

großer Tumult, aber der Sultan befahl, daß niemand seinen Posten verlassen dürfe und nur mit dem Säbel gekämpft werden sollte. Die Soldaten zogen ihre Säbel, stürzten sich auf den Feind, und es entbrannte ein heftiges Gefecht. Der Sultan gab als Kampfparole für sein Heer die Worte ›Delhi‹ und ›Ġazna‹ aus; traf man auf einen Reiter, so galt der Ruf ›Delhi‹; kam die Antwort ›Ġazna‹, so war es ein Freund, wenn nicht, wurde er angegriffen. Das Ziel des Rebellen war das Quartier des Sultans, aber der Führer verfehlte es und wandte sich dem Quartier des Wesirs zu; daraufhin schlug ʿAin al-Mulk dem Führer den Kopf ab. In der Armee des Wesirs kämpften auch Perser, Türken und Ḫurāsāner, die sämtlich Feinde der Inder waren und sie heftig bekämpften. Der Rebell hatte etwa 50.000 Mann aufgeboten, aber im Frühlicht des nächsten Tages waren sie geschlagen.

Malik Ibrāhīm, genannt Al-Banǧīy at-Tatarī, hatte vom Sultan das Land um Sundīla, ein größeres Dorf in der Provinz des ʿAin al-Mulk, zu Lehen erhalten, hatte aber sich anläßlich des Aufstandes mit diesem verbündet und war sein Stellvertreter geworden. Dāwūd bin Quṭb al-Mulk und der Sohn des Vorstehers der Kaufleute hatten die Elefanten und Pferde des Sultans geführt, sich aber ebenfalls auf die Seite des Rebellen geschlagen, der Dāwūd zu seinem Kammerherrn ernannte. Dieser Dāwūd hatte, als sie das Quartier des Wesirs angriffen, Schmähungen gegen den Sultan ausgestoßen und ihn aufs schimpflichste beleidigt. Der Sultan hatte es gehört und ihn an der Stimme erkannt. Als sie besiegt waren, sagte ʿAin al-Mulk zu seinem Stellvertreter Ibrāhīm, dem Tataren: »Was meinst du, Malik Ibrāhīm? Die meisten Soldaten sind geflohen und mit ihnen jegliche Hilfe. Denkst du nicht, daß wir uns retten sollten?« – Da sagte Ibrāhīm zu seinen Kameraden, aber in ihrer Sprache: »Wenn ʿAin al-Mulk fliehen will, werde ich ihn am Zopfe packen. Dann werdet ihr auf sein Pferd einschlagen, bis er aus dem Sattel stürzt. Wir ergreifen ihn und gehen mit ihm zum Sultan als Sühne für die Sünde, die ich beging, als ich mich dem Aufstand anschloß, und als Grund für meinen Freispruch.« Als nun ʿAin al-Mulk fliehen wollte, sagte Ibrāhīm zu ihm: »Wohin, o Sultan ʿAlāʾ ad-Dīn?« – denn so nannte er sich –, ergriff seinen Zopf, die Kameraden schlugen sein Pferd und ʿAin al-Mulk stürzte zu Boden. Ibrāhīm warf sich auf ihn und nahm ihn fest. Da kamen die Männer des Wesirs, um ihn für sich zu fordern, doch Ibrāhīm wehrte sie ab und sagte: »Ich lasse ihn nicht los, bevor ich ihn zum Wesir gebracht habe, eher sterbe ich!« Da ließen sie ihn gewähren, und er führte ihn vor den Wesir.

Am Morgen sah ich mir an, wie die Elefanten und die Fahnen vor dem Sultan paradiert wurden, als ein Mann aus dem Iraq zu mir kam und sagte: »ʿAin al-Mulk ist gefaßt und zum Wesir gebracht worden.« Ich glaubte es nicht, doch kurz darauf kam der Mundschenk Malik Tamūr zu mir, nahm meine Hand und sagte: »Freue dich! ʿAin al-Mulk ist ergriffen und befindet sich beim Wesir.« Da kam der Sultan, um sich ins Lager von ʿAin al-Mulk am Fluß Kank zu begeben, und wir gingen mit ihm. Die Soldaten plünderten alles, was sich im Lager befand. Viele Soldaten des Rebellen stürzten sich in den Fluß und ertranken. Dāwūd bin Quṭb al-Mulk, der Sohn des Vorstehers der Kaufleute und viele andere wurden gepackt, die ganzen Schätze, Pferde und anderer Besitz geplündert. Der Sultan machte in der Nähe der Furt Halt, und der Wesir brachte ʿAin al-Mulk zu ihm. Man hatte ihn auf einen Ochsen gesetzt, und er war völlig nackt bis auf die Schamteile, die mit einem Fetzen Stoff bedeckt waren, an den eine Schnur gebunden war, die man um seinen Hals befestigt hatte. Während er am Eingang des Zeltes stehenblieb, trat der Wesir ein. Der Sultan reichte ihm aus Wertschätzung für ihn ein Getränk. Die Söhne der Maliks gingen zu ʿAin al-Mulk, beschimpften ihn, spuckten ihm ins Gesicht und ohrfeigten seine Gefährten. Der Sultan schickte seinen Großen Malik zu ihm und ließ ihm sagen: »Was hast du getan?« Aber er bekam keine Antwort. Da befahl der König, ihm das Hemd eines Viehtreibers anzulegen, ihn mit vier Fußeisen zu fesseln, ihm die Hände an den Hals zu binden und ihn der Obhut des Wesirs auszuliefern.

ʿAin al-Mulks Brüder flohen über den Fluß und erreichten die Stadt ʿAūḍ, nahmen ihre Frauen und Kinder und alles, was sie von ihrem Eigentum zusammenraffen konnten, und sagten zur Gattin ihres Bruders ʿAin al-Mulk: »Rette dich und deine Söhne und fliehe mit uns!« – Doch sie erwiderte: »Soll ich denn nicht handeln wie die Frauen der Ungläubigen, die sich mit ihren Gatten verbrennen? Auch ich werde sterben, wenn mein Gatte stirbt, und leben, wenn er lebt.« Da ließen sie sie zurück. Der Sultan erfuhr von diesen Worten, und sie gereichten ihr zum Wohl, denn er empfand Milde für sie. Ein junger Sklave, Suhail, holte einen der Brüder namens Naṣr Allāh ein, tötete ihn und brachte dem Sultan seinen Kopf. Er brachte auch die Mutter, die Schwester und die Gattin ʿAin al-Mulks, die dem Wesir ausgeliefert und in der Nähe des Zeltes von ʿAin al-Mulk in einem Zelt untergebracht wurden. Dieser konnte zu ihnen gehen, bei ihnen sitzen und dann in die Haft zurückkehren.

Nach dem Nachmittagsgebet am Tage des Sieges befahl der Sultan, von den Gefolgsleuten des ʿAin al-Mulk die Viehtreiber, Markthändler, Sklaven und alle, die er für unbedeutend hielt, auf freien Fuß zu setzen. Malik Ibrāhīm al-Banǧī wurde vorgeführt, und der oberste Befehlshaber des Heeres, Malik Nūwa, sagte: »O Herr der Welt, töte ihn, denn er war einer der Rebellen.« – Doch da wandte der Wesir ein, Ibrāhīm hätte sich schon mit der Auslieferung des Rebellen losgekauft, woraufhin der Sultan ihm vergab und ihn in sein Land entließ. Nach Sonnenuntergang saß der Sultan in seinem hölzernen Turm, als 62 Männer vorgeführt wurden, die zu den wichtigsten Gefährten des Rebellen gehört hatten. Man ließ die Elefanten kommen und warf ihnen die Männer vor die Vorderfüße. Die Tiere zerfleischten sie mit den Eisen, die auf ihren Stoßzähnen saßen, warfen sie in die Luft und schnappten sie im Fluge wieder auf. Währenddessen erschallten Trompeten, Fanfaren und Trommeln. ʿAin al-Mulk stand daneben und schaute dem Massaker zu, während ihm Stücke von ihnen vorgeworfen wurden. Dann wurde er in seinen Kerker zurückgebracht.

Der Sultan blieb wegen der vielen Männer und der geringen Anzahl von Booten mehrere Tage an der Furt und ließ seine Schätze und seinen ganzen Besitz auf Elefanten über den Fluß bringen. Er teilte auch seinen engsten Vertrauten Elefanten zu, damit sie ihr Hab und Gut übersetzen lassen konnten. Auch mir schickte er einen Elefanten, auf dem ich mein Reisegepäck hinüberbrachte. Der Sultan wandte sich mit uns der Stadt Bahrāīǧ zu, einer schönen Stadt am Ufer des Sarū, eines Flusses mit starker Strömung.[217] Der Sultan überquerte ihn in der Absicht, das Grabmal des frommen und heldenhaften Scheichs Salār ʿŪd[218] zu besuchen, der die Mehrzahl dieser Provinzen erobert hatte. Ihm werden wunderbare Taten und berühmte Feldzüge nachgerühmt. Die Menschen stürzten herbei und drängten sich, um den Fluß zu überqueren, bis ein großes Schiff mit ungefähr dreihundert Menschen sank, von denen sich nur ein einziger Araber, der zu Emir Ġadā gehörte, retten konnte. Ich selbst fuhr in einem kleinen Boot hinüber, und Gott der Erhabene rettete uns. Dieser Araber, der sich vor dem Ertrinken gerettet hatte, nannte sich, ein sonderbarer Zufall, Sālim[219]. Er hatte unser Boot besteigen wollen, fand aber, als er kam, daß wir schon abgelegt hatten, und stieg nun an Bord des Schiffes, das sank. Als er auftauchte, glaubte jedermann, er sei auf unserem Boot gewesen, und unter unseren Gefährten und den anderen Menschen wurde es laut, weil sie in dem falschen Glauben waren, wir seien untergegangen. Aber als sie uns später wohlbehalten wiedersahen, freuten sie sich.

Wir besuchten das Grabmal des frommen Mannes, den ich erwähnt habe. Es befindet sich in einem Kuppelbau, den wir aber wegen des großen Andrangs nicht betreten konnten. Wir drangen aber auf diesem Feldzug in ein Rohrdikkicht ein, als uns ein Nashorn aus ihm heraus angriff. Es wurde erlegt, und man trug den Kopf herbei. Das Tier ist zwar kleiner als ein Elefant, aber sein Kopf um ein Vielfaches größer als ein Elefantenkopf; aber davon habe ich schon gesprochen.

Nach dem Sieg über ʿAin al-Mulk, von dem ich berichtet habe, und nach einer Abwesenheit von zweieinhalb Jahren kehrte der Sultan in seine Hauptstadt zurück.[220] Er verzieh ʿAin al-Mulk ebenso wie Nuṣrat Ḫān, der sich in

[217] Bahraich im gleichnamigen Bezirk des heutigen Bundesstaats Uttar Pradesh südlich der nepalesischen Grenze. Die Stadt liegt nördlich des Flusses, nicht aber, wie Ibn Baṭṭūṭa suggeriert, am Ufer des Ghaghra, der im Text ›Saru‹ (›der Gelbe‹) genannt wird.

[218] Korrekt Salār Masʿūd. Er war ein Neffe von Muḥammad al Ġaznī und im Jahre 1033 an dieser Stelle getötet worden.

[219] ›Sālim‹ bedeutet ›heil, unversehrt‹.

[220] Etwa in der Mitte des Jahres 1337.

Talink aufgelehnt hatte, und bekleidete beide mit ein und demselben Amt, nämlich der Aufsicht über die herrscherlichen Gärten. Er gab ihnen Gewänder und Pferde und legte ihren täglichen Verzehr an Mehl und Fleisch fest. Nun gelangte nach Delhi die Nachricht, daß sich einer der Gefährten Quṭlū Ḫāns mit Namen ʿAlī Šāh Kar – ›Kar‹ bedeutet ›der Taube‹ – gegen den Sultan aufgelehnt hatte, ein furchtloser Krieger von schöner Gestalt und einwandfreiem Charakter.[221] Er nahm die Stadt Badrakūt ein und machte sie zur Hauptstadt seines Königreiches. Truppen zogen gegen ihn ins Feld, und der Sultan befahl seinem Lehrer, ihn zu bekämpfen. An der Spitze eines großen Heeres griff er ihn an und schloß ihn in Badrakūt ein, schlug Breschen in die Türme, so daß sich die Lage bald verschlimmerte und ʿAlī Šāh um freien Abzug bat. Quṭlū Ḫān sagte ihn ihm zu, schickte ihn aber danach in Ketten zum Sultan. Dieser begnadigte ihn und verbannte ihn nach Ġazna am Rande des Ḫurāsān. Dort blieb er einige Zeit, dann aber verlangte es ihn nach seiner Heimat, und er wollte in sie zurückkehren, als Gott seine Tage beschloß. Im Sind wurde er ergriffen und zum Sultan gebracht, der zu ihm sagte: »In Wahrheit bist du gekommen, um ein zweites Mal Unruhe zu stiften«, und ihm den Kopf abschlagen ließ.

Der Sultan grollte dem Emir Baḫt, genannt Šarf al-Mulk[222], der gemeinsam mit uns an den Hof des Sultans gekommen war. Er setzte seine Besoldung von 40.000 auf nur 1.000[223] herab und schickte ihn zum Dienst unter dem Wesir nach Delhi. Unterdessen war in Talink Emir ʿAbdallāh al-Harawī an der Pest gestorben, dessen Besitz sich in der Verwahrung seiner Freunde in Delhi befand. Sie einigten sich mit Emir Baḫt darauf zu fliehen, und als der Wesir Delhi verließ, um dem Sultan entgegenzureisen, flüchteten sie mit Emir Baḫt und seinen Gefährten. Nach sieben Tagen erreichten sie den Sind, obwohl die Entfernung vierzig Tagesreisen beträgt. Sie führten eine Anzahl Handpferde mit sich und beschlossen, den Fluß des Sind zu durchschwimmen. Aber Emir Baḫt und sein Sohn und andere, die nicht schwimmen konnten, sollten eine Fähre besteigen, die sie aus Bambus herstellen wollten. Sie hatten zu diesem Zwecke schon Seidenstricke angefertigt, aber als sie an den Fluß kamen, fürchteten sie sich doch davor, ihn schwimmend zu überqueren, und schickten zwei Männer, die zu ihrer Gesellschaft gehörten, zu Ǧalāl ad-Dīn, dem Statthalter in der Stadt Ūǧa, dem sie sagten: »Hier sind Kaufleute, die über den Fluß setzen wollen. Sie schicken dir diesen Sattel, damit du ihnen die Überquerung erlaubst.«

221 ʿAlī Kar war von Quṭlū Ḫān, dem Gouverneur von Daulatabad, entsandt worden, um im Bezirk von Gulbarga Steuern einzutreiben. Die spärliche Truppenpräsenz in dieser Region verleitete ihn, den Hindu-Gouverneur zu verdrängen, mit Hilfe der Steuereinnahmen der Provinz Soldaten auszuheben, die Stadt Bidar einzunehmen und deren Gouverneur zu beseitigen. Die weitere Geschichte erzählt Ibn Baṭṭūṭa.

222 Gehörte zur Gefolgschaft des aus Tirmiḏ stammenden Ḫuḏāwand Zādah (vgl. Kapitel ›Der Weg nach Delhi‹).

223 Im Text ohne Angabe einer Währung.

Der Emir aber wollte nichts davon wissen, daß ihm solche Kaufleute einen Sattel schenkten, und ließ die beiden Männer festsetzen. Einer aber konnte entkommen und holte Šarf al-Mulk und seine Freunde ein. Als er sie fand, waren sie vor Erschöpfung und wegen fortgesetzten Wachens eingeschlafen. Er schilderte ihnen, was geschehen war. Erschrocken bestiegen sie ihre Pferde und flohen davon.

Ǧalāl ad-Dīn ließ den Mann, den er gefaßt hatte, verprügeln, und dieser gestand, was Šarf al-Mulk beabsichtigt hatte. Ǧalāl ad-Dīn gab seinem Stellvertreter den Auftrag, ihn mit einer Abteilung Soldaten aufzuspüren. Sie fanden, daß sie bereits fortgeritten waren, und folgten ihren Spuren. Als die Soldaten sie einholten, schossen sie Pfeile auf sie ab. Ṭāhir, der Sohn von Šarf al-Mulk, schoß einen Pfeil auf den Vertreter von Ǧalāl ad-Dīn, ab und verwundete ihn am Arm. Aber sie wurden überwältigt und zu Ǧalāl ad-Dīn gebracht, der sie fesseln und in Ketten legen ließ. Er schrieb an den Wesir, der anordnete, sie in die Hauptstadt bringen zu lassen. Er schickte sie ab, und sie wurden eingekerkert. Ṭāhir starb im Gefängnis, während Šarf al-Mulk auf Befehl des Sultans täglich hundert Peitschenhiebe erhielt. Dabei blieb es eine Zeitlang, dann verzieh er ihm und schickte ihn mit Emir Niẓām ad-Dīn, dem Emir Naǧla, in die Provinz Ǧandīrī.[224] Es kam mit ihm so weit, daß er auf Ochsen reiten mußte, weil er kein Pferd mehr hatte. So verging einige Zeit, bis der Emir zum Sultan reiste und ihn mitnahm. Der Sultan ernannte ihn zum ›Šāšnakīr‹, der vor dem Sultan das Fleisch zuzuschneiden hatte und ihm die Speisen auftrug. Später fand der Sultan lobende Worte für ihn und erhöhte seinen Rang. So besserte sich seine Lage, bis er erkrankte und der Sultan ihn besuchte. Dieser befahl, sein Gewicht in Gold aufzuwiegen, das er ihm schenkte. Ich habe diese Geschichte bereits im ersten Teil der Reise erzählt.[225] Sodann verheiratete er ihn mit seiner Schwester und gab ihm das Land Ǧandīrī, durch das er im Dienste des Emirs Niẓām ad-Dīn auf Ochsenrücken geritten war. Gepriesen sei Gott, der die Herzen verwandelt und die Lage des Menschen verändert!

In Multān im Sind hatte sich der Šāh Afġān gegen den Sultan aufgelehnt, den Emir des Landes, der sich ›Bih Zād‹ nannte, getötet und forderte das Sultanat für sich.[226] Als der Sultan zum Krieg rüstete, wußte der Šāh, daß er ihm nicht würde standhalten können, floh und begab sich zu seinem Stamm der Afghanen, die in unzugänglichen und unbezwingbaren Bergen leben. Der Sultan entbrannte in Zorn gegen ihn und schrieb seinen Amtsträgern, jeden Afghanen zu ergeifen, den sie in seinem Reiche finden könnten. Dies war der Anlaß zum Aufstand von Qāḍī Ǧalāl.

[224] Ortschaft im Bezirk Guna (vgl. unten).

[225] Vgl. Kapitel ›Persien und der Iraq‹.

[226] Es handelt sich um Malik Šāhū Lūdī, afghanischer Stammesführer, dessen Aufstand in das Jahr 1340/41 fiel.

Qāḍī Ǧalāl und eine Gruppe von Afghanen waren in der Nähe von Kambāya und Bulūḏra ansässig.[227] Als der Sultan seinen Amtsträgern schrieb, jeden Afghanen zu ergreifen, schrieb er an Malik Muqbil[228], den Vertreter des Wesirs im Ǧuzarāt und in Nahruwāla[229], auf einen Hinterhalt zu sinnen, Qāḍī Ǧalāl und seine Freunde in die Hände zu bekommen. Bulūḏra war dem Malik der Ärzte, dem Gatten der Schwiegermutter des Sultans und Tuġluqs Witwe, zu Lehen gegeben worden. Diese Frau hatte von Tuġluq eine Tochter, eben jene Frau, die Emir Ġadā geheiratet hatte. Der Vorsteher der Ärzte befand sich in der Gesellschaft von Emir Muqbil, weil sein Land unter dessen Aufsicht stand. Als sie ins Ǧuzarāt kamen, befahl Muqbil dem Vorsteher der Ärzte, er solle Qāḍī Ǧalāl und dessen Gefährten zu ihm bringen. Als der Malik der Ärzte in sein Land kam, warnte er sie insgeheim, weil sie zu seinen Landesbewohnern gehörten, und sagte: »Muqbil sucht euch, um euch festzunehmen«, und warnte sie, jemals unbewaffnet zu ihm zu gehen. Sie ritten, dreihundert gepanzerte Männer, zu Muqbil und sagten: »Wir treten nur zusammen ein«, und er sah ein, daß es unmöglich war, sie zu ergreifen, solange sie zusammenblieben. Er fürchtete sie, befahl ihnen umzukehren und sicherte ihnen freies Geleit zu. Sie aber gehorchten ihm nicht, drangen in die Stadt Kambāya ein, raubten den Schatz des Sultans, der sich dort befand, und plünderten Hab und Gut der Einwohner und den Besiz von Ibn al-Kaulamī, dem Kaufmann, der die schöne Madrasa in Alexandria gebaut hatte, von dem ich sogleich sprechen werde. Malik Muqbil trat ihnen zum Kampf entgegen, erlitt aber eine schimpfliche Niederlage. Dann traten ihnen Malik ʿAzīz, der Weinhändler[230], und Malik Ǧihān Bumbul mit 7.000 Reitern zum Kampf entgegen, aber auch sie wurden besiegt.[231] Übles Gesindel und Verbrecher hörten von den Aufrührern und liefen ihnen zu. Qāḍī Ǧalāl rief sich zum Sultan aus und ließ sich von seinen Gefährten huldigen. Nun stellte der Sultan

[227] Das alte Bulūḏra heißt heute Bharūch an der Mündung des Flusses Narmada in der Bucht von Khambāt.

[228] Malik Maqbūl war Inder und Angehöriger der Kaste der Brahmanen aus Tilingana, der sich zum Islam bekehrt hatte. Er hatte tätigen Anteil an der Unterdrückung der Revolten im Gujarat genommen, war zu einem der führenden Männer im Reiche des Muḥammad bin Tuġluq aufgestiegen und von dessen Nachfolger zum ersten Wesir ernannt worden. Er starb 1372/73 und übergab sein Amt seinem Sohn.

[229] Anhilwara, die alte Hauptstadt des Gujarat.

[230] ʿAzīz Ḫammār (›der Weinhändler‹), der aber auch den Beinamen Al-Ḥimār (›der Esel‹) trug, war wegen seiner Erpressungen und brutalen Methoden der Steuereintreibung berüchtigt. Sultan Muḥammad hatte ihn beauftragt, die ›Hunderter‹, afghanische Steuereintreiber, denen je hundert Dörfer zugewiesen waren, zum Gehorsam zu bringen, was 1344 zu deren Aufstand führte. Ibn Baṭṭūṭa hat von dem Sachverhalt erst in Südindien nach seiner Abreise aus Delhi erfahren können. Die Revolten im Gujarat und im Deccan beschäftigten Muḥammad bin Tuġluq bis zu seinem Tode im Jahre 1351.

[231] In dieser Schlacht des Jahres 1344 fiel ʿAzīz Ḫammār.

Truppen gegen ihn ins Feld, die ebenfalls besiegt wurden. Daraufhin erhob sich auch ein Trupp Afghanen, die in Daulat Ābād standen.

Ibn al-Malik Mall lebte in Daulat Ābād und hatte eine Gruppe von Afghanen um sich. Der Sultan schrieb an Niẓām ad-Dīn, seinen Statthalter in dieser Stadt und Bruder seines Lehrers Quṭlū Ḫān[232], sie alle festzunehmen, und schickte ihm viele Traglasten Ketten und Fesseln sowie Ehrenkleidung für den Winter. Es gehört nämlich zu den Gewohnheiten des indischen Königs, jedem Kommandanten einer Stadt und jedem seiner Truppenoffiziere jährlich zwei Ehrenkleider, ein Winter- und ein Sommerkleid, zu schicken. Wenn diese Gewänder eintreffen, verläßt der Emir die Stadt, um sie in Empfang zu nehmen. Sobald er den Überbringer sieht, sitzt er ab, nimmt sein Gewand entgegen, legt es sich auf seine Schulter und verbeugt sich in die Richtung des Sultans. Der Sultan hatte Niẓām ad-Dīn geschrieben: »Wenn die Afghanen die Stadt verlassen und von ihren Tieren steigen, um ihre Gewänder zu übernehmen, dann nimm sie in diesem Augenblick fest!« Einer der Reiter, die den Afghanen die Kleider überbringen sollten, kam zu den Aghanen und erzählte ihnen, was mit ihnen beabsichtigt war, so daß Niẓām ad-Dīns Täuschung sich gegen ihn selbst wendete. Gemeinsam mit den Afghanen ritt er hinaus, bis sie auf die Gewänder trafen. Als Niẓām ad-Dīn vom Pferd stieg, griffen die Afghanen ihn und seine Begleiter an. Ihn nahmen sie fest, und viele seiner Gefährten brachten sie um. Sie drangen in die Stadt ein, nahmen die Schätze an sich und setzten Nāṣir ad-Dīn[233], den Sohn von Malik Mall, an ihre Spitze. Viele Übeltäter liefen ihm zu, und seine Macht wuchs an.

Als der Sultan hörte, was die Afghanen in Kambāya und Daulat Ābād getan hatten, zog er selbst gegen sie aus und beschloß, in Kambāya zu beginnen und sodann nach Daulat Ābād zu marschieren.[234] Seinen Schwager, den Großen Malik Al-Bāyizīdī, schickte er mit 4.000 Soldaten voraus, denen aber das Heer des Ǧalāl entgegenzog und eine Niederlage beibrachte. Ǧalāl wurde in der Stadt Bulūḏra eingeschlossen, in der ebenfalls gekämpft wurde.

232 Quṭlū Ḫān wurde 1344 als Gouverneur von Daulatabad durch seinen Bruder Niẓām ad-Dīn abgelöst, der sich allerdings als unfähig erwies, die turbulente Provinz zu regieren.

233 Es handelte sich um den Afghanen Ismāʿīl Muḫ, der unter dem Namen Nāṣir ad-Dīn Šāh 1346 zum König des Deccan ausgerufen wurde, aber ein Jahr darauf sein Amt auf- und an einen der ›Hunderter‹-Steuereintreiber abgab. Dieser Nachfolger nannte sich Ḥasan, gab sich den Königsnamen ʿAlāʾ-ad-Dīn Bahmān und wurde Gründer der Dynastie der Bahmaniden.

234 Diesen Feldzug begann Muḥammad bin Tuġluq zu Jahresbeginn 1345 und wandte sich zunächst dem Gujarat zu, wo der erste Aufstand ausgebrochen war. Er sollte nicht mehr nach Delhi zurückkehren, sondern starb, noch immer mit Feldzügen beschäftigt, im Jahre 1351.

Unter den Truppen des Qāḍī Ǧalāl befand sich ein Scheich namens Ǧalūl[235], ein gewaltiger Kämpfer, der ständig die Soldaten überfiel und umbrachte, aber der den Einzelkampf suchte, den niemand mit ihm aufzunehmen wagte. Eines Tages trieb er sein Pferd an, aber es strauchelte und stürzte mit ihm in einen Graben. Er wurde abgeworfen und getötet. Man fand ihn mit zwei angelegten Rüstungen, schickte seinen Kopf dem Sultan, kreuzigte seinen Rumpf an die Stadtmauer von Bulūḏra und führte seine Hände und Füße in alle Provinzen.

Als der Sultan mit seinem Heer ankam, konnte Qāḍī Ǧalāl keinen Widerstand mehr leisten und ergriff mit seinen Getreuen die Flucht. Ihren ganzen Besitz und sogar ihre Kinder ließen sie zurück. Nun wurde die Stadt betreten und ihre ganze Hinterlassenschaft erbeutet. Der Sultan hielt sich mehrere Tage in der Stadt auf, dann reiste er ab und ließ seinen Schwager Šarf al-Mulk in ihr zurück, jenen Emir Baḫt, von dem ich gesprochen habe, nämlich von seiner Flucht, seiner Ergreifung im Sind, seiner Einkerkerung, seiner Erniedrigung und endlich von seinem wiederhergestellten Ansehen. Ihm befahl der Sultan, jeden aufzuspüren, der zur Gefolgschaft Ǧalāls gehört hatte, und stellte ihm Rechtsgelehrte an die Seite, damit er nach ihrem Rat urteile. So kam es zur Hinrichtung von Scheich ʿAlīy-al-Ḥaidarī, wie schon erzählt.[236]

Auf seiner Flucht suchte Ǧalāl in Daulat Ābād den Sohn des Malik Mall, Nāṣir ad-Dīn, auf und schloß sich ihm an. Der Sultan setzte ihnen, die ungefähr 40.000 Afghanen, Türken, Hindus und Sklaven zusammenbrachten, in eigener Person nach. Sie schworen, niemals zu fliehen, sondern gegen den Sultan zu kämpfen.[237] Dieser eröffnete die Schlacht, ohne daß zuvor sein Sonnenschirm aufgerichtet worden wäre, der sein Feldzeichen darstellte. Er wurde vielmehr erst während des hitzigsten Gefechts aufgezogen, und als die Rebellen ihn erkannten, waren sie so verwirrt, daß sie eine schmähliche Niederlage erlitten. Der Sohn des Königs Mall und Qāḍī Ǧalāl suchten mit ungefähr 400 Getreuen Zuflucht in der Zitadelle von Duwaiqīr, von der ich noch sprechen werde, einer der uneinnehmbarsten Festungen der Welt. Der Sultan nahm seinen Aufenthalt in Daulat Ābād, deren Festung Duwaiqīr ist. Er forderte sie auf, herabzukommen und sich seinem Richtspruch zu beugen. Doch sie lehnten es ab, die Zitadelle zu verlassen, es sei denn, ihnen würde freier Abzug

235 Nach At-Tāzī in anderen Quellen ›Ǧāh Afġān‹ genannt. Er fiel bei einem Ausfall aus der Stadt. Seine Truppen hatten sich noch vor der Ankunft des indischen Sultans im November 1345 zerstreut.

236 Vgl. Kapitel ›Sultan Muḥammad bin Tuġluq‹.

237 Die sogenannten Hunderter (Steuereintreiber) flüchteten mit ihren Anhängern nach Daulatabad und entfachten dort neue Aufstände. Muḥammad bin Tuġluq erreichte Daulatabad im Oktober 1346.

gewährt. Aber der Sultan verweigerte ihnen freies Geleit, schickte ihnen aus Verachtung sogar Speisen hinauf, und blieb in Daulat Ābād. Das ist das letzte, was ich von ihnen weiß.[238]

Das folgende Ereignis fand vor der Erhebung des Qāḍī Ǧalāl ad-Dīn statt. Tāǧ ad-Dīn bin al-Kaulamī war einer der bedeutendsten Kaufleute.[239] Er war mit prächtigen Geschenken, mit Mamluken, Kamelen, Waren, Waffen und Gewändern aus dem Lande der Türken zum Sultan gekommen. Der Sultan war entzückt und schenkte ihm zwölf Lak, obwohl, wie man erzählte, die Geschenke nicht mehr als einen einzigen Lak wert waren. Der Sultan übertrug ihm die Stadt Kambāya, die der Aufsicht des Malik Muqbil, des stellvertretenden Wesirs, unterstand. Er kam in der Stadt an und schickte Schiffe nach Malībār, zur Insel Sailān[240] und zu anderen Häfen. Von den Schiffen erhielt er Geschenke und Kostbarkeiten, so daß er immer reicher wurde. Als er sich entschloß, die Reichtümer dieser Länder in die Hauptstadt zu senden, ließ ihm Malik Muqbil ausrichten, Ibn Kaulamī solle alles, was er besitze, zusammen mit den Geschenken und Tributen der Länder, wie es der Gewohnheit entsprach, abliefern. Ibn al-Kaulamī aber lehnte dies ab und sagte: »Ich bringe sie selbst oder lasse sie von meinen Dienern tragen, weder der Vertreter des Wesirs noch der Wesir selbst hat Macht über mich«, denn er war verblendet durch die Gunst und die Geschenke des Sultans. Muqbil schrieb dem Wesir eine Nachricht, erhielt aber auf der Rückseite seines Briefes vom Wesir die Antwort: »Wenn du zu schwach für unsere Provinzen bist, verlasse sie und kehre zurück!« Als ihn diese Nachricht erreichte, rüstete er sich mit seinen Soldaten und Mamluken zum Kampf, und sie trafen vor Kambāya aufeinander. Ibn al-Kaulamī wurde geschlagen, und eine Anzahl von Männern auf beiden Seiten kam ums Leben. Ibn al-Kaulamī versteckte sich im Hause des Schiffsführers Ilyās, eines bedeutenden Kaufmanns.

Muqbil kehrte in die Stadt zurück und ließ die Offiziere Ibn al-Kaulamīs enthaupten. Ihm sicherte er freies Geleit und seinen persönlichen Besitz zu, wenn er alles, was dem Sultan zustünde, sowie die Geschenke und Tribute des Landes herausgebe. All diese Schätze schickte Muqbil durch seine Diener an den Sultan, ebenso einen Brief, in dem er sich über Ibn al-Kaulamī beschwerte. Aber auch dieser schrieb dem Sultan einen Brief, in dem er über Muqbil Klage führte. Daraufhin entsandte der Sultan den Vorsteher der Ärzte, um zwischen ihnen zu vermitteln. Unmittelbar darauf kam es zum Aufstand des Qāḍī Ǧalāl

238 Im März 1347 verließ Muḥammad bin Tuġluq Daulatabad, um abermals im Gujarat eine neuerliche Revolte zu unterdrücken. Die Nachricht von dieser Abreise erreichte Ibn Baṭṭūṭa nicht mehr, denn er reiste im gleichen Monat von Calicut nach Arabien zurück.

239 Diese Person und ihre im Folgenden erzählte Geschichte sind unbekannt.

240 Malabar und Ceylon.

ad-Dīn, der den Besitz Ibn al-Kaulamīs raubte. Ibn al-Kaulamī flüchtete mit einigen seiner Mamluken und begab sich zum Sultan.

Während der Sultan von seiner Hauptstadt abwesend war und sich in die Provinz Maʿbar begab, brach die unerträgliche Hungersnot aus. Es kam zu einer Verteuerung des ›mann‹ auf sechzig, später sogar noch mehr Dirham. Es entstanden schlimmste Zustände und schreckliches Elend. Einmal verließ ich zum Empfang des Wesirs die Stadt und sah drei Frauen, wie sie die Haut eines seit Monaten toten Pferdes zerschnitten und aßen. Tierfelle wurden gekocht und auf den Märkten verkauft. Wenn Rinder geschlachtet wurden, fingen die Menschen ihr Blut auf und tranken es. Koranschüler aus dem Ḫurāsān erzählten mir, sie seien in einen Ort gekommen, der Akrūha[241] hieß und zwischen Ḥānsī und Sarsatī lag. Sie fanden ihn völlig verlassen und gingen auf ein Haus zu, um darin zu übernachten. In einer Kammer fanden sie einen Mann, der ein Feuer angezündet hatte und in der Hand den Fuß eines Menschen hielt, den er über dem Feuer röstete und aß. Gott behüte uns vor dem Schlimmsten!

Als die Not unerträglich wurde, gab der Sultan den Befehl, an das Volk Delhis sechs Monate lang Lebensmittel zu verteilen. Richter, Schreiber und Offiziere liefen durch die Viertel und Gassen, schrieben die Einwohner auf und gaben an jeden Lebensmittel für sechs Monate aus, und zwar zweieinhalb maġribinsche Raṭl pro Tag und Kopf. Während dieser Zeit verteilte ich Speisen, die ich am Grabmal des Sultans Quṭb ad-Dīn[242] zubereiten ließ, wie noch erzählt werden wird. So wurden die Menschen am Leben erhalten. Gott der Erhabene möge mir dies zum Vorteil anrechnen!

[241] Heute: Hisar.

[242] Quṭb ad-Dīn Mubārak (1316–1320), von Muḥammad bin Tuġluq besonders verehrte Persönlichkeit. Ibn Baṭṭūṭa war mit der Pflege seines Mausoleums beauftragt.

Im Dienste des Sultans

Da ich nun zur Genüge über den Sultan und die Ereignisse seiner Zeit berichtet habe, so will ich jetzt darauf eingehen, inwiefern ich von diesen Geschehnissen selbst betroffen war. Ich werde deshalb von meiner ersten Ankunft in der Hauptstadt erzählen, von meinem wechselhaften Leben, bevor ich mich aus dem Dienst des Sultans zurückzog, dann von meinem Abschied vom Sultan, meinem Aufbruch nach China und endlich von der Rückkehr in meine Heimat, wenn es Gott dem Allerhöchsten gefällt.

Als wir in Delhi eintrafen, begaben wir uns zur Residenz des Sultans und betraten sie zunächst durch das erste, dann durch das zweite und schließlich durch das dritte Tor. Hier stießen wir auf die Offiziere, die ich schon erwähnt habe. Als wir bis zu ihnen gekommen waren, ging uns ihr Vorsteher voran und führte uns in einen gewaltigen und weiten Saal, in dem uns der Wesir Ḫūǧa Ǧihān erwartete. Als erster trat Ḍiyāʾ ad-Dīn Ḫuḏāwand Zādah vor, ihm folgte sein Bruder Qiwām ad-Dīn, dann sein weiterer Bruder ʿImād ad-Dīn.[243] Nach ihnen kam ich, dann wieder sein Bruder Burhān ad-Dīn, danach Emir Mubārak as-Samarqandī, der Türke Arun Buǧā, Malik Zādah, der Neffe von Ḫuḏāwand Zādah[244], und endlich Badr ad-Dīn al-Faṣṣāl.

Als wir durch das dritte Tor geschritten waren, erblickten wir den großen Ratshof, der ›Hazār Usṭūn‹ heißt und ›Tausend Säulen‹ bedeutet. Hier hält der Herrscher seine öffentlichen Sitzungen. Der Wesir verbeugte sich, bis sein Kopf dem Boden nahe war, wir verneigten uns, indem wir uns in die Richtung des herrscherlichen Thrones niederknieten und mit den Fingern den Boden berührten. So grüßten alle, die mit mir zusammen gekommen waren. Als diese Begrüßung beendet war, riefen die Offiziere mit lauten Stimmen: »Im Namen Gottes«, und wir zogen uns wieder zurück.

Die Mutter des Sultans wird ›Maḫdūma Ǧihān‹[245] genannt und ist eine der edelsten Frauen, die reichliche Almosen gibt und viele Hospize baute, in denen Reisende Verpflegung finden können. Aber sie ist erblindet, und der Grund für

[243] Die Angehörigen dieser Familie traf Ibn Baṭṭūṭa bereits in Tirmiḏ und auf der Herreise nach Indien.

[244] Die beiden letztgenannten Namen dürften sich auf zwei verschiedene Personen beziehen. Die erste, bereits in Multān erwähnt, wird in Kürze noch einmal als ›aus Tirmiḏ‹ genannt, während der an zweiter Stelle genannte Neffe, mit dem Titel ›Šarīf al-Mulk‹ ausgestattet, noch mehrfache Erwähnung findet.

[245] Etwa: ›(Dienst-)Herrin der Welt‹.

dieses Gebrechen ist, daß, als ihr Sohn die Herrschaft übernahm, alle Prinzessinnen und Töchter der großen Würdenträger und Emire in ihren schönsten Trachten zu ihr kamen, die auf ihrem goldenen und juwelenbesetzten Thron saß. Als sie sich gemeinsam vor ihr verneigten, verlor sie plötzlich das Augenlicht. Sie wurde zwar auf verschiedene Arten behandelt, aber sie halfen ihr nicht. In seiner Verehrung für sie läßt ihr Sohn sich von niemandem übertreffen. So verreiste sie zum Beispiel einmal mit ihm; er aber kam einige Zeit vor ihr zurück. Als sie eintraf, ging er ihr zum Empfang entgegen, stieg von seinem Pferd und küßte ihren Fuß, während sie in einer Sänfte saß, wo alle Welt sie sehen konnte.

Kommen wir zurück zu unserem Zweck! Als wir den Palast des Sultans verließen, kam auch der Wesir heraus und begab sich mit uns zum ›Tor der Abwendung‹, das die Inder das ›Verbotene Tor‹ nennen, hinter dem die Māḫdūma Gihān wohnt. An diesem Tor angekommen, stiegen wir von unseren Tieren. Jeder von uns brachte ein Geschenk, das seinem Vermögen entsprach. Mit uns kam der Oberqāḍī der Mamluken Kamāl ad-Dīn bin al-Burhān. Vor ihrer Tür verneigten sich der Wesir und der Qāḍī, und wir taten es ihnen gleich. Der Torschreiber notierte unsere Geschenke, eine Gruppe junger Sklaven trat heraus, ihr Anführer trat an den Wesir heran und wechselte einige geheime Worte mit ihm. Daraufhin gingen sie in den Palast, kamen zum Wesir zurück und gingen erneut in den Palast, während wir stehen blieben. Schließlich wurden wir aufgefordert, unter einem überdachten Gang Platz zu nehmen. Speisen wurden herbeigetragen und große goldene Krüge, die sie ›suyun‹ nennen, Kochkesseln ähnlich sind und auf goldenen Füßen stehen, die ›subuk‹ heißen, ferner Trinkbecher, Schüsseln und Krüge, sämtlich aus Gold. Die Speisen wurden in je zwei Reihen auf zwei Tafeltüchern abgesetzt, und am Kopf jeder Reihe nahmen die zwei vornehmsten Gäste Platz. Als wir den Speisen nähertraten, verneigten sich die Kammerherren und Amtsträger, und wir machten es wie sie. Dann wurden Getränke gebracht, und nachdem wir getrunken hatten, sagten die Kammerherren: »Im Namen Gottes!«, wir speisten, es wurden gegorene Getränke und Betel gebracht und dann sagten die Kammerherren erneut: »Im Namen Gottes!« Gemeinsam verbeugten wir uns. Wir wurden aufgefordert, eine andere Stelle aufzusuchen, an der wir seidene und golddurchwirkte Ehrengewänder erhielten. Nun führte man uns ans Palasttor, vor dem wir uns verbeugten. Dann sagten die Kammerherren: »Im Namen Gottes!«, während der Wesir und wir stehenblieben. Sodann wurde aus dem Palast eine Truhe mit ungenähten Gewändern aus Seide, Leinen und Baumwolle herbeigetragen, von denen jeder von uns seinen Anteil bekam. Schließlich wurden eine große goldene Schale mit getrocknetem Obst, eine weitere mit Sirupsaft und eine dritte mit Betel gebracht.

Es gehört zu ihren Bräuchen, daß der Gast, dem diese Dinge angeboten werden, die Schale mit seiner Hand nimmt, sie auf seine Schulter stellt und die andere Hand zur Erde ausstreckt. Der Wesir nahm die Schale mit seiner Hand, um mir zu zeigen, wie man dies zu machen hat – ein Akt der Freundlichkeit, Demut und Bescheidenheit, für den Gott ihn belohnen möge! Ich tat es ihm nach. Sodann zogen wir uns in das Haus zurück, das für uns als Wohnung in Delhi vorbereitet worden war. Es stand in der Nähe des Tores von Darwāza Bālim, wohin man uns auch die Gastgeschenke schickte.

Als ich dieses Haus betrat, fand ich dort alles, wessen ich bedurfte, Dekken, Teppiche, Matten und Gefäße sowie Ruhebetten. Das indische Bett ist sehr leicht. Ein Mann allein kann es tragen, und jeder, der auf Reisen geht, muß sein Bett, das sein Sklave auf dem Kopf trägt, mitnehmen. Es besitzt vier kegelförmige Füße, auf denen vier Holzleisten liegen, auf die ein Geflecht aus Seiden- oder Baumwollschnüren genäht ist. Mehr braucht ein Mensch, der sich niederlegt, nicht, um sanfte Ruhe zu finden, denn auf diese Art gebaut, wird das Bett sehr bequem. Mit diesen Betten hatte man auch zwei abgenähte Decken, zwei Kissen und zwei Bettdecken, sämtlich aus Seide, gebracht. Die Inder pflegen ihre abgenähten und anderen Bettdecken in weiße Oberdecken aus Leinen oder Baumwolle zu schlagen. Sobald diese schmutzig sind, werden sie gewaschen, und die inneren Decken bleiben geschützt. Noch am gleichen Abend kamen zwei Männer, einer von ihnen ein Müller, den sie dort ›ḫarrāṣ‹ nennen, der andere ein Fleischer, der bei ihnen ›qaṣṣāb‹ heißt. Sie sagten: »Nehmt von ihm soundso viel Mehl, und von dem soundso viel Fleisch«, von einem Gewicht, an das ich mich nicht mehr erinnere. An Fleisch liefern sie immer ebensoviel, wie sie an Mehl geben, und all das gehörte zum Gastmahl, das uns die Mutter des Sultans schickte. Später erreichte uns das Gastmahl des Sultans, das ich noch erwähnen werde.

Am nächsten Morgen ritten wir in den Palast des Sultans, begrüßten den Wesir, der mir zwei große Geldbeutel gab, von denen jeder tausend Silberdinare enthielt, und zu mir sagte: »Das ist sar šuštī« – und das bedeutete: ›um deinen Kopf zu waschen.‹ Zudem gab er mir ein Kleid aus Ziegenhaar. Er schrieb meine Gefährten, Diener und Sklaven auf und teilte sie in vier Gruppen: Aus der ersten Gruppe gab er jedem 200 Dinar, aus der zweiten Gruppe 150; die dritte Gruppe erhielt pro Kopf 100 und den Angehörigen der vierten Gruppe gab er 75 Dinar. Es waren ungefähr vierzig Personen, und sie erhielten insgesamt mehr als 4.000 Dinar. Danach wurde für uns das Gastmahl des Sultans festgesetzt. Es belief sich auf 1.000 indische Raṭl Mehl, wovon ein Drittel bestes weißes Mehl und die beiden weiteren Drittel grob gemahlenes Mehl waren. Es enthielt ferner 1.000 Raṭl Fleisch, an Zucker, Butteröl, Fruchtsirup und Betelnüssen so viele Raṭl, daß ich mich an ihre Zahl nicht mehr erinnere, sowie 1.000 Betelblätter. Das indische Raṭl entspricht 20 maġribinischen und 25 ägyptischen Raṭl. Das Gastmahl für Ḫuḏāwand Zādah bestand aus 4.000 Raṭl Mehl, der gleichen Menge Fleisch und entsprechend vielen anderen Lebensmitteln.

Sechs Wochen nach meinem Eintreffen starb meine Tochter, die noch nicht ein Jahr alt war.[246] Die Nachricht von ihrem Tode gelangte zum Wesir, und wir setzten sie in einer Zāwiya bei, die er außerhalb des Darwāza Bālim-Tores in der Nachbarschaft des Grabmals unseres Scheichs Ibrāhīm al-Qūnawī gebaut hatte. Der Wesir schrieb es dem Sultan, und schon am Abend des zweiten Tages traf die Antwort ein, obwohl zwischen dem Jagdgelände des Sultans und der Hauptstadt zehn Tagesreisen lagen. Zu ihren Bräuchen gehört es, am Morgen des dritten Tages nach der Beisetzung zum Grabe zu gehen, die Seiten des Grabes mit Teppichen und seidenen Gewändern auszuschlagen und Blumen aufs Grab zu stellen, die man dort zu jeder Jahreszeit findet, wie den Jasmin, gelbe Blumen, die den Rosen ähneln, ferner weiße Rosen und Jonquillen, die in zwei Farben, nämlich weiß und gelb, vorkommen. Auf das Grab legen sie Zweige vom Orangen- und Limonenbaum mit ihren Früchten. Tragen sie noch keine Früchte, so binden sie mit Fäden Früchte an die Zweige. Auf das Grab legen sie getrocknete Früchte und Kokosnüsse. Die Menschen sammeln sich, Handschriften des edlen Buches werden gebracht, und die Koranleser beginnen ihren Vortrag. Wenn sie die Schrift wieder schließen, wird Fruchtsirup gebracht, von dem die Anwesenden trinken. Danach werden sie verschwenderisch mit Rosenwasser besprengt, es wird Betel gereicht, und danach zieht sich die Gemeinschaft zurück. Am Morgen des dritten Tages nach der Beisetzung meiner Tochter brach ich auf, wie der Brauch es vorschreibt, und bereitete alles vor, was ich konnte. Ich fand, daß der Wesir schon befohlen hatte, alles bereitzustellen und über dem Grab ein großes Zelt aufzuschlagen. Es erschienen der Kammerherr Šams ad-Dīn al-Fūšanǧī, dem wir im Sind begegnet waren, Qāḍī Niẓām ad-Dīn al-Karawānī und eine Anzahl der Großen der Stadt. Ich kam erst, als diese Personen schon hinter dem Kammerherrn ihre Plätze eingenommen hatten und den Koran lasen. Ich nahm mit meinen Gefährten neben dem Grab Platz. Als sie die Lesung abgeschlossen hatten, lasen Koranrezitatoren mit bewegenden Stimmen. Dann erhob sich der Qāḍī, las die Totenklage für meine verstorbene Tochter und pries den Sultan. Auf seinen Namen hin erhoben sich alle Anwesenden, verbeugten sich und setzten sich wieder, wonach der Qāḍī ein schönes Gebet sprach. Der Kammerherr und seine Begleiter nahmen ein Fäßchen mit Rosenwasser und besprengten damit die Teilnehmer. Dann gingen sie mit Trinkgefäßen, die ein Getränk aus in Wasser gelöstem kandierten Zucker enthielten, zwischen den Anwesenden umher und verteilten Betel. Sodann brachten sie mir und meinen Gefährten Gewänder.

Mit dem Kammerherrn ritten wir zum Palast des Sultans zurück und verbeugten uns, dem Brauch gehorchend, in Richtung auf den Thron. Dann kehrte ich in mein Haus zurück, aber kaum war ich angekommen, als aus dem

[246] Es handelt sich um jene Tochter, die am Tage seines Eintreffens bei Sultan Ṭarmašīrīn im März 1333 (oder 1335) geboren wurde (vgl. Kapitel ›Von der Wolga an den Indus‹).

Hause der Sultansmutter Speisen gebracht wurden, die mein Haus und die Wohnungen meiner Gefährten füllten. Sie aßen gemeinsam, und auch die armen Nachbarn aßen. Rundbrote, Süßspeisen und kandierter Zucker blieben übrig und ernährten uns noch einige Tage. All dies war auf Befehl des Sultans geschehen.

Einige Tage später erschienen die Sklaven aus dem Hause der Maḫdūma Ǧihān mit einer ›daula‹, einer Sänfte, in der die Frauen getragen werden, in der aber auch Männer zu reisen pflegen. Sie sieht einem Ruhebett ähnlich, das von einem Geflecht aus Seide oder Baumwolle überdacht ist. Darüber läuft eine Stange, ähnlich der, die bei uns auf den Sonnenschirmen angebracht ist, aber sie ist gekrümmt und aus massivem Bambus. Sie wird von acht Männern getragen, die einander abwechseln: Vier ruhen sich aus und vier tragen die Sänfte. Diese indischen Sänften sind, was in Ägypten die Esel sind, denn die meisten Menschen benutzen sie zur Fortbewegung. Wer Sklaven besitzt, läßt sich von ihnen tragen, wer keine Sklaven hat, mietet sich Männer, um sich tragen zu lassen. Man findet sie in geringer Zahl auf den Märkten, am Tor des Sultanspalastes und an den Türen der Stadtbewohner, wo sie sich zur Miete anbieten. Die Frauensänften sind mit einem seidenen Vorhang verhüllt, so auch die, welche die Sklaven aus dem Hause der Sultansmutter brachten. In ihr trugen sie meine Sklavin, die Mutter meiner verstorbenen Tochter, und eine türkische Sklavin, die ich als Geschenk mitgab. Die Mutter meiner Tochter verbrachte mit ihnen eine Nacht und kehrte am darauffolgenden Tage zurück. Man hatte ihr tausend Dinar in Dirhams, juwelenbesetzte goldene Armreifen, ein goldenes und ebenfalls edelsteinbesetztes Amulett, ein golddurchwirktes Leinenhemd, ein goldseidenes Gewand sowie eine Truhe mit Kleidern geschenkt. Als sie mit all diesen Dingen zurückkehrte, gab ich sie meinen Gefährten und als Sicherheit und zur Wahrung meiner Ehre den Kaufleuten, bei denen ich mich verschuldet hatte, denn die Nachrichtenoffiziere schrieben dem Sultan alles, was mich betraf.

Während meines Aufenthaltes in Delhi waren mir auf Befehl des Sultans einige Dörfer mit einem Ertrag von 5.000 Dinar jährlich zugewiesen worden. Der Wesir und die Männer des Rates übertrugen sie mir. Ich reiste zu ihnen ab und fand darunter ein Dorf mit Namen Badalī, ein anderes namens Basahī und ein halbes, das Balara hieß.[247] Sie lagen sechzehn ›kurūh‹ oder Meilen vor Delhi und gehörten zur ›ṣadī‹ von Hindubut; und ein ›ṣadī‹ stellt eine Gesamtheit von hundert Dörfern dar. Die Bezirke der Stadt sind nämlich in ›ṣadīs‹, Hundertschaften, eingeteilt, denen je ein ›ǧauṭarī‹, wie man in diesen Ländern einen Scheich der Ungläubigen nennt, und ein ›mutaṣṣarif‹ vorstehen, der die Steuern eintreibt. In jenen Tagen kamen gefangene Hindus in Delhi an, und

[247] Diese Dörfer finden sich noch im Norden und Nordosten Delhis und liegen heute in der weiten Bannmeile der neuen Stadt.

der Wesir schickte mir zehn Sklavinnen zu. Eine gab ich dem Manne, der sie mir brachte. Aber damit war er nicht zufrieden! Meine Gefährten nahmen sich drei junge Mädchen, aber ich weiß nicht mehr, was aus den anderen geworden ist. Gefangene sind dortzulande von geringem Wert, sie sind schmutzig und kennen die Annehmlichkeiten der großen Städte nicht, und auch, wenn sie ausgebildet sind, sind sie billig, und niemand hat es nötig, Gefangene zu kaufen.

In Indien bewohnen die Ungläubigen Ländereien und Städte, die an die Länder der Muslime grenzen, welche die Hindus besiegt haben. Aber diese haben sich in Gebirgen und unwegsamem Gelände verschanzt. Sie haben Dickichte aus Rohr, das nicht hohl ist, sehr hoch wächst, sich ineinander verrankt, nicht brennt und sehr kräftig ist. In diesen Dschungeln, hinter denen sie wie von Mauern geschützt sind, leben sie, dort halten sie ihr Vieh und bestellen ihre Felder, dort gewinnen sie aus Regen ihr Wasser. Niemand hat Macht über sie, wenn er kein mächtiges Heer besitzt mit Männern, die in diese Dschungel eindringen und sich mit geeigneten Werkzeugen einen Weg durch das Rohrdickicht bahnen können.

Das Fest des Fastenbrechens kam heran[248], aber der Sultan war noch nicht in seine Hauptstadt zurückgekehrt. Als der Tag gekommen war, ritt der Prediger auf einem Elefanten, auf dessen Rücken man ihm einen Sitz zugerichtet hatte, der an seinen vier Ecken vier Fahnen trug. Der Prediger trug schwarze Kleidung. Ebenfalls auf Elefanten ritten die Muezzins, die vor ihm den Allmächtigen priesen. Die Faqīhs der Stadt und ebenso die Qāḍīs ritten hinaus, und alle hatten eine Gabe mitgenommen, die sie während des Ritts zum Betplatz als Almosen geben wollten. Auf diesem Betplatz war ein Zelt aus Baumwolle errichtet und mit Teppichen ausgelegt worden. Das Volk versammelte sich und sprach dem Erhabenen Gott Dankgebete. Der Prediger betete mit ihnen und hielt eine Predigt. Danach zogen sich die Menschen in ihre Häuser zurück. Wir kehrten zum Palast des Sultans zurück. Es wurde ein Mahl aufgetragen, an dem die Maliks, die Emire und die ausländischen Ehrengäste teilnahmen. Sie speisten und zogen sich dann zurück.

Am vierten Tage des Monats Šawwāl[249] kam der Sultan in seinem Palast Tilbat, sieben Meilen vor der Hauptstadt, an.[250] Der Wesir forderte uns auf, ihn dort aufzusuchen, und so brachen wir auf. Jedermann nahm seine Geschenke

[248] 4. Juni 1334.

[249] 8. Juni 1334.

[250] Die Erhöhung der Steuerlasten hatte um das Jahr 1333 in Doab eine Rebellion hervorgerufen. Muḥammad bin Tuġluq, der zu dieser Zeit seinen Hauptsitz in Daulat Ābād aufgeschlagen hatte, griff zu einer Strafexpedition, die zum Ruin der Provinzen im Südosten Delhis führte, die zwischen Bulandshahr und Kannaudj lagen. Von diesem Feldzug kam er wahrscheinlich zu dem von Ibn Baṭṭūṭa angegebenen Termin zurück. Tilbat wird nach At-Tāzī auch in anderen Quellen erwähnt, zum Beispiel als Jagdlager für ʿAlāʾ ad-Dīn al-Ḫalaǧī, wo er einem Attentat seines Neffen entging (vgl. Kapitel ›Das Sultanat von Delhi‹); es liegt in unbekannter Entfernung östlich von Delhi.

mit, Pferde, Kamele, Früchte aus dem Ḫurāsān, Säbel aus Ägypten, aber auch Mamluken und Schafe aus den Ländern der Türken. Wir erreichten das Tor des Palastes, wo sich alle Ankömmlinge sammelten, die ihrem Rang entsprechend zum Sultan vorgelassen wurden. Sie erhielten Gewänder aus Leinen, die mit Gold bestickt waren. Als die Reihe an mich kam, trat ich ein und fand den Sultan auf seinem Thron sitzend. Ich hielt ihn zunächst für einen Kammerherrn, bis ich seinen Ersten Vertrauten Nāṣir ad-Dīn al-Kāfīy al-Harawī bei ihm erkannte, den ich während der Abwesenheit des Sultans schon kennengelernt hatte. Der Kammerherr verbeugte sich, ich tat es ihm nach, und nun kam der Oberste Kammerherr auf mich zu, Fīrūz, der Neffe des Sultans. Ich verbeugte mich nach seinem Beispiel ein zweites Mal, und nun sprach der Oberste Vertraute mich an: »Im Namen Gottes, unser Meister Badr ad-Dīn«, denn Badr ad-Dīn pflegten sie mich in Indien zu nennen, während sie die Anrede ›unser Meister‹ jedem gelehrten Manne geben. Ich näherte mich dem Sultan, bis er meine Hände nahm, sie mir schüttelte und festhielt. Er sprach in freundlichsten Worten zu mir und sagte in persischer Sprache: »Der Segen ist eingekehrt, deine Ankunft ist ein Glück. Beruhige dein Gemüt! Ich werde dir viel Güte erweisen und dir so viel Wohlstand verschaffen, daß das Volk deines Landes es vernimmt und zu dir kommt.« Dann fragte er mich nach meinem Land und ich sagte ihm: »Das Land des Maġrib«, und er sagte: »Das Land des ʿAbd al-Muʿmin?«, und ich bejahte.[251] Immer wenn er ein wohlwollendes Wort zu mir sprach, küßte ich seine Hand, bis ich sie sieben Mal geküßt hatte. Er schenkte mir ein Ehrengewand und ich zog mich zurück.

Die Besucher sammelten sich, und es wurde eine Tafeldecke ausgebreitet. An ihrer Spitze standen der Oberqāḍī Ṣadr al-Ǧihān Nāṣir ad-Dīn aus dem Ḫwārizm, einer der bedeutendsten Rechtsgelehrten; der Oberqāḍī der Mamluken Ṣadr al-Ǧihān Kamāl ad-Dīn aus Ġazna; ʿImād al-Mulk, der Führer der Mamluken; Malik Ǧalāl ad-Dīn al-Kīǧī[252] sowie mehrere Kammerherren und Emire. Unter den Teilnehmern war auch Ḫuḏāwand Zādah Ġiyāṯ ad-Dīn, Vetter von Ḫuḏāwand Zādah Qiwām ad-Dīn, des Richters von Tirmiḏ, der mit uns angekommen war. Ihn ehrte der Sultan sehr und nannte ihn ›Bruder‹. Er war oft aus seinem Lande zu ihm gekommen. Die Besucher, die aus diesem Anlaß Ehrengewänder erhielten, waren:

Ḫuḏāwand Zādah Qiwām ad-Dīn sowie seine Brüder Ḍiyāʾ ad-Dīn, ʿImād ad-Dīn und Burhān ad-Dīn;

Emir Baḫt, Sohn seiner Schwester und Sohn des Sayyid Tāǧ ad-Dīn, dessen Großvater Waǧīh ad-Dīn Wesir im Ḫurāsān war, und sein Onkel mütterlicherseits ʿAlāʾ ad-Dīn, Emir und auch Wesir Indiens;

[251] ʿAbd al-Muʾmin Abū Muḥammad, Fürst der Gläubigen, Gründer des Reiches der Almoḥaden (1129–1168).

[252] Bereits als Gouverneur von Ūǧah erwähnt; vgl. Kapitel ›Der Weg nach Delhi‹.

Emir Hibbat Allāh bin al-Falakī aus Tabrīz, dessen Vater stellvertretender Wesir im Iraq war und die Koranschule Al-Falakīya in Tabrīz gebaut hatte;

Malik Kirāʾī, einer der Söhne von Bahrām Ǧūr, Gefährte von Ḫusrā aus Badaḫšān, wo die Rubine mit dem Namen ›balaḫš‹ und die blauen Lapislazuli gewonnen werden;

Emir Mubārak Šāh aus Samarqand;

Arūn Buġā aus Buḫārā;

Malik Zādah aus Tirmiḏ;

Sihāb ad-Dīn al-Kāzirūnī, der Kaufmann, der aus Tabrīz gekommen war und Geschenke für den Sultan mitgebracht hatte, die ihm aber unterwegs geraubt worden waren.[253]

Am Morgen, nachdem wir zum Sultan hinausgegangen waren, erhielt jeder von uns aus dem herrscherlichen Marstall ein gesatteltes Pferd mit verzierten Zügeln. Der Sultan saß zum Einritt in die Hauptstadt zu Pferde. Wir ritten zusammen mit Ṣadr al-Ǧihān in der Vorhut des Sultans. Vor dessen Augen wurden die Elefanten geschmückt. Ihnen wurden Fahnen und sechzehn Sonnenschirme, darunter vergoldete und edelsteinverzierte, aufgesetzt. Ein solcher Schirm wurde über den Kopf des Herrschers gehalten, und eine ›Ġāšīya‹, eine verzierte Satteldecke, wurde ihm vorangetragen. Einigen Elefanten wurden kleine Steinschleudern aufgesetzt, und als der Sultan sich der Stadt näherte, schossen diese Schleudern Dinare und Dirhams ab. Menschen, die vor dem Sultan marschierten, aber auch andere aus der Menge fingen sie auf. Die Schleudern hörten nicht auf, Münzen in die Menge zu schießen, bis der Palast erreicht war. Tausende marschierten zu Fuß vor dem Herrscher her. Holztürme wurden errichtet und mit Seidenstoffen ausgeschlagen, in denen Sängerinnen saßen, wie ich es schon beschrieben habe.

Am Freitag, dem zweiten Tage nach dem Einzug des Herrschers, gingen wir zum Tor des Ratshofes und setzten uns unter die Säulengänge vor dem dritten Tor, denn noch hatten wir keine Erlaubnis erhalten, einzutreten. Kammerherr Šams ad-Dīn al-Fūšanǧī trat heraus und befahl den Torschreibern, unsere Namen aufzuschreiben, und erlaubte ihnen dann, mich und einige meiner Gefährten eintreten zu lassen. Er bestimmte, daß mit mir acht von ihnen eintreten durften, und gemeinsam traten wir ein. Geldbörsen und ›qabbān‹, die Waage, wurden herbeigetragen. Der Oberqāḍī und die Schreiber setzten sich und riefen die Geliebten Freunde, also die Fremden, die sich am Tor aufhielten, heran und teilten jedem seinen Anteil an den Geldsummen zu. Mir brachte man 5.000 Dinar, der Gesamtbetrag, den die Sultansmutter aus Anlaß der Rückkehr ihres Sohnes an Almosen auswerfen ließ, belief sich auf 100.000 Dinar. Für diesen Tag kehrten wir zurück.

Später lud uns der Sultan zu sich ein, um mit ihm zu speisen. Er fragte

[253] Vgl. Kapitel ›Die Herrschaft des Muḥammad bin Tuġluq‹.

uns nach unserem Wohlergehen und sprach uns aufs freundlichste an. Einmal sagte er zu uns: »Mit eurem Besuch habt ihr uns Ehre erwiesen, und wir sind außerstande, es euch angemessen zu entgelten. Den Ältesten von euch will ich als meinen Vater, den reifen Mann unter euch als meinen Bruder und den jüngsten von euch als meinen Sohn ansehen. In meinem ganzen Reich gibt es nichts Wertvolleres als diese meine Stadt: Ich will sie euch geben!« – Wir dankten ihm und faßten Gelübde zu seinen Gunsten. Danach wies er uns unsere Einkünfte zu, legte für mich 12.000 Dinar jährlich fest und erhöhte die Anzahl meiner Dörfer von zwei, die er mir bereits zugewiesen hatte, auf drei. Eines dieser zwei Dörfer hieß Ǧauza, das andere Malikbūr.

Eines Tages schickte der Sultan Ḫuḏāwand Zādah Ġiyāṯ ad-Dīn und Quṭb al-Mulk, den Statthalter des Sind, zu uns. Sie sagten: »Der Herr der Welt läßt euch sagen: Wer unter euch das Amt eines Wesirs, eines Sekretärs, eines Offiziers, eines Richters, eines Lehrers oder eines Konventvorstehers ausüben kann, er gibt es ihm!« Alle schwiegen, denn es war ihr Wunsch, Reichtum zu erwerben und in ihre Länder zurückzukehren. Da sagte Emir Baḫt, der Sohn von Sayyid Tāǧ ad-Dīn, von dem ich schon gesprochen habe: »Das Wesirat ist, was ich ererbt habe, und die Arbeit des Sekretärs ist, womit ich mich beschäftigt habe, andere Dinge kenne ich nicht«, und Hibbat Allāh, der Sohn von Al-Falakī, sagte etwas Ähnliches. Nun fragte mich Ḫuḏāwand Zādah auf Arabisch: »Was sagst du, mein Sayyid?«, denn die Menschen jener Länder sprechen einen Araber immer nur mit ›Sayyid‹ an, und so drückt auch der Sultan seine Verehrung für die Araber aus. Ich antwortete ihm: »Weder das Wesirat noch das Sekretariat sind meine Aufgaben. Dies sind vielmehr die Ämter eines Qāḍī oder eines Vorstehers, denn es waren auch die meiner Vorfahren. Und was das Amt eines Offiziers angeht, so wißt ihr, daß die Barbaren den Islam nur kraft der arabischen Schwerter angenommen haben.« Als diese Worte dem Sultan berichtet wurden, war er voller Bewunderung. Er befand sich unter den ›Tausend Säulen‹ und saß beim Mahl. Er ließ uns kommen, und wir speisten in seiner Gegenwart. Dann zogen wir uns vor den Hof der Tausend Säulen zurück; meine Gefährten setzten sich dort nieder, ich aber kehrte zurück wegen eines Geschwürs, das mich daran hinderte, mich zu setzen. Als der Herrscher uns wieder hineinrief, folgten meine Gefährten auch seiner Einladung, entschuldigten mich aber bei ihm. Ich kam erst nach dem Nachmittagsgebet zurück und verrichtete meine Gebete zum Sonnenuntergang und zur Nacht im Ratshof.

Der Kammerherr trat heraus und rief uns. Ḫuḏāwand Zādah Ḍiyāʾ ad-Dīn, der älteste Bruder von Ḫuḏāwand Zādah, trat ein, und der Sultan ernannte ihn zum Emir Dād[254] und damit zu einem der führenden Emire, der seinen Sitz im Gericht hatte und jeden, der gegen einen Emir oder einen Großen einen

[254] Untersuchungsrichter, der auch Strafen verhängen konnte.

Anspruch vorzubringen hatte, vorlud. Für dieses Amt setzte ihm der Sultan das jährliche Entgelt auf 50.000 Dinar fest, wies ihm Dörfer zu, die diesen Betrag einbrachten, und ließ ihm darüber hinaus 50.000 Dinar auf die Hand auszahlen. Er gab ihm ein golddurchwirktes Seidengewand, das ›Bild des Löwen‹ heißt, weil es auf Brust und Rücken die Abbildung eines Löwen zeigt. Auf die Innenseite des Kleides war ein Schildchen genäht, das angab, wieviel Gold für die Stickereien verwendet wurde. Er wies ihm auch ein Pferd erster Rasse an, und in Indien werden die Pferde in vier Rassen eingeteilt. Die Pferdesättel gleichen den ägyptischen Sätteln und sind zumeist mit vergoldetem Silber beschlagen.

Danach trat Emir Baḫt ein. Ihm wurde befohlen, zur Unterstützung des Wesirs an dessen Sitzungen teilzunehmen und sich mit den Rechnungsbüchern des Regierungshaushalts zu befassen. Er wies ihm ein Entgelt von 40.000 Dinar im Jahr an und überließ ihm Dörfer, die einen Ertrag in dieser Höhe abwarfen. Er ließ ihm 40.000 Dinar sofort auszahlen, schenkte ihm ein gezäumtes und gesatteltes Pferd und ein Gewand gleich dem, das er seinem Vorgänger gegeben hatte. Außerdem verlieh er ihm den Beinamen Šarf al-Mulk. Danach trat Hibbat Allāh, der Sohn von Al-Falakī, ein. Ihn ernannte er zum Rasūl Dār, das heißt Kammerherr für die Gesandtschaften. Er wies ihm jährliche Einkünfte von 40.000 Dinar an, gab ihm Dörfer des entsprechenden Jahresertrags und wies ihm 40.000 Dinar zur sofortigen Auszahlung an. Er erhielt ein voll ausgerüstetes Pferd, ein Ehrengewand und den Beinamen Bahāʾ al-Mulk.

Danach trat ich zu ihm hinein und fand ihn, auf seinem Thron zurückgelehnt, auf der Terrasse des Palastes, bei ihm den Wesir Hūǧa Ǧihān und den Großmalik Qabūla, der vor ihm stand. Dieser sagte, als ich ihn grüßte: »Verbeuge dich! Der Herr der Welt hat dich zum Qāḍī seiner Residenzstadt Delhi gemacht, deine jährlichen Einkünfte auf 12.000 Dinar festgelegt und dir Dörfer dieses Betrages zugewiesen. Er hat befohlen, dir sofort 12.000 Dinar auszuzahlen, die du, so Gott will, morgen aus dem Staatsschatz entnehmen kannst. Er gibt dir ein gesatteltes und gezäumtes Pferd und ein ›maḥārībī-Gewand«[255], – so nennen sie ein Kleid, das auf Brust und Rücken die Abbildung einer Gebetsnische trägt. Ich verbeugte mich, er nahm mich an der Hand und näherte sich mit mir dem Sultan, der zu mir sagte: »Glaube nicht, daß das Richteramt in Delhi zu den geringsten Geschäften gehört, ihm gilt vielmehr unsere wichtigste Sorge.« Ich verstand sehr gut, was er sagte, konnte ihm aber nicht in der gleichen Sprache antworten, denn der Sultan verstand zwar Arabisch, konnte aber nicht in dieser Sprache antworten. Ich antwortete ihm: »O unser Meister! Ich folge der Lehre von Mālik, aber die Menschen hier folgen Abū Ḥanīfa, auch kenne ich die Sprache nicht.« – Er antwortete: »Ich habe Bahāʾ ad-Dīn al-Multānī und Kamāl ad-Dīn al-Biǧnaurī zu deinen Beisitzern

[255] Abgeleitet von ›maḥārīb‹, dem Plural des Wortes ›miḥrāb‹ (›Gebetsnische‹, welche die Gebetsrichtung anzeigt).

ernannt. Sie werden sich mit dir beraten, und du wirst die Fälle beurkunden. Du nimmst bei mir die Stelle eines Sohnes ein.« – Ich erwiderte ihm: »Ich bin doch nur euer Diener und euer Sklave.« – Er gab mir auf Arabisch die Antwort: »Du bist vielmehr unser Gebieter und Herr«, ein Ausdruck seiner Bescheidenheit, Güte und Freundlichkeit. Dann sagte er zu Šarf al-Mulk Emir Baḫt: »Sollte ihm nicht reichen, was ich ihm zugewiesen habe, weil sein Aufwand groß ist, gebe ich ihm noch eine Zāwiya, falls er imstande ist, für den Aufenthalt von Faqīren zu sorgen«, und er sagte weiter: »Sag es ihm auf Arabisch!« – Er glaubte, daß Emir Baḫt Arabisch gut beherrschte, aber so war es nicht. Als der Sultan dies einsah, setzte er hinzu: »Birau wa yakğā biḥuṣbī wa ᵓan ḥikāya bir ᵓu bikwī wa tafhīm kunī tā fardā ᵓin šāᵓ allāh bīš man bīyāᵓī ğawābi uᵓ bukwī.« Dies heißt: »Geht heute abend und ruht am gleichen Ort! Mache es ihm verständlich und wenn, so Gott will, der Morgen kommt, komm zu mir zurück und erzähle mir, was er gesagt hat.« Nun kehrten wir zurück; es war bereits das erste Drittel der Nacht gekommen und der Wachwechsel verkündet worden.

Es ist üblich in Indien, daß niemand ausgeht, wenn der Wachwechsel ausgerufen worden ist. Wir warteten auf den Wesir, bis er heraustrat, und gingen mit ihm. Die Tore Delhis fanden wir schon geschlossen, so daß wir die Nacht bei Sayyid Abu-l-Ḥasan al-ʿIbādī, dem Iraqer, in einer Straße, die ›Sarabūr Ḫān‹ hieß, verbrachten. Dieser Scheich trieb Handel im Auftrag des Sultans und kaufte für ihn im Iraq und im Ḫurāsān Waffen und andere Waren. Am nächsten Tage lud der Sultan uns zu sich. Wir nahmen das Geld, die Pferde und die Gewänder in Empfang. Jeder von uns erhielt eine Börse mit Geld, legte sie sich auf die Schulter, trat so zum Sultan vor und verbeugte sich. Die Pferde wurden gebracht, wir küßten, nachdem ihnen Decken aufgelegt worden waren, ihre Hufe und führten sie mit eigener Hand ans Tor des Sultanspalastes, wo wir sie bestiegen, wie es ihren Bräuchen entspricht. Dann kehrten wir zurück. Der Sultan wies meinen Gefährten tausend Dinar und zehn Gewänder an. Den Gefährten der anderen Besucher hatte er nichts gegeben. Meine Gefährten boten eine angenehme Erscheinung und einen guten Anblick, die dem Sultan gefielen. Sie verbeugten sich, und er dankte ihnen.

Mehrere Tage nach meiner Berufung ins Amt des Qāḍīs und dem Empfang der Geschenke befand ich mich im Ratshof, saß unter einem Baum und hatte an meiner Seite den gelehrten Prediger Maulānā Nāṣir ad-Dīn at-Tirmiḏī.[256] Ein Kammerherr kam und bat Maulānā Nāṣir ad-Dīn zum Sultan. Dieser schenkte ihm ein Gewand und einen mit Edelsteinen geschmückten Koran. Sodann kam ein Kammerherr zu mir und sagte: »Gib mir etwas und ich verschaffe dir ein ›ḫaṭṭ ḫurd‹ über die 12.000, die der Herr der Welt dir zugesagt hat.« Ich glaubte ihm nicht, weil ich annahm, er wollte mich hintergehen. Aber er meinte seine Worte ernst, und einer meiner Gefährten sagte: »Ich gebe ihm etwas«, und gab

256 Vgl. zu dieser Persönlichkeit Kapitel ›Sultan Muḥammad bin Tuġluq‹.

ihm zwei oder drei Dinar, woraufhin der Kammerherr ein ›ḫaṭṭ ḫurd‹ brachte, was ›kleines Schreiben‹ heißt, auf dem genau geschrieben stand, was er gesagt hatte, nämlich: ›Es befahl der Herr der Welt, daß aus seinem umfangreichen Staatsschatz dem Soundso der und der Betrag ausgezahlt werden soll, und zwar auf Veranlassung von und Bekanntgabe durch diesen oder jenen.‹ Der Mann, der die Zahlung veranlaßt, schreibt seinen Namen auf die Anweisung; so tun es auch drei Emire, und zwar der Große Ḫān Quṭlū Ḫān, der Erzieher des Sultans, der Ḫarīṭa Dār, der Herr der Akten, Papiere und Schreibfedern, sowie Emir Nukbīya, der-Dāwadār, der Träger des Tintenfasses. Sobald jeder dieser Emire sein Zeichen auf das Papier gesetzt hat, geht er mit ihm zur Kanzlei des Wesirs, wo die Schreiber für ihre Rechnungsbücher eine Abschrift anfertigen. Danach wird die Anweisung im Prüfungsamt und in der Finanzaufsicht erfaßt. Dann wird die ›barwāna‹ geschrieben, die Anweisung des Wesirs an den Staatsschatz, die Summe auszuzahlen. Das Schatzamt nimmt die Anweisung auf und schreibt jeden Tag einen kurzen Bericht darüber, welche Beträge auf Befehl des Sultans täglich ausgezahlt wurden, und legt ihn dem Herrscher vor. Will er den Vorgang beschleunigen, drängt er auf sofortige Auszahlung; will er die Zahlung aufhalten, verzögert er sie. Dennoch wird der Betrag immer ausgezahlt, wie lange die Zahlung auch hinausgeschoben wird. Meine 12.000 verzögerten sich sechs Monate, dann erst konnte ich sie zusammen mit anderen Beträgen, wie nachfolgend geschildert, in Empfang nehmen. Es ist freilich in Indien üblich, daß von der Summe, die der Sultan jemandem zugesprochen hat, der zehnte Teil einbehalten wird. Hat er zum Beispiel einem Manne 100.000 zugesagt, gibt man ihm nur 90.000; soll jemand 10.000 bekommen, erhält er nur 9.000.

Ich hatte mich, wie ich erzählt habe, gegenüber Kaufleuten mit Summen verschuldet, die ich unterwegs für meinen Unterhalt, für das Geschenk, das ich dem Sultan zugedacht hatte, und während meines Aufenthaltes in Delhi benötigt hatte. Als die Kaufleute in ihre Länder abreisen wollten und mich zur Rückzahlung ihrer Darlehen drängten, pries ich den Sultan in einem langen Gedicht; hier der Anfang:

»Zu dir, verehrter Fürst der Gläubigen, sind wir gekommen und querten auf dem Weg zu dir rasch manche Wüste;

Ich kam als Besucher an den Sitz deiner Hoheit; dein Wohnsitz ist eine Zuflucht, wohl wert, besucht zu werden;

Und wenn über der Sonne für deinen Glanz ein angemessener Platz wäre und verdiente seine Höhe einen würdigen Imām;

So wärest du der ruhmreiche Imām, der einzige, dessen gutes Wesen, ob du sprichst oder handelst, unbezweifelt ist.

Ich bedarf der Fülle deiner Großmut und erhoffe mir Erfüllung, was deiner Herrlichkeit ein Leichtes ist;

Darf ich es nennen oder soll ich es mir versagen aus Scheu vor dir? Gott lasse dich leben! Doch ich sage es, wie es das Beste ist;

Doch eile dich, dem, der deinen Wohnsitz besucht, die Schulden zu begleichen, denn meine Gläubiger drängen!«

Ich überreichte es ihm, als er auf einem Stuhl saß. Er legte es sich auf sein Knie, faßte den einen Rand mit seiner Hand, während ich den anderen Rand noch in meiner Hand hielt. Sobald ich einen Vers zu Ende gesprochen hatte, sagte ich zum Oberqāḍī Kamāl ad-Dīn al-Ġaznawī: »Erkläre dem Herrn der Welt den Vers!« Er tat es, und dem Sultan gefiel es gut, denn sie lieben die arabische Dichtkunst. Als ich an den Vers kam: ›Doch eile dich, dem, der deinen Wohnsitz besucht…‹, sagte er: »Erbarmen!«, und damit meinte er: »Ich habe Mitleid mit dir.« Da nahmen mich die Kammerherren an die Hand, damit ich dorthin komme, wo sie standen, und mich nach gewohnter Art verbeuge, aber da sagte der Sultan: »Laßt ihn, bis er zu Ende gesprochen hat!« Ich sprach mein Gedicht zu Ende, verbeugte mich und erhielt Glückwünsche. Nach einer Weile verfaßte ich eine Bittschrift, die in Indien ›ʿard dašt‹ heißt, und händigte sie Quṭb al-Mulk, dem Statthalter im Sind, aus, der sie an den Sultan weiterreichte, der ihm sagte: »Geh zu Ḫūǧa Ǧihān und sage ihm, er solle seine Schulden bezahlen!« Er ging zu ihm, benachrichtigte ihn, und dieser stimmte zu. Er ließ aber einige Tage vergehen, und unterdessen befahl ihm der Sultan, nach Daulat Ābād zu reisen, während er selbst zur Jagd aufbrach. Der Wesir reiste ab und ich erhielt erst nach geraumer Zeit etwas. Warum die Zahlung sich verzögerte, will ich nun ausführlich schildern.

Als meine Gläubiger beschlossen, in ihre Heimatländer abzureisen, sagte ich zu ihnen: »Wenn ich zum Sultanspalast gehe, greift mich an, wie es in diesem Lande üblich ist!« Mir war nämlich bekannt geworden, daß der Sultan, sobald er davon hörte, sie auszahlen würde. Es ist Sitte in Indien, daß, wenn der Gläubiger eines Mannes, der den Schutz des Sultans genießt und dringend benötigt, sein Geld eintreiben will, er sich ihm an der Pforte des Sultanspalastes in den Weg stellt und ihm, wenn er eintreten will, sagt: »Gerechtigkeit des Sultans! Beim Kopfe des Sultans, du gehst nicht hinein, bevor du mich ausgezahlt hast.« Er kann sich nicht mehr von seinem Platz bewegen, bis er ihn zufriedengestellt oder um weiteren Aufschub gebeten hat. Eines Tages verließ der Sultan seinen Palast, um das Grabmal seines Vaters zu besuchen, wo er in einem Schloß abstieg. Ich sagte zu meinen Gläubigern: »Eure Zeit ist gekommen.« Als ich das Schloß betreten wollte, stellten sie sich am Tor in den Weg und sagten zu mir: »Gerechtigkeit des Sultans! Du wirst nicht eintreten, bevor du uns ausgezahlt hast!« Die Torschreiber schrieben es dem Sultan. Der für Bittschriften zuständige Kammerherr Šams ad-Dīn, einer der ersten Rechtsgelehrten, kam heraus und fragte sie: »Aus welchem Grunde habt ihr ihn angegriffen?« – Sie antworteten: »Er hat Schulden bei uns.« Er kehrte zum Sultan zurück, erzählte ihm alles und erhielt den Auftrag, die Kaufleute zu fragen, wie hoch die Schuld sei. Er fragte sie und sie antworteten, es seien 55.000 Dinar. Er ging zurück, berichtete dem Sultan, der ihm befahl, wieder hinauszugehen und ihnen folgendes auszurichten:

»Der Sultan läßt euch sagen: Ich habe diese Summe bei mir und werde euch euer Recht verschaffen. Von eurem Schuldner habt ihr nichts mehr zu fordern.«

Der Sultan ordnete an, daß ʿImād ad-Dīn as-Simnānī und Ḫuḏāwand Zādah Ġiyāṯ ad-Dīn im Hof der Tausend Säulen eine Sitzung halten und daß die Gläubiger ihre Rechnungen zur Prüfung und Bestätigung vorlegen sollten. So geschah es auch: Die Gläubiger erschienen mit ihren Urkunden, die beiden Beauftragten gingen zum Sultan und berichteten ihm, daß die Richtigkeit der Rechnungen erwiesen sei. Der Sultan lachte und sagte im Scherz: »Ich weiß ja, daß er ein Qāḍī ist; er wird seine Sache schon geregelt haben.« Dann gab er Ḫuḏāwand Zādah den Auftrag, mir die Summe aus dem Staatsschatz auszuzahlen. Aber dort verlangte man von mir ein Bestechungsgeld und weigerte sich, mir die kleine Anweisung zu schreiben. Ich schickte ihnen 200 Tanka, aber man wies sie zurück und nahm sie nicht an, vielmehr sagte mir einer der Diener, er wolle 500 Tanka. Ich lehnte ab und erzählte ʿAmīd al-Mulk bin ʿImād ad-Dīn as-Simnānī davon, der es seinem Vater berichtete. Nun erfuhr es der Wesir, der ein Feind Ḫuḏāwand Zādahs war, erzählte es dem Sultan weiter und schilderte ihm auch vieles andere von Ḫuḏāwand Zādah, so daß es, was diesen betraf, beim Sultan zu einem Sinneswandel kam, er ihn in der Stadt festnehmen ließ und sagte: »Aus welchem Grunde hat er jemandem die oder jene Summe ausgezahlt? Alle Zahlungen sind einzustellen, bis bekannt ist, ob Ḫuḏāwand Zādah eine Zahlung vorgenommen hat, die ich verboten habe, oder eine Zahlung verhindert hat, die ich genehmigt habe.« So hatte sich die Begleichung meiner Schulden verzögert.

Als der Sultan zur Jagd aufbrach, ging ich sofort mit ihm, denn ich hatte bereits alles Nötige vorbereitet und mich den indischen Gepflogenheiten angepaßt. Ich kaufte mir ein kleines Reisezelt, das man dort überall aufstellen darf und das jeder Große des Landes besitzen muß. Das Zelt des Sultans unterscheidet sich durch die rote Farbe, während die anderen weiß sind und blaue Bemalungen tragen. Ich kaufte mir auch einen ›ṣaiwān‹, der das Innere des Zeltes beschattet und auf zwei große Pfeiler gesetzt wird. All diese Dinge tragen Männer, die ›kaiwānīya‹ heißen, auf ihren Schultern. Wer reisen will, muß sich diese Männer mieten, außerdem weitere Männer, die das Futter für seine Reittiere beschaffen, weil sie ihnen dort kein Häcksel geben. Er muß Wasserträger mieten, die Küchengeschirr tragen, Männer, die ihn selbst in der Sänfte tragen, wie ich sie schon beschrieben habe, und die Sänfte selbst, wenn sie leer ist. Er mietet sich Teppichdiener, die das Zelt aufschlagen, es mit Teppichen auslegen und die Kamele beladen. Er mietet sich ›dawādawīya‹, Männer, die vor ihm hergehen und nachts Fackeln tragen. Ich mietete mir mehrere dieser Männer, so wie ich sie brauchte, und bewies Stärke und Entschlossenheit. Am gleichen Tage wie der Sultan brach ich auf, andere blieben noch zwei oder drei Tage in Delhi zurück.

Nach dem Nachmittagsgebet des Abreisetages bestieg der Sultan seinen Elefanten in der Absicht zu beobachten, wie sein Gefolge aufmarschierte, wer sich beeilte und wer säumig war. Zunächst setzte er sich vor sein Zelt auf einen Sessel. Ich kam, grüßte und nahm auf meinem Platz auf dem rechten Flügel Aufstellung. Er schickte Großmalik Qabūla, den ›sarǧāmadār‹[257], der ihm auch die Fliegen zu verjagen hat, zu mir, der mir den Befehl überbrachte, mich zu setzen. Es war eine besondere Gunst des Sultans, denn an diesem Tage setzte sich außer mir niemand. Dann wurde der Elefant herangeführt und eine Leiter wurde gegen ihn gelehnt, über die der Sultan aufstieg. Ein Schirm wurde über seinem Kopf aufgespannt, und er begann seinen Ritt inmitten seiner Höflinge. Eine Stunde lang ritt er umher und kam dann zu seinem Zelt zurück.

Es ist Sitte in Indien, daß, sobald der Sultan sein Reittier besteigt, die ganze Schar der Emire ebenfalls aufsitzt, und zwar an der Spitze ihrer Abteilungen und mit Fahnen, Trommeln, Fanfaren und Flöten, die sie ihre Rangzeichen nennen. Vor dem Sultan reiten nur die Kammerherren, die Musikanten, die Flötenspieler und Trommler, die sich kleine Trommeln um ihren Hals gehängt haben. Auf der rechten Seite des Sultans reiten ungefähr fünfzehn Männer, ebenso viele links. Zu ihnen zählen die Oberqāḍīs, der Wesir, einige große Emire und ausländische Ehrengäste. Ich ritt auf dem rechten Flügel. Vor dem Sultan marschiert das Fußvolk, unter ihm auch die Führer. Hinter ihm werden seine Fahnen aus golddurchwirkter Seide getragen, es folgen seine von Kamelen getragenen Trommeln, es folgen seine Mamluken und seine Leibdiener, und hinter diesen folgen die Emire mit dem übrigen Gefolge. Niemand weiß, wo Lager gemacht wird, denn wenn der Sultan an einem Ort vorüberkommt, an dem es ihm gefällt, gibt er den Befehl, das Lager aufzuschlagen. Aber niemand errichtet sein Zelt, bevor das Zelt des Herrschers aufgeschlagen ist. Dann kommen Männer, die mit der Einrichtung des Lagers beauftragt sind, und weisen jedem seinen Platz an. Unterdessen richtet sich der Sultan an einem Fluß oder unter Bäumen ein. Es werden ihm Hammelfleisch, fette Hühner, Kraniche und anderes Wild gebracht. Die Söhne der großen Maliks kommen mit Bratspießen in den Händen, zünden Feuer an und rösten Fleisch. Für den Sultan wird ein kleines Reisezelt gebracht und aufgeschlagen, vor das er sich mit seinen anwesenden Höflingen niedersetzt. Die Speisen werden aufgetragen, und der Sultan lädt zum Mahle ein, wen er sich wünscht.

An einem dieser Tage saß er in seinem Zelt und fragte, wer sich draußen aufhielt. Sayyid Nāṣir ad-Dīn Muṭahhar al-Auharī, einer seiner Tafelfreunde, sagte ihm, es sei ein Maġribiner, der unzufrieden sei. Der Sultan fragte: »Warum?« – »Wegen der Schulden, die ihn bedrücken, und wegen der Gläubiger, die ihn mit ihren Forderungen bedrängen. Der Herr der Welt hat den Wesir angewiesen, ihm die Summe auszuzahlen, aber er ist vorher abgereist. Will unser Meister befehlen, daß die Gläubiger sich gedulden sollen, bis der Wesir ankommt, oder sollen sie sofort zufriedengestellt werden?« Der Malik Daulat

[257] ›Sar Ǧamadar‹, der ›Garderobier‹ des Herrschers.

Šāh, den der Sultan mit ›mein Onkel‹ ansprach, war anwesend und sagte: »Herr der Welt! Jeden Tag spricht dieser Maġribiner arabisch auf uns ein und ich verstehe nicht, was er sagt. O Sayyid Nāṣir ad-Dīn, was sagt er?« – Er wollte, daß ihm die Worte wiederholt werden. Nāṣir ad-Dīn antwortete: »Er spricht von seinen Schulden.« – Da sagte der Sultan: »Wenn wir in die Hauptstadt zurückgekehrt sind, gehe selbst, ›yā ʾūmār‹« – das heißt ›o Onkel‹ –, »zum Schatz und gib ihm den Betrag!« – Auch Ḫuḏāwand Zādah war anwesend und sagte: »O Herr der Welt, der Mann lebt sehr aufwendig, ich habe ihn schon in meinem Lande bei Sultan Ṭarmašīrīn gesehen.« – Nach dieser Unterhaltung lud der Sultan mich zum Mahl ein, aber ich wußte nicht, was geschehen war. Aber als ich ging, sagte Sayyid Nāṣir ad-Dīn zu mir: »Danke Malik Daulat Šāh!« Und dieser sagte zu mir: »Danke Ḫuḏāwand Zādah!«

An einem dieser Tage, an dem wir mit dem Sultan auf der Jagd waren, bestieg er im Zeltlager sein Pferd, und sein Weg führte ihn an meiner Unterkunft vorüber. Ich ritt auf der rechten Seite, meine Gefährten in der Nachhut. Neben meinem Reisezelt hatte ich kleinere Zelte aufschlagen lassen, neben denen meine Gefährten sich aufgestellt hatten und den Sultan grüßten. Er schickte ʿImād al-Mulk und Malik Daulat Šāh, um festzustellen, wem diese Zelte und das große Reisezelt gehörten. Sie erhielten zur Antwort: »Dem Soundso.« Als sie ihm diese Nachricht brachten, lächelte der Sultan. Am nächsten Tage erreichte mich der Befehl, daß ich und Nāṣir ad-Dīn Muṭahhar al-Auharī[258], der Sohn des Qāḍīs von Ägypten, und Malik Ṣabīḥ in die Stadt zurückkehren sollten. Wir erhielten Ehrengewänder und kehrten in die Hauptstadt zurück.

Auf der Jagd befragte mich der Sultan einmal nach Malik An-Nāṣir und wollte wissen, ob er auch auf Kamelen reite. Ich antwortete ihm: »Ja, er reitet zur Pilgerzeit Mahārī-Kamele und legt die Strecke von Kairo nach Mekka in zehn Tagen zurück. Aber die Kamele dort gehören einer anderen Rasse an als die hiesigen.« Ich fügte hinzu, daß ich Kamele jener Rasse besaß, und als ich nach Delhi zurückgekehrt war, suchte ich einen Araber aus Ägypten auf, der mir aus Pech das Modell eines Kamelsattels anfertigte, wie die Mahārīs ihn tragen. Dieses Modell zeigte ich einem Tischler, der mir den Sattel in vollendeter Form herstellte. Ich überzog ihn mit Stoff, brachte Steigbügel an, legte dem Kamel eine schöne Decke auf und fertigte ein Halfter aus Seide.

Ich hatte einen Jemeniten bei mir, der vorzügliche Stücke von Zuckerwerk zubereiten konnte, welche die Form von Datteln und anderen Früchten hatten. Dieses Kamel und die Süßigkeiten schickte ich dem Sultan und trug dem Boten auf, die Geschenke dem Malik Daulat Šāh zusammen mit einem Pferd und zwei Kamelen, die für ihn selbst bestimmt waren, zu überbringen. Als er die Geschenke erhielt, ging er zum Sultan und sagte: »O Herr der Welt, ich sah ein

[258] Vgl. zu dieser Persönlichkeit die Kapitel ›Persien und der Iraq‹, ›Der Weg nach Delhi‹ und ›Die Herrschaft des Muḥammad bin Tuġluq‹.

Wunder!« – Der Sultan fragte: »Was gibt es?« – »Ein gewisser Mann schickte ein Kamel mit Sattel.« – Der Sultan befahl, es hereinzuführen. Das Kamel wurde ins Zelt geführt, der Sultan bestaunte es und forderte meinen Boten auf, es zu besteigen. Er stieg aufs Kamel und ritt es unter den Augen des Sultans, der ihm 200 Silberdinar und ein Kleid schenkte. Der Mann kam zu mir zurück und berichtete mir zu meiner großen Freude davon. Nachdem der Sultan in die Hauptstadt zurückgekehrt war, schenkte ich ihm zwei weitere Kamele.

Als mein Mann, der das Kamel überbracht hatte, zurückkam und mir sein Erlebnis erzählte, ließ ich zwei Sättel anfertigen, denen ich vorn und hinten vergoldete Silberplättchen und einen Stoffüberzug aufbrachte. Ich stellte ein Halfter her, das ebenfalls mit silbernen Plättchen beschlagen wurde, ferner für die zwei Tiere zwei damastgefütterte Decken mit aufgesetzten Malereien sowie silberne Fußreifen. Außerdem ließ ich elf Schalen anfertigen, die ich mit Süßigkeiten füllte und mit Seidentüchern bedeckte. Als der Sultan von der Jagd zurückkam und am Tage danach auf seinem Platz saß, an dem er die öffentlichen Sitzungen abhielt, ging ich zu früher Stunde mit den Kamelen zu ihm. Auf seinen Befehl hin bewegte ich sie vor ihm, und sie setzten sich in Trab, bis der Fußreif eines Tiers davonflog. Da sagte der Sultan zu Bahāʾ ad-Dīn bin al-Falakī: »Bādal wardārī!« – das heißt »Hebe den Ring auf!« –, was Bahāʾ ad-Dīn auch tat. Dann schaute er auf die Schalen und sagte: »Ǧidārī dirān ṭabaqhā ḥalwā ist?« – und dies heißt: »Was hast du auf diesen Tellern? Sind es Süßigkeiten?« Ich bejahte, und er sagte zum Faqīh Nāṣir ad-Dīn at-Tirmiḏī, dem Prediger: »Das habe ich noch nie gegessen und auch noch nie etwas gesehen, was den Süßigkeiten gleichkäme, die er uns ins Lager geschickt hat.« Er ließ die Schalen in seinen privaten Saal bringen. Man trug sie fort und er begab sich selbst in seinen Saal, lud mich ein, ließ Speisen kommen, und ich speiste mit ihm.

Er fragte mich nach einer Art von Süßigkeit, die ich ihm früher geschickt hatte, und ich antwortete: »O Herr der Welt, es waren viele Arten und ich weiß nicht, nach welcher Ihr fragt.« – Er sagte: »Bringt diese Teller her!«, denn sie nennen die große Schale ›Teller‹. Sie wurden herbeigebracht, vor ihn hingestellt und aufgedeckt. Der Sultan sagte: »Nach dieser da habe ich gefragt«, und griff nach der Schale mit der Süßigkeit, die er gemeint hatte. Ich sagte: »Diese heißt ›rundes Brot‹« – Er nahm eine andere und fragte: »Und wie heißt diese?« Und ich antwortete: »Sie werden die ›Bissen des Qāḍī‹ genannt.« – Ein Kaufmann und Scheich aus Bagdad namens As-Sāmarrī, der seine Herkunft auf die Familie des ʿAbbās zurückführte, sehr reich war und vom Sultan mit ›Mein Vater‹ angesprochen wurde, wurde neidisch und wollte mich beschämen. Er sagte: »Das sind keine ›Bissen des Qāḍī‹, sondern diese hier«, und er nahm ein Stück, das sich ›Pferdehaut‹ nennt. Ihm saß aber Nāṣir ad-Dīn al-Kāfīy al-Harawī, des Sultans erster Tischfreund, gegenüber, der in Gegenwart des Sultans oft mit diesem Scheich scherzte und nun rief: »O Ḫūǧa, du lügst, der Qāḍī spricht die Wahrheit!« Da fragte der Sultan: »Wie das?«, und bekam zur

Antwort: »Herr der Welt! Er ist der Qāḍī und dies sind seine Bissen, denn er hat sie ja mitgebracht« Der Sultan lachte und sagte: »Du hast recht.«

Nach dem Essen genossen wir das Zuckerwerk, dann wurden gegorene Getränke gereicht, wir nahmen Betel und zogen uns zurück. Eine kurze Weile später kam der Schatzkämmerer zu mir und sagte: »Schicke deine Gefährten; sie sollen das Geld holen.« Ich schickte sie auf den Weg und kehrte nach Sonnenuntergang in mein Haus zurück. Dort fand ich das Geld. Es waren drei Beutel, die zusammen 6.233 Tanka enthielten, den Gegenwert der 55.000 Dinar, mit denen ich verschuldet war, und jener 12.000, die der Sultan mir schon früher zugesagt hatte; einbehalten war nach dem Brauch des Landes der Zehnte. Ein Tanka ist zweieinhalb Mal so viel wert wie der maġribinische Golddinar.

Am neunten Tage des Monats Ǧumādā I brach der Sultan mit dem Ziel auf, die Provinz Maʿbar aufzusuchen und den dortigen Rebellen zu bekämpfen.[259] Ich hatte gerade meine Gläubiger bezahlt und beschlossen mitzureisen. Den Wasserträgern, Teppichdienern und den Zelt- und Fackelträgern, von denen ich schon erzählt habe, hatte ich bereits den Lohn für neun Monate ausbezahlt, als der Befehl kam, ich solle wie viele andere auch in der Stadt bleiben. Der Kammerherr nahm uns, um einen Nachweis zu haben, dazu eine schriftliche Verpflichtung ab. Dies tun sie aus Furcht, man könne leugnen, die Botschaft erhalten zu haben. Der Sultan wies mir 6.000 Silberdinar an und dem Sohn des ägyptischen Qāḍīs 10.000, und so allen ausländischen Würdenträgern, die in Delhi blieben; die Einheimischen bekamen nichts. Mir befahl der Sultan, das Amt des Aufsehers am Grabmal von Sultan Quṭb ad-Dīn, von dem ich gesprochen habe, zu übernehmen. Der Sultan hielt dieses Grab in höchster Verehrung, weil er Quṭb ad-Dīns Diener gewesen war, und ich sah ihn oft, wenn er das Grab besuchte, wie er seine Sandalen ergriff, sie küßte und sich auf den Kopf setzte. Es gehört nämlich zu den Bräuchen der Inder, die Sandalen des Toten am Grabe auf ein Polsterkissen zu legen. Immer wenn der Sultan ans Grab kam, verbeugte er sich, wie er es zu Quṭb ad-Dīns Lebzeiten getan hatte. Auch dessen Gattin verehrte er, nannte sie ›Schwester‹, nahm sie in seinen Harem auf und verheiratete sie später an den Sohn des Qāḍīs aus Ägypten, dem er um ihretwillen viel Aufmerksamkeit erwies. Jeden Freitag pflegte er sie zu besuchen.

Als der Sultan die Stadt verließ, rief er uns zu sich, um sich zu verabschieden. Der Sohn des Qāḍīs aus Ägypten erhob sich und sagte: »Ich nehme keinen Abschied, denn ich werde mich nicht vom Herrn der Welt trennen.« Diese Worte sollten später zu seinem Vorteil ausschlagen.

Der Sultan sagte zu ihm: »Dann geh und bereite dich auf die Reise vor!«

Nach ihm trat ich vor, um Abschied zu nehmen. Es war mir lieber, zu blei-

[259] Das Datum entspricht dem 5. Januar 1335; zum Aufstand von Aḥsan Šāh in Madura vgl. Kapitel ›Die Herrschaft des Muḥammad bin Tuġluq‹.

ben, aber dieser Entschluß nahm keinen günstigen Ausgang für mich. Der Sultan sagte: »Was ist dein Anliegen?«

Ich zog einen Zettel mit sechs Fragen hervor, und er forderte mich auf, in meiner Sprache zu sprechen. Ich sagte: »Der Herr der Welt hat mir befohlen, als Qāḍī Recht zu sprechen, aber ich habe danach noch nicht einmal zu Gericht gesessen. Ich will nicht das Amt des Richters, ohne es auszuüben.« Er befahl mir, mit den beiden Vertretern zu Gericht zu sitzen, und fragte: »Was noch?«

»Was soll ich mit dem Grabbezirk von Sultan Quṭb ad-Dīn tun? Ich habe bereits 460 Personen für das Grabmal angestellt, aber die Einnahmen der Stiftungen decken ihre Löhne und ihren Unterhalt nicht.« Da sagte er zum Wesir: »Banǧāh hazār« – und dies bedeutet ›fünfzigtausend‹. Er fuhr fort: »Dann mußt du auf die nächste Ernte vorgreifen.« – Dies heißt: »Gib ihm 100.000 ›mann‹ Korn und Reis vom Ernteertrag, damit er sie in diesem Jahre ausgeben kann, bis der Boden, der zur Stiftung des Grabmals gehört, Ernte trägt.« Das ›mann‹ entspricht 20 maġribinischen Raṭl. Dann fragte der Sultan: »Was weiter?«

»Meine Gefährten sind eingekerkert worden wegen der Dörfer, die Ihr mir gegeben habt, die ich aber gegen andere Dörfer getauscht habe. Nun verlangen aber die Amtsträger Eurer obersten Kanzlei von mir entweder den Erlös, den ich damit erzielte, oder einen Nachweis, daß der Herr der Welt mich von dieser Zahlung befreit.« Der Sultan fragte, welche Summe ich denn erlöst hätte. Ich antwortete: »Fünftausend Dinar.« Daraufhin sagte er: »Sie sei dir geschenkt!«

Weiter sagte ich: »Das Haus, das Ihr mir gewährt habt, hat Mängel am Gebäude.« Er sagte zum Wesir: »ʿImāra kunīd« – das heißt ›stelle es wieder her!‹ – und fuhr fort: »Dīkar namānd?« – und dies bedeutet: ›Hast du noch etwas vorzubringen?‹ – Ich verneinte.[260] Jetzt sagte er mir: »Waṣīya dīkar hast« – er meinte: »Ich rate dir, keine Schulden zu machen, damit du nicht verfolgt wirst. Du wirst niemanden finden, der mir über deine Angelegenheiten berichtet. Richte dich mit dem ein, was ich dir gegeben habe, denn Gott der Erhabene hat gesagt: ›Feßle deine Hand nicht an deinen Hals, aber öffne sie auch nicht zu weit![261] Eßt und trinkt, treibt aber keine maßlose Verschwendung![262] Wer sein Leben bestreitet, ohne zu verschwenden und ohne zu geizen, zwischen beiden Dingen liegt eine gerechte Mitte.‹«[263] Ich wollte seinen Fuß küssen, aber er hielt mich zurück und legte mir die Hand auf den Kopf. Ich küßte sie und entfernte mich.

260 Ibn Baṭṭūṭa hat zwar sechs Bitten angekündigt, aber nur vier vorgetragen; vermutlich hat ihn der Mut verlassen.

261 Koran, Sure 17, Abschnitt 29. Die Fortsetzung lautet: ›... sonst bist du beschämt und elend.‹ Die Geste des ersten Versteils wird auf Geiz und Verschwendungssucht angewendet.

262 Koran, Sure 7, Abschnitt 31.

263 Koran, Sure 25, Abschnitt 67.

Ich kehrte in die Hauptstadt zurück und widmete mich der Reparatur meines Hauses. Ich gab dafür 4.000 Dinar aus, von denen mir die oberste Kanzlei 600 Dinar erstattete; den Rest zahlte ich selbst. Meinem Hause gegenüber errichtete ich eine Moschee und traf Anordnungen für das Grabmal von Sultan Quṭb ad-Dīn. Der Sultan hatte befohlen, über dem Grab einen Kuppelbau zu errichten, der hundert Ellen hoch in den Himmel ragen und das Mausoleum von Qāzān, den König des Iraq, um zwanzig Ellen übersteigen sollte.[264] Außerdem hatte er befohlen, dreißig Dörfer zu erwerben und als fromme Stiftung dem Grabmal zu vermachen. Er legte die Verwaltung dieser Stiftung in meine Hände und gestand mir, wie es dem Landesbrauch entsprach, den zehnten Teil ihres Ertrags zu.

Die Menschen Indiens beobachten für ihre Toten die gleichen Bräuche, die auch zu Lebzeiten der Gestorbenen galten. Elefanten und Pferde werden herangeführt und an das Tor des geschmückten Grabes gebunden. Ich richtete mich nach diesen Bräuchen, als ich für das Grabmal meine Anordnungen traf. Ich berief 150 Koranleser, die bei den Indern ›die Vollender‹[265] heißen. Ich stellte 80 Koranschüler an, acht Repetitoren, die sie ›die Wiederholer‹ nennen, einen Lehrer und achtzig Ṣūfī-Mönche, einen Imām und Muezzine, Koranleser mit schönen Stimmen, Lobsänger, Schreiber, um die Abwesenden zu notieren, und schließlich ›muʿarrifūn‹[266]. All diese Leute werden in Indien ›Gebieter‹ genannt. Ich stellte noch eine andere Gruppe von Männern an, die als Dienerschaft bezeichnet wird, nämlich die Teppichdiener, Köche, Läufer und ›abdārīya‹, wie die Wasserträger heißen, ferner ›šurbadārīya‹, die Getränke einschenken, Betelträger, die Betel reichen, Schwertträger, Lanzenträger, Schirmträger, Waschbeckenträger, Kammerdiener, und endlich die Aufseher. Insgesamt waren es 460 Personen.

Der Sultan hatte angeordnet, daß der tägliche Verbrauch an Lebensmitteln zwölf ›mann‹ Mehl und die gleiche Menge Fleisch betragen sollte, aber ich sah, daß es zu wenig war, er aber sehr viel Getreide bewilligt hatte. Ich verbrauchte täglich 35 ›mann‹ Mehl und die gleiche Menge Fleisch und entsprechend viele Zutaten wie Zucker, Gemüsepflanzen, Fett und Betel. Ich verpflegte nicht nur die angestellten Menschen, sondern auch Reisende. Noch war die Teuerung sehr groß[267], so daß die Menschen hier essen konnten und die Kunde darüber sich verbreitete. Malik Ṣabīḥ reiste nach Daulat Ābād zum Sultan, der ihn fragte, wie es den Menschen ginge. Er antwortete: »Gäbe es in Delhi nur zwei

[264] Gemeint ist das Mausoleum von Qazan Chan, dem Ilchan Persiens, in der Nähe von Täbriz.

[265] So genannt, weil sie den Koran vollenden, d.h. von vorn bis hinten vortragen.

[266] ›Bekanntgeber, Vorsteller‹: Zeugen vor einem religiösen Gericht, die imstande sind, die erschienenen Zeugen oder Vertragspartner zu identifizieren und vorzustellen.

[267] Die große Hungersnot Indiens, die im Jahre 1336 begann.

wie diesen gewissen Mann, nicht einer müßte seine Not beklagen!« Den Sultan freuten diese Worte, und er schickte mir ein Ehrenkleid aus seinen eigenen Beständen.

An den Festtagen, und zwar an den beiden großen Festen[268], dem Geburtstag des Propheten, am ʿĀšūrāʾ-Tage[269], am Fest in der Mitte des Monats Šaʾbān und am Todestage des Sultans Quṭb ad-Dīn setzte ich für die Speisen hundert ›mann‹ Mehl und die gleiche Menge Fleisch ein. An den Tafeln saßen Faqīre und Einheimische, auch jedem Bediensteten der Moschee wurde sein Anteil vorgesetzt. Auf die indischen Essensbräuche werde ich sogleich eingehen.

Wie in Sarā[270] ist es auch in Indien üblich, daß, sobald das Gastmahl beendet ist, vor jeden Šarīf, Faqīh, Scheich und Qāḍī eine Schale gestellt wird, die einer Kinderwiege ähnlich sieht, vier Beine hat und mit Palmblättern ausgekleidet ist. Auf diese Blätter werden flache Fladen gelegt, ein gerösteter Hammel, runde buttergetränkte Brote, die mit der Süßigkeit ›ṣābūnīya‹[271] gefüllt und mit vier Stücken einer ziegelähnlichen Süßigkeit belegt sind. In den gleichen Korb wird eine kleine lederne Schale gelegt mit Zuckerwerk und gehacktem Fleisch. Der ganze Korb wird mit einem frischen Leinentuch bedeckt. Wer nicht zu den erwähnten würdigen Gästen gehört, erhält nur einen halben Hammel, den man ›zalla‹[272] nennt, und je die Hälfte der anderen Speisen vorgesetzt. Leute noch niedrigeren Ranges erhalten nur ein Viertel. Die Diener all dieser Männer nehmen mit, was man ihren Herren vorgesetzt hat. Zum ersten Male habe ich es so in Sarā, der Hauptstadt des Sultans Ūzbak, gesehen. Aber ich verbot meinen Leuten, das Essen, das mir vorgesetzt wurde, mitzunehmen, weil ich mit dieser Gewohnheit noch nicht vertraut war. So wird ein Gastmahl auch den großen Persönlichkeiten ins Haus geschickt.

Der Wesir hatte mir, wie ihm aufgetragen worden war, aus der Ernte 10.000 ›mann‹ Getreide für meine Zāwiya geliefert und mir den Anspruch verschafft, den Rest aus Hazār Amrūhā[273] zu beziehen. Mit der Steuereintreibung in diesem Bezirk war ʿAzīz al-Ḫammār[274] betraut, und ihr erster Offizier war Šams ad-Dīn al-Badaḫšānī. Ich schickte meine Männer auf den Weg, und sie konnten auch einen Teil herbeischaffen, beklagten sich allerdings über die Willkür von ʿAzīz al-Ḫammār, so daß ich mich selbst auf den Weg machte, um den Rest

[268] Das Fest des Fastenbrechens am 1. Tage des Monats Šawwāl und das Opferfest am 10. Tage des Monats Ḏu-l-Ḥiǧǧa.

[269] Der zehnte Tag des Monats Muḥarram.

[270] Sarai, Hauptstadt der Goldenen Horde in Südrußland; vgl. Kapitel ›Von der Wolga an den Indus‹.

[271] Wörtlich: ›seifig‹; Süßigkeit aus Olivenöl, Sesam, Mandeln und Honig.

[272] Speisen zum Mitnehmen.

[273] Der Bezirk von Amroha, 130 Kilometer östlich von Delhi.

[274] Vgl. zu dieser Persönlichkeit das Kapitel ›Die Herrschaft des Muḥammad bin Tuġluq‹.

einzufordern. Zwischen Delhi und dem genannten Bezirk liegen drei Tagesreisen, und es war in der Zeit der großen Regenfälle. Ich verließ die Stadt mit etwa dreißig meiner Männer, zu denen sich auch zwei Brüder gesellt hatten, die Sänger waren und mich unterwegs mit ihrem Gesang unterhalten sollten. Wir kamen in den Ort Biǧnaur[275], wo drei weitere Brüder zu uns stießen, die ebenfalls Sänger waren, die ich auch mitnahm und die sich nun mit den beiden anderen Brüdern im Gesang abwechselten.

Schließlich kamen wir nach Amrūhā, einer hübschen kleinen Stadt. Die Amtsträger kamen mir zum Empfang entgegen, ebenso der Qāḍī und Šarīf Emir ʿAlī sowie der Vorsteher der dortigen Zāwiya. Diese beiden luden mich zu einem prächtigen Gastmahl ein. ʿAzīz al-Ḫammār befand sich an einem Ort namens Afġānbūr am Sarū-Fluß[276], der zwischen ihm und uns lag. Es gab keine Fähre, so daß wir unser Gepäck auf eine Fähre luden, die wir aus Brettern und Pflanzenteilen herstellten. Am zweiten Tage setzten wir über. Naǧīb, der Bruder von ʿAzīz, kam uns mit einigen seiner Männer entgegen und schlug für uns ein Zelt auf. Dann kam auch sein Bruder, der Statthalter, der als Tyrann berüchtigt war. Zu seinem Bezirk gehörten 1.500 Dörfer, und sein Steuerertrag belief sich auf 60 Lak im Jahr, wovon er den zwanzigsten Teil für sich behalten konnte.

Der Fluß, an dessen Ufer wir Lager machten, hat eine merkwürdige Eigenschaft. In der Regenzeit trinkt niemand sein Wasser noch werden Tiere in ihm getränkt. Wir lagerten drei Tage an ihm, ohne daß einer von uns auch nur einen Schluck Wasser geschöpft hätte, ja kaum daß ihm jemand nahegekommen wäre. Sein Wasser strömt aus dem Qarāǧīl[277]-Gebirge herab, in dem es Goldminen gibt, fließt über giftige Kriechtiere, und wer es trank, ist gestorben. Das Gebirge erstreckt sich über eine Länge von drei Reisemonaten und senkt sich ins das Land Tubbat[278] ab, wo der Moschushirsch lebt. Ich habe schon erzählt, was in diesem Gebirge dem muslimischen Heer zugestoßen war. An diesem Fluß kam eine Gruppe von Faqīren aus der Ḥaidarīya-Sekte zu mir. Sie musizierten, zündeten Feuer an und traten hinein, ohne Schaden zu nehmen; ich habe schon von ihnen erzählt.[279]

Zwischen dem Emir des Bezirks Šams ad-Dīn al-Badaḫšānī und dem Statthalter ʿAzīz al-Ḫammār war ein Streit ausgebrochen. Šams ad-Dīn wollte gegen ʿAzīz kämpfen, der aber in seinem Haus blieb und sich dem Kampf nicht

[275] Bijnor im gleichnamigen Bezirk nördlich von Amroha.

[276] Der gleiche Fluß, der bereits als Ghaghra bezeichnet wurde (vgl. Kapitel ›Die Herrschaft des Muḥammad bin Tuġluq‹, Anm. 217), scheint hier allerdings mit dem Ganges identisch zu sein.

[277] Der Himalaya.

[278] Tibet.

[279] Vgl. Kapitel ›Persien und der Iraq‹.

stellte. Die Klage eines der beiden war dem Wesir in Delhi zu Ohren gekommen, der mir, Malik Šāh, dem Kommandanten der Mamluken in Amrūhā, der 4.000 Mamluken des Sultans befehligte, und Šihāb ad-Dīn ar-Rūmī den Auftrag gab, den Fall zu untersuchen und den, dessen Unrecht feststand, als Gefangenen in die Hauptstadt zu bringen. Wir setzten uns alle in meinem Zelt zusammen. ʿAzīz brachte mehrere Klagen gegen Šams ad-Dīn vor, darunter die, daß einer von dessen Dienern, der Riḍa-l-Multānī hieß, in ʿAzīz' Schatzkammer eingedrungen war, dort Wein getrunken und von dem Gelde des Schatzmeisters 5.000 Dinar gestohlen hätte. Ich verhörte Riḍā und er sagte mir: »Seitdem ich Multān verlassen habe und das war vor acht Jahren, habe ich keinen Wein mehr getrunken.« – Ich sagte: »Aber in Multān hast du getrunken?« Er sagte: »Ja.« Daraufhin verurteilte ich ihn zu achtzig Peitschenhieben und steckte ihn ins Gefängnis wegen der Schande, die er sich hatte zuschulden kommen lassen.

Nach einer Abwesenheit von ungefähr zwei Monaten verließ ich Amrūhā. Ich hatte für meine Begleiter jeden Tag einen Ochsen geschlachtet. Meine Männer ließ ich zurück, damit sie das Getreide brächten, für das sie eine Anweisung an ʿAzīz besaßen und das dieser zu liefern hatte. Er verteilte 30.000 ›mann‹ auf die Bewohner der Dörfer, die unter seiner Aufsicht standen, und ließ es von ihnen auf 3.000 Ochsen laden. Die Inder transportieren nur auf Ochsen und laden ihnen auch, wenn sie reisen, ihr Gepäck auf. Es ist für sie eine große Schande, auf Eseln zu reiten, die übrigens dortzulande sehr kleinwüchsig sind und als ›Kadaver‹ bezeichnet werden. Wenn sie jemanden, der die Prügelstrafe erhalten hat, zur Schau stellen wollen, setzen sie ihn auf einen Esel.

Sayyid Nāṣir ad-Dīn al-Auharī hatte mir bei seiner Abreise 1.060 Tanka anvertraut, die ich verwendet hatte. Nach meiner Rückreise nach Delhi stellte ich fest, daß er diese Forderung auf Ḫudāwand Zādah Qiwām ad-Dīn übertragen hatte, der Stellvertreter des Wesirs geworden war. Ich stellte mir die Schande vor, ihm gestehen zu müssen, daß ich alles ausgegeben hatte, gab ihm ungefähr ein Drittel zurück und verließ einige Tage mein Haus nicht, so daß das Gerücht umlief, ich sei erkrankt. Nāṣir ad-Dīn al-Ḫwārizmī Ṣadr ad-Dīn besuchte mich und sagte, als er mich sah: »Ich glaube nicht, daß du krank bist.« – Ich antwortete: »In meinem Herzen fühle ich mich unwohl.« – Darauf sagte er: »Erzähle es mir!« – Aber ich erwiderte: »Schicke mir deinen Vertreter, den Mufti, ihm werde ich es sagen.« Er schickte ihn zu mir, und ich beichtete es ihm. Er ging wieder und sagte es Ṣadr al-Ǧihān, der mir 1.000 Silberdinar gab, obwohl ich ihm schon den gleichen Betrag schuldete. Als der restliche Betrag, den ich nun Qiwām ad-Dīn schuldete, von mir gefordert wurde, sagte ich mir, daß nur Šadr al-Ǧihān mir helfen könne, weil er sehr reich war. Ich schickte ihm ein gesatteltes Pferd, das nebst Sattel 1.600 Dinar wert war, ein zweites Pferd, das mit Sattel 800 Dinar kostete, zwei Maultiere, deren Wert sich auf insgesamt 1.200 Dinar belief, einen silbernen Köcher und zwei Säbel mit silberbeschlagenen Scheiden. Ich sagte zu ihm: »Stelle den Wert fest und gib mir das Geld dafür!« Er nahm alles an sich, setzte den Wert des Ganzen mit 3.000 Dinar an, schickte mir tausend, hatte aber seine zweitausend abgezogen. Da trübte sich meine Stimmung, ich bekam Fieber und sagte zu mir: »Wenn ich mich beim Wesir beklage, bin ich entehrt.« Ich nahm fünf Pferde, zwei Sklavinnen, zwei Mamluken und schickte sie zu Malik Muġīṯ ad-Dīn Muḥammad, dem Sohne des Großmaliks ʿImād ad-Dīn as-Simnānī. Er war noch ein Jüngling und schickte mir alles zurück, zusammen mit 200 Tanka und mehr, mit denen ich meine Schuld zurückzahlte. Welch ein Unterschied zwischen Muḥammad und Muḥammad!

Als der Sultan auf seinem Zug nach Maʿbar nach Tilink kam, brach in seinem Heer die Pest aus, so daß er nach Daulat Ābād umkehrte. Er gelangte an den Fluß Kank, schlug am Ufer sein Lager auf und befahl, feste Häuser zu errichten. In diesen Tagen suchte ich sein Lager auf. Es war die Zeit des Aufstandes des ʿAin al-Mulk, den ich schon dargestellt habe.[280] Ich war beständig um den Sultan und erhielt auch meinen Anteil an den Rassepferden, als er sie an seine Höflinge ausgab, unter die er mich ebenfalls aufnahm. An seiner Seite nahm ich am Kampf gegen ʿAin al-Mulk teil und wurde Zeuge seiner Ergreifung. Mit ihm überquerte ich den Ströme Kank und Sarū, um das Grab des heiligen Ṣalār ʿŪd zu besuchen, wie ich ja schon ausführlich erzählt habe. Als er nach Delhi zurückkehrte, betrat ich mit ihm die Stadt.

Der Grund für die Strafe, die der Sultan mir zugedacht hatte, war, daß ich Scheich Šihāb ad-Dīn, dem Sohne des Scheichs Al-Ǧām, in seiner Höhle, die er sich außerhalb von Delhi gegraben hatte, einen Besuch abgestattet hatte.[281] Meine Absicht war es gewesen, diese Höhle zu sehen, aber als der Sultan den Scheich hatte festnehmen lassen, fragte er seine Söhne nach jedem, der den Scheich zu besuchen pflegte, und sie nannten ihm mehrere Leute, darunter auch mich. Daraufhin ließ er mich in seinem Ratshof ständig von vier Sklaven überwachen. Sooft aber jemand so bewacht wurde, konnte er sich selten retten. Der erste Tag, an dem diese Sklaven mich beharrlich umstanden, war ein Freitag, und Gott der Allerhöchste gab mir ein, seine Worte zu sprechen: »Gott genügt mir, welch ein vortrefflicher Sachwalter ist er doch!«[282] Ich sprach sie an diesem Tage noch 33.000 Mal und verbrachte die Nacht im Ratshof, fastete fünf Tage, las täglich den gesamten Koran und brach mein Fasten nur mit Wasser, beendete es nach fünf Tagen, fastete erneut vier Tage und wurde nach dem Tode des Scheichs befreit – Gott sei gelobt!

Nach einiger Zeit zog ich mich aus dem Dienste des Sultans zurück und suchte nun die beständige Nähe des gelehrten, gottesfürchtigen, asketischen,

[280] Vgl. Kapitel ›Die Herrschaft des Muḥammad bin Tuġluq‹, Anm. 213.

[281] Vgl. Kapitel ›Sultan Muhammad bin Tuġluq‹.

[282] Koran, Sure 3, Abschnitt 173.

demütigen und frommen Scheichs und Imāms Kamāl ad-Dīn ʿAbdallāh al-Ġārī[283], einzigartig in seinem Jahrhundert und unvergleichlich in seiner Zeit, Heiliger und Wirker berühmter Wunder, von denen ich schon einige, deren Zeuge ich selbst war, genannt habe, als ich seinen Namen erwähnte. Ich zog mich vollständig in den Dienst dieses Scheichs zurück und verschenkte alles, was ich besaß, den Armen und Einheimischen. Der Scheich fastete zehn Tage lang, manchmal sogar zwanzig Tage lang ununterbrochen. Ich hätte ebenfalls gern gefastet, aber er hielt mich davon ab und befahl mir, mich im Dienste Gottes zu schonen, und sagte zu mir: »Wer eilen will, kommt dennoch nicht voran und verfehlt endlich alles!« Ich bemerkte an mir selbst eine gewisse Nachlässigkeit, weil ich noch etwas bei mir behalten hatte. So gab ich endlich alles dahin, was ich noch hatte, sei es wertvoll oder nicht, einem Armen gab ich die Kleider, die ich trug, und zog die seinen an. Fünf Monate verbrachte ich bei diesem Scheich, während der Sultan im Sind war.

Als der Sultan erfuhr, daß ich mich aus der Welt zurückgezogen hatte, rief er mich zu sich. Er hielt sich in Sīwasitān[284] auf. In den Kleidern eines Faqīrs trat ich vor ihn. Er sprach mich mit den freundlichsten und wohlwollendsten Worten an und wollte mich zur Rückkehr in seine Dienste bewegen. Doch ich lehnte ab, bat ihn vielmehr um die Erlaubnis, in die Ḥiǧāz zu reisen, und er gestattete es mir. Ich verließ ihn und stieg in der Zāwiya ab, die auf Malik Bašīr zurückgeht; es war in den letzten Tagen des Monats Ǧumādā II. des Jahres 742[285]. Den ganzen Monat Raǧab und zehn Tage des Monats Šaʿbān gab ich mich allein dem Dienst an Gott hin, fastete schließlich bis zu fünf Tagen in Folge und brach danach das Fasten mit ein wenig Reis ohne jede Zukost. Täglich las ich den Koran und verbrachte, wann immer es Gott gefiel, die Nacht im Gebet. Ich litt, wenn ich etwas zu mir nahm, nur wenn ich Speisen zurückwies, fand ich Ruhe. So verbrachte ich vierzig Tage, dann wurde ich ein zweites Mal gerufen.

Nach vierzig Tagen schickte der Sultan mir gesattelte Pferde, Dienerinnen und Diener, Gewänder und Geld für meinen Unterhalt. Ich kleidete mich in seine Gewänder und brach zu ihm auf. Ich besaß ein langes gefüttertes Obergewand aus blauer Baumwolle, das ich in den Tagen meiner Gottversunkenheit getragen hatte. Als ich es ablegte, um die Gewänder des Sultans anzuziehen, machte ich mir Vorwürfe und immer, wenn meine Augen auf dieses Obergewand fielen, war es, als sähe ich ein Licht in meinem Inneren. Ich trennte mich nie von ihm, bis es mir die Ungläubigen auf See raubten. Als ich zum Sultan

283 ›Der Mann aus der Höhle‹.

284 Sehwan am Indus nördlich von Hydarabad im heutigen Pakistan. Muḥammad bin Tuġluq befand sich im Sind auf der Verfolgung des Rebellen Malik Šāh Lodi (vgl. Kapitel ›Die Herrschaft des Muḥammad bin Tuġluq‹).

285 Dezember 1341.

kam, überhäufte er mich mit noch mehr Ehre, als er mir sonst erwiesen hatte, und sagte: »Ich habe nach dir geschickt, damit du dich als mein Botschafter an den Hof des Königs von China begibst, denn ich weiß, daß du gern auf Reise und auf Wanderschaft gehst.« Er rüstete mich mit allem aus, wessen ich bedurfte, und bestimmte auch die Personen, die mich begleiten sollten und die ich alsbald erwähnen werde.

Durch Südindien

Der König von China hatte dem Sultan hundert Mamluken und Sklavinnen geschickt, dazu 500 Gewänder aus Damast, davon hundert, wie sie in Zaitūn[286], und hundert, wie sie in Ḫansā[287] hergestellt werden; außerdem schickte er fünf Minen[288] Moschus, fünf edelsteinbesetzte Kleider, fünf verzierte Köcher und fünf Schwerter. Er ersuchte den Sultan, ihm den Wiederaufbau eines Götzentempels im Gebiete des Qarāǧīl-Gebirges[289] zu gestatten, von dem ich schon sprach, und zwar an einem Orte namens Samhal. Dorthin richtet das Volk von China seine Wallfahrten. Das muslimische Heer hatte den Ort erobert, zerstört und ausgeplündert.

Als die Geschenke den Sultan erreichten, schrieb er ihm zurück: »Der muslimische Glaube erlaubt es nicht, ein solches Ersuchen zu gewähren. Auch der Bau einer Kirche auf muslimischer Erde ist nur dem gestattet, der die Kopfsteuer zahlt. Wenn du sie zu zahlen wünschst, dann erlaube ich dir, den Tempel wieder aufzubauen. Friede dem, der dem rechten Wege folgt!« Er vergalt ihm seine Geschenke mit noch wertvolleren, und zwar mit hundert vorzüglichen gesattelten und gezäumten Pferden, hundert Mamluken, hundert Sklavinnen, die von indischen Ungläubigen abstammten und in Gesang und Tanz ausgebildet waren; mit hundert Bairamīya-Gewändern aus Baumwolle[290], denen an Schönheit nichts gleichkommt und von denen eines hundert Dinar kostet; hundert Stück Seidenstoff, ›ǧuzz‹ genannt, wovon die Seide jedes einzelnen Stücks in vier oder fünf Farben gefärbt war; hundert Ṣalāḥīya-Tuchen; mit hundert Šīrīn-Bāf-Stoffen, hundert Šāna-Bāf-Stoffen[291], fünfhundert Wollstoffen, davon hundert schwarze, hundert weiße, hundert rote, hundert grüne und hundert blaue; mit hundert Stück Leinentuch griechischer Art, hundert wollenen Decken; einem großen Reisezelt; mit sechs Pavillontürmen, vier gol-

286 Das heutige Quanzhou gegenüber von Taiwan.

287 Hangzhou.

288 Eine Mine entspricht zwei Raṭl, nach ägyptischem Gewicht heute demnach 900 Gramm.

289 Das Himalaya-Gebirge. Samhal (heute: Sambhal) allerdings liegt noch in der Ebene, ca. 135 Kilometer östlich von Delhi.

290 Weißes indisches Tuch.

291 Šīrīn-Bāf ist ein hochwertiger Baumwollstoff; Šāna-Bāf scheint, nach At-Tāzī, ein durchsichtiger Baumwollstoff (Gaze) zu sein, der in anderen Quellen als ›Sinabaffi‹ bezeichnet wird.

denen Leuchtern, sechs Leuchtern aus indigobemaltem Silber, vier goldenen Schüsseln mit Krügen aus dem gleichen Metall; mit sechs Silberschüsseln, zehn Gewändern aus des Sultans eigener Kleiderkammer, zehn Kappen ebenfalls aus eigenem Besitz, eine davon juwelenbesetzt; mit zehn golddurchwirkten Köchern, davon einer edelsteinbesetzt, zehn Säbeln, davon einer mit juwelenverzierter Scheide; mit ›dašt bān‹, dies sind perlenbesetzte Handschuhe; und schließlich mit fünfzehn jungen Sklaven.

Der Sultan ernannte Emir Ẓahīr ad-Dīn aus Zanǧān, einen hochgelehrten Mann, der mich und die Geschenke begleiten sollte, und vertraute die Geschenke der Obhut des Sklaven und Mundschenks Kāfūr an. Zu unserer Bedeckung gab er uns ferner Emir Muḥammad al-Harawī an der Spitze von tausend Reitern mit, der uns zu dem Hafen führen sollte, in dem wir uns einschiffen wollten. Zu unserer Gesellschaft gehörten auch die Botschafter des Königs von China, fünfzehn an der Zahl, deren Führer sich Tursī nannte und die etwa hundert Diener hatten. So reisten wir mit großem Gefolge ab, und wenn wir Halt machten, war unser Lager gewaltig. Der Sultan hatte angeordnet, daß wir in allen seinen Ländern gastfrei aufgenommen werden sollten. Am 17. Tage des Monats Ṣafar des Jahres 743[292] brachen wir auf; diesen Tag wählten sie für ihre Abreise, denn wenn sie eine Reise antreten, ziehen sie den 2., den 7., den 12., den 17., den 22. oder den 27. Tag eines Monats vor. Unser erstes Lager machten wir in Tilbat in einer Entfernung von zwei und einem Drittel Farsaḫ von der Hauptstadt Delhi. Von dort reisten wir weiter bis zur Station Aū, von dort nach Hīlū und nach Bayāna[293], einer großen Stadt mit schönen Gebäuden und hübschen Märkten. Ihre Hauptmoschee zählt mit ihren steinernen Mauern und ihrem steinernen Dach zu den wundervollsten Moscheen. Das Oberhaupt der Stadt war Muẓaffar, der Sohn der Amme, denn seine Mutter war die Amme des Sultans gewesen. Sein Vorgänger war Malik Muǧīr bin Abi-r-Raǧā' gewesen, einer der bedeutendsten Maliks, von dem ich schon gesprochen habe und der seine Abstammung auf die Quraiš[294] zurückführte. Er war ein hochfahrender Mann und ließ sich viele Untaten zuschulden kommen. Viele Bürger seiner Stadt hat er getötet oder verstümmelt. Ich sah einen Mann aus der Stadt von schönem Äußeren, der an der Schwelle seines Hauses saß und dem man beide Hände und beide Füße abgeschlagen hatte. Der Sultan war einmal in diese Stadt gekommen, und die Leute beklagten sich bei ihm über Malik Muǧīr. Der Sultan ließ ihn ergreifen und in ein Halseisen

292 Dieses Datum entspricht dem 22. Juli 1342; möglicherweise muß das Datum jedoch wegen der Schwierigkeiten der Chronologie um ein Mondjahr auf den 2. August 1341 vorverlegt werden.

293 Aū und Hīlū sind nicht zufriedenstellend identifiziert, Bayāna liegt etwa 40 Kilometer westlich von Aligarh bei Agra.

294 Der Stamm des Propheten Muḥammad.

stecken. Er saß dem Wesir gegenüber im Ratssaal, als die Menschen seine Freveltaten aufschrieben. Der Sultan zwang ihn, ihnen ihr Recht zu verschaffen, und Muǧīr entschädigte sie mit Geld. Danach wurde er hingerichtet. Zu den Großen der Stadt zählt der Imām und Gelehrte ʿIzz ad-Dīn az-Zubairī aus der Nachkommenschaft des Az-Zubair al-ʿAwwām, eines der bedeutendsten und frömmsten Rechtsgelehrten, dem ich in Kālyūr bei dem Großmalik ʿIzz ad-Dīn al-Banatānī begegnete.[295]

Wir verließen Bayāna und kamen nach Kūwil[296], einer schönen Stadt mit Obstgärten und sehr vielen Mangobäumen, und schlugen unser Lager in einer weiten Ebene vor der Stadt auf. Dort trafen wir den frommen und gottesfürchtigen Scheich Šams ad-Dīn, bekannt unter dem Namen Ibn at-Tāǧ al-ʿĀrifīn. Er war sehr betagt und erblindet. Der Sultan ließ ihn später ins Gefängnis werfen, wo er starb; ich habe seine Geschichte schon erzählt.[297]

Als wir nach Kūwil kamen, erfuhren wir, daß ungläubige Hindus den Ort Ǧalālī[298], sieben Meilen von Kūwil entfernt, eingeschlossen hatten und belagerten. Wir wandten uns dem Orte zu und trafen die Ungläubigen im Kampf mit den Bewohnern an, die am Rande ihres Untergangs standen. Aber die Ungläubigen wußten nichts von uns, bis wir sie entschlossen angriffen. Der Feind zählte ungefähr 1.000 Berittene und 3.000 Fußtruppen, aber wir machten sie bis auf den letzten Mann nieder und nahmen ihnen ihre Pferde und Waffen ab. Von uns fielen 33 Reiter und 55 Fußsoldaten im Glaubenskampf, darunter auch Kāfūr, der Sklave und Mundschenk, dessen Obhut die Geschenke anvertraut waren. Wir schrieben dem Sultan das Vorkommnis und machten Halt, um auf seine Antwort zu warten. Unterdessen stiegen die Ungläubigen von ihren unbezwingbaren Bergen in der Umgebung von Ǧalālī herunter, und meine Begleiter mußten täglich ausreiten, um dem Emir des Bezirks zu helfen, sie abzuwehren.

An einem dieser Tage ritt ich mit mehreren meiner Gefährten aus, und wir betraten einen Garten, um zu rasten, denn es war die Zeit der Sommerhitze. Plötzlich hörten wir Geschrei, bestiegen unsere Pferde und stießen auf Ungläubige, die ein Dorf, das zu Ǧalālī gehörte, überfielen. Wir nahmen ihre Verfolgung auf. Sie zerstreuten sich, und auch meine Gefährten trennten sich auf der Suche nach ihnen, so daß ich nur noch fünf von ihnen um mich hatte. Bald wurden wir aus einem nahen Dschungel heraus von einer Schar von Reitern und Fußkämpfern angegriffen. Weil es so viele waren, flohen wir vor ihnen, allein zehn verfolgten mich. Dann ließen sie bis auf drei von mir ab. Ich sah kei-

[295] Zu Gwalior und ʿIzz ad-Dīn al-Banatānī siehe weiter unten in diesem Kapitel.

[296] Das heutige Aligarh im Bezirk gleichen Namens südsüdöstlich von Delhi.

[297] Vgl. Kapitel ›Die Herrschaft des Muḥammad bin Tuġluq.

[298] Das heutige Jalali, 17 Kilometer östlich von Aligarh. Es gibt allerdings in Jalalis Umgebung keine unbezwingbaren Berge, wie sie im folgenden erwähnt werden.

nen Weg vor mir und der Boden lag voller Steine, so daß sich die Vorderhufe meines Pferdes in ihnen verfingen. Ich stieg ab, löste die Hufe und saß wieder auf. In Indien trägt jedermann zwei Säbel, von denen der eine am Sattel hängt und ›rikābī‹ genannt wird, während der zweite in der Scheide steckt. Mein goldverzierter Sattelsäbel war aus seiner Scheide gefallen. Ich stieg wieder ab, nahm ihn auf und legte ihn mir um den Hals. Ich ritt weiter, aber sie blieben mir auf den Fersen. Schließlich kam ich an einen großen Graben, stieg ab und ging hinein; von den Hindus sah ich nichts mehr.

Ich trat in ein Tal hinaus und befand mich zwischen miteinander verrankten Bäumen, unter denen ein Weg verlief. Ohne zu wissen, wohin er führte, folgte ich ihm, als plötzlich ungefähr vierzig Ungläubige vor mir erschienen. Sie hatten Bögen in den Händen und umstellten mich. Ich fürchtete, sie würden alle zur gleichen Zeit auf mich schießen, wenn ich versuchen sollte zu fliehen. Auch trug ich keine Rüstung. Ich warf mich zu Boden und ergab mich, denn sie töten niemanden, der sich ergibt. Sie ergriffen mich und stahlen mir bis auf Obergewand, Hemd und Hose alles, was ich bei mir hatte. Sie drangen mit mir in den Dschungel ein und zogen sich mit mir in ihr Lager zurück, das sie im Dickicht neben einem Teich angelegt hatten. Sie brachten mir Brot aus ›māš‹, Erbsen. Ich aß davon und trank Wasser. Zwei Muslime waren unter ihnen, die mich auf Persisch ansprachen und fragten, wer ich sei. Ich erzählte ihnen etwas über mich, verheimlichte ihnen aber meine Verbindung zum Sultan. Sie sagten zu mir: »Diese Männer hier oder andere werden dich bestimmt umbringen; hier ist ihr Anführer.« Sie zeigten mir einen Mann, den ich mit Hilfe der muslimischen Dolmetscher mit freundlichsten Worten ansprach. Er übergab mich der Obhut dreier seiner Männer, einem Alten, seinem Sohn und einem bösartigen Neger. Diese drei sprachen mit mir, und ich begriff, daß ihnen befohlen worden war, mich zu töten. Am Abend des gleichen Tages brachten sie mich in eine Höhle, und Gott schickte dem Neger ein Fieber mit Schüttelfrost. Er legte seine Füße auf mich, während der Alte und sein Sohn schliefen.

Am nächsten Morgen unterhielten sie sich und gaben mir Zeichen, mit ihnen zum Teich hinabzusteigen. Ich schloß daraus, daß sie mich töten wollten, und sprach in höflichstem Tone auf den Alten ein, so daß er Mitleid mit mir bekam. Ich schnitt von meinem Hemd die beiden Ärmel ab und gab sie ihm, damit seine beiden Begleiter es ihm um meinetwillen nicht übelnähmen, wenn ich entkommen sollte.

Gegen Mittag hörten wir, daß am Teich gesprochen wurde. Die drei Männer glaubten, es seien ihre Gefährten, und gaben mir ein Zeichen, mit ihnen hinabzusteigen. Wir gingen hinab und fanden eine andere Gruppe, die meine Wärter aufforderte, mit ihr zu kommen, doch diese lehnten ab. Sie setzten sich so vor mich hin, daß ich ihnen mein Gesicht zuwandte, und legten einen Hanfstrick, den sie bei sich hatten, auf die Erde. Ich schaute sie an und sagte mir, daß sie mich mit diesem Strick binden würden, sobald sie mich töten wollten. So verging eine Stunde, bevor drei weitere Männer der Gruppe kamen, die mich gefangengenommen hatte. Sie sprachen mit ihnen, und ich verstand, daß sie ihnen sagten: »Warum habt ihr ihn nicht umgebracht?« Da zeigte der Alte auf den Schwarzen, als wollte er sich mit dessen Krankheit entschuldigen. Einer der drei, die zu uns gestoßen waren, war ein junger Kerl mit hübschem Gesicht. Er sagte zu mir: »Willst du, daß ich dich freilasse?« – Ich antwortete: »Ja.« – Da sagte er: »Dann geh!« – Ich nahm das Obergewand, das ich trug, und gab es ihm. Er gab mir dafür seinen abgetragenen Schurz und zeigte mir den Weg. Ich ging davon, fürchtete aber, daß sie anderen Sinnes würden und mir nacheilten. Ich betrat ein Rohrdickicht, versteckte mich, bis die Sonne untergegangen war, trat wieder heraus und schlug den Weg ein, den mir der junge Bursche gezeigt hatte und der mich an eine Wasserstelle führte, wo ich meinen Durst löschen konnte. Ich lief bis zum Ende des ersten Nachtdrittels und kam zu einem Hügel, an dessen Fuß ich schlief. Am Morgen lief ich auf dem gleichen Weg weiter und gelangte am Vormittag an ein hohes Felsengebirge, auf dem Akazien und Lotusbäume wuchsen; von den Lotusbäumen pflückte ich einige Früchte ab und aß sie, bis die Dornen Narben in meinen Arm ritzten, die bis heute geblieben sind.

Ich stieg vom Gebirge herab, kam an Felder, auf denen Baumwolle angebaut wurde, und fand dort auch Rizinussträucher. Ich stieß auf einen ›bāʾīn‹, wie die Inder ihre sehr geräumigen und aus Steinen gemauerten Brunnen nennen, in denen man über Stufen bis zum Wasser hinabsteigen kann. Einige dieser Brunnen haben in ihrer Mitte und an den Seiten steinerne Aufbauten mit überdachten Gängen und Sitzbänken. Die Könige und Emire ihrer Länder rühmen sich, einander im Bau dieser Anlagen zu übertreffen, indem sie die Brunnen sogar an Wegen bauen lassen, an denen sich gar kein Wasser findet. Ich werde noch einige, die ich gesehen habe, erwähnen. Als ich an diesen Brunnen kam, trank ich und fand einige Zweige der Senfpflanze, die zu Boden gefallen waren, als jemand sie putzte. Ich aß davon und hob den Rest für später auf. Unter einem Rizinusstrauch schlief ich ein.

Unterdessen erschienen etwa vierzig gepanzerte Reiter am Brunnen, von denen einige in die Felder gingen und verschwanden. Aber Gott trübte ihre Augen, so daß sie mich nicht erblickten. Nach ihnen kamen weitere fünfzig Bewaffnete und hielten am Brunnen an. Einer kam an einen Baum, der dem Strauch, unter dem ich lag, genau gegenüberstand, aber er bemerkte mich nicht. Danach ging ich in das Baumwollfeld und verbrachte dort den Rest des Tages. Sie blieben am Brunnen, wuschen ihre Kleider und spielten. Als die Nacht hereinfiel, verstummten sie, so daß ich annahm, daß sie entweder gegangen oder eingeschlafen waren. Ich kam aus dem Feld heraus und folgte den Pferdespuren, denn es war eine mondhelle Nacht. Ich marschierte, bis ich an einen weiteren Brunnen mit einem Türmchen kam, den ich hinabstieg, um zu trinken. Ich aß von meinen Senfzweigen, die ich noch bei mir hatte, betrat das Türmchen und fand darin Laub, das Vögel eingeschleppt hatten. Ich legte mich darauf zum Schlafen nieder. Dann bemerkte ich, wie sich unter dem Laub ein Tier bewegte. Ich glaubte, daß es eine Schlange war, aber ich schenkte ihr keine Beachtung, denn die Anstrengungen des Tages hatten mich zu sehr ermüdet. Am Morgen folgte ich einem breiten Weg, der zu einem verfallenen Dorf führte. Ich schlug einen anderen Weg ein, der dem ersten ähnlich war. So ging es mehrere Tage; an einem Tage gelangte ich an Bäume, die sich miteinander verflochten hatten. Zwischen ihnen lag ein Teich und mitten unter ihnen stand ein Häuschen. Am Rand des Teichs fanden sich Pflanzen wie Hundsgras und andere. Ich wollte mich setzen, bis Gott mir jemanden schickte, der mich an einen bewohnten Ort brachte.

Als ich wieder ein wenig Kraft geschöpft hatte, machte ich mich auf den Weg und stieß auf Spuren von Rindern. Ich fand einen Ochsen, der einen Tragkorb und eine Sense trug. Schließlich aber führte der Weg mich zu Dörfern der Ungläubigen. Ich folgte einem anderen Pfad, der mich zu einem verfallenen Dorf brachte, in dem ich zwei nackte Neger sah. Ich bekam Angst vor ihnen und blieb unter den Bäumen stehen. In der Nacht betrat ich das Dorf, fand ein Haus und in einer seiner Kammern einen großen Krug, in dem sie ihre Feldfrüchte aufzubewahren pflegen. Unten hatte der Krug ein Loch, weit genug, daß ein Mann hineingehen konnte. Ich schlüpfte hinein und fand das Innere mit Stroh ausgelegt. Auf einen Stein, der dort lag, legte ich meinen Kopf und schlief ein. Auf dem Krug saß ein Vogel, der den größten Teil der Nacht mit seinen Flügeln schlug; ich glaubte, er hatte Angst vor mir, so daß es zwei waren, die Angst verspürten. Seit dem Tag meiner Gefangennahme, der ein Samstag gewesen war, waren so sieben Tage verstrichen. Am siebenten Tag kam ich an ein Dorf der Ungläubigen, das besiedelt war. Dort gab es einen Wasserteich und grüne Pflanzen. Ich bat sie um Essen, doch sie weigerten sich, mir etwas zu geben. Ich fand um einen Brunnen herum einige Rettichblätter, die ich aß. Dann betrat ich das Dorf und traf auf eine Gruppe von Ungläubigen, die bewacht wurden. Die Wachen riefen mich an, aber ich antwortete nicht, sondern setzte mich auf den Boden. Einer kam mit gezogenem Säbel auf mich zu und erhob ihn, um mich damit zu erschlagen. Ich kümmerte mich wegen meiner großen Erschöpfung nicht um ihn. Er durchsuchte mich, fand aber nichts, sondern nahm mir das Hemd ab, dessen Ärmel ich dem Alten gegeben hatte, der mit meiner Bewachung beauftragt gewesen war.

Am achten Tage wurde mein Durst unerträglich, aber ich fand nirgends Wasser. Ich kam in ein zerstörtes Dorf, fand aber kein Wasserbecken, obwohl die Inder in ihren Dörfern immer Wasserbecken anlegen, in denen sie den Regen auffangen und aus denen sie das ganze Jahr über trinken. Ich folgte einem Weg und fand schließlich einen ungemauerten Brunnen, an dem ein Seil aus Pflanzenfasern befestigt war, aber es gab kein Gefäß, mit dem ich hätte Wasser schöpfen können. Ich band das Tuch, das ich auf dem Kopf trug, am

Seil fest und saugte das Wasser auf, mit dem sich das Tuch tränkte, aber es löschte meinen Durst nicht. Ich band eine Sandale an das Seil und schöpfte damit Wasser, aber noch immer hatte ich nicht genug. Ich wollte ein zweites Mal Wasser schöpfen, da riß das Seil und meine Sandale fiel in den Brunnen. Ich band meine zweite Sandale ans Seil und trank nun, bis ich mich sattgetrunken hatte. Ich zerschnitt meine Sandale in zwei Teile und band das obere Teil mit dem Brunnenseil und einem Fetzen Stoff, den ich fand, an meinem Fuße fest. Als ich noch damit beschäftigt war und über meine Lage nachdachte, erschien plötzlich ein Mann vor mir. Ich starrte ihn an. Es war ein Mann mit schwarzer Haut, der in seiner Hand einen Krug und einen Stock hielt und einen Beutel über seiner Schulter trug. Er sprach mich an: »Friede mit euch!« – Ich antwortete ihm: »Mit euch sei der Friede und das Erbarmen Gottes und sein Segen!« – Da antwortete er auf Persisch: »Ǧīkas?«, – dies heißt: ›Wer bist du?‹ – Ich erwiderte: »Ein Verirrter.« – Darauf er: »Auch ich.« – Er band seinen Krug an eine Schnur, die er bei sich hatte, und schöpfte Wasser. Ich wollte trinken, aber er sagte: »Gedulde dich!« – Er öffnete seinen Beutel und entnahm ihm eine Handvoll schwarzer Kichererbsen, die mit ein wenig Reis gebacken worden waren. Ich aß davon und trank. Der Mann wusch sich, sprach zwei Rakʿa-Gebete, und ich tat es ihm gleich. Er fragte mich nach meinem Namen und ich erwiderte: »Muḥammad.« Dann fragte ich ihn, wie er heiße, und er sagte: »Das fröhliche Herz.« Ich betrachtete dies als verheißungsvolles Zeichen und freute mich. Dann sagte er zu mir: »Im Namen Gottes begleite mich!« – Ich stimmte zu und ging eine kurze Strecke mit ihm, fühlte aber dann meine Glieder matt werden und konnte nicht mehr weiter. Ich setzte mich, und er sagte: »Was ist mit dir?« – Ich sagte: »Ich konnte noch laufen, bevor ich dir begegnete. Aber seit ich dich traf, bin ich zu schwach.« – Er sagte: »Gott sei gelobt! Steige auf meinen Rücken!« – Ich sagte: »Aber du bist schwach und kannst mich nicht tragen!« – Doch er sagte: »Gott wird mich stärken, du mußt auf meinen Rücken steigen.« Ich setzte mich auf seinen Rücken und er sagte: »Sprich viele Male aus dem Koran: ›Gott genügt mir, denn wahrlich er ist ein guter Sachwalter!‹« So wiederholte ich denn diese Worte viele Male.

Bald fielen mir die Augen zu, und ich erwachte erst wieder, als ich zu Boden fiel. Ich schlug die Augen auf, sah aber von dem Mann keine Spur mehr, wohl aber, daß ich mich in einem bewohnten Dorf befand. Ich ging hindurch und erkannte, daß es Bauern der Hindus gehörte, deren Ortsvorsteher ein Muslim war. Man meldete mich ihm, er kam zu mir und ich fragte ihn: »Wie heißt dieses Dorf?« – Er antwortete: »Tāǧ Būrah.«[299] – Zwischen dem Dorf und der Stadt Kūwil, wo meine Begleitung sich aufhielt, lagen zwei Farsaḫ. Der Ortsvorsteher brachte mich in sein Haus und gab mir ein warmes Essen. Ich wusch mich, und er sagte: »Ich habe ein Gewand und einen Turban, die mir ein

[299] Tajpur, fünf Kilometer nordwestlich von Aligarh.

Araber aus Ägypten, der zum Heerlager von Kūwil gehört, zur Aufbewahrung gegeben hat.« – Ich sagte zu ihm: »Bringe mir die Kleider, ich werde sie anziehen, bis ich zum Lager komme!« – Er brachte sie mir, und ich erkannte sie als meine eigenen Kleider wieder, die ich jenem Araber geschenkt hatte, als wir in Kūwil angekommen waren. Lange habe ich über dieses Wunder gestaunt. Ich dachte an den Mann, der mich auf seinem Rücken getragen hatte, und erinnerte mich plötzlich an die Weissagung des Heiligen Abū ʿAbdallāh al-Muršidī, von dem ich in der ersten Reise gesprochen habe und der mir gesagt hatte: »Du wirst Indien betreten und dort meinem Bruder Dilšād begegnen, der dich aus einer Notlage befreien wird, in die du geraten wirst.«[300] Ich erinnerte mich seiner Worte, als ich ihn nach seinem Namen fragte, den er mit ›Fröhliches Herz‹ angab, was im Persischen ›Dilšād‹ heißt. Da wußte ich, daß er derjenige war, der mir geweissagt worden war, und daß er ein Heiliger war. Aber seine Gesellschaft war mir nur während jener kurzen Zeit zuteil geworden, von der ich erzählte.

Am Abend schrieb ich meinen Gefährten in Kūwil, um ihnen mitzuteilen, daß ich in Sicherheit war. Sie kamen mit einem Pferd und mit Kleidern und begrüßten mich freudig. Ich erfuhr, daß die Antwort des Sultans eingetroffen war und er für Kāfūr, der als Gotteskämpfer gefallen war, einen Sklaven mit Namen Sumbul geschickt hatte. Er befahl uns auch, unsere Reise fortzusetzen. Außerdem hatten meine Gefährten dem Herrscher geschrieben, was mir zugestoßen war, und daß sie in meinem und Kāfūrs Schicksal für die Reise ein unheilverkündendes Vorzeichen erblickten, ja, daß sie umkehren wollten. Aber als ich sah, welchen Wert der Sultan auf die Reise legte, bestand ich mit Nachdruck und Entschlossenheit auf der Weiterführung unserer Reise. Sie sagten: »Siehst du denn nicht, was gleich zu Beginn der Reise geschehen ist? Der Sultan wird dir verzeihen. Kehren wir zu ihm zurück oder laß uns hier warten, bis er geantwortet hat!« – Doch ich gab zur Antwort: »Zu warten ist unmöglich. Wo immer wir sind, seine Antwort wird uns überall erreichen.«

Wir verließen also Kūwil und machten Halt in Burǧ Būrah.[301] Dort fanden wir eine Zāwiya, der ein Scheich mit schönem Gesicht und vorbildlichem Verhalten vorstand. Er hieß Muḥammad der Nackte, weil er nichts am Leibe trug als einen Schurz, der vom Nabel bis auf die Füße reichte, während der Rest seines Körpers unbedeckt blieb. Er war ein Schüler des frommen und heiligen Muḥammad des Nackten gewesen, der auf dem Friedhof von Kairo gelebt und zu den Heiligen des Allerhöchsten Gottes gehört hatte. Er war stets unverheiratet geblieben und trug nur einen Rock, der ihn vom Nabel bis zu den Füßen bedeckte. Man erzählte sich, daß er, wenn er das letzte Nachtgebet gesprochen hatte, alles, was an Speisen, Zutaten und Wasser noch in der Zāwiya verblie-

300 Vgl. Kapitel ›Aufbruch nach Ägypten‹.

301 Burjpur im Bezirk von Mainpur zwischen Aligarh und Kannauj.

ben war, mitnahm und an die Armen verteilte und sogar den Docht seiner Lampe fortwarf, so daß er am nächsten Morgen nichts mehr besaß. Es war seine Gewohnheit, den Insassen seiner Zāwiya morgens Brot und Bohnen vorzusetzen. Die Bäcker und Bohnenhändler liefen um die Wette zur Zāwiya, und er nahm ihnen so viel ab, wie er für die Speisung der Armen brauchte. Dem Verkäufer, von dem er Lebensmittel angenommen hatte, sagte er: »Setz dich!«, und dieser Mann erhielt das erste Almosen, das an diesem Tage eingenommen wurde, wie klein oder groß es auch war.

Noch eine weitere Geschichte erzählt man sich über ihn. Als Qāzān, der König der Tataren, mit seinem Heer nach Syrien kam und Damaskus, allerdings ohne die Zitadelle, eingenommen hatte, rückte König An-Nāṣir aus, um ihn zurückzuwerfen, und es kam zwei Tagesreisen vor Damaskus an einem Ort namens Qašḥab zum Treffen.[302] König An-Nāṣir war damals noch jung und hatte noch keinen Kampf erlebt. Er hatte aber den Scheich, den Nackten, bei sich. Dieser stieg vom Pferd, nahm einen Riemen und fesselte die Vorderbeine des Pferdes von König An-Nāṣir, damit dieser im Laufe des Kampfes sich nicht wegen seines jugendlichen Alters entfernen konnte, womit die Niederlage der Muslime herbeigeführt worden wäre. Aber König An-Nāṣir stand unerschütterlich und bereitete den Tataren eine entehrende Niederlage, in der sehr viele von ihnen getötet wurden und viele im Wasser, das auf sie niederging, ertranken. Niemals danach kamen die Tataren in die Länder des Islams zurück. Mir erzählte Scheich Muḥammad der Nackte, der ein Schüler des erwähnten Scheichs gewesen war, daß er an diesem Kampfe teilgenommen hatte und selbst noch sehr jung gewesen war.

Von Burǧ Būrah brachen wir auf und stiegen am Fluß Āb Siyāh[303] ab, von dort reisten wir weiter nach Qinnauǧ[304], einer großen und wohlbefestigten Stadt mit schönen Gebäuden. Dort sind die Preise niedrig, und Zucker, der nach Delhi gebracht wird, gibt es im Überfluß. Die Stadt ist von einer mächtigen Mauer umgeben, von der ich schon gesprochen habe. In der Stadt lebte Scheich Muʿīn ad-Dīn al-Bāḫarzī, der uns bewirtete. Ihr Statthalter war Fīrūz al-Badaḫšānī aus der Nachkommenschaft von Bahrām Ǧūr, einem Gefährten von Kusrā. Ferner lebte dort eine Gruppe frommer und vornehmer Männer, die durch ihre Hochherzigkeit bekannt und die ›Kinder von Šarf Gihān‹ genannt wurden. Ihr Vorfahr war der Großqāḍī in Daulat Ābād gewesen, der unter die größten Wohltäter und Almosengeber zu rechnen und schließlich zur obersten Würde Indiens gelangt war.

Es wird erzählt, daß er einmal der Würde des Qāḍīs entkleidet worden war.

302 Es handelte sich um die Schlacht von Marǧ aṣ-Ṣuffār am 2. Ramaḍān 702 (21. April 1303) zwischen Quṭlū Šāh, einem General Qazans, des mongolischen Ilchans Persiens, und dem ägyptischen Mamlukenherrscher Malik An-Nāṣir.

303 ›Schwarzer Fluß‹, heute ›Kalinadi‹, ein Nebenfluß des Ganges.

304 Das bereits mehrfach genannte Kannaudj am rechten Gangesufer im Bezirk Fategarh.

Er hatte Feinde, und einer von ihnen behauptete vor dem Richter, der seinen Sitz eingenommen hatte, Šarf Ǧihān besäße 10.000 Dinar, die er ihm, dem Kläger, schuldete. Aber er hatte keinen Beweis und beabsichtigte, Šarf Ǧihān schwören zu lassen. Der Richter ließ ihn holen, aber zum Boten sagte Šarf Ǧihān: »Was wird mir vorgeworfen?« – »10.000 Dinar«, sagte der Bote. Da schickte er 10.000 Dinar an den Sitz des Qāḍīs, die dem Kläger übergeben wurden. Diese Sache, aber auch die Nichtigkeit der Klage, kam dem Sultan ʿAlāʾ ad-Dīn zu Ohren. Er berief ihn wieder zum Qāḍī und gab ihm 10.000.

Wir blieben drei Tage in der Stadt, wo uns die Antwort des Sultans, was mich anging, erreichte und die besagte, daß, wenn Ibn Baṭṭūṭa nicht mehr erscheine, Waǧīh al-Mulk, der Qāḍī von Daulat Ābād, an seiner Stelle reisen solle. Dann verließen wir die Stadt und machten Lager in Hanaul, dann in Wazīrbūr und Baǧāliṣa und erreichten Maurī[305], eine kleine Stadt mit hübschen Märkten, wo ich dem frommen und bejahrten Scheich Quṭb ad-Dīn mit dem Beinamen Haidar al-Farġānī begegnete. Er lag krank, rief Gott zu meinen Gunsten an und gab mir als Reiseproviant einen Laib Gerstenbrot. Er sagte mir, daß sein Alter die hundertfünfzig Jahre überschritten habe, und seine Gefährten erzählten, daß er ununterbrochen und über lange Zeiten fastete und sich innigster Andacht hingab. Bisweilen blieb er vierzig Tage lang in seiner Kammer und ernährte sich von nichts anderem als vierzig Datteln, je einer am Tag. In Delhi hatte ich Scheich Raǧab al-Burquʿī gesehen, der mit vierzig Datteln in seine Zelle ging, dort vierzig Tage blieb und, als er wieder herauskam, noch dreizehn Datteln übrig behalten hatte.

Wir reisten weiter nach Marh, einer großen Stadt, deren Bewohner in der Mehrheit Ungläubige sind, die den Muslimen die Kopfsteuer schulden. Die Stadt ist gut befestigt. Man findet in ihr vorzüglichen Weizen, wie es ihn andernorts nicht gibt und der bis nach Delhi gebracht wird. Sein Korn ist länglich, dick und von kräftigem Gelb. Einen solchen Weizen habe ich außer in China nirgends gesehen. Die Stadt wird mit den Mālawa in Verbindung gebracht, einem indischen Volksstamm von kräftigem Körperbau, hohem Wuchs und schönem Aussehen.[306] Ihre Frauen sind von erlesener Schönheit, berühmt für ihre Liebeskunst und die Fülle an Lust, die sie spenden. So verhält es sich auch mit den Frauen der Marhata[307] und der Inseln der Ḏībat al-Mahal.[308]

305 Die drei hier genannten Etappen sind nicht mehr zu identifizieren, aber es scheint, daß Kannaudj der Wendepunkt der Reise war, denn von hier aus wendet sich Ibn Baṭṭūṭa nach Südwesten in Richtung auf Gwalior. Maurī könnte Umri in der Nähe von Bhind im Bezirk gleichen Namens sein.

306 Der Stamm der Malawa siedelte im Nordwesten des heutigen Bundesstaats Madya Pradesh.

307 Bewohner des heutigen Bundesstaates Maharashtra.

308 Die Malediven.

Wir reisten weiter nach ʿAlābūr[309], einer kleineren Stadt, deren Bewohner ebenfalls in ihrer Mehrheit kopfsteuerpflichtige Ungläubige sind. Eine Tagesreise weiter lebte ein Sultan der Ungläubigen mit Namen Qatam, der Herrscher von Ǧambīl[310], der die Stadt Kiyāliyur belagert hatte, aber getötet wurde. Dieser Sultan hatte zuvor die Stadt Rābarī[311] am Fluß Ǧūn belagert, zu der sehr viele Dörfer und Äcker gehörten. Ihr Gouverneur war Ḫaṭṭāb der Afghane, ein großer Krieger, gewesen. Der ungläubige Sultan rief einen anderen Sultan zu Hilfe, der ebenfalls zu den Ungläubigen zählte, sich Raǧū nannte und dessen Provinz Sulṭānbūr hieß.[312] Beide schlossen Rābarī ein. Ḫaṭṭāb rief den Sultan von Indien um Hilfe an, die sich aber verzögerte, weil die Hauptstadt vierzig Tage weit entfernt war. Nun fürchtete er, der Ungläubige würde ihn besiegen, und scharte einen Stamm der Afghanen, 300 Mann an der Zahl, ebenso viele Mamluken und etwa 400 andere Kämpfer um sich. Sie wickelten ihre Turbane um den Hals ihrer Pferde, denn so ist es üblich bei den Indern, wenn sie den Tod suchen und ihre Seele Gott verschreiben. Ḫaṭṭāb und seine Stammesleute ritten, gefolgt von den anderen Kämpfern, voraus, öffneten am frühen Morgen das Tor und griffen in einem einzigen Sturmlauf die Ungläubigen an, die etwa 15.000 Mann stark waren, und schlugen sie, so Gott wollte, vernichtend. Sie töteten die zwei Sultane Qatam und Raǧū und schickten ihre Köpfe an den Sultan. Von den Ungläubigen konnten nur wenige Versprengte entkommen.

Der Emir von ʿAlābūr war Badr der Abessinier, ein Sklave des Sultans und einer jener Helden, deren Tapferkeit sprichwörtlich geworden ist. Ganz allein überfiel er immer wieder die Ungläubigen, tötete sie und nahm sie gefangen, so daß sich die Kunde von ihm ausbreitete, sein Name berüchtigt wurde und die Ungläubigen sich vor ihm entsetzten. Er war von hohem Wuchs und großem Leibesumfang; er aß ein ganzes Schaf zu einer einzigen Mahlzeit. Mir wurde erzählt, daß er, wie es die Abessinier aus ihrer Heimat gewohnt sind, nach dem Essen etwa ein und ein halbes Raṭl Butteröl trank. Er hatte einen Sohn, der ihm an Tapferkeit nahekam. Eines Tages überfiel Badr mit einer Schar von Sklaven ein Dorf der Ungläubigen, als sein Pferd mit ihm in eine Grube stürzte. Die Dorfbewohner versammelten sich um ihn, und einer schlug mit einer ›qattāra‹ auf ihn ein. Das ist eine Art Pflugschar, in die man seine Hand steckt, die den ganzen Vorderarm aufnimmt und darüber hinaus noch zwei Ellen lang ist. Die Schläge mit diesem Werkzeug sind tödlich, und mit einem Schlag

309 Alapur, ein Dorf sieben Kilometer südöstlich von Gwalior.

310 At-Tāzī vermutet, daß es sich um den Raja von Dhaulpur handelt, einer Stadt zwischen Akra und Gwalior am Fluß Chambal, der sich bei Ibn Baṭṭūṭa als ›Ǧambīl‹ niederschlägt.

311 Wahrscheinlich Rapri am Yamuna.

312 Häufiger Ortsname, der auch einmal im gleichnamigen Bezirk südöstlich von Lucknow auftaucht.

wurde Badr getötet. Seine Sklaven kämpften wütend, überwältigten das ganze Dorf, töteten die Männer, nahmen die Frauen gefangen und alles an sich, was sie fanden, zogen das Pferd unversehrt aus der Grube und brachten es zu Badrs Sohn. Durch einen sonderbaren Zufall ritt der Sohn dasselbe Pferd auf dem Wege nach Delhi, als ihn die Ungläubigen angriffen. Er kämpfte, bis er getötet wurde, aber das Pferd kehrte zu den Gefährten seines Herrn zurück, die es seiner Familie brachten. Sein Schwager übernahm es, aber auch ihn töteten schließlich die Ungläubigen, als er auf eben diesem Pferd saß.

Wir reisten weiter nach Kāliyūr, auch Kiyāliyur genannt, einer großen Stadt mit einer uneinnehmbaren Festung, die ganz entlegen auf einem gewaltigen Berg steht und vor deren Tor die Steinstatue eines Elefanten mit seinem Treiber steht. Ich habe sie schon erwähnt, als ich über Sultan Quṭb ad-Dīn sprach.[313] Der Emir der Stadt war Aḥmad bin Sīrḫān, ein zuvorkommender Mann, der mich schon einmal vor dieser Reise gastfrei aufgenommen hatte. Als ich einmal zu ihm kam, wollte er gerade einen Ungläubigen in zwei Teile hauen lassen. Ich sagte: »Bei Gott, tue es nicht! Ich habe noch nie gesehen, wie in meiner Gegenwart ein Mensch getötet wird.« Er befahl, den Mann in den Kerker zu werfen, der so dem Tode entging.

Von Kāliyūr reisten wir nach Barwan, einer kleinen muslimischen Ortschaft inmitten von Ländereien der Ungläubigen.[314] Ihr Emir war türkischer Abstammung und nannte sich Muḥammad bin Bīram. Es gibt sehr viele Raubtiere in der Umgebung, und ein Einwohner des Ortes erzählte mir, daß eines Nachts ein reißendes Tier, obwohl die Tore geschlossen waren, in den Ort lief und die Menschen anfiel, bis es sehr viele getötet hatte. Alle waren verwundert, wie das Tier den Ort hatte betreten können. Muḥammad at-Taufīrī, ein Bürger des Städtchens, der in der Nähe meiner Unterkunft wohnte, sagte mir, daß das Tier nachts in sein Haus geschlichen war und ein Kind fortgetragen hatte, das unter dem Bett lag. Ein anderer berichtete mir, er habe in Gesellschaft an einer Hochzeitsfeier teilgenommen. Ein Gast ging hinaus, um ein Bedürfnis zu verrichten, und wurde zerrissen. Als die anderen Gäste der Gesellschaft auf die Suche nach ihm gingen, fanden sie ihn auf dem Markte hingestreckt. Die Bestie hatte sein Blut getrunken, aber nicht sein Fleisch gefressen. Man hat mir gesagt, daß diese Tiere es mit Menschen immer so machen. Erstaunlich aber war, daß jemand mir sagte, der Täter sei keineswegs ein Raubtier, sondern einer dieser Zauberer, die man ›ǧūkīya‹ nennt, der die Gestalt eines reißenden

313 Vgl. Kapitel ›Das Sultanat von Delhi‹.

314 Möglicherweise handelt es sich um Narwar im Bezirk von Gwalior, oder Parwai, 50 Kilometer südlich von Gwalior. Die vielen von Ibn Baṭṭūṭa eingeschlagenen Umwege weisen auf die ständigen Rebellionen hin, die viele Provinzen erschütterten und unsicher machten, aber auch auf die vielen autonomen Fürstentümer, die nicht von Delhi kontrolliert wurden.

Tieres angenommen hatte. Aber als ich davon hörte, habe ich es nicht glauben wollen, obwohl es mir viele bestätigten. Ich will deshalb jetzt etwas über diese Zauberer erzählen.

Diese Leute vollbringen Wunder. So kann einer zum Beispiel einen ganzen Monat ohne Essen und Trinken auskommen. Für viele von ihnen werden unterirdische Gruben ausgehoben, dessen Ausstiege über ihnen zugemauert werden. Man läßt nur eine Öffnung, durch die Luft zu ihm einströmen kann. Dort bleibt er einige Monate sitzen, ja ich habe gehört, daß manche ein ganzes Jahr so verbringen. In Manǧarūr[315] habe ich einen Mann gesehen, der Muslim war und bei diesen Leuten in die Lehre ging. Man hatte für ihn eine hölzerne Platte aufgehängt, auf der er, ohne zu essen und zu trinken, 25 Tage zubrachte. So verließ ich ihn und weiß nicht, wie lange er noch dort saß. Ich hörte auch, daß sie Kügelchen anfertigen, von denen sie für eine bestimmte Anzahl von Tagen oder Monaten eine zu sich nehmen, und daß sie in dieser ganzen Zeit weder etwas essen noch trinken müssen. Sie sagen auch die verborgenen Dinge voraus, der Sultan verehrt sie und empfängt sie sogar. Manche begnügen sich, wenn sie essen, mit grünen Kräutern, andere, und zwar die meisten, essen nie Fleisch. Ganz deutlich aber sind ihr Hang zur inneren Einkehr und der Verzicht auf alle Güter der Welt sowie allen Putz und Prunk. Auch gibt es unter ihnen Personen, die einen Menschen nur anschauen, so daß dieser vom Blick getötet wird, ja, das gemeine Volk erzählt sogar, daß, wer von einem solchen Blick getötet wird, kein Herz mehr hat, wenn man ihm die Brust aufschneidet: »Sein Herz ist gegessen worden«, sagen sie. Meist sagt man dies den Frauen nach, und eine Frau, die so wirkt, nennen sie ›kaftār‹.[316]

Als wegen der Dürre in Indien die große Hungersnot ausgebrochen war und der Sultan sich in der Provinz von Talink aufhielt, erging sein Befehl, daß an das Volk von Delhi Nahrungsmittel ausgegeben werden sollten, und zwar ein und ein halber Raṭl pro Tag und Kopf. Der Wesir rief die Einwohner zusammen und teilte sie den Emiren und den Qāḍīs zu, die für die Verteilung der Nahrungsmittel sorgen sollten. Mir wurden 500 Menschen anvertraut. Ich ließ in zwei Häusern Korridore einrichten und brachte sie dort unter. Alle fünf Tage gab ich ihnen Lebensmittel, die für fünf Tage reichten. Eines Tages führte man eine Frau, die zu den Fünfhundert gehörte, zu mir und sagte: »Sie ist eine ›kaftār‹ und hat das Herz eines Kindes gegessen, das neben ihr saß.« Das tote Kind wurde herbeigebracht, und ich befahl, daß die Frau vor den Vertreter des Sultans geführt werden sollte. Dieser ordnete an, die Frau auf die Probe zu stellen. Sie bestand darin, daß vier Krüge mit Wasser gefüllt und der Frau an ihre Hände und Füße gebunden wurden. Dann warf man sie in den Fluß Ǧūn. Aber sie ertrank nicht und da wußte man, daß sie eine ›kaftār‹ war, denn wäre

315 Mangalore.

316 Persisch für ›Hyäne‹.

sie nicht auf dem Wasser geschwommen, wäre sie keine ›kaftār‹ gewesen. Das Urteil lautete, sie bei lebendigem Leibe zu verbrennen. Männer und Frauen aus der Stadt liefen herbei, um ihre Asche einzusammeln. Sie glauben nämlich, daß, wer die Asche mit Räucherwerk vermischt, für ein Jahr vor dem Zauber einer ›kaftār‹ geschützt sei.

Eines Tages, als ich in der Hauptstadt war, ließ der Sultan mich rufen. Ich ging zu ihm und traf ihn in einem Zimmer an, in dem sich auch einige Höflinge und zwei dieser Yogis befanden. Diese Menschen hüllen sich in Überwürfe und bedecken ihren Kopf, den sie mit Asche enthaaren, wie es andere unter den Achseln tun. Er sagte mir, ich solle mich setzen, und sagte zu den beiden: »Dieser hochgeschätzte Mann stammt aus einem weit entfernten Land. Zeigt ihm, was er noch nie gesehen hat!« Die zwei Yogis stimmten zu, und einer hockte sich hin, erhob sich plötzlich vom Boden und schwebte, immer noch in der Hocke, über unseren Köpfen in der Luft. Ich war völlig verblüfft, glaubte, ein Hirngespinst zu sehen, und stürzte zu Boden. Der Sultan ließ mir eine Arznei geben, die er bei sich hatte, und ich kam wieder zu mir und setzte mich. Der Mann aber hockte immer noch in der Luft. Der andere nahm aus einem Sack eine Sandale und schlug damit wie wütend auf den Boden. Die Sandale fuhr in die Höhe, bis sie über dem Hals des Hockenden schwebte. Dann schlug sie ihm auf den Nacken, und er sank langsam herab, bis er neben uns saß. Der Sultan sprach mich an: »Der Hockende ist ein Schüler des Mannes mit der Sandale«, und fügte hinzu: »Wenn ich nicht um deinen Verstand fürchten müßte, ich würde ihnen befehlen, das Ungeheuerlichste zu tun, was du je gesehen hast.« Ich entfernte mich. Starkes Herzklopfen hatte mich befallen, und ich erkrankte, bis mir ein Trank verordnet wurde, der mich von meinen Leiden befreite.

Aber kehren wir zur Reise zurück! Ich sage also, daß wir Barwan verließen, nach Amwārī aufbrachen und weiter bis nach Kağarrā reisten.[317] Dort liegt ein riesiges Wasserbecken, das fast eine Meile lang ist. An seinem Rande stehen Tempel mit Götzenbildern, die von den Muslimen verstümmelt wurden. Inmitten des Beckens stehen drei rote Pavillons aus Stein, drei Stockwerke hoch, an deren vier Ecken wiederum je ein Pavillon errichtet wurde. In ihnen lebt eine Gruppe von Yogis, die ihre Haare verklebt hatten und sehr lang wachsen ließen, bis sie den Boden berührten. Ihre Gesichtshaut hatte aufgrund ihrer Übungen zur Selbstversunkenheit eine gelbe Farbe angenommen. Viele Muslime folgen ihrem Beispiel, um von ihnen zu lernen. Es wird erzählt, daß, wer an einem Gebrechen wie Lepra oder Aussatz leidet, sich eine längere Weile zu ihnen gesellt und mit Hilfe Gottes des Erhabenen geheilt wird. Ich hatte diese Menschen zum ersten Male im Lager des Sultans Ṭarmašīrīn, des Herr-

317 Amwārī ist nicht identifiziert; Kağarrā scheint Khajuraho im Bezirk Chatarpur zu sein, 40 Kilometer nordwestlich von Banna.

schers von Turkistān, gesehen. Es waren etwa fünfzig. Sie gruben sich unter der Erde eine Höhle, in der sie Platz nahmen und die sie nur verließen, wenn sie ein Bedürfnis verrichten wollten. Sie haben eine Art Horn, in das sie zu Tagesanbruch, bei Sonnenuntergang und nach Einfall der Nacht hineinblasen. Ihr ganzes Dasein ist höchst erstaunlich. Zu ihnen zählte sich auch ein Mann, der für Ġiyāṯ ad-Dīn ad-Dāmaġānī, der in der Provinz Maʿbar[318] herrschte, Arzneien anfertigte, die der Sultan schluckte, um sich für die Liebe zu kräftigen. In diesem Gemisch waren auch Eisenfeilspäne. Dem Sultan gefiel ihre Wirkung, er nahm eine viel zu große Menge ein als nötig und starb. Sein Neffe Nāṣir ad-Dīn übernahm die Herrschaft, ehrte den Yogi und erhob ihn in einen hohen Rang.

Unsere Reise führte uns weiter nach Ǧandīrī[319], einer großen Stadt mit prächtigen Märkten. Hier residiert ʿIzz ad-Dīn al-Banatānī, der Große Emir der Provinz, der mit ›ʿAẓam Malik‹ angesprochen wird und einer der vornehmsten Männer ist. Er pflegte auch Gelehrte in seine Gesellschaft zu ziehen, so den Faqīh ʿIzz ad-Dīn az-Zubairī, den weisen Faqīh Waǧīh ad-Dīn al-Bayānī, der aus Bayāna stammte, das ich schon erwähnt habe, den Faqīh und Richter, der als Qāḍī Ḫāṣṣa bezeichnet wurde, und den Imām Šams ad-Dīn. Sein Stellvertreter und mit der Verwaltung des Staatsschatzes betraut war Qamar ad-Dīn, sein Vertreter und Befehlshaber der Truppen war Saʿādat at-Talinkī, einer der größten Kriegshelden, vor dem die Truppen zur Parade antraten. ʿAẓam Malik zeigt sich nur freitags, selten an anderen Tagen.

Von Ǧandīrī reisten wir weiter nach Ẓihār[320], der Stadt der Provinz Mālwa, des größten Bezirks dieser Gegenden. Hier gedeiht besonders viel Weizen, und aus dieser Stadt wird Betel in das 24 Tage entfernte Delhi befördert. Auf der Strecke zwischen diesen beiden Städten sind Pfosten aufgestellt, in welche die Anzahl der Meilen zwischen zwei Pfosten eingemeißelt ist. Will der Reisende wissen, wie viele Meilen er am Tage schon gereist ist und wie viele bis zur nächsten Station oder bis in die Stadt, der er zustrebt, noch verbleiben, liest er die Inschriften auf den Pfosten und weiß, was er wissen will. Ẓihār ist ein Lehen des Scheichs Ibrāhīm, der von Ḏibat al-Mahal[321] stammt. Scheich Ibrāhīm kam zu dieser Stadt und ließ sich außerhalb von ihr nieder. Er machte Ödland fruchtbar, säte Wassermelonen und zog auf diesem Boden so außerordentlich süße Früchte, wie es ihresgleichen auf diesem Boden nicht gab. Zwar bauten die Menschen auch auf benachbarten Böden Melonen an, aber sie kamen seinen nicht gleich. Er verpflegte auch Faqīre und andere Bedürftige, und als der

318 Die Koromandelküste im indischen Südosten.

319 Tchendiri im Bezirk Guna mit einer von ʿAlāʾ ad-Dīn Ḫalaǧī eroberten Zitadelle.

320 Dhar; das erst nachfolgend erwähnte Ujjain, das weiter im Norden liegt, muß von Ibn Baṭṭūṭa allerdings vor Dhar erreicht worden sein.

321 Die Malediven.

Sultan auf der Reise nach Maʿbar war[322], erhielt er von diesem Scheich eine Melone zum Geschenk, nahm sie an und fand sie köstlich. Er belehnte ihn mit der Stadt Ẓihār und verpflichtete ihn, auf einem Hügel, der die Stadt überragt, eine Zāwiya zu bauen. Er führte sie in bester Baukunst auf und gab Reisenden zu essen. So vergingen einige Jahre, dann suchte er den Sultan auf, überbrachte ihm dreizehn Lak und sagte: »Das ist geblieben von all dem Gelde, das ich für die Ernährung der Menschen ausgab; es steht dem Staatsschatz zu.« Der Sultan nahm das Geld an, aber es gefiel ihm nicht, daß der Scheich zwar Reichtümer angehäuft hatte, sie aber nicht vollständig für die Speisung verwendet hatte.

In dieser Stadt wollte der Neffe des Wesirs Ḫūǧah Ǧihān seinen Onkel ermorden und seinen Besitz an sich reißen, um sich dann zu dem Rebellen in der Provinz Maʿbar aufzumachen. Aber der Plan wurde seinem Onkel hinterbracht, er ließ ihn und mehrere seiner Emire ergreifen und schickte sie zum Sultan, der die Emire tötete, aber den Neffen zum Wesir zurückschickte, der ihn umbringen ließ.[323] Als der Neffe des Wesirs zurückkam, gab dieser den Befehl, ihn auf die gleiche Weise zu Tode zu bringen, wie seine Gefährten hingerichtet worden waren. Er hatte eine Sklavin, die er sehr liebte. Er ließ sie holen, gab ihr Betel, nahm Betel von ihr, umarmte sie zum Abschied und wurde den Elefanten vorgeworfen. Seine Haut wurde ihm abgezogen und mit Stroh ausgestopft. In der Nacht verließ die Geliebte ihr Haus und stürzte sich nahe dem Ort, wo er getötet worden war, in einen Brunnen. Am Morgen fand man sie tot, holte sie aus dem Brunnen und bestattete sie zusammen mit seinen Überresten in einem einzigen Grab. Es erhielt den Namen ›Qubūr ʿĀšiqān‹, in ihrer Sprache ›die Gräber der Liebenden‹.

Von Ẓihār ging es weiter nach Uǧain, einer schönen und wohlbevölkerten Stadt. In ihr hatte Malik Nāṣir ad-Dīn bin ʿAin al-Mulk gewohnt, ein vortrefflicher, wohltätiger und gelehrter Fürst, der als Gottes Märtyrer aus Anlaß der Eroberung der Insel Sandābūr[324] fiel, wo ich sein Grab besuchte, wie ich noch erzählen werde. In dieser Stadt lebte auch der Rechtsgelehrte und Arzt Ǧamāl ad-Dīn, der Maġribiner aus Granada.

Von Uǧain führte uns der Weg nach Daulat Ābād, einer sehr geräumigen und mächtigen Stadt, die der Hauptstadt Delhi an Rang, Ausdehnung und Fläche ebenbürtig ist. Sie besteht aus drei Vierteln, von denen eines das eigentliche Daulat Ābād darstellt, das dem Sultan und seinen Truppen vorbehalten ist.[325]

322 Dieser Feldzug nach Madura an die Koromandelküste datiert von 1335.

323 Vgl. Kapitel ›Die Herrschaft des Muḥammad bin Tuġluq‹.

324 Sandābūr ist Goa.

325 Daulatabad ist das frühere Deogir, von Ibn Baṭṭūṭa ›Duwaiqīr‹ genannt, in der Nähe des heutigen Aurangabad im Deccan. Deogir wurde 1294 von ʿAlāʾ ad-Dīn al-Ḫalaǧī erobert, und Muḥammad bin Tuġluq machte die Stadt 1327 zur Hauptstadt des Sultanats von Delhi, um den Schwerpunkt seiner Macht mehr in den zentralen Süden zu verlegen.

Das zweite Viertel heißt Kataka[326], und im dritten steht die Zitadelle, die nicht ihresgleichen hat und deren Uneinnehmbarkeit mit nichts verglichen werden kann. Sie heißt Duwaiqīr. In dieser Stadt hat der Große Ḫān Quṭlū Ḫān, der Erzieher des Sultans, seinen Sitz. Er ist Gouverneur der Stadt und nimmt in ihr wie auch in den Provinzen Ṣāġar und Talink sowie den zugehörigen Bezirken die Stelle des Sultans ein. Die ihm anvertrauten Länder erstrecken sich über drei Monate, sind dicht besiedelt und unterstehen sämtlich seiner und seiner Stellvertreter Herrschaft. Die genannte Festung Duwaiqīr steht inmitten einer Ebene auf einem Felsen.[327] Man hat ihn ausgehauen und auf dem Gipfel eine Zitadelle errichtet, zu der man auf einer Leiter aus Leder aufsteigt, die nachts eingezogen wird. In ihr leben die zum Kriegsdienst verpflichteten Soldaten, die man ›mufrad‹ und ›zimāmī‹ nennt, mit ihren Kindern; auch Schwerverbrecher werden hier eingekerkert, und zwar in Gruben, in denen riesige Ratten leben, größer als Katzen, die vor ihnen flüchten, weil sie ihnen nicht standhalten können, sondern überwältigt werden. Man kann sie nicht jagen, sondern ihnen nur mit List beikommen. Ich habe in Duwaiqīr Ratten gesehen und war erschrocken.

Malik Ḫaṭṭāb der Afghane hat mir erzählt, daß er einmal als Gefangener in eine solche Grube der Zitadelle geworfen wurde, die Rattengrube genannt wurde. Er sagte: »Nachts sammelten sich die Ratten bei mir, um mich anzufressen. Ich wehrte sie ab, was sehr anstrengend war. Im Traum sah ich jemanden, der zu mir sprach. Er sagte: ›Sprich hunderttausend Mal die Sure vom lauteren Glauben und Gott wird dich erlösen.‹[328] Ich sprach sie, und als ich geendet hatte, wurde ich freigelassen. Der Grund war, daß Malik Mall in eine benachbarte Grube geworfen worden war. Er wurde krank, und die Ratten fraßen seine Finger und Augen, so daß er starb. Der Sultan erfuhr davon und sagte: ›Holt Ḫaṭṭāb heraus, damit ihm nicht das gleiche zustößt!‹« Auf diese Festung flohen Nāṣir ad-Dīn, der Sohn des Maliks Mall, und Qāḍī Ǧalāl, als der Sultan sie besiegt hatte.

Das Volk von Daulat Ābād gehört zum Stamme der Marhatta, deren Frauen Gott ausgesuchte Schönheit geschenkt hat, besonders an Nase und Augenbrauen. Sie gebieten über Liebeskünste und Kenntnisse im intimen Umgang, wie sie andere nicht haben. Die Ungläubigen der Stadt treiben sehr viel Handel, insbesondere mit Perlen. Sie sind sehr reich, werden ›sāha‹, im Singular

[326] ›Kataka‹ aus dem Sanskrit bedeutet: ›Königliches Heerlager‹.

[327] Die Festung ist auf einem kegelförmigen Felsen von 50 Meter Höhe erbaut worden; der gesamte Hügel, der sich nahezu senkrecht aus der Ebene erhebt, hat eine Höhe von 200 Metern.

[328] Die Sure 112 ›Vom lauteren Glauben‹ ist – gottlob – sehr kurz: ›Er ist Gott – ein Einziger! Gott – der Undurchdringliche. Er erzeugt nicht und ist nicht gezeugt. Keiner ist ihm gleich.‹

›sāh‹ genannt und gleichen den ›akārim‹ Ägyptens.[329] In Daulat Ābād finden sich Trauben und Granatäpfel, die zweimal im Jahr Frucht tragen. Wegen ihrer dichten Besiedlung und der Ausdehnung erbringt die Provinz den höchsten Ertrag an Kopf- und Bodensteuern. Man hat mir berichtet, daß ein Hindu die gesamten Steuererträge der Stadt und der Provinz gepachtet hatte, die, wie geschildert, drei Monatsreisen weit ist. Er erlöste siebzehn Kurūr, und ein Kurūr ist 100 Lak, ein Lak wiederum 100.000 Dinar wert. Aber der Hindu erfüllte seine Verpflichtungen nicht und schuldete noch einen Teil. Er wurde ergriffen und gehäutet; sein Besitz aber wurde beschlagnahmt.

In Daulat Ābād gibt es einen Markt für Sänger und Sängerinnen, den sie den ›Aufenthalt des Entzückens‹ nennen und der zu den schönsten und zugleich größten zählt. Es stehen dort zahllose Läden, deren Türen sämtlich zum Ladeninhaber führen und die noch eine weitere Tür haben. Der Laden ist mit Teppichen ausgelegt, und in seiner Mitte steht ein großes Ruhebett, auf dem die reich geschmückte Sängerin sitzt oder liegt und das von ihren Dienerinnen geschaukelt wird. In der Mitte des Marktes steht ein hoher, mit Teppichen ausgestatteter und mit Ornamenten verzierter Pavillon, in dem das Oberhaupt der Sänger jeden Donnerstag nach dem Nachmittagsgebet Platz nimmt. Vor ihm stehen seine Diener und Mamluken: Nun tritt eine Gruppe von Sängerinnen nach der anderen vor und singt und tanzt bis zum Sonnenuntergang. Dann entfernt er sich. Auf dem Markt stehen Gebetsmoscheen, in denen die Imāme das Nachtgebet des Monats Ramaḍān sprechen. Ein indischer Herrscher der Ungläubigen stieg immer, wenn er über diesen Markt kam, im Pavillon ab und ließ die Sängerinnen vor sich auftreten; ein muslimischer Sultan tat es ihm gleich.

Wir reisten weiter nach Naḏarbār[330], einer kleinen, von den Marhatta bewohnten Stadt, einem Volk von ausgezeichneten Handwerkern, Ärzten und Sterndeutern. Die Vornehmen der Marhatta sind die Brahmanen, die sich auch ›katrīya‹[331] nennen. Ihre Speisen bestehen aus Reis, grünen Kräutern und Sesamöl, weil sie nichts davon halten, Tiere zu quälen und sie zu schlachten. Sie waschen sich vor dem Essen, wie man sich bei uns von einer Besudelung reinigt. Sie heiraten niemals unter Verwandten, wenn nicht zwischen Braut und Bräutigam mndestens sieben Großväter stehen.[332] Sie trinken keinen Wein,

[329] Aus dem Sanskritwort ›sarthavaha‹ abgeleitete Bezeichnung für die Kaste der Kaufleute. Die ägyptischen ›akārim‹ waren die Mitglieder der Innung der Gewürzhändler.

[330] Nandurbar liegt südlich des Flusses Tapi auf halbem Wege zwischen Daulatabad und Khambhāt. Es hat somit den Anschein, daß Ibn Baṭṭūṭa Daulatabad auf dem Wege wieder verläßt, auf dem er kam. Sein Ziel, die Küste und die Hafenstadt Calicut, war auf dem Landwege von Daulatabad aus schneller und direkter zu erreichen, führte aber vielleicht durch unsicheres Gebiet.

[331] Die ›Kshatriya‹ genannten Hindukasten.

[332] Gemeint ist wohl eine Verwandtschaft siebten Grades.

denn dies gilt, wie auch unter den Muslimen in Indien, als größtes Laster. Ein Muslim, der Wein trinkt, erhält achtzig Peitschenhiebe und wird drei Monate in eine Grube geworfen, die nur zur Zeit des Essens geöffnet wird.

Wir verließen die Stadt, um nach Ṣāġar weiterzureisen, einer großen Stadt an einem großen Strom, der ebenfalls Ṣāġar heißt und an dessen Ufern Wasserräder und Pflanzungen stehen mit Mangobäumen, Bananenstauden und Zuckerrohr.[333] Die Bewohner sind redliche, gläubige und ehrliche Menschen und ihre Handlungen ohne Tadel. In ihren Gärten unterhalten sie Zāwiyas, in denen Reisende Verpflegung finden können. Wer eine Zāwiya einrichtet, vermacht ihr den Garten und vertraut die Aufsicht seinen Söhnen an. Wenn sie ohne Nachkommen sterben, geht die Aufsicht auf den Qāḍī über. Die Stadt ist sehr volkreich, und die Menschen strömen ihr zu, um am Glück ihrer Bevölkerung teilzuhaben, aber auch, weil sie von Steuern und Lasten befreit ist.

Von Ṣāġar aus reisten wir nach Kambāya[334], das an einer Meeresbucht liegt, die aber einem Fluß gleicht. Schiffe fahren in die Bucht ein, und man kann die Gezeiten wahrnehmen. Ich habe Schiffe vor Anker gesehen, die während der Ebbe im Schlamm steckten, aber mit Zulauf der Flut wieder auf dem Wasser schwammen. Kambāya zählt wegen der Kunst ihrer Gebäude und der Architektur ihrer Moscheen zu den allerschönsten Städten, denn die meisten ihrer Einwohner sind Kaufleute aus der Fremde, die darin wetteifern und schon immer schöne Häuser und wunderbare Moscheen bauten. Das prächtigste Gebäude der Stadt ist das des Šarīfs As-Sāmarrī, mit dem ich das Erlebnis des Zuckerwerks hatte und den der Malik der Tafelfreunde des Sultans der Lüge zieh. Nie habe ich stärkeres Holz gesehen als in diesem Hause; seine Eingangstür ist so groß wie ein Stadttor, neben ihm steht eine prachtvolle Moschee, die den Namen des Šarīfs trägt. Ferner fallen auf das Haus von Al-Kāzirūnī, dem Vorsteher der Kaufleute, mit der danebenstehenden Moschee, das Haus des Kaufmanns Šams ad-Dīn Kulāh Dūz, was ›der Kappennäher‹ bedeutet.

Als es zum Aufstand des Qāḍī Ǧalāl ad-Dīn des Afghanen gekommen war, von dem ich berichtet habe, wollten dieser Šams ad-Dīn, der Schiffsführer Ilyās, der ein bedeutender Bürger der Stadt war, und der ebenfalls erwähnte Vorsteher der Ärzte sich in der Stadt gegen ihn verteidigen. Sie legten einen Graben um die Stadt, weil sie keine Mauern hatte. Ǧalāl ad-Dīn aber besiegte sie und drang in die Stadt ein. Die drei Genannten versteckten sich in einem Hause und fürchteten, aufgespürt zu würden. Da kamen sie überein, sich selbst zu töten, und jeder erschlug den anderen mit einer ›qattāra‹, dem Werkzeug, von dem ich schon gesprochen habe. Zwei starben, aber der Vorsteher der Ärzte überlebte.

Unter den bedeutenden Kaufleuten von Kambāya findet sich auch Naǧm ad-

[333] Saugar am Unterlauf des Tapi, später durch Surat ersetzt.

[334] Das heutige Khambhāt.

Dīn al-Ǧailānī, der ein schönes Äußeres besaß und sehr reich war. Er baute sich ein prächtiges Haus und eine Moschee, dann rief der Sultan ihn zu sich, ernannte ihn zum Gouverneur der Stadt und stattete ihn mit allen Ehren aus. Dies aber war der Grund für den Verlust seines Vermögens und seines Lebens.

Als wir in Kambāya ankamen, hieß ihr Emir Muqbil at-Talinkī, der des Sultans höchstes Ansehen genoß. Zu seiner Gesellschaft gehörte der Scheich Zādah aus Isfahan, der ihn in allen seinen Ämtern vertrat. Dieser Scheich war außerordentlich vermögend und kannte sich in allen Geschäften des Sultanats aus. Unablässig schickte er seine Reichtümer in sein Heimatland und sann auf Mittel und Wege zu fliehen. Davon erfuhr der Sultan, denn man berichtete ihm, daß er die Flucht suchte. Daraufhin schrieb er an Muqbil, Zādah sei mit der Post zu ihm zu schicken. Man führte ihn vor den Sultan, der ihn Wächtern anvertraute, denn wenn er einer Person Wächter beigab, konnte sie sich selten retten. Der Scheich aber vereinbarte mit seinem Bewacher, ihm eine Summe zu zahlen, und sie flohen gemeinsam. Ein glaubwürdiger Mann hat mir erzählt, er habe ihn im Winkel einer Moschee in Qalhāt[335] gesehen, und er sei auch in seinem Heimatland angekommen, hätte sein ganzes Vermögen mitnehmen und sich in Sicherheit bringen können.

Malik Muqbil lud uns eines Tages als Gäste in sein Haus ein. Durch einen sonderbaren Zufall saß der Richter der Stadt, der sein rechtes Auge verloren hatte, einem Šarīf aus Bagdad gegenüber, der ihm im Aussehen und in seiner Einäugigkeit ähnlich sah, nur, daß er das linke Auge verloren hatte. Der Šarīf betrachtete den Richter und lachte. Da schalt ihn der Qāḍī, und der Šarīf sagte: »Beschimpfe mich nicht, denn ich bin schöner als du!« – Der Richter: »Wieso das?« – »Du bist rechts blind, aber ich bin links blind.« – Der Emir und alle Teilnehmer brachen in Gelächter aus. Der Richter war beschämt und wußte nichts zu erwidern, weil die Šarīfe in Indien in so hoher Achtung stehen.

Zu den frommen Männern der Stadt zählte der Pilger Nāṣir aus Diyār Bakr[336], der in einem Türmchen der Hauptmoschee lebte. Wir besuchten ihn und teilten sein Mahl mit ihm. Als Qāḍī Ǧalāl während seines Aufstandes Kambāya betreten hatte, ging er zu ihm. Dem Sultan aber wurde berichtet, er habe für ihn, Ǧalāl, gebetet. Daraufhin ergriff er die Flucht, um nicht getötet zu werden, wie Ḥaidarī umgebracht worden war. Ein weiterer gottesfürchtiger Mann der Stadt war der Kaufmann Ḫūǧat Isḥaq, dem eine Zāwiya gehörte, in der auch Reisende ihr Mahl erhalten und in der er auch Faqīre und andere Arme speiste; dennoch nimmt sein Reichtum ständig zu.

Wir verließen Kambāya und wandten uns der Ortschaft Kāwā zu[337], das an einer Bucht liegt, in der die Gezeiten beobachtet werden können. Es gehört

335 Qalhāt in Oman.

336 Dıyarbakır in der östlichen Türkei.

337 Kava, an der Mündung des Mahi in den Golf von Khambhāt.

zu den Ländern des ungläubigen Rāys Ǧālansī, von dem ich alsbald sprechen werde. Von dort reisten wir weiter nach Qandahār[338], einer großen Stadt der Ungläubigen an der Meeresbucht.

Der Sultan von Qandahār ist ein Ungläubiger mit Namen Ǧālansī[339], der aber unter muslimischer Herrschaft steht und dem indischen Sultan jährlich ein Geschenk überreicht. Als wir nach Qandahār kamen, verließ er die Stadt, kam uns zum Empfang entgegen und behandelte uns mit größter Aufmerksamkeit. Er räumte sogar seinen Palast, um uns darin wohnen zu lassen. Wir erhielten Besuch von den großen Muslimen, die an seinem Hofe leben, so von den Söhnen von Ḫūǧa Buhra[340], zu denen auch der Schiffsführer Ibrāhīm gehörte, der allein sechs Schiffe besaß.

In dieser Stadt gingen wir an Bord eines Schiffes des vorgenannten Ibrāhīm, das als ›ǧākar‹ bezeichnet wurde. Auf ihm brachten wir siebzig der Pferde unter, die als Geschenk überbracht werden sollten, die übrigen wurden samt den Pferden unserer Begleiter auf ein Schiff geladen, das Ibrāhīms Bruder gehörte und ›manūrt‹ hieß. Ǧālansī gab uns ein Schiff für die Pferde von Ẓahīr ad-Dīn und Sumbul und ihren Männern, versorgte uns mit Wasser, Proviant und Futter und ließ seinen Sohn auf einem Schiff mitreisen, das als ›ʿukairī‹ bezeichnet wurde und einer Galeere ähnlich sah, aber noch geräumiger war. Es führt sechzig Ruder und wird im Kampf mit einem Dach versehen, damit die Ruderer weder von Pfeilen noch von Steinen getroffen werden können. Ich selbst bestieg die ›ǧākar‹, die fünfzig Bogenschützen und fünfzig abessinische Kämpfer an Bord hatte. Sie bürgen für die Sicherheit auf diesem Meer, denn wenn nur einer von ihnen an Bord ist, halten sich die indischen Seeräuber und Ungläubigen fern.

Nach zwei Tagen erreichten wir die Insel Bairam, die völlig unbewohnt ist und vier Meilen vom Festland abliegt.[341] Wir stiegen aus und nahmen aus einem Speicher Wasser auf. Der Grund für ihre Verödung ist, daß die Muslime sie angegriffen und die Ungläubigen überfallen hatten, wonach sie nie mehr besiedelt wurde. Der früher schon erwähnte Vorsteher der Kaufleute war es gewesen, der sie wieder bevölkern wollte. Er baute auch schon Stadtmauern, stellte Steinschleudern auf und besetzte sie mit einigen Muslimen.

338 Gandhar, südlich von Kava, damals ein bedeutender Hafen am Fluß Dhandhar.

339 Der Name geht auf den Rajput-Stamm der Jhalas zurück. Zwar führt das Land Marwar in seinen Königslisten dieser Epoche einen Herrscher des Namens Jalansi auf, liegt aber weit im Norden des heutigen Gujarat, das fest unter der Souveränität von Delhi stand.

340 Die Buhra bildeten – und bilden bis heute – eine muslimische Gemeinde im Gujarat und waren im wesentlichen Händler und Großkaufleute; im 16. Jahrhundert traten sie den Ismailiten bei.

341 Piram im Golf von Khambhāt, berüchtigtes Piratenversteck, bevor es von Muḥammad bin Tuġluq angegriffen und vernichtet wurde.

Wir segelten weiter und erreichten am nächsten Tage Qūqa, eine große Stadt mit prächtigen Märkten.[342] Wir warfen, weil Ebbe herrschte, vier Meilen vor ihr Anker. Ich stieg noch bei Ebbe mit einigen meiner Gefährten in ein Boot, um den Ort zu besuchen, aber es fuhr sich ungefähr eine Meile vor der Stadt im Schlamm fest. Als wir in den Schlamm stiegen, mußte ich mich auf zwei meiner Begleiter stützen. Man machte mir Angst, daß die Flut zurückkommen könnte, bevor wir die Stadt erreicht hätten, denn ich bin kein guter Schwimmer. Aber schließlich kam ich an und machte meinen Rundgang über die Märkte. Ich sah eine Moschee, die mit Ḫiḍr und Ilyās in Verbindung gebracht wird und in der ich mein Abendgebet verrichtete. Ich begegnete einer Gruppe von Faqīren der Ḥaidarīya-Sekte mit ihrem Vorsteher und begab mich zurück aufs Schiff. Der Sultan von Qūqa ist ein Ungläubiger namens Dunkūl, der sich zwar dem König von Indien unterwürfig gezeigt hat, aber in Wahrheit ein Rebell ist.

Drei Tage, nachdem wir wieder in See gestochen waren, legten wir an der Insel Sandābūr an, einer Insel mit 36 Dörfern.[343] Eine Meeresbucht umgibt sie, und bei Ebbe ist ihr Wasser süß und angenehm zu trinken, aber bei Flut ist es salzig und bitter. Auf der Insel gibt es zwei Städte, eine alte mit Gebäuden der Ungläubigen und eine zweite, welche die Muslime nach der ersten Eroberung der Insel anlegten. Diese besitzt eine große Hauptmoschee, die den Moscheen von Bagdad gleicht und die der Schiffseigner Ḥasan, der Vater des Sultans Ǧamāl ad-Dīn Muḥammad al-Hinaurī, errichten ließ. Von ihm wird noch die Rede sein, wenn es Gott gefällt, ebenso von meinem Aufenthalt bei ihm, als die Insel ein zweites Mal erobert wurde. Wir fuhren an der Insel vorbei, ließen sie hinter uns und warfen Anker an einer kleinen festlandnahen Insel[344], auf der ein Tempel, ein Garten und ein Wasserspeicher standen. Dort stießen wir auf einen Yogi.

Als wir auf dieser kleinen Insel an Land gingen, trafen wir einen Yogi, der sich an die Mauer einer ›budaḫāna‹, eines Tempels der Götzendiener, lehnte. Er stand zwischen zweien dieser Götzenstatuen und zeigte Spuren von Glaubensstarre. Wir sprachen ihn an, aber er sagte nichts. Wir schauten uns um, ob er irgendwelche Nahrung bei sich hatte, sahen aber nichts. Noch während wir suchten, stieß er einen lauten Schrei aus, und sofort fiel eine Kokosnuß vor ihn hin, die er uns anbot. Wir waren höchst verwundert, gaben ihm einige Dinars

342 Ghogha am Westufer des Golfs von Khambāt, gegenüber der vorgenannten Insel Piram.

343 Goa, das dem lokalen Herrscher aus der Dynastie der Kadambas erstmals von Malik Kāfūr abgenommen worden war (vgl. Kapitel ›Das Sultanat von Delhi‹). Erneut eroberte Muḥammad bin Tuġluq die Insel 1327, aber auch diese Beherrschung war von kurzer Dauer. Zur Zeit der Durchreise Ibn Baṭṭūṭas scheint die Insel wieder in der Hand lokaler Herrscher gewesen zu sein.

344 Die Insel Andjidiv 100 Kilometer südlich von Goa.

und Dirhams, aber er nahm sie nicht. Wir brachten ihm einige Lebensmittel, aber er wies sie zurück. Vor ihm lag auf der Erde ein Überwurf aus Kamelhaar. Als ich ihn in meinen Händen hin- und herwendete, übergab er ihn mir. Ich hatte einen Rosenkranz aus Perlmutt in der Hand, er ließ ihn durch seine Finger gleiten, und ich schenkte ihn ihm. Er rieb ihn in der Hand, beroch ihn, küßte ihn, zeigte in den Himmel und dann in Gebetsrichtung. Meine Gefährten verstanden diese Zeichen nicht, ich aber begriff, daß er Muslim war, jedoch seinen Glauben vor den Menschen der Insel verbergen wollte. Er ernährte sich von Kokosnüssen. Als wir Abschied von ihm nahmen, küßte ich seine Hand, was meine Begleiter aber mißbilligten. Er verstand ihren Tadel, ergriff meine Hände, küßte sie, lächelte und gab uns ein Zeichen, daß wir uns entfernen sollten. Als wir gingen, war ich der Letzte, da zog er an meinem Gewand. Ich wandte ihm den Kopf zu und er gab mir zehn Dinar. Nachdem wir gegangen waren, sagten meine Gefährten zu mir: »Hat er dich nicht am Kleid gezogen?« – Ich antwortete ihnen: »Er gab mir diese Dinare«, schenkte je drei davon Ẓahīr ad-Dīn und Sumbul und sagte: »Der Mann ist Muslim. Habt ihr denn nicht gesehen, wie er in den Himmel zeigte? Er wies darauf hin, daß er von Gott dem Erhabenen weiß; er zeigte in die Gebetsrichtung und wies darauf hin, daß er vom Propheten weiß – Friede sei mit ihm! –, und daß er meinen Rosenkranz nahm, bestätigt es.« Als ich das zu den zweien gesagt hatte, kehrten sie zu ihm zurück, fanden ihn aber nicht mehr.

Noch in der gleichen Stunde brachen wir auf und erreichten am nächsten Morgen Hinaur, das an einer weiten Meeresbucht liegt, in die große Schiffe einfahren.[345] Die Stadt ist eine halbe Meile vom Meer entfernt. In der Jahreszeit des ›buškāl‹, der großen Regenfälle, gerät das Meer vier Monate lang in heftigste Wellen und stürmische Bewegung, so daß es niemand außer zum Fischfang befahren kann. Am Tage unserer Ankunft kam ein Yogi, ein Hindu, zu mir, als ich allein war, gab mir sechs Dinar und sagte: »Der Brahmane schickt sie dir« – und er meinte den Yogi, dem ich den Rosenkranz geschenkt hatte und der mir die Dinare gegeben hatte. Ich nahm sie, bot ihm davon einen an, den er aber nicht nahm. Er entfernte sich wieder. Ich erzählte es meinen Gefährten und sagte: »Wenn ihr wollt, nehmt euren Anteil!« – Sie lehnten ab, waren aber sehr erstaunt und sagten: »Den sechs Dinaren, die du uns gegeben hast, haben wir die gleiche Summe hinzugefügt und sie zwischen die beiden Götzenstatuen gelegt, wo wir den Mann gesehen haben.« Lange habe ich über diesen Menschen gestaunt; das Geld, das ich von ihm hatte, habe ich aufbewahrt.

Die Menschen von Hinaur folgen der Lehre der Šafiʿiten, sie sind fromm und gläubig. Sie haben Mut und bekämpfen die Ungläubigen zur See. Dafür waren sie bekannt, bis das Schicksal nach ihrer Eroberung von Sandābūr sie demütigte. Ich werde noch darauf eingehen. Von denen, die sich in dieser Stadt

[345] Honavar im Bezirk Kanara an der Mündung des Flusses Sharavati.

dem Dienst an Gott hingeben, begegnete ich Scheich Muḥammad an-Naqaurī, der mich in seiner Zāwiya bewirtete. Das Essen kochte er mit eigener Hand, da er die Dienerin und den Diener für unrein hielt. Ich traf den Faqīh Ismāᶜīl, Koranlehrer und ein Mann von gutem Wesen und freundlicher Seele, den Qāḍī der Stadt Nūr ad-Dīn ᶜAlī sowie den Prediger, an dessen Namen ich mich nicht mehr erinnere.

Die Frauen dieser Stadt, ja aller dieser Länder, tragen keine genähten Kleider, sondern ausschließlich ungenähte Stoffe. Sie wickeln sich ein Ende des Stoffes wie einen Gürtel um die Leibesmitte und legen den Rest über Kopf und Brust. Es sind schöne und sittsame Frauen, die einen goldenen Ring in der Nase tragen.[346] Zu ihren besonderen Eigenschaften aber zählt, daß sie den Erhabenen Koran auswendig wissen. Ich sah in der Stadt dreizehn Schulen, in denen Töchter, und 33 Schulen, in denen Söhne unterrichtet werden. Das habe ich noch nirgendwo gesehen. Ihren Lebensunterhalt erwerben sich die Menschen aus Hinaur mit dem Seehandel, aber Ackerbau betreiben sie nicht. Die Bewohner der Provinz Mulaibār geben Sultan Ǧamāl ad-Dīn alljährlich einen bestimmten Betrag, weil sie ihn und seine Seemacht fürchten. Sein Heer besteht aus etwa 6.000 Reitern und Fußtruppen.

Der Sultan von Hinaur ist Ǧamāl ad-Dīn Muḥammad bin Ḥasan[347], einer der besten und bedeutendsten Herrscher. Er steht unter der Oberherrschaft eines ungläubigen Sultans, der sich Haryab nennt und von dem ich noch sprechen werde.[348] Sultan Gamāl ad-Dīn nimmt beflissen am gemeinschaftlichen Gebet teil. Seine Gewohnheit ist es, schon vor Sonnenaufgang in die Moschee zu gehen und in einer Handschrift des Koran zu lesen, bis sich das erste Frühlicht zeigt. Er verrichtet das erste Gebet des Tages und unternimmt einen Ausritt aus der Stadt. Am hellen Morgen kommt er zurück, kehrt als erstes in die Moschee ein, spricht ein Rakᶜa-Gebet und reitet in seinen Palast. An den weißen Tagen[349] pflegt er zu fasten. Als ich mich bei ihm aufhielt, lud er mich ein, das Fasten mit ihm gemeinsam zu brechen, und mit den Rechtsgelehrten ᶜAlī und Ismāᶜīl nahm ich teil. Vier niedrige Sitze wurden auf den Boden gestellt. Auf einen setzte er sich selbst, je einen Sitz wählten wir anderen.

Die Anordnungen, die der Sultan für sein Mahl trifft, bestehen darin, daß

346 Nach At-Tāzī wird dieser ›nāṯ‹ genannte Ring im linken Nasenloch getragen.

347 Eine zwar nach At-Tāzī aus den Chroniken nicht näher bekannte Persönlichkeit, vermutlich aber Nachfahr muslimischer Seeleute, die an der indischen Westküste seßhaft geworden waren.

348 Ein Irrtum Ibn Baṭṭūṭas, denn er wird diesen Herrscher nicht mehr erwähnen, der nach At-Tāzī als Harihara-Nripala (reg. 1340–1375 im Hinterland von Goa) identifiziert worden sein soll.

349 Die ›weißen Tage‹ sind der 13., 14. und 15. des islamischen Mondmonats, an denen der Prophet Muḥammad zu fasten pflegte.

er einen kupfernen Eßtisch herbeitragen läßt, der bei ihnen ›ḫawanǧa‹[350] heißt und auf den eine kupferne Schale, ›ṭālam‹ genannt, gestellt wird. Es erscheint eine hübsche, in ein Seidengewand gekleidete Dienerin, und nun werden die Schüsseln mit den Speisen vor ihn hingestellt. Sie hat eine große kupferne Kelle, schöpft damit einen Löffel voll Reis auf die Schale, gießt Butteröl darüber und legt Büschel eingelegten Pfeffers, grünen Ingwer, eingelegte Zitronen und Mangos dazu. Man ißt einen Bissen und darauf etwas von den eingelegten Früchten. Ist der Löffel, den sie auf die Schale auftrug, verzehrt, schöpft sie eine weitere Reisportion und trägt auf einem Teller ein gekochtes Huhn auf, das ebenfalls mit Reis gegessen wird. Ist auch die zweite Portion verzehrt, schöpft sie aus einer Schüssel ein anderes Hühnergericht, das mit Reis verspeist wird. Nach den Hühnern trug man Fischgerichte herbei, die wieder mit Reis gegessen wurden; dem Fisch folgte in Butteröl und Milch gekochtes Gemüse mit Reis. Nach all diesen Speisen wird ›kūšān‹ gebracht, geronnene Milch, mit der das Mahl beendet wird, so daß man weiß, daß es nichts mehr geben wird, sobald es aufgetragen ist. Anschließend wird warmes Wasser getrunken, weil kaltes Wasser in der Regenzeit schädlich ist.

Ich hielt mich später ein zweites Mal elf Monate lang bei diesem Sultan auf, ohne je einmal Brot zu essen, denn ihr Essen ist der Reis. Ich war auch drei Jahre lang auf den Inseln der Malediven, auf Ceylon sowie in den Ländern Koromandel und Malabar[351], wo ich nur Reis aß, der mit nichts anderem als Wasser angenehm zu essen war.

Der Sultan pflegt sich in Decken aus Seide und feinstem Leinen zu kleiden. Um seinen Leib schnürt er sich einen Schurz und hüllt sich in zwei Überwürfe, die er übereinander trägt. Er knüpft seine Haare hoch und bindet um sie einen kleinen Turban. Wenn er ausreitet, legt er ein Obergewand mit langen Ärmeln und darüber seine zwei Überwürfe an. Vor ihm erschallen Trommeln und Trompeten, die von seinen Männern getragen werden.

Dieses Mal verbrachten wir drei Tage bei ihm. Er versah uns mit Reiseproviant, und wir reisten ab. Nach drei Tagen kamen wir in der Provinz Mulaibār an, wo der Pfeffer wächst. Sie erstreckt sich über zwei Monate entlang der Küste von Sandābūr nach Kaulam.[352] Der gesamte Weg läuft unter dem Schatten von Bäumen dahin, und nach jeder halben Meile steht ein hölzernes Haus, in dem Reisende, Muslime und Ungläubige, auf Bänken sitzen können. Neben jedem Haus steht ein Brunnen, aus dem man trinken kann und der einem Un-

[350] Aus dem persischen Wort ›chwantscha‹, der Verkleinerungsform von ›chwan‹ (›Teller‹, ›gedeckter Tisch‹). Das nachfolgende Wort ›ṭālam‹ bezeichnet eine Schale oder Schüssel, auf der Brot gereicht wird.

[351] Die Malabarküste, im Text auch ›Mulaibār‹ genannt, ist die indische Pfefferküste und entspricht dem heutigen Bundesstaat Kerala.

[352] Quilon, Hafenstadt ganz im Süden der Malabarküste.

gläubigen zur Bewachung anvertraut ist. Jedem Ungläubigen gibt er aus einem Gefäß zu trinken, dem Muslim gießt er so lange Wasser in die Hand, bis dieser ihm ein Zeichen gibt oder sich abwendet. In Mulaibār ist es Sitte, daß ein Muslim weder das Haus eines Ungläubigen betreten noch aus ihren Schüsseln essen darf. Ißt er doch einmal daraus, so zerbrechen sie das Gefäß oder geben es den Muslimen. Kommt ein Muslim an einen Ort, in dem kein Haus seiner Glaubensbrüder steht, bereiten sie ihm sein Essen zu, bieten es ihm auf Bananenblättern an und gießen auch alle Zutaten darauf. Was übrig bleibt, fressen Hunde und Vögel. Entlang der gesamten Strecke gibt es Gebiete, in denen sich Muslime angesiedelt haben, bei denen Muslime absteigen können und die ihnen alles verkaufen, was sie brauchen, und ihnen auch das Essen zubereiten. Gäbe es sie nicht, kein Muslim würde durch diese Länder reisen. Auf dieser Strecke, die, wie ich sagte, zwei Monatsreisen lang ist, gibt es nicht eine Handspanne unbestellten Landes. Jeder Mann hat seinen eigenen Garten mit seinem Haus darin, umgeben von einem Palisadenzaun. Der Weg läuft an den Gärten vorüber, und stößt er an die Palisaden eines Gartens, so findet er dort hölzerne Stufen, die er besteigt, und wieder andere Stufen, über die er in den nächsten Garten hinabsteigt. So verläuft der ganze Weg zwei Monate lang.

Niemand reist in diesen Ländern mit einem Reittier, und niemand außer dem Sultan besitzt Pferde. Zumeist wird in Sänften gereist, die von Sklaven oder Mietlingen auf Schultern getragen werden. Wer nicht in einer Sänfte reist, geht zu Fuß, sei es, wer es sei. Wer Gepäck hat, Waren, wie ein Kaufmann sie mit sich führt, oder andere Dinge, mietet sich Männer, die alles auf ihren Rücken laden. Man sieht Kaufleute mit einer Hundertschaft von Männern, manchmal mehr, manchmal weniger, die ihre Waren tragen. Jeder dieser Männer hält einen groben Stock in der Hand, der unten mit einer eisernen Spitze und oben mit einem eisernen Haken versehen ist. Wenn er ermüdet, aber keine Bank findet, ruht er sich auf ihm aus, indem er seinen Stock in den Boden steckt und seine Last an ihm aufhängt. Ist er ausgeruht, nimmt er seine Last ohne Hilfe auf und setzt seinen Weg fort.

Ich habe keinen sichereren Weg gesehen als diesen, denn schon wer in diesem Lande eine einzige Nuß gestohlen hat, wird getötet, und wenn eine Frucht zu Boden fällt, hebt sie niemand auf, bis der Besitzer sie holt. Mir wurde erzählt, daß einige Hindus diesen Weg entlangzogen und einer von ihnen eine Nuß aufnahm. Der Gouverneur erfuhr davon und befahl, einen Pfahl in den Boden zu treiben, ihr oberes Ende zuzuspitzen und dieses Ende durch ein Holzbrett zu schieben, bis es aus dem Brett ragte. Der Mann wurde auf das Brett gelegt und an den Pfahl gebunden. Er drang ihm in den Bauch und trat aus dem Rükken wieder heraus. So ließ man ihn als Warnung an die Schaulustigen zurück. Auf der ganzen Strecke fanden wir viele solcher Pfähle, damit die Menschen sie sehen und sich warnen lassen. Wir begegneten nachts manchem Ungläubigen, aber wenn sie uns sahen, wichen sie uns aus, bis wir vorübergegangen waren.

Die Muslime stehen dort in hoher Achtung, freilich essen die Einheimischen nicht gemeinsam mit ihnen und lassen sie nicht in ihre Häuser.

In Mulaibār gibt es zwölf ungläubige Sultane, darunter mächtige, die bis zu 50.000 Soldaten unter ihrem Befehl haben, und schwächere, deren Armee nur 3.000 Soldaten zählt.[353] Aber es gibt überhaupt keine Zwietracht zwischen ihnen, und der Mächtige begehrt nicht, dem Schwachen zu entreißen, was dieser besitzt. Zwischen dem Lande des einen und dem seines Nachbarn steht ein hölzernes Tor, in das der Name des Herrschers eingeschnitten ist, dessen Bezirk dort beginnt, und das sie als ›Tor der Sicherheit des Soundso‹ bezeichnen. Wenn ein Muslim oder ein Ungläubiger wegen eines Verbrechens aus einem Lande flieht und das Tor der Sicherheit eines anderen Fürsten erreicht, so steht er unter Schutz. Der Fürst, dem er entflohen ist, kann ihn nicht ergreifen, sei er noch so mächtig und sein Heer noch so zahlreich. Die Fürsten dieser Länder vererben ihr Reich an den Sohn der Schwester und übergehen ihre eigenen Söhne. Eine solche Erbregel habe ich niemals erlebt außer bei den Massūfa, die bis zu den Augen ihr Gesicht verschleiern und von denen ich später noch sprechen werde.[354] Will ein Fürst von Mulaibār sein Volk daran hindern, zu kaufen und zu verkaufen, befiehlt er einem Sklaven, einen Baumzweig mit seinen Blättern an die Läden zu hängen: Solange dieser Zweig dort hängt, kauft und verkauft niemand.

Der Pfefferstrauch ähnelt der Weinrebe. Er wird unter Kokospalmen gepflanzt, an denen er sich wie die Rebe emporrankt. Aber er besitzt keine jungen Schößlinge wie der Wein. Seine Blätter sehen aus wie Pferdeohren, manchmal auch wie die Blätter der Brombeere. Er bringt kleine Trauben hervor, deren Kerne denen der Dattelpalme gleichen, wenn sie noch grün sind. Im Herbst werden sie gepflückt und auf Matten in die Sonne gelegt, wie man es auch mit den Trauben macht, wenn man sie trocknet. Sie werden ständig gewendet, bis sie völlig trocken und schwarz sind. Danach werden sie an die Händler verkauft. In unserem Land glaubt man dagegen, sie würden über dem Feuer geröstet, weil sie Runzeln bilden. Aber so ist es nicht, vielmehr bilden sich diese Runzeln in der Sonne. Ich habe sie in Qāliqūṭ gesehen, wo sie in Hohlmaßen abgewogen werden wie bei uns die Hirse.

Die erste Stadt in Mulaibār, die wir betraten, war Abū Sarūr[355], eine kleine Stadt mit sehr vielen Kokospalmen in einer großen Meeresbucht. Der Vorste-

353 Zur Zeit Ibn Baṭṭūṭas waren die vier wichtigsten dieser Herrscherfamilien die Kolattiri von Cannanore im Norden von Calicut, die Zamorin von Calicut, die Rajahs von Cochin südlich von Calicut und schließlich die Herren von Quilon. Weitere kleinere Herrschaften hatten sich, oft mit fließenden Grenzen, im Hinterland und an der Küste zwischen diesen großen Fürstentümern etabliert.

354 Die Massūfa waren ein Berberstamm aus der Westsahara, dem Ibn Baṭṭūṭa auf seiner letzten Reise in den Süden der Sahara noch begegnen wird (vgl. dort).

355 Barcelore, im Mittelalter kleiner Exporthafen für Reis; die Stadt besteht nicht mehr.

her der Muslime war der Scheich der Gemeinde, genannt ›Vater der Sechs‹, ein großzügiger Mann, der sein Vermögen für die Ernährung von Faqīren und Armen einsetzte, bis es völlig aufgezehrt war. Zwei Tage später kamen wir nach Fākanaur[356], einer großen Stadt an einer Bucht, die sehr viel und ausgezeichnetes Zuckerrohr anbaut, wie es in der ganzen Provinz nicht mehr vorkommt. Auch dort gibt es eine Gemeinschaft von Muslimen, deren Vorsteher Ḥusain as-Salāṭ heißt und die auch einen Qāḍī und einen Prediger haben. Ḥusain as-Salāṭ hat eine Moschee gebaut, in der das Freitagsgebet gehalten wird.

Der Sultan von Fākanaur ist ein Ungläubiger namens Bāsadau.[357] Er besitzt ungefähr 300 Kriegsschiffe, die von einem Muslim mit Namen Lūlā befehligt werden, einem verdorbenen Menschen, der dem Seeraub nachgeht und die Kaufleute ausplündert. Als wir in Fākanaur vor Anker gingen, schickte der Sultan seinen Sohn zu uns, der als Geisel auf dem Schiff blieb. Wir suchten den Fürsten auf, der uns drei Tage lang beste Gastfreundschaft angedeihen ließ, weil er den Sultan verehrte, weil er ihm zuteil werden lassen wollte, was er ihm schuldete, und weil er aus dem Handel mit der Besatzung unserer Schiffe Nutzen ziehen wollte. Es gehört zu den Gepflogenheiten des Landes, daß jedes Schiff, das an einem Ort anlegt, nicht umhin kann, dem Gebieter des Ortes ein Geschenk zu geben, das sie ›Hafenrecht‹ nennen. Wer es nicht entrichtet, wird von ihren Schiffen verfolgt, mit Gewalt in den Hafen gebracht, muß eine doppelte Gebühr bezahlen und wird an der Ausfahrt gehindert, solange es dem Volk der Stadt gefällt.

Wir reisten ab und erreichten nach drei Tagen Manǧarūr, eine große Stadt an einer Bucht, die sie die Ḏunb-Bucht nennen und der größte Golf Mulaibārs ist.[358] In diesem Hafen legen die bedeutendsten Kaufleute Persiens und des Jemen an, und Pfeffer und Ingwer gibt es im Überfluß. Ihr Sultan ist der mächtigste des Landes und heißt Rāma Dau. Es leben ungefähr 4.000 Muslime in einer Vorstadt, und bisweilen kommt es zum Krieg zwischen ihnen und den Bewohnern der Stadt, aber der Sultan stiftet wieder Frieden, weil er die Kaufleute braucht. Ihr Qāḍī, ein Šafiʿit, ist der vornehmste und wohltätigste Mann, nennt sich Badr ad-Dīn al-Maʿbarī und unterrichtet die Wissenschaften. Er kam zu uns an Bord und wünschte, daß wir zu ihm in die Stadt kämen, aber wir sagten zu ihm: »Erst wenn der Sultan seinen Sohn geschickt hat, damit er auf dem Schiff bleibt«, und er gab zur Antwort: »Der Sultan von Fākanaur tat

356 Baccanore, heute ein Dorf namens ›Barkur‹.

357 Der Bezirk stand in den 30er und 40er Jahren des 14. Jahrhunderts unter der Herrschaft eines Kulasikhara aus der Dynastie der Alupa, wie nach At-Tāẓī einer Inschrift aus dem Jahre 1345 zu entnehmen ist.

358 Mangalore gehörte ebenfalls zum Herrschaftsbereich der Fürstensippe der Alupa, aber ein einzelner Herrschername wie der im folgenden genannte Rama Dau ist nicht bekannt geworden.

es nur, weil die Muslime in seiner Stadt keinerlei Macht haben; was uns angeht, so hat der Sultan Angst vor uns.« Aber wir lehnten es dennoch ab, solange der Sultan nicht seinen Sohn schickte. Er schickte ihn auch, ebenso wie der andere Sultan es getan hatte, wir gingen von Bord, wurden aufs ehrenvollste aufgenommen und blieben drei Tage an Land.

Wir segelten weiter und erreichten nach zwei Tagen Hīlī, eine große und schöne Stadt an einem weiten Meeresgolf, in den auch große Schiffe einfahren.[359] In dieser Stadt kommen auch die Schiffe aus China an, die nur in ihrem Hafen sowie in Kaulam und Qāliqūṭ anlegen. Hīlī wird sowohl von Muslimen wie von Ungläubigen wegen seiner Hauptmoschee verehrt, die vieler Segnungen teilhaftig wurde und im Lichte erstrahlt. Die Seefahrer geloben ihr zahllose Opfergaben, so daß sie über einen gewaltigen Schatz verfügt, der unter der Aufsicht des Predigers Ḥusain und von Ḥasan al-Wazzān steht, des Oberhauptes der Muslime. Zu der Moschee gehört auch eine Anzahl von Koranschülern, die in den Wissenschaften unterrichtet und aus dem Vermögen der Moschee bezahlt werden; sie besitzt auch eine Küche, die Reisende versorgt, aber auch Faqīre und Arme speist. Ich begegnete in dieser Moschee einem frommen Rechtsgelehrten aus Maqdašau[360] mit Namen Saʿīd. Er hatte ein schönes Aussehen, einen edlen Charakter und oblag unablässigem Fasten. Er erzählte mir, er sei vierzehn Jahre lang Angehöriger der Moschee in Mekka und ebenso lange in Al-Madīna gewesen, habe noch den Emir von Mekka, Abū Numay, und den Fürsten von Al-Madīna, Manṣūr bin Ǧammāz, gesehen und sei nach Indien und China gereist.

Von Hīlī reisten wir nach Ǧur Fattan, das nur drei Farsaḫ von Hīlī entfernt ist.[361] Dort traf ich einen Faqīh aus Bagdad, einen Mann von hohem Ansehen, der sich Aṣ-Ṣarṣarī nannte, weil er aus einer Ortschaft zehn Meilen vor Bagdad auf dem Wege nach Kūfa stammte, deren Name lautet wie das Ṣarṣar bei uns im Maġrib.[362] Sein Bruder, der in der Stadt gelebt hatte und sehr reich gewesen war, hatte ihm im Testament seine kleinen Kinder anvertraut. Ich verließ ihn, als er sich anschickte, sie nach Bagdad mitzunehmen. In Indien

359 Die Beschreibung des Meeresgolfs erlaubt es, die Lage von Hīlī nach Madayi, etwa zwölf Kilometer südlich vom Mont Delly, zu legen. Dafür spricht auch die noch heute in Madayi bestehende Moschee, die ein Gründungsdatum von 1124 aufweist. Sie ist nach muslimischer Tradition, zusammen mit anderen Moscheen an der indischen Küste, von Malik Bin Dīnār errichtet worden, der als Missionar nach Malabar gekommen war.

360 Mogadischu (vgl. Kapital ›Von der Ostküste Afrikas in den Persischen Golf‹).

361 Cannanore, das nördlichste der Fürstentümer der Malabarküste, war zu jener Zeit in den Händen der mächtigen Familie der Kolattiri. Einzelne Herrschernamen aus Ibn Baṭṭūṭas Zeit, wie der unten angeführte Kuwail, sind freilich nicht zu identifizieren.

362 Ṣarṣar südlich von Bagdad am Verbindungskanal zwischen Euphrat und Tigris, der den gleichen Namen trägt. Ṣarṣar in Marokko ist ein Gebirge.

ist es wie im Sudan[363] Gepflogenheit, daß sich niemand in den Nachlaß eines Verstorbenen einmischt, selbst wenn er Tausende vererbt. Sein Besitz verbleibt vielmehr in den Händen des muslimischen Oberhauptes, bis es an sich nimmt, wer den gesetzlichen Anspruch hat. Der Sultan von Ǧūr Fattan heißt Kuwail und ist einer der großen Sultane von Mulaibār. Er besitzt viele Schiffe, die nach ʿUmān, nach Persien und in den Jemen segeln. Ihm gehören auch die Städte Dah Fattan und Budd Fattan, von denen ich nun spreche.

Von Ǧūr Fattan aus begaben wir uns nach Dah Fattan[364], einer großen Stadt am Golf mit vielen Pflanzungen, in denen Kokospalmen, Pfeffersträuche, Betel und Betelnüsse sowie viele Kolokasien wachsen, mit deren Blättern die Inder ihr Fleisch kochen; und schließlich habe ich nirgends mehr und billigere Bananen gesehen als dortzulande. In der Stadt steht ein gewaltiger Brunnen, der 500 Schritt lang und 300 Schritt breit ist. Sein Inneres ist mit roten geglätteten Steinen ausgemauert. Am Rande stehen 28 Steintürmchen mit je vier steinernen Bänken, und über steinerne Stufen lassen sich die Türme besteigen. In der Mitte des Brunnens steht ein großer dreistöckiger Turm, der in jedem Stockwerk vier Sitzbänke hat. Man erzählte mir, daß der Sohn des Sultans Kuwail diesen Brunnen bauen ließ. Gegenüber steht für die Muslime eine Hauptmoschee, von der Stufen an den Brunnen hinabführen, wo die Menschen ihre Reinigungen vornehmen und sich waschen. Faqīh Ḥusain aber hat mir berichtet, daß der Erbauer der Moschee und auch des Brunnens ein Vorfahr von Kuwail gewesen war, der sich zum Islam bekannte und dessen Bekehrung einer wunderbaren Geschichte zu verdanken war, die ich jetzt erzählen will.

In der Nähe der Hauptmoschee sah ich einen grünen, noch jungen Baum, dessen Blätter denen des Feigenbaums ähnlich sahen, aber sehr zart waren. Um ihn herum stand eine Mauer und daneben eine Gebetsnische, wo ich ein doppeltes Rakʿa-Gebet sprach. Dieser Baum heißt bei ihnen ›Baum der Zeugenschaft‹, und dort habe ich erfahren, daß alle Jahre im Herbst ein einzelnes Blatt vom Baum fällt, dessen Farbe zunächst ins Gelbe spielt und sich dann in Rot verwandelt. Auf diesem Blatt standen, mit einer Feder Gottes geschrieben, die Worte: ›Es gibt keinen Gott außer Gott, Muḥammad ist der Prophet Gottes.‹ Faqīh Ḥusain und eine Anzahl vertrauenswürdiger Männer haben mir erzählt, sie hätten das Blatt genau betrachtet und die Schrift gelesen. Sie teilten mir auch mit, daß, als die Tage des Herbstes wieder gekommen waren, zuverlässige Männer, Muslime wie Ungläubige, unter dem Baum gesessen hätten. Als das Blatt gefallen war, hätten die Muslime das halbe Blatt genommen. Die

[363] Hiermit spricht Ibn Baṭṭūṭa nicht den heutigen Sudan an, sondern den Ländergürtel südlich der Sahara (›das Land der Schwarzen‹); vgl. Kapitel ›In den Süden der Sahara‹.

[364] Als Valarpattanam identifiziert, das allerdings acht Kilometer nördlich der vorherigen Station Cannanore (Ǧūr Fattan) lag.

andere Hälfte nahm der ungläubige Sultan in seinen Schatz auf. Die Menschen benutzen es, um Heilung von Krankheiten zu suchen.

Dieser Baum war der Grund dafür, daß sich Kuwails Vorfahr zum Islam bekehrte. Er baute die Moschee und den Brunnen und konnte die arabische Schrift lesen. Als er die Inschrift las und verstand, bekannte er sich zum Islam und übte seinen neuen Glauben aufs beste aus. Seine Geschichte wird in Indien in ununterbrochener Tradition erzählt. Faqīh Ḥusain erzählte mir, daß einer der Söhne von Kuwails Vorfahr nach dem Tode seines Vaters wieder zur Götzendienerei zurückkehrte, ein maßloser Tyrann wurde und den Baum entwurzeln ließ, so daß von ihm keine Spur mehr blieb. Aber er sproß aufs neue und wuchs ebenso schön heran wie vorher. Der Ungläubige aber starb bald darauf.

Wir reisten nach Budd Fattan weiter, einer großen Stadt an einer weiten Meeresbucht.[365] Außerhalb der Stadt und nahe an der Küste steht eine Moschee, in der Muslime aus der Fremde Zuflucht suchen, denn in der Stadt gibt es keine muslimische Gemeinde. Sie hat einen wunderbaren Hafen, dessen Wasser süß ist, und Überfluß an Betelnüssen, die von hier nach Indien und China ausgeführt werden. Die Mehrzahl ihrer Einwohner sind Brahmanen, die bei den Ungläubigen in hohem Ansehen stehen, aber die Muslime hassen; deshalb lebt unter ihnen kein Muslim. Man hat mir erzählt, warum sie die Moschee unzerstört stehen ließen: Ein Brahmane hatte das Dach abgerissen, um für sein Haus ein Dach zu bauen, aber es brach ein Feuer im Hause aus, und er verbrannte samt seinen Kindern und dem ganzen Hab und Gut. Seither hielten sie die Moschee in hoher Achtung und hatten nichts Böses mehr gegen sie im Sinn. Vielmehr huldigten sie ihr, stellten Wasser vor ihr auf, damit Reisende trinken konnten, und setzten ein Gitter vor die Tür, damit kein Vogel hineinflog.

Von Budd Fattan reisten wir nach Fandarainā, einer großen und schönen Stadt mit Gärten und Märkten.[366] In drei Vorstädten, die auch je eine Moschee besitzen, leben Muslime. Die Hauptmoschee steht an der Küste und ist ein wunderbarer Bau mit Aussichtstürmen und Sitzbänken, die aufs Meer hinausblicken. Ihr Richter und Prediger ist ein Mann aus dem ʿUmān, der einen gelehrten Bruder hat. In dieser Stadt überwintern die Schiffe aus China.

Wir segelten weiter nach Qāliqūṭ, einer der größten Hafenstädte Mulaibārs, in der Chinesen, Javaner, Ceylonesen, Malediver, Jemeniten und Perser anlegen und wo sich Kaufleute aus aller Welt einfinden. Ihr Hafen gehört zu den

[365] Das heutige Darmapattanam auf einer Insel, die im Norden der Stadt Tellicherry am Zusammenfluß der Flüsse Tellicherry und Anjarakandi entstanden ist. Die erwähnte Moschee war ebenfalls von dem in Anm. 359 genannten Malik Dīnār erbaut worden, besteht aber heute nicht mehr.

[366] Pantalayini; die Moschee geht ebenfalls auf Malik Dīnār zurück.

größten der Welt.[367] Ihr Sultan ist der Ungläubige As-Sāmarrī[368], der schon alt an Jahren ist und sich, wie es einige Stämme der Griechen auch tun, den Bart rasiert. Ich habe ihn gesehen und werde, wenn es Gott gefällt, noch von ihm sprechen. Der Vorsteher der Kaufleute war Ibrāhīm Šāh Bandar[369], der aus Baḥrain stammte, ein vornehmer und großzügiger Mann, der die Kaufleute zu sich lud und an seiner Tafel bewirtete. Der Richter war Faḫr ad-Dīn ʿUṯmān, ebenfalls ein vortrefflicher und wohltätiger Bürger, und Vorsteher der Zāwiya der Stadt war Scheich Šihāb ad-Dīn al-Kāzirūnī, der die Opfergaben erhält, welche die Reisenden aus China und Indien Abū ʾIsḥāq al-Kāzirūnī geloben. In Qāliqūṭ lebt auch der Schiffseigner Miṯqāl, ein Mann mit berühmtem Namen, Herr eines gewaltigen Vermögens und Besitzer zahlloser Schiffe für den Handel mit China, Indien, Persien und dem Jemen. Als wir die Stadt erreichten, fuhren uns Ibrāhīm Šāh Bandar, der Qāḍī, Scheich Šihāb ad-Dīn, die bedeutendsten Kaufleute und der Vertreter des ungläubigen Sultans mit Namen Qulāǧ zum Empfang entgegen. Auf ihren Schiffen führten sie Trommeln, Fanfaren, Trompeten und ihre Fahnen mit. Mit einem so großen Pomp segelten wir in den Hafen ein, wie ich ihn in diesem Lande noch nie erlebt hatte. Doch es war ein Glück, dem der Kummer folgte. Wir legten im Hafen an, in dem damals gerade dreizehn chinesische Schiffe lagen, gingen aber dann in die Stadt, wo jedem von uns ein Haus als Unterkunft angewiesen wurde. Drei Monate lang warteten wir auf die Zeit der Abreise nach China, während wir die Gastfreundschaft des Ungläubigen genossen.[370] Auf dem chinesischen Meer reist man nur auf chinesischen Schiffen, auf die ich nun eingehen will.

Es gibt drei Arten chinesischer Schiffe: Die großen Schiffe heißen ›ǧunūk‹, ein einzelnes Schiff ›ǧunk‹[371]; die mittelgroßen bezeichnen sie als ›zau‹[372] und ein kleines Schiff ist ein ›kakam‹.[373] Die größten dieser Schiffe führen zwölf, die kleineren bis zu drei Segel. Die Segel bestehen aus Bambusstäben, die wie Matten zusammengenäht sind. Sie werden nie herabgelassen, aber je

[367] Calicut, der bedeutendste Hafen der nördlichen Malabarküste.

[368] Von den Portugiesen ›Zamorin‹ genannt, Titel der bedeutendsten Herrscher an der Malabarküste. Da die Nachfolge zunächst auf die Brüder, dann auf den ältesten Sohn der Schwester überging, kamen die Herrscher in der Regel erst in höherem Alter auf den Thron; damit mag der Hinweis Ibn Baṭṭūṭas erklärt werden, daß der Sultan schon sehr betagt war.

[369] ›Šāh Bandar‹ ist der Hafenmeister.

[370] Ibn Baṭṭūṭa muß gegen Mitte November 1341 in Calicut eingetroffen sein und sich bis Mitte Februar 1342 (Beginn des Monats Ramaḍān 742 d. H.) dort aufgehalten haben.

[371] Dschunke.

[372] Aus dem Javanischen ›sao‹ oder ›tsao‹; entspricht der zwischen dem Jemen und Malaysia eingesetzten Dau mit zwei Masten und zwei Lateinsegeln.

[373] Aus dem Chinesischen ›hao hang‹.

nach Windrichtung gedreht. Wenn sie vor Anker gehen, lassen sie die Segel in Windrichtung stehen. Auf einem Schiff tun 1.000 Mann Dienst, und zwar 600 Matrosen und 400 Krieger, darunter Bogenschützen, Schildträger und Armbrustschützen, die mit bengalischem Feuer schießen. Jedem großen Schiff folgen drei Halb-, Drittel- und Viertelboote, die nur in Zaitūn in China, in Sīn Kalān, auch Sīn as-Sīn genannt[374], hergestellt werden. Sie werden gebaut, indem man zwei Wände aus Holz errichtet, zwischen denen sehr dicke Holzbohlen aufgeschichtet werden, die längs und quer mit großen, drei Ellen langen Nägeln zusammengefügt werden. Sobald die beiden Wände durch diese Hölzer miteinander verbunden sind, wird auf diesem Gerüst der Unterboden des Schiffs errichtet, ins Meer gelassen und dort zu Ende gebaut. Die Bodenbretter und die Wände, die ins Wasser reichen, dienen den Menschen dazu, hinabzusteigen, um sich zu waschen und ihren Bedürfnissen nachzugehen. An der Seite dieser Hölzer befinden sich die Ruderriemen, die so lang sind wie die Masten und von denen allein einer von zehn oder fünfzehn aufrecht stehenden Männern gerudert wird. Sie bringen auf diesen Schiffen vier Decks an, auf denen Kammern, Wohnkabinen und Räume für die Kaufleute eingebaut sind. Die Wohnkabinen, für die es Schlüssel gibt, mit denen ihre Besitzer sie abschließen können, enthalten Kabinen und Abtritte. Diese Herren nehmen auch ihre Dienerinnen oder ihre Frauen mit. Bisweilen fährt in einer Kabine ein Mann mit, von dem niemand an Bord etwas weiß, bis man ihm begegnet, wenn man irgendwo anlegt. Die Seeleute lassen in diesen Kabinen ihre Kinder mitfahren und säen dort in hölzernen Trögen Küchenkräuter, Gemüse und Ingwer. Der Herr des Schiffs tritt auf wie ein großer Emir. Wenn er an Land geht, marschieren die Bogenschützen und die Abessinier mit ihren Lanzen und Säbeln, mit Trommeln, Trompeten und Fanfaren vor ihm her, und wenn er den Wohnpalast betritt, in dem er wohnen soll, pflanzen sie ihre Lanzen beidseits der Türe auf und behalten dieses Zeremoniell während seines gesamten Aufenthaltes bei. Unter den Chinesen gibt es Leute, die viele Schiffe besitzen, auf denen sie ihre Beauftragten in die Fremde schicken, und auf der ganzen Welt gibt es keine reicheren Menschen als die Chinesen.

Als die Zeit der Reise nach China gekommen war, rüstete Sultan As-Sāmarrī uns eine der dreizehn Dschunken aus, die im Hafen von Qāliqūṭ lagen. Der Schiffsführer hieß Sulaimān aṣ-Ṣafadī, ein Syrer, den ich schon kennengelernt hatte. Ich sagte zu ihm: »Ich wünsche eine Wohnkabine, die wegen der jungen Dienerinnen, ohne die ich nie reise, niemand mit mir teilen soll.« – Er antwortete: »Die Kaufleute aus China haben schon alle Wohnkabinen für die Hin- und Rückfahrt gemietet. Mein Schwiegersohn hat eine Kabine, die ich dir gebe, aber sie hat keinen Abtritt. Vielleicht ist es möglich, sie gegen eine andere zu tauschen.« Ich gab meinen Gefährten den Befehl, meinen ganzen Besitz auf

[374] Canton.

das Schiff zu laden, und die Diener und Dienerinnen bestiegen die Dschunke. Dies war an einem Donnerstag, und da ich das Freitagsgebet aufsuchen wollte, blieb ich noch an Land, um ihnen danach zu folgen. Malik Sumbul und Ẓahīr ad-Dīn gingen mit den Geschenken an Bord. Am Morgen des Freitags kam einer meiner jungen Burschen namens Hilāl zu mir und sagte: »Die Kabine, die wir auf dem Schiff bezogen haben, ist zu eng und taugt nicht.« – Ich teilte es dem Schiffsführer mit, und er sagte: »Da kann man nichts tun. Wenn du aber auf ein Kakam umsteigen möchtest, so fändest du dort Kabinen nach deiner Wahl.« – Ich stimmte zu und befahl meinen Gefährten, die Dienerinnen und alle Waren auf das Kakam umzuladen, und noch vor dem Freitagsgebet hatten sie sich dort eingerichtet.

Jeden Tag nach dem Nachmittagsgebet geriet das Meer in heftige Bewegung, so daß niemand in See stechen konnte. Die Dschunken aber hatten schon abgelegt, so daß nur noch das Schiff mit den Geschenken, eine Dschunke, deren Besitzer beschlossen hatte, in Fandarainā zu überwintern, und das Kakam zurückgeblieben waren. Die Nacht zum Samstag verbrachte ich an Land, weil ich nicht an Bord gehen konnte noch jemand das Schiff verlassen konnte, um zu mir zu kommen. Ich hatte nur noch einen Teppich, auf dem ich mich ausstreckte. Am Morgen des Samstags befanden sich die Dschunke und das Kakam weit außerhalb des Hafens. Das Meer warf die Dschunke, die Fandarainā gewinnen wollte, um, so daß sie zerschellte; einige starben, andere entkamen dem Tod. Ein Kaufmann, dessen liebste Dienerin sich auf diesem Schiff befunden hatte, wollte demjenigen, der sie rettete, zehn goldene Dinare anbieten. Sie hatte sich an ein Stück Holz am Heck der Dschunke geklammert. Ein Seemann aus dem Hurmuz erklärte sich bereit und zog sie aus dem Wasser, wollte aber das Geld nicht annehmen, sondern sagte: »Ich habe es für Gott den Allerhöchsten getan.« In der nächsten Nacht ließ das Meer auch die Dschunke mit den Geschenken kentern und niemand konnte sich retten. Am Morgen sahen wir die Stätte ihres Untergangs. Ich sah Ẓahīr ad-Dīn mit zerschmettertem Kopf, aus dem das Hirn getreten war, ich sah Malik Sumbul, dem sich in eine Schläfe ein Nagel gebohrt hatte, der aus der anderen wieder heraustrat. Wir haben für sie gebetet und sie bestattet.

Ich sah den ungläubigen Sultan von Qāliqūṭ, der sich vom Nabel bis zu den Knien eine lange weiße Decke um den Körper gewickelt hatte und einen kleinen Turban auf dem Kopfe trug. Er war barfuß, und ein junger Bursche trug einen Sonnenschirm über seinem Kopf. Am Ufer wurde vor ihm ein Feuer angezündet, und seine Schergen schlugen auf die Leute ein, damit sie nichts rauben, was das Meer ans Land werfen könnte; denn in Mulaibār gilt das Gesetz, daß, wann immer ein Schiff zerschellt, alles, was das Meer zurückgibt, der Schatzkammer zugeführt wird, ausgenommen nur diese eine Stadt. Hier nehmen die Besitzer ihr Hab und Gut wieder an sich, deshalb blüht und gedeiht sie und deshalb fahren die Menschen sie immer wieder an. Als die Besatzung des Kakams sah, was der Dschunke zugestoßen war, setzte sie Segel und fuhr davon, mit ihr mein ganzes Hab und Gut und meine Diener und Dienerinnen. Allein stand ich an der Küste und hatte nichts mehr außer einem jungen Burschen, den ich schon freigelassen hatte. Als er sah, woran ich war, verließ er mich. Nichts besaß ich mehr als die zehn Dinare, die mir der Yogi geschenkt hatte, und den Teppich, der vor mir auf dem Boden lag. Aber die Leute sagten mir, daß das Kakam in den Hafen von Kaulam einfahren müsse, und ich beschloß, in diese Stadt zu reisen, die zu Lande zehn Tagesreisen entfernt war und ebenso viele auf dem Fluß, wenn man diesen Weg vorzog. Ich wählte den Fluß und mietete mir einen Mann, der Muslim war und meinen Teppich tragen sollte.

Wenn die Einheimischen auf diesem Fluß reisen, so pflegen sie des Abends an Land zu gehen, die Nacht in einem der Dörfer am Ufer zu verbringen und am Morgen aufs Boot zurückzukehren. So taten wir es auch. Es gab auf dem Schiff nicht einen Muslim bis auf den Mann, den ich gemietet hatte, aber er trank, wenn wir ausstiegen, mit den Ungläubigen Wein, und stritt mit mir, so daß sich meine Stimmung verdunkelte. Am fünften Tag der Reise kamen wir nach Kunǧī Karī, das auf einem Hügel liegt und in dem Juden ansässig sind.[375] Sie haben ein eigenes Oberhaupt und schulden dem Sultan von Kaulam Tribut. Alle Bäume, die am Rande dieses Flusses wachsen, sind Zimt- oder Brasilholzbäume. Ihr Holz wird dortzulande als Brennholz verwendet, und wir kochten unterwegs über ihm unser Essen.

Am zehnten Tage kamen wir nach Kaulam, der schönsten Stadt von Mulaibār.[376] Sie hat wunderschöne Märkte, und ihre Kaufleute nennen sich ›ṣūlī‹.[377] Sie sind außerordentlich reich. Einer von ihnen allein kauft ein Schiff mit allem, was dazugehört, und belädt es mit Waren aus seinem eigenen Haus. Es lebt dort eine Anzahl muslimischer Händler, deren Oberhaupt ʿAlāʾ ad-Dīn al-Āwaǧī aus Awah[378] im Iraq ist. Er ist ein Rāfiḍī wie seine Anhänger, die der gleichen Lehre folgen und sich auch zu ihr bekennen. Der Qāḍī von Kaulam ist ein vornehmer Mann aus Qazwīn[379], und das Oberhaupt der Muslime ist Muḥammad Šāh Bandar, der einen vortrefflichen und wohltätigen Bruder mit Namen Taqīy ad-Dīn hat. Die Hauptmoschee ist ein bewundernswerter Bau, der von dem Kaufmann Ḫūǧa Muhaḏḏab errichtet wurde. Kaulam ist in Mulaibār die China nächstgelegene Stadt, welche die meisten Chinesen als erste ansteuern. Die Muslime werden sehr geachtet. Der Sultan von Kaulam, ein Ungläubiger, heißt Tairawarī, der die Muslime ebenfalls hochschätzt und

375 Wahrscheinlich das alte Kodungallur und spätere Cranganore.

376 Quilon.

377 ›Chulia‹ werden an der Malabarküste und auf Ceylon die schiitischen Muslime genannt.

378 Aveh in Persien.

379 Qazwin im nördlichen Persien.

gegen Räuber und sittenloses Volk strenge Urteile spricht. Ich bin in Kaulam Zeuge geworden, wie ein iraqischer Bogenschütze, der sehr wohlhabend war, einen seiner Kameraden tötete und daraufhin in das Haus von Al-Āwaǧī floh. Die Muslime wollten den Ermordeten bestatten, aber die Vertreter des Sultans hinderten sie daran und sagten: »Er wird nicht beerdigt, solange sein Mörder nicht an uns ausgeliefert und hingerichtet worden ist.« So ließen sie ihn in seinem Sarg vor Al-Āwaǧīs Türe liegen, bis er stank und in Verwesung überging. Da übergab Al-Āwaǧī ihnen den Mörder, wünschte aber, ihnen dessen Hab und Gut zu geben, wenn sie ihn am Leben ließen. Doch sie lehnten ab und richteten ihn hin. Erst dann bestatteten sie den Toten.

Mir wurde erzählt, der Sultan von Kaulam habe eines Tages einen Ausritt aus der Stadt unternommen. Sein Weg führte ihn durch die Pflanzungen, und er war in Begleitung seines Schwiegersohnes, des Mannes seiner Tochter und Sohnes eines Maliks. Dieser nahm eine einzige Mangofrucht auf, die aus einem Garten gefallen war. Der Sultan aber hatte ihn dabei beobachtet und befahl, ihn in zwei Hälften zu hauen und eine Hälfte rechts, die andere links des Weges ans Kreuz zu schlagen. Die Frucht wurde ebenfalls in zwei Teile geschnitten und die Hälften unter die beiden Hälften der Leiche gelegt. So ließ man sie zur Abschreckung aller Betrachter zurück.

Etwas Ähnliches trug sich in Qāliqūṭ zu, als der Neffe des Vertreters des dortigen Sultans einem muslimischen Händler das Schwert raubte. Dieser beklagte sich bei dem Onkel des Täters und erhielt von ihm das Versprechen, sich der Sache anzunehmen. Der Onkel setzte sich vor die Tür seines Hauses, da erschien plötzlich sein Neffe, der sich das Schwert umgegürtet hatte. Er rief ihn zu sich und fragte: »Ist das das Schwert des Muslims?« – Der Neffe bejahte. Er fragte weiter: »Hast du es ihm abgekauft?« – »Nein.« – Da sagte der Onkel zu seinen Schergen: »Packt ihn!«, und befahl, daß ihm mit dem gleichen Schwert der Kopf abgeschlagen werde.

Ich verbrachte in Kaulam einige Zeit in der Zāwiya des Scheichs Faḫr ad-Dīn, des Sohnes des Scheichs Šihāb ad-Dīn al-Kāzirūnī, der die Zāwiya in Qāliqūṭ leitete, erfuhr aber nichts über das Schicksal des Kakam. Unterdessen aber erschienen die Gesandten des Königs von China, die zu unserer Begleitung gehört und sich auf einer Dschunke eingeschifft hatten. Auch sie hatten Schiffbruch erlitten, wurden aber von den chinesischen Kaufleuten neu eingekleidet und kehrten in ihre Heimat zurück, wo ich sie später wiedersehen sollte.

Ich wollte nun von Kaulam zum Sultan nach Delhi zurückkehren, um ihm zu schildern, was mit seinen Geschenken geschehen war, fürchtete dann aber, daß er mein Verhalten untersuchen und mir vorwerfen würde, daß ich mich von den Geschenken getrennt hätte. Ich beschloß deshalb, zum Sultan Ǧamāl ad-Dīn al-Hinaurī[380] zurückzukehren und bei ihm zu bleiben, bis ich Nachrichten über das

[380] Der Sultan von Honovar.

Kakam erhielte. Ich kehrte nach Qāliqūṭ um und fand dort einige Schiffe des Sultans von Indien, mit denen er einen arabischen Emir namens Sayyid Abu-l-Ḥasan entsandt hatte. Er gehörte zu den Kammerherren, und zwar zu den obersten Türhütern. Der Sultan hatte ihn mit viel Geld entsandt, damit er ihm so viele Araber aus Hurmuz und Al-Qaṭīf brächte wie möglich, weil er eine Vorliebe für die Araber hatte. An diesen Emir wandte ich mich und fand ihn entschlossen, den Winter in Qāliqūṭ zu verbringen, um anschließend zu den arabischen Ländern zu segeln. Ich holte seinen Rat ein, ob ich zum Sultan zurückkehren sollte, aber er riet mir ab. So ging ich gegen Ende der Jahreszeit, in der man zur See reisen konnte, in Qāliqūṭ wieder an Bord. Wir segelten nur in der ersten Tageshälfte und gingen dann bis zum nächsten Morgen vor Anker. Wir begegneten vier Kriegsschiffen. Wir fürchteten uns vor ihnen, aber sie ließen uns unbehelligt.

Wir kamen nach Hinaur, und ich ging an Land zum Sultan, begrüßte ihn und wurde von ihm in einem Hause untergebracht.[381] Ich hatte keinen Diener, und er bat mich, mit ihm gemeinsam die Gebete zu sprechen. Meist saß ich in seiner Moschee und las täglich einmal, dann sogar zweimal täglich den gesamten Koran, indem ich nach dem Frühgebet begann und die Lesung um die Mittagszeit abschloß. Ich erneuerte meine Waschungen, begann erneut und beendete die zweite Lesung gegen Sonnenuntergang. So hielt ich es ohne Unterbrechung drei Monate lang, von denen ich mich vierzig volle Tage der Gottesverehrung widmete.

Sultan Ǧamāl ad-Dīn hatte 52 Schiffe zur Abreise und Eroberung von Sandabūr ausgerüstet, dessen Sultan mit seinem aufständischen Sohn in Fehde lag. Dieser Sohn hatte Sultan Ǧamāl ad-Dīn geschrieben, er solle nach Sandābūr kommen und es erobern, er, der Sohn, würde den Islam annehmen und die Schwester des Sultans heiraten. Als die Schiffe ausgerüstet waren, wurde mir offenbar, daß ich mich auf sie begeben und in den heiligen Krieg ziehen sollte. Ich öffnete die Schrift und prüfte sie. Auf der ersten Seite, die ich aufschlug, las ich: »Darin wird der Name Gottes oft genannt, denn Gott steht jenen bei, die ihm beistehen.«[382] Ich freute mich über diese Worte und sagte zum Sultan, als er zum Nachmittagsgebet kam: »Ich will mit dir fahren.« – Er antwortete: »Dann sollst du der Führer sein.« – Ich teilte ihm mit, was ich auf der ersten aufgeschlagenen Seite der Schrift gefunden hatte. Es freute ihn, und er beschloß, nun selbst ins Feld zu ziehen, was er zuvor nicht erwogen hatte. An einem Samstag bestieg er in meiner Begleitung eines seiner Schiffe, und am Montagabend erreichten wir Sandābūr. Wir fuhren in die Bucht ein und fanden die Bewohner Sandābūrs, die schon Steinschleudern aufgestellt hatten, kriegsbereit. Die Nacht verbrachten wir auf dem Schiff.

381 Hier beginnt Ibn Baṭṭūṭas elfmonatiger Aufenthalt, von dem er weiter oben sprach. Er muß deshalb etwa um die Mitte April 1342 in Honovar eingetroffen sein.

382 Koran, Sure 22, Abschnitt 40.

Zu Tagesanbruch erschallten Trommeln, Trompeten und Fanfaren, und die Schiffe rückten vor. Die Steinschleudern wurden auf die Schiffe abgeschossen. Ich sah, wie ein Stein einen Mann in der Nähe des Sultans traf. Die Besatzungen der Schiffe warfen sich mit ihren Schilden und Säbeln ins Wasser. Der Sultan stieg auf ein ›ʿukairi‹, eine kleine Barke, um, während ich mich mit allen Kämpfern ebenfalls ins Wasser warf. Wir hatten zwei Lastkähne mit geöffnetem Heck, auf dem sich die Pferde befanden. Die Reiter besteigen ihre Pferde schon auf dem Schiff, legen ihre Rüstungen an und reiten hinaus. So geschah es auch jetzt. Mit Gottes Wille wurde Sandābūr erobert, und Gott verlieh den Muslimen den Sieg. Mit blankem Säbel drangen wir in die Stadt ein, während sich die Mehrheit der Ungläubigen in den Palast ihres Sultans zurückzog. Als wir ihn in Brand steckten, kamen sie heraus und wurden von uns ergriffen. Der Sultan schenkte ihnen das Leben und gab ihnen ihre Frauen und Kinder zurück. Es waren ungefähr 10.000, und der Sultan siedelte sie in einer Vorstadt an. Er selbst bezog den Sultanspalast und gab den Männern seines Staates benachbarte Häuser. Mir schenkte er eine Sklavin, die Lamkī hieß, die ich aber Mubāraka[383] nannte. Der Mann dieser Frau wollte sie freikaufen, aber ich lehnte ab. Er schenkte mir auch ein weites Gewand aus ägyptischem Stoff, das in der Schatzkammer des ungläubigen Sultans gefunden wurde. Ich blieb vom Tage der Eroberung an, der auf den dreizehnten Tag des Monats Ǧumādā I fiel, bis zur Mitte des Monats Šaʿbān bei ihm in Sandābūr.[384] Dann bat ich ihn um Erlaubnis abzureisen, und er nahm mir das Versprechen ab, zu ihm zurückzukehren.

Über See reiste ich nach Hinaur und Fākanaur, von dort weiter nach Manǧarūr, Hīlī, Ǧūr Fattan, Dah Fattan, Budd Fattan, Fandarainā und Qāliqūṭ, alles Städte, von denen ich schon gesprochen habe. Ich segelte weiter nach Šālyāt, einer sehr schönen Stadt, in der Tuche hergestellt werden, die nach ihr benannt sind, und in der ich mich sehr lange aufhielt.[385] Ich kehrte schließlich nach Qāliqūṭ zurück, wo zwei meiner Diener vom Kakam angekommen waren. Sie erzählten mir, daß meine junge schwangere Dienerin, deren Schicksal mir Kummer bereitet hatte, gestorben war und daß sich der anderen Dienerinnen der Sultan von Ǧāwa bemächtigt hatte. Mein ganzes Hab und Gut war erbeutet worden, meine Gefährten hatten sich nach China, Ǧāwa und Banǧāla[386] zerstreut. Als ich das erfahren hatte, kehrte ich nach Hinaur und dann nach Sandābūr zurück, wo ich am letzten Tage des Monats

383 ›Die Gesegnete‹.

384 Somit vom 15. Oktober 1342 bis Mitte Januar 1343.

385 Chaliyam, eine von zwei Flüssen gebildete Insel zehn Kilometer südlich von Calicut; möglicherweise Ursprungsort des arabischen Wortes ›šāl‹ (Schal).

386 Die indonesische Insel Java; Ibn Baṭṭūṭa meint aber, wie sich später noch zeigen wird, Sumatra. ›Banǧāla‹ ist Bengalen.

Muḥarram ankam und wo ich mich bis zum zweiten Tage des Monats Rabīᶜ II aufhielt.[387]

Der ungläubige Sultan der Stadt, die wir angegriffen hatten, rückte wieder gegen sie vor, und alle Ungläubigen flohen zu ihm. Die Streitkräfte des Sultans aber hatten sich in den Dörfern verstreut und waren von uns abgeschnitten. Wir wurden von den Ungläubigen eingeschlossen und mehr und mehr bedrängt. Als sich schließlich unsere Lage verschlimmerte, kehrte ich der Stadt den Rücken und ließ sie im Zustand der Belagerung hinter mir. Ich ging nach Qāliqūṭ zurück und beschloß, zu den Inseln von Ḏībat al-Mahal zu reisen, von denen ich schon viel gehört hatte.

[387] Vom 24. Juni bis zum 24. August 1343.

Auf den Malediven

Zehn Tage, nachdem wir in Qāliqūṭ an Bord gegangen waren, erreichten wir die Inseln Ḏībat al-Mahal[388], die ein Wunder der Welt sind. Es sind ungefähr zweitausend und je hundert oder weniger sind wie ein Ring angeordnet, der einen Eingang wie ein Tor offen läßt, der die einzige Einfahrt für Schiffe darstellt. Wenn ein Schiff ankommt, ist es unbedingt auf einen einheimischen Führer angewiesen, ohne den sie keine der anderen Inseln aufsuchen können. Die Inseln sind einander so nahe, daß man die Kronen der Palmen der anderen Insel schon sieht, wenn man von der einen ablegt. Verfehlt ein Schiff seinen Weg, so gibt es keine Möglichkeit mehr, die Inseln anzufahren, und der Wind treibt sie an die Koromandelküste oder nach Ceylon.

Auf diesen Inseln sind alle Einwohner Muslime, glaubensfest und rechtschaffen. Sie sind in Bezirke eingeteilt, denen ein Statthalter vorsteht, den sie ›karduwīyī‹[389] nennen. Zu den Bezirken zählen Bālibūr, Kannalūs, Mahal – unter diesem Namen sind alle Inseln bekannt und hier leben ihre Sultane –, Talādīb, Karāīdū, Taīm, Taladummatī, Haldummatī, das sich von dem vorhergehenden Bezirk nur durch den ersten Buchstaben unterscheidet, Barāīdū, Kandakal, Mulūk und Suwaid, welcher der entfernteste Bezirk ist.[390] Auf all diesen Inseln gibt es keinerlei Getreide außer im Bezirk von Suwaid, wo sich ein Korn findet, das der Hirse gleicht und das von dort nach Mahal befördert wird. Die Nahrung der Einheimischen besteht aus einem Fisch, der dem

[388] Die Malediven, die Ibn Baṭṭūṭa hier mit dem arabishen Stamm für ›Wölfin‹ wiedergibt, führen ihren Namen auf das Sanskritwort ›dvipa‹ (›Insel‹) zurück. Aus Mahal-Dip entstand die europäische Bezeichnung. Sie bestehen aus etwa zwanzig Atollen und insgesamt ungefähr 1.200 Inseln.

[389] Die korrekte Bezeichnung scheint nach At-Tāzī ›Karuda-veri‹ zu sein; dagegen gab es für den Herrn eines Atolls die Bezeichnung ›Atolu-veri‹.

[390] Es scheint sich in der Textreihenfolge um die folgenden Inseln zu handeln: Fadiffolu (Atoll zwischen dem 5. und 6. Breitengrad); Kinalos (Insel im Malosmadulu-Atoll zwischen dem 6. und 7. Breitengrad); Male (zwei Atolle mit der Hauptstadt Male auf dem Nordatoll zwischen dem 4. und 5. Breitengrad); Talādīb ist möglicherweise Tuladu im Malosmadulu-Atoll; Karāīdū (kleine Insel auf dem 5. Breitengrad); Utimu (nördliche Insel im Tilladumati-Atoll zwischen dem 6. und 7. Breitengrad); Tilladumati (Atoll zwischen dem 6. und 7. Breitengrad); Haldummatī (Atoll auf dem 2. Breitengrad); vielleicht Fulidu (Atoll zwischen dem 3. und 4. Breitengrad); Kedikolu (Insel im Miladummadulu-Atoll auf dem 6. Breitengrad); Mulaku (Insel auf dem 3. Breitengrad); Suvadiu (Atoll zwischen dem 1. Breitengrad und dem Äquator).

›bairūn‹ ähnlich ist und den sie selbst ›qulb al-mās‹ nennen.[391] Er hat rotes Fleisch, aber keinerlei Fett, und sein Geruch kommt dem des Schaffleisches sehr nahe. Wenn er gefangen ist, schneiden sie ihn in vier Stücke, kochen ihn kurz, legen ihn in Körbe aus Palmblättern und hängen sie in den Rauch. Sobald das Fleisch trocken ist, wird es verzehrt. Sie bringen den Fisch nach Indien, China und in den Jemen und bezeichnen ihn als ›qulb al-mās‹.

Der verbreitetste Baum der Inseln ist die Kokospalme, die neben dem Fisch die meiste Nahrung liefert und über die ich schon sprach. Es sind wunderbare Bäume, die im Jahr zwölf Büschel Nüsse hervorbringen, denn jeden Monat erscheint eine neue Traube, eine ist klein, eine andere groß, die eine trocken, die andere grün und so geht es fort. Sie werden zu Milch, zu Öl und zu Honig verarbeitet, wie ich es schon in der ersten Reise beschrieben habe. Aus dem Honig stellen sie Zuckerwerk her, das sie zusammen mit dem trockenen Fruchtfleisch essen. All diese Nahrung und der Fisch, den sie verspeisen, geben ihnen eine unvergleichliche Kraft für den Akt der Liebe, und die Bewohner dieser Inseln vollbringen darin Wunderbares. Ich hatte mir dort vier Frauen genommen, neben ihnen aber noch mehrere junge Dienerinnen. Ich pflegte sie täglich alle zu besuchen und verbrachte die Nacht bei der, deren Nacht gekommen war. Ich hielt mich ein und ein halbes Jahr auf den Inseln auf.[392] Zu den weiteren Bäumen der Inseln gehört der ›ǧammūn‹[393], der Zitronenbaum, der Limonenbaum und die Kolokasie[394], aus deren Wurzeln ein Mehl gewonnen wird, aus dem sie feine Nudeln herstellen. Sie kochen sie mit Kokosmilch und machen daraus ein sehr schmackhaftes Gericht, das ich gegessen und sehr geschätzt habe.

Die Einwohner dieser Inseln sind glaubensfeste und rechtschaffene Menschen, treu im Glauben und fest in ihren Vorhaben. Was sie zu sich nehmen, ist erlaubt, und ihre Gebete werden erhört. Trifft jemand einen anderen, so sagt er zu ihm: »Gott ist mein Herr, Muḥammad ist mein Prophet, ich bin ein armer Unwissender.« Ihre Leiber sind schwach und in Kampf und Krieg haben sie keinerlei Erfahrung, denn ihre Waffe ist das Gebet. Als ich einmal befahl, daß einem Dieb die Hand abgeschlagen werden sollte, fielen mehrere der Anwesenden im Ratssaal in Ohnmacht. Indische Räuber dringen nicht bis zu

391 ›Bairūn‹ ist ein Berberwort für den Thunfisch; ›qulb al-mās‹ ist die arabisierte Form der maledivischen Bezeichnung Kalu-bili-mas, worin ›kalu‹ ›schwarz, ›bili‹ ›Bonito‹ und ›mas‹ ›Fisch bedeuten. Schwarz wird der Fisch, eine Makrelenart, genannt wegen der dunklen Färbung, die sein Fleisch nach der Räucherung annimmt.

392 Hier kommt Ibn Baṭṭūṭa ein weiteres Mal mit seiner Chronologie in Konflikt. Wahrscheinlich hielt er sich nur acht bis neun Monate auf den Inseln auf. Er dürfte im Dezember des Jahres 1343 auf den Malediven eingetroffen sein, wo er den ganzen Ramaḍān erlebte, der Mitte Januar 1344 begann. Seine Abreise setzt er später im Text auf den 26. August 1344 fest.

393 Eugenia Jambolana, in Hindi ›djamun‹.

394 Im Singalesischen ›hittala fu‹, worin ›fu‹ ›Mehl‹ bedeutet.

ihnen vor und jagen ihnen keinen Schrecken ein, denn sie haben die Erfahrung gemacht, daß, wer ihnen etwas stiehlt, bald von einem Unglück heimgesucht wird. Kommt ein feindliches Schiff an ihre Gestade, so ergreift es zwar jeden Fremden, den es antrifft, aber den Einheimischen tut es nichts zuleide. Nimmt ein Ungläubiger etwas an sich, und sei es auch nur eine Limone, so wird er vom Anführer der Ungläubigen bestraft und aus Furcht vor den Folgen aufs strengste verprügelt. Wäre es nicht so, wahrhaftig, diese Menschen wären wegen ihrer Leibesschwäche leicht zu überwinden für diejenigen, die sie kampfbereit aufsuchen.

Auf jeder ihrer Inseln stehen schöne Moscheen, meistens aus Holz. Es sind reinliche Menschen, die jeden Schmutz von sich fernhalten und von denen sich die meisten, weil sie in der drückenden Hitze sehr viel schwitzen, zweimal am Tage waschen. Sie verwenden deshalb auch viele Duftstoffe wie Sandelholz und besprühen sich mit Moschus und Ambra aus Maqdašau. Sobald das Frühgebet gesprochen ist, kommt jede Frau mit Lidschwärze, Rosenwasser, Moschus und Ambra zu ihrem Mann oder Sohn, er schwärzt seine Lider, besprüht sich mit Rosenwasser, reibt sich mit Moschus ein und massiert seine Haut, um die Müdigkeit aus dem Gesicht zu vertreiben.

Ihre Kleidung besteht aus Lendenschurzen, die sie um ihre Mitte wickeln und anstelle von Hosen tragen. Ihren Rücken bedecken sie mit einem Kleid, das sie ›wilyān‹[395] nennen und das wie unser ›iḥrām‹ aussieht. Manche tragen auch einen Turban, andere an dessen Stelle ein kleines Kopftuch. Trifft einer den Qāḍī oder den Prediger, nimmt er sein Obergewand von den Schultern und geht nun in dessen Begleitung mit entblößtem Rücken, bis er seine Behausung erreicht. Heiratet einer von ihnen und geht nun zum Hause seiner Gattin, so breitet diese von der Außentür ihrer Wohnung bis zur Schlafkammer Gewänder aus, auf die sie rechts und links des Weges, dem er folgen soll, mehrere Handvoll Muscheln streut. Sie selbst steht an der Tür der Kammer, wo sie ihn erwartet. Sobald er sie erreicht hat, legt sie ihm einen Schurz vor die Füße, den seine Diener aufnehmen. Kommt aber die Frau zum Haus des Mannes, so ist dessen Wohnung ausgelegt und mit Muscheln geschmückt, und sobald sie ankommt, legt sie ein Gewand vor seine Füße. So halten sie es auch, wenn sie den Sultan begrüßen: Sie kommen nicht umhin, ein Gewand niederzulegen. Davon werde ich noch erzählen.

Ihre Gebäude bestehen aus Holz, und sie bauen aus Schutz gegen die Nässe den Boden ihrer Kammern hoch über der Erde, denn diese ist sehr feucht. Dabei gehen sie so vor, daß sie zwei oder drei Ellen lange Steine glätten, in Reihen nebeneinander aufstellen und quer darüber Palmholzbretter legen. Dann ziehen sie aus Brettern die Wände hoch, worin sie sehr viel Geschick zeigen. In

395 Nach At-Tāzī ist damit eine maledivische ›feliya‹ gemeint, ein westenähnliches Obergewand.

der Vordiele des Hauses richten sie eine Kammer ein, die sie ›mālam‹ nennen. Dort sitzt der Mann mit seinen Freunden. Die Kammer hat zwei Türen, von denen eine in die Diele führt und durch welche die Besucher eintreten, während die andere ins Innere geht und aus welcher der Hausherr eintritt. In dieser Kammer steht auch ein großer wassergefüllter Krug mit einem Schöpfbecher, der ›walanǧ‹ heißt und aus der Schale der Kokosnuß herausgearbeitet ist; sein Stiel ist zwei Ellen lang. Mit diesem Becher können sie aus ihren flachen Brunnen Wasser schöpfen.

Alle Inselbewohner, hoch und niedrig, gehen barfuß. Ihre Gassen sind gekehrt und sauber; sie liegen im Schatten der Bäume, so daß, wer sie entlanggeht, wie durch einen Garten wandelt. Dennoch muß jeder, der ein Haus betritt, zuvor seine Füße mit Wasser waschen, das in einem Krug vor dem ›mālam‹ bereitsteht, und sie mit einer groben Matte aus Palmfasern abwischen. Dann kann er das Haus betreten, und so hält es auch jeder, der eine Moschee betritt. Legt ein Schiff an, so fahren sie ihm in ›kundura‹ genannten kleinen Booten entgegen und bringen Betel und ›kurumba‹, grüne Kokosnüsse, mit. Jeder bietet sie demjenigen auf dem Schiff an, den er sich wünscht, den er zu sich einlädt und der seine Waren in sein Haus trägt, als gehöre er zur Familie. Wer von den Neuankömmlingen heiraten will, kann dort die Ehe schließen, und wenn die Zeit seiner Abreise gekommen ist, kann er sich von seiner Frau wieder trennen, denn die Frauen verlassen ihr Land nie. Heiratet er aber nicht, so bereitet ihm die Frau, in deren Haus er Wohnung genommen hat, sein Essen, bedient ihn, versorgt ihn mit Proviant, wenn er wieder abreist, und ist mit einem bescheidenen Geschenk zufrieden. Der Nutzen für den Staatsschatz, den sie ›bandar‹[396] nennen, besteht darin, daß sie einen Teil der Schiffsfracht zu einem bestimmten Preis aufkaufen, einerlei, ob der Wert der Ware gleich oder höher ist; dies nennen sie das ›Gesetz des Schatzes‹. Der Schatz hat auf jeder Insel ein Holzhäuschen, ›baġanṣār‹ genannt, in dem der Inselstatthalter, der ›kurduwirī‹[397], all diese Waren sammelt, wo er sie erwirbt und wieder verkauft. Die Einheimischen kaufen, wenn sie ihnen gebracht werden, Töpferwaren gegen Hühner, und zwar geben sie für einen Kochkessel fünf oder sechs Hühner.

Die Schiffe führen von diesen Inseln den Fisch, von dem ich sprach, die Kokosnuß, den Lendenschurz, die ›wilyān‹ und den baumwollenen Turban aus, ebenso Kupfergefäße, die auf den Inseln sehr verbreitet sind, Kauri-Muscheln und schließlich ›qambar‹, das faserige Haar der Kokosnuß. Sie gerben es zunächst in Gruben an der Küste und klopfen es mit Stangen aus. Daraufhin wird es von den Frauen gesponnen und zu Stricken verarbeitet, mit denen sie die Planken ihrer Boote zusammenbinden. Sie führen es bis nach China, Indien

[396] ›Bandar‹ ist persisch ›Hafen‹; hier aber stammt das Wort ›bhandara‹ aus dem Sanskrit und bedeutet ›Schatz‹.

[397] Der Inselstatthalter ›karduwīyī‹ erscheint hier in anderer Schreibweise.

und in den Jemen aus. Es ist besser als Hanf, und sowohl die Schiffe aus Indien als auch aus dem Jemen sind mit diesen Tauen zusammengenäht. Das indische Meer ist nämlich voller Felsen, und wenn ein Schiff, das mit Eisennägeln zusammengebaut ist, gegen einen Felsen stößt, so zerbricht es; ist es aber mit Tauen zusammengenäht, ist es widerstandfähiger und zerschellt nicht.

Das Geld der Inseln besteht aus Muscheln[398], die aus dem Meer eingesammelt und in Gruben gelegt werden. Ihr Fleisch löst sich auf, und es bleibt nur ein weißer Knochen; hundert davon nennen sie ›siyāh‹, 700 von ihnen ›fāl‹, 12.000 heißen ›kuttā‹ und 100.000 ›bustū‹. Mit diesen Muscheln, von denen vier ›bustū‹ den Wert eines Golddinars haben, werden Geschäfte abgeschlossen; bisweilen aber sind sie billiger, so daß zehn ›bustū‹ einem Golddinar entsprechen. Sie verkaufen sie dem Volk von Banğāla für Reis, denn auch die Bengalen verwenden dieses Geld. Ebenso verkaufen sie die Muscheln an die Jemeniten, die sie anstelle von Sand als Ballast in ihre Schiffe laden. Auch in den Ländern der Neger wird mit diesem Gelde bezahlt, wie ich in Mālī und in Ğauğau[399] beobachten konnte, wo für 1.150 ein Golddinar gegeben wurde.

Die Frauen bedecken ihren Kopf nicht, auch ihre Sultanin nicht, vielmehr kämmen sie ihre Haare und lassen sie auf eine Seite fallen. Die meisten legen nichts an als einen Lendenschurz, der vom Nabel abwärts bis auf den Boden reicht. Ihr restlicher Körper ist unbedeckt, und so gehen sie auf die Märkte und überallhin. Als mir auf den Inseln die Würde des Qāḍīs anvertraut worden war, bemühte ich mich, ihnen diese Sitte zu verbieten, und befahl ihnen, sich vollständig zu bekleiden, aber ich war erfolglos. Zwar durfte keine Frau mit einem Rechtsstreit zu mir kommen, wenn sie nicht ihren ganzen Körper verhüllt hatte, aber abgesehen davon hatte ich keine Macht über diese Sitte. Manche Frauen legen außer dem Schurz noch ein Hemd mit kurzen weiten Ärmeln an. Ich hatte einige Dienerinnen, die sich kleideten wie die Frauen Delhis und auch ihren Kopf bedeckten, aber da sie nicht daran gewöhnt waren, entstellte sie diese Kleidung mehr als daß sie sie schmückte. Ihr Schmuck besteht aus Armreifen, die sie so an ihren beiden Unterarmen tragen, daß der gesamte Arm zwischen Handgelenk und Ellbogen vollkommen bedeckt ist. Diese Reifen sind aus Silber, allein die Gemahlinnen und Verwandten des Sultans tragen goldene Armreifen. Sie tragen auch Fußreifen, die sie ›bāīl‹ nennen, und ›basdarad‹, goldene Halsbänder, die sie auf ihrer Brust tragen. Erstaunlich ist, daß sie sich für eine Summe von nicht mehr als fünf Dinar als Dienerinnen in den Häusern verdingen, während ihr Lebensunterhalt von ihrem Mieter aufzubringen ist. Sie erkennen darin keine Schande, und die meisten Töchter halten es so. Im Hause eines reichen Mannes finden sich zehn oder zwanzig dieser jungen Mädchen, aber den Wert der Gefäße, die sie zerbrechen, müssen

398 Kauri-Muscheln.

399 Vgl. Kapitel ›In den Süden der Sahara‹.

sie ersetzen. Will eine das Haus verlassen und in ein anderes gehen, so zahlt die Familie des Hauses, das sie neu aufsuchen will, ihr ein Pfandgeld, das sie der Familie gibt, die sie verläßt, und das sie ihren neuen Herren schuldet. Die wichtigste Beschäftigung dieser jungen Mädchen ist das Spinnen von Palmfaserstricken.

Es ist wegen der bescheidenen Brautgabe und der Bereitschaft der Frauen zur Liebe leicht, sich auf diesen Inseln zu verheiraten. Die meisten Männer erwähnen eine Brautgabe nicht, sondern man legt Zeugnis vom Islam ab und gibt eine Brautgabe, wie sie dem Gesetz entspricht. Kommen Schiffe an, heiraten deren Männer Frauen der Inseln; wollen sie wieder abfahren, trennen sie sich von ihnen wie nach einer Art Ehe auf Zeit.[400] Sie verlassen aber ihr Land nie, und ich habe auf der ganzen Welt keine Frauen erlebt, die mehr Freude spenden als sie. Die Frau wird nicht müde, ihren Mann zu bedienen, und überläßt dies niemals anderen, sondern sie trägt ihm das Essen selbst auf, trägt es wieder ab, wäscht ihm die Hände, bringt ihm Wasser für die Reinigungen und deckt seine Füße zu, wenn er schlafen will. Zu ihren Bräuchen gehört auch, daß die Frauen niemals mit ihrem Gatten zusammen speisen, ja der Mann weiß nicht, was die Frauen essen. Ich heiratete dort mehrere Frauen, einige aßen mit mir, wenn ich mich darum bemühte, andere taten es nicht; manche habe ich niemals essen sehen, keine List half mir.

Glaubwürdige Männer unter den Einheimischen wie der Rechtsgelehrte ʿĪsā, der Jemenit, der Faqīh und Lehrer ʿAlī, der Qāḍī ʿAbdallāh und viele andere haben mir erzählt, daß das Volk der Inseln einst ungläubig war und ihm jeden Monat ein böser Geist erschien, der vom Meer her kam und aussah wie ein Schiff voller Laternen. Sie hatten es sich zur Gewohnheit gemacht, wenn sie ihn erblickten, eine Jungfrau zu wählen, sie zu schmücken und in einen ›budaḫāna‹, das heißt in einen Götzentempel zu führen. Er stand am Meeresufer und hatte ein Fenster, durch das man sie sehen konnte. Dort ließ man sie eine Nacht lang zurück, kam am Morgen wieder und fand sie entjungfert und tot. Jeden Monat losten sie untereinander, und wen das Los traf, der gab seine Tochter. Da kam ein Maġribiner zu ihnen, der sich Abu-l-Barakāt, der Berber, nannte und den Erhabenen Koran auswendig kannte. Er nahm Wohnung im Hause einer Greisin der Insel Mahal. Eines Tages ging er zu ihr, die ihre Familie versammelt hatte, und sah, daß die Frauen weinten, als seien sie auf einer Leichenfeier. Er fragte sie, was es gäbe, doch sie verstanden ihn nicht. Ein Dolmetscher kam und teilte ihm mit, daß auf die Greisin das Los gefallen sei, sie aber nur eine einzige Tochter habe, die nun der böse Dämon töten werde. Da sprach Abu-l-Barakāt zu ihr: »Ich werde heute Nacht anstelle deiner Tochter gehen.« Er war völlig bartlos. In der Nacht führten sie ihn zum Tempel und ließen ihn, nachdem er sich gereinigt hatte, eintreten. Er las laut den

400 Die ›mutʿa‹-Ehe, eine im Islam erlaubte auf Zeit geschlossene Genußehe.

Koran und fuhr, als er den Geist durch das Fenster erblickte, in der Rezitation fort. Als der Geist derart nahe war, daß er die Lesung hören konnte, tauchte er ins Meer. Am Morgen las der Maġribiner noch immer den Koran. Die Greisin erschien mit ihrer Familie und dem ganzen Volk der Insel, um nach ihrem Brauch die Tochter herauszuholen und ihre Leiche zu verbrennen, aber sie fanden den Maġribiner rezitierend. Sie gingen mit ihm zu ihrem König, der sich Šanūrāza[401] nannte, und schilderten ihm, was geschehen war. Dieser nahm es als Wunder, aber der Maġribiner stellte ihm den islamischen Glauben dar und erweckte in ihm das Verlangen, ihm beizutreten. Der König sagte: »Bleibe bis zum nächsten Monat bei uns! Wenn du noch einmal tust, was du getan hast, und du erneut dem Dämon entgehst, werde ich mich zu deinem Glauben bekennen.« Er blieb, aber Gott erleuchtete das Herz des Königs und er bekannte sich zum Islam, noch bevor der Monat verflossen war. Auch seine Familie und seine Kinder und die Männer seines Staates nahmen den Islam an. Als der neue Monat begann, wurde der Maġribiner zum Tempel geführt, aber der Geist erschien nicht mehr, während er bis zum Morgen den Koran las. Der Sultan und sein Gefolge kamen und trafen ihn bei der Rezitation an. Sie zerstörten den Tempel und zerbrachen die Götzenstatuen. Nun bekannte sich das Volk der Insel zum neuen Glauben, sandte Botschaften auf die anderen Inseln, deren Volk ebenfalls übertrat. Der Maġribiner blieb bei ihnen und wurde sehr verehrt. Sie bekannten sich zu seiner Regel, welche die des Imāms Mālik war. Seinetwegen halten sie die Maġribiner noch bis auf den heutigen Tag in hoher Wertschätzung. Er baute eine Moschee, die unter seinem Namen bekannt ist. Dort las ich, in das Holz des vergitterten Betraums geschnitzt, die folgende Inschrift: ›Sultan Aḥmad Šanūrāza hat den Islam aus den Händen von Abu-l-Barakāt, dem Berber aus dem Maġrib, empfangen.‹[402] Der Sultan bestimmte ein Drittel der Steuereinkünfte der Inseln zu Almosen für die Reisenden, da er seinen Glauben ihnen verdankte. Diese Steuer ist bis heute nach diesem Ereignis benannt. Wegen dieses bösen Geistes waren vor ihrer Bekehrung viele dieser Inseln entvölkert. Als ich sie betrat, wußte ich nichts von dieser Begebenheit. Als ich eines Nachts eine meiner Beschäftigungen unterbrach, hörte ich plötzlich, wie sich Stimmen erhoben und das ›tahlīl‹ und das ›takbīr‹ riefen. Ich sah Kinder, die den Koran über den Kopf hielten, und Frauen, die auf Kochkessel und Kupfergefäße schlugen. Ich wunderte mich und fragte: »Was ist euch geschehen?« – Sie antworteten: »Siehst du das Meer nicht?« – Da sah ich etwas wie ein großes Schiff voller Lampen und Fackeln, und sie sagten:

401 Im Singalesischen ein Titel für einen hohen Staatsdiener; nach At-Tāẓī vermutlich ein hoher Offizier oder Truppenführer (Shanu Raja).

402 Die Moschee besteht noch heute. In Male steht auch noch das Mausoleum des Missionars Abu-l-Barakāt. Nach anderen Deutungen soll er aber nicht aus dem Maġrib, sondern aus Täbris in Persien stammen.

»Das ist der Dämon. Er kommt einmal im Monat, aber wenn wir tun, was du gesehen hast, verschwindet er wieder und tut uns nichts zuleide.«

Es gehört zu den Merkwürdigkeiten der Insel, daß ihre Herrscherin eine Frau ist. Sie heißt Ḫadīǧa und war die Tochter des Sultans Ǧalāl ad-Dīn ʿUmar, Sohn des Sultans Ṣalāḥ ad-Dīn Ṣāliḥ al-Banǧālī.[403] Zunächst hatte das Königreich ihrem Großvater, dann ihrem Vater gehört, aber als ihr Vater starb, übernahm es ihr Bruder Šihāb ad-Dīn, der noch sehr jung war. Der Wesir ʿAbdallāh bin Muḥammad al-Ḥaḍramī heiratete seine Mutter und beherrschte ihn. Er heiratete aber auch die Sultanin Ḫadīǧa, nachdem deren erster Gatte Ǧamāl ad-Dīn gestorben war, wovon ich noch erzählen werde. Als Šihāb ad-Dīn das Mannesalter erreicht hatte, vertrieb er seinen Stiefvater und verbannte ihn auf die Inseln von Suwaid. Er war nun alleiniger Herrscher in seinem Königreich und machte einen seiner Gefolgsleute namens ʿAlī Kalakī[404] zum Wesir, den er aber nach drei Jahren absetzte und ebenfalls auf die Suwaid-Inseln verbannte. Man erzählte sich von Sultan Šihāb ad-Dīn, daß er des Nachts öfters die Frauengemächer seiner Vertrauten und Staatsdiener besuchte. Sie setzten ihn deshalb ab, verbannten ihn in den Bezirk Haldutanī[405] und sandten ihm jemanden nach, der ihn tötete. Vom Königshaus waren nun nur noch seine Schwestern, und zwar Ḫadīǧa, die älteste, sowie Miryam und Fāṭima, übriggeblieben. Das Volk erhob Ḫadīǧa zur Sultanin, die mit dem Prediger Ǧamāl ad-Dīn vermählt war, der nun Wesir wurde, die höchste Macht ausübte und seinen Sohn Muḥammad an seiner Statt zum Prediger ernannte; die Befehle aber wurden im Namen von Ḫadīǧa ausgeführt. Diese Befehle schreiben sie mit einem gekrümmten Eisen, das wie ein Messer aussieht, auf Palmenblätter, nicht aber auf Papier, das sie nur für Koranhandschriften und Bücher der Wissenschaft verwenden. Der Prediger verkündet den Namen der Sultanin am Freitag, aber auch an anderen Tagen mit den Worten: »O Gott, beschütze deine Dienerin, die du in deiner Weisheit ausersehen hast vor allen Wissenden und die du zugunsten aller Muslime zum Werkzeug deiner Gnade gemacht hast: Ḫadīǧa, Tochter des Sultans Ǧalāl ad-Dīn, des Sohnes des Sultans Ṣalāḥ ad-Dīn!«

Kommt ein Fremder zu ihnen und begibt sich zum Ratssaal, den sie das ›Haus‹ nennen, so verlangt es der Brauch, daß er zwei Lendenröcke mitbringt, sich zur Sultanin hin verbeugt, einen der Röcke ausbreitet, sich zu ihrem We-

[403] Nach At-Tāzī trat Ḫadīǧa ihre Herrschaft im Jahre 1340 an, nachdem ihr Bruder Šihāb ad-Dīn wegen seiner Verfehlungen abgesetzt worden war. Nach Yérasimos aber, der auf die maledivischen Chroniken zurückgreift, herrschte sie zwar dreimal, aber erst nach Ibn Baṭṭūṭas Abreise, nämlich erstmals ab 1347, so daß es den Anschein hat, als müßten die Chroniken korrigiert werden. Ihr Vater Ǧalāl ad-Dīn herrschte von 1306 bis 1340; ihm soll zunächst Hadīǧas Bruder Šihāb ad-Dīn gefolgt sein.

[404] Kalakī (›Kalege‹) war der Titel des ersten Offiziers der Inseln.

[405] So im Text; gemeint ist der Bezirk Haldummatī; vgl. Anm. 390.

sir und Gatten Ǧamāl ad-Dīn hin verbeugt und das zweite Gewand auslegt. Ihre Armee besteht aus ungefähr tausend ausländischen und einigen wenigen einheimischen Männern. Sie kommen jeden Tag zum Haus, grüßen und ziehen sich wieder zurück. Ihr Sold besteht aus Reis, der ihnen monatlich aus dem Staatsschatz zufließt: Am Ende des Monats gehen sie zum Haus, grüßen und sagen zum Wesir: »Überbringe unseren Gruß und lasse sie wissen, daß wir gekommen sind, unseren Sold zu verlangen«, und nun werden zu ihren Gunsten die Befehle erteilt. Auch der Richter und andere Würdenträger, die bei ihnen sämtlich Wesire genannt werden, kommen täglich zum Haus, lassen ihre Grüße durch Diener überbringen und entfernen sich wieder.

Das Volk der Inseln nennt den Großwesir und Vertreter der Sultanin ›kalakī‹, den Richter ›fandayārqālū‹[406]. Alle Urteile werden vom Richter gesprochen, der vor allen Bewohnern am höchsten geachtet wird und dessen Befehle ebenso streng, ja sogar noch strenger befolgt werden als die des Sultans. Im Haus nimmt er auf einem Teppich Platz, und ihm gehören drei Inseln, deren Steuern er nach einer alten Sitte, die Sultan Aḥmad Šanūrāza einführte, für sich selbst einziehen kann. Den Prediger nennen sie ›handīǧarī‹[407], den Schatzkämmerer ›fāmaldārī‹, den Steuereintreiber ›māfākalū‹, den obersten Aufseher der Polizei ›fitnāyak‹, ihren obersten Seekapitän ›mānāyak‹, aber alle tragen den Titel des Wesirs. Einen Kerker gibt es auf diesen Inseln nicht, sondern sie sperren Verbrecher in Holzhütten, in denen die Waren der Kaufleute gespeichert werden. Sie werden in eine hölzerne Kammer gesteckt, wie man es bei uns mit griechischen Gefangenen macht.

Als ich ankam, ging ich auf der Insel Kannalūs an Land, einer schönen Insel mit vielen Moscheen, und fand Unterkunft im Hause eines frommen Mannes. Faqīh ʿAlī gab mir ein Gastmahl. Er war ein vornehmer Mann mit Söhnen, die die Wissenschaften erlernten. Ich begegnete dort einem Manne namens Muḥammad aus Ẓafār al-Ḥumūḍ, der mich bewirtete und zu mir sagte: »Wenn du die Insel Mahal betrittst, wird dich der dortige Wesir festhalten, denn sie haben keinen Qāḍī.« Es war aber mein Ziel, von dort weiter an die Koromandelküste, nach Sarandīb[408], Banǧāla[409] und dann nach China zu reisen. Angekommen war ich im Schiff des Schiffsherrn ʿUmar al-Hinaurī, eines vortrefflichen Mann und Pilgers. Als wir Kannalūs erreicht hatten, blieb er zehn Tage dort und mietete dann ein Boot, in dem er nach Mahal segelte, um die Sultanin und ihren Gemahl zu beschenken. Ich wollte mit ihm reisen, aber er sagte: »Das Boot ist nicht groß genug für dich und deine Begleiter, wenn du aber ohne sie reisen willst, dann gut!« Aber das lehnte ich ab. Er segelte da-

406 Nach At-Tāzī korrekt: ›fadiyaru‹.

407 ›Hadegiri‹.

408 Die Küste Ceylons.

409 Bengalen.

von, kam aber schon nach vier Tagen, weil er widrige Winde angetroffen und Not gelitten hatte, wieder zu uns zurück. Er entschuldigte sich bei mir und lud mich nun ein, mit ihm zu segeln und meine Begleiter mitzunehmen. Am Morgen brachen wir auf und erreichten gegen Mittag eine Insel, fuhren weiter und verbrachten die Nacht auf einer anderen. Nach vier Tagen kamen wir im Bezirk von Taim an, dessen Statthalter sich Hilāl nannte. Er begrüßte mich, nahm mich gastlich auf und kam mit vier Männern zurück, von denen zwei Stöcke auf ihren Schultern trugen, an denen vier Hühner hingen, während die beiden anderen einen ähnlichen Stock trugen, an denen ungefähr zehn Kokosnüsse befestigt waren. Ich staunte über den Aufwand, den sie mit diesen armseligen Dingen trieben, erfuhr aber, daß sie es aus Hochachtung und uns zur Ehre taten. Wir verließen sie wieder und kamen am sechsten Tage an die Insel von ᶜUṯmān, einem höchst verdienstvollen Mann, der uns ehrte und gastlich aufnahm. Am achten Tage erreichten wir die Insel eines Wesirs, der sich mit Talamdī ansprechen ließ, und am zehnten Tage legten wir an der Insel Mahal an, wo die Sultanin und ihr Gemahl wohnten. Wir gingen im Hafen vor Anker, aber es gehört zu den Bräuchen der Bewohner, niemanden ohne ihre Erlaubnis an Land gehen zu lassen. Sie erteilten uns die Erlaubnis, an Land zu gehen, und ich wollte mich einer Moschee zuwenden, aber die Diener am Ufer hinderten mich daran und sagten: »Du mußt unbedingt zum Wesir gehen.« Ich hatte dem Schiffsherrn geraten, mich nicht zu kennen, wenn er nach mir befragt werden sollte, weil ich fürchtete, sie würden mich nicht mehr gehen lassen. Aber ich wußte nicht, daß ein Schwätzer ihnen schon etwas über mich geschrieben hatte, auch daß ich Qāḍī in Delhi gewesen war.

Als wir an ihr Haus kamen, wie sie ihren Ratssaal nennen, ließen wir uns auf Sitzen vor der dritten Eingangstür nieder. Qāḍī ᶜĪsa-l-Yamanī erschien und grüßte mich, während ich den Wesir grüßte. Schiffsherr Ibrāhīm kam mit zehn Lendenröcken, verbeugte sich in die Richtung der Sultanin und legte einen Rock aus. Nun verneigte er sich zum Wesir hin, legte einen zweiten Rock vor ihn und breitete nun alle weiteren Kleider vor ihnen aus. Er wurde gefragt, wer ich sei, und er antwortete: »Ich kenne ihn nicht.« Jetzt brachte man uns als Zeichen der Achtung Betel und Rosenwasser. Der Wesir wies uns ein Haus an, Essen wurde uns gebracht in einer großen mit Reis gefüllten Holzschüssel, um die herum Schalen mit Trockenfleisch, Hühnern, Butteröl und Fisch gestellt wurden.

Am nächsten Morgen besuchte ich mit dem Schiffsführer und Qāḍī ᶜĪsa-l-Yamanī an einer abgelegenen Stelle der Insel eine Zāwiya, die der fromme Scheich Naǧīb errichtet hatte, und kamen am Abend zurück.[410] Am anderen Morgen schickte der Wesir mir ein Gewand und ein Gastmahl aus Butteröl,

[410] Diese Zāwiya in der Siedlung Lonu Ziyare in der Hauptstadt Male besteht noch heute.

Fisch, Trockenfleisch, Kokosnüssen sowie aus dem Honig, den sie aus diesen Nüssen herstellen und ›qurbānī‹ nennen, was Zuckerwasser heißt. Außerdem brachte man mir 100.000 Muscheln für meinen Unterhalt. Zehn Tage später erschien ein Schiff aus Sīlān[411] mit arabischen und persischen Faqīren, denen ich bekannt war und die den Dienern des Wesirs sagten, wer ich war. Die Zufriedenheit des Wesirs über mich wuchs, und am Tage des Neumonds des Ramaḍān[412] schickte er nach mir. Alle Emire und Wesire hatten sich eingefunden, auf Tafeln wurden Speisen gereicht, und an jeder hatte sich eine Gruppe versammelt. Der Wesir ließ mich neben sich Platz nehmen, bei ihm saßen der Qāḍī ʿĪsā, Wesir Fāmaldārī und Wesir ʿUmar, der Daharad, der oberste Offizier. Das Essen bestand aus Reis, Hühnern, Butteröl, Fisch, Trockenfleisch und gekochten Bananen. Nach dem Essen trinken sie gewürzten Kokoshonig, der die Verdauung erleichtert.

Am neunten Tage des Ramaḍān starb der Schwiegersohn des Wesirs und Ehemann seiner Tochter, die zuvor mit Sultan Šihāb ad-Dīn verheiratet gewesen war. Aber keiner der beiden hatte wegen ihres jungen Alters bereits das Lager mit ihr geteilt. Ihr Vater nahm sie wieder in sein Haus auf und gab mir ihr Haus. Es war ein sehr schönes Haus. Ich bat ihn um die Erlaubnis, die Faqīre zu bewirten, die vom Fuße Adams[413] gekommen waren. Er gestattete es mir und schickte mir fünf Hammel, die dort sehr selten sind und von der Koromandelküste, aus Mulaibār und Maqdašau eingeführt werden. Er schickte Reis und Hühner sowie Butteröl und Gewürze. Ich schickte alles ins Haus des Wesirs Sulaimān Mānāyak, der es mit größter Sorgfalt kochte, sogar noch etwas hinzugab und mir einen Teppich und Kupfergeschirr schickte. Im Hause der Sultanin und in Anwesenheit des Wesirs brachen wir nach alter Gewohnheit das Fasten, und ich bat ihn, mir zu erlauben, zu meinem Gastmahl auch einige der anderen Wesire einladen zu dürfen. Er sagte: »Ich werde ebenfalls teilnehmen.« Ich dankte ihm und zog mich in mein Haus zurück, wo er bereits mit den Wesiren und Staatsdienern angekommen war und sich in einem erhöhten Pavillon niedergelassen hatte. Alle Emire und Wesire, die eingetroffen waren, grüßten den Wesir und breiteten ungenähte Kleider aus, bis ungefähr hundert Gewänder ausgelegt waren, welche die Faqīre an sich nahmen. Die Speisen wurden gebracht, es wurde gegessen, danach trugen die Koranleser mit schönen Stimmen vor und es folgten Gesang und Tanz. Ich bereitete ein Feuer vor, sie gingen hinein und traten es mit den Füßen; einige nahmen es in den Mund, als äßen sie Zuckerwerk, bis das Feuer erlosch.

Als der Abend zu Ende ging, zog sich der Wesir zurück. Ich begleitete ihn, und wir kamen an einem Garten vorüber, der zum Staatsschatz gehörte. Er sagte

411 Ceylon, das heutige Sri Lanka.

412 Der 1. Ramaḍān fiel auf den 16. Januar 1344.

413 Berg auf Ceylon.

zu mir: »Dieser Garten soll dir gehören, und ich werde dir darin ein Haus bauen lassen, in dem du wohnen kannst.« Ich dankte ihm und rief Gottes Segen auf ihn herab. Am Morgen schickte er mir eine junge Dienerin, und sein Bote sagte zu mir: »Der Wesir läßt dir sagen, sie gehöre dir, wenn sie dir gefallen sollte; wenn nicht, wird er dir eine Marhatta-Dienerin schicken.« Die jungen Marhatta-Dienerinnen gefielen mir und ich antwortete: »Dann wünsche ich eine Marhatta.« Er schickte mir eine mit Namen Qul Istān, was Gartenblume bedeutet. Sie verstand Persisch, und das gefiel mir, denn das Volk dieser Inseln spricht eine Sprache, die ich nicht kannte.[414] Am nächsten Morgen schickte er mir eine junge Dienerin von der Koromandelküste namens ʿAmbarī[415]. Noch am gleichen Abend nach dem letzten Nachtgebet suchte mich der Wesir mit einigen seiner Männer auf und kam mit zwei jungen Burschen ins Haus. Ich begrüßte ihn, und er fragte, wie ich mich befände. Ich dankte ihm und bat um Gottes Segen für ihn. Einer seiner Burschen rollte eine ›luqša‹, ein großes viereckiges Tuch, vor ihm aus, dem er seidene Gewänder und eine kleine Schachtel mit Perlen und Edelsteinen entnahm. Er gab sie mir und sagte: »Hätte ich sie dir mit der Sklavin geschickt, so hätte sie gesagt, sie gehörten ihr und sie hätte sie aus dem Hause ihres Herrn mitgebracht. Jetzt aber, da sie dir gehören, kannst du sie ihr zum Geschenk machen.« Ich sprach ein Gelübde zu seinen Gunsten und dankte ihm, der des höchsten Dankes würdig war.

Wesir Sulaimān Mānāyak lud mich ein, seine Tochter zu heiraten, und ich ließ Wesir Ǧamāl ad-Dīn um Erlaubnis bitten, der Bote aber kehrte zurück und sagte: »Es gefällt ihm nicht, er sähe es lieber, dich mit seiner Tochter zu verheiraten, sobald ihre Witwenfrist verstrichen ist.« Aber diesen Vorschlag wies ich aus Furcht vor den bösen Vorzeichen zurück, denn zwei ihrer Gatten waren bereits gestorben, noch bevor sie die Ehe vollzogen hatten. Unterdessen befiel mich ein Fieber, an dem ich erkrankte, ja, an dem unausweichlich jeder erkrankt, der auf diese Inseln kommt. Mein Entschluß, die Inseln wieder zu verlassen, festigte sich, ich tauschte einige Schmucksachen gegen Muscheln und mietete ein Schiff, um nach Binǧāla zu reisen. Als ich aber vom Wesir Abschied nehmen wollte, kam der Qāḍī zu mir und sagte: »Der Wesir wird dir sagen: ›Wenn du abreisen willst, dann gib alles zurück, was wir dir gegeben haben, und reise!‹« – Ich erwiderte: »Mit einigen Schmucksachen habe ich Muscheln gekauft. Macht damit, was ihr wollt!« – Er kam wieder und sagte: »Er hat geantwortet, wir hätten dir Gold und keine Muscheln gegeben.« – Ich sagte: »Ich verkaufe sie wieder und bringe dir Gold.« Ich wollte Händler kommen lassen, die sie mir abkaufen sollten, aber der Wesir hatte es ihnen verboten, denn es war seine Absicht, mich nicht reisen zu lassen.

414 Heute wird dort das Divehi gesprochen, eine Abart des Singalesischen, das zur indoeuropäischen Sprachfamilie gehört.

415 ›Mit Ambra parfümiert‹.

Schließlich kam einer seiner Vertrauten zu mir und sagte: »Der Wesir läßt dir sagen: ›Bleibe bei uns und du wirst alles bekommen, was du magst!‹« Ich sagte mir, daß ich in ihrer Gewalt bin und, wenn ich nicht aus freien Stücken bliebe, man mich zwingen würde zu bleiben, und daß ein freiwillig gewählter Aufenthalt besser wäre. Ich sagte also zum Boten: »Ja, ich bleibe.« Er kehrte zu ihm zurück, der Wesir freute sich und lud mich zu sich ein. Als ich bei ihm eintrat, stand er auf, umarmte mich und sagte: »Wir wollen deine Nähe und du willst dich entfernen!« Ich sprach eine Entschuldigung, die er annahm, und sagte: »Wenn ihr wünscht, daß ich bleibe, so werde ich euch Bedingungen stellen.« – Er antwortete: »Wir werden sie annehmen, stelle deine Bedingungen!« – Da sagte ich ihm: »Ich kann nicht zu Fuß gehen«, denn bei ihnen reitet außer dem Wesir niemand, und als sie mir ein Pferd gegeben hatten und ich es auch ritt, lief das ganze Volk, Männer und Knaben, staunend hinter mir her, bis ich mich bei dem Wesir darüber beschwerte. Er ließ die ›dunqūra‹ schlagen und dem Volk verkünden, daß niemand mir folgen sollte. Eine ›dunqūra‹ ist eine Art Kupferschüssel, auf die mit einem Stück Eisen geschlagen wird und deren Klang man weithin hören kann. Wenn sie geschlagen wird, ruft man aus, was man will. Der Wesir sagte: »Wenn du in eine Sänfte steigen willst, dann gut, wenn nicht, haben wir auch einen Hengst und eine Stute. Wähle, was du willst!« Ich wählte die Stute, die mir noch in der gleichen Stunde gebracht wurde. Man brachte mir auch ein Gewand, und ich fragte den Wesir: »Was mache ich mit den Muscheln, die ich gekauft habe?« – Er antwortete: »Schicke einen deiner Gefährten nach Binǧāla, damit er sie dort für dich verkauft!« – Ich sagte: »Nur, wenn du ihm jemanden mitgibst, der ihm hilft.« Er stimmte zu, ich entsandte meinen Begleiter Abū Muḥammad bin Farḥān, und sie gaben ihm einen Mann, der sich Pilger ʿAlī nannte, als Begleiter mit. Aber sie gerieten in schwere See, mußten alle Fracht außer Proviant und Wasser, aber auch die Masten und Rahen ins Meer werfen. Sechzehn Nächte verbrachten sie ohne Segel und ohne Steuerrad auf hoher See und landeten schließlich an der Insel Sīlān, nachdem sie unter Hunger, Durst und Erschöpfung gelitten hatten. Erst ein Jahr später kam mein Gefährte Abū Muḥammad wieder zu mir zurück; er hatte Adams Fuß besucht und sollte ihn mit mir noch einmal besuchen.

Als der Monat Ramaḍān zu Ende gegangen war, schickte der Wesir mir ein Gewand, und wir begaben uns zum Betplatz. Der Weg, den der Wesir von seinem Haus zum Betplatz zu gehen hatte, war geschmückt, Tuche waren ausgebreitet und rechts und links mit Muscheln bestreut worden. Alle Emire und Großen, die am Wege Häuser besaßen, hatten neben sie kleine Kokospalmen, Betelsträucher und Bananenstauden gepflanzt. Zwischen den Bäumen waren Bänder gespannt, an denen grüne Nüsse aufgehängt waren. Der Hausherr hatte vor seiner Türe Aufstellung genommen und legte dem Wesir, als er vorüberkam, ein seidenes oder baumwollenes Gewand vor die Füße. Dessen Diener nahmen es zusammen mit den Muscheln am Wege auf. Der Wesir ging zu Fuß und trug einen weiten Umhang ägyptischer Art aus Ziegenhaar sowie einen großen Turban. Er hatte sich eine seidene Schärpe umgelegt, und über seinem Kopf wurden vier Sonnenschirme getragen. Er trug Sandalen an den Füßen, während die übrigen Leute barfuß liefen. Trompeten, Fanfaren und Trommeln wurden vor ihm hergetragen. Die Soldaten marschierten vor und hinter ihm her und riefen: »Gott ist der Größte«, bis der Betplatz erreicht war. Nach dem Gebet hielt der Sohn des Wesirs die Predigt. Eine Sänfte wurde herbeigetragen, die der Wesir bestieg. Die Emire und Wesire verneigten sich und breiteten nach ihrem Brauche Röcke vor ihm aus. Zuvor war er nie in eine Sänfte gestiegen, weil dies nur die Könige zu tun pflegen. Männer hoben die Sänfte auf, ich bestieg mein Pferd, und wir begaben uns zum Palast. Der Wesir setzte sich an einen erhöhten Platz und hatte die Emire und Wesire um sich. Die Diener nahmen mit Schilden, Säbeln und Stöcken Aufstellung. Speisen wurden herbeigetragen, danach Betelblätter und -nüsse sowie eine kleine Schale mit ›muqāṣirī‹-Sandelholz.[416] Sobald eine Gruppe von Teilnehmern gespeist hatte, rieb sie sich mit Sandel ein. An diesem Tage bemerkte ich auf einem Gericht einen Fisch, ähnlich der Sardine, der gesalzen, aber nicht gekocht war. Er war ihnen aus Kaulam als Geschenk gebracht worden, denn dort in der Provinz Mulaibār ist er sehr verbreitet. Der Wesir nahm eine Sardine, begann, sie zu verspeisen, und sagte zu mir: »Iß davon, den Fisch gibt es bei uns nicht!« – Aber ich sagte: »Wie soll ich ihn essen, wenn er doch nicht gekocht ist?« – Doch er gab zur Antwort: »Er ist gekocht«, und ich erwiderte: »Ich kenne den Fisch; in meiner Heimat ist er sehr häufig.«

Am zweiten Tage des Monats Šawwāl[417] einigte ich mich mit dem Wesir Sulaimān Mānāyak, seine Tochter zu heiraten, und ich schickte zu Wesir Ǧamāl ad-Dīn, damit der Ehevertrag in seiner Gegenwart im Palast abgeschlossen würde. Er stimmte zu und ließ, den Bräuchen entsprechend, Betel und Sandel bringen, und auch das Volk war anwesend. Aber Wesir Sulaimān verspätete sich. Man wollte ihn holen, aber er erschien nicht. Man rief ihn ein zweites Mal herbei, er aber entschuldigte sich mit der Krankheit seiner Tochter, und der Wesir sagte mir insgeheim: »Seine Tochter verweigert sich der Heirat, und sie ist ihre eigene Herrin. Aber die Leute haben sich schon versammelt. Möchtest du die Stiefmutter der Sultanin und Witwe von deren Vater heiraten?« – und deren Tochter mit dem Sohn des Wesirs verheiratet war. Ich stimmte zu, und daraufhin wurden der Qāḍī und die Zeugen gerufen. Das Bekenntnis zum Glauben wurde abgelegt, der Wesir zahlte die Brautgabe. Einige Tage später wurde mir die Braut, eine der allerbesten Frauen, zugeführt. In ihrer Zärtlichkeit ging sie so weit, mich, nachdem ich sie geheiratet hatte, mit angenehmsten Duftstoffen einzureiben und auch meine Kleidung mit Wohl-

416 Aus Makassar, der Insel Celebes.

417 16. Februar 1344.

gerüchen zu behandeln; dabei pflegte sie zu lachen und nichts vermochte ihre gute Stimmung zu ändern.

Nach der Heirat zwang mich der Wesir, das Amt des Qāḍīs zu übernehmen, weil ich gegen die Gewohnheit des Qāḍīs, von Erbschaften den Zehnten einzubehalten, bevor er sie unter die Erbberechtigten verteilte, Einspruch erhoben hatte. Ich sagte ihm: »Dir steht nur ein Entgelt zu, das du mit den Erben vereinbart hast.« Dieser Richter machte nichts richtig. Nachdem ich das Amt angetreten hatte, tat ich mein Möglichstes, den Vorschriften des Rechts Geltung zu verschaffen. Dortzulande verläuft ein Rechtsstreit nicht so wie in unserem Lande. Das erste, was ich abschaffte, war die üble Sitte, daß geschiedene Frauen weiter im Hause des Mannes wohnen blieben, der sie verstoßen hatte. Keine dieser Frauen verließ je das Haus ihres geschiedenen Mannes, sondern erst, wenn sie einen anderen Mann heiratete. Diesen Mißstand beendete ich. Man führte mir ungefähr 25 Männer vor, die so handelten. Ich gab ihnen die Prügelstrafe, stellte sie auf den Märkten öffentlich bloß und zwang die Frauen, die Häuser ihrer geschiedenen Männer zu verlassen. Ich verschärfte die Gebetsvorschriften und befahl meinen Männern, sich sofort nach dem Freitagsgebet eilends auf die Gassen und Märkte zu begeben. Jeden, den sie entdeckten und der nicht gebetet hatte, ließ ich verprügeln und öffentlich zur Schau stellen. Den besoldeten Imāmen und Muezzins machte ich es zur Pflicht, ihr Amt auf das gewissenhafteste zu versehen. In diesem Sinne schrieb ich an alle Inseln und bemühte mich auch, daß die Frauen sich vollständig bekleideten, aber dies gelang mir nicht.

Ich hatte die Stieftochter des früheren Wesirs ʿAbdallāh bin Muḥammad al-Ḥaḍramī, die Tochter seiner Gattin war, geheiratet und liebte sie sehr. Als der Wesir ihm eine Botschaft geschickt und ihn auf die Insel Mahal hatte zurückkehren lassen, sandte ich ihm ein Geschenk, ging ihm entgegen und begleitete ihn zum Palast. Er begrüßte den Wesir, der ihm ein prächtiges Haus anwies, in dem ich ihn oft besuchte. Im Ramaḍān gab ich mich dem eifrigsten Gottesdienst hin, und alle Leute besuchten mich, er allerdings nicht. Ǧamāl ad-Dīn suchte mich auf und kam in Begleitung von ʿAbdallāh. Zwischen uns entstand große Abneigung. Als ich meine Andachten beendete, beklagten sich die Onkel meiner Frau, ʿAbdallāhs Stieftochter, bei mir. Sie waren die Söhne des Wesirs Ǧamāl ad-Dīn as-Sanǧarī, der ihnen ebendiesen ʿAbdallāh zum Vormund bestellt hatte, der aber noch ihr ganzes Hab und Gut in seinen Händen hielt. Sie waren rechtmäßig aus seiner Vormundschaft entlassen worden und wollten ihn nun vor Gericht ziehen. Ich hatte es mir zur Gewohnheit gemacht, einem Prozeßgegner ein beschriebenes oder auch unbeschriebenes Stück Papier zu schicken. Sobald er es in Händen hielt, eilte er zum Gericht, wenn nicht, bestrafte ich ihn. So rief ich auch ihn. Er wurde darüber sehr ärgerlich, und ich wurde ihm verhaßt, aber er verbarg seine Feindschaft gegen mich und beauftragte jemanden, vor Gericht für ihn zu sprechen. Es kam mir zu Ohren, daß er schimpfliche Reden über mich verbreitete. Die Menschen der Insel, hoch oder niedrig, pflegten ihn zu grüßen wie den Wesir Ǧamāl ad-Dīn. Dabei berühren sie mit dem Zeigefinger den Boden, küssen den Finger und legen ihn sich auf den Kopf. Ich erteilte dem Ausrufer einen Befehl, und er verkündete im Haus des Sultans vor aller Welt, daß, wer Wesir ʿAbdallāh auf die gleiche Weise grüße wie den Großwesir, die strengste Strafe zu erwarten hätte. Ich warf ihm vor, daß er die Menschen von dieser Sitte nicht abbrachte, und sein Feindseligkeit nahm zu.

Ich heiratete noch eine andere Frau, und zwar die Tochter eines hochangesehenen Wesirs, dessen Großvater Sultan Dāwūd[418] gewesen war, der Enkel des Sultans Aḥmad Šanūrāza; außerdem heiratete ich eine Frau, die mit Sultan Šihāb ad-Dīn verheiratet gewesen war, und baute im Garten, den der Wesir mir gegeben hatte, drei Häuser. Meine vierte Frau war die Stieftochter von Wesir ʿAbdallāh, die in einem eigenen Hause lebte. Sie war mir die liebste von allen. Nachdem ich mich so mit den erwähnten Männern verschwägert hatte, fürchteten mich der Wesir und die Menschen der Insel und hatten wegen ihrer Schwäche Angst vor mir. Sowohl über mich als auch über den Wesir wurden böse Verleumdungen verbreitet, zumeist durch Wesir ʿAbdallāh, so daß unser Abscheu voreinander sich vertiefte.

Eines Tages beschwerte sich die Frau eines Dieners des Sultans Ǧalāl ad-Dīn beim Wesir über ihren Mann und erzählte ihm, daß er bei einer Geliebten des Sultans wäre, mit der er Ehebruch triebe. Der Sultan rief Zeugen herbei, und diese drangen in das Haus der Geliebten ein, wo sie den Diener fanden, der mit ihr auf einem einzigen Teppich lag und eingeschlafen war. Sie warfen die beiden ins Gefängnis. Als ich am nächsten Morgen von der Sache erfuhr, ging ich in den Ratssaal und setzte mich an meinen gewohnten Platz, sprach aber nicht über den Vorfall. Ein Würdenträger kam zu mir und sagte: »Der Wesir läßt fragen, ob du etwas brauchst.« Ich verneinte, aber es war seine Absicht gewesen, etwas von mir über die Angelegenheit der Geliebten und des Mannes zu hören, denn zu jedem Vorgang, der mir vorgelegt wurde, pflegte ich ja ein Urteil zu fällen. Aber da ich verstimmt war und Abneigung gegen ihn empfand, änderte ich mein Verhalten. Ich kehrte in mein Haus zurück und nahm dort Platz, wo ich meine Urteile sprach. Da kam einer der Wesire zu mir und sagte: »Der Wesir läßt dir sagen, gestern sei wegen der Angelegenheit der Geliebten und des Dieners dies und das geschehen; du sollst ein Urteil fällen, das dem Recht entspricht.« Ich antwortete ihm: »Es ist angebracht, daß über diesen Vorfall nur im Palast des Sultans gerichtet wird.« Ich kehrte zurück, die Leute versammelten sich, ich ließ mir die Geliebte und den Diener vorführen und sie wegen ihrer Verfehlung verprügeln.

[418] Nach den lokalen Herrscherlisten wahrscheinlich Sultan Dāwūd bin Yūsuf (reg. 1301–1306).

Ich setzte die Frau auf freien Fuß, behielt aber den Diener in Gewahrsam und kehrte nach Hause zurück.

Da schickte mir der Wesir einige seiner wichtigsten Männer, damit ich auch den Diener freiließ, aber ich sagte ihnen: »Legt ihr etwa Fürsprache für einen Negerburschen ein, der die Ehre seines Herrn besudelt hat, und noch gestern habt ihr Sultan Šihāb ad-Dīn abgesetzt und umgebracht, weil er das Haus eines seiner Diener betrat?« Ich gab daraufhin den Befehl, ihn mit Bambusstöcken zu prügeln, die viel wirksamer sind als die Peitsche, und ließ ihn mit einem Strick um den Hals über die Insel führen. Sie gingen und erzählten es dem Wesir, der wutentbrannt die Wesire und Offiziere seiner Truppen versammelte und mich zu sich rief. Ich ging zu ihm, verbeugte mich aber entgegen meiner Gewohnheit nicht vor ihm, sondern sagte nur: »Friede sei mit euch!«, und fuhr, zu den Anwesenden gewandt, fort: »Seid meine Zeugen, daß ich mich selbst vom Amte des Qāḍīs absetze, weil ich es nicht mehr ausüben kann.« Der Wesir richtete das Wort an mich, ich stieg zu ihm hoch, setzte mich ihm gegenüber und gab ihm die gröbsten Antworten. Als der Muezzin zum Abendgebet rief, ging der Wesir in sein Haus und sagte: »Man sagt, ich sei hier der Sultan, aber da habe ich diesen da gerufen, um ihm zu zürnen, und nun zürnt er mir!« Mein Ansehen bei ihnen verdankte ich allein dem Sultan von Indien, weil sie wußten, welchen Rang ich bei ihm bekleidet hatte. Wenn sie auch weit von ihm entfernt waren, tief in ihren Herzen fürchteten sie ihn doch. Als er in sein Haus gegangen war, schickte er den abgesetzten Qāḍī zu mir, der eine dreiste Zunge hatte und zu mir sagte: »Mein Meister läßt dich fragen, warum du vor allen Leuten seine Ehre verletzt und dich nicht vor ihm verbeugt hast.« Ich antwortete: »Ich habe mich immer vor ihm verbeugt, wenn mein Herz ihm wohlgesonnen war. Aber als ich anderen Sinnes wurde, habe ich es unterlassen. Der Gruß der Muslime besteht nur aus dem Wort ›Friede‹[419], und das habe ich gesprochen.« Der Wesir schickte ihn ein zweites Mal, und er sagte: »Du hast kein anderes Ziel, als uns zu verlassen. Gib die Mitgift deiner Frauen zurück, zahle den Leuten, was du ihnen schuldest, und geh, wann du willst!« Auf diese Worte hin verbeugte ich mich vor ihm, ging zu meinem Haus und löste die Schulden ab, die ich gemacht hatte. In diesen Tagen hatte er mir Teppiche, Hausgeräte wie Kupfergefäße und andere Dinge gegeben, alles, worum ich ihn gebeten hatte, ja er hatte mich geliebt und geehrt, aber dann wandelte sich sein Sinn und er bekam Angst vor mir.

Als er erfuhr, daß ich meine Schulden abgetragen und mich zur Abreise entschlossen hatte, bereute er seine Worte und zögerte, mir die Abreise zu erlauben. Ich leistete ihm die kräftigsten Schwüre, daß ich unbedingt reisen müsse, trug alles, was ich besaß, in eine Moschee am Meer, und ließ mich von einer meiner Frauen scheiden. Eine andere war schwanger, und ich sagte ihr eine Frist von neun Monaten zu, innerhalb der ich zu ihr zurückkehren

[419] ›Salām‹, vollständig: ›Salām ʿalaikum‹ (›Friede mit euch!‹).

würde, käme ich nicht, wäre sie ihre eigene Herrin. Die Frau, die mit Sultan Šihāb ad-Dīn vermählt gewesen war, nahm ich mit zu ihrem Vater, der auf der Insel Mulūk lebte. Meine erste Frau, deren Tochter die leibliche Schwester der Sultanin war, nahm ich ebenfalls mit. Mit Wesir ʿUmar Daharad und Wesir Ḥasan, dem Admiral, kam ich überein, ins Land Maʿbar[420] zu segeln, dessen König mein Schwager war[421], und mit Soldaten zurückzukommen, um die Inseln unter dessen Herrschaft zu bringen, die ich dann in seinem Namen ausüben würde. Ich bestimmte außerdem, daß als Zeichen zwischen mir und ihnen auf den Schiffen weiße Fahnen gehißt werden sollten; sobald sie sie erblickten, sollten sie zu Lande einen Aufstand entfesseln.

Bis zu dem Tage, an dem ich meinen Sinneswandel verspürte, war mir ein solches Vorhaben nie in den Sinn gekommen. Der Wesir fürchtete sich vor mir und erzählte den Leuten: »Dieser Mann wird entweder noch zu meinen Lebzeiten oder nach meinem Tode ganz gewiß das Wesirat übernehmen.« Er erkundigte sich unablässig nach mir und sagte: »Ich habe gehört, daß der König von Indien ihm Geld geschickt hat, damit er sich gegen mich erhebt.« Er hatte Angst vor meiner Abreise, weil ich mit Truppen aus dem Lande Maʿbar zurückkommen könnte, und ließ mir sagen, ich solle bleiben, bis er mir ein Schiff ausgerüstet hätte; aber ich lehnte ab. Die Schwester der Sultanin beklagte sich bei ihr darüber, daß ihre Mutter mit mir weggehen sollte, und die Sultanin wollte es auch verhindern, aber es gelang ihr nicht. Als sie sah, daß sie fest zur Abreise entschlossen war, sagte sie zu ihr: »Aller Schmuck, den du besitzt, stammt aus dem Zollgut. Wenn du Zeugen hast, daß Šihāb ad-Dīn ihn dir schenkte, gut; wenn nicht, gib ihn zurück!« Obwohl ihr der Schmuck sehr viel bedeutete, gab sie ihn zurück. Die Wesire und Würdenträger kamen zu mir in die Moschee und baten mich umzukehren. Aber ich antwortete: »Hätte ich nicht schon geschworen, so würde ich umkehren.« – Sie sagten daraufhin: »Dann geh auf eine andere Insel, damit du deinen Eid nicht brichst, und kehre dann zurück!« – Ich sagte ja, um sie zufriedenzustellen.

Am Abend meiner Abreise ging ich, um mich vom Wesir zu verabschieden. Er umarmte mich und weinte, so daß seine Tränen auf meine Füße tropften. Aus Furcht, daß meine Schwäger und Gefährten sich gegen ihn erhoben, überwachte er in der Nacht die Insel in eigener Person. Dann reiste ich ab und kam auf die Insel des Wesirs ʿAlī. Meine Frau befiel große Trauer, und sie wollte umkehren. Ich verstieß sie, ließ sie dort zurück und schrieb es dem Wesir, da sie ja die Mutter der Gattin seines Sohnes gewesen war. Ich trennte mich auch von der zweiten, der ich eine Frist versprochen hatte, und nahm mir eine Dienerin mit, der ich sehr zugetan war. Unterdessen fuhren wir von Bezirk zu

420 Indiens Koromandelküste.

421 Sultan und Šarīf Ǧalāl ad-Dīn, vgl. das folgende Kapitel ›Ceylon, die indischen Küsten und Bengalen‹.

Bezirk zwischen den Inseln umher. Auf einer der Inseln erblickte ich eine Frau, die nur eine Brust hatte. Sie hatte zwei Töchter, von denen eine wie sie selbst nur eine Brust besaß, während die andere zwei Brüste hatte, von denen aber eine groß war und Milch hatte, die andere dagegen klein und ohne Milch war. Ich war sehr erstaunt.

Wir kamen an eine weitere kleine Insel, auf der nur ein einziges Haus stand, in dem ein Weber mit Frau und Kindern lebte. Er besaß kleine Kokospalmen und ein kleines Boot, mit dem er auf Fischfang ging und mit dem er jede Insel anfahren konnte, die er wollte. Auch Bananenstauden gab es auf seiner Insel. Aber wir sahen keine Festlandvögel außer zwei Krähen, die zu uns herauskamen, als wir die Insel erreichten, und das Schiff umflogen. Bei Gott – ich beneidete den Mann und wünschte mir, daß mir die Insel gehört hätte, um mich auf sie zurückzuziehen, bis mir die endgültige Gewißheit zuteil würde.

Danach kam ich zur Insel Mulūk, wo das Schiff des Kapitäns Ibrāhīm stand, mit dem ich an die Koromandelküste reisen wollte. Er kam mit seinen Männern zu mir, und sie gaben mir ein schönes Gastmahl. Der Wesir hatte geschrieben, daß mir auf dieser Insel 150 ›bustū‹ Muscheln, dazu zwanzig Becher mit ›aṭwān‹, wie ihr Kokoshonig heißt, sowie täglich eine Anzahl Betelblätter, Betelnüsse und Fisch gegeben werden sollten. Ich blieb 70 Tage auf der Insel und heiratete dort zwei Frauen. Sie ist eine der schönsten, blühendsten und fruchtbarsten Inseln. Zu den Wundern, die ich dort sah, gehörte, daß ein Zweig, der vom Stamm abgeschnitten und in die Erde oder in eine Mauer gesteckt wird, Blätter treibt und zum Baum heranwächst. Ich sah auch, daß der Granatapfelbaum dort das ganze Jahr lang ununterbrochen Früchte trägt. Das Volk der Insel hatte Angst, der Kapitän Ibrāhīm wolle sie vor seiner Abreise berauben, und versuchte, bis zum Tage der Abfahrt die Waffen, die auf dem Schiff waren, in die Hände zu bekommen. Daraus entstand ein heftiger Streit, so daß wir nach Mahal zurückkehrten, wo wir aber nicht an Land gingen. Ich schrieb dem Wesir und unterrichtete ihn davon. Er schrieb zurück, es gäbe keinen Grund, uns die Waffen abzunehmen. Wir kehrten nach Mulūk zurück und segelten von dort in der Monatsmitte des Rabīʿ II des Jahres 745 ab.[422] Im Monat Šaʿbān des gleichen Jahres starb der Wesir Ǧamāl ad-Dīn.[423] Die Sultanin, die von ihm schwanger war, gebar kurz nach seinem Tode und heiratete den Wesir ʿAbdallāh.

[422] Dieses Datum, das erste, das uns Ibn Baṭṭūṭa seit seiner Abreise aus Delhi nennt, entspricht dem 26. August 1344. Seine seither erzählten Erlebnisse bedürfen aber eines um ein Jahr längeren Zeitraums.

[423] Dezember 1344. Die maledivischen Herrscherlisten melden sein Ableben erst für das Jahr 1364 und müssen daher ebenfalls um zwanzig Jahre zurückverlegt werden (vgl. Anm. 403).

Ceylon, Indiens Küsten und Bengalen

Wir segelten davon, aber ohne kundigen Steuermann, so daß wir neun Tage für die Strecke zwischen den Inseln und der Koromandelküste benötigten, obwohl die Entfernung nur drei Tage beträgt. Am neunten Tage landeten wir auf der Insel Ceylon. Wir erblickten den Berg Sarandīb[424], der sich wie eine Rauchsäule in den Himmel erhebt. Als wir die Insel erreichten, sagten die Seeleute: »Dieser Hafen liegt nicht im Lande eines Sultans, das die Kaufleute sicher betreten können, sondern im Lande des Sultans Airī Šakarwatī[425], eines anmaßenden und lasterhaften Mannes. Er besitzt Schiffe, mit denen er Seeräuberei betreibt.« Wir hatten Angst, in seinem Hafen anzulegen, da aber der Wind stark aufgefrischt war und wir Schiffbruch befürchteten, sagte ich zum Schiffsführer: »Setze mich an der Küste ab, ich verschaffe dir freies Geleit von diesem Sultan.« So geschah es auch, und er setzte mich ans Ufer. Die Ungläubigen kamen auf uns zu und sagten: »Wer seid ihr?« Ich erklärte ihnen, ich sei der Schwager und Gefährte des Sultans des Landes Maʿbar und gekommen, um ihm einen Besuch abzustatten, und daß sich auf dem Schiffe Geschenke für ihn befänden. Sie gingen zu ihrem Sultan und teilten es ihm mit. Er lud mich zu sich ein, und ich brach zu ihm in die Stadt Baṭṭāla[426] auf, wo seine Residenz stand. Es war eine kleine schöne Stadt mit hölzernen Stadtmauern und Türmen. Die ganzen Küsten sind voll von Stämmen des Zimtbaumes, die von den Gießbächen angespült wurden, sich an den Ufern ansammeln und zu Hügeln auftürmen.[427] Das Volk von Maʿbar und Mulaibār holt sie ab, ohne etwas zu zahlen, als Entgelt schenken sie dem Sultan lediglich Tuche und ähnliche Dinge. Zwischen dem Lande Maʿbar und dieser Insel liegen nur ein Tag und eine Nacht. Es finden sich dort auch eine Art Brasilholz und ein

424 Die alte arabisch-persische Bezeichnung für Ceylon.

425 Ceylon teilten sich zu Ibn Baṭṭūṭas Zeiten zwei Königreiche, ein tamilisches im Norden und ein singalesisches, das sich mit dem Vordringen des tamilischen Reiches nach Süden und Westen ins Innere der Insel zurückzog. Arya Chakravarti war der tamilische Herrscher, der noch 1368 lebte.

426 Puttalam an der Nordwestküste der Insel.

427 Zimt war zu jener Zeit Ceylons Hauptexporterzeugnis.

Aloeholz[428], das ›kalaḫī‹ genannt wird, aber weder dem ›qamārī‹ noch dem ›qāqulī‹ ähnlich ist.

Der Sultan von Ceylon heißt Airī Šakarwatī und übt große Macht auf dem Meere aus. Einmal sah ich, als ich mich in Maᶜbar aufhielt, hundert seiner großen und kleinen Schiffe ankommen. Im Hafen lagen acht Schiffe, die dem Sultan gehörten und in den Jemen auslaufen wollten. Der Sultan befahl ihnen, sich bereitzuhalten, und zog seine Truppen zum Schutz seiner Schiffe zusammen. Als die Leute aus Ceylon schon verzweifelt eine Gelegenheit suchten, sich der Schiffe zu bemächtigen, sagten sie: »Wir sind nur gekommen, um unsere Schiffe zu schützen, die ebenfalls in den Jemen segeln sollen.«

Als ich zu dem ungläubigen Sultan kam, erhob er sich vor mir und ließ mich an seiner Seite Platz nehmen, sprach in freundlichsten Worten mit mir und sagte: »Deine Freunde werden in sicherem Geleit an Land gehen können und sollen meine Gäste sein, bis sie abreisen. Zwischen mir und dem Sultan von Maᶜbar besteht Freundschaft.« Er traf Anordnungen für meine Unterbringung. Ich blieb drei Tage bei ihm und genoß angenehmste Gastfreundschaft, die täglich besser wurde. Er verstand das Persische, und was ich ihm über die Könige und die Länder erzählte, gefiel ihm sehr.

Eines Tages ging ich zu ihm, als er gerade eine große Menge Perlen bei sich hatte, die aus einem Tauchplatz seines Landes stammten. Seine Gefolgleute trennten die wertvollen von den übrigen, und er sagte zu mir: »Hast du schon einmal in den Ländern, aus denen du kommst, eine Perlenfischerei angetroffen?« – Ich gab zur Antwort: »Ja, ich habe sie schon auf Qais und auf der Insel Kiš gesehen, die Ibn As-Sawāmilī[429] gehört.« – Er sagte nun: »Davon habe ich gehört.« Er nahm eine und fragte: »Gibt es auf dieser Insel eine solche Perle?« – Ich erwiderte: »Ich habe nur Perlen von geringerem Wert gesehen.« Das freute ihn und er sagte: »Sie gehören dir«, und fuhr fort: »Schäme dich nicht! Verlange von mir, was du begehrst!« – Ich sagte: »Ich habe, seit ich auf diese Insel gekommen bin, keinen anderen Wunsch, als den gesegneten Fuß zu besuchen, den Fuß Adams – Friede sei mit ihm!« Sie nennen ihn ›bābā‹ und Ḥawwāʾ[430] nennen sie ›māmā‹. Er antwortete: »Das ist leicht. Ich gebe dir einen Führer.« – Ich sagte: »Das ist mein Wunsch«, und fuhr fort: »Das Schiff, in dem ich kam, wird unter Schutz nach Maᶜbar segeln, und wenn ich zurückkomme, sollst du mich in deinen Schiffen weiterreisen lassen.« Er antwortete: »Ja.«

Als ich dem Schiffsführer davon berichtete, sagte er: »Ich reise nicht ab, bevor

428 ›Aloexylum agallochum‹, ein wohlriechendes Holz, das für Räucherwerk verwendet wurde. Das Wort ›qamārī‹ geht auf Kamora (›Khmer‹), ›qāqulī‹ auf den Ort Qaqulla in Malaysia zurück.

429 ᶜIzz ad-Dīn ᶜAbd al-ᶜAzīz bin Ibrāhīm as-Sawāmilī, um 1310 Herrscher von Qais, Baḥrain und Kišm im Persischen Golf.

430 ›Māmā‹ ist Mutter, ›Bābā‹ ist Vater und ›Hawwāʾ‹ ist Eva.

du zurückgekehrt bist, selbst wenn ich deinetwegen ein Jahr bleibe.« Ich erzählte es dem Sultan, und er sagte: »Er hat meine Gastfreundschaft, bis du zurückkommst.« Er gab mir eine Sänfte, die seine Sklaven auf den Schultern trugen, schickte vier Yogis mit mir, die alljährlich dem Fuße einen Besuch abzustatten pflegten, drei Brahmanen sowie zehn weitere seiner Vertrauten und fünfzehn Männer, die den Proviant zu tragen hatten. Wasser gab es am Wege reichlich.

An diesem Tage machten wir Lager an einem Fluß, den wir in einer Fähre aus Bambusrohr überquert hatten, und reisten von dort weiter nach Manār Mandalī[431], einer schönen Stadt an der Grenze des Gebietes des Sultans, deren Volk uns außerordentlich gastfreundlich aufnahm. Das Gastmahl bestand aus Fleisch vom Büffelkalb, das sie in einem nahen Wald jagen und lebend herbeibringen, ferner aus Reis, Butteröl, Fisch, Hühnern und Milch. Außer einem Mann aus dem Ḫurāsān, der wegen einer Erkrankung dort geblieben war und nun mit uns weiterreiste, trafen wir in dieser Stadt keinen Muslim an. Wir brachen zu der kleinen Siedlung von Bandar Salāwāt[432] auf und von dort weiter in ein unwegsames und wasserreiches Gelände. Es gab auch viele Elefanten, die aber Besucher und Fremde nicht belästigen. Dies ist dem segensreichen Wirken des Scheichs Abū ʿAbdallāh bin Ḫafīf[433] zu danken, dem ersten, der diesen Weg zum Besuche des Fußes Adams erschloß. Die Ungläubigen hatten den Muslimen den Besuch verwehrt, sie behindert, ihnen kein Essen gegeben und nichts verkauft. Seit der Zeit aber, als Scheich Abū ʿAbdallāh erschien, von dem ich in der ersten Reise gesprochen habe, als die Elefanten seine Gefährten töteten, er aber gerettet wurde und ein Elefant ihn auf seinen Rücken nahm, begannen die Ungläubigen, die Muslime zu achten, ließen sie in ihre Behausungen, aßen auch mit ihnen zusammen und hatten sogar wegen ihrer Frauen und Kinder Vertrauen zu ihnen. Bis heute verehren sie diesen Scheich aufs höchste und nennen ihn den großen Scheich.

Danach erreichten wir die Stadt Kunakār[434], den Sitz des großen Sultans dieser Provinz. Sie ist in einem Graben zwischen zwei Bergen an einer großen Bucht erbaut worden, die sie die Juwelenbucht nennen, weil dort Edelsteine gefunden werden. Außerhalb der Stadt steht die Moschee des Scheichs ʿUṯmān aš-Šīrāzī, des Türhüters. Der Sultan und das Volk der Stadt besuchen und verehren ihn, denn er war der Führer zum Fuße Adams gewesen. Als man ihm eine Hand und einen Fuß abgeschlagen hatte, wurden seine Söhne und Diener an seiner Stelle die Wegführer. Der Grund war gewesen, daß er eine Kuh geschlachtet hatte. Das Gesetz der ungläubigen Hindus besagt, daß, wer

431 Minnari Mandel südlich von Puttalam.

432 Heute ›Chilam‹ weiter südlich an der Küste.

433 Vgl. Kapitel ›Persien und der Iraq‹.

434 Wahrscheinlich Kurungala im Inselinneren, Hauptstadt des singalesischen Königreiches.

eine Kuh schlachtet, wie diese Kuh geschlachtet wird oder in deren Haut gesteckt und verbrannt wird. Aber da Scheich ʿUṯmān von ihnen verehrt wurde, schlugen sie ihm nur eine Hand und einen Fuß ab und gaben ihm die Steuereinnahmen eines Marktes.

Der Sultan von Kunakār heißt Kunār[435] und besitzt einen weißen Elefanten. In der ganzen Welt habe ich keinen anderen weißen Elefanten gesehen. Der Sultan reitet ihn an Festtagen und es werden ihm große Edelsteine vor die Stirn gehängt. Die Großen seines Landes haben sich gegen ihn empört, ihn geblendet und seinen Sohn an seine Stelle gesetzt. Er lebt noch dort, ist aber blind.

Die wunderbaren Edelsteine, die ›bahramān‹[436] genannt werden, finden sich nur in diesem Dorf. Einige, und zwar die wertvollsten, werden aus der Bucht gewonnen, andere werden aus der Erde gegraben. Edelsteine finden sich überall auf der Insel Ceylon, deren Boden unter besonderem Eigentumsrecht steht. Jemand kauft ein Grundstück und gräbt nach Edelsteinen. Er findet weiße und verzweigte Steine, in deren Innerem der Edelstein liegt. Er gibt sie den Steinschleifern, die sie schleifen, bis sie sich spalten. Es gibt rote, gelbe und blaue, die sie ›nailam‹[437] nennen. Ein Stein, der den Wert von hundert ›fanam‹ erreicht, gehört nach den Gebräuchen des Landes dem Sultan, der den Wert bezahlt und den Stein an sich nimmt. Was unter diesem Wert liegt, bleibt im Besitz der Finder. Hundert ›fanam‹ gelten soviel wie sechs Golddinare.

Alle Frauen auf der Insel Ceylon besitzen Halsbänder mit Juwelen verschiedener Farben und tragen sie an ihren Händen und Füßen anstelle von Arm- und Knöchelreifen. Die Dienerinnen des Sultans flechten aus ihnen ein Netz, das sie sich auf den Kopf setzen. Auf der Stirn des weißen Elefanten sah ich sieben solcher Steine, die alle größer waren als ein Hühnerei. Bei Sultan Airī Šakarwatī sah ich eine Schüssel in der Größe einer Handfläche aus einem Edelstein, die Öl der Aloe enthielt. Ich sprach mein Erstaunen über den Stein aus, und er antwortete, es gäbe bei ihnen noch größere.

Von Kunakār brachen wir wieder auf und stiegen an einer Höhle ab, die ihren Namen von Ustạ Maḥmūd al-Lūrī erhalten hatte. Er gehörte zu den gottergebenen Männern und grub sich am Abhang eines Berges an einem kleinen Teich diese Höhle. Dann reisten wir weiter und stiegen an einem Teich ab, der Būzna-Teich genannt wurde, worin ›būzna‹[438] Affen bedeutet. Auf diesem Berg

[435] Dieser Titel stammt möglicherweise aus dem Sanskritwort ›kunwar‹ (›Fürst‹). Der nachfolgend erwähnte geblendete König war Vijayabahu V., der zwischen 1333 und 1344 herrschte. Sein Sohn (reg. 1344 bis 1353) war Bhuvainakabahu IV., der seine Hauptstadt weiter ins Innere nach Gampola verlegte. Ibn Baṭṭūṭa muß Kurungala etwa im September 1344 besucht haben.

[436] Rubinvarietät oder dunkelroter Granat.

[437] Aus dem Sanskrit: ›nila‹ (›dunkelblau‹).

[438] ›Buzina‹ ist persisch für Affe.

leben zahlreiche Affen, die von schwarzer Farbe sind und lange Schwänze haben.[439] Die männlichen Tiere haben Bärte wie die Menschen. Scheich ʿUṯmān, sein Sohn und andere haben mir erzählt, daß diese Affen einen Anführer hätten, dem sie folgen wie einem Herrscher. Dieser windet sich Baumblätter um den Kopf und stützt sich auf einen Stock. Rechts und links von ihm halten sich vier Affen auf und tragen ebenfalls Stöcke in ihren Händen. Sobald sich der Anführer setzt, nehmen die vier Affen hinter ihm Aufstellung. Sein Weibchen und seine Kinder kommen täglich und setzen sich vor ihn hin. Die anderen Affen kommen herbei und nehmen in einigem Abstand von ihm Platz. Dann ruft einer der vier Affen sie an und alle entfernen sich wieder. Sodann kommt jeder Affe mit einer Banane, einer Zitrone oder etwas ähnlichem, und der Anführer der Affen, seine Kinder und die vier anderen essen. Ein Yogi hat mir erzählt, er habe einmal die vier Affen vor ihrem Anführer gesehen, wie sie einen Affen mit ihren Stöcken verprügelten und ihm danach die Haare ausrupften. Zuverlässige Leute berichteten mir auch, einer dieser Affen habe sich eines jungen Mädchens bemächtigt, das sich nicht gegen seine Wollust wehren konnte. Und ein Bewohner der Insel erzählte mir, daß er einen in seinem Hause gehabt hätte und eine seiner Töchter eine Kammer des Hauses betrat, in die auch der Affe hineinging. Sie hätte seinetwegen geschrien, er aber hätte ihr Gewalt angetan. Er fuhr fort: »Wir gingen hinein, sahen den Affen zwischen ihren Beinen und haben ihn erschlagen.«

Unsere Reise ging weiter zum Bambus-Teich, aus dem Abū ʿAbdallāh al-Ḫafīf die zwei Edelsteine gewann, die er dem Sultan der Insel gab, wie ich im ersten Teil der Reisen erzählt habe. Danach kamen wir an einen Ort, der ›Haus der Greisin‹ hieß und die letzte Siedlung war. Danach gingen wir weiter zur Höhle Bābā Ṭāhirs, eines frommen Mannes, danach zur Höhle von Sabīk, einem ungläubigen Sultan, der sich zum Gottesdienst dorthin zurückgezogen hatte. An dieser Stelle sahen wir einen fliegenden Blutegel, den sie dort ›zūlū‹ nennen. Sie sitzen in der Nähe von Wasserstellen auf Bäumen und in Gräsern. Wenn ein Mensch ihnen nahekommt, springen sie ihn an. An welcher Stelle sie auch auf seinen Leib fallen, sie saugen ihm viel Blut ab. Die Menschen halten stets Zitronen bereit und pressen sie auf den Egel, so daß er von ihnen abfällt; die Stelle, auf die er sich stürzte, schaben sie mit einem Holzmesser aus, das dafür vorgesehen ist. Man erzählt sich, daß ein Besucher an dieser Stelle vorüberkam und sich Blutegel an ihn hefteten. Er kümmerte sich nicht darum und preßte auch keine Zitrone über ihnen aus. Er verlor sehr viel Blut und starb; sein Name war Bābā Ḫūzī, und eine Höhle trägt seinen Namen. Wir kamen zu den Sieben Höhlen und zum Paßweg von Iskandar, wo sich die Isfahānī-

[439] Wahrscheinlich identisch mit dem in Indien heilig gehalteten Hulman (›Semnopithecus entellus‹), der zwar ein schwarzes Gesicht sowie schwarze Hände und Füße, aber ein silbergraues Fell hat.

Grotte, eine Quelle und ein unbewohntes Schloß befinden, darunter liegen der Teich mit dem Namen ›Untiefe des Eintauchens der Meditierenden‹, die ›Höhle der Orangen‹ und die ›Höhle des Sultans‹. Dort schließlich steht die ›darwāza‹ oder die Pforte des Berges.

Er zählt zu den höchsten Bergen der Welt[440]; ihn hatten wir vom Meer aus gesehen, als noch sieben Tagesreisen zwischen uns und der Insel gelegen hatten. Als wir zu ihm aufstiegen, sahen wir die Wolken unter uns, die uns den Blick nach unten nahmen. Auf dem Berg wachsen viele jener Bäume, die ihre Blätter nicht abwerfen, bunte Blumen und die rote Rose, die so groß wird wie eine Hand. Die Menschen glauben, daß auf dieser Rose eine Inschrift mit den Namen Gottes des Erhabenen und seines Propheten steht. Vom Gipfel führen zwei Wege zum Fuße Adams, der eine heißt Bābā-Weg, der andere Māmā-Weg, womit sie Ādam und Ḥawwāʾ bezeichnen. Der Māmā-Weg ist der leichtere, und auf ihm kehren die Besucher zurück. Wer ihn aber zum Aufstieg nutzt, der gilt bei ihnen als jemand, der ihn nicht besucht hat. Der Bābā-Weg dagegen ist rauh und der Aufstieg beschwerlich. Am Fuße des Aufstiegs, wo die Pforte steht, liegen eine Höhle, die ebenfalls den Namen Iskandar trägt, und eine Quelle.

Die Alten haben Stufen in den Berg gehauen, über die man aufsteigen kann und in die eiserne Pflöcke getrieben sind; an ihnen sind Ketten aufgehängt, an denen sich, wer hinaufsteigen will, festhalten kann.[441] Es sind insgesamt zehn Ketten angebracht: zwei am Fuße des Aufstiegs, wo sich die Pforte befindet, sieben, die lückenlos aufeinander folgen, und die zehnte ist die Kette des Bekenntnisses, weil der Mensch, der dort angelangt ist, in die Tiefe schaut, von Wahngedanken heimgesucht wird und aus Angst, in die Tiefe zu stürzen, das Glaubensbekenntnis aufsagt. Wer diese Kette hinter sich gelassen hat, findet einen vernachlässigten Weg. Von der zehnten Kette sind es noch sieben Meilen bis zur Ḫiḍr-Grotte[442], die an einem geräumigen Platz neben einer Quelle steht, die den gleichen Namen trägt und voller Fische ist, die aber niemand angelt. In der Nähe wurden zwei Wasserbecken beidseits des Weges aus dem Fels geschlagen. In dieser Ḫiḍr-Grotte lassen die Besucher zurück, was sie bei sich tragen, und steigen von dort aus zwei Meilen weit auf den Gipfel des Berges, wo sich der Fuß Adams befindet.

Die Spur des gesegneten Fußes, des Fußes unseres Vaters Ādam – Gott seg-

440 Adams Fuß erreicht die Höhe von 2.243 Meter, ist aber nicht Ceylons höchster Berg. Die Buddhisten erkennen in der Fußspur den Fuß Buddhas. Nach der islamischen Legende setzte Adam seinen Fuß hier zum ersten Male auf die Erde und seinen anderen ins Meer, als er aus dem Paradies vertrieben wurde; Eva dagegen betrat die Erde bei Ǧidda in Arabien.

441 Diese Ketten sind noch heute vorhanden.

442 Zu ›Ḫiḍr‹ vgl. Kapitel ›Syrien‹.

ne ihn und schenke ihm Heil! – finden sich in einem schwarzen und hochragenden Stein an einem weiten Platz. Der Fuß ist so in den Stein eingedrückt, daß die ganze Stelle sich vertiefte. Er ist elf Handspannen lang. In alter Zeit kamen Menschen aus China dorthin und brachen aus dem Stein den großen Zeh und eine Stelle daneben heraus und brachten das Stück in einen Tempel in der Stadt Zaitūn, den sie aus den entlegensten Ländern aufsuchen. In den Fels mit dem Fuße sind neun Vertiefungen gebohrt worden, in die ungläubige Besucher Gold, Juwelen und Perlen legen. Man sieht Faqīre, die, wenn sie zur Hiḍr-Grotte kommen, um die Wette laufen, um herauszunehmen, was in diesen Löchern liegt. Wir fanden darin nur einige kleine Steinchen und ein wenig Gold, das wir dem Führer gaben. Es ist Brauch, daß die Besucher drei Tage in der Ḫiḍr-Grotte verweilen und morgens und abends den Fuß besuchen. So taten wir es auch.

Als die drei Tage zu Ende gegangen waren, kehrten wir auf dem Māmā-Weg zurück und machten an der ›Höhle des Šaim‹ Lager, die nach Šaiṯ[443], dem Sohne Ādams, benannt ist. Von dort gingen wir zur Bucht der Fische weiter, zu den Dörfern Kurmula, Ǧabarkāwān, Dil Dīnawa und At Qalanǧa, wo Scheich Abū ʿAbdallāh bin Ḫafīf den Winter verbrachte. Alle diese Orte und Lagerplätze lagen noch im Gebirge. Am Fuße des Berges liegt am gleichen Wege Daraḫt Rawān, ein uralter Baum, der nicht ein Blatt abwirft, ja, ich habe niemanden getroffen, der je ein Blatt dieses Baumes gesehen hätte. Sie nennen ihn auch den Wandernden Baum, denn wer vom Berge auf ihn herabblickt, glaubt ihn weit entfernt am Fuß des Berges, wer ihn aber von unten anschaut, meint, ihn an ganz entgegengesetzter Stelle zu sehen. An diesem Ort bemerkte ich eine Gruppe von Yogis, die am Fuß des Berges ausharrten und auf den Fall der Blätter dieses Baumes warteten. Er steht an einer ganz und gar unzugänglichen Stelle. Das Volk verbreitet allerlei Lügen über den Baum, zum Beispiel daß, wer von diesen Blättern ißt, wieder jung wird, selbst wenn er ein Greis ist. Aber das ist unwahr. Unten am Berg liegt die große Bucht, in der die Edelsteine gefunden werden. Dem Auge erscheint ihr Wasser tiefblau.

Von dort aus reisten wir zwei Tage nach Dīnawar, einer großen Stadt am Meer, die von Kaufleuten bewohnt wird.[444] Dort steht in einem großen Tempel eine Götzenstatue, die ebenfalls Dīnawar genannt wird. In diesem Tempel tun etwa tausend Brahmanen und Yogis Dienst, und ungefähr fünfhundert Frauen, Töchter von Hindu-Vätern, singen und tanzen jeden Abend vor dem Götzenbild. Die Stadt und ihre Einkünfte bilden eine Stiftung für den Götzen; die Tempelangehörigen und ihre Besucher werden aus dieser Stiftung gespeist. Die Götzenstatue ist aus Gold und von der Größe eines Menschen. An die

443 Seth.

444 Dondra im Süden der Insel mit dem berühmten Vishnu-Tempel, der 1587 von den Portugiesen zerstört wurde.

Stelle der Augen sind zwei gewaltige Edelsteine eingesetzt. Man sagte mir, daß sie nachts leuchten wie zwei Laternen.

Sodann reisten wir nach Qālī[445], einer kleinen Stadt sechs Farsaḫ von Dīnawar entfernt, in der ein Muslim wohnte, den man den Schiffsherrn Ibrāhīm nannte, der uns in seinem Hause ein Gastmahl gab. Von dort gingen wir weiter nach Kalambū, einer der schönsten und größten Städte des Landes Sarandīb.[446] Dort lebt der Wesir und Herr des Meeres Ǧālastī, der ungefähr 500 Abessinier unter seinem Befehl hat. Wir brachen wieder auf und erreichten nach drei Tagen den Ort Baṭṭāla, von dem ich schon gesprochen habe. Wir gingen zum Sultan, von dem ebenfalls bereits die Rede war. Ich suchte den Schiffsherrn Ibrāhīm auf, der auf mich wartete. Wir segelten ab mit dem Ziel, das Land Maᶜbar anzufahren. Der Wind wurde heftig, und beinahe hätte das Schiff Wasser genommen, aber wir hatten keinen erfahrenen Steuermann.

Wir kamen an einigen Felsen vorüber, an denen das Schiff fast zerschellt wäre. Dann gerieten wir in niedriges Wasser, das Schiff lief auf Grund und wir sahen den Tod vor Augen. Die Menschen warfen alles, was sie hatten, ins Wasser und nahmen Abschied. Wir sägten den Mast um und warfen ihn ins Wasser. Die Seeleute stellten ein hölzernes Floß her. Zwischen uns und dem Festland lagen zwei Farsaḫ. Ich wollte ins Floß hinabsteigen und hatte zwei junge Frauen und zwei Gefährten bei mir. Diese fragten mich: »Steigst du hinein und läßt uns zurück?« Doch ich liebte diese zwei mehr als mich selbst und antwortete: »Steigt ihr beide hinein und die junge Dienerin, die ich liebe!« Aber die junge Frau sagte: »Ich bin eine gute Schwimmerin; ich werde mich an einem Tau des Floßes festhalten und mit den Seeleuten auf dem Floß mitschwimmen.« Meine zwei Begleiter stiegen auf das Floß, der eine war Muḥammad bin Farḥān at-Tūzarī, der andere ein Mann aus Ägypten. Eine der beiden jungen Frauen ging mit ihnen, die andere schwamm. Die Seeleute befestigten ein Tau am Floß, um mit dessen Hilfe zu schwimmen. Ich gab ihnen mit, was mir an Gepäck, Edelsteinen und Amber teuer war. Sie erreichten sicher das Land, weil der Wind ihnen half.

Ich blieb auf dem Schiff, während der Schiffsherr auf einer Planke das Land erreichte. Die Seeleute begannen, vier Flöße zu bauen, aber bevor sie die Arbeit beendet hatten, fiel die Nacht herein und das Wasser lief ins Schiff. Ich stieg aufs Heck, wo ich bis zum Morgen ausharrte, als eine Gruppe von Ungläubigen mit einem Boot zu uns herauskam. Mit ihnen landeten wir schließlich an der Küste des Landes Maᶜbar und sagten ihnen, daß wir zu den Freunden ihres Sultans gehörten, dem sie die Kopfsteuer schuldeten. Sie teilten es ihm, der sich gerade zwei Tagesreisen entfernt auf einem Feldzug befand, in einem Schreiben

[445] Galle an der Küste, westlich von Dondra, Ausfuhrort für Edelsteine.

[446] Colombo, die heutige Hauptstadt Sri Lankas an der Westküste und Hauptausfuhrort für ceylonesischen Zimt.

mit, und ich schrieb ihm auch, um ihm zu schildern, was mir zugestoßen war. Die Ungläubigen führten uns in einen Dschungel und brachten uns Früchte, die den Melonen ähnlich sahen und auf Zwergpalmen wachsen. Sie haben in ihrem Inneren eine Art Baumwolle, in der ein honigflüssiges Mark steckt, das sie herausholen und zu einer Süßigkeit verarbeiten, die sie ›tal‹[447] nennen, die dem Zucker gleicht. Sie brachten uns auch schmackhafte Fische.

Wir blieben drei Tage, bis ein Emir des Sultans, der Qamar ad-Dīn hieß, mit Fußtruppen und einer Reiterschar eintraf. Sie hatten eine Sänfte und zehn Pferde mitgebracht. Ich bestieg ein Pferd, ebenso meine Gefährten, der Schiffsherr und eine meine Dienerinnen, während die zweite in die Sänfte stieg. So kamen wir an die Festung von Harkātū[448], in der wir die Nacht zubrachten. Dort ließ ich die zwei jungen Frauen sowie einen meiner Diener und einen Gefährten zurück.

Am zweiten Tage erreichten wir das Lager des Sultans des Landes Maʿbar. Es war Ġiyāṯ ad-Dīn ad-Dāmaġānī. Er war zunächst ein Reiter von König Muġīr bin Abi-r-Riǧā[449], eines Befehlshabers von Sultan Muḥammad gewesen, trat danach in den Dienst des Emirs Ḥāǧī, des Sohnes des Sayyids und Sultans Ǧalāl ad-Dīn, und wurde schließlich mit der Königswürde betraut. Er war zunächst Sirāǧ ad-Dīn genannt worden, nahm aber nach der Thronübernahme den Namen Ġiyāṯ ad-Dīn an. Maʿbar hatte unter der Herrschaft des Sultans Muḥammad, des Königs von Delhi, gestanden, später aber erhob sich mein Schwiegervater, der Šarīf Ǧalāl ad-Dīn Aḥsan Šāh, und herrschte fünf Jahre lang.[450] Dann wurde er getötet, und die Herrschaft übernahm ʿAlāʾ ad-Dīn Udaiǧī[451], einer seiner Emire, der ein Jahr regierte, in einen Feldzug gegen die Ungläubigen zog, ihnen viel Besitz und reiche Beute abnahm und in seine Provinz zurückkehrte. Im darauffolgenden Jahr zog er ein zweites Mal gegen sie aus, besiegte sie und metzelte sehr viele von ihnen nieder. Am Tage dieser Schlacht nahm er seinen Helm vom Kopfe, um zu trinken, da traf ihn ein fremder Pfeil, der ihn auf der Stelle tötete. Sie übertrugen die Herrschaft auf seinen

447 Aus dem Sanskrit ›tala‹, womit sowohl Baum wie Frucht bezeichnet werden.

448 Unbekannter Ort, es sei denn, es handelt sich um Arcote, das aber viel zu weit nördlich liegt, als daß Ibn Baṭṭūṭa es schon erreicht haben könnte.

449 Vgl. Kapitel ›Durch Südindien‹.

450 Die Geschichte des Sultanats von Madura ist nur durch einige wenige Münzen und eben durch die Erzählung Ibn Baṭṭūṭas bekannt. Danach muß die im Text erwähnte Erhebung Aḥsan Šāhs ins Jahr 1334 gefallen sein, der sich nach dem verfehlten Feldzug Muḥammad Ibn Tuġluqs die Provinz im äußersten Süden Indiens unterwarf und bis 1339 herrschte. Aḥsan Šāhs Tochter muß Ibn Baṭṭūṭa während seines Aufenthaltes in Delhi geheiratet haben.

451 ʿAlāʾ ad-Dīn Udaiǧī regierte von 1339 bis 1441; einzige Quelle ist wiederum der Bericht Ibn Baṭṭūṭas. Seine Feldzüge richteten sich gegen die lokale Pandya-Dynastie, die einen Teil des Territoriums beherrschte.

Schwiegersohn Quṭb ad-Dīn[452], brachten ihn aber, da sie seinen Lebenswandel verurteilten, schon nach vierzig Tagen um und erhoben Sultan Ġiyāṯ ad-Dīn[453] auf den Thron. Er heiratete die Tochter des Sultans und Šarifs Ǧalāl ad-Dīn, dessen Schwester ich in Delhi geheiratet hatte.

Als wir in die Nähe seines Lagers gekommen waren, schickte er uns einen seiner Kammerherren entgegen. Der Sultan saß in einem hölzernen Turm. Es ist in ganz Indien Sitte, daß niemand ohne Sandalen vor den Sultan tritt. Ich hatte keine Sandalen, aber einer der Ungläubigen gab mir ein Paar. Es waren mehrere Muslime anwesend, aber ich staunte über den Ungläubigen, der mehr Großmut bewies als sie. Ich trat vor den Sultan, er hieß mich, Platz zu nehmen, rief den Qāḍī und Pilger Bahāʾ ad-Dīn, der den Titel ›Herr der Zeit‹ trug[454], und wies mir in seiner Nähe drei Zelte an, die sie dort ›ḫiyām‹ nennen, und schickte mir Teppiche und von ihren Gerichten, die aus Reis und Fleisch bestanden. Nach dem Essen reichen sie geronnene Milch, wie es auch in unseren Ländern üblich ist. Danach hatte ich eine Begegnung mit dem Sultan, trug ihm die Angelegenheit von Ḏibat al-Mahal vor und machte den Vorschlag, er solle ein Heer auf die Inseln schicken. Er entschloß sich dazu, sah für den Plan Schiffe vor und wählte das Geschenk für die Sultanin, die Gewänder und sonstige Gaben für die Wesire und Emire aus. Mich beauftragte er mit der Abfassung eines Heiratsvertrages mit Maryam, der Schwester der Sultanin, und ordnete an, drei Schiffe mit Almosen für die Armen der Inseln zu beladen. Er sagte mir, ich solle in fünf Tagen wiederkommen. Sein Admiral Ḫūǧa Sarlak sagte zu ihm: »Es wird erst in drei Monaten ab heute möglich sein, zu den Inseln zu segeln.« Daraufhin sagte mir der Sultan: »Wenn die Sache so steht, gehe nach Fattan[455], bis wir diesen Feldzug hier abgeschlossen haben und in meine Hauptstadt Mutra[456] zurückgekehrt sind: Von dort werden wir dann aufbrechen.« So blieb ich bei ihm und ließ unterdessen meine Dienerinnen und meine Gefährten kommen.

Das Land, das wir durchzogen, war ein einziger undurchdringlicher Dschungel aus Bäumen und Rohrdickicht. Der Sultan befahl, daß jeder Mann aus seinem Heer, hoch oder niedrig, eine Axt mitführen solle, um einen Weg durch das Dickicht zu bahnen. Wenn das Lager aufgeschlagen war, ritt er mit seiner Truppe in den Dschungel. Von Tagesanbruch bis Mittag hackten sie Bäume nieder, dann wurde ihnen Essen gebracht und alle aßen, eine Gruppe nach der

[452] Nach seinen Münzen: Quṭb ad-Dīn Fīrūz Šāh.

[453] Ġiyāṯ ad-Dīn Muhammad Šāh ad-Dāmaġānī (reg. 1341–1344).

[454] ›Ṣadr az-Zamān‹.

[455] Entweder handelt es sich bei Fattan um Kaveripattanam, den an einem Nebenarm des Kaveri gelegenen Haupthafen dieses Landesteils, oder um das weiter im Süden gelegene Nagapattanam.

[456] Madura.

anderen. Dann fällten sie wieder bis zum Abend Bäume. Alle Ungläubigen, die sie im Dschungel antrafen, nahmen sie gefangen, stellten Pfähle mit zugespitzten Enden her und legten sie ihnen auf die Schultern, auf denen sie sie tragen mußten. Mit ihren Frauen und Kinder wurden sie ins Lager geführt. Um das Lager pflegen sie Holzpalisaden zu errichten, die sie ›katkar‹ nennen und in die sie vier Tore einbauen. Eine zweite Palisade ziehen sie um die Behausung des Sultans und bauen außerhalb des großen Palisadenzauns Plattformen von etwa halber Mannshöhe, auf denen sie nachts Feuer anzünden, neben denen die Sklaven und Fußsoldaten die Nacht zubringen. Sie haben Bündel dünnen Rohrs, und wenn des Nachts Ungläubige das Lager angreifen wollen, zünden sie die Bündel in ihren Händen an, so daß in ihrem Glanz die Nacht erstrahlt wie der helle Tag und die Reiter sich auf die Verfolgung der Ungläubigen machen können.

Am Morgen wurden die Ungläubigen, die tags zuvor gefangengenommen worden waren, in vier Gruppen geteilt und je an eines der vier Palisadentore gebracht. Die Holzpfähle, die sie seit dem Vortage trugen, wurden in die Erde gesteckt, sie selbst auf die Pfähle gesteckt, bis sie von diesen durchbohrt wurden. Dann wurden ihre Frauen umgebracht und mit den Haaren an die Pfähle gebunden. Die kleinen Kinder wurden auf dem Bauch ihrer Mütter getötet und dort liegen gelassen. Das Lager wurde aufgelöst, man machte sich an einen anderen Dschungel und behandelte jeden weiteren Gefangenen auf die gleiche Weise. Diesen abscheulichen Brauch habe ich nur bei einem König bemerkt, und er war auch der Grund dafür, daß Gott seine Vernichtung beschleunigte. Ich wurde eines Tages, als er mit dem Qāḍī zu seiner Rechten und mir zu seiner Linken speiste, Zeuge, wie ein Ungläubiger mit seiner Frau und seinem Kind von sieben Jahren herbeigeschafft wurde. Der Sultan gab dem Säbelträger vor ihm ein Zeichen, dem Manne den Kopf abzuschlagen und sagte zu ihnen: »Wa zani ū wa basir ū« – das heißt: ›und sein Sohn und seine Frau‹, und man schnitt ihnen den Hals durch. Ich wandte meinen Blick von ihnen ab, aber als ich aufstand, sah ich ihre Köpfe auf der Erde liegen. Eines Tages war ich bei ihm, als ein Mann der Ungläubigen gebracht wurde. Er sagte etwas, was ich nicht verstand, aber sofort zogen mehrere der Schergen des Sultans ihre Messer. Ich stand rasch auf, da sagte er zu mir: »Wohin?« – Ich antwortete: »Ich verrichte das Nachmittagsgebet«, – er begriff, lachte und befahl, dem Manne die Hände und Füße abzuschlagen. Als ich zurückkam, fand ich ihn in seinem Blute.

In der Nachbarschaft seines Landes lag die Provinz eines Sultans, der sich Ballāl Diyau nannte[457], einer der größten Sultane der Ungläubigen war und dessen Heer mehr als 100.000 Mann stark war. Er hatte auch 20.000 Muslime, sittenloses und verbrecherisches Gesindel sowie entflohene Sklaven, unter seinem Befehl und war begierig, das Land Maʿbar unter seine Herrschaft

457 Ballala III, letzter Herrscher von Hoysala (reg. 1292–1342).

zu bringen, wo nur 6.000 muslimische Soldaten standen, davon die Hälfte tüchtige Truppen, aber die andere Hälfte wertlos und unzulänglich. Es kam zum Treffen vor der Stadt Kubbān[458], sie wurden geschlagen und zogen sich in die Hauptstadt Mutra zurück, während der Ungläubige bei Kubbān, einer der größten und festesten Städte, sein Lager aufschlug. Er belagerte sie zehn Monate lang, bis ihre Lebensmittel nur noch für vierzehn Tage ausreichten. Da ließ ihnen der ungläubige Sultan ausrichten, sie sollten die Stadt unter sicherem Geleit verlassen und ihm die Stadt ausfolgen. Aber sie antworteten ihm: »Wir müssen es unserem Sultan mitteilen.« Daraufhin versprach er ihnen eine Frist von vierzehn Tagen, und sie schrieben an Sultan Ġiyāṯ ad-Dīn. Dieser las den Brief an einem Freitag seinem Volke vor, das weinte und sagte: »Wir vertrauen unsere Seelen Gott an. Wenn der Ungläubige diese Stadt einnimmt, wird er auch uns belagern: Der Tod durch das Schwert ist uns lieber.« Sie gelobten einander, gemeinsam in den Tod zu gehen. Am Morgen zogen sie aus der Stadt, nahmen ihre Turbane von den Köpfen und hängten sie als Zeichen, daß sie den Tod suchten, ihren Pferden um den Hals. Die Tapfersten und Verwegensten, dreihundert an der Zahl, teilten sie der Vorhut zu. Den rechten Flügel übernahm Saif ad-Dīn Bahādūr, ein gottesfürchtiger und mutiger Faqīh. Den linken Flügel befehligte der Waffenmeister Malik Muḥammad. Mitten unter ihnen und inmitten von dreitausend Soldaten ritt der Sultan, dreitausend weitere bildeten unter dem Befehl von Asad ad-Dīn Kaiḫusrau, dem Perser, die Nachhut. Ihr Ziel war es, das Lager des Ungläubigen während der Mittagsrast zu erreichen, wenn die Soldaten nicht auf ihrer Hut sind und ihre Pferde zum Grasen geschickt haben. So fielen sie über sie her, aber die Ungläubigen glaubten, es seien nur Räuber, gingen ihnen in ungeordneten Reihen entgegen und kämpften gegen sie. Nun kam Sultan Ġiyāṯ ad-Dīn und fügte ihnen eine böse Niederlage zu. Ihr Sultan wollte sein Pferd besteigen, obwohl er schon achtzig Jahre alt war, aber Nāṣir ad-Dīn, der Neffe des Sultans, der nach ihm das Königreich übernehmen sollte, erreichte ihn und wollte ihn töten, erkannte ihn aber nicht. Da sagte einer seiner Sklaven zu ihm: »Dies ist der Sultan.« Er nahm ihn gefangen und brachte ihn zu seinem Onkel, der ihn mit scheinbarer Ehrerbietung behandelte, bis er ihm seinen ganzen Besitz, seine Elefanten und seine Pferde abgepreßt hatte, wonach er ihn freilassen wollte. Aber als er ihm seinen ganzen Besitz abgenommen hatte, ließ er ihn umbringen und häuten, füllte seine Haut mit Stroh und ließ sie an die Stadtmauern von Mutra hängen, wo ich sie sah.

Aber kommen wir zurück zu dem, was ich gesagt habe: Ich verließ das Lager und kam nach Fattan, einer großen und schönen Stadt an der Küste mit einem wunderbaren Hafen, in dem auf mächtigen hölzernen Säulen ein großer Holzturm errichtet worden war, zu dem man auf einem überdachten Weg über

458 Kuppam im äußersten Süden des Bundesstaates Andra Pradesh.

Holzplanken hochsteigen konnte. Erscheint ein Feind, werden alle Boote des Hafens an diesem Turm befestigt, Fußsoldaten und Schützen steigen hinauf und der Feind findet keine Gelegenheit, Verluste zuzufügen. In der Stadt steht eine schöne Moschee aus Stein, und es gibt viele Trauben und schmackhafte Granatäpfel. Dort begegnete ich dem frommen Scheich Muḥammad aus Nīsābūr, einem jener Faqīre, deren Geist getrübt war und die ihre Haare lang auf die Schultern hängen lassen. Er hatte einen Löwen, den er aufgezogen hatte, der mit den Faqīren zusammen aß und sich vor ihnen hinkauerte. Dreißig Faqīre lebten bei ihm, einer von ihnen hatte eine Gazelle, die mit dem Löwen zusammen am gleichen Ort lebte, ohne daß er sie angriff.

Ich blieb in Fattan. Ein Yogi hatte für Sultan Ġiyāṯ ad-Dīn Kügelchen für die Stärkung der Liebeskraft angefertigt, die, wie man sich erzählte, ein Gemisch aus Eisenfeilspänen enthielten. Der Sultan hatte davon mehr als nötig eingenommen und kam krank in Fattan an. Ich ging ihm entgegen und brachte ihm ein Geschenk. Als er sich in der Stadt niedergelassen hatte, rief er seinen Admiral Ḫūǧa Surūr zu sich und sagte zu ihm, er solle sich nur noch mit den Schiffen für die Reise nach den Inseln beschäftigen. Er wollte mir den Wert des Geschenkes, das ich ihm gemacht hatte, erstatten, aber ich lehnte ab, dann aber bereute ich es, denn er starb, und so bekam ich nichts. Er blieb noch einen halben Monat in Fattan, dann reiste er in seine Hauptstadt ab. Ich blieb noch einen weiteren halben Monat.

Danach reiste ich in seine Residenzstadt Mutra, eine große Stadt mit breiten Straßen. Mein Schwiegervater, der Sultan und Šarīf Ǧalāl ad-Dīn Aḥsan Šāh, war der erste gewesen, der sie zu seiner Hauptstadt gemacht hatte. Er machte sie Delhi gleich und gab ihr die schönsten Gebäude. Als ich ankam, herrschte eine Seuche in der Stadt, welche die Menschen schnell dahinraffte.[459] Wer an ihr erkrankte, starb am zweiten oder dritten, wenn sie langsamer verlief, spätestens am vierten Tage. Wenn ich ausging, sah ich nur Kranke oder Tote. Ich kaufte mir dort eine Dienerin, von der man mir versichert hatte, daß sie gesund war, aber sie starb am zweiten Tage. Eines Tages suchte mich eine Frau, deren Gatte ein Wesir des Sultans Aḥsan Šāh gewesen war, mit ihrem achtjährigen Sohn auf, einem klugen und verständigen Knaben. Sie beklagte ihre elende Lage, und ich gab beiden etwas für ihren Lebensunterhalt. Sie waren beide wohlauf und bei guter Gesundheit. Am nächsten Morgen kam sie zurück, um für ihren Sohn ein Leichentuch zu erbitten, denn er war plötzlich gestorben. Im Ratssaal des Sultans sah ich zum Zeitpunkt seines Todes Hunderte von Dienerinnen, die herbeigebracht worden waren, um Reis zu mahlen, aus dem für andere Personen als den Sultan Speisen zubereitet werden sollten. Als sie erkrankt waren, sah ich diese Frauen wieder, wie sie sich in der Sonnenhitze auf die Erde geworfen hatten.

Als der Sultan nach Mutra gekommen war, fand er seine Mutter, seine Frau

459 Vermutlich die Pest.

und seinen Sohn krank. Er blieb drei Tage in der Stadt und begab sich dann an einen Fluß, einen Farsaḫ entfernt, an dem ein Götzentempel stand. An einem Donnerstag suchte ich ihn dort auf, und er befahl, mich neben dem Qāḍī unterzubringen. Als die Zelte für mich aufgeschlagen wurden, sah ich, wie die Menschen eilig davonstürzten und gegeneinander stießen. Einer rief: »Der Sultan ist gestorben«, – ein anderer: »Sein Sohn ist tot.« Wir versuchten, Gewißheit zu erlangen, und erfuhren, daß der Sohn gestorben war. Der Sultan hatte nur diesen einen Sohn, dessen Tod nun seine eigene Krankheit verschlimmerte. Am Donnerstag danach starb die Mutter des Sultans.

Am dritten Donnerstag starb Sultan Ġiyāṯ ad-Dīn. Als ich davon erfuhr, kehrte ich aus Furcht vor Aufruhr eiligst in die Stadt zurück. Ich begegnete Nāṣir ad-Dīn, dem Neffen und Nachfolger des Sultans[460], der zum Lager aufgebrochen war, wohin man ihn gerufen hatte, da der Sultan ja keinen Sohn mehr hatte. Er forderte mich auf, mit ihm umzukehren, aber ich lehnte ab, was Eindruck auf ihn machte. Dieser Nāṣir ad Dīn war, bevor sein Onkel Sultan geworden war, in Delhi ein Diener gewesen. Als sein Onkel König geworden war, war er in der Verkleidung eines Faqīrs zu ihm geflohen, und sein Schicksal wollte es, daß er nach ihm König wurde. Als ihm gehuldigt worden war, feierten ihn die Dichter und wurden von ihm reich beschenkt. Der erste, der sein Lob sang, war Qāḍī Ṣadr az-Zamān[461], dem er 500 Dinar und ein Ehrengewand gab, dann trat der Wesir vor, der sich Al-Qāḍī nannte, und erhielt 2.000 Silberdinare. Mir schenkte er 300 Dinare und ein Ehrengewand und verteilte Almosen an die Armen und Bedürftigen. Als der Prediger seine erste Ansprache hielt, in die er den Namen des Herrschers aufnahm, schüttete er aus goldenen und silbernen Schüsseln Dinare und Dirhams über ihm aus. Für Sultan Ġiyāṯ ad-Dīn wurde eine Totenfeier gehalten, und täglich wurde an seinem Grab der vollständige Koran gelesen. Dann wurde der zehnte Teil des Buches gelesen, es wurden Speisen gebracht und verzehrt, und an jeden Teilnehmer wurden je nach Rang Dirhams verteilt. Vierzig Tage lang dauert diese Totenfeier und wird jedes Jahr am Todestage wiederholt.

Die erste Maßnahme, die Sultan Nāṣir ad-Dīn ergriff, war, daß er den Wesir seines Onkels absetzte und Geld von ihm verlangte. Er gab das Wesirat dem Malik Badr ad-Dīn, den sein Onkel mir zum Empfang entgegengeschickt hatte, als ich in Fattan war. Er starb aber bald, und das Wesirat wurde dem Admiral Ḫūǧa Surūr übertragen, der nun wie der Wesir in Delhi mit ›Ḫūǧa Ǧihān‹ angesprochen werden sollte. Wer ihn anders ansprach, mußte eine bestimmte Summe Dinare bezahlen. Danach ließ Sultan Nāṣir ad-Dīn den Sohn seiner Tante väterlicherseits, der mit der Tochter des Sultans Ġiyāṯ ad-Dīn verheiratet

[460] Mehr ist von ihm nicht bekannt; Münzen sind erst von seinem Nachfolger ʿĀdil Šāh gefunden worden und datieren aus dem Jahre 1356.

[461] Ein Titel ›Herr der Zeit‹.

war, umbringen und heiratete sie selbst. Er erfuhr, daß Malik Masʿūd diesen Vetter vor dessen Tod im Kerker besucht hatte, und ließ auch ihn töten, ebenso wie Malik Bahādūr, einen der ehrenwertesten und geachtetsten Helden. Er ordnete an, mir alle Schiffe zu geben, die sein Onkel für meine Reise auf die Inseln festgesetzt hatte. Aber mich befiel ein Fieber, das in dieser Gegend tödlich ist, und ich glaubte schon, mein Ende sei gekommen. Aber Gott gab mir ein, Tamarinde zu schlucken, die dort weit verbreitet ist. Ich nahm ungefähr ein Raṭl davon, das ich in Wasser legte und trank. Ich hatte drei Tage Durchfall, und Gott heilte mich von meiner Krankheit. Ich begann, Abscheu vor der Stadt zu empfinden und bat um die Erlaubnis zur Abreise, doch der Sultan sagte zu mir: »Warum willst du abreisen, wenn es doch bis zum Tage der Abreise nur noch ein Monat ist? Bleibe, bis ich dir alles gegeben habe, was der Herr der Welt dir zugesagt hat.« Aber ich weigerte mich, und er schrieb zu meinen Gunsten nach Fattan, daß ich abreisen könne, in welchem Schiffe ich wollte. Ich kehrte nach Fattan zurück, fand dort acht Schiffe, die in den Jemen segeln wollten, und bestieg eines davon. Wir stießen auf vier Kriegsschiffe, die uns für kurze Zeit angriffen, sich dann aber zurückzogen. Wir segelten nach Kaulam. Die Krankheit war noch nicht völlig überwunden, so daß ich mich dort drei Monate lang aufhielt.[462] Dann ging ich an Bord eines Schiffes, um zu Sultan Ǧamāl ad-Dīn al-Hinaurī zu segeln, aber zwischen Hinaur und Fākānūr griffen uns Ungläubige an.

Als wir die kleine Insel[463] zwischen Hinaur und Fākānūr erreicht hatten, griffen uns Ungläubige mit zwölf Kriegsschiffen an und bekämpften uns in einem heftigen Gefecht, aber sie überwältigten uns und nahmen mir alles, was ich besaß und für den Notfall mitgenommen hatte. Sie nahmen mir auch die Perlen und Edelsteine, die ich vom Sultan von Ceylon erhalten hatte, meine ganze Kleidung, den Reiseproviant, den mir fromme und heilige Männer gegeben hatten, und ließen mir nichts als eine Hose. Auch den anderen Menschen auf dem Schiff nahmen sie alles ab und setzten uns an der Küste ab. Ich kehrte nach Qāliqūṭ zurück, ging in eine Moschee, ein Faqīh schickte mir Kleidung, der Qāḍī einen Turban und ein Kaufmann ein weiteres Gewand. Ich erfuhr dort, daß der Wesir ʿAbdallāh nach dem Tode des Wesirs Ǧamāl ad-Dīn die Sultanin Ḫadīǧa geheiratet hatte, und daß meine Frau, die ich schwanger zurückgelassen hatte, einen Sohn geboren hatte. Es kam mir in den Sinn, auf die Inseln zu segeln, aber ich erinnerte mich auch der Feindschaft, die zwischen mir und Wesir ʿAbdallāh geherrscht hatte. Ich öffnete den Koran und stieß auf

462 Ibn Baṭṭūṭa muß gegen Anfang Januar 1345 in Quilon (Kaulam) eingetroffen sein, der mit dem Beginn des Ramaḍān 745 zusammenfiel. Demnach muß er auch noch das Opferfest, das auf den 13. April 1345 fiel, in Quilon begangen haben.

463 Gemeint ist wahrscheinlich Nitran (›Pigeon Island‹), die Taubeninsel zwischen Honovar und Baccanore (Barkur).

den Vers: Die Engel werden zu ihnen herabsteigen: ›Fürchtet euch nicht und trauert nicht!‹[464] Ich flehte Gott an, reiste ab und kam nach zehn Tagen zu den Inseln von Ḏībat al-Mahal. In Kannalūs ging ich an Land, wo der Statthalter ʿAbd al-ʿAzīz aus Maqdašau mich in Ehren aufnahm, mir Gastfreundschaft erwies und ein Schiff ausrüstete. Ich kam nach Hullulī, der Insel, zu welcher die Sultanin und ihre Schwestern hinauszufahren pflegten, um zu baden und sich Vergnügungen hinzugeben, die sie ›tataǧar‹ nennen. Auf den Schiffen werden Spiele getrieben. Die Wesire und Emire schicken der Sultanin, solange sie auf der Insel bleibt, Geschenke und Kostbarkeiten. Dort traf ich die Schwester der Sultanin, ihren Gatten, den Prediger Muḥammad und Sohn des Wesirs Ǧamāl ad-Dīn, und ihre Mutter, die meine Frau gewesen war. Der Prediger kam zu mir, und man trug Essen auf.

Einige Leute der Insel waren zu Wesir ʿAbdallāh gegangen und hatten ihm von meiner Rückkehr erzählt. Er erkundigte sich nach mir und fragte auch, wer mit mir gekommen wäre. Man sagte ihm, ich sei gekommen, um meinen Sohn mitzunehmen, der ungefähr zwei Jahre alt war.[465] Seine Mutter ging zu ihm, um sich darüber zu beklagen, und der Wesir sagte ihr: »Ich werde ihn nicht daran hindern, seinen Sohn mitzunehmen.« Er erlaubte mir, die Insel zu betreten, und brachte mich in einem Hause gegenüber dem Turm seines Palastes unter, um mich beobachten zu können. Er schickte mir ein vollständiges Gewand, Betel und Rosenwasser, wie es bei ihnen Brauch ist. Ich ging mit zwei Seidenkleidern zu ihm, um sie ihm zum Gruße vorzulegen. Sie wurden mir abgenommen, ohne daß der Wesir an diesem Tage zu mir heraustrat. Mein Sohn wurde zu mir gebracht, aber es schien mir, daß es besser für ihn wäre, wenn er auf der Insel bliebe. Ich gab ihn ihnen zurück und blieb noch fünf Tage, wonach ich es für richtig hielt, meine Abreise zu beschleunigen. So bat ich um die Erlaubnis, und der Wesir lud mich zu sich. Ich ging zu ihm, und mir wurden die beiden Gewänder gebracht, die man mir zuvor abgenommen hatte und die ich nun, ihrer Sitte folgend, zum Gruße vor ihm ausbreitete. Er forderte mich auf, neben ihm Platz zu nehmen, fragte, wie es mir ginge, ich speiste mit ihm und wusch meine Hände zusammen mit ihm in der gleichen Schale, wie er es sonst mit niemandem machte. Betel wurde gebracht, und dann zog ich mich

[464] Verkürzt aus Sure 41, Abschnitt 30: Die Engel werden herabsteigen zu denen, die sagen: ›Unser Herr ist Gott‹, und die rechtschaffen bleiben: ›Fürchtet nichts und trauert nicht ...!‹

[465] Da Ibn Baṭṭūṭa erst im Dezember 1343 zum ersten Male auf den Malediven eingetroffen war (vgl. Kapitel ›Auf den Malediven‹, Anm. 392), kann sein Sohn im Frühsommer 1345 nicht schon zwei Jahre alt gewesen sein. Dieses weitere Jahr stand ihm aber nicht zur Verfügung, denn verschiebt man seine zweite Ankunft auf den Inseln auf den Sommer 1346, wird die anschließende Reise nach China unmöglich, weil seine Rückkehr nach Arabien in den April 1347 fällt; außerdem entsteht das Problem, wo und wie er dieses zusätzliche Jahr zwischen seinen beiden Aufenthalten verbracht hat.

zurück. Er schickte mir Kleider und einige ›bustūs‹-Muscheln. Er verhielt sich tadellos und würdevoll.

Wir segelten davon, blieben 43 Tage auf hoher See und kamen nach Binğāla, einem großen Land, in dem sehr viel Reis angebaut wird. In der ganzen Welt habe ich kein Land gesehen, in dem die Preise niedriger wären als dort, aber es ist ein finsteres Land, von dem die Menschen aus dem Ḫurāsān sagen: »Dūza ḫast būr naʿmat« – und dies bedeutet: »Eine Hölle, gefüllt mit Wohlstand.« Ich sah, daß auf den Märkten 25 Delhi-Raṭl Reis für einen Silberdinar verkauft wurden[466]; ihr Silberdinar ist dort acht Dirhams wert, während ihr Dirham genau dem Nuqra-Dirham entspricht und ein Delhi-Raṭl soviel wiegt wie zwanzig maġribinische Raṭl. Ich hörte dort, daß die Menschen diesen Preis für hoch halten. Mir erzählte Muḥammad al-Maṣmūdā aus dem Maġrib, ein gottesfürchtiger Mann, der früher in Binğāla gelebt hatte und bei mir in Delhi gestorben war, daß er eine Frau und einen Diener gehabt und für diese drei zum Preise von acht Dirham Lebensmittel für ein ganzes Jahr gekauft hatte. Er kaufte den Reis immer in der Ähre zum Preise von acht Dirham für 80 Delhi-Raṭl.[467] Nach dem Dreschen gewann er 50 Raṭl oder zehn Zentner reinen Reis. Ich sah dort eine Milchkuh, die für drei Silberdinar verkauft wurde. Ihre Rinder dort gehören zu den Büffeln. Ich sah fette Hühner, von denen acht einen Dirham kosteten. Fünfzehn Taubenküken werden für einen, ein feister Widder für zwei Dirham feilgeboten. Ein Delhi-Raṭl Zucker kostet vier, ein Raṭl Sirup acht, ein Raṭl Butteröl vier, ein Raṭl Sesamöl zwei Dirham. Ich sah, wie ein sehr gutes Gewand aus feinster Baumwolle, dreißig Ellen lang, für zwei Dinar verkauft wurde. Ich sah, wie eine junge hübsche Sklavin, bereit, als Geliebte zu dienen, für einen Golddinar verkauft wurde, der zwei und einem halben Dinar in maġribinischem Gold entspricht. Zu etwa diesem Preise erwarb ich eine junge Sklavin, die ʿĀšūrā hieß und von außerordentlicher Schönheit war. Einer meiner Gefährten kaufte sich für zwei Golddinare einen hübschen jungen Sklaven namens Luʾluʾ.

Die erste Stadt, die wir in Binğāla betraten, hieß Sudkāwān[468], eine sehr

[466] Entsprechend 200 Kilo für 9,3 Gramm Silber.

[467] Demnach 9,3 Gramm Silber für 640 Kilo. Eine Umrechnung in heutiges Geld ist freilich ganz ohne Aussage, da sich sowohl die Preise für Edelmetalle als auch ihr Verhältnis zu den Preisen für Verbrauchsgüter, die Kaufkraft und die Produktionskapazitäten geändert haben. Hilfreicher mag der von At-Tāzī angebotete Vergleich damaliger Preise sein: Danach entsprach der Wert einer Kuh dem Wert von 600 Kilo Reis oder 192 Hühnern oder einem Widder oder 48 Kilo Zucker oder 48 Kilo Butter oder 22,5 Metern Baumwollstoff.

[468] Mit diesem Namen können zwei Städte angesprochen sein: Satgaon am Hooghly, dem westlichsten Ausläufer des Ganges-Deltas, ein alter, erst im 16. Jahrhundert aufgegebener Hafen, und Chittagong im äußersten Osten des Deltas. Aber nur auf Chittagong trifft Ibn Baṭṭūṭas Zusatz ›an der Küste des großen Ozeans‹ zu. Ferner erwähnt er in

große Stadt an der Küste des großen Ozeans, wo sich die Flüsse Kank, zu dem die Hindus wallfahren, und Ǧūn[469] vereinigen und ins Meer münden. Sie haben auf dem Fluß viele Schiffe, mit denen sie gegen die Bewohner von Laknautī[470] kämpfen.

Der Sultan von Binǧāla nennt sich Faḫr ad-Dīn mit dem Beinamen Faḫra, ein verdienstvoller Mann, der die Fremden, ganz besonders die Faqīre und die Ṣūfīs, liebt.[471] Die Herrschaft über das Land hatte zunächst Sultan Naṣir ad-Dīn innegehabt, der Sohn des Sultans Ġiyāṯ ad-Dīn Balaban, auf dessen Sohn Muʿizz ad-Dīn das Königtum in Delhi übertragen worden war. Nāṣir ad-Dīn zog aus, um diesen Sohn zu bekämpfen. Sie trafen sich am Strom, und ihre Begegnung wurde das Treffen der beiden glücklichen Schicksale genannt, von dem ich schon gesprochen habe, auch davon, daß er seinem Sohn das Königreich überließ, nach Binǧāla zurückkehrte und dort bis zu seinem Tode blieb.[472] Ihm folgte sein Sohn Šams ad-Dīn bis zu seinem Tode, diesem sein Sohn Šihāb ad-Dīn, den sein Bruder Ġiyāṯ ad-Dīn Bahādūr Būr besiegte. Šihāb ad-Dīn bat Sultan Ġiyaṯ ad-Dīn Muḥammad Tuġluq um Beistand, der ihm die Hilfe auch gewährte und Bahādūr Būr gefangennahm. Tuġluqs Sohn Muḥammad setzte ihn nach seiner Thronbesteigung wieder auf freien Fuß, freilich unter der Bedingung, daß er sein Königreich mit ihm teilte. Bahādūr aber brach sein Wort, so daß Muḥammad ihn mit Krieg überzog und schließlich tötete. Er gab das Königreich einem seiner Schwäger, der aber von seinen Soldaten umgebracht wurde. Nun bemächtigte sich ʿAlī Šāh, der sich in der Provinz Laknautī befand, des Landes, aber als Faḫr ad-Dīn erkannte, daß das Königtum den Händen der Söhne des Sultans Nāṣir ad-Dīns entglitten war, zu denen er als Freigelassener gehört hatte, empörte er sich in Sudkāwān und in Binǧāla und machte sich zum unabhängigen Herrscher. Zwischen ihm und ʿAlī Šāh entstand ein bitterer Bürgerkrieg. Im Winter, als der Boden schlammig geworden war, unternahm Faḫr ad-Dīn über den Strom, auf dem er mächtig

Sudkāwān Faḫr ad-Dīn, den Herrscher Ostbengalens, während sich Satgaon seit 1339 in den Händen eines gewissen Šams ad-Dīn Ilyās befand.

469 Entspricht hier dem Brahmaputra, der sich freilich weiter nordwestlich mit dem Ganges vereinigt.

470 Alter Name von Gaur, Hauptstadt Bengalens nach der muslimischen Erroberung des Jahres 1204.

471 Nach der Niederschlagung des Aufstandes des Ġiyāṯ ad-Dīn Bahādir übernahm Bahram Chan, ein als Adoptivsohn angenommener Sklave von Muḥammad Tuġluq, die Statthalterschaft über Ostbengalen in Sonargaon, die er bis zu seinem Tode im Jahre 1337 innehatte. Sein Nachfolger erklärte sich unter dem Namen Faḫr ad-Dīn Mubārak Šāh (reg.1338–1349) für unabhängig. Dessen Sohn Iḫtiyār ad-Dīn Ġāzī wurde 1352 von Šams ad-Dīn Ilyās aus Satgaon (vgl. Anm. 468) vertrieben, der daraufhin ganz Bengalen in einer Hand vereinigte.

472 Vgl. Kapitel ›Das Sultanat von Delhi‹.

war, einen Beutezug nach Laknautī. Als jedoch die regenfreie Zeit gekommen war, fiel ʿAlī Šāh auf dem Landwege, auf dem er stark war, über Binǧāla her.

Die Zuneigung des Sultans Faḫr ad-Dīn zu den Faqīren ging so weit, daß er einen von ihnen, der Šaidā hieß, zu seinem Stellvertreter im Königreich von Sudkāwān machte. Als der Sultan einmal gegen einen Feind zu Felde zog, erhob sich dieser Šaidā gegen ihn und wollte die Alleinherrschaft an sich reißen. Er tötete einen Sohn des Sultans Faḫr ad-Dīn, der keinen weiteren Sohn hatte.[473] Aber der Sultan hörte davon, machte sogleich kehrt und kam in seine Hauptstadt zurück. Šaidā und seine Gefolgsleute flohen nach Sunurkāwān[474], einer stark befestigten Stadt. Der Sultan schickte ihm Soldaten nach, die ihn einschließen sollten. Die Menschen aber fürchteten um ihr Leben, ergriffen Šaidā und lieferten ihn den Truppen des Sultans aus. Man schrieb ihm von der Angelegenheit, und er befahl, ihm seinen Kopf zu schicken. Sie taten es, und viele der Faqīre wurden seinetwegen umgebracht.

Als ich Sudkāwān betrat, sah ich den Sultan nicht und bin ihm auch nicht begegnet, denn er befand sich im Aufstand gegen den König von Indien, so daß ich mich vor den Folgen fürchtete. Ich reiste von Sudkāwān wieder ab und setzte mir die Berge von Kāmarū zum Ziel, die von Sudkāwān einen Monat entfernt sind.[475] Es sind ausgedehnte Bergzüge, die bis China und sogar bis ans Land Tubbat[476] reichen, wo es die Moschusgazellen gibt. Die Bewohner dieses Gebirges sehen den Türken ähnlich, es sind kräftige Menschen, und ein Sklave aus diesem Volk ist das Mehrfache eines Sklaven aus einem anderen Volk wert. Sie sind berühmt dafür, daß sie sich der Zauberei hingeben und ständig damit beschäftigen. Meine Absicht auf dieser Reise ins Gebirge war es, dort einen heiligen Mann, und zwar Scheich Ǧalāl ad-Dīn at-Tabrīzī, aufzusuchen.[477] Er war einer der großen Heiligen und ein einzigartiger Mann. Er hatte große Wunder gewirkt, denkwürdige Taten vollbracht und war ein hochbetagter Mann. Er erzählte mir, er habe noch den Kalifen Al-Mustaʿṣim Billāh, den ʿAbbāsiden, in Bagdad gesehen und sei dort gewesen, als dieser getötet worden war.[478] Später sagten mir seine Gefährten, er sei im Alter von 150 Jahren ge-

473 Nach At-Tāzī aber hat es den Anschein, als sei eben dieser Sohn seinem Vater 1349 auf den Thron gefolgt (vgl. Anm. 471).

474 Sonargaon, Hauptstadt Ostbengalens, heute etwa 25 Kilometer östlich von Dacca in Bangladesh gelegen.

475 Kamarupa, zwischen Bhutan und Bangladesh gelegener Teil von Assam, geriet im Jahre 1256 unter die Herrschaft von Delhi.

476 Tibet.

477 Hier scheint Ibn Baṭṭūṭa Ǧalāl ad-Dīn at-Tabrīzī, gest. 1244, mit Ǧalāl Šāh aus Turkistan zu verwechseln. Dieser soll an der Eroberung von Silhat im Nordosten Bengalens teilgenommen haben, das 1304 besetzt wurde; er starb 1347. Vgl. auch Kapitel ›Die Reise nach China‹.

478 Anläßlich der mongolischen Eroberung Bagdads im Jahre 1258.

storben und habe ungefähr vierzig Jahre lang Fasten gehalten, das er erst nach je zehn Tagen brach. Er besaß eine Kuh, mit deren Milch er seinem Fasten ein Ende setzte. Die ganze Nacht verbrachte er im Gebet. Sein Leib war völlig ausgemergelt, er war hochgewachsen, und seine Wangen trugen nur spärlichen Bartwuchs. Aus seinen Händen empfing das Volk des Gebirges den Islam, und deshalb lebte er unter ihnen. Einer seiner Gefährten erzählte mir, er habe sie einen Tag vor seinem Tode zu sich gerufen, sie im Gottvertrauen ermutigt und gesagt: »Ich werde euch morgen verlassen, wie es Gott gefällt, und mein Nachfolger unter euch sei allein Gott, denn es gibt keinen Gott außer ihm.« Als er am nächsten Tag das Mittagsgebet gesprochen hatte, nahm Gott ihn zu sich, als er seinen letzten Kniefall machte. Neben der Grotte, in der er lebte, fanden sie ein ausgehobenes Grab, ein Totentuch und Balsam. Sie wuschen ihn, hüllten ihn in das Tuch, beteten für ihn und bestatteten ihn dort.

Als ich diesem Scheich meinen Besuch abstatten wollte, kamen mir vier seiner Gefährten zwei Tage vor seiner Wohnstätte entgegen und teilten mir mit, der Scheich habe zu den Faqīren, die sich bei ihm aufhielten, gesagt: »Zu euch kommt der Reisende aus dem Maġrib, geht ihm zum Empfang entgegen!« Sie setzten hinzu, sie seien auf seinen Befehl hin gekommen, obwohl er von mir gar nichts wußte; es war ihm enthüllt worden. Ich machte mich mit ihnen auf den Weg zum Scheich und kam zur Zāwiya vor der Grotte. Nirgendwo gab es bestellte Felder, vielmehr besuchen die Menschen der Gegend, Muslime wie Ungläubige, ihn mit Gaben und Geschenken, von denen die Faqīre und Reisenden sich ernähren. Der Scheich selbst begnügt sich mit der Kuh, mit deren Milch er nach zehn Tagen sein Fasten bricht, wie ich schon sagte. Als ich zu ihm trat, erhob er sich vor mir, umarmte mich und fragte mich nach meinem Land und meinen Reisen. Ich gab ihm Auskunft, und er sagte: »Du bist der Reisende der Araber« – Da erwiderten seine anwesenden Gefährten: »Und auch der Perser, o unser Herr!« – Er sagte daraufhin: »Und der Perser. Behandelt ihn gut!« Sie führten mich zur Zāwiya und hielten mich drei Tage lang gastfrei.

Am Tage, als ich zum Scheich gekommen war, bemerkte ich an ihm einen weiten Umhang aus Ziegenhaar, der mir gefiel, und ich sagte mir: »Wolle Gott, daß der Scheich ihn mir gäbe!« Als ich zum Abschied zu ihm ging, stellte er sich neben die Höhle, zog seinen Umhang aus und legte ihn mir zusammen mit einer Kappe, die er sich vom Kopfe nahm, an. Er selbst zog ein verschlissenes Kleid an. Die Faqīre erzählten mir, daß der Scheich diesen Umhang nicht anzulegen pflegte, sondern ihn erst nach meiner Ankunft angezogen und zu ihnen gesagt hätte: »Diesen Rock wird sich der Maġribiner wünschen, aber ein Sultan der Ungläubigen wird ihm den Rock abnehmen und unserem Bruder Burhān ad-Dīn aṣ-Sāġarǧī geben, dem er gehört und für den er bestimmt war.« Als ich dies von den Faqīren erfuhr, sagte ich zu ihnen: »Der Segen des Scheichs ist mir zuteil geworden, denn er legte mir sein Gewand um. Ich werde mit diesem Rock weder zu einem ungläubigen noch einem muslimischen Sultan gehen.« Dann verließ ich den Scheich. Viel später aber geschah es, daß ich nach China und schließlich in die Stadt Ḫansā kam. Ich war infolge des Menschengedränges von meinen Gefährten getrennt worden, hatte aber den Umhang angelegt. Als ich mich in einer Gasse befand, erschien der Wesir mit großem Gefolge, und sein Blick fiel auf mich. Er rief mich zu sich, nahm meine Hände, fragte mich nach meiner Ankunft und trennte sich nicht mehr von mir, bis wir am Palast des Sultans angekommen waren. Ich wollte mich von ihm verabschieden, aber er erlaubte es nicht, sondern ließ mich zum Sultan eintreten, der sich bei mir nach den muslimischen Sultanen erkundigte. Ich antwortete ihm. Er blickte auf meinen Umhang und fand Gefallen an ihm. Da sagte der Wesir zu mir: »Zieh ihn aus!« Da war es mir nicht möglich, zu widersprechen. Er nahm ihn und befahl, daß mir zehn Gewänder, ein gezäumtes Pferd und ein Geldgeschenk zu bringen seien. Mein Gemüt trübte sich, aber dann erinnerte ich mich an die Worte des Scheichs, daß ein ungläubiger Sultan das Gewand an sich nehmen werde, und mein Staunen war groß.

Im Jahr darauf betrat ich das Haus des Königs von China in Ḫān Bāliq.[479] Ich wollte die Zāwiya des Scheichs Burhān ad-Dīn aṣ-Ṣāġarǧī besuchen. Ich fand ihn lesend, aber er trug denselben Umhang. Ich war sehr verwundert, und als ich den Stoff in meinen Händen wendete, sagte er: »Warum wendest du ihn hin und her? Kennst du ihn?« – Ich antwortete: »Gewiß, es ist derselbe, den mir der Sultan von Ḫansā abnahm.« – Da sagte er: »Diesen Umhang hat mein Bruder Ǧalāl ad-Dīn für mich angefertigt, und er schrieb mir, daß er mir aus den Händen eines bestimmten Mannes zugehen werde.« Er holte das Schreiben hervor, ich las es und wunderte mich über die wahre Voraussage des Scheichs. Ich schilderte ihm den Beginn der Geschichte, und er sagte: »Mein Bruder Ǧalāl ad-Dīn ist das größte dieser Wunder. Er ist einzigartig im Universum, aber er hat sich schon in die Gnade Gottes begeben.« – Dann setzte er hinzu: »Ich habe erfahren, daß er in Mekka täglich das Morgengebet verrichtete und jährlich die Wallfahrt unternahm, daß er aber am ʿArafa- und am Festtage[480] verschwand, und es ist nicht bekannt, wohin er ging.«

Nachdem ich mich von Scheich Ǧalāl ad-Dīn verabschiedet hatte, wandte ich mich Ḥabanq[481] zu, einer der größten und schönsten Städte; sie wird von einem Fluß durchquert, der aus den Kāmarū-Bergen herabströmt und der ›Blaue Fluß‹[482] genannt wird. Auf ihm fährt man nach Binǧāla und Laknautī. Wasserräder und Gärten stehen an seinen Ufern, auch rechts und links Dörfer wie am Nil in Ägypten. Das Volk ist ungläubig und steht unter Tributpflicht;

479 Peking.

480 Der 9. und 10. Tag des Monats Ḏu-l-Ḥiǧǧa.

481 Heute das verfallene Havang Tila, etwa 15 Kilometer südlich von Habiganj in Sylhat.

482 Wahrscheinlich der Maghna in der Nähe von Dacca.

die Hälfte ihrer Ernte wird ihnen genommen, außerdem sind sie zu anderen Abgaben verpflichtet.

Fünfzehn Tage reisten wir auf diesem Fluß an Gärten und Dörfern vorüber, als würden wir einen Markt überqueren. Zahllose Schiffe verkehren auf ihm, die alle Trommeln mitführen. Begegnen sich zwei Schiffe, trommeln sie beide und grüßen einander. Sultan Faḫr ad-Dīn, den ich erwähnt habe, hat es untersagt, auf diesem Fluß den Faqīren ein Fährgeld abzunehmen, und befohlen, jeden Faqīr, der keinen eigenen Proviant besitzt, zu verpflegen. Kommt er in die Stadt, wird ihm ein halber Dinar gegeben. Nach fünfzehn Tagen auf diesem Fluß kamen wir nach Sunurkāwān, jener Stadt, deren Bewohner den Faqīr Šaida ergriffen, als er in ihr Asyl suchte. Als wir in diese Stadt kamen, fanden wir dort eine Dschunke vor, die nach dem vierzig Tage entfernten Ǧāwa[483] reisen wollte. Wir gingen an Bord und erreichten nach fünfzehn Tagen das Land der Barahnakār[484], die Münder wie Hundeschnauzen haben. Dieses Volk besteht aus Wilden, die sich weder zum Glauben der Hindus noch zu einem anderen bekennen. Ihre Behausungen bestehen aus Schilfhütten, die an der Meeresküste stehen und mit Erdgräsern bedeckt sind. Sie besitzen viele Bananenstauden, Betelnüsse und Betel.

Die Männer sehen uns zwar ähnlich, haben aber Münder wie Hundeschnauzen. Mit ihren Frauen aber verhält es sich anders, denn sie sind von ausgesuchter Schönheit. Ihre Männer gehen nackt und bedecken sich überhaupt nicht, der eine oder andere trägt sein Glied und seine Hoden in einer bemalten Schilftasche, die er sich um den Leib bindet. Die Frauen bedecken sich mit Baumlaub. Es gibt unter ihnen auch eine Gruppe von Muslimen aus Binǧāla und Ǧāwa, die in einem abgesonderten Viertel leben. Diese erzählten uns, daß sich die Eingeborenen paaren wie die Tiere, sich dafür nicht verbergen und daß jeder Mann dreißig Frauen hat oder mehr oder auch weniger, aber daß sie keinen Ehebruch treiben. Wenn aber einer Ehebruch begeht, so wird der Mann zur Strafe gekreuzigt, bis er stirbt, sofern nicht sein Freund oder sein Sklave kommt und sich an seiner Stelle kreuzigen läßt, so daß er in Freiheit gesetzt wird. Die Frau wird dadurch bestraft, daß der Sultan allen seinen Sklaven, einem nach dem anderen, befiehlt, in seiner Gegenwart mit ihr zu verkehren, bis sie tot ist und ins Meer geworfen wird. Deshalb lassen sie auch niemanden vom Schiffsvolk bei sich wohnen, sondern nur diejenigen, die sich auch bei ihnen niedergelassen haben. Handel treiben sie mit ihnen nur an der Küste. Wasser bringen sie ihnen auf Elefanten, weil es nur in weiter Entfernung vom Ufer vorkommt und sie es nicht zulassen, daß die Fremden selbst Wasser

[483] Ibn Baṭṭūṭa vertauscht hier Java (›Ǧāwa‹) mit Sumatra.

[484] Es ist unsicher, ob es sich um die Andamanen und die Nikobaren oder um die Küste von Birma, das heutige Myanmar, handelt. Die Tatsache, daß Ibn Baṭṭūṭa es ›Land‹ nennt und Elefanten erwähnt, läßt Birma als wahrscheinlicher erscheinen.

schöpfen, weil sie um ihre Frauen fürchten, die ihre Blicke auf schöne Männer richten. Elefanten gibt es zahllose bei ihnen, aber niemand außer ihrem Sultan darf mit ihnen Handel treiben; ihm kaufen sie die Tiere gegen Stoffe ab. Sie haben eine absonderliche Sprache, die nur versteht, wer unter ihnen gelebt hat und oft zu ihnen zurückgekommen ist. Als wir an ihre Küste kamen, fuhren sie uns in kleinen Booten entgegen, die aus einem einzigen Stück Holz gehauen waren, und brachten uns Bananen, Betel, Betelnüsse und Fisch.

Ihr Sultan kam auf einem Elefanten zu uns heraus, der eine Art Felldecke trug. Die Kleidung des Sultans bestand aus einem Gewand aus Ziegenfell, dessen Haar nach außen gewendet war. Auf dem Kopf trug er drei Tücher aus gefärbter Seide und in seiner Hand trug er eine Lanze aus Rohr. Zu seinem Gefolge gehörten etwa zwanzig Mitglieder seiner Familie, ebenfalls auf Elefanten. Wir übergaben ihm unsere Geschenke, und zwar Pfeffer, Ingwer, Zimt, Fisch von den Ḏībat al-Mahal-Inseln und bengalische Stoffe. Diese Menschen ziehen nichts an, bekleiden aber an ihren Festtagen ihre Elefanten. Der Sultan hat das Recht, von jedem Schiff, das in seinem Land anlegt, eine Sklavin und einen Sklaven, Stoffe für die Bekleidung seiner Elefanten und Goldschmuck zu erheben, den seine Frau an ihrem Gürtel und ihren Zehen trägt. Zahlt jemand diesen Tribut nicht, so beschwören sie einen Zauber gegen ihn herauf, der das Meer heftig aufwühlt, so daß er darin zugrundegeht oder dem Unheil doch nur knapp entgeht.

Eines Nachts, als wir in ihrem Hafen lagen, verließ ein Sklave, der dem Schiffsherrn gehörte und schon häufig zu diesem Volk gereist war, das Schiff und verabredete sich mit der Frau eines Anführers des Stammes an einer Stelle, die einer Höhle ähnlich sah und an der Küste lag. Ihr Mann erfuhr davon und ging mit allen seinen Freunden zu dieser Höhle, wo sie die beiden fanden. Sie brachten sie zum Sultan, der befahl, den Sklaven zu entmannen und zu kreuzigen. Die Frau aber ließ er vergewaltigen, bis sie starb. Dann kam der Sultan ans Ufer, entschuldigte sich und sagte: »Es ist unvermeidlich, daß unsere Gesetze zur Geltung gebracht werden.« Dem Schiffsherrn schenkte er als Ersatz für den gekreuzigten Sklaven einen anderen.

Die Reise nach China

Wir verließen diese Menschen und erreichten nach 25 Tagen die Insel Ǧāwa[485], die dem Ǧāwa-Baumharz[486] seinen Namen gegeben hat. Wir erblickten sie schon aus der Entfernung eines halben Tages. Sie ist grün und blühend, und die meisten ihrer Pflanzen sind Kokospalmen, Betelsträucher, Gewürznelken, die indische Aloe, Šakī und Barkī[487], Mango, Jambu[488], die süße Orange und Kampfer. Für Kauf und Verkauf benutzen die Menschen dort Zinnstücke und ungegossenes chinesisches Rohgold. Die besten Gewürze finden sich zumeist in den Gegenden der Ungläubigen, in den Ländern der Muslime gibt es davon viel weniger.

Als wir im Hafen angekommen waren, fuhren die Menschen in kleinen Booten zu uns heraus und brachten Kokosnüsse, Bananen, Mangos und Fische, die sie den Kaufleuten zu schenken pflegen, die sie dafür angemessen belohnen. Auch der Vertreter des Admirals stieg zu uns an Bord, stellte fest, welche Kaufleute sich unter uns befanden und erlaubte uns, von Bord zu gehen. Wir setzten unseren Fuß im Hafen an Land, einem großen Dorf mit Häusern an der Küste, das sie Sarḥā nannten und das von der Stadt vier Meilen entfernt war. Buhrūz, der Vertreter des Admirals, schrieb an den Sultan und teilte ihm meine Ankunft mit. Dieser befahl dem Emir Daulasa, mir zum Empfang entgegenzugehen und sich von Qāḍī und Šarīf Emir Sayyid aus Šīrāz, von Tāǧ ad-Dīn aus Iṣbahān und anderen Rechtsgelehrten begleiten zu lassen. Sie kamen und brachten für mich ein Pferd aus dem Stall des Sultans und andere Pferde. Mit meinen Gefährten saß ich auf, und wir betraten die Hauptstadt des Sultans, Sumuṭra, eine schöne und große, von einer hölzernen Stadtmauer und von hölzernen Türmen umgebene Stadt.[489]

Der Sultan von Ǧāwa ist Malik Aẓ-Ẓāhir[490], einer der vortrefflichsten und

[485] Es muß sich um Sumatra handeln, das hier und im weiteren Textverlauf von Ibn Baṭṭūṭa ›Ǧāwa‹ (Java) genannt wird. Seine Ankunft im heutigen Indonesien dürfte in den Januar 1346 gefallen sein.

[486] Aus dem ›Styrax benzoin‹ gewonnenes Baumharz.

[487] Zu diesen beiden Pflanzen vgl. die indischen Kapitel.

[488] ›Eugenia jambolana‹ oder ›Eugenia malaccensis‹.

[489] Die ersten Muslime ließen sich gegen Ende des 13. Jahrhunderts an der Nordküste Sumatras nieder, bevor sie sich weiter nach Osten an die Flüsse Peusangan und Pasei begaben. An diesem Pasei soll sich heute ein Dorf namens Samudra mit alten muslimischen Gräbern befinden.

[490] Der erste muslimische Herrscher von Samudra war Malik Aṣ-Ṣāliḥ, der 1297 starb. Ihm folgte Malik Al-Muḥammad, der den Zusatz ›Aẓ-Ẓāhir‹ als Titel annahm, den

freigebigsten Könige, der sich zur Lehre der Šafiʿiten bekennt und die Rechtsgelehrten liebt, die seine Sitzungen besuchen, den Koran lesen und Beratungen abhalten. Er ist ein großer Gotteskrieger und Eroberer, aber ein demütiger Mann, der sich zu Fuß zum Freitagsgebet begibt. Auch sein Volk folgt der Lehre der Šafiʿiten, liebt es, gegen die Ungläubigen zu Felde zu ziehen und folgt ihm freiwillig. Sie überwinden alle Ungläubigen in der Nachbarschaft, die um des Friedens willen die Kopfsteuer zahlen.

Als wir zum Hause des Sultans gingen, fanden wir beidseits des Weges Stangen, die in den Boden gesteckt waren und das Zeichen waren, vom Pferde abzusteigen, denn niemand darf sie beritten überschreiten. Dort stiegen wir vom Pferd, betraten den Empfangssaal und trafen auf den Vertreter des Sultans, der ʿUmdat al-Mulk[491] genannt wird, sich vor uns erhob und uns begrüßte; ihr Gruß besteht aus dem Händedruck. Wir setzten uns zu ihm, und er schrieb dem Sultan einen Brief, um ihm von uns zu berichten, versiegelte ihn und gab ihn einem Burschen. Die Antwort kam auf der Rückseite, und es erschien ein Diener mit einer ›buqša‹, einer Kleiderrolle. Der Vertreter nahm sie an sich, ergriff meine Hände und führte mich in eine Kammer, die bei ihnen ›fard ḫāna‹ heißt, das der Form des Wortes ›zard ḫāna‹ gleicht, allerdings am Wortanfang ein ›fāʾ‹ hat. Hier pflegte der Vertreter des Sultans tagsüber zu ruhen, denn er hat die Gewohnheit, bereits frühmorgens zum Empfangssaal zu gehen und ihn erst nach dem letzten Abendgebet zu verlassen, wie es alle Wesire und großen Emire halten. Er entnahm der Rolle drei Lendenröcke, einen aus reiner Seide, einen aus Baumwolle und Seide und den letzten aus Seide und Leinen, außerdem drei Kleidungsstücke nach Art der Lendenröcke, die sie Unterkleider nannten, drei Gewänder verschiedener Art, die ›Mittelkleider‹ hießen, drei Oberkleider aus Leinen, eines davon weiß, und schließlich drei Turbane. Ich legte anstelle meiner Unterkleidung einen dieser Lendenröcke an, wie diese Menschen es auch tun, sowie eine weiteres Gewand von jeder Art, die übrigen nahmen meine Gefährten. Danach wurden Speisen, zumeist Reis, aufgetragen, dann eine Art gegorener Gerstensaft, sodann Betel, der das Zeichen zum Aufbruch bedeutet. Wir nahmen davon und standen auf, woraufhin sich auch der Vertreter erhob. Wir verließen den Empfangssaal, stiegen zu Pferde und kamen mit dem Vertreter des Sultans, der mit uns ritt, an einen Garten. Er war von Holzmauern umgeben, und in seiner Mitte stand ein ebenfalls aus Holz erbautes Haus, dessen Boden mit gefärbten und ungefärbten Samtteppichen aus Baumwolle ausgelegt war, die ›muḫmala‹ genannt werden. Im Haus standen Betten aus Bambus, die mit seidenen gesteppten Decken, mit leichten Decken

seine Nachfolger erbten. Al-Muḥammad starb 1326, so daß der im Text genannte, nach den von At-Tāzī zitierten Chroniken den Namen ›Aḥmad‹ tragende König dessen Nachfolger gewesen sein könnte und von 1326 bis 1360 regierte.

491 ›Stütze des Königreichs‹.

und mit Kissen belegt waren, die sie ›bawālišt‹[492] nennen. Mit dem Vertreter des Sultans nahmen wir in diesem Hause Platz. Sodann erschien Emir Daulasa mit zwei Dienerinnen und zwei Dienern und sagte zu mir: »Der Sultan sagt zu dir: ›Dies entspricht seinem Vermögen, nicht dem des Sultans Muḥammad.‹«[493] Nun verließ uns der Vertreter, während Emir Daulasa bei mir blieb. Wir waren miteinander schon bekannt, denn er war als Botschafter zum Sultan von Delhi gekommen. Ich fragte ihn: »Wann werde ich den Sultan sehen?« – Er antwortete: »Es gilt bei uns der Brauch, daß kein Ankömmling den Sultan vor Ablauf von drei Tagen begrüßt, damit die Müdigkeit der Reise vergeht und sich sein Geist ausgeruht hat.« So blieben wir drei Tage, an denen uns drei Mal am Tage Speisen gebracht wurden, Obst und Gebäck morgens und abends.

Am vierten Tage, einem Freitag, kam Emir Daulasa zu mir und sagte: »Du kannst den Sultan nach dem Gebet in der Maqṣūra der Hauptmoschee begrüßen.« Ich begab mich zur Moschee und verrichtete dort zusammen mit Qairān, dem Kammerherrn des Herrschers, das Gebet. Dann trat ich zum Sultan hinein und traf dort zu seiner Rechten und Linken den Richter Emir Sayyid und die Koranschüler. Er gab mir die Hand, ich grüßte ihn und er ließ mich an seiner linken Seite Platz nehmen. Er fragte mich nach Sultan Muḥammad und nach meinen Reisen, und ich gab ihm Antwort. Dann nahm er die Beratung über das Recht nach der Lehre der Šāfiʿiten wieder auf und setzte sie bis zum Nachmittagsgebet fort. Als es verrichtet war, trat er in eine Kammer und legte die Kleider, die er trug, ab; es war die Kleidung, wie sie Rechtsgelehrte tragen und die er immer anlegte, wenn er sich freitags zu Fuß in die Moschee begab. Er zog die Königsgewänder an, und zwar Obergewänder aus Seide und Baumwolle. Als er die Moschee verließ, fand er am Tor die Elefanten und Pferde, denn es ist ihr Brauch, daß, wenn er einen Elefanten reitet, seine Begleiter auf Pferde steigen, daß aber sein Gefolge auf Elefanten reitet, wenn er ein Pferd besteigt. Die Gelehrten hielten sich zu seiner Rechten. An diesem Tag nahm er einen Elefanten, und wir ritten Pferde. So begaben wir uns mit ihm zum Empfangshof. Wir saßen, wo es die Sitte vorschrieb, ab, während er hineinritt. Die Wesire, Emire, Schreiber und Großen des Staates sowie die Befehlshaber der Truppen waren bereits in mehreren Reihen angetreten. In der ersten Reihe standen die Wesire, vier an der Zahl, und die Schreiber. Sie grüßten ihn und zogen sich an ihre Standplätze zurück. Nun traten die Emire vor, grüßten und gingen wieder an ihre Plätze zurück, wie es alle Ränge taten. Schließlich kam die Reihe an die Šarīfe und Rechtsgelehrten, an die Vertrauten, die Gelehrten und Dichter, die Befehlshaber der Soldaten, und endlich die Sklaven und Mamluken. Gegenüber dem Turm seines Empfangshofes saß der Sultan auf einem Elefanten, während ein juwelenbesetzter Sonnenschirm über seinen Kopf gehalten wurde. Fünfzig

[492] Plural des persischen Wortes ›bālišt‹ (›Kissen, Kopfkissen‹).

[493] Gemeint ist Muḥammad bin Tuġluq in Delhi.

geschmückte Elefanten wurden an seine rechte Seite, ebensoviele an seine linke Seite geführt. Auch je hundert Pferde, die für den Pferdewechsel bereitstanden, wurden rechts und links von ihm aufgestellt. Vor ihm nahmen seine vertrautesten Kammerherren Aufstellung. Nun erschienen die Musikanten und sangen vor dem Sultan. Pferde, die Seidendecken trugen, wurden herangeführt. Sie hatten goldene Fußreifen und Halfter aus verzierter Seide und tanzten vor dem Herrscher. Darüber war ich sehr erstaunt, aber Ähnliches hatte ich schon bei dem König von Indien gesehen. Am Abend ging der Sultan in seinen Palast, und die Menschen zogen sich in ihre Häuser zurück.

Der Sultan hatte einen Neffen, der mit seiner Tochter verheiratet war und dem er eine Provinz anvertraut hatte. Der junge Mann aber machte der Tochter eines Emirs den Hof und wollte sie heiraten. Nun ist es in dortzulande Sitte, daß ein Mann, sei er Emir, Markthändler oder sonstwer, der eine Tochter besitzt, die das mannbare Alter erreicht hat, für ihre Verheiratung den Befehlen des Sultans zu folgen hat. Der Sultan entsendet eine Frau, die sie prüft. Wenn ihm gefällt, was er über sie hört, heiratet er sie; wenn nicht, überläßt er es ihren Eltern, sie mit dem zu verheiraten, den sie wollen. Die Menschen wünschen es sich, ihre Töchter mit dem Sultan zu verheiraten, da es ihnen Würde und Ehre verschafft. Als der Vater der vom Neffen des Sultans begehrten Tochter diesen um Rat fragte, entsandte der Sultan jemanden, der sie prüfen sollte, und heiratete sie selbst. Da wurde die Leidenschaft des jungen Mannes für sie noch heftiger, aber er fand keinen Zugang mehr zu ihr. Später brach der Sultan zu einem Feldzug gegen die Ungläubigen auf, die eine Monatsreise entfernt lebten. Da erhob sich sein Neffe, betrat Sumuṭra, das damals noch keine Stadtmauern besaß, rief sich zum König aus und ließ sich von einem Teil des Volkes huldigen, während ihm andere widerstanden. Sein Onkel erfuhr davon und kehrte um. Der Neffe nahm von den Schätzen an sich, was er konnte, nahm die junge Frau, die er so heftig begehrte, und wandte sich dem Lande der Ungläubigen in Mul Ǧāwa zu.[494] Aus diesem Grunde baute sein Onkel die Stadtmauern um Sumuṭra.

Ich hielt mich fünfzehn Tage bei ihm in Sumuṭra auf, dann bat ich ihn, aufbrechen zu dürfen, da die Zeit gekommen war, denn eine Reise nach China kann nicht jederzeit angetreten werden.[495] Er rüstete uns eine Dschunke aus,

494 Nach den von At-Tāẓi zitierten ›Chroniken der Könige von Pasai‹ tötete König Aḥmad zwei seiner Söhne aus Eifersucht, die eine Java-Prinzessin heiraten wollten. Daraufhin beging die Prinzessin Selbstmord und ihr Vater zerstörte Samudra, das danach weiter östlich neu gegründet wurde. Mul Ǧāwa dürfte nicht als die Insel Java, sondern als Festland-Java, somit als die malayische Halbinsel, angesehen werden, denn auf der Insel Java gibt es weder Elefanten noch Aloe; außerdem führt der Seeweg nach China nicht über Java (vgl. den nächsten Absatz).

495 Der Südwest-Monsun beginnt im März; er macht erst eine Nordost-Passage ins Chinesische Meer möglich.

gab uns Reiseproviant und überhäufte uns mit Wohltaten, für die Gott ihn entgelten möge. Er gab uns auch einen seiner Männer mit, der uns auf dem Schiff das Gastmahl bereiten sollte. Einundzwanzig Nächte segelten wir an seinem Land entlang und kamen nach Mul Ǧāwa. Es ist ein von Ungläubigen bewohntes Land, das sich zwei Monate weit erstreckt und wohlriechende Gewürze und die ausgezeichnete Aloe von Qāqula und Qamāra[496] hervorbringt. Qāqula und Qamāra sind zwei ihrer Länder; im Lande des Sultans Aẓ-Ẓāhir dagegen gibt es nur Weihrauchharz, Kampfer, eine geringe Menge Nelken und etwas indische Aloe, das meiste davon aber auf Mul Ǧāwa. Ich will erzählen, was wir davon mit eigenen Augen gesehen und sicher erkannt haben.

Der Baum des Weihrauchharzes ist klein und erreicht höchstens Mannsgröße. Seine Blätter gleichen denen der Artischocke und seine Blätter sind klein und dünn, fallen bisweilen ab und lassen den Baum ganz kahl. Das Harz selbst ist ein klebriger Stoff, der sich in den Zweigen findet. Es gibt in den Ländern der Muslime mehr davon als in den Gebieten der Ungläubigen.

Der Kampferbaum ist ein Rohrgewächs wie das Schilfrohr in unseren Ländern, aber seine Röhren zwischen den Knoten sind länger und dicker. Der Kampfer findet sich in diesen Rohrstücken. Werden sie aufgebrochen, so findet man im Inneren dieser Röhren ein ähnliches Rohrstück aus Kampfer. Das wunderbare Geheimnis aber besteht darin, daß sich der Kampfer in ihnen erst bildet, wenn am Fuß des Baumes ein Tier geschlachtet worden ist; unterläßt man es, entsteht kein Kampfer. Der beste, der die größte Kälte erreicht, kann einen Menschen mit einer so geringen Menge töten, wie ein Dirham wiegt, indem ihm der Atem erstarrt. Diese Art wird von ihnen ›ḥardālah‹ genannt und entsteht nur in einem Rohr, an dem ein Mensch geopfert worden ist, aber anstelle eines Menschen können auch kleine Elefanten geschlachtet werden.

Die indische Aloe ist ein Baum, der der Eiche ähnlich ist, zwar eine dünne Rinde, aber Blätter hat, die der Eiche völlig ähnlich sind. Der Stamm erreicht keine große Höhe, seine Wurzeln sind lang und weitläufig, und in ihnen steckt der wohlriechende Stoff, den Zweigen und den Blättern aber fehlt er. Alle Bäume dieser Art stehen in den Ländern der Muslime in Eigentum. Dagegen sind in den Provinzen der Ungläubigen die meisten herrenlos, nur die aus Qāqula stehen im Eigentum: Sie bringen die wohlriechendste Aloe hervor, ebenso wie die Qamārī-Aloe, deren Substanz ebenfalls zu den besten gehört. Sie wird an das Volk von Ǧāwa im Tausch gegen Stoffe verkauft. Eine Art der Qamārī-Aloe nimmt sogar Siegelabdrücke auf wie das Wachs. Von der ›ʿaṭāsʿ genannten Abart schneidet man die Wurzel ab und begräbt sie einige Monate unter

[496] Nach At-Tāzī haben die arabischen Geographen aus den chinesischen Seewegsbeschreibungen den Namen eines Landes ›Ko-ku-lo‹ übernommen, das an der Westküste der malayischen Halbinsel liegen soll. Das Wort ›qamāra‹ kann auf ›khmer‹ zurückgeführt werden, den alten Namen des heutigen Kambodscha.

der Erde, während derer sie ihre Substanz behält; diese gehört zu den wunderbarsten Sorten überhaupt.

Der Nelkenbaum ist ein sehr dicker Baum, der sehr alt wird und in den Ländern der Ungläubigen viel häufiger ist als in den Ländern des Islam. Da er sehr verbreitet sind, wird er nicht als besonderer Besitz geschätzt. In unsere Länder werden die Äste eingeführt, und was in unseren Gegenden als Nelkenblüte bezeichnet wird, sind die herunterfallenden Teile der Blüte, welche die Form einer Orangenblüte hat. Die Frucht des Nelkenbaumes aber ist die Muskatnuß, die bei uns als die ›Nuß des Wohlgeruchs‹ bekannt ist. Die Blüte, die sie bildet, ist die Muskatblüte. Dies alles habe ich gesehen und bestätigt gefunden.[497]

Wir erreichten den Hafen von Qāqula und erblickten in ihm eine Anzahl von Dschunken, die zur Seeräuberei, aber auch solche, die zur Abwehr von Aufständen in den Dschunken ausgerüstet waren. Von allen Dschunken erheben sie eine Gebühr. Wir gingen von Bord und betraten Qāqula, eine schöne Stadt mit Stadtmauern aus behauenem Stein, die so breit sind, daß drei Elefanten nebeneinander hindurchgehen können. Das erste, was ich noch vor der Stadt sah, waren Elefanten, die mit Aloeholz beladen waren, welches in den Häusern verbrannt wird, denn es kostet dort nicht mehr als das Brennholz bei uns, oder sogar weniger, aber auch nur, wenn sie es einander verkaufen. Den Händlern dagegen verkaufen sie eine Last gegen ein Baumwollkleid, das bei ihnen mehr wert ist als ein seidenes. Es gibt dort sehr viele Elefanten zum Reiten und zum Tragen von Lasten. Jedermann bindet seine Elefanten an seiner Türe an, jeder Ladenbesitzer hat seinen Elefanten bei sich, dem er Lasten aufládt und auf dem er nach Hause reitet. Diesen Brauch pflegen auch die Völker Chinas und Ḫiṭās.

Der Sultan von Mul Ǧāwa ist ein Ungläubiger, den ich außerhalb seines Palastes gesehen habe, als er in einem Pavillon ohne einen Teppich unter sich auf dem Boden saß. Bei ihm befanden sich die Großen seines Staates, und die Soldaten paradierten zu Fuß vor ihm. Nur der Sultan besitzt Pferde, das Volk reitet auf Elefanten und kämpft auch auf ihnen. Der Sultan erfuhr von mir und lud mich zu sich. Ich ging zu ihm und sagte: »Heil dem, der dem wahren Wege folgt«, – aber sie verstanden nur den Ausdruck ›Heil‹. Der Sultan hieß mich willkommen, befahl, daß ein Tuch ausgebreitet werde, auf das ich mich setzen sollte, und ich sagte zum Dolmetscher: »Wie soll ich mich auf das Tuch setzen, wenn der Sultan auf der Erde sitzt?« – Er antwortete: »Das ist seine Gewohnheit; er setzt sich aus Demut auf die Erde, du aber bist ein Gast und kommst von einem großen Sultan, deshalb muß man dich ehren!« – Ich nahm Platz,

[497] Möglicherweise ist Ibn Baṭṭūṭa hier altem Volksglauben aufgesessen. Die nagelförmigen Gewürznelken sind die Blüten des ›Caryophyllus aromaticus‹ aus der Familie der Myrtazeen; die Muskatnuß dagegen ist die Frucht des Muskatbaumes aus der Familie der Myristizeen.

und er stellte mir kurze und bündige Fragen nach dem Sultan. Er sagte: »Du wirst dich drei Tage als mein Gast aufhalten, dann wirst du aufbrechen.«

Auf dem Empfang dieses Sultans sah ich einen Mann, der ein Messer in seiner Hand hielt, das einem Erntemesser ähnlich sah. Er setzte es sich an seinen Hals und redete lange in einer Sprache, die ich nicht verstand. Dann ergriff er das Messer mit beiden Händen und schnitt sich den Hals durch. Sein Kopf fiel wegen der scharfen Schneide des Messers und seines festen Griffs zu Boden. Ich war entsetzt, aber der Sultan sagte zu mir: »Tut das auch einer bei euch?« – Ich erwiderte: »Das habe ich noch nie gesehen.« – Er lachte und sagte: »Es sind unsere Sklaven, die sich aus Liebe zu uns selbst töten.« Er gab Befehl, den Toten aufzuheben und zu verbrennen. Seine Vertreter, die Großen des Staates, die Soldaten und seine Untertanen gingen hinaus, um der Verbrennung beizuwohnen. Den Kindern, der Familie und den Brüdern wurde eine umfangreiche Pension für ihren Lebensunterhalt ausgesetzt, und sie genossen wegen seiner Tat höchste Verehrung.

Ein Mann, der an diesem Empfang teilgenommen und diesem Ereignis beigewohnt hatte, teilte mir mit, daß die Worte, die der Sklave gesprochen hatte, dessen Liebe zum Sultan ausgedrückt hätten und er sich aus Zuneigung zu ihm getötet habe, wie auch sein Vater sich aus Liebe zum Vater des Sultans und sein Großvater sich aus Liebe zum Großvater des Sultans getötet hätten.

Ich verließ den Empfang, und mir wurden drei Tage lang Gastmähler geschickt. Danach stachen wir wieder in See und kamen nach 34 Tagen ins Kāhil-Meer, dem ›Ruhigen Meer‹, das eine rötliche Farbe besitzt, die, wie man glaubt, von der Erde eines benachbarten Landes stammt.[498] Es weht kein Wind, es gibt trotz seiner Ausdehnung weder Wellen noch irgendeine Bewegung auf diesem Meer. Wegen dieses Meeres folgen jeder chinesischen Dschunke, wie ich schon erzählt habe, drei Schiffe, die gerudert werden und die Dschunke schleppen. Dennoch besitzt die Dschunke noch ungefähr zwanzig mastgroße Ruder. An je einem dieser Ruder vereinen sich etwa dreißig Männer, die aufrecht in zwei Reihen stehen und einander das Gesicht zuwenden. An jedem Ruder sind zwei kräftige Taue befestigt, die wie Haken aussehen. Eine der Reihen zieht an diesem Tau, läßt es los und nun zieht die andere Reihe. Dabei singen sie mit schönen Stimmen, meistens nur: »laʿla laʿla«.

498 Ibn Baṭṭūṭas Zeitangaben sind unsicher: Für die Strecke zwischen Sumatra und Quanzhou (Zaitun) benötigten die chinesischen Seefahrer 50 bis 55 Tage. Ibn Baṭṭūṭa gibt für die gesamte Reise einen Zeitbedarf von 113 Tagen an, und dies, wie er schreibt, unter außerordentlich günstigen Umständen. Für die spätere Rückreise auf genau der gleichen Seeroute, die er unter wesentlich schwierigeren Umständen antrat, hätte er somit ebenfalls mindestens wieder 113 Tage benötigt. Seine Einfahrt in die Straße von Malacca dürfte auf das Ende des Monats Februar 1346 gefallen sein, um zum Beginn des Monsuns im März nach Nordosten ins Chinesische Meer eingebogen sein zu können. Das ›rötliche‹ Ruhige Meer könnte das Mekong-Delta sein.

Wir verbrachten 37 Tage auf diesem Meer, und die Seeleute wunderten sich über die leichte Fahrt, denn sonst benötigen sie dafür 40 bis 50 Tage, die sie immer noch für günstig halten. Danach erreichten wir das Land Ṭawālisī, dessen König Ṭawālisī heißt.[499] Es ist ein Land von großer Ausdehnung, und sein König kann sich mit dem König von China vergleichen. Er besitzt sehr viele Dschunken, mit denen er gegen die Chinesen kämpft, bis sie ihn mit einer Gegenleistung um Frieden bitten. Das Volk des Landes besteht aus Götzenanbetern, aber es sind schöne Menschen, die äußerlich sehr den Türken ähnlich sehen, aber meist eine rötliche Gesichtsfarbe haben. Sie sind tapfer und unerschrocken, ihre Frauen reiten zu Pferde, zeichnen sich im Bogenschießen aus und kämpfen wie die Männer. In einem ihrer Häfen in der Stadt Kailūkarī gingen wir vor Anker.[500] Sie ist eine ihrer schönsten und größten Städte, in welcher der Sohn ihres Königs seinen Sitz gehabt hatte. Als wir im Hafen vor Anker gingen, näherten sich uns Soldaten, und der Kapitän ging zu ihnen an Land. Er hatte ein Geschenk für den Königssohn bei sich und erkundigte sich bei ihnen nach ihm. Sie berichteten ihm, daß der König seinem Sohn eine andere Provinz anvertraut, diese Stadt aber seiner Tochter Urduğā übertragen hätte.

Am zweiten Tage nach unserer Einfahrt in den Hafen von Kailūkarī lud diese Königin den Kapitän und Schiffsführer, den ›karānī‹ und Sekretär, die Kaufleute, die Anführer, den ›tandīl‹, das heißt den Kommandanten der Fußsoldaten[501], und den ›sipāh sālār‹, den Kommandanten der Bogenschützen, zu einem Gastmahl ein, das sie ihnen nach ihren Bräuchen zubereitete. Der Kapitän wünschte, daß ich ihn begleitete, aber ich lehnte ab, denn es waren Ungläubige, deren Speisen verboten waren. Als sie zu ihr kamen, sagte sie zu ihnen: »Ist noch jemand zurückgeblieben und nicht gekommen?« Da antwortete der Kapitän: »Nur ein einziger Mann ist zurückgeblieben, der ›baḫšī‹«[502] – so bezeichnen sie in ihrer Sprache den Rechtsgelehrten –, »er ißt eure Speisen nicht.« Da sagte sie: »Rufe ihn herbei!« – Da kamen ihre Wachen und die Männer des Kapitäns und sagten: »Folge dem Wunsch der Königin!« So ging ich also zu

499 Lage und Name dieses Landes sind unbekannt. Möglicherweise aber handelte es sich um das im Süden des heutigen Vietnam gelegene Königreich von Champa, deren Könige oder Edle den Ehrentitel ›Taval‹ annehmen konnten.

500 Das Königreich Champa bestand aus einem Nord- und Südreich mit den beiden Hauptorten Quinhon im Norden und Phanrang, das in der zweiten Hälfte des 13. Jahrhunderts von einem König Po Klong Garai beherrscht wurde. ›Po‹ und ›Klong‹ waren Königstitel, von denen der letztere (chin: ›Ku lun‹) von den Chinesen den Königen der südlichen Reiche gegeben wurde. Es ist möglich, daß auf diesen Namen die von Ibn Baṭṭūṭa genannte Hafenstadt ›Kailūkarī‹ zurückzuführen ist.

501 Die präzise Form dieses Wortes lautet ›tindal‹ und bezeichnete in Indien den ›Herrn der Matrosen‹.

502 Aus dem Sanskrit, ›bhikshu‹; diesen Titel gaben die Türken und Mongolen den buddhistischen Mönchen.

ihr. Sie saß auf einem hohen Sitz, und vor ihr standen Frauen mit Schreibtafeln in ihren Händen, die sie ihr vorhielten. Um sie herum saßen unterhalb ihres Thrones ältere Frauen, ihre Ratgeberinnen, auf Stühlen aus Sandelholz, und auch Männer standen vor ihr. Ihr Thron bestand aus Sandelholz, in das goldene Plättchen eingelegt waren, war mit Seide ausgeschagen und mit seidenen Vorhängen bedeckt. Im Saal standen Bänke aus bemalten Holz, auf denen viele große und kleine goldene Gefäße standen, Fäßchen, Krüge und Becher. Der Kapitän sagte mir, sie seien mit Getränken aus Zucker und Gewürzen gefüllt, die sie nach dem Essen trinken, und daß sie von großem Wohlgeruch und süßem Geschmack seien, daß die Sorgen vertrieben, den Atem verbesserten, die Verdauung förderten und zur Liebe anregten.

Als ich die Königin gegrüßt hatte, fragte sie mich auf türkisch: »Ḥasan misan yaḫšī misan?« – »Wie geht es dir? Geht es dir gut?« – Sie hieß mich, in ihrer Nähe Platz zu nehmen. Sie konnte gut arabisch schreiben und sagte zu einem ihrer Diener: »Dawāh wa bataka kātūr!« – was bedeutet: »Das Tintenfaß und das Papier!« Diese Dinge wurden herbeigebracht, und sie schrieb: »Im Namen des gnädigen Gottes und Erbarmers«, und sagte: »Was ist das?« – Da sagte ich zu ihr: »Tandarī nām«, was »Der Name Gottes« bedeutet. – Sie daraufhin: »Ḫušan« – das heißt »Gut«. Dann fragte sie mich, aus welchem Land ich gekommen sei, und ich antwortete: »Aus Indien«, und sie fragte: »Aus dem Pfefferland?«, und ich bejahte. Sie erkundigte sich nach diesem Land, und ich berichtete ihr. Sie sagte: »Ich werde gegen dieses Land in den Krieg ziehen und es für mich erobern müssen, denn ich bewundere seinen Reichtum und seine Soldaten.« Ich sagte ihr: »Tue es!« Die Prinzessin gab mir Gewänder, zwei Elefantenlasten Reis, zwei Büffelkühe, zehn Hammel, vier Raṭl Sirupsaft und vier Marṭabān-Krüge[503], große Gefäße, gefüllt mit Ingwer, Pfeffer, Zitronen und Mangos, sämtlich gesalzen, sowie Proviant für die Seereise.

Der Schiffsführer erzählte mir, daß in den Truppen dieser Königin Frauen, Sklavinnen und Schutz suchende Frauen Dienst tun und wie Männer kämpfen, daß sie mit männlichen und weiblichen Truppen in den Kampf zieht, daß sie ihre Feinde angreift, sich selbst am Kampf beteiligt und gegen die Tapfersten antritt. Er berichtete mir ferner, daß zwischen ihr und einem ihrer Feinde einmal ein erbitterter Zweikampf stattgefunden hätte, während schon viele ihrer Soldaten den Tod gefunden hatten und wenig gefehlt hätte, daß ihre Truppen geflohen wären, daß sie sich selbst in den Kampf geworfen und die Reihen der Feinde durchbrochen hätte, bis sie auf den feindlichen König stieß, mit dem sie kämpfte. Sie versetzte ihm einen solchen Hieb, daß er den Tod fand und seine Soldaten die Flucht ergriffen. Sie aber kam zurück, seinen Kopf auf eine Lanze gespießt, den seine Familie gegen schwere Schätze einlöste. Als sie zu ihrem Vater zurückkehrte, übertrug er ihr diese Stadt, die zuvor ihr Bruder

503 ›Martaban‹: Vasen oder Krüge aus Martaban in Burma.

besessen hatte. Er erzählte mir auch, daß sich Königssöhne um ihre Hand beworben hatten, sie aber geantwortet hätte: »Ich heirate nur den, der gegen mich kämpft und siegt.« Sie aber scheuten den Kampf mit ihr aus Furcht vor der Schande, von ihr besiegt zu werden.

Wir verließen Ṭawālisī und erreichten nach siebzehn Tagen mit günstigem Wind, der unsere Fahrt schnell und glücklich werden ließ, die Länder Chinas. Es ist ein riesiges Land, so reich an Schätzen, an Obst und Korn, an Gold und Silber, daß ihm kein Land der Welt gleichkommt. Es wird von einem Strom durchquert, der Āb Ḥayāh, ›Wasser des Lebens‹ genannt wird. Er heißt auch ›sabar‹[504] wie der Strom in Indien und entspringt nahe der Stadt Ḫān Bāliq in den Bergen, die ›kuwih buznah‹ heißen, was ›Berg der Affen‹ bedeutet. Er fließt über eine Strecke von sechs Monaten mitten durch China, bis er ›Ṣīn aṣ-Ṣīn‹ erreicht. Seine beiden Ufer sind wie die des ägyptischen Nils von Dörfern, bestellten Feldern, Gärten und Märkten umgeben, aber noch bevölkerter und mit vielen Wasserrädern versehen. In China gibt es Zucker im Überfluß, der dem ägyptischen Zucker gleichkommt, aber wohl noch besser ist, auch Weintrauben und Birnen. Ich hatte geglaubt, daß die ›ʿuṯmānī‹-Birnen aus Damaskus nicht ihresgleichen hätten, bis ich die chinesischen Birnen sah. Ferner gibt es ausgezeichnete Melonen, die denen aus dem Ḫwārizm und aus Iṣfahān nicht nachstehen, so daß sich alle Früchte, die wir aus unserer Heimat kennen, auch in China finden und dort sogar besser sind. Auch sehr viel Weizen gibt es, nirgendwo habe ich besseren Weizen gesehen, und das Gleiche läßt sich von den Linsen und den Kichererbsen sagen.

Die chinesische Töpferware wird nur in den Städten Zaitūn und Ṣīn Kalān hergestellt.[505] Für sie wird eine Erde verwendet, die aus den dortigen Bergen stammt. Sie läßt sich entzünden wie Kohle, wie ich noch berichten werde. Sie mengen ihr einen Stein bei, der bei ihnen vorkommt, lassen das Gemisch drei Tage lang brennen und gießen dann Wasser darauf, bis das Ganze wieder zu Staub zerfällt. Dann lassen sie es in Gärung übergehen. Die beste Ware ist die, welche einen vollen Monat lang, aber nicht mehr, gärte. Erde, die dagegen nur zehn Tage lang gärt, ist von geringerer Qualität. Die Ware hat den gleichen oder gar einen geringeren Preis als die Töpferware bei uns. Sie führen sie nach Indien und in andere Länder aus, bis sie sogar in unsere Heimat in den Maġrib kommt. Es ist die allerbeste Töpferware.

Die chinesischen Hühner und Hähne sind sehr fett, fetter als unsere Gänse; und ihre Eier sind dicker als die Gänseeier bei uns. Dagegen sind ihre Gänse ganz klein. Wir kauften ein Huhn und wollten es kochen, aber sein Fleisch war

[504] So im Text; gemeint ist aber der ›Sarū‹, der Gelbe Fluß, der freilich nicht in Ḫān Bāliq (Peking), sondern nördlich von Tibet entspringt und sich auch nicht in Ṣīn aṣ-Ṣīn (›das China der Chinesen‹; die Provinz Kanton) ins Meer ergießt, sondern bei Shantung südlich von Peking.

[505] Quanzhou und Kanton.

zuviel für einen Topf, so daß wir es in zwei Töpfe geben mußten. Der Hahn ist bei ihnen so groß wie ein Strauß. Mitunter wirft er sein Gefieder ab, bis nur noch eine rote Masse Fleisch zurückbleibt. Zum ersten Mal sah ich einen chinesischen Hahn in der Stadt Kaulam, hielt ihn für einen Strauß und staunte über ihn, doch sein Besitzer sagte zu mir: »In China gibt es noch größere«, und als ich selbst nach China kam, sah ich den Beweis dessen, was er mir erzählt hatte.

Die Chinesen sind Ungläubige, die Götzen verehren. Sie äschern ihre Toten ein wie die Hindus. Der König der Chinesen ist ein Tatar aus der Nachkommenschaft des Tankīz Ḫān.[506] In jeder chinesischen Stadt gibt es ein Viertel für die Muslime, in dem sie für sich leben. Dort haben sie ihre Moscheen für das gemeinschaftliche und die übrigen Gebete; sie werden verehrt und geachtet. Die Ungläubigen Chinas essen das Fleisch von Schweinen und Hunden und verkaufen es auf ihren Märkten. Es ist ein Volk, das ein behagliches Leben im Überfluß führt, das aber keine Sorgfalt auf seine Speisen und seine Kleidung legt. Man sieht einen ihrer großen Kaufleute, dessen Reichtum man gar nicht zählen kann, der aber nur einen groben Umhang aus Baumwolle trägt. Alle Chinesen legen aber großen Wert auf goldene und silberne Gefäße, und alle stützen sich, wenn sie gehen, auf eine Krücke und nennen sie das dritte Bein. Es gibt sehr viel Seide in diesem Land: Die Raupen hängen sich an die Früchte und fressen sie ab, mehr Fraß brauchen sie nicht. So gibt es sehr viel Seide, mit der sich sogar die Armen und Bettler kleiden. Aber gäbe es keine Kaufleute, hätte die Seide gar keinen Wert, ein einziges Baumwollkleid hat den Wert vieler Gewänder aus Seide. Es ist Brauch der Kaufleute, ihren Besitz an Gold und Silber in Barren zu gießen, von denen einer einen Zentner oder mehr oder weniger wiegt und die sie auf die Türe ihres Hauses legen. Wer fünf dieser Barren besitzt, steckt sich einen Ring an seinen Finger; wer zehn besitzt, steckt sich zwei Ringe an; wer fünfzehn besitzt, nennt sich ›satī‹, was dem Worte ›kāramī‹[507] in Ägypten entspricht. Einen einzelnen Barren nennen sie ›barkāla‹.[508]

Die Chinesen verwenden, wenn sie handeln, weder Dinare noch Dirhams. Was an diesen Münzen ins Land kommt, wird zu Barren eingeschmolzen, wie ich es erzählt habe. Sie kaufen und verkaufen vielmehr mit Hilfe von Papierstücken, die so groß sind wie eine Handfläche, das Siegel des Sultans tragen

506 China stand im 14. Jahrhundert unter der Herrschaft der Mongolen, und zwar zur Zeit des Besuchs Ibn Baṭṭūṭas unter Tugun Timur (1333–1370), einem Nachkommen des Kubilai, eines Enkels Dschingis Chāns, der die mongolische Dynastie der Yüan eingeführt hatte.

507 Die ›karāmī‹ waren in Zünften zusammengeschlossene ägyptische Kaufleute, die sich insbesondere dem Gewürzhandel widmeten.

508 Aus dem Persischen ›pargaleh‹: ›Abschnitt‹, ›Teil‹.

und von denen 25 Stück ›bālišt‹ genannt werden, was dem Worte ›Dinar‹ bei uns entspricht.[509] Wenn diese Papiere in der Hand eines Mannes zerreißen, bringt er sie zu einem Haus, das unseren Münzstätten entspricht, wo er sie aushändigt und als Ersatz neue Scheine erhält. Dafür muß er keinerlei Gebühren entrichten, denn die Männer, die diese Arbeiten versehen, erhalten ihren laufenden Unterhalt vom Sultan. Die Verwaltung dieses Hauses ist einem der großen Emire übertragen. Geht aber jemand mit einem Silberdirham oder einem Dinar auf den Markt mit dem Wunsch, etwas zu kaufen, wird er ihm nicht abgenommen, ja man beachtet ihn gar nicht, wenn er ihn nicht in ›bālišt‹ umgetauscht hat und damit kauft, was er wünscht.

Das Volk von China und Ḫiṭā[510] besitzt eine Erde, die aus dem gleichen Stoff besteht und auch die gleiche Farbe hat wie unser Ton. Elefanten tragen sie herbei, sie wird zerkleinert, bis die Stücke so groß sind wie die Kohle bei uns. Dann wird sie angezündet, brennt wie unsere Kohle und gibt sogar größere Hitze ab als Kohle. Wenn sie zu Asche zerfallen ist, wird sie mit Wasser vermischt, getrocknet und ein weiteres Mal zum Kochen genutzt. So wird es immer wieder gemacht, bis sie völlig erschöpft ist. Aus der gleichen Erde stellen sie auch die chinesische Töpferware her und setzen ihr noch einen anderen Stein bei, wie ich schon erzählte.[511]

Unter allen Völkern sind die Chinesen die geschicktesten und vollendetsten Künstler. Dafür sind sie berühmt, und viele Leute haben schon in ihren Werken davon geschrieben und es ausführlich hervorgehoben.[512] In der Malerei, in der sie eine außerordentliche Fertigkeit besitzen, kommt kein Volk, weder das griechische noch ein anderes, ihnen gleich. Zum Staunenswertesten, was ich bei ihnen gesehen habe, gehörte, daß ich, wenn ich eine ihrer Städte betreten hatte und später in sie zurückkehrte, mein Bild und die Bilder meiner Gefährten an die Mauern und auf Papiere gemalt sah, die auf den Märkten aufgestellt waren. Eines Tages betrat ich die Stadt des Sultans und ging über den Markt der Maler. Ich kam mit meinen Gefährten an den Palast des Sultans. Wir waren auf iraqische Weise gekleidet. Als wir am Abend den Sultanspalast verließen,

509 Das chinesische Papiergeld stammt aus der Epoche der Tang-Dynastie des 7. Jahrhunderts. Mit der von Ibn Baṭṭūṭa vorgenommenen Gleichsetzung von ›bālišt‹ und Dinar soll keine Wertgleichheit vorgetäuscht werden. Die letzte bekannte Papiergeldausgabe vor Ibn Baṭṭūṭas Eintreffen in China bewertete die chinesische Rechnungseinheit mit 28,35 Gramm Reinsilber, während der maġribinische Dinar 4,611 Gramm Gold entsprach. Das chinesische Gold/Silber-Preisverhältnis des 14. Jahrhunderts aber ist nicht bekannt. Ursprünglich war der ›bālišt‹ ein Metallbarren von etwa zwei Kilo Gewicht.

510 China (›Ṣīn‹) ist Südchina, ›Ḫitā‹ ist Nordchina.

511 Hier verwechselt Ibn Baṭṭūṭa Kohle mit dem Porzellanrohstoff Kaolin, dem freilich Kohlenstaub zugemischt wurde.

512 So zum Beispiel auch, wie At-Tāzī angibt, ein arabischer Kaufmann aus dem 10. Jahrhundert, der von Yāqūt zitiert wird.

ging ich wieder über diesen Markt und sah mein Bild und die Bilder meiner Gefährten auf ein Papier gemalt, das an eine Mauer geheftet war. Jeder von uns betrachtete das Abbild seines Gefährten und fand, daß es an Ähnlichkeit nichts zu wünschen übrig ließ. Wir erfuhren, daß der Sultan es ihnen befohlen hatte; sie waren ins Schloß gekommen, als wir uns darin aufhielten, hatten uns betrachtet und die Bilder von uns gemalt, ohne daß wir es bemerkt hatten. Es ist ihr Brauch, jeden, der in ihr Land kommt, abzubilden. Sie gehen sogar so weit, daß, wenn ein Fremder etwas begeht, was ihn zur Flucht aus ihrem Lande zwingt, sie sein Bild in ihre Provinzen schicken. Er wird gesucht, und wer dem Bilde ähnlich sieht, wird ergriffen, wo sie ihn auch immer finden.

Ibn Ǧuzayy: »Ebenso erzählen es die Geschichtsschreiber über das Abenteuer des persischen Königs Sāpūr ›mit den Schultern‹, als er sich in Verkleidung ins Land der Griechen begab. Er nahm an einem Gastmahl teil, das der König der Griechen gab. Auf einem Gefäß aber befand sich sein Portrait. Einer der kaiserlichen Diener betrachtete es, erkannte Sāpūrs Abbild und sagte zum König: ›Dieses Bild sagt mir, daß Kusrā mit uns in diesem Saale ist.‹ So verhielt es sich auch, und es geschah mit ihm, was in den Schriften aufgezeichnet ist.«[513]

Wenn eine ihrer Dschunken in See stechen will, so gehört es zu den Bräuchen der Chinesen, daß der Hafenmeister mit seinen Schreibern an Bord geht und aufschreiben läßt, wie viele Bogenschützen, Diener und Seeleute auf dem Schiff reisen; erst dann wird ihnen die Reise freigegeben. Kehrt die Dschunke nach China zurück, besteigen sie sie ebenfalls wieder und vergleichen die Personen mit ihren Aufschreibungen. Vermissen sie jemanden, den sie eingetragen hatten, verlangen sie vom Kapitän der Dschunke eine Erklärung. Dieser muß beweisen, daß der Mann tot oder geflohen ist oder was ihm sonst zugestoßen ist. Kann er es nicht, wird er ergriffen. Sodann befehlen sie dem Schiffsführer, ihnen ausführlich zu erklären, welche preiswerten oder kostbaren Waren sich auf dem Schiff befinden. Darauf gehen sie von Bord, und die Zollwachen halten Sitzung, um zu bezeugen, was das Schiff geladen hat. Wenn sie auf eine Ware stoßen, die ihnen verheimlicht wurde, geht die Dschunke mit ihrer gesamten Ladung in den Besitz des Staatsschatzes über, ein Unrecht, wie ich es noch in keinem Lande der Ungläubigen oder der Muslims außer in China angetroffen habe. Höchstens in Indien gab es etwas Ähnliches, denn wer dort mit einer Ware angetroffen wurde, für die er keine Abgaben entrichtet hatte, wurde mit der elffachen Geldstrafe belegt. Aber der Sultan hat dieses Unrecht beseitigt, als er die Geldbußen abschaffte.

Kommt ein muslimischer Kaufmann in ein chinesisches Land, läßt man ihm die Wahl, bei einem bestimmten muslimischen Kaufmann, der sich dort niedergelassen hat, oder in einem Gasthaus abzusteigen. Wenn er es vorzieht, bei

513 Diese vermutlich nicht historische Geschichte findet sich bei dem persischen Historiker Mirḫond über den Sassanidenkönif Shapur II. (309–379) in seiner ›Geschichte der Sassaniden‹. Shapur soll in eine Eselshaut genäht und ins Gefängnis geworfen worden sein.

dem Kaufmann Unterkunft zu nehmen, wird sein Vermögen gezählt und der Obhut des ansässigen Kaufmanns anvertraut, der daraus in ehrlicher Weise den Unterhalt für seinen Gast bestreitet. Will der Gast abreisen, wird sein Vermögen geprüft und, falls davon etwas abhanden gekommen ist, vom ansässigen Kaufmann, der dafür bürgte, aufgefüllt. Will er dagegen in einem Gasthaus absteigen, übergibt er sein Vermögen dem Herrn des Gasthauses zur Obhut. Dieser kauft damit, was der Gast wünscht, auf dessen Rechnung; wünscht dieser eine Geliebte, kauft er ihm ein Mädchen. Er bringt ihn in einem Zimmer unter, dessen Tür ins Innere des Gasthauses führt, und sorgt für den Unterhalt der beiden. Sklavenmädchen sind sehr preiswert, und die Chinesen verkaufen sogar ihre Söhne und Töchter, was keineswegs als Schande gilt. Allerdings werden sie weder gezwungen, mit ihrem Käufer auf Reisen zu gehen, noch daran gehindert, wenn sie es selbst wünschen. Will der Reisende heiraten, so kann er es leicht tun. Wer aber sein Vermögen für Ausschweifungen auswerfen will, findet keine Duldung, denn die Chinesen sagen: »Wir wollen nicht, daß man in den Ländern der Muslime hört, in unserem Lande verlöre man sein Vermögen, es sei ein Land des Lasters und der vergänglichen Schönheit.«

Für den Reisenden ist China gegenwärtig das sicherste und das beste Land. Ein Mann kann ganz allein und selbst mit reichlichem Vermögen neun Monate lang reisen, ohne für es fürchten zu müssen. Es ist so eingerichtet, daß in ihrem Lande an jeder Station ein Gasthaus steht, das unter dem Befehl eines Offiziers steht, der dort mit einer Schar von Reitern und Fußsoldaten wohnt. Nach Sonnenuntergang oder erst nach Einbruch der Nacht kommt dieser Offizier mit seinem Schreiber in das Gasthaus und schreibt die Namen aller Reisenden auf, die dort die Nacht verbringen, versiegelt diese Liste und verriegelt hinter den Gästen die Tür der Herberge. Am Morgen kommt er mit seinem Schreiber zurück, ruft jeden Gast mit dessen Namen auf und macht sich Notizen. Dann gibt er ihnen jemanden mit, der sie zur zweiten Station begleitet und von dem dortigen Offizier eine Bestätigung mitbringt, daß alle Gäste dort eingetroffen sind. Bringt er sie nicht, wird er zur Rechenschaft gezogen. So wird es an allen Stationen der Länder von Ṣīn aṣ-Ṣīn bis Ḫān Bāliq gemacht. An ihnen findet der Reisende jegliche Dinge, derer er bedarf, besonders Hühner und Gänse, Schafe dagegen gibt es selten.

Kommen wir zu unserer Reise zurück! Nach unserer Seereise war die erste Stadt, die wir anliefen, Zaitūn.[514] Aber es gibt dort ebensowenig Oliven wie in ganz China und in Indien, es ist vielmehr nur ihr Name. Es ist eine sehr große und mächtige Stadt, in der ›kamḫā‹- und ›aṭlas‹-Tuche[515] hergestellt werden, die

514 Quanzhou in der Provinz Fukien, gegenüber von Taiwan. Da ›zaitūn‹ dem arabischen Wort für Olivenbaum und Olive entspricht, hält Ibn Baṭṭūṭa den nachfolgenden Hinweis für angebracht.

515 ›Kamḫā‹ ist ein Seidenstoff oder Damast; ›aṭlas‹ ist Atlas, Satin.

den Namen der Stadt tragen und den Stoffen aus Ḫansā und Ḫān Bāliq überlegen sind. Der Hafen der Stadt gehört zu den größten der Welt, nein, er ist der größte. Ich sah dort etwa hundert große Dschunken, die kleinen konnte man gar nicht zählen, so viele waren es. Der Hafen liegt in einer weiten Bucht, die sich vom Meer aus weit ins Land erstreckt, bis sie sich mit dem Großen Strom vereinigt.[516] In dieser Stadt wie in allen Provinzen Chinas besitzt jedermann einen Garten und ein Feld, in dessen Mitte sein Haus steht wie in Siǧilmāsa in unserer Heimat[517], und deshalb sind ihre Städte so groß. Die Muslime bewohnen ein gesondertes Viertel. Am Tage meiner Ankunft sah ich den Emir, der als Gesandter mit Geschenken nach Indien gekommen und in unserer Gesellschaft wieder die Rückreise angetreten hatte, aber dessen Dschunke gesunken war. Er begrüßte mich, meldete mich dem Herrn des Rates und brachte mich in einem schönen Hause unter. Der Richter der Muslime, Tāǧ ad-Dīn al-Arduwīlī, ein vornehmer und freigebiger Mann, sowie der Scheich des Islam, Kamāl ad-Dīn ʿAbdallāh al-Iṣfahānī, der zu den frömmsten Männern gehörte, suchten mich auf. Ich empfing ferner den Besuch der bedeutendsten Kaufleute, darunter von Šarf ad-Dīn at-Tabrīzī, einem jener Kaufleute, bei dem ich mich zur Zeit meiner Ankunft in Indien verschuldet hatte und dessen Geschäfte prächtig gediehen. Er kannte den Koran auswendig und und rezitierte ihn oft. Da diese Kaufleute in einem Land der Ungläubigen leben, freuen sie sich sehr, wenn ein Muslim zu ihnen kommt, und sagen: »Er kommt aus dem Lande des Islam«, geben ihm den Zehnten aus ihrem Vermögen, und er wird so reich wie einer von ihnen selbst. Zu den vortrefflichsten Scheichs unter ihnen gehörte auch Burhān ad-Dīn al-Kāzirūnī, der außerhalb der Stadt eine Zāwiya unterhielt und dem die Kaufleute Opfergaben brachten, die sie dem Scheich Abū ʾIshāq al-Kāzirūnī[518] gelobt hatten.

Als der Herr des Rates von mir erfahren hatte, schrieb er dem ›Qān‹, ihrem Großkönig, und teilte ihm mit, daß ich vom König von Indien gekommen sei. Ich ersuchte ihn, mir einen Begleiter zu geben, der mich ins Land Aṣ-Ṣīn, das diese Menschen Ṣīn Kalān[519] nennen, führen könne, damit ich die unter seiner Herrschaft stehenden Länder besichtigen könne, bis die Antwort des ›Qāns‹ eintraf. Er erfüllte meine Bitte und gab mir einen seiner Männer mit, der mich führen sollte.

Ich reiste auf dem Strom in einem Schiff, das wie eines unserer Kriegsschiffe

[516] Ibn Baṭṭūṭa führt alle chinesischen Wasserwege auf den ›Großen Strom‹ zurück, zu dem er willkürlich den Gelben Fluß und den großen Kanal zusammenzieht, der Ḫansā (Hanzhou) mit Peking verbindet. Quanzhou aber liegt an der Mündung des unbedeutenden Flusses Jinjiang.

[517] Ehemalige Stadt in Südmarokko, vgl. Kapitel ›In den Süden der Sahara‹.

[518] Vgl. Kapitel ›Persien und der Iraq‹.

[519] Kanton.

aussieht, in dem jedoch die Ruderer mittschiffs aufrecht stehen und gemeinsam rudern, während die Reisenden sich an Bug und Heck aufhalten. Das Schiff wird von Decken beschattet, die wie Leinen aussehen, aber in Wirklichkeit aus einheimischen Pflanzen bestehen, die ein feineres Gewebe ergeben als der Hanf. Siebenundzwanzig Tage lang reisten wir auf dem Großen Strom, und täglich legten wir vormittags bei einem Dorfe an, in dem wir kauften, was wir brauchten, und wo wir unser Vormittagsgebet verrichteten.[520] Abends hielten wir an einem anderen Dorfe an, und so ging es weiter, bis wir nach Ṣīn Kalān, der Stadt von Ṣīn aṣ-Ṣīn, kamen. Dort wird ebenso wie in Zaitūn Töpferware hergestellt. Hier mündet der Fluß, das ›Wasser des Lebens‹, den sie die ›Vereinigung der zwei Meere‹ nennen, in den Ozean.[521] Es ist eine der größten Städte und eine mit den schönsten Märkten. Der prächtigste Markt ist der Töpfermarkt. Diese Ware führen sie in andere Provinzen Chinas, nach Indien und in den Jemen aus.

Inmitten der Stadt steht ein mächtiger Tempel mit neun Toren, deren Eingänge mit Bogengängen und Bänken ausgestattet sind, auf die sich die Einwohner setzen. Zwischen dem zweiten und dritten Tor gibt es eine Stelle mit Kammern, in denen Blinde und Leidende wohnen. Jeder von ihnen erhält Nahrung und Kleidung aus den Stiftungen des Tempels. Weitere solche Kammern stehen auch zwischen den anderen Toren, darunter ein Krankenhaus, eine Küche für die Zubereitung der Speisen, und Kammern für die Ärzte und Diener. Es wurde mir erzählt, daß Greise, die nicht mehr die Kraft haben, ihren Unterhalt zu verdienen, auch mittellose Waisen und Witwen, in diesem Tempel gespeist und gekleidet werden. Einer ihrer Könige hat diesen Tempel errichtet und vermachte ihm die Stadt und die zugehörigen Dörfer und Gärten als fromme Stiftung. Das Abbild dieses Königs ist in diesem Tempel gemalt worden und wird dort verehrt.

Auf einer Seite der Stadt liegt das Wohngebiet der Muslime mit ihrer Hauptmoschee, einer Zāwiya und dem Markt. Sie haben einen eigenen Qāḍī und einen Scheich. In jeder Stadt Chinas muß es einen Scheich des Islam geben, an den man sich in allen Angelegenheiten, die Muslime betreffen, wendet, und einen Qāḍī, der zwischen ihnen Recht spricht. Ich fand Unterkunft bei Auḥad ad-Dīn aus Sinǧār[522], einem der verdienstvollsten und rangältesten Männer, der ein großes Vermögen besaß, und wohnte bei ihm vierzehn Tage lang. Unablässig erreichten mich die Geschenke des Qāḍīs und der anderen Muslime, täglich bereiteten sie ein neues Festmahl vor, zu denen sie Koranrezitatoren,

520 Dieser Abstecher, der somit nach seinen eigenen Worten etwa zwei Monate gedauert haben muß, macht seine gesamte Aufenthaltsdauer in China problematisch. Seine Beschreibung eines großen Stroms, den es in dieser Landschaft nicht gibt, verstärkt diese Unsicherheit weiter.

521 Es müßte sich um den Fluß Baijiang handeln.

522 Vgl. Kapitel ›Persien und der Iraq‹.

die je den zehnten Teil lasen, und Sänger mitbrachten. Außer dieser Stadt gibt es keine weitere Stadt der Muslime oder der Ungläubigen, und zwischen ihr und der Mauer von Yāǧūǧ und Māǧūǧ[523] liegen 60 Tage, wie man mir erzählte. Dort leben ungläubige Nomaden, die Menschen fressen, wenn sie sie fangen können. Deshalb werden diese Gegenden nicht aufgesucht, und niemand reist zu ihnen. Ich habe in dieser Stadt niemanden getroffen, der die Mauer je sah, und auch nicht einen, der jemanden kannte, der sie gesehen hätte.

Als ich in Ṣīn Kalān war, hörte ich von einem betagten Scheich, der dort lebte und mehr als 200 Jahre alt gewesen sein soll: Er aß nicht, trank nicht, hatte keine Verdauung und keinen Umgang mit Frauen, obwohl er noch die Kraft gehabt hätte. Er wohnte in einer Höhle vor der Stadt, wo er sich der Andacht hingab. Ich begab mich zu dieser Höhle und sah ihn vor dem Eingang. Er war ausgezehrt und von tiefroter Hautfarbe, vom Gottesdienst gezeichnet und völlig bartlos. Ich grüßte ihn, er nahm meine Hände, roch an ihnen und sagte zum Dolmetscher: »Dieser Mann kommt von einem Ende der Welt, wie ich vom anderen Ende komme.« Dann sagte er zu mir: »Du hast ein Wunder geschaut. Erinnerst du dich an den Tag, an dem du zu der Insel kamst, auf der der Tempel steht, und an den Mann, der zwischen den Götzenbildern saß und dir zehn goldene Dinar gab?« – Ich sagte: »Gewiß!«, – und er fuhr fort: »Das war ich.« – Ich küßte seine Hand; er überlegte eine Zeitlang und ging dann in seine Höhle, kam aber nicht mehr zu uns heraus, und es schien, als bedaure er seine Worte. Wir wunderten uns und betraten die Höhle, trafen ihn aber nicht an, sondern fanden einen seiner Gefährten, der einige Geldscheine aus Papier hielt und zu uns sagte: »Dies ist für euer Gastmahl und nun geht!« – Wir sagten: »Wir warten auf den Mann«, – aber er antwortete: »Und wenn ihr zehn Jahre wartet, werdet ihr ihn nicht mehr sehen, denn es ist seine Gewohnheit, sich keinem mehr zu zeigen, der in eines seiner Geheimnisse eingedrungen ist. Glaube nicht, daß er verschwunden ist, er ist vielmehr bei dir.«

Ich wunderte mich über diese Worte, kehrte zurück und erzählte es dem Qāḍī, dem Scheich des Islam und Auḥad ad-Dīn aus Sinǧār. Sie sagten: »So hält er es immer, wenn ein Mann aus der Fremde ihn aufsucht. Niemand weiß, zu welchem Glauben er sich bekennt, und derjenige, den ihr für seinen Gefährten gehalten habt, ist er selbst.« Sie ließen mich wissen, daß er etwa fünfzig Jahre lang in der Fremde gewesen und erst vor einem Jahr zurückgekehrt wäre, daß ihn Sultane, Emire und andere Große besuchen und er ihnen Geschenke darbringt, die ihrem Rang entsprechen. Täglich kämen Arme zu ihm, und er gibt jedem nach seinem Rang, obwohl in der Höhle, die er bewohnt, nichts zu se-

[523] ›Gog‹ und ›Magog‹. Nach islamischer Tradition hat Alexander der Große die Große Mauer erbaut, um Gog und Magog von der bewohnten Welt fernzuhalten. Die Chinesische Mauer freilich befindet sich nicht in der Umgebung von Kanton, sondern bei Peking.

hen ist. Viel erzähle er von vergangenen Zeiten und vom Propheten – Heil und Segen Gottes für ihn! – und sage stets, er hätte, wenn er mit ihm gelebt hätte, ihn unterstützt. Er gedenke in schönsten Worten der beiden Kalifen ʿUmar bin al-Ḫaṭṭāb und ʿAlī bin Abī Ṭālib und lobe sie aufs höchste. Aber er verfluche auch Yazīd Ibn Muʿāwiya und verwünsche Muʿāwiya.[524] Vieles erzählten sie mir über ihn, und Auḥad ad-Dīn as-Sanǧārī hat mir noch folgendes erzählt: »Ich betrat einmal seine Höhle. Er nahm meine Hand, und es schien mir, als sei ich in einem gewaltigen Palast, in dem er auf einem Thron saß. Auf seinem Kopfe trug er eine Krone, auf beiden Seiten standen schöne Pagen, und Früchte fielen in die Bäche, die dort flossen. Ich stellte mir vor, ich nähme einen Apfel, um ihn zu essen, da merkte ich, daß ich wieder in der Höhle war und vor ihm stand, und er lachte über mich. Eine schwere Krankheit befiel mich, die mich mehrere Monate nicht verließ. Danach bin ich nicht mehr zu ihm gegangen.«

Die Menschen dieser Provinz glauben, er sei Muslim, aber nie sah ihn jemand beten. Er fastet immer. Der Qāḍī erzählte mir: »Ich habe ihn eines Tages an das Gebet erinnert, und er antwortete: ›Weißt du denn, was ich tue? Mein Gebet ist wahrlich ein anderes als das deine.‹ Alles, was man über diesen Mann weiß, ist sonderbar.«

Am Tage nach meiner Begegnung mit ihm reiste ich ab und kehrte nach Zaitūn zurück. Einige Tage später traf der Befehl des ›Qāns‹ ein, daß ich mit Ehren und in seiner Gunst in seine Residenz kommen sollte, wie ich es wünschte, zu Wasser oder zu Lande, so daß ich es vorzog, auf dem Strom zu reisen.[525] Man rüstete mir ein schönes Schiff zu, und zwar eines von jener Art, auf dem die Offiziere zu reisen pflegten. Der Emir gab mir mehrere seiner Männer mit und lieferte mir ebenso wie der Qāḍī und die muslimischen Kaufleute sehr viel Reiseproviant. Wir reisten als Gäste des Sultans, speisten in einem Dorfe zu Mittag und in einem anderen zu Abend. Nach einer Reise von zehn Tagen erreichten wir die Stadt Qanǧanfū[526], eine große und schöne, von Gärten umgebene Stadt inmitten einer weiten Ebene, als sei es die Landschaft Ġūṭa um Damaskus. Als wir eintrafen, kamen der Qāḍī, der Scheich des Islam

[524] Dieses Glaubensbekenntnis müßte den geheimnisvollen Greis als Schiiten ausweisen, denn Muʿāwiyas Sohn Yazīd, der ʿummayadische Kalif war es gewesen, der das Massaker von Kerbela befahl, in dem ʿAlīs Familie erlosch.

[525] Ibn Baṭṭūṭas Reise nach Peking muß als sehr unsicher angesehen werden, zumal von einer Einladung aus Peking wohl kaum die Rede sein kann, denn seine Eigenschaft als Botschafter aus Indien hatte er schon vor fünf Jahren eingebüßt. Seine eigenen Angaben zum Reisezeitbedarf beziehen sich auf die Strecke von Quanzhou (Zaitūn) nach Hangzhou (Ḫansā), für die er 96 Tage angibt, die er aber auch nur dann aufbringen kann, wenn man von seinem Aufenthalt in und seinen Abstecher um Kanton absieht.

[526] Es könnte sich um die Provinzhauptstadt Nanchang handeln. Sie kann auf dem Flußwege erreicht werden und liegt zudem in einer Ebene, die auch unser Reisender hier vermerkt.

und die Kaufleute uns entgegen. Sie brachten Fahnen, Trommeln, Trompeten, Fanfaren und Musikanten mit. Sie hatten auch Pferde für uns mitgebracht, so daß wir aufsaßen, während sie alle, außer dem Qāḍī und dem Scheich, die ebenfalls ritten, vor uns zu Fuß gingen. Auch der Emir des Dorfes kam uns mit seinen Dienern entgegen, denn ein Gast des Sultans genießt bei ihnen die allerhöchste Achtung. Wir betraten die Stadt, die von vier Mauern umgeben ist. Zwischen der ersten und zweiten Mauer wohnen die Diener des Sultans, und zwar die Tag- und die Nachtwächter, die sich ›paṣwānān‹[527] nennen. Zwischen der zweiten und dritten Mauer leben die berittenen Soldaten und der Emir, der in der Stadt die Herrschaft ausübt. Hinter der dritten Mauer wohnen die Muslime, bei deren Vorsteher Ẓahīr ad-Dīn al-Qurlānī wir Unterkunft fanden. Hinter der vierten Mauer leben die Chinesen in der größten der vier Städte. Die Abstände zwischen einem und dem nächsten Tor betragen drei und vier Meilen, und jeder Bewohner besitzt, wie ich schon erwähnt habe, seinen Garten, sein Haus und sein Feld.

Eines Tages, als ich mich im Hause von Ẓahīr ad-Dīn al-Qurlānī aufhielt, erschien ein Schiff, das einem der angesehensten Rechtsgelehrten des Landes gehörte. Man bat um Erlaubnis, mich ihm vorzustellen, und rief: »Unser Meister Qiwām ad-Dīn as-Sabtī!« Der Name erstaunte mich. Er trat zu mir herein und als sich nach der Begrüßung ein Gespräch ergab, fiel mir ein, daß ich ihn kannte. Ich blickte ihn lange an, und er sagte: »Ich sehe, daß du mich anschaust wie einer, der mich kennt.« – Ich fragte ihn: »Aus welchem Lande stammst du?« – Er antwortete: »Aus Sibta.«[528] – Da sagte ich: »Und ich bin aus Tanger« – Er grüßte mich erneut und weinte, bis auch ich zu weinen begann. Ich sagte: »Bist du in Indien gewesen?« – Er antwortete: »Ja, ich war in Delhi, der Hauptstadt.« – Als er dies sagte, erinnerte ich mich an ihn und fuhr fort: »Bist du nicht Al-Bušrī?« – Er erwiderte: »Ja.« – Er war mit Abu-l-Qāsim aus Murcia, seinem Onkel mütterlicherseits, nach Delhi gekommen, als er selbst noch ein Jüngling ohne Bart auf den Wangen, aber schon ein gescheiter Schüler gewesen war, der den ›Ebenen Weg‹[529] auswendig kannte. Ich hatte dem Sultan von Indien von ihm berichtet, und dieser hatte ihm 3.000 Dinar gegeben und ihn aufgefordert, bei ihm zu bleiben. Er aber hatte abgelehnt, denn er wollte nach China reisen, wo er sich großes Ansehen und ein beträchtliches Vermögen erwarb. Er sagte mir, daß er ungefähr 500 Diener und etwa ebenso viele Dienerinnen besäße. Er schenkte mir zwei Diener und zwei Dienerinnen und außerdem noch viele kostbare Dinge. Ich bin später seinem Bruder im Sudan begegnet – welch eine Entfernung lag doch zwischen ihnen!

527 Nach At-Tāzī aus dem persischen ›pašanan‹ (›Nachtwächter‹).

528 Ceutá in Spanien.

529 Das ›Muwaṭṭā‹, die erste islamische Schrift über das theologische Recht, verfaßt von Imām Malik bin Anas, dem Gründer der malikitischen Schule.

Ich blieb fünfzehn Tage in Qanğanfū und reiste dann ab. Das Land China gefiel mir trotz allem, was es an Schönheiten enthält, nicht, vielmehr war ich verwirrt über das vorherrschende Heidentum. Wenn ich aus meiner Unterkunft trat, erblickte ich viele abscheuliche Dinge, die mich so sehr verstörten, daß ich meistens mein Haus nicht verließ, außer, wenn es unausweichlich war. Wenn ich Muslime traf, so war es, als begegnete ich meiner Familie und meinen nächsten Verwandten.

Faqīh Al-Bušrī krönte seine Güte, indem er mich, als ich Qanğanfū verließ, vier Tage lang bis nach nach Baiwam Quṭlū[530] begleitete, einer kleinen Stadt, in der chinesische Soldaten und Händler leben. Nur vier Häuser gehören Muslimen, die zu den Vertrauten des genannten Faqīh gehörten. Im Hause eines dieser Männer stiegen wir ab und blieben drei Tage, dann nahm ich Abschied vom Faqīh und setzte meine Reise fort.

Ich bestieg ein Schiff, und wir speisten wieder mittags in einem und abends in einem anderen Dorf, bis wir nach siebzehn Tagen in der Stadt Ḫansā'[531] ankamen. Der Name gleicht dem Namen der Dichterin Ḫansā', aber ich weiß nicht, ob er arabisch ist oder nur wie Arabisch klingt. Es ist die größte Stadt, die ich auf der ganzen Erde gesehen habe. Sie ist drei Tagesreisen lang, so daß ein Reisender in ihr reist und Station macht. Sie ist so angelegt, wie ich es von den chinesischen Städten schon gesagt habe: Jedermann hat seinen Garten und sein Haus. Die Stadt besteht aus sechs Stadtteilen, die ich noch nennen werde. Als wir eintrafen, kamen die würdigsten Muslime der Stadt, und zwar ihr Qāḍī namens Afḫar ad-Dīn, ihr Scheich des Islam und die Söhne von ʿUṯmān bin ʿAffān, des Ägypters, uns entgegen und brachten eine weiße Fahne, Trommeln, Fanfaren und Trompeten mit. Auch der Emir der Stadt kam mit seinem Gefolge zu uns heraus. Wir betraten die Stadt, die aus sechs Städten besteht, die alle von ihren eigenen sechs Mauern umgeben sind, während eine weitere Mauer die gesamte Stadt umringt. In der ersten Stadt leben die Stadtwachen mit ihrem Kommandanten. Der Qāḍī und andere erzählten mir, daß 12.000 Soldaten hier ihren Militärdienst leisteten. Die Nacht verbrachten wir im Hause ihres Befehlshabers.

Am Tage darauf betraten wir die zweite Stadt durch das ›Judentor‹. In ihr leben Juden, Christen und sonnenanbetende Türken. Sie sind sehr zahlreich, und der Vorsteher dieser Stadt ist ein Chinese, bei dem wir die zweite Nacht zubrachten. Am dritten Tage betraten wir die dritte Stadt, in der die Muslime wohnen. Ihre Stadt ist schön, und ihre Märkte sind eingerichtet wie in den Ländern des Islam.

530 Eine Bezeichnung mit türkischem Klang (türk: ›kutlu ist ›glücklich‹, ›heilig‹). Möglicherweise handelt es sich um Poyang, nordöstlich von Nanchang. Auch ist der von Ibn Baṭṭūṭa angegebene Wasserweg nach Hangzhou (vgl. die folgende Anmerkung) über den Yangtse und den Großen Kanal vorhanden.

531 Hangzhou, nach Peking die größte chinesische Stadt der Epoche.

Es gibt Moscheen und Muezzine, deren Ruf zum Mittagsgebet wir hörten, als wir eintraten. Wir stiegen ab im Hause der Söhne von ʿUṯmān bin ʿAffān, des Ägypters. Er war einer der bedeutendsten Kaufleute gewesen, der an dieser Stadt Gefallen gefunden und sich in ihr niedergelassen hatte. Sie trägt sogar seinen Namen. Seiner Nachkommenschaft vererbte er seine Würde und sein Ansehen. Sie eifern ihrem Vater in den Wohltaten, die sie den Armen, und der Milde, die sie den Bedürftigen zukommen ließen, nach. Sie besitzen ein Hospiz, das den Namen ›ʿUṯmānīya‹ trägt, ein schönes Gebäude, das mit vielen Vermächtnissen ausgestattet ist und einer Gruppe von Ṣūfīs Unterkunft gewährt. ʿUṯmān baute in dieser Stadt auch die Hauptmoschee und versah sie und die Zāwiya mit beträchtlichen Stiftungen. Die Muslime sind sehr zahlreich in der Stadt, wir verbrachten fünfzehn Tage bei ihnen, während derer wir jeden Tag und jede Nacht zu einem neuen Festmahl geladen wurden. Nie versäumten sie es, auf ihren Tafeln großen Prunk zu entfalten, und täglich ritten sie mit uns durch die Viertel der Stadt.

Eines Tages ritten sie mit mir aus, und wir betraten die vierte Stadt, den Sitz der Herrschaft, in dem der Großfürst Qurṭay wohnt. Als wir durch das goldene Tor einritten, verließen mich meine Gefährten. Der Wesir empfing mich und ging mit mir ins Haus des Großfürsten Qurṭay. Er war es, der meinen Mantel ergriff, den mir der Gottesfreund Ǧalāl ad-Dīn aus Šīrāz geschenkt hatte, wie ich schon erzählt habe.[532] Diese Stadt ist den Dienern und Sklaven des Sultans vorbehalten. Sie ist die schönste aller sechs Städte und wird von drei Wasserläufen durchflossen: Der erste ist ein Kanal, der vom Großen Fluß abgeleitet ist und auf dem in kleinen Booten nützliche Waren wie Lebensmittel und Brennholz herangeschafft werden, aber auf dem auch Boote für den Müßiggang verkehren. Inmitten der Stadt steht die gewaltige Festung, in deren Mitte das Haus der Herrschaft steht, so daß die Festung es von allen Seiten umgibt. Sie ist mit Säulengängen ausgestattet, unter denen die Handwerker sitzen und kostbare Stoffe und Waffen herstellen. Emir Qurṭay erzählte mir, es seien 1.600 Meister, von denen jeder drei oder vier Lernende unterweise. Es sind Sklaven des ›Qāns‹ mit Ketten an den Füßen. Ihre Behausungen liegen außerhalb der Festung. Es ist ihnen erlaubt, die Märkte der Stadt aufzusuchen, aber nicht, durch das Tor zu gehen. Täglich stellen sie sich in Gruppen zu je hundert vor dem Emir auf; fehlt einer, so wird sein Herr zur Rechenschaft gezogen.

Hat einer zehn Jahre gedient, so werden ihm die Ketten zerbrochen, und er kann wählen, ob er ohne Ketten in Dienst bleiben will oder ob er geht, wohin er innerhalb der Länder des Qāns gehen will, verlassen darf er sie aber nicht. Wenn er fünfzig Jahre alt geworden ist, wird er von aller Arbeit befreit und sein Lebensunterhalt übernommen. So wird jeder, der dieses oder ein ähnliches Alter erreicht hat, ernährt. Wer sechzig Jahre alt geworden ist, wird als

532 Vgl. Kapitel ›Ceylon, Indiens Küsten und Bengalen‹; dort allerdings hieß der Scheich Ǧalāl ad-Dīn at-Tabrīzī (›aus Täbris‹) und nicht aš-Šīrāzī (›aus Schiras‹).

Kind betrachtet und nicht mehr vom Gesetz bestraft. Die Alten werden in China sehr hoch geachtet und werden ›aṭā‹ genannt, was ›Vater‹ bedeutet.

Der Große Emir Qurṭay ist der Fürst der Fürsten Chinas. Er bewirtete uns in seinem Haus und richtete uns ein Festmahl aus, das sie ›ṭuwā‹ nennen und an dem die Großen der Stadt teilnahmen. Er ließ muslimische Köche kommen, welche die Schlachtungen vornahmen und das Essen zubereiteten. Trotz seiner hohen Würde legte er uns das Essen mit eigener Hand vor und schnitt das Fleisch mit eigener Hand. Drei Tage verbrachten wir in seiner Gastfreundschaft. Seinen Sohn schickte er mit uns auf eine Bootsfahrt auf dem Kanal. Wir bestiegen ein Boot, das einem kleinen Brander glich, während der Sohn des Emirs mit Sängern und Musikanten ein anderes nahm. Sie sangen chinesisch, arabisch und persisch. Der Sohn des Emirs war ein Bewunderer des persischen Gesangs. Sie stimmten ein persisches Gedicht an, und er befahl ihnen, es so oft zu wiederholen, bis ich es aus ihren Mündern auswendig gelernt hatte. Es hatte eine hübsche Weise und lautete:

Tādil bimiḥnat dādīm – dar baḥri fikr uftādīm
Tšūn dar namaẓ istadīm – Qawī bimiḥrāb andarīm.

Eine große Menge von Einwohnern fand sich auf Booten auf dem Kanal ein; sie fuhren bunte Segel, führten seidene Sonnenschirme mit sich und die Boote waren wundervoll bemalt. Sie griffen einander an, indem sie sich mit Orangen und Zitronen bewarfen. Am Abend kehrten wir ins Haus des Emirs zurück, wo wir die Nacht verbrachten. Die Musikanten kamen und sangen verschiedene hübsche Lieder.

In dieser Nacht war auch ein Gaukler anwesend. Er war eine Sklave des Qāns, und der Emir sagte zu ihm: »Zeige uns eines deiner Kunststücke!« Da nahm er eine hölzerne Kugel mit Löchern darin, durch die lange Schnüre liefen. Er warf sie in die Luft, und sie stieg hoch, bis wir sie nicht mehr sahen. Wir saßen in der Mitte der Festung, und es war in den Tagen der großen Hitze. Als nur noch ein kurzes Stück Schnur in seiner Hand war, befahl der Gaukler einem seiner Gehilfen, sich an sie zu hängen und in die Höhe zu klettern, bis auch er unseren Blicken entschwunden war. Der Gaukler rief ihn dreimal an, bekam aber keine Antwort. Da nahm er ein Messer in die Hand, als sei er zornig, hängte sich an die Schnur und verschwand ebenfalls. Dann warf er eine Hand des Jungen auf die Erde, dann seinen Fuß, dann seine andere Hand, seinen Leib und schließlich seinen Kopf. Nun ließ er sich keuchend und mit blutbefleckter Kleidung herab, küßte vor dem Emir den Boden und sprach ihn auf chinesisch an. Der Emir gab ihm einen Befehl, der Gaukler nahm die Körperteile des Jungen, setzte einen an den anderen und gab ihnen einen Tritt mit dem Fuß. Da stand der Junge wieder unversehrt auf. Ich war so ergriffen, daß mich so starkes Herzklopfen befiel, wie ich es auch beim König von Indien verspürt hatte, wo ich etwas Ähnliches erlebt hatte. Man gab mir eine Arznei, die mich beruhigte. Qāḍī Afḫar ad-Dīn, der neben mir saß, sagte zu mir: »Bei

Gott! Hier ist niemand hochgestiegen und niemand herabgekommen, kein Glied ist abgeschnitten worden, es ist alles Gaukelei!«

Am nächsten Morgen gingen wir durch das Tor der fünften Stadt. Diese ist die größte, und in ihr wohnt das Volk. Sie hat schöne Märkte und die geschicktesten Handwerker. Hier werden Tuche hergestellt, die ›ḫansāwīya‹ genannt werden. Zum Schönsten, was sie dort herstellen, gehören die Teller, die sie ›dast‹ nennen. Sie bestehen aus Rohr, dessen einzelne Stücke auf wunderbare Weise zusammengesetzt und mit einer leuchtend roten Tinktur eingeölt werden. Elf Teller werden in die Vertiefungen der anderen gesetzt und sind so fein gearbeitet, daß sie dem Auge wie ein einziger erscheinen. Dazu stellen sie Deckel her, die sie alle verschließen. Aus dem gleichen Rohr werden auch Schüsseln angefertigt, deren wunderbarste Eigenschaft es ist, daß sie aus großer Höhe zu Boden fallen können, ohne zu zerbrechen. In sie legen sie die heißen Speisen, deren Farbe sich danach weder ändert noch verschwindet. Diese Waren werden nach Indien und in den Ḫurāsān gebracht.

In dieser Stadt verbrachten wir die Nacht in der Gastfreundschaft ihres Emirs und gingen am nächsten Morgen durch das ›Kaštī Bānān‹ genannte Tor in die sechste Stadt, in der die Seeleute, Fischer, Kalfaterer und die Zimmerleute leben, die ›dūd kārān‹ heißen. Ferner wohnen dort die ›isbāhīya‹ genannten Bogenschützen und die ›piyāda‹, die Fußsoldaten.[533] Sie alle sind Sklaven des Sultans, sie sind sehr zahlreich, aber andere leben nicht unter ihnen. Diese Stadt liegt am Ufer des Großen Flusses, und in der Nacht genossen wir die Gastfreundschaft ihres Befehlshabers. Emir Qurṭay hatte uns ein Schiff mit Proviant und allem sonstigen Bedarf ausrüsten lassen und gab uns Männer aus seinem Gefolge mit, damit wir wie Gäste behandelt würden, und wir verließen die Stadt.

Es war der letzte Bezirk Chinas, und wir betraten nun das Land ›Ḫiṭā‹. Es ist das bestbestellte Land der Welt, denn im ganzen Lande gibt es keinen Flekken unbebauten Bodens, denn findet sich einmal ein Stück Erde in Brache, so werden die dort lebenden Menschen, oder wer die Verantwortung für sie hat, aufgefordert, die Grundsteuer für den Boden zu zahlen. Die Gärten, Dörfer und bestellten Felder sind an beiden Ufern des Flusses, von Ḫansā bis Ḫān Bāliq, über eine Strecke von 64 Tagesreisen regelmäßig angelegt. In dieser Gegend trifft man keinen einzigen Muslim, es sei denn, es reiste einer hindurch, ohne sich anzusiedeln, denn sie eignet sich nicht für feste Niederlassungen, und keine Stadt wurde dort gegründet.[534] Es gibt nur Dörfer und Ebenen, auf denen Korn, Obst und Zuckerrohr wächst. Außer auf der viertägigen Strekke zwischen Anbār und ʿĀna[535] habe ich auf der ganzen Welt eine ähnliche

533 Alle drei Ausdrücke sind persischen Ursprungs.

534 Diese Bemerkung macht die Reise nach Peking höchst unwahrscheinlich, ganz abgesehen vom Zeitbedarf von für Hin- und Rückreise zweimal 64 Tagen.

535 Zwei Städte im Iraq, westlich von Bagdad; vgl. Kapitel ›Die Rückkehr‹.

Landschaft nicht gesehen. Jeden Abend stiegen wir in einem Dorf ab, wo wir bewirtet wurden, bis wir Ḫān Bāliq erreichten, das auch Ḫāniqū[536] heißt. Es ist die Hauptstadt des Qāns oder Großsultans, der China und Ḫiṭā unter seiner Herrschaft hat.

Wir gingen, wie es dort üblich ist, fünf Meilen vor der Stadt vor Anker, und den Hafenmeistern wurde unsere Ankunft geschrieben. Uns wurde erlaubt, in den Hafen einzulaufen. Wir fuhren ein und gingen in der Stadt, einer der mächtigsten der Welt, an Land. Sie ist anders angelegt als die Städte Chinas, in denen die Gärten innerhalb der Städte liegen, denn hier waren die Gärten wie in anderen Ländern vor der Stadt angelegt. Das Stadtviertel des Sultans liegt als Zitadelle inmitten der Stadt, wie ich noch berichten werde. Ich nahm Unterkunft bei Scheich Burhān ad-Dīn aṣ-Ṣaġarǧī, dem der König von Indien 40.000 Dinar geschickt hatte, um ihn in sein Land zu rufen. Er nahm die Summe, bezahlte seine Schulden, weigerte sich aber, zum König zu gehen.[537] Er kam nach China, wo der Qān ihn zum Vorsteher aller Muslime seines Landes machte und ihm den Namen ›Prinz der Welt‹ gab.

Mit ›Qān‹ wird in China bezeichnet, wer das Königsamt ausübt und über alle Könige der Provinzen herrscht, so wie jeder König in Lūr ›Atābak‹ genannt wird. Sein eigentlicher Name lautet ›Pāšāī‹[538], und die Ungläubigen haben auf der Erde kein größeres Land als sein Königreich. Der Palast des Qāns steht inmitten der Stadt, ist ihm zur Residenz bestimmt, zum größten Teil aus Holz erbaut und bewundernswert angelegt. Er besitzt sieben Tore. Am ersten Tor sitzt der ›kutwāl‹, der Vorsteher der Türhüter. Rechts und links des Tores stehen erhöhte Bänke für die ›barda dārīya‹ genannten Mamluken, die Hüter des Palasttores, die 500 Männer zählen, aber ich erfuhr, daß es zuvor 1.000 waren. Vor dem zweiten Tore sitzen die ›isbāhīya‹, die Bogenschützen, die 500 Mann zählen. Vor dem dritten Tor sitzen die ›nazdārīya‹ genannten Lanzenträger, ebenfalls 500 Mann. Am vierten Tor sitzen die ›taġdārīya‹, die Schwert- und Schildträger. Am fünften Tore befinden sich unter vielen überdeckten Gängen die Räume des Wesirats. Auf einer mächtigen Tribüne sitzt der Wesir auf einem gewaltigen erhöhten Kissen; diesen Ort nennen sie den ›misnad‹.[539]. Vor dem Wesir steht ein großes goldenes Schreibpult. Gegenüber dieser Tribüne steht eine weitere für den geheimen Schreiber, rechts neben dieser wieder eine Tribüne für den Sekretär der Sendschreiben. Rechter Hand

[536] Früherer Name Pekings, möglicherweise Adjektiv zum mongolischen Chan (Ḫān oder Qān), ›dem Chan zugehörig‹.

[537] Vgl. Kapitel ›Sultan Muḥammad bin Tuġluq‹.

[538] Der mongolische Kaiser von Chona war Tugun Timur, ›Pašāī‹ ist möglicherweise ein weiterer seiner Titel, der nach At-Tāzī mit dem persischen Wort ›Padischah‹ zusammenhängen könnte.

[539] Stütze, auch Kissen oder Thron.

des Wesirs steht eine Tribüne für den Schreiber der öffentlichen Arbeiten. Diesen Tribünen stehen vier weitere gegenüber, von denen eine ›Diwān‹ der Finanzen heißt, auf welcher der Kontrolleur der Finanzen sitzt. Die zweite Tribüne ist das Amt für ›mustaḫraǧ‹, deren Vorsteher zu den wichtigsten Emiren zählt; ›mustaḫraǧ‹ nennen sie die Schuld, die die Steuereintreiber und die Fürsten aus ihren Lehen zu entrichten haben. Die dritte Tribüne ist das Amt des Beistands, in dem einer der großen Kommandanten mit Rechtsgelehrten und Schreibern sitzt: Wer ein Unrecht erlitten hat, wendet sich an sie um Hilfe. Auf der vierten Tribüne ist das Amt für die Post, in dem der Vorsteher der Nachrichtenoffiziere sitzt. Vor dem sechsten Palasttor sitzen die Soldaten der Leibwache und ihr erster Offizier. Am siebten Tor sitzen die Diener, für die drei Tribünen aufgestellt sind, eine für die abessinischen, die zweite für die indischen und die dritte für die chinesischen Diener, aber jede Gruppe hat einen chinesischen Anführer.

Als wir in der Hauptstadt Ḫān Bāliq ankamen, fanden wir den Qān abwesend. Er war gegen seinen Vetter Fīrūz zu Felde gezogen, der sich im Gebiet um das Qarāqurum und um Biš Bāliq[540] in Ḫiṭā gegen ihn erhoben hatte. Zwischen diesem Gebiet und der Hauptstadt liegen drei Monate Marsch durch bebautes Land.[541] Burhān ad-Dīn aṣ-Ṣaġarǧī, der Prinz der Welt, teilte mir mit, daß der Qān, wenn er sein Heer zusammenzieht und seine Truppen aufbietet, hundert Schwadronen Reiter einberuft, von denen jede Schwadron 10.000 Berittene umfaßt, deren Befehlshaber Emir ›Ṭūmān‹ genannt wird. Darüber hinaus zählte das private Gefolge und die Familie des Sultans 50.000 Menschen, die Fußtruppen beliefen sich auf 500.000 Mann. Als er ins Feld zog, empörten sich die meisten Fürsten gegen ihn und kamen überein, ihn abzusetzen, weil er das Gesetz des ›yasāq‹ gebrochen hatte. Dieses Gesetz hatte Tankīz Ḫān, ihr Vorfahr, erlassen, der die Länder des Islam verwüstete. Sie gingen zu seinem Vetter, dem Rebellen, und schrieben dem Qān, er müsse abdanken. Der Qān indessen weigerte sich, zog gegen sie in den Krieg, wurde aber besiegt und getötet.[542]

Einige Tage nach unserer Ankunft in der Hauptstadt traf diese Nachricht ein. Die Stadt wurde geschmückt, Trommeln wurden geschlagen, Trompeten und Fanfaren geblasen, und man gab sich einen Monat lang Spielen und Vergnügungen hin. Dann brachten sie den toten Qān und etwa hundert seiner getöteten Vettern, Verwandten und Vertrauten. Für den Qān wurde ein großer

540 Zu Karakorum und Biš Bāliġ vgl. Kapitel ›Von der Wolga an den Indus‹. Ein ›Fīrūz‹ ist in den mongolischen Chanaten jener Zeit nicht bekannt. Die ganze Geschichte ist dunkel und zweifelhaft.

541 Zu beiden Zielen wären vielmehr große Wüsten zu durchqueren gewesen.

542 Tugun Timur wurde erst 1368 von der Ming-Dynastie verjagt und ließ sich danach bis zu seinem Tode 1370 im Karakorum nieder.

›nāwūs‹[543], ein Haus unter der Erde, gegraben und mit prachtvollen Teppichen ausgelegt. Dort wurde der Qān mitsamt seinen Waffen und seinem gesamten Hausgerät aus Gold und Silber beigesetzt. Mit ihm wurden vier Dienerinnen und sechs seiner persönlichen Mamluken mit ihren Trinkbechern bestattet. Sodann wurde das Tor des Grabmals vermauert und Erde darüber gehäuft, bis es wie ein großer Hügel aussah. Vier Pferde wurden herbeigeführt und um das Grab getrieben, bis sie erschöpft stehen blieben. Ein großer Holzpfahl wurde über dem Grab aufgerichtet, an den die Pferde aufgehängt wurden, nachdem ein hölzerner Pfahl in ihren After getrieben worden war, bis er aus dem Maul wieder austrat. Die Verwandten des Qāns, von denen bereits die Rede war, wurden mit ihren Waffen und ihrem Hausgerät in eigenen Grabhäusern beigesetzt. An den Gräbern der zehn bedeutendsten von ihnen wurden je drei Pferde, an den Gräbern der übrigen je eines ans Kreuz geschlagen.[544]

Der Tag war ein Festtag, dem kein Mann und keine Frau, kein Muslim und kein Ungläubiger fernblieb. Jedermann trug Trauerkleidung, und zwar die Ungläubigen weiße Umhänge und die Muslime weiße Gewänder. Die Gemahlinnen und Vertrauten des Qāns verbrachten vierzig Tage in Zelten neben dem Grab, einige von ihnen noch länger und sogar bis zu einem Jahr. In der Nähe wurde ein Markt eingerichtet, wo sie kaufen konnten, was sie an Speisen und anderen Dingen benötigten. Ich erinnere mich nicht, daß ein anderes Volk in unserem Jahrhundert ähnliche Riten hat; die Ungläubigen Indiens und Chinas verbrennen ihre Toten, andere Völker begraben sie, geben ihnen aber niemanden bei. Aber vertrauenswürdige Leute im Sudan[545] haben mir berichtet, daß die Ungläubigen dort ihrem König, wenn er gestorben ist, ein unterirdisches Grab bauen und einige seiner Vertrauten und Diener sowie dreißig Söhne und Töchter der Großen des Landes mit ihm ins Grab schicken, nachdem ihnen die Hände und Füße gebrochen worden sind. Mit ihnen bestatten sie Trinkbecher. Ein Würdenträger der Massūfa, der im Lande Kūbar[546] unter den Negern lebt und von ihrem Sultan sehr geehrt wird, hat mir erzählt, daß er einen Sohn hatte. Als der Sultan starb, wollten sie seinen Sohn zusammen mit Söhnen anderer ins Grab schicken. Er fuhr fort: »Da sagte ich zu ihnen: ›Warum tut ihr so etwas? Er ist nicht von eurem Glauben und nicht von eurer Nachkommenschaft.‹ Ich habe ihn für schweres Geld losgekauft.« Als der Qān, wie ich erzählte, gestorben war und sein Neffe Fīrūz die Herrschaft übernommen

543 Nach At-Tāzī ein von den Arabern aus dem Griechischen entliehenes Wort zur Bezeichnung geheimer oder verborgener Grabstätten.

544 Diese Zeremonie scheint nach At-Tazī tatsächlich den Grabriten für mongolische Führer entsprochen zu haben.

545 Gemeint sind die Länder südlich der Sahara, die Ibn Baṭṭūṭa noch besuchen wird; vgl. Kapitel ›In den Süden der Sahara‹.

546 Auch zu den Massūfa und zu Kūbar vgl. Kapitel ›In den Süden der Sahara‹.

hatte, bestimmte er Qarāqurum zu seiner Hauptstadt, weil sie den Ländern seiner Vettern, der Könige von Turkistan und Mā wa rāʾ an-Nahr[547], so nahe lag. Danach erhoben sich die Fürsten, die nicht zugegen gewesen waren, als der Qān getötet worden war, gegen ihn, machten alle Wege unsicher und die Unruhen wurden gewaltig.

Nachdem der Aufstand entfacht war und allenthalben Unruhen ausgebrochen waren, rieten mir Scheich Burhān ad-Dīn und andere, nach China zurückzukehren, bevor die Aufstände um sich griffen, und gingen mit mir zum Vertreter des Sultans Fīrūz. Er gab mir drei seiner Männer mit und schrieb für mich den Brief der Gastfreundschaft. Wir reisten nun flußab bis Ḫansā, nach Qanǧanfū und nach Zaitūn. Dort angekommen, fand ich Dschunken, die vor der Ausfahrt nach Indien standen, darunter auch eine, die König Ẓāhir, dem Herrscher von Ǧāwa, gehörte und deren Besatzung muslimisch war. Der Schiffsherr erkannte mich und freute sich über meine Ankunft.[548] Zehn Tage lang hatten wir günstigen Wind, als wir aber in die Nähe des Landes Ṭawālisī kamen, schlug der Wind um, der Himmel verdunkelte sich, und es fiel schwerer Regen. Zehn Tage lagen wir still und sahen keine Sonne, dann fuhren wir in ein unbekanntes Gewässer ein, die Seeleute der Dschunke fürchteten sich und wollten nach China umkehren, konnten es aber nicht. So verbrachten wir 42 Tage und wußten nicht, auf welchem Meere wir uns befanden.

Am 43. Tage sahen wir nach Eintritt der Morgendämmerung auf dem Meer und etwa zwanzig Meilen von uns entfernt einen Berg, in dessen Richtung der Wind uns trug. Die Seeleute waren sehr überrascht und sagten: »Wir sind weit vom Festland entfernt, und ein Berg ist auf dem Meer nicht bekannt. Wenn der Wind uns gegen diesen Berg zwingt, gehen wir zugrunde.« Da nahm jedermann seine Zuflucht zu Kundgebungen der Demut, bekannte seine Ergebenheit zu Gott und erneuerte seine Reue. Wir wandten uns mit flehenden Gebeten an Gott und baten um die Vermittlung seines Propheten – ihm werde Heil und das höchste Gebet zuteil! –, die Kaufleute gelobten reiche Almosen, die ich mit eigener Hand in eine Liste schrieb. Da beruhigte sich der Wind ein wenig, und wir erblickten bei Aufgang der Sonne den Berg, der sich hoch in die Luft erhob, und zwischen ihm und dem Meer erschien das Tageslicht. Wir waren erstaunt, und ich sah die Seeleute weinen und voneinander Abschied nehmen. Ich sagte: »Was ist mit euch?« – Sie antworteten: »Was wir für einen Berg gehalten haben, ist der ›Ruḫ‹.[549] Wenn er uns sieht, ist es unser Untergang.« Da lagen zwischen ihm und uns nur noch weniger als zehn Meilen. Aber Gott der

547 Den Nachkommen des Tschagatay.

548 Seine Rückreise aus Quanzhou muß er etwa im August 1346 begonnen haben; zum Zeitbedarf vgl. auch Anm. 498 dieses Kapitels.

549 Der Vogel Roch tritt bereits bei Sindbad dem Seefahrer in ›Tausendundeiner Nacht‹ auf.

Erhabene schickte uns einen günstigen Wind, der uns vom ›Ruḫ‹ forttrieb, so daß wir ihn nicht sahen und seine wahre Gestalt nicht erkennen konnten.

Zwei Monate nach diesem Tag erreichten wir Ǧāwa und gingen in Sumuṭra an Land. Der Sultan, König Ẓāhir, war soeben von einem seiner Feldzüge mit vielen Gefangenen zurückgekehrt, von denen er mir zwei Mädchen und zwei junge Burschen schickte. Er gab mir wie üblich Unterkunft, und ich nahm an der Hochzeit seines Sohnes mit der Tochter seines Bruders teil.

Ich war Zeuge der Entschleierung der Braut. Inmitten des Ratshofes war eine große Tribüne errichtet und mit Seidenstoffen verkleidet worden.Die Braut kam zu Fuß und mit unverschleiertem Gesicht aus dem Palast, und mit ihr kamen ungefähr vierzig Prinzessinnen, auch sie unverschleiert, sämtlich Gattinnen des Sultans, seiner Emire und Wesire, und hielten die Schleppe der Braut. Jeder Anwesende, hoch oder niedrig, konnte sie sehen. Aber dies entspricht, außer bei Hochzeitsfeiern, nicht ihren Bräuchen. Die Braut stieg auf die Tribüne, und vor ihr nahmen die Musikanten, Männer und Frauen, die auf ihren Instrumenten spielten und sangen, Aufstellung. Nun kam der Bräutigam auf einem geschmückten Elefanten, der auf seinem Rücken einen Thron mit einem aufgesetzten Baldachin von der Art einer Brautsänfte trug. Der Bräutigam trug eine Krone auf dem Kopf und hatte zu seiner Rechten und Linken etwa hundert weißgekleidete Söhne von Königen und Emiren um sich. Sie ritten geschmückte Pferde und trugen auf ihren Köpfen edelsteinbesetzte Mützen. Sie waren Altersgenossen des Bräutigams und noch bartlos. Als der Bräutigam hereinritt, wurden Dinare und Dirhams unter die Leute gestreut.

Der Sultan saß an einem Aussichtspunkt, von dem aus er alles überschaute. Sein Sohn stieg ab, küßte seinen Fuß und stieg dann zu seiner Braut auf die Tribüne. Sie erhob sich vor ihm und küßte seine Hand. Er setzte sich an ihre Seite, und die Prinzessinnen fächelten ihr zu. Es wurden Betelnüsse und Betel gebracht, der Gatte nahm davon in seine Hand und gab es ihr in den Mund, dann nahm sie davon in ihre Hand und legte es ihm in den Mund. Daraufhin nahm er ein Betelblatt in seinen Mund und gab es ihr in den Mund. Dies alles geschah unter den Augen der Menschen. Danach tat sie das gleiche für ihn. Nun wurde die Gattin verschleiert, die Tribüne aufgehoben und mit ihnen ins Innere des Palastes getragen. Die Teilnehmer speisten und entfernten sich. Am nächsten Morgen wurden die Menschen zusammengerufen, der Vater rief ihn zum Thronfolger aus, und es wurde ihm der Treueid geleistet. Der Sohn verteilte reiche Geschenke an Gewändern und Gold.

Die Rückkehr

Ich verbrachte zwei Monate auf der Insel und schiffte mich dann auf einer Dschunke ein. Der Sultan gab mir viel Aloe, Kampfer, Nelken und Sandelholz und stattete mich mit Reiseproviant aus. Ich reiste ab und erreichte nach 40 Tagen Kaulam, wo ich mich in den Schutz Al-Qazwīnīs, des Qāḍīs der Muslime, begab. Es war im Ramaḍān, und ich nahm dort auch in ihrer Hauptmoschee am Fest des Fastenbrechens teil.[550] Das Volk pflegt am Vorabend dieses Festes in die Moschee zu kommen, bis zum Morgen Gott zu preisen und seine Gebete danach bis zum Festgebet fortzusetzen. Sie beten es, und der Prediger hält seine Ansprache, wonach sie sich entfernen.

Von Kaulam reiste ich nach Qāliqūṭ, hielt mich dort einige Tage auf und wollte nach Delhi zurückkehren. Dann aber befiel mich Furcht davor, ich schiffte mich wieder ein und kam nach 28 Tagen nach Ẓafār. Es war im Monat Muḥarram des Jahres 748[551], und ich stieg im Hause des Predigers ʿĪsā bin Ṭaʾṭaʾ ab.

Der Sultan von Ẓafār war jetzt Malik Nāṣir, der Sohn des Königs Al-Muġīṯ, der dort König gewesen war, als ich das erste Mal diese Stadt betreten hatte.[552] Sein Vertreter und Emir Ğandar[553] war Saif ad-Dīn ʿUmar, der türkischer Abstammung war. Der Sultan verschaffte mir eine Unterkunft und behandelte mich gastfreundlich.

Ich schiffte mich wieder ein und kam nach Masqaṭ[554], einem kleinen Ort, wo es viel Fisch der Art ›qulb al-māś‹[555] gibt. Dann wandten wir uns dem Hafen von Qurayyāt zu, dann den Häfen von Šabba und Kalba; dieser Ort schreibt sich wie das arabische Wort für ›Hündin‹. Danach kamen wir nach Qalhāt, das ich schon erwähnt habe. Alle diese Orte gehören zum Herrschaftsgebiet von Hurmuz, obwohl sie zum Lande ʿUmān gerechnet werden.[556] Wir reisten

550 15. Januar 1347.

551 Der erste Muḥarram 748 fiel auf den 13. April 1347; Ibn Baṭṭūṭa könnte somit gegen Ende April dieses Jahres in Ẓafār eingetroffen sein.

552 Zu Muġīṯ vgl. Kapitel ›Von der Ostküste Afrikas in den Persischen Golf‹.

553 Vermutlich der Chef der Leibwache, nach At-Ṭāzī eine Zusammenziehung aus ›ğund dār‹ (›Soldaten des Palastes‹), ein Begriff, der im Osten des arabischen Sprachraums für die Polizei, im Jemen für die königliche Leibwache benutzt wurde.

554 Die heutige Hauptstadt des Sultanats Oman (ʿUmān‹).

555 Vgl. zu diesem Fisch das Kapitel ›Auf den Malediven‹.

556 Dem von Ẓafār aus Reisenden erscheinen diese Orte in anderer Reihenfolge, und zwar zunächst Qalhāt, dann Qurayyāt, Masqaṭ, Kalba; Šabba ist nicht zu identifizieren.

weiter nach Hurmuz, hielten uns dort drei Tage auf und setzten unsere Reise über Land nach Kauristān, Lār und Ḫunǧ Bāl fort; sie alle habe ich bereits genannt.[557] Es ging weiter nach Kārzī, wo wir drei Tage blieben, bevor wir nach Ǧamakān, Maiman und Bassā aufbrachen. Schließlich kamen wir nach Šīrāz, wo noch immer Sultan Abū ʾIsḥāq herrschte, der aber abwesend war.[558] Ich traf in Šīrāz unseren frommen und gelehrten Scheich, den Oberqāḍī Maǧd ad-Dīn, der erblindet war – Gott stehe ihm bei und helfe uns durch ihn!

Ich reiste weiter nach Māyin, Yazduḫāṣ, Kalīl, Kušk Zarra und Iṣbahān, von dort nach Tustar, Ḥuwaizā und Baṣra; über all diese Städte habe ich schon gesprochen. In Baṣra besuchte ich die edlen Gräber, und zwar die von Zubair bin al-ʿAwwām, Ṭalha bin ʿUbaid Allāh, Ḥalīma as-Saʿadīya, Abū Bakra, Anas bin Mālik, Ḥasan al-Baṣrī, Ṯābit al-Bunānī, Muḥammad bin Sīrīn, Mālik bin Dīnār, Muḥammad bin Wāsīʿ, Ḥabīb al-Aǧamī und Sahl bin ʿAbdallāh at-Tustarī[559] – Gott sei mit ihnen zufrieden!

Von Baṣra reiste ich weiter zur Grabstätte von ʿAlī bin Abī Ṭālib, die ich besuchte. Danach wandten wir uns nach Kūfa und suchten die dortige gesegnete Moschee auf; von dort ging es weiter nach Ḥilla, wo sich das Grab des ›Herrn der Zeit‹ befindet. Zu dieser Zeit hatte ein Statthalter die Herrschaft über die Stadt übernommen und das Volk daran gehindert, die Moschee des ›Herrn der Zeit‹ aufzusuchen, wie es ihrer Gewohnheit entsprach, weil sie dort auf seine Wiederkehr warteten. Er verweigerte ihnen auch das Reittier, das sie sich allabendlich vom Emir von Ḥilla abholten. Da befiel den Statthalter eine Krankheit, an der er rasch starb, woraufhin die Wut der rafiḍitischen Ketzer noch stieg. Sie sagten, er sei erkrankt, weil er ihnen das Tier verweigert hätte. Danach wurde es ihnen nicht mehr verweigert.

Ich reiste weiter nach Ṣarṣar und dann nach Bagdad, wo ich im Monat Šawwāl des Jahres 748[560] ankam. Ich begegnete dort einem Maġribiner, der mir vom Unglück von Ṭarīf[561] und von der Eroberung der ›Grünen Insel‹[562] durch die Christen erzählte – Gott heile die Wunde, die dem Islam geschlagen wurde!

Der Sultan Bagdads und des Iraq war, als ich dieses Mal die Stadt betrat,

557 Vgl. Kapitel ›Von der Ostküste Afrikas in den Persischen Golf‹.

558 Abū ʾIsḥāq, der bereits im Kapitel ›Persien und der Iraq‹ längere Erwähnung fand, war im Sommer 1347, als Ibn Baṭṭuūṭa durch sein Land reiste, mit einem Feldzug gegen Mubriz ad-Dīn Muḥammad, den Sultan von Yazd, beschäftigt.

559 Alle diese Orte und Personen sind bereits im Kapitel ›Persien und der Iraq‹ genannt mit Ausnahme von Ṯābit al-Bunānī.

560 Januar 1348.

561 Am 28. November 1340 in der Schlacht am Rio Salado, in der Alfons XI. von Kastilien das Heer des Mariniden Abu-l-Ḥasan schlug.

562 Algeciras, Al-Ǧazīrat al-Ḫaḍra, die ›Grüne Insel‹, fiel 1342 zwei Jahre später.

Scheich Ḥasan, der Sohn der Tante des Sultans Abū Saʿīd. Er hatte sich, als Abū Saʿīd gestorben war, zum Herrn über den Iraq aufgeworfen und dessen Gattin Dilšād, die Tochter Dimašq Ḫūǧās, des Sohnes von Emir Ǧūbān, geheiratet, wie ja auch Sultan Abū Saʿīd die Gattin von Scheich Ḥasan geheiratet hatte. Als ich ankam, war Sultan Ḥasan nicht in der Stadt, weil er gegen den Atābak Afrāsiyab, den Herrscher von Lūr, ins Feld gezogen war.[563]

Ich verließ Bagdad wieder und reiste nach ʿAnbār, Hīt, Ḥadīṯa und ʿĀna.[564] Diese Gegenden gehören zu den schönsten und fruchtbarsten Ländern. An den Wegen zwischen diesen Städten stehen so viele Siedlungen, daß es scheint, als ginge der Reisende über einen Markt. Ich habe schon einmal gesagt, daß ich nichts gesehen habe, was den besiedelten Ufern des Stroms in China gleicht, ausgenommen diese Landschaft. Danach kam ich in die Stadt Raḥba, deren Namen mit dem von Mālik bin Tauq verbunden ist. Es ist die schönste Stadt des Iraq und die erste Stadt Syriens. Von dort reiste ich weiter nach Saḫna[565], einer hübsche Stadt, deren Einwohner aber ungläubige Christen sind. Ihren Namen verdankt sie ihrem heißen Wasser. Die Stadt besitzt Kammern für Männer und andere für Frauen, in denen man heiße Bäder nehmen kann. Des Nachts schöpfen sie Wasser und stellen es auf ihre Terrassen, damit es abkühlt. Danach reiste ich nach Tadmur[566], der Stadt Sulaimāns, des Propheten Gottes, für den die Geister diese Stadt bauten, wie der Dichter Nābiġa sagte[567]:

»Sie bauten Tadmur aus steinernen Platten und Säulen.«

Von dort reiste ich weiter nach Damaskus, das ich volle zwanzig Jahre nicht gesehen hatte. Ich hatte dort eine Frau zurückgelassen, die schwanger gewesen war. In Indien hatte ich erfahren, daß sie einen Knaben geboren hatte. Damals hatte ich dem Großvater des Knaben, der in Miknāsa[568] im Maġrib lebte, 40 indische Golddinare geschickt. Als ich dieses Mal Damaskus betrat, war es mir das Wichtigste, mich nach meinem Sohne zu erkundigen. Ich betrat die Moschee und hatte das Glück, Nūr ad-Dīn as-Saḫāwī anzutreffen, den Imām und Vorsteher der Malikiten. Ich begrüßte ihn, aber er erkannte mich nicht. Da sagte ich ihm, wer ich sei, und fragte ihn nach meinem Sohn. Er antwortete: »Er ist vor zwölf Jahren gestorben«, und erzählte mir weiter, daß ein Rechtsgelehrter aus Tanger in der Aẓ-Ẓāhirīya-Koranschule wohne. Ich eilte dorthin, um ihn nach meinem Vater und meiner Familie zu fragen. Ich fand in ihm einen ehrwürdigen Scheich, grüßte ihn und erzählte ihm von meiner

563 Zu Ḥasan und Abū Saʿīd siehe Kapitel ›Persien und der Iraq‹.

564 Iraqische Städte am Euphrat in der Nähe der heutigen syrischen Grenze.

565 As-Suḫna, nordöstlich von Palmyra gelegen Oase; ›saḫn‹ ist ›heiß‹.

566 Palmyra.

567 Nābiġat aḏ-Ḏubyānī, eigentlich Ziyād bin Muʿāwiya, vorislamischer arabischer Dichter, gest. 608.

568 Meknes in Marokko.

Familie. Er sagte mir, daß mein Vater vor fünfzehn Jahren gestorben sei, aber meine Mutter noch lebte.

Ich blieb das restliche Jahr in Damaskus.[569] Es herrschte so große Hungersnot, daß schließlich sieben Unzen Brot einen Nuqra-Dirham kosteten; eine ihrer Unzen wiegt soviel wie vier maġribinische Unzen. Der Oberqāḍī der Malikiten war zu dieser Zeit Ǧamāl ad-Dīn al-Maslāti[570], einer der Gefährten des Scheichs ʿAlāʾ ad-Dīn al-Qūnawī, mit dem er nach Damaskus gekommen war, wo er bekannt wurde und mit der Würde des Richters betraut worden war. Der Oberqāḍi der Šafiʿiten war Taqīy ad-Dīn Ibn as-Subkī. Der Gouverneur von Damaskus war der Erste Emir Arġūn Šāh.[571]

In diesen Tagen starb in Damaskus einer der Großen der Stadt, der sein Vermögen den Bedürftigen hinterließ. Der Mann, der mit dem Vollzug seines letzten Willens beauftragt war, kaufte Brot und verteilte es alle Tage nach dem Nachmittagsgebet. Eines Abends versammelte sich die Menge wieder, drängte sich heran, raffte das Brot an sich, das an sie verteilt werden sollte, und griff sogar nach dem Brot der Bäcker. Arġūn Šāh hörte davon und schickte seine Schergen aus. Wenn sie einen Bedürftigen trafen, sagten sie zu ihm: »Komm, nimm dir Brot!« So führten sie an diesem Abend zahllose Arme ab und sperrten sie ein. Am anderen Morgen ritt Arġūn Šāh aus, ließ sie alle unterhalb der Zitadelle antreten und befahl, ihnen die Hände und Füße abzuschlagen. Die meisten aber waren unschuldig. Daraufhin verließ die Kaste der Ḥarfūš-Bettler[572] Damaskus und siedelte nach Ḥimṣ, Ḥamāh und Ḥalab über. Man hat mir erzählt, daß der Gouverneur danach nicht mehr lange zu leben hatte und ermordet wurde.

Ich verließ Damaskus und reiste nach Ḥimṣ, Ḥamāh, Maʿarra, Sarmīn und Ḥalab. Der Statthalter von Ḥalab war zu dieser Zeit Ḥāǧǧ Ruġṭay.[573] In diesen Tagen lebte ein Faqīr, der Scheich der Scheichs genannt wurde, auf einem Berge außerhalb der Stadt ʿAintāb.[574] Die Menschen besuchten ihn und baten ihn um

569 Das heißt: bis Ende März 1348.

570 Muḥammad bin ʿAbd ar-Raḥīm bin ʿAlī bin ʿAbd al-Malik as-Salmīy al-Maslātī, genannt Ǧamāl ad-Dīn al-Mālikī, Stellvertreter des Statthalters von Damaskus, war mehr als zwanzig Jahre lang Qāḍī von Damaskus. Er starb in Kairo im Jahre 1369/70.

571 Nicht zu verwechseln mit Arġūn ad-Dawadār (s. Kapitel: ›Aufbruch nach Ägypten‹), der 1330 starb. Der im Text Genannte war Arġūn Šāh, der im Jahre 1349 starb. Ein Dritter nannte sich Arġūn Šāh der Jüngere, genannt al Kāmilī, seit 1349 Gouverneur von Aleppo.

572 Vgl. Kapitel ›Aufbruch nach Ägypten‹.

573 Yūsuf Ibn Taġrī, Ḥāǧǧ Saif ad-Dīn Ūruġṭāī bin ʿAbdallāh al-Qifǧaq, Gouverneur von Ṣafd, Tripolis und Aleppo, wurde 1349 zum Gouverneur von Damaskus ernannt, starb aber auf dem Wege zum Amtsantritt nach Damaskus im Jahre 1349.

574 Das heutige Antep in der Türkei, etwa 90 Kilometer nordöstlich von Aleppo.

seinen Segen. Er hatte einen Schüler, der ständig bei ihm lebte, und war ein selbstloser Mensch, dazu ledig, denn er hatte keine Frau. Dieser Faqīr sagte einmal, daß der Prophet – dem Gott Heil und Segen schenken möge – nicht auf Frauen verzichten konnte, er aber könne auf sie verzichten. Man legte Zeugnis gegen ihn ab, der Fall kam vor den Richter und schließlich vor den obersten Emir. Der Faqīr wurde samt seinem Schüler, der seinen Worten beigepflichtet hatte, herbeigeholt. Die vier Richter, und zwar Šihāb ad-Dīn, der Malikit, Nāṣir ad-Dīn al-ʿAdīm, der Ḥanafit, Taqīy ad-Dīn, der Sohn des Goldschmieds, der Šafiʿit, und ʿIzz ad-Dīn der Damaszener, der Ḥanbalit, erstellten ein Gutachten, das besagte, daß beide getötet werden sollten, und so geschah es auch.

In den ersten Tagen des Monats Rabīʿ I des Jahres 749[575] erreichte uns in Ḥalab die Nachricht, daß in Ġazza die Pest ausgebrochen sei und die Zahl der Toten an einem einzigen Tage mehr als 1.000 betragen habe.[576] Ich kehrte nach Ḥimṣ zurück und traf auch dort bereits die Pest an. Am Tage meiner Ankunft starben ungefähr 300 Menschen. Ich reiste weiter nach Damaskus und erreichte die Stadt an einem Donnerstag. Das Volk fastete drei Tage lang, ging am Freitag in die Moschee der Fußspuren, die ich schon im ersten Teil meiner Reisen erwähnt habe[577], und Gott linderte die Seuche. Es starben an einem Tage 2.400 Menschen. Ich reiste weiter nach ʿAğlūn, dann nach Jerusalem und fand, daß in dieser Stadt die Pest bereits gewichen war. Ich begegnete dem Prediger ʿIzz ad-Dīn bin Ğamāʿa[578], dem Vetter des ʿIzz ad-Dīn, des Oberqāḍīs von Ägypten. Er war ein verdienstvoller und wohltätiger Mann; er bezieht als Prediger ein Einkommen von 1.000 Dirham im Monat.

Der Prediger ʿIzz ad-Dīn gab eines Tages ein Festmahl und lud neben anderen Personen auch mich dazu ein. Ich fragte ihn nach dem Anlaß für dieses Mahl, und er teilte mir mit, er habe in den Tagen der Pest das Gelöbnis abgelegt, daß er, sobald die Seuche verschwunden sei und ein Tag käme, an dem er nicht für einen Toten beten müsse, ein Festmahl geben wollte. Dann sagte er zu mir: »Gestern habe ich nicht an einem Toten gebetet, und nun gebe ich dieses Festmahl, das ich gelobt habe.« Die Scheichs, denen ich in Jerusalem begegnet war, waren in den Schutz Gottes heimgegangen. Nur noch wenige waren geblieben wie der Gelehrte der Traditionen und Imām Ṣalāḥ ad-Dīn Ḫalīl bin Kaikaldī al-ʿAlāʾī, wie der fromme Šarf ad-Dīn al-Ḫuššī, der Vorsteher der Zāwiya der Al-Aqṣā-Moschee. Ich traf Scheich Sulaimān aus Šīrāz, der mich bewirtete; außer ihm habe ich in Syrien und in Ägypten keinen Mann angetroffen, der den ›Fuß Adams‹ besucht hätte.

575 Anfang Juni 1348.

576 Die Schwarze Pest, die allein in Europa in den Jahren zwischen 1348 und 1351 25 Millionen Tote forderte.

577 Vgl. Kapitel ›Syrien‹.

578 Vgl. Kapitel ›Aufbruch nach Ägypten‹.

Ich reiste von Jerusalem ab in Begleitung des traditionalistischen Predigers Šarf ad-Dīn Sulaimān aus Milyāna, des maġribinischen Scheichs aus Jerusalem und des vortrefflichen Ṣūfīs Ṭalhat al-ʿAbd al-Wādī. Wir kamen in die Stadt Al-Ḫalīls[579], besuchten die Gräber Abrahams und der anderen Propheten, die neben ihm bestattet sind. Dann brachen wir nach Ġazza auf, das wir wegen der unzähligen Toten zum größten Teil verlassen antrafen. Der Qāḍī von Ġazza erzählte uns, daß von den achtzig Anwälten nur noch ein Viertel geblieben sei und daß die Zahl der Toten in der Stadt täglich bis zu 1.100 betragen hätte.

Über Land reisten wir weiter und kamen nach Dimyāṭ, wo ich Quṭb ad-Dīn an-Naqšuwānī traf, der ständig fastete und mich nach Fāriskūr, Sammanūd und dann nach Abū Sīr[580] begleitete, wo wir in der Zāwiya eines Ägypters abstiegen. Als wir in dieser Zāwiya waren, kam ein Faqīr zu uns herein und grüßte uns. Wir boten ihm Essen an, aber er lehnte es ab, sondern sagte: »Ich wollte euch nur besuchen.« Die ganze Nacht warf er sich im Gebet nieder. Wir verrichteten das Frühgebet und widmeten uns Lobpreisungen Gottes, da lag er in einem Winkel der Zāwiya. Der Scheich kam mit Speisen und rief ihn an. Als er nicht antwortete, ging er zu ihm und fand ihn tot. Wir beteten an seinem Leichnam und bestatteten ihn – Gott erbarme sich seiner!

Wir brachen nach Maḥallat al Kabīra auf und reisten von dort weiter nach Naḥrārīya, Abyār Damanhūr und Alexandria. Dort hatte die Pest, nachdem sie bis zu 1.080 Tote am Tag gefordert hatte, nachgelassen. Schließlich reisten wir nach Kairo, wo wir erfuhren, daß die Zahl der Toten in den Tagen der Pest bis zu 21.000 täglich betragen hatte. Alle Scheichs, die ich dort kennengelernt hatte, waren tot – Gott der Allerhöchste erbarme sich ihrer!

Der König der ägyptischen Länder war zu dieser Zeit König An-Nāṣir Ḥasan bin al-Malik an-Nāṣir bin al-Malik al-Manṣur Qalāwūn. Später wurde er abgesetzt und durch seinen Bruder König Aṣ-Ṣāliḥ ersetzt. Als ich in Kairo ankam, fand ich, daß der Oberqāḍī ʿIzz ad-Dīn, der Sohn des Oberqāḍis Badr ad-Dīn Ibn Ǧamāʿa, an der Spitze einer gewaltigen Karawane, die man die Raǧab-Karawane nennt, weil sie im Monat Raǧab aufbricht, nach Mekka abgereist war. Ich erfuhr, daß die Pest bis zum Aila-Paß mit ihnen reisen, sie danach aber verlassen würde. Ich verließ Kairo und reiste in das Saʿīd[581] ab, von dem ich schon gesprochen habe, ging nach ʿAiḏāb, überquerte das Meer und erreichte Ǧudda. Von dort reiste ich weiter nach Mekka, das Gott adeln und ehren möge und das ich am 22. Tage des Monats Šaʿbān des Jahres 749[582] betrat. Ich begab mich in den Schutz des malikitischen Imāms, des frommen, gottergebenen und gütigen

[579] Hebron.

[580] Richtig: Abū Qīr in der Nähe von Alexandria.

[581] Oberägypten; der Reiseweg geht aus dem Kapitel ›Aufbruch nach Ägypten‹ hervor.

[582] 16. November 1348.

Abū ʿAbdallāh Muḥammad bin ʿAbd ar-Raḥmān, genannt Ḫalīl. Den gesamten Monat Ramaḍān verbrachte ich fastend in Mekka und besuchte täglich die heiligen Stätten nach der šafiʿitischen Lehre. Von den Scheichs Mekkas, die ich noch kannte, traf ich Šihāb ad-Dīn, den Ḥanafiten, Šihāb ad-Dīn aṭ-Ṭabarī, Abū Muḥammad al-Yāfiʿī, Naǧm ad-Dīn al-Uṣfūnī und Al-Ḥarāzī.

In diesem Jahr unternahm ich die Pilgerfahrt, reiste anschließend mit der syrischen Karawane nach Al-Madīna aṭ-Ṭayyiba und besuchte das gesegnete und duftende Grab des Propheten – Gott vermehre seinen Duft und seine Verehrung! Ich betete in der gesegneten Moschee – deren Reinheit Gott bewahren und deren Verehrung er mehren möge! – und besuchte die Gräber jener Gefährten des Propheten, die auf dem Friedhof bestattet sind. Von den Scheichs Al-Madīnas sah ich Abū Muḥammad Ibn Farḥūn. Von Al-Madīna aus reiste ich nach ʿUllā und Tabūk, nach Jerusalem, Ḫalīl, Ġazza und über die Wüstensiedlungen, die ich früher bereits alle genannt habe, nach Kairo. Dort erfuhren wir, daß unser Herr, der Fürst der Gläubigen und Wahrer des Glaubens, der sein Vertrauen in den Herrn der Welten setzt, Abū ʿInān – Gott der Allerhöchste schütze ihn! –, mit göttlicher Hilfe den Staat der Mariniden ausgedehnt und mit Gottes Segen die maġribinischen Länder aus ihrer bedrängten Lage gerettet hat, daß er auf Hoch und Niedrig seine Wohltaten ergoß und die Menschen mit seinen üppigen Gaben überschüttete.[583] Die Menschen sehnten sich nach einer Audienz an seiner Pforte und hofften, seinen Steigbügel küssen zu dürfen. Da beschloß ich, mich in seine edle Residenz zu begeben, die Erinnerung an meine Heimat erfüllte mich mit Sehnsucht, mit dem Verlangen nach meiner Familie und meinen Lieben und mit der Liebe zu meinem Land, das in meinen Augen allen anderen Ländern überlegen ist.

Es ist das Land, in dem mir Amulette umgehängt wurden,
Das erste Land, dessen Staub meine Haut berührte.

Ich ging im Monat Safar des Jahres 750[584] an Bord eines kleines Schiffes, das einem Tunesier gehörte, und in Ǧarba[585] wieder an Land, während das Schiff selbst nach Tunis weiterfuhr, dessen sich der Feind bemächtigt hatte. In einem kleinen Schiff reiste ich nach Qābis[586] weiter und stieg bei den zwei vortrefflichen Brüdern Abū Marwān[587] und Abu-l-ʿAbbās, den beiden Söhnen

583 Es war aber Abu-l-Ḥasan, der Vater von Abū ʿInān, geswesen, der im Jahre 1337 Tlemcen wieder eingenommen, 1347 Tunis erobert und so den gesamten Maġrib unter seine marinidische Herrschaft gebracht hatte. Nachdem er aber 1348 vor Qairuan kapitulieren mußte, erklärte sich sein Sohn Abū ʿInān in Tlemcen zum Sultan und bekämpfte seinen Vater bis zu dessen Tode im Jahre 1351.

584 April/Mai 1349.

585 Die Insel Djerba.

586 Gabes.

587 Abū Marwān Aḥmad bin Makkī, nach dem Abzug der Sizilianer seit 1335 Gouverneur der Insel Djerba, der seine Herrschaft schließlich bis Sfax ausdehnte. Sein Bruder Abu-

von Al-Makkī und Emiren von Ǧarba und Qābis, ab und genoß ihre Gastfreundschaft. Bei ihnen nahm ich am Fest des Geburtstages des Propheten Gottes teil[588] und bestieg darauf ein Schiff nach Safāqus und weiter über See nach Bulyāna.[589] Danach reiste ich mit Arabern über Land und unter vielen Beschwerlichkeiten nach Tunis, das von Arabern belagert wurde.[590]

Tunis stand unter der Herrschaft unseres Herrn, des Fürsten der Gläubigen und Wahrers des Glaubens, des Kriegers auf den Wegen des Herrn der Welten, des Edelsten der Edlen, des Ersten unter den wohltätigen Königen, des Löwen der Löwen, des Großmütigen unter den Großmütigen, des Demütigen, desjenigen, der zu Gott heimkehrt und sich ihm unterwirft, und des Gerechten. Ich spreche von Abu-l-Ḥasan, dem Sohne unseres Herrn, des Fürsten der Gläubigen, des Kriegers auf den Wegen des Herrn der Welten, des Wahrers des islamischen Glaubens, dessen Großmut sprichwörtlich und dessen Wohltätigkeit und Vortrefflichkeit in allen Ländern berühmt geworden ist, der um höchsten Ruhm, um Stolz und höchste Ehre wetteiferte, des gerechten und wohltätigen Abū Saʿīd, des Sohnes unseres Herrn, des Fürsten der Gläubigen, Wahrers des Glaubens, Kriegers auf den Wegen des Herrn der Welten, des Besiegers und Vertilgers der Ungläubigen, der mit denkwürdigen Taten den Glaubenskrieg eröffnete und sie immer wieder erneuerte, des Wahrers des Treueids, des gestrengen Wächters über alles, was den Allerbarmer betrifft, des Gottesfürchtigen und Demütigen, der seinen Kopf neigt und sich niederwirft, des frommen Abū Yūsuf bin ʿAbd al-Ḥaqq – Gott sei mit ihnen zufrieden und gebe ihrem Reiche Dauer bis zum Letzten Gericht!

Als ich nach Tunis kam, suchte ich wegen der verwandtschaftlichen und landsmannschaftlichen Freundschaft, die zwischen uns bestand, den Pilger Abu-l-Ḥasan an-Nāmīsī auf. Er nahm mich in sein Haus auf und begab sich mit mir in den Empfangssaal. Ich betrat den vornehmen Audienzsaal und küßte die Hand unseres Herrn Abu-l-Ḥasan. Er befahl mir, mich zu setzen, und ich setzte mich. Er fragte mich nach der edlen Ḥiǧāz, nach dem Sultan Ägyptens und ich antwortete ihm. Er fragte mich nach Ibn Tīfarāǧīn[591], und ich erzählte

l-ʿAbbās ʿAbd-al-Malik war unabhängiger Herrscher von Gabes. Beide hatten sich mit Abu-l-Ḥasan bei dessen Versuch, sich den Maġrib zu unterwerfen, verbündet, ließen ihn aber nach seinen Fehlschlägen wieder im Stich.

588 Dieser Geburtstag fiel auf den 1. Juni 1349.

589 Safāqus ist Sfax, Bulyāna ist wahrscheinlich Nabeul südöstlich von Kap Bon.

590 Nach der Schlacht von Qairuan warf sich Al-Faḍl, ein Sohn von Abū Yaḥyā Abū Bakr (1318–1346), zum Herrscher über Ifrīqiya auf. Die Belagerung von Tunis fiel in den Frühling und den Sommer des Jahres 1349.

591 Der Almohade Tīfrāǧīn war zunächst Kammerherr des in Anm. 590 erwähnten Abū Yaḥyā gewesen, schlug sich nach dessen Tode auf die Seite des Mariniden Abu-l-Ḥasan, wurde dessen Wesir und drängte ihn zur Eroberung von Ifrīqiya. Nach der Niederlage vor Qairuan wechselte er erneut die Seiten und belagerte im Auftrage der Ḥafṣiden

ihm alles, was die Maġribiner mit ihm gemacht hatten, von ihrer Absicht, ihn in Alexandria ums Leben zu bringen, von den Schmerzen, die sie ihm zufügten, und von der Rächung und der Hilfe, die sie unserem Meister Abu-l-Ḥasan zukommen lassen wollten. An der Audienz nahmen teil der Rechtsgelehrte Abū ʿAbdallāh as-Saṭī sowie der Imām Abū ʿAbdallāh Muḥammad, der Sohn des Färbers; das Volk von Tunis war vertreten durch den Qāḍī Abū ʿAlī ʿUmar bin ʿAbd ar-Rafīʿ sowie Abū ʿAbdallāh bin Hārūn. Ich entfernte mich aus dem berühmten Saal, aber nach dem Nachmittagsgebet rief mich unser Herr Abu-l-Ḥasan zu sich. Er stand auf einem Turm, der das Schlachtfeld überblickte, und bei ihm befanden sich hohe Herren, und zwar Abū ʿUmar ʿUṯmān bin ʿAbd al-Wāḥid at-Tanālaftī, Abū Ḥassūn Ziyān bin Amriyūn al-ʿAlawī, Abū Zakariyāʾ Yaḥyā bin Sulaimān al-ʿAskarī und der Pilger Abu-l-Ḥasan an-Nāmīsī. Er fragte mich nach dem König von Indien, und ich beantwortete seine Fragen. Immer wieder ging ich während meines Aufenthaltes in Tunis, der 36 Tage dauerte, in seinen berühmten Empfangssaal. Ich begegnete dem Scheich und Imām, der Vollendung der Gelehrten und ihrem Vorsteher, Abū ʿAbdallāh al-ʿUbullī. Er lag krank darnieder und unterhielt sich mit mir viel über meine Reisen.

Ich verließ Tunis über See mit Katalanen und kam an die Insel Sardinien, die zu den Inseln der Christen zählt und die einen großartigen Hafen besitzt[592], der rundum von großen Holzbohlen eingefaßt ist und eine Einfahrt hat, die einem Tor gleicht, das aber nur dem geöffnet wird, der eine Erlaubnis von den Bewohnern hat. Die Insel besitzt mehrere Festungen, eine davon, die auch schöne Märkte hatte, betraten wir, und ich gelobte zu Gott dem Erhabenen, zwei aufeinander folgende Monate zu fasten, wenn er uns nur wieder von dieser Insel errettete, denn wir hatten erfahren, daß die Bewohner der Insel beschlossen hatten, uns zu verfolgen und gefangenzunehmen, sobald wir wieder ausfuhren.

Doch wir legten ab und kamen nach zehn Tagen nach Tanas, Māzūna, Mustaġānim und schließlich nach Tilimsān.[593] Ich wandte mich nach ʿUbbād und besuchte das Grab von Scheich Abū Madīn. Dann reiste ich auf dem Wege nach Nadrūma[594] weiter, zog entlang der Straße nach Aḫandaqān[595] und verbrachte die Nacht in der Zāwiya von Scheich Ibrāhīm. Von dort reisten wir wieder

Tunis. Als er es nicht einnehmen konnte, floh er nach Ägypten, kam später zurück, um Al-Faḍl ab- und dessen Bruder Abū ʾIsḥāq einzusetzen. Er starb 1364/65.

592 Wahrscheinlich ist Cagliari gemeint.

593 Tanas, etwa 200 Kilometer östlich von Algier; Mustaġānim, 80 Kilometer östlich von Algier; Tilimsān ist das bereits erwähnte Tlemcen.

594 Nadrūma liegt etwa 60 Kilometer von Tlemcen entfernt.

595 Nach Leon Africanus so benannt nach einem Berberstamm, der an der Küste zwischen Malīliya und und dem Fluß Malūya siedelte.

ab, wurden aber, als wir in die Nachbarschaft von Aznaġnaġān gekommen waren, von 50 Fußtruppen und Berittenen angegriffen. Bei mir befanden sich der Pilger Ibn Qurīʿāt aus Tanger und sein Bruder Muḥammad, der später auf hoher See im Glaubenskrieg sein Leben ließ. Wir rüsteten uns zum Kampf und zogen eine Fahne auf. Dann aber schlossen wir, Gott sei es gedankt, Frieden miteinander. Danach kam ich nach Tāzā[596], wo ich erfuhr, daß meine Mutter an der Pest gestorben war – Gott der Allerhöchste habe Erbarmen mit ihr!

Ich verließ Tāzā und erreichte an einem Freitag in den letzten Tagen des herrlichen Monats Šaʿbān des Jahres 750[597] die Hauptstadt Fās und erschien vor unserem ehrwürdigen Herrn, dem gesegneten Imām und Fürsten der Gläubigen, der sein Vertrauen in den Herrn der Welten gesetzt hat, vor Abū ʿInān[598] – Gott verleihe ihm Größe und strecke seine Feinde nieder! – Seine Würde ließ mich die des Sultans des Iraq vergessen, seine Schönheit die des Königs von Indien, seine gute Gesinnung die des Königs des Jemen, sein Mut den des Königs der Türken, seine Sanftmut die des Königs der Griechen, seine Glaubensfestigkeit die des Königs von Turkistan und sein Wissen das des Königs von Ǧāwa. Vor ihm stand sein Wesir, der wohltätige Urheber berühmter Großtaten, Abū Ziyān Ibn Wadrār[599], der mich nach Ägypten befragte, das er schon besucht hatte. Ich antwortete ihm auf alle seine Fragen, und er überhäufte mich mit Wohltaten aus den Händen unseres Meisters, für die ich nicht imstande bin, genügend zu danken – möge Gott es ihm angemessen entgelten! In seinen edlen Ländern legte ich den Wanderstab beiseite, nachdem ich mich durch ein untrügliches Urteil überzeugt hatte, daß es die besten Länder sind, denn Früchte haben sie im Überfluß, Wasser und Lebensmittel sind leicht erhältlich, und nur wenige Länder erfreuen sich all dieser Vorzüge. Recht hatte der, der sagte:

»Der Westen ist das schönste Land – ich habe den Beweis:
Von dort wird der Vollmond zuerst beobachtet – die Sonne wandert auf ihn zu.«

Die Dirhams des Westens sind klein, aber ihr Nutzen ist groß. Vergleicht man die Preise mit den Preisen Ägyptens und Syriens, so sieht man, wie wahr dies ist und wie überlegen die Länder des Maġrib sind. Und ich sage, daß achtzehn Unzen Hammelfleisch in Ägypten für einen Nuqra-Dirham verkauft werden, und der Nuqra-Dirham ist sechs maġribinische Dirhams wert.[600] Im Maġrib dagegen kosten die achtzehn Unzen Fleisch, wenn sein Preis hoch ist,

596 Ortschaft 130 Kilometer östlich von Fes.

597 6. November 1349.

598 Abū ʿInān hatte sich, während noch sein Vater in Tunis war, als Sultan in Fes eingerichtet.

599 Richtig: Fāris bin Maimūn Ibn Wadrār, Wesir Abū ʿInāns.

600 Achtzehn Unzen sind etwa ein halbes Kilogramm, und 120 Dirham entsprechen etwa einem Dinar von 4,6 Gramm Gold.

zwei Dirham, ein Drittel des Nuqra. Butteröl gar findet man meist gar nicht in Ägypten; die Ägypter verwenden Zutaten, welche die Maġibiner nicht beachten, und zwar besonders Linsen und Kichererbsen, die sie in feststehenden Kesseln kochen und denen sie Sesamöl beigeben; dann ›bisillā‹, eine Art Erbsen[601], die sie kochen und denen sie Olivenöl zugeben; Kürbis, den sie kochen und mit Milch mischen; Puffbohnen, die sie auf die gleiche Weise zubereiten; Mandelschößlinge, die sie kochen und mit Milch übergießen; die Kolokasie, die sie ebenfalls kochen; all dies ist leicht erhältlich im Maġrib, aber Gott hat es gegeben, daß wir darauf verzichten können wegen der Menge an Fleisch und Butteröl und Rahmbutter, an Honig und anderen Dingen. Gemüse aber gehört zu den seltenen Speisen in Ägypten, das meiste Obst wird aus Syrien eingeführt, Trauben dagegen bezahlt man, wenn sie billig sind, mit einem Nuqra-Dirham für drei Raṭl, und ein Raṭl ist zwölf Unzen schwer.

In Syrien gibt es zwar Obst im Überfluß, aber im Maġrib ist es billiger als dort. In Syrien wird der Raṭl Trauben für einen Nuqra-Dirham verkauft, aber ihr Raṭl wiegt soviel wie drei maġribinische Raṭl. Wenn die Trauben billig sind, kosten zwei Raṭl einen Nuqra-Dirham. Zehn Unzen Birnen kosten einen Nuqra-Dirham, Granatäpfel und Quitten kosten acht kleine Münzen[602] das einzelne Stück, was einem maġribischen Dirham entspricht. An Gemüse bekommt man in Syrien für einen Nuqra-Dirham weniger als bei uns für einen kleinen Dirham. Ein Raṭl Fleisch kostet bei ihnen zwei und einen halben Dirham. Wer dies recht bedenkt, erkennt, daß der Maġrib niedrigere Preise, einen größeren Überfluß an Waren hat und die größeren Annehmlichkeiten und Vorteile bietet.

Doch Gott hat dem Maġrib noch mehr Gunst geschenkt und seinen Ruhm gemehrt, indem er unseren Herrn, den Fürsten der Gläubigen, ins Imamat berufen hat, ihn, der den Schatten der Sicherheit über seine Länder gelegt hat, der in allen seinen Provinzen die Sonne der Gerechtigkeit aufgehen ließ, der die Wolken seiner Wohltaten über seine Wüsten und seine Städte regnen ließ, der das Land von Übeltätern reinigte, der den Gesetzen der Welt und des Glaubens zur Geltung verhalf. Ich werde nun von seiner Gerechtigkeit und seiner Sanftmut, von seiner Tapferkeit und seinem Eifer für die Wissenschaften, von seinem Bemühen um das göttliche Recht, von seiner Almosenfreudigkeit und seiner Bekämpfung des Unrechts sprechen, so wie ich es gesehen und für wahr befunden habe.

Was seine Gerechtigkeit betrifft, so ist sie berühmter, als man in einem Buche niederschreiben kann. Dazu gehört, daß er Audienzen hält, um die Klagen seiner Untertanen entgegenzunehmen und den Freitag den Bedürftigen vorzubehalten. Diesen Tag teilt er zwischen Männern und Frauen auf und läßt

601 Von ital. ›piselli‹, kleine grüne Erbsen.

602 Im Text: ›fulūs‹, kleines Geldstück, umg. ›Geld‹.

diese zunächst vortreten, weil sie schwächer sind. Die Bittgesuche der Frauen werden nach dem Freitagsgebet und bis zum Nachmittagsgebet verlesen. Der Reihe nach werden die Frauen mit ihren Namen aufgerufen, stellen sich vor dem ehrwürdigen Sultan auf, der ohne Vermittler mit ihnen spricht. Ist einer Frau ein Unrecht geschehen, so läßt er ihr Gerechtigkeit angedeihen; bittet sie um eine Gnade, so gewährt er ihr seinen Beistand. Wenn das Nachmittagsgebet verrichtet ist, werden die Bittgesuche der Männer vorgelesen, und er verfährt mit ihnen wie mit den Frauen. An diesen Audienzen nehmen die Rechtsgelehrten und Richter teil, denen er alle Vorgänge übergibt, die unter das Recht der Šarīʿa fallen. Nie habe ich einen König gesehen, der in so vollkommener Form und mit solcher Gerechtigkeit handelt. Der König von Indien bestimmte einen seiner Emire, die Bittgesuche der Leute entgegenzunehmen, sie kurz zusammenzufassen und ihm vorzulegen, ohne daß die Bittsteller ihm vorgeführt wurden. Ich bin Zeuge erstaunlicher Beweise seiner Sanftmut geworden, denn er verzieh vielen, die gegen seine Truppen zu Felde zogen und sich gegen ihn auflehnten. Er vergab auch großen Missetätern, die Verbrechen begangen hatten, die nur verzeiht, wer seinem Herrn vertraut und wer mit Sicherheit weiß[603] und den Sinn der Worte des Allerhöchsten kennt: »... und die den Menschen vergeben.«[604]

Ibn Ǧuzayy: »Den wunderbarsten Beweis der Großmut unseres Herrn, seit ich in den letzten Tagen des Jahres 753[605] an seine Hohe Pforte gekommen bin, erkenne ich darin, daß bis zum heutigen Zeitpunkt, den ersten Tagen des Jahres 757[606], niemand mehr auf seinen Befehl hin ums Leben gebracht worden ist, es sei denn, das Todesurteil sei durch die Šarīʿa und eines ihrer göttlichen Gesetze zustandegekommen, als Blut um Blut oder als Tod im Krieg. Und dies geschah, obwohl das Königreich sich ausdehnte, die Provinzen größer wurden und obwohl die Stämme so verschiedenartig sind. Von Ähnlichem hat man zuvor noch nie gehört, weder aus alten Zeiten noch aus entfernten Ländern.«

Was seine Tapferkeit betrifft, so sind seine Standfestigkeit und Verwegenheit auf den berühmten Schlachtfeldern bekannt, so am Tage der Schlacht mit den Banū ʿAbd al-Wādī und anderen Feinden.[607] Von diesem Tage hörte ich im Lande Sudan und berichtete davon dem dortigen Sultan, der sagte: »So muß man es tun, sonst soll man es lassen.«

603 Bezug auf den Koran: Sure 102, Abschnitt 5.

604 Koran, Sure 3, Abschnitt 134.

605 Der letzte Tag des Jahres 753 fiel auf den 5. Februar 1353.

606 Der erste Tag des Jahres 757 fiel auf den 5. Januar 1356.

607 Im Frühjahr 1352 eroberte Abū ʿInān Tlemcen von den ʿAbd-al-Wāditen zurück; damit erlosch die ʿabd-al-wāditische Linie; Abū ʿInāns Nachfolger ließen sich 1359 dort nieder.

Ibn Ǧuzayy: »Die alten Könige hörten nicht auf, darin zu wetteifern, Löwen zu erlegen und die Feinde in die Flucht zu schlagen. Unser Herr hat einen Löwen mit größerer Leichtigkeit erlegt, als ein Löwe ein Schaf reißt. Ein Löwe griff nämlich im Tal der Zimmerleute im Waldgebiet von Al-Maʿmūra im Gebiet von Salā seine Soldaten an. Selbst die Tapfersten wichen ihm aus, und die Reiter und Fußtruppen flohen vor ihm. Nur unser Meister trat ihm völlig furchtlos und unbesorgt entgegen und gab ihm mit der Lanze einen so kräftigen Stoß zwischen die Augen, daß er auf die Pfoten und das Maul niedersank. Das Niederwerfen der Feinde gelingt den Königen, wenn ihre Truppen standfest und ihre Reiter kühn sind. Das Geschick der Könige besteht in ihrer Festigkeit und ihrer Fähigkeit, ihre Soldaten zum Kampf anzustacheln. Unser Meister stellte sich seinem Feinde ganz allein und in seiner eigenen edlen Person entgegen, als er erfahren hatte, daß seine Truppen schon geflohen waren, und nachdem er erkannt hatte, daß sie im Kampfe nicht mehr um ihn waren. Da kroch der Schrecken in die Herzen der Feinde, sie flohen vor unserem Meister, und wunderbar war es zu sehen, wie ganze Völker vor einem Einzigen flüchteten – eine Gunst, die Gott gewährt, wem er will. Der gute Erfolg ist für die, welche Gott fürchten! Dies ist die Frucht der Gunst, die Gott gewährt, des Vertrauens in und der Unterwerfung unter Gott – Gott möge seine Würde mehren!«

In seiner Beschäftigung mit der Wissenschaft hält er täglich nach dem Frühgebet gelehrte Sitzungen ab, an denen die gelehrtesten Faqīhs und die erlesensten unter ihren Schülern in der Moschee seines vornehmen Palastes teilnehmen. Sie lesen vor ihm die Deutung des Erhabenen Buches, die Traditionen des Erwählten, die Regeln der Schule des Mālik sowie die Ṣūfī-Bücher. In all diesen Wissenschaften nimmt er den vorzüglichsten Rang ein, zerstreut ihre Probleme mit dem Lichte seiner Einsicht und schöpft seine überlegenen und geistreichen Einfälle aus dem Gedächtnis. Dies ist der Weg der rechtgeleiteten Imāme und der rechtgläubigen Kalifen. Unter den Königen der Welt habe ich keinen gesehen, dessen Eifer für die Wissenschaften eine solche Vollendung erreicht hat. Bei dem König von Indien habe ich gesehen, wie man nach dem Frühgebet in seiner Gegenwart miteinander besonders über die Aussagen der abstrakten Wissenschaften beriet. Ich sah bei dem König von Ǧāwa, wie nach dem Freitagsgebet in seiner Anwesenheit insbesondere über die Regeln der šafiʿitischen Schule beraten wurde. Ich hatte den Eifer des Königs von Turkistan bewundert, mit dem er in der Gemeinschaft der Gläubigen das letzte Abendgebet und das Frühgebet verrichtete, bis ich die Gewissenhaftigkeit unseres Meisters in allen Wissenschaften in der Gemeinschaft der Gläubigen und in der Beobachtung der Regeln des Ramaḍān erkannte – Gott teilt seine Barmherzigkeit jenen zu, die er will!

Ibn Ǧuzayy: »Selbst wenn sich ein Gelehrter am Tage und bei Nacht mit der Wissenschaft befaßt, so erreicht er doch nicht die niedrigste Stufe der Gelehrsamkeit unseres Herrn, obwohl er sich doch auch um die Führer der Stämme und die Herrschaft über entfernte Gebiete sorgt und sich um den Zustand seines Königreiches so sehr kümmert, wie noch kein König der Welt es je getan hat. In eigener Person prüft er die Klagen derer, denen Unrecht geschah – trotz alledem stellt sich in seiner hohen Audienz kein Problem der Wissenschaft, welcher auch immer, das er nicht klärt und in allen Feinheiten erforscht, deren dunkelste Punkte er nicht offenlegt und den Gelehrten seiner Sitzungen nicht erläutert, was ihnen verschlossen geblieben war. Danach erhob er sich zu dem verfeinerten Wissen der Ṣūfīs, verstand ihre Zeichen und formte sich nach ihrem Wesen, wie es sich trotz seiner hohen Stellung in seiner Demut, in seinem Mitleid, das er seinen Untertanen erwies, und in seiner Sanftmut in allen Dingen offenbarte. Er widmete sich den schönen Künsten, die er mit feinem Stil aus eigener Hand bereicherte, indem er unvergleichlich Neues schuf, und es entstand die edle Botschaft und das Gedicht, die er an das verehrte, heilige und reine Grabmal richtete, an das Grabmal des Herrn der Gesandten, den Fürsprecher der Schuldbeladenen, den Gesandten Gottes. Er verfaßte sie mit eigener Hand, deren Schönheit den herrlichen Grabbezirk selbst beschämt. Kein König unserer Zeit hat sich einer solchen Kunst hingegeben, um Gleiches zu schaffen, noch je gehofft, es erreichen zu können. Wer je seine fürstlichen Erlasse betrachtet und ihren Inhalt ganz erfaßt, dem wird sich enthüllen, welch hohe Gabe der Beredsamkeit Gott unserem Herrn verliehen hat, als er ihn schuf, und welche natürlichen und erworbenen Eigenschaften er ihn ihm vereinigte.«

In den Almosen, die er verteilt, und in den Hospizen, deren Errichtung er in seinem Lande befahl, damit die Wandernden gespeist werden, kommt ihm kein König gleich, es sei denn Sultan Atābak Aḥmad[608], doch auch ihn hat unser Meister übertroffen, indem er den Bedürftigen täglich Essen reichen und auch denjenigen Korn geben läßt, die im Verborgenen leben.

Ibn Ǧuzayy: »Unser Herr hat in seiner Wohltätigkeit und Almosenfreudigkeit erstmalig Dinge geschaffen, die sich niemand zuvor vorstellte und auf die auch Sultane nicht verfallen waren. Dazu gehören die ständige Verteilung von Almosen an die Bedürftigen in all seinen Ländern, die zahlreichen Almosen an Gefangene, ebenfalls in all seinen Provinzen, das Gebot, daß all diese Almosen in fertig gebackenem Brot bestehen sollten, das sofort verzehrt werden konnte; darunter fällt ferner ein Kleidergeschenk an die Armen, die Schwachen, die alten Frauen und Männer und an jene, die in einer Moschee Dienst tun, ebenfalls in all seinen Ländern, und für die gleichen Menschen die Auswahl der Opfertiere am Tage des Opferfestes; dazu gehören auch die Zölle, die an den Eingangshäfen seines Landes eingenommen und am 27. Tage des Ramaḍān als Almosen verteilt werden, um diesen Tag so zu ehren, wie es

[608] Vgl. Kapitel ›Persien und der Iraq‹.

ihm geschuldet ist; außerdem im gesamten Lande die Ausgabe von Speisen am erhabenen Geburtstage und die Versammlung des Volkes zur Feier dieses Tages. Dazu gehören die Beschneidung der Waisenknaben und das Kleidergeschenk an sie am Tage des ʿĀšūrāʾ-Festes[609], die Gaben an die Kranken und die, welche zu schwach sind, ihr Land zu bestellen, damit für ihren Unterhalt gesorgt ist; die Spenden von weichen Samt- und bequemen Plüschteppichen für die Bedürftigen seiner Hauptstadt, die sie zum Schlafe ausbreiten können, eine Gunst ohnegleichen. Darunter fallen schließlich auch der Bau von Krankenhäusern in allen seinen Ländern und die zahllosen Vermächtnisse, die er ihnen für die Verpflegung Kranker aussetzte, sowie die Berufung von Ärzten, die sie pflegen und heilen sollten, und noch viele andere unerhörte Wohltaten und rühmenswerte Werke – Gott möge sie ihm vergelten und seine Tugenden belohnen!«

Was die Beseitigung von Ungerechtigkeiten angeht, so ist von den Zöllen zu sprechen, die auf den Wegen erhoben wurden. Er nämlich hat angeordnet, sie abzuschaffen. Sie warfen zwar beträchtliche Einnahmen ab, aber dies hat ihn nicht gekümmert, denn was bei Gott ist, ist besser und beständiger.[610] Seine Sorge um die Unterdrückung von Missetätern ist berühmt. Ich habe ihn zu seinen Steuereintreibern sagen hören: »Drangsaliert mir meine Untertanen nicht!« – und er ermahnte sie mit großem Nachdruck.

Ibn Ǧuzayy: »Selbst wenn von der Milde unseres Herrn für seine Untertanen nicht mehr zu sagen wäre, als daß er das freie Gastmahl abschaffte, das die Steuereinnehmer und Statthalter vom Volke verlangten, so genügte doch dies schon als offenkundiger Beweis seiner Gerechtigskeitsliebe und des strahlenden Lichtes seiner Güte. Wie sollte man noch sprechen von der Abschaffung von Unrecht und der Schaffung von Annehmlichkeiten, die man unfähig ist, aufzuzählen? In den Tagen, da dieser Bericht aufgezeichnet wird, erging sein hoher Befehl, die Eingekerkerten mit Milde zu behandeln und die schweren Lasten, die ihnen aufgebürdet waren, zu lindern, eine würdige Wohltat für diese Elenden und ein würdiger Ausdruck seiner Weitherzigkeit. Dieser Befehl gilt in allen seinen Ländern. Ebenso hat er verfügt, jeden Richter und Statthalter beispielhaft zu bestrafen, dessen despotische Herrschaft festgestellt wurde, um frevelhafte Herrschaft zu unterbinden und die Unterdrücker abzuschrecken.«

Berühmt ist auch, was er im Glaubenskrieg für das Volk Spaniens getan hat, indem er den Häfen Unterstützung in Form von Geld, Mundvorrat und Waffen schickte, um den Feind zu schwächen, Kriegsausrüstung bereitzustellen und Stärke zu zeigen; dies ist so berühmt geworden, daß es weder den Völkern

[609] Am 10. Tage des Monats Muḥarram, des ersten Monats des islamischen Mondjahres.

[610] Koran, Sure 42, Abschnitt 36: ›Was aber bei Gott ist, ist besser und beständiger für die, die glauben und in Gott ihr Vertrauen setzen.‹

des Westens noch des Ostens verborgen geblieben ist, und kein König hat ihn darin übertroffen.

Ibn Ǧuzayy: »Wer erfahren will, was unser Herr für den Schutz der muslimischen Länder und für die Schwächung der ungläubigen Völker getan hat, der sehe, wie er die Stadt Ṭarābulus in Ifrīqiya durch Loskauf befreit hat. Denn als diese Stadt in die Hand des Feindes gefallen war und die Hände der Angreifer sich nach ihr ausgestreckt hatten, sah unser Herr, daß diesen entfernten Ländern keine Truppen zu Hilfe geschickt werden konnten, sondern schrieb seinen Dienern in Ifrīqiya, sie sollten sie mit Geld auslösen, was auch mit 50.000 Golddinaren in barem Gelde geschah. Als die Nachricht ihn schließlich erreichte, sagte er: ›Gott sei gelobt, der die Stadt um diese unbedeutende Kleinigkeit aus den Händen der Ungläubigen zurückgewann!‹ Er gab Befehl, die Summe sofort nach Ifrīqiya zu schicken, und die Stadt kehrte dank ihm zum Islam zurück. Nie zuvor hätte sich jemand vorstellen können, daß 50 Zentner Gold eine unbedeutende Kleinigkeit seien, bis unser Herr in seiner unendlichen Großzügigkeit mit dieser überragenden Tat hervortrat, der es andere Könige noch nicht gleichtaten, die sie aber anregte, Gleiches zu tun. Zu den bekanntesten Taten unseres Herrn im Glaubenskrieg zählen die Errichtung von Schanzwerken entlang aller Küsten und die Verstärkung der Schiffsrüstungen, die er im Frieden wie während der Waffenruhe vorantrieb, um in der Zeit des Krieges bereit zu sein und um die Begehrlichkeit der Ungläubigen abzuwehren. Er bekräftigte diese Umsicht im vergangenen Jahr noch durch seine Reise ins Ǧānāta-Gebirge, um Holz für den Schiffsbau schlagen zu lassen, und bewies damit, welchen Wert er dieser Arbeit beimaß und mit welcher Sorgfalt er die Vorbereitungen zum Glaubenskrieg in der Hoffnung selbst leitete, dafür von Gott belohnt zu werden und vortreffliche Verdienste zu erwerben.«

Zu den besten Werken unseres Herrn gehört der Bau der neuen Moschee in der Weißen Stadt[611], der Residenz seines edlen Königreiches, eine Moschee, die sich durch ihre Schönheit und die Festigkeit ihres Baus ebenso auszeichnet wie durch den Glanz ihres Lichts und ihre ebenmäßige Form. Dazu gehört ferner die Errichtung der Großen Koranschule[612] an der Stelle, die als ›der Palast‹ bekannt ist, in der Nähe der Zitadelle von Fās, die in der ganzen bewohnen Welt an Größe, Schönheit und Pracht, an Wasserreichtum und Anmut des Ortes nicht ihresgleichen findet; ich habe in Syrien und Ägypten, im Iraq und im Ḫurāsān nichts Ebenbürtiges gesehen. Außerdem fällt darunter die Gründung des Großen Hospizes am Kichererbsen-Teich außerhalb der Weißen Stadt, auch diese Zāwiya findet wegen der angenehmen Lage und der gediegenen

611 Die ›Rote Moschee‹ im neuen Fes, der Weißen Stadt, die vom Mariniden Abū Yūsuf westlich von Fes erbaut wurde und noch heute den Namen der ›Neuen Stadt‹ trägt.

612 Die Madrasa Al-Bu-ʿInānīya, in der Nähe der Qaṣba (›Zitadelle‹, ›befestigte Altstadt‹) von Fes.

Handwerkskunst nicht ihresgleichen, denn die schönste Zāwiya, die ich im Osten gesehen habe, war das von König An-Nāṣir erbaute Hospiz in Siryāquṣ. Aber das Hospiz von Fās ist noch schöner und von noch festerem Bau und größerer Kunstfertigkeit – gepriesen sei Gott, er helfe unserem Herrn in seinen vornehmen Plänen und belohne seine Vortrefflichkeit, er gebe seinen Tagen Dauer zum Ruhme des Islam und der Muslime, und führe seine Standarten und Fahnen zum Erfolg!

Aber kehren wir nun zum Reisebericht zurück!

Spanien

Nachdem ich die gesegnete Residenz hatte beschauen können und mit umfassenden Zeugnissen ihrer Wohltätigkeit versehen worden war, wollte ich das Grab meiner Mutter besuchen und ging in meine Heimatstadt Tanger. Dann wandte ich mich der Stadt Ceutá zu, wo ich mich einige Monate lang aufhielt, von denen ich aber drei auf dem Krankenbett zubrachte. Dann erlöste mich Gott, und ich wünschte, daß mir das Glück zuteil werde, am heiligen Kriege und an den Kämpfen teilzunehmen. Ich schiffte mich in Ceutá auf einer kleinen Barke, die einem Stamm aus Aṣīla[613] gehörte, ein und kam nach Al-Andalus[614] – Gott möge es schützen! –, das seine Bewohner mit Wohlstand belohnt, aber auch Belohnungen bereithält für diejenigen, die dort verweilen und dorthin aufbrechen. Ich kam gleich nach dem Tode des christlichen Tyrannen Adfūnus[615], der den Berg zehn Monate lang belagert hatte; er hatte geglaubt, sich aller Länder zu bemächtigen, die den Muslimen in Spanien noch verblieben waren. Gott aber nahm ihn hinweg, als er es nicht erwartete, und er starb an der Pest, die er mehr fürchtete als die Menschen.

Die erste Stadt, die ich in Spanien sah, war der Berg der Eroberung.[616] Ich begegnete dort dem ehrwürdigen Prediger Abū Zakarīyā᾽ Yaḥyā bin as-Sirāǧ aus Ronda[617] und dem Qaḍī ʿĪsa-l-Barbarī, bei dem ich Unterkunft fand und mit dem ich um den Berg wanderte. Ich besichtigte die staunenswerten Befestigungen, die unser Herr Abu-l-Ḥasan hatte vorbereiten lassen und die unser Herr noch hinzugefügt hatte. Ich wünschte mir, bis an mein Lebensende zu den Verteidigern dieses Ortes zu gehören.

Ibn Ǧuzayy: »Der Berg der Eroberung ist die Festung des Islam, die in die Kehle der Götzenanbeter getrieben ist, daß sie daran ersticken, das gute Werk unseres Herrn Abu-l-Hasan[618], das mit seinem Namen verbunden ist, die gott-

613 Ortschaft zwischen Al-ʿArā᾽iš und Tanger an der Atlantikküste.

614 Arabische Bezeichnung für das frühere maurische Spanien.

615 Alfonso XI., König von Kastilien, der am 20. März 1350 an der Pest starb.

616 Gibraltar, im Arabischen ›Berg der Eroberung‹ oder auch ›Berg des Ṭāriq‹ genannt nach Ṭāriq bin Ziyād, dem ersten Kommandanten der arabischen Eroberer, die die Meerenge von Gibraltar überquerten.

617 Abū Zakarīyā᾽ Yaḥyā bin Abi-l-ʿAbbās Aḥmad bin Muḥammad bin Ḥasan Ibn Yaḥyā bin ʿĀṣim, gest. in Fez im Jahre 1403.

618 Die Festung wurde 1160 vom almohadischen Kalifen ʿAbd al-Mu᾽min erbaut; im Jahre 1309 eroberte Ferdinand IV. von Kastilien den Berg, den Abu-l-Ḥasan erst im Jahre 1333 zurückerobern konnte.

gefällige Tat, die er wie ein Licht vor sich her tragen ließ, der Ort der Zurüstungen zum Glaubenskrieg, der Standort der Löwen des Heeres, der Mund[619], der zum Siege des Gott geleisteten Treueschwurs lächelte und das Volk von Spanien nach der Bitterkeit der Furcht die Süße der Sicherheit kosten ließ. Hier begann die große Eroberung, denn hier setzte Ṭāriq bin Ziyād, der Schutzbefohlene des Mūsā bin Nuṣair[620], seinen Fuß an Land, um es zu erobern. Nach ihm wurde der Berg benannt, der fortan der ›Berg des Ṭāriq‹ und ›Berg der Eroberung‹ hieß, weil sie hier begann. Die Überreste der Mauer, die er und seine Gefährten errichteten und die ›arabische Mauer‹ genannt wird, sind bis heute noch zu sehen. Ich sah sie in den Tagen meines Aufenthaltes dort, als Algeciras belagert wurde[621] – Gott gebe es uns zurück! Unser Herr Abu-l-Ḥasan eroberte den Berg zurück und entriß ihn den Händen der Christen, die ihn zwanzig Jahre und länger besessen hatten. Er entsandte seinen Sohn, den Fürsten und Gottesfreund Abū Malik zur Belagerung, rüstete ihn mit reichlichem Geld und einem gewaltigen Heere aus, und der Berg wurde nach einer Belagerung von sechs Monaten im Jahre 733[622] erobert. Damals war der Ort noch nicht der, welcher er heute ist. Unser Herr Abu-l-Ḥasan baute dort auf die Festung den mächtigen Turm von Qalahurra[623], wo zuvor nur ein kleines Türmchen gestanden hatte, das von Steinschleudern zerstört worden war. An dessen Stelle errichtete er den neuen Turm, auch ließ er ein Haus des Handwerks einrichten, das es vorher noch nicht gegeben hatte. Um den Roten Hügel ließ er die große Mauer hochziehen, die am Haus des Handwerks beginnt und bis zur Ziegelbrennerei läuft. Unser Herr, der Fürst der Gläubigen, Abū ʿInān, erneuerte später die Verschanzungen, brachte Verbesserungen an und verlängerte die Mauer bis auf die Spitze des Berges. Es ist der beste Teil der Mauer und von ganz allgemeinem Nutzen. Er ließ Kriegsgerät in Hülle und Fülle an den Platz schaffen und ließ ihn mit Proviant und allem sonst Nützlichen ausstatten. So handelte er mit bestem Vorsatz und lauterster Gesinnung zugunsten des erhabenen Gottes.

In den letzten Monaten des Jahres 756[624] trat am Berg der Eroberung ein Ereignis ein, in welchem der tiefe Glaube unseres Herrn sichtbar zutage trat, in dem sich die Frucht des Vertrauens, das er in Gott gesetzt hat, zeigte, und wo sich das Maß des ihm ununterbrochen zuströmenden vollkommenen Glückes offenbarte. Der Statthalter des Berges, der Verräter, der sein Leben im Elend

619 Arabisches Wortspiel mit dem Worte ›ṯaġr‹: ›Mund‹, aber auch Hafen‹ oder ›Bucht‹.

620 Mūsā bin Nuṣair Abū ʿAbd ar-Raḥmān, arabischer, aus der Ḥiǧāz in Saudi-Arabien stammender Eroberer Spaniens, gest. 715.

621 Im Jahre 1342 durch Alfonso XI.

622 1333.

623 Im Spanischen: ›Calahorra‹.

624 Der letzte Tag des Jahres 756 d. H. war der 14. Dezember 1355.

beschloß, ʿĪsā bin al-Ḥasan bin Abī Mandīl[625], entzog seine treulose Hand dem Gehorsam und ließ den Schutz der Gemeinschaft im Stich, heuchelte, begehrte auf und betrieb Zwietracht und Verrat. Er gab sich mit Dingen ab, die ihn nichts angingen, und war blind für Beginn und Ende seiner Taten. Die Menschen bildeten sich ein, es sei der Beginn eines Bürgerkrieges, der große Schätze kosten sollte, die er für die Aufstellung von Reitern und Fußtruppen verlangen würde. Doch das Glück unseres Herrn entschied, wie eitel diese Einbildung war, und die Wahrhaftigkeit seines Glaubens führte zu einem baldigen Ende der Unruhen. Schon nach wenigen Tagen nämlich besannen sich die Menschen des Berges, lehnten sich gegen den Empörer auf, erhoben sich gegen den elenden Rebellen und kehrten zum geziemenden Gehorsam zurück. Er und sein Sohn, der ihm in seinem Verrat beigestanden hatte, wurden ergriffen, in Ketten in die hohe Hauptstadt gebracht, und man vollstreckte an ihnen das Urteil Gottes, das er für die Unruhestifter vorgesehen hat. So schenkte Gott Ruhe vor ihren Freveln.

Als das Feuer der Unruhen erstickt war, widmete sich unser Herr mit einer solchen Fürsorge den Ländern Spaniens, mit der dessen Bewohner nicht hatten rechnen können. Er entsandte seinen Sohn, den glücklichsten, gesegneten und rechtgeleiteten Abū Bakr, mit einem der Beinamen, die alle Personen des Herrscherhauses erhalten, genannt ›der Glückliche‹. Er gab ihm die tapfersten Reiter, die Oberhäupter verschiedener Stämme und die tüchtigsten Fußtruppen mit. Er ließ ihnen reichlich Proviant zukommen und teilte ihnen ausgedehnte Ländereien zu, die er von Abgaben befreite, und so gab er ihnen eine Fülle von Wohltaten auf den Weg. Seine Fürsorge um den Berg ging so weit, daß er anordnete, ein Modell des Berges anzufertigen, in dem er die Mauer, die Türme, das Kastell, die Tore und das Haus des Handwerks, seine Moscheen, Waffenkammern und Kornspeicher nachbilden ließ, ebenso die Form des Berges und was, wie der ›Rote Hügel‹, noch dazugehörte. Dieses Modell wurde im berühmten Ratssaal aufgestellt. Es ist wunderbar und von bester Handwerkskunst. Seinen Wert kann nur erkennen, wer den Berg selbst gesehen hat und dann dieses Abbild anschaut. Er hat es aus Wißbegier anfertigen lassen, um alles über diesen Berg in Erfahrung zu bringen, aber auch aus Sorge um die Befestigungen und Ausrüstungen. Gott der Allerhöchste führe durch die Hand unseres Herrn den Islam auf der westlichen Insel zum Siege! Er lasse Wirklichkeit werden, was dieser für die Eroberung der Länder der Ungläubigen und für die Zersplitterung der Einheit der Anbeter des Kreuzes erhofft!«

Ich verließ den Berg der Eroberung und wandte mich der Stadt Ronda[626] zu, einer der am besten befestigten und schönsten Städte des Islam. Der Stadtherr

[625] In Wirklichkeit unterstützte der Gouverneur ʿIsā bin al-Ḥasan Ibn Abū Mandīl seinen Herrn Abu-l-Ḥasan gegen dessen Sohn Abū ʿInān.

[626] Im Landesinneren am Guadiaro gelegenes Städtchen.

war Scheich Abu-r-Rabīʿ Sulaimān Ibn Dāwūd al-ʿAskarī[627], Qāḍī der Stadt war der Sohn meines Onkels väterlicherseits, der Rechtsgelehrte Abu-l-Qāsim Muḥammad Ibn Yaḥyā Ibn Baṭṭūṭa. Ich begegnete auch dem Faqīh, Qāḍī und Literaten Abu-l-Ḥaǧǧāǧ Yūsuf al-Muntašāqarī[628], der mich in seinem Hause gastfrei hielt; ich traf ferner den Prediger, gottesfürchtigen Pilger und ausgezeichneten Mann Abū ʾIsḥāq Ibrāhīm, bekannt unter dem Beinamen Aš-Šandarūḫ, der wenig später in Salā im Maġrib starb. Schließlich begegnete ich in Ronda vielen frommen Männern, darunter auch ʿAbdallāh, dem Gelbgießer.

Ich blieb fünf Tage und reiste weiter nach Marbella[629], aber die Straße zwischen beiden Orten war unwegsam und sehr beschwerlich. Marbella ist eine schöne Stadt auf fruchtbarem Boden. Ich traf dort auf eine Schar von Berittenen, die auf dem Wege nach Málaga waren, und wollte mich ihnen anschließen, aber Gott der Allerhöchste hielt mich in seiner Gnade zurück. Sie brachen vor mir auf und wurden unterwegs gefangengenommen, wie ich jetzt erzählen werde. Ich folgte ihnen nach, und als ich gerade die Bannmeile Marbellas hinter mir gelassen und den Bezirk von Suhail[630] betreten hatte, stieß ich an einem Graben auf ein totes Pferd und kam an einem Korb voller Fische vorüber, der auf die Erde gestürzt war, was mich beunruhigte. Vor mir stand ein Beobachtungsturm, und ich sagte mir, daß der Posten im Turm Alarm gegeben hätte, wenn der Feind sich hier gezeigt hätte. Ich ging schließlich in ein Haus, das ich dort fand, und stieß auf ein getötetes Pferd. Während ich noch dort stand, hörte ich hinter mir Rufe. Ich war meinen Gefährten vorausgeeilt, kehrte aber nun zu ihnen zurück und fand in ihrer Begleitung den Befehlshaber der Festung von Suhail. Er erzählte mir, daß vier Boote des Feindes gesichtet worden seien und daß ein Teil ihrer Besatzung an Land gegangen sei, als der Posten gerade nicht in seinem Turm gewesen war. Die zwölf Reiter, die aus Marbella gekommen waren, seien auf den Feind gestoßen, einen hätten die Christen getötet, einem sei die Flucht gelungen, aber die zehn anderen seien in Gefangenschaft geraten. Ein Mann, ein Fischer, sei ebenfalls getötet worden; er war es gewesen, dessen umgestürzten Korb ich auf der Erde hatte liegen sehen. Der Befehlshaber riet mir, bei ihm in seinem Orte die Nacht zu verbringen, von wo aus er mich nach Málaga führen lassen wollte. Ich verbrachte die Nacht bei ihm im Kastell von Suhail, von dem aus die Grenze bewacht wurde und in dessen Nähe die erwähnten Boote vor Anker gegangen waren.

Am nächsten Morgen ritt er mit mir nach Málaga, einer der Hauptstädte

627 Ab 1355 nach der Niederwerfung des von ʿIsā bin al-Ḥasan angezettelten Aufstandes Gouverneur von Gibraltar.

628 Aus Montejicar nördlich von Granada.

629 Auf halbem Wege zwischen Gibraltar und Málaga an der Küste gelegen.

630 Das heutige Fuengirola.

Spaniens.[631] Sie ist auch eine der schönsten, denn sie vereint in sich die Vorzüge des Festlandes mit denen des Meeres, bietet viele Annehmlichkeiten und sehr viele Früchte. Auf den Märkten sah ich Trauben, von denen acht Raṭl nur einen kleinen Dirham kosteten. Die Granatäpfel, die den Namen Murcias tragen oder auch die ›rubinroten‹ genannt werden, finden in der ganzen Welt nicht ihresgleichen. Feigen und Mandeln werden aus Málaga und seiner Umgebung in den Maġrib und in den Orient gebracht.

In Málaga wird wunderschöne goldene Töpferware hergestellt, die in die fernsten Länder ausgeführt wird. Die Moschee der Stadt ist von gewaltiger Ausdehnung und wegen ihres Segens berühmt, ihr Hof, der bestanden ist mit Orangenbäumen von großer Höhe, ist an Schönheit mit nichts zu vergleichen. Als ich Málaga betrat, suchte ich den Qāḍī und Prediger der Stadt, den ehrwürdigen Abū ʿAbdallāh auf, den Sohn des vortrefflichen Predigers Abū Ǧaʿfar, der wiederum der Sohn des heiligen Predigers Abū ʿAbdallāh aṭ-Ṭanǧālī gewesen war, der seinen Sitz in der Großen Moschee hatte. Er befand sich in der Gesellschaft von Rechtsgelehrten und bedeutenden Bürgern, die Geld sammelten für den Freikauf der Gefangenen, von denen ich soeben gesprochen habe. Ich sagte zum Richter: »Gott sei gelobt, der mich gerettet hat und mich nicht unter die Gefangenen geraten ließ.« Ich berichtete ihm, was mir nach ihrem Aufbruch zugestoßen war, und er war erstaunt und schickte mir ein Gastmahl. Auch der Prediger Abū ʿAbdallāh mit dem Beinamen ›der Turbanträger‹ bewirtete mich.

Von Málaga aus begab ich mich nach dem 24 Meilen entfernten Ballaš[632], einer hübschen Stadt mit einer wunderbaren Moschee. Auch hier gibt es wie in Málaga Trauben, Früchte und Feigen. Ich verließ Ballaš wieder und reiste weiter nach Al-Ḥamma[633], einem kleinen Ort mit einer Moschee in einzigartiger Lage und von wunderschönem Bau. Dort gibt es, nur etwa eine Meile vom Ort entfernt, am Ufer des Flusses eine heiße Quelle und ein Gebäude, in dem die Männer, ein anderes, in dem die Frauen ein Bad nehmen können. Danach reiste ich weiter nach Granada, der Hauptstadt Andalusiens und der Braut unter Andalusiens Städten. Eine solche Umgebung, wie sie diese Stadt besitzt, läßt sich in der ganzen Welt nicht finden, denn sie umfaßt eine Strecke von vierzig Meilen und wird von einem Strom, dem Šannīl[634], und zahllosen anderen Flüssen durchquert. Obstfelder und Gärten, Weiden, Schlösser und Weinberge umgeben die Stadt auf allen Seiten. Einer der schönsten Orte ist die ›Quelle der Tränen‹, ein Berg mit Wiesen und Gärten. Keine Stadt hat Ähnliches aufzuweisen!

631 Málaga war zu jener Zeit der Haupthafen des Reiches von Granada.

632 Das östlich von Málaga gelegene Vélez.

633 Die Thermen.

634 Der Genil, ein Nebenfluß des Guadalquivir.

Zur Zeit meiner Ankunft war Sultan Abu-l-Ḥağğāğ Yūsuf bin Sulṭān Abi-l-Walīd Ismāʿīl Ibn Farğ bin Ismāʿīl bin Yūsuf bin Naṣr König von Granada[635], aber ich bin ihm wegen einer Krankheit, die ihn befallen hatte, nicht begegnet. Aber seine edle, fromme und wohltätige Mutter schickte mir Golddinare, die mir sehr nützlich waren. Ich sah in Granada eine Anzahl ihrer vortrefflichsten Bürger, darunter den Qāḍī der Gemeinde, den Šarīfen und wortgewaltigen Abu-l-Qāsim Muḥammad bin Aḥmad bin Muḥammad aus der Nachkommenschaft des Ḥusain aus Ceutá, ferner den Rechtsgelehrten, Lehrer und gelehrten Prediger Abū ʿAbdallāh Muḥammad bin Ibrāhīm al-Bayyānī, außerdem den Gelehrten, Koranleser und Prediger Abū Saʿīd Farğ bin Qāsim, berühmt unter dem Beinamen ›Ibn Lubb‹; ich begegnete auch dem Qāḍī der Gemeinde, dem Pol seines Jahrhunderts und Glanzpunkt der Epoche Abu-l-Barakāt Muḥammad bin Ibrāhīm as-Salmi-l-Balfīqī.[636] Er war in diesen Tagen aus Almería gekommen, und es kam zu einem Zusammentreffen mit ihm im Garten des Faqīh Abu-l-Qāsim Muḥammad, des Sohnes des Rechtsgelehrten und berühmten Schreibers Abū ʿAbdallāh bin ʿĀṣim, mit dem wir zwei Tage und eine Nacht verbrachten.

Ibn Ğuzayy: »Ich befand mich ebenfalls in diesem Garten, und Scheich Abū ʿAbdallāh erfreute uns mit der Erzählung seiner Reisen. Ich schrieb die Namen der berühmten Personen nieder, die ihm auf seinen Reisen begegnet waren, und wir zogen daraus wunderbaren Nutzen. Bedeutende Bürger Granadas befanden sich in unserer Gesellschaft, darunter der vortreffliche Dichter und wunderbare Abū Ğaʿfar Aḥmad bin Raḍwān bin ʿAbd al-ʿAẓīm al-Ğuḏāmī, ein erstaunlicher junger Mann, der in der Wüste aufwuchs, ohne je die Wissenschaften zu studieren und je ein Studium zu betreiben. Dann aber entströmten ihm die herrlichsten Gedichte, wie sie selbst den Besten unter den Wortgewandten und den Ersten unter den Beflissenen nur selten gelingen.«

Ich begegnete in Granada dem Oberscheich und Vorsteher der Ṣūfīs und Faqīh Abū ʿAlī ʿUmar, dem Sohne des frommen und heiligen Scheichs Abū ʿAbdallāh Muḥammad bin al-Maḫrūq, und verbrachte einige Tage in seiner Zāwiya außerhalb der Stadt. Er ehrte mich sehr, und mit ihm suchte ich die berühmte und gesegnete Zāwiya auf, die unter dem Namen der ›Adlerklause‹ bekannt ist; ›ʿUqāb‹[637] nämlich ist ein Gebirge, das sich außerhalb von Granada erstreckt und ungefähr acht Meilen von der Stadt entfernt in der Nähe der verfallenen Stadt Al-Bīra[638] liegt. Ich traf auch den Neffen des Ṣūfī-Vorstehers,

635 Yūsuf I., gest. 1354, entstammte der Dynastie der Naṣriden, die seit der Eroberung 1237 bis zum Fall der Stadt im Jahre 1492 Granada beherrschte.

636 Alle vier Persönlichkeiten werden in den Chroniken und Biographien der Zeit erwähnt.

637 ›Adler‹.

638 Der spanische Name dieser heute verfallenen Ortschaft lautete ›Elvira‹.

den Faqīh Abu-l-Ḥasan ʿAlī bin Aḥmad al-Maḫrūq, in seiner ›Klause des Zügels‹. Sie liegt oberhalb der Vorstadt von Naǧad außerhalb von Granada und stößt an den As-Sabīka[639]-Hügel. Er war der Vorsteher der Faqīre der Kleinkrämer.

Es leben in Granada eine Anzahl nichtarabischer Faqīre, die sich wegen der Ähnlichkeit mit ihrer Heimat dort angesiedelt haben, darunter der Pilger Abū ʿAbdallāh aus Samarqand, Pilger Aḥmad aus Tabrīz, Pilger Ibrāhīm aus Qūnya, Pilger Ḥusain aus dem Ḫurāsān sowie die beiden Pilger ʿAlī und Rašīd aus Indien und andere.

Von Granada reiste ich nach Al-Ḥamma zurück, weiter nach Ballaš und Málaga, und von dort aus wandte ich mich der Festung von Ḏakwān zu, einer starken Zitadelle mit sehr viel Wasser, Bäumen und Obst.[640] Dann zog ich weiter nach Ronda, in ein Dorf der Banū Riyāḫ, deren Ältester, Scheich Abu-l-Ḥasan ʿAlī bin Sulaimān ar-Riyāḫī, mir Wohnung bot, einer der wohltätigsten und vornehmsten Männer, der Reisende verpflegt und der auch mich mit äußerster Gastfreundschaft aufnahm. Ich reiste weiter zum Berg der Eroberung und schiffte mich dort auf dem gleichen Boot ein, das mich das erste Mal übergesetzt hatte und das den Leuten von Aṣīlā gehörte. Ich erreichte Ceutá, dessen Oberhaupt Scheich Abū Mahdī ʿĪsā bin Sulaimān bin Manṣūr und dessen Qāḍī der Rechtsgelehrte Abū Muḥammad az-Zaǧandarī waren. Von Ceutá begab ich mich nach Aṣīlā, wo ich einige Monate zubrachte. Dann reiste ich weiter nach Salā, brach wieder auf und kam nach Marrākiš[641], das zu den schönsten und weiträumigsten Städten zählt und zu der ausgedehnte und mit allen Gütern gesegnete Ländereien gehören. Man sieht großartige Moscheen wie die Große unter dem Namen der ›Buchhändler‹ bekannte Hauptmoschee sowie das gewaltige und bewundernswerte Minarett. Ich habe es bestiegen und die ganze Stadt überschauen können. Leider hat sich ihrer bereits der Verfall bemächtigt, so daß ich sie nur mit Bagdad vergleichen kann, obwohl Bagdads Märkte hübscher sind. Marrākiš besitzt eine prächtige Koranschule, die durch ihre wunderschöne Lage und durch Baukunst ausgezeichnet ist; unser Herr, der Fürst der Gläubigen Abu-l-Ḥasan, hat sie erbaut.

639 As-Sabīka ist ›der (Metall-)Barren‹.

640 Nach At-Tāzī ist diese Festung mit der heutigen Ortschaft Coin, etwa 40 Kilometer westlich von Málaga, identisch.

641 Die alte Hauptstadt Marrakesch war von den Mariniden zugunsten von Fes aufgegeben worden und bildete auch einen Schauplatz der Kämpfe Abū ʿInāns gegen seinen Vater Abu-l-Ḥasan, der die Stadt 1350 an seinen Sohn verloren hatte.

In den Süden der Sahara

Ich reiste von Marrākiš in der Gesellschaft seiner Hoheit, unseres Herrn, ab, und wir kamen nach Salā und Miknāsa[642], der angenehmen, grünen und blühenden, auf allen Seiten von Obstgärten, Feldern und Olivenplantagen umgebenen Stadt. Danach erreichten wir die Residenzstadt Fās – Gott der Allerhöchste nehme sie unter seinen Schutz! –, wo ich von unserem Herrn Abschied nahm.

Ich brach auf in der Absicht, das Land der Schwarzen aufzusuchen, und erreichte Siğilmāsa, eine der schönsten Städte, in der es schmackhafteste Datteln im Überfluß gibt.[643] In der Menge an Datteln, die sie hervorbringt, gleicht ihr die Stadt Baṣra, aber die Datteln aus Siğilmāsa sind viel besser, und die ›Īrār‹-Sorte[644] hat nicht ihresgleichen auf der Welt. Ich fand Unterkunft bei dem Rechtsgelehrten Abū Muḥammad al-Bušrī, dessen Bruder ich in Qanğanfū in China begegnet war. Welcher Abstand trennte doch die beiden! Er nahm mich außerordentlich gastfreundlich auf. Ich kaufte mir Kamele und für vier Monate Futter.

Am ersten Tage des göttlichen Monats Muḥarram des Jahres 753[645] brach ich mit einer Karawane unter der Führung von Abū Muḥammad Yandakān aus dem Stamme der Massūfa[646], der sich auch viele Kaufleute aus Siğilmāsa und anderen Städten angeschlossen hatten, auf. Nach 25 Tagen erreichten wir Taġāzzā, einen Ort ohne Vorzüge.[647] Zu seinen erstaunlichsten Dingen gehörten seine Behausungen und die Moschee, die aus Salzblöcken erbaut sind und Dächer aus Kamelhäuten haben. Es gibt keine Bäume, und der gesamte Boden besteht aus Sand, unter dem eine Salzmine liegt. Man gräbt im Boden und stößt auf dicke, übereinander liegende Platten, die aussehen, als seien sie behauen und unter die Erde gestapelt worden. Ein Kamel kann zwei dieser Platten tragen. Nur Sklaven aus dem Stamme der Massūfa wohnen dort, um nach Salz zu graben, und leben

642 Meknes.

643 Im Südosten Marokkos gelegene alte, im Jahre 757 in der Oase Tāfīlālt erbaute Stadt und Ausgangspunkt der Sahara-Karawanen, aber zu Beginn des 19. Jahrhunderts aufgegeben.

644 Ein in der Nähe von Siğilmāsa gelegenes Dorf trägt den Namen ›Īrārah‹.

645 18. Februar 1352.

646 Berberstamm, der ursprünglich am Senegal-Fluß beheimatet war und sich später in den Besitz der Saline von Taġāzzā brachte.

647 Diese Saline wurde nach At-Tāzī bereits im Jahre 1068 von Abū ʿUbaid al-Bakrī erwähnt, der sie auf zwanzig Tagesreisen von Siğilmāsa ansetzt. Im 16. Jahrhundert wurde der Ort aufgegeben und 1950 ausgegraben.

von den Datteln, die ihnen aus Darʿa[648] und aus Siǧilmāsa gebracht werden, und von Kamelfleisch und kleiner Hirse, die aus dem Land der Schwarzen stammt. Die Neger kommen aus ihren Ländern und holen das Salz ab, vom dem eine Kamellast in Īwālātan für acht bis zehn Golddinare verkauft wird. In Mālī kostet eine Ladung dagegen 20 bis 30, manchmal sogar bis zu 40 Golddinare. Die Neger verwenden Salz als Geld, als sei es Gold oder Silber. Sie hauen Stücke ab und handeln untereinander damit. Trotz seiner Armseligkeit ist Taġāzzā ein Ort, in dem mit vielen Zentnern Rohgold gehandelt wird.

Unser zehntägiger Aufenthalt war sehr beschwerlich, weil das Wasser brakkisch war und es nirgendwo so viele Fliegen gibt wie dort. Aber aus diesem Ort wird Wasser geholt, bevor man die Wüste betritt, die gleich dort beginnt und in der man zehn Tage lang kein oder nur sehr selten Wasser findet. Wir fanden allerdings reichlich Wasser in Tümpeln, die der Regen hinterlassen hatte. An einem Tage stießen wir zwischen zwei Steinhügeln auf einen Teich mit Süßwasser, das wir tranken und in dem wir unsere Kleider waschen konnten. Es gibt viele Trüffeln in dieser Wüste, aber es wimmelt auch so sehr von Flöhen, daß die Reisenden sich Schnüre mit Quecksilber um den Hals hängen, das dieses Ungeziefer tötet.

Zu Beginn unseres Marsches ritten wir vor der Karawane her, und sobald wir eine Stelle fanden, an der die Tiere weiden konnten, ließen wir sie weiden. So hielten wir es, bis sich ein Mann, der den Namen Ibn Zīrī trug, eines Tages in der Wüste verlor. Danach ritt ich nicht mehr vor der Karawane her, noch blieb ich hinter ihr zurück. Zwischen Ibn Zīrī und seinem Vetter namens Ibn ʿAdī war ein Streit ausgebrochen, in dem sie einander beschimpft hatten. Aus diesem Grunde war er hinter der Karawane zurückgeblieben und hatte sich verirrt. Als wir Lager machten, wußte niemand, wo er war. Ich riet seinem Vetter, einen Massūfa zu mieten, der seine Spuren suchen sollte und ihn vielleicht finden könnte, aber er lehnte ab. Am nächsten Morgen jedoch war ein Mann der Massūfa, ohne einen Lohn zu verlangen, bereit, sich auf die Suche zu machen. Er fand auch seine Spur, die mal dem Hauptweg folgte, mal von ihm abwich, konnte ihn aber nicht finden. Wir begegneten einer Karawane, die auf unserem Weg entlangzog, und erfuhren von ihr, daß sich einige Männer von ihr getrennt hätten. Einen fanden wir tot unter einem Bäumchen der Art, wie sie in der Wüste wachsen. Er trug seine Kleider und hielt eine Peitsche in der Hand, und etwa eine Meile[649] entfernt von ihm gab es Wasser.

Wir kamen nach Tāsarahlā[650], einem Wasserspeicher, an dem die Karawa-

648 Wādī Darʿa, südlich des kleinen Atlas an der Grenze zwischen Marokko und Algerien.

649 Heute entspricht die arabische Meile der englischen (1609 Meter), in früherer Zeit dürfte sie knapp unter zwei Kilometern betragen haben.

650 Nicht mehr zu identifizierender Ort.

nen anzuhalten und drei Tage zu lagern pflegen, um sich auszuruhen. Die Wasserschläuche werden ausgebessert, mit frischem Wasser gefüllt und in große Säcke[651] genäht, um sie vor der heißen Luft zu schützen. Von dort aus werden die ›takšīf‹, die Kundschafter, ausgeschickt.[652] Diesen Namen gibt man allen Männer aus dem Stamme der Massūfa, welche die Führer der Karawane mieten, damit sie nach Īwālātan vorausreiten und die Briefe mitnehmen, die die Reisenden an ihre Freunde schreiben, damit ihnen Häuser gemietet werden und ihnen die Bewohner der Stadt auf einer Strecke von vier Tagen mit Wasser entgegenkommen. Wer keinen Freund in Īwālāṭan hat, schreibt an einen dort wohnenden Kaufmann, der für sein Wohlwollen bekannt ist und es auch ihm angedeihen läßt. Manchmal aber geht der Kundschafter in der Wüste zugrunde, und dann erfährt das Volk von Īwālātan nichts von der Karawane, so daß die Reisenden oder die meisten von ihnen ebenfalls zugrundegehen. Die Wüste wird von vielen Geistern bewohnt. Ist der Kundschafter allein, so spielen sie mit ihm und locken ihn, bis er sich verirrt, sein Ziel nicht mehr findet und zugrundegeht. Denn es gibt in dieser Wüste keinen sichtbaren Weg, und sie nimmt keine Spuren auf, denn sie sind nur Sand, den der Wind davonweht. Man sieht bisweilen an einer Stelle Sandberge, dann sieht man, wie sie an eine andere Stelle davongetragen werden.

Führer in dieser Wüste ist, wer sie mehrmals durchquert hat und Klugheit besitzt. Zu den sonderbarsten Dingen, die ich gesehen habe, gehörte, daß unser Führer ein Auge verloren hatte und an dem anderen erkrankt war, aber er kannte den Weg besser als jeder andere. Wir mieteten auf dieser Reise den Kundschafter für 100 Golddinare. Er war ein Massūfa; am Abend des siebten Tages sahen wir die Feuer der Menschen, die uns entgegegenkamen, und wir waren sehr erfreut. Die Wüste leuchtet und strahlt, die Brust weitet sich und die Seele heitert sich auf. Sie ist sicher vor Räubern, aber es gibt viele wilde Büffel[653], von denen eine Herde der Karawane so nahe kam, daß sie mit Hunden und Pfeilen gejagt werden konnten. Aber ihr Fleisch erzeugt Durst, und deshalb verschmähten es die meisten Leute. Erstaunlich ist, daß man, wenn diese Büffel geschlachtet werden, in ihren Mägen Wasser findet. Ich habe gesehen, wie Massūfa-Männer das Wasser aus den Mägen preßten und es tranken. Es gibt auch sehr viele Schlangen in der Wüste.

In der Karawane befand sich ein Kaufmann aus Tilimsān namens Ḥāǧǧ

[651] Ibn Baṭṭūṭa verwendet hier das Wort ›tillīs‹, das nach At-Tāzī aus der marokkanischen Umgangssprache stammt und einen großen Sack aus Wolle oder Fell bezeichnet, in dem üblicherweise Getreide transportiert wird.

[652] ›Takšīf‹ ist eigentlich die ›Erkundung‹ (etwa eines Geländes), während der Kundschafter ›kaššāf‹ genannt wird.

[653] Gemeint ist die Mendesantilope (Addax nasomaculatus) aus der Gattung der Spießböcke.

Zayyān, dessen Gewohnheit es war, Schlangen zu packen und mit ihnen zu spielen. Ich hatte ihn davon abhalten wollen, aber er ließ nicht davon ab. Eines Tages steckte er seine Hand in die Höhle einer Eidechse, um sie herauszuholen, fand dort aber eine Schlange, die er mit seiner Hand ergriff. Er wollte sein Reitkamel besteigen, aber die Schlange biß ihn in den rechten Zeigefinger, der heftig zu schmerzen begann. Die Wunde wurde ihm ausgebrannt, aber am Abend nahmen die Schmerzen zu. Er schlachtete ein Kamel, legte seine Hand in den Magen und ließ sie dort die ganze Nacht. Das Fleisch war von seinem Finger abgefallen und er schnitt ihn an der Wurzel ab. Die Massūfa-Männer sagten uns, daß diese Schlange, bevor sie ihn biß, Wasser getrunken hatte; hätte sie nichts getrunken, wäre ihr Biß tödlich gewesen.

Als die Leute, die uns mit Wasser entgegegengekommen waren, uns erreicht hatten, gaben wir unseren Tieren zu saufen und betraten nun eine außerordentlich heiße Wüste, die ganz anders war als diejenige, die wir hinter uns gelassen hatten. Wir pflegten nun erst nach dem Nachmittagsgebet aufzubrechen und die ganze Nacht zu reiten, um am frühen Morgen zu lagern. Männer der Massūfa und der Bardāma[654], aber auch anderer Stämme kamen mit Lasten von Wasser, um sie uns zu verkaufen. Schließlich kamen wir am ersten Tage des Monats Rabīʿ I[655], nachdem wir von Sīǧilmāsa aus zwei volle Monate gereist waren, nach Īwālātan.[656] Im Lande der Schwarzen war es die erste Stadt und der Vertreter des Sultans ist Farbā Ḥusain, worin ›Farbā‹ ›Stellvertreter‹[657] bedeutet.

Nachdem wir die Stadt betreten hatten, legten die Kaufleute ihre Waren auf einen großen Platz, deren Bewachung die Neger übernahmen. Danach begaben sie sich zum Farbā, der unter einem Dach auf einem Teppich saß. Vor ihm standen seine Leibwächter, die Lanzen und Bögen hielten, und hinter ihm die Großen der Massūfa. Die Kaufleute nahmen vor ihm Aufstellung. Obwohl sie sehr nahe bei ihm standen, sprach er aus Geringschätzung für sie nur mit Hilfe eines Dolmetschers mit ihnen. Jetzt bereute ich es wegen ihres schlechten Benehmens und ihrer Mißachtung der Weißen, in die Länder der Neger gereist zu sein. Ich ging zu Ibn Baddāʾ, einem vornehmen Manne aus Salā, dem ich geschrieben hatte, damit er mir ein Haus mietete, und er hatte es getan.

Später lud der Oberaufseher von Īwālātan, der sich Manšā Ǧū nannte, jeden, der mit der Karawane angekommen war, zu einem Gastmahl. Ich lehnte zunächst ab, an ihm teilzunehmen, aber meine Gefährten beschworen mich

654 Ein Tuareg-Stamm aus dem Lande Gao, einer Nordprovinz des heutigen Mali.

655 18. April 1352.

656 Oualata im Südosten des heutigen Mauretanien, damals an der Nordgrenze des Reiches von Mali.

657 Im Mandingo, einer westafrikanischen Sprachgruppe, bedeutet ›ferba‹ ›großer Häuptling‹, hier besser ›Statthalter‹ oder ›Stadtgouverneur‹.

so dringend, daß ich mit den anderen Gästen aufbrach. Das Essen wurde aufgetragen. Es bestand aus gemahlener Hirse, unter die ein wenig Honig und Milch gemischt worden war. Sie gossen sie in einen halben Kürbis, den sie zu einem Trinknapf zurechtgeschnitten hatten. Die Teilnehmer des Essens tranken ihn aus und entfernten sich wieder. Ich fragte sie: »Hat uns der Schwarze dafür gerufen?«, und erhielt zur Antwort: »Ja, es war ihr großes Gastmahl.« – Nun war ich überzeugt, daß ich von ihnen nichts Gutes zu erwarten hatte, und ich wünschte, mit den Pilgern Īwālātan wieder zu verlassen, entschloß mich dann aber, mir die Residenz ihres Königs anzuschauen.

Ich hielt mich ungefähr 50 Tage in Īwālātan auf, während derer die Menschen mich ehrten und mich gastlich aufnahmen, darunter auch der Richter Muḥammad bin ʿAbdallāh bin Yanūmar und sein Bruder, der Faqīh und Lehrer Yaḥyā. Das Land von Īwālātan ist außerodentlich heiß, es wachsen dort Zwergpalmen, in deren Schatten Melonen gezogen werden. Das Wasser sammelt sich in Teichen unter der Erde. Hammelfleisch gibt es reichlich, die Kleidung des Volkes ist hübsch und aus ägyptischem Stoff. Die meisten Einwohner gehören den Massūfa an. Ihre Frauen sind schön und gelten mehr als die Männer.[658]

Mit dem Volk der Massūfa hat es eine sonderbare Bewandtnis, und ihre Sitten sind fremdartig. Die Männer kennen überhaupt keine Eifersucht, und nicht einer von ihnen nennt sich nach seinem Vater, sondern sie führen ihren Namen auf ihren Onkel mütterlicherseits zurück.[659] Das Erbe fällt nur den Söhnen der Schwester des Verstorbenen zu, während die eigenen Kinder übergangen werden. Dies habe ich in der ganzen Welt nur bei den Ungläubigen des Landes Mulaibār in Indien gesehen. Aber die Massūfa sind Muslime und verrichten die vorgeschriebenen Gebete, achten das göttliche Gesetz und kennen den Koran auswendig. Ihre Frauen aber kennen keine Scham vor den Männern, verschleiern sich nicht, verrichten aber mit Beflissenheit die Gebete. Wer sich mit ihnen verheiraten will, kann es tun, aber sie verreisen nicht mit ihrem Gatten; selbst wenn es eine möchte, würde sie von ihrer Sippe daran gehindert. Die Frauen in diesem Lande haben Freunde und Vertraute unter den Männern, mit denen sie nicht verwandt sind, ebenso wie die Männer Freundinnen unter den nicht verwandten Frauen haben. So kommt es vor, daß ein Mann sein Haus betritt und seine Frau in der Gesellschaft eines ihrer Freunde antrifft, ohne daß er es mißbilligt.

Ich ging in Īwālātan eines Tages zum Richter, nachdem er mir gestattet hatte, zu ihm zu kommen, und traf ihn in der Gesellschaft einer jungen Frau von entzückender Schönheit an. Als ich sie sah, zögerte ich und wollte umkehren,

[658] Nach At-Tāzī waren es eine Zeitlang Massūfa-Frauen, die die Ausbeutung der Saline von Taġāzzā leiteten.

[659] Die matrilineare Nachfolge findet sich bei mehreren Völkern Schwarzafrikas.

aber sie lachte über mich, ohne Scham zu verspüren. Der Richter fragte mich: »Warum willst du gehen? Sie ist meine Freundin.« Ich war sehr erstaunt über die beiden, der Mann gehörte zu den Rechtsgelehrten und war ein Pilger. Ich erfuhr auch, daß er den Sultan um Erlaubnis gebeten hatte, in diesem Jahre mit seiner Freundin die Wallfahrt zu unternehmen, ich weiß nur nicht, ob es diese oder eine andere war, aber es wurde ihm nicht erlaubt.

Eines Tages ging ich zu Muḥammad Yandakān, dem Massūfa, in dessen Gesellschaft ich angekommen war, und fand ihn auf einem Teppich sitzend, aber in der Mitte seines Hauses stand ein Bett mit einem Baldachin, auf dem eine Frau saß, die einen Mann neben sich sitzen hatte. Sie plauderten miteinander, und ich fragte: »Wer ist diese Frau?« – Er antwortete: »Sie ist meine Gattin.« – Ich sagte: »Und der Mann neben ihr?« – »Er ist ihr Freund.« – Ich sagte daraufhin: »Bist du damit einverstanden? Du hast in meinem Lande gelebt und kennst doch das göttliche Recht.« – Da sagte er zu mir: »Die Freundschaft zwischen Männern und Frauen ist in unserem Lande eine vorzügliche und schöne Sitte, die keinen Verdacht weckt. Unsere Frauen sind anders als in deinem Land.« Ich wunderte mich über seine Dummheit und bin nicht mehr zu ihm gegangen. Er lud mich zwar noch mehrere Male ein, aber ich kam seinem Wunsche nicht nach.

Da ich beschlossen hatte, nach Mālī zu reisen, das für einen rasch Reisenden 45 Tagesreisen entfernt war, mietete ich mir einen Massūfa-Führer, denn es ist nicht nötig, in einer Karawane zu reisen, weil der Weg sicher ist. Mit dreien meiner Gefährten brach ich auf. Der ganze Weg ist bestanden mit vielen dikken hundertjährigen Bäumen, von denen ein einzelner einer Karawane Schatten spenden kann.[660] Einige haben weder Zweige noch Blätter, aber ihr Stamm kann einen ganzen Menschen beschatten, bei anderen dieser Bäume ist das Innere verfault, und dort sammelt sich wie in einem Brunnen Regenwasser an, von dem die Menschen trinken, in wieder anderen gibt es Bienen und Honig, der von den Menschen gekauft wird. Ich kam an einem der ausgehöhlten Bäume vorüber und fand in seinem Inneren einen Mann, einen Weber, der darin sein Gewerbe eingerichtet hatte. Er webte, und ich wunderte mich über ihn.

Ibn Ǧuzayy: »Es gibt in Spanien zwei Bäume von der Art der Kastanie, in deren Hohlraum Weber saßen, die Kleider webten. Einer dieser Bäume steht im Wādī Āš, der andere in Al-Buššāra[661] bei Granada.«

Unter den Bäumen dieses Wäldchens zwischen Īwālātan und Mālī gibt es Arten, deren Früchte den Birnen, Äpfeln, Pflaumen und Aprikosen ähneln, die aber dort nicht vorkommen, ferner Bäume, die Früchte von der Form der

[660] Offensichtlich der afrikanische Affenbrotbaum oder Baobab (›Adansonia digitata‹), der 20 Meter hoch und dessen wasserspeichernder Stamm zehn Meter dick werden kann.

[661] ›Wādī Āš‹ ist ›Cadiz‹, ›Al-Buššāra‹ ist ›Alpujarras‹ zwischen Granada und der Küste.

Schlangengurke hervorbringen: Wenn sie reif sind, platzen sie auf und geben den Kern frei, der eine Art Mehl enthält, das gekocht, gegessen und auf den Märkten verkauft wird. Aus der Erde werden Kerne geerntet, die wie Bohnen aussehen; sie werden geröstet und gegessen und schmecken wie geröstete Kichererbsen.[662] Bisweilen mahlen die Einheimischen sie auch und stellen daraus einen Teig her, der wie ein Schwamm aussieht und den sie mit ›Ġartī‹[663] bakken. Dieses ›Ġartī‹ ist eine birnenähnliche und sehr süße Frucht, die aber für den weißhäutigen Menschen, der davon ißt, sehr unbekömmlich ist. Aus den Kernen wird, nachdem sie zerstoßen worden sind, ein Öl gewonnen, das sie zu mehreren Zwecken nutzen: Sie verwenden es zum Kochen, zünden damit ihre Lampen an, backen darin ihren schwammartigen Teig, ölen damit ihre Haut ein und glätten damit ihre Häuser, nachdem sie es mit einer besonderen Erde, die bei ihnen vorkommt, vermischt haben, wie man es andernorts mit Kalk macht. Dieses Öl ist bei ihnen reichlich vorhanden, und es wird in großen Kürbissen transportiert, die so umfangreich sind wie bei uns die Wasserkrüge. Die Kürbisse erreichen im Land der Schwarzen eine gewaltige Größe. Aus ihnen stellen sie Trinknäpfe her, indem sie einen Kürbis in zwei Hälften schneiden und zwei Schalen anfertigen, die sie mit hübschen Mustern bemalen. Wenn jemand eine Reise antritt, so folgen ihm sein Diener und seine Dienerin, die sein Bett und seine Gefäße tragen, aus denen er ißt und trinkt und die sämtlich aus Kürbissen hergestellt wurden.

Der Reisende braucht in diesen Ländern weder Mundvorrat noch Zukost, weder Dinare noch Dirhams mit sich zu nehmen. Er trägt vielmehr Salzstükke und Glasschmuck, den das Volk dort ›naẓm‹ nennt, sowie einige wohlriechende Stoffe bei sich. Besonders schätzen die Einwohner die Gewürznelken, die Früchte des Mastixstrauches und das ›tāsarġant‹[664], das ihren Weihrauch darstellt. Kommt der Reisende in ein Dorf, bringen die Frauen der Schwarzen Hirse und Milch, Hühner und Lotusmehl[665], Reis und ›fūnī‹[666], das wie Senfkörner aussieht und aus dem sie Kuskus zubereiten, sowie einen dicken Brei und Bohnenmehl. Der Reisende kauft ihnen ab, was er mag, doch der Reis ist für Weiße ungenießbar, der ›fūnī‹ ist besser.

Zehn Tage, nachdem wir Īwālātan verlassen hatten, kamen wir nach Zāġarī[667], einem großen Dorf, in dem Kaufleute der Neger wohnen, die sich

662 Die Voandzu (›Voandzeia subterranea‹).

663 Richtig ›qāritī‹ (›Butyrosporum parkii‹), ein Baum mit einer zitronenähnlichen Frucht, die wie eine Birne schmeckt.

664 Ein Berberwort, mit dem eine westafrikanische Pflanze bezeichnet wird, die geräuchert oder ungeräuchert einen angenehmen Duft absondert (›Corrigiola telephiifolia‹).

665 Die Jujuba-Pflanze.

666 Eine Lupinenart (›Sigitaria exilis‹).

667 Die Identifizierung dieser Zwischenstationen ist abhängig von der Lage der Haupt-

Wanǧarāta[668] nennen. Auch einige Weiße leben dort, die zur Sekte der Ibaditen[669] gehören und ›Ṣaġanġū‹ heißen. Die orthodoxen Malikiten unter den Weißen werden ›Tūrī‹[670] genannt. Aus diesem Dorf wird Hirse nach Īwālātan gebracht.

Von Zāġarī reisten wir weiter und kamen an den großen Strom Nil[671], an dem der Ort Kārsaḫū[672] liegt. Von dort aus fließt der Nil nach Kābara und Zāġa[673], wo zwei Sultane herrschen, die sich dem König von Mālī unterworfen haben. Das Volk von Zāġa hat den Islam schon vor langer Zeit angenommen, es ist sehr gläubig und strebt nach Gelehrsamkeit. Von Zāġa aus strömt der Nil weiter nach Tumbuktū und Kaukau[674], zwei Städten, von denen ich noch sprechen werde, danach zum Ort Mūlī[675] im Lande der Laimī[676], der letzten Provinz von Mālī, und weiter nach Yūfī[677], einem der größten Länder der Neger, dessen Sultan auch einer ihrer mächtigsten Herrscher ist. Kein Weißer hat je dieses Land betreten, denn sie würden ihn töten, noch bevor er es erreicht

stadt Mālī, die noch umstritten ist. Setzt man Mālī in die Gegend des oberen Niger, so könnte es sich bei Zāġarī um Goumbou im Norden der Provinz Bamako im heutigen Mali oder um Dia bei Diafarabe am Niger handeln. Setzt man sie aber ins obere Gambia, so könnte Zāġarī mit Jara an der mauretanisch-malischen Grenze identisch sein.

668 Die Wangara waren vom Islam abgefallene reisende Händler aus dem Sudan und der Sahelzone, die Bezeichnung hat sich in Ghana bis heute gehalten.

669 Reste einer puritanischen muslimischen Sekte aus dem ersten islamischen Jahrhundert, die sich insbesondere in Oman und Südalgerien niedergelassen hatte.

670 ›Tūrī‹, von ›Ture‹ (›Fremder, Ausländer‹), wird noch heute im Sudan als Familienname geführt. Möglicherweise die ersten Weißen, die sich südlich der Sahara als Händler niederließen und den Islam mitbrachten.

671 Es handelt sich vielmehr um den Niger, der seit dem Altertum bis weit ins Mittelalter hinein mit dem Nil gleichgesetzt wurde.

672 Wahrscheinlich Segou am Niger und Hauptstadt der gleichnamigen Provinz.

673 Wahrscheinlich ist Kābara ein anderer Name für Diafarabe in der Provinz Mopti, und Zāġa könnte mit Dia hinter Diafarabe identisch sein.

674 Tombuktu und Gao.

675 Am Niger gelegener Ort, der Hinweis kann sich allerdings auch auf ein Volk der Muri beziehen, die in der Gegend um Dosso im heutigen Niger lebten.

676 Von anderen arabischen Autoren, z. B. Al-Bakrī, wie At-Tāzī angibt, auch ›Damdam‹ oder ›Yamyam‹ genannt, die hinter Gao am Niger siedelten und denen Al-Bakri Kannibalismus nachsagte.

677 Mit ›Yūfī‹ bezeichnet Ibn Baṭṭūṭa das ihm – und anderen – völlig unbekannte Afrika, und zwar nicht nur die Länder jenseits des Niger, sondern auch hinter der ostafrikanischen Küste (vgl. hierzu Kapitel ›Von der Küste Ostafrikas in den Persischen Golf‹). Wahrscheinlich handelte es sich um die Länder zwischen dem Niger und dem Westen des heutigen Nigeria.

hätte. Er fließt danach weiter ins Land Nūba[678], deren Bewohner Christen sind, und nach Dunqula[679], ihrer größten Stadt. Ihr Sultan nennt sich Ibn Kanz ad-Dīn[680], der sich seit den Tagen des Königs An-Nāṣir zum Islam bekennt. Der Nil fließt sodann weiter nach Ǧanādil[681], der letzten Stadt im Lande der Schwarzen und der ersten der Provinz von Aswān[682] im Ṣaʿīd.

An dieser Stelle des Nils[683] sah ich in Ufernähe ein Krokodil, das wie ein kleines Boot aussah. Eines Tages stieg ich zum Nil hinunter, um ein Bedürfnis zu verrichten. Da kam ein Neger und stellte sich zwischen mich und den Fluß. Ich wunderte mich über sein schlechtes Benehmen und seine Schamlosigkeit. Ich sprach jemanden darauf an, aber er sagte: »Er hat es wegen des Krokodils aus Angst um dich getan und sich zwischen euch gestellt.«

Von Kārsaḫū reisten wir an den Fluß Ṣanṣara[684], der ungefähr noch zehn Meilen von Māli entfernt ist. Dort ist es Gepflogenheit, jedermann den Eintritt in die Stadt Mālī zu verwehren, der keine Erlaubnis besitzt. Ich hatte aber vorher an die Gemeinschaft der Weißen geschrieben, deren bedeutendste Muḥammad, der Sohn des Faqīh Al-Ǧuzūlī, und Šams ad-Dīn bin An-Naqwīš, der Ägypter, waren, damit sie mir ein Haus mieteten. Als ich an den Fluß kam, überquerte ich ihn in einem Boot, woran mich niemand hinderte.

Ich kam in Mālī, der Hauptstadt des Königs der Schwarzen, an, stieg am Friedhof ab und begab mich in das Viertel der Weißen in der Absicht, Muḥammad, den Sohn des Faqīh, aufzusuchen. Er hatte mir ein Haus gemietet, das gegenüber seinem eigenen stand, und ich ging hinein. Sein Schwiegersohn, der Faqīh und Koranleser ʿAbd al-Wāḥid[685], brachte eine Kerze und Speisen. Am nächsten Morgen suchten mich der Faqīh selbst, Šams ad-Dīn bin an-Naqwīš und ʿAlīy az-Zūdī aus Marrākīš, ein Koranschüler, auf. Ich begegnete ʿAbd ar-Raḥmān, dem Qāḍī von Mālī, der zu mir kam. Er war ein Neger, ein Pilger und ein verdienstvoller Mann mit vornehmen Eigenschaften, der mir als Gastmahl eine Kuh schickte. Ich traf den Dolmetscher Dūġā, einen würde-

678 Nubien, im Norden des heutigen Sudan und am südlichen Nil gelegen, der von den alten Geographen ja nicht vom Niger unterschieden wurde.

679 Das Königreich von Dongola bestand seit dem 6. Jahrhundert und wurde erst 1317 von muslimischen Stämmen erobert und rasch islamisiert.

680 Richtig hieß er, wie alle Stammesführer der Banū Kanz, Kanz ad-Daula und war der Eroberer Dongolas.

681 Keine Stadt, sondern die Katarakte des Nil.

682 Assuan.

683 Gemeint ist Kārsaḫū.

684 Setzt man das alte Mali an die Ufer des Niger, so kann es sich hier um den Sankarani handeln, der im Süden von Bamako in den Niger fließt.

685 Es könnte sich nach At-Tāzī um ʿAbd al-Wāḥid al-Maqqarī handeln, der einer seit dem 13. Jahrhundert in Walāta ansässigen Familie entstammte, die den Transsaharahandel zwischen Mali und Tilimsān (Tlemcen) betrieb.

vollen Mann und einen der bedeutendsten unter den Negern. Er schickte mir einen Ochsen, Faqīh ʿAbd al-Wāḥid zwei Säcke mit Fūnī und einen Kürbis voll ġartī, der Sohn des Faqīh Reis und Fūnī, Šams ad-Dīn ein ganzes Gastmahl. So sorgten sie auf das vollkommenste für mich – möge Gott es ihnen vergelten! Der Sohn des Faqīh war mit einer Tochter des Onkels väterlicherseits des Sultans verheiratet. Sie kümmerte sich um unsere Speisen und um andere Dinge.

Zehn Tage nach unserem Eintreffen aßen wir einen Brei, der aus einem Küchenkraut hergestellt worden war, das der Kolokasie ähnelte und ›qāfī‹[686] hieß. Es war ein Brei, den sie jeder anderen Speise vorziehen. Wir waren zu sechst, wurden alle krank und einer von uns starb. Ich ging zum Frühgebet und fiel während des Gebets in Ohnmacht. Ich bat einen Ägypter um eine abführende Arznei, und er brachte mir ein Mittel, das ›baidar‹ hieß. Es war eine Pflanzenwurzel, die er mit Anis und Zucker vermischte und mit Wasser übergoß. Ich trank das Gemisch und erbrach zusammen mit viel gelber Galle alles, was ich gegessen hatte. Gott schützte mich vor dem Untergang, aber ich war zwei Monate lang krank.

Der Sultan von Mālī ist Mansā Sulaimān[687], worin ›mansā‹ ›Sultan‹ bedeutet und ›Sulaimān‹ sein Name ist. Er ist ein geiziger König, von dem kein großes Geschenk zu erwarten ist. Während der Zeit, die ich in Mālī war, habe ich ihn wegen meiner Erkranung nicht gesehen. Später ließ er aus Beileid für unseren Herrn Abu-l-Ḥasan[688] ein Gastmahl ausrichten, zu dem er die Emire und Rechtsgelehrten sowie den Qāḍī und den Prediger einlud, mit denen ich mich zum Gastmahl begab. Man brachte die Kästchen mit dem Koran, las ihn vollständig durch und sprach Gelöbnisse zugunsten unseres Herrn Abu-l-Ḥasan und zugunsten von Mansā Sulaimān. Als dies beendet war, trat ich vor und grüßte Mansā Sulaimān. Der Qāḍī, der Prediger und der Sohn des Faqīh berichteten ihm, wer ich sei. Er antwortete ihnen in ihrer Sprache, und sie sagten zu mir: »Der Sultan läßt dir sagen: ›Danke Gott!‹« – Ich erwiderte: »Gott sei Preis und Dank für alles!«

Nachdem ich mich zurückgezogen hatte, wurde mir das Gastmahl geschickt. Es wurde ins Haus des Qāḍī gebracht, der es durch seine Männer ins Haus des Sohnes des Faqīh tragen ließ. Dieser kam eilends und mit bloßen Füßen aus seinem Haus, trat bei mir ein und sagte: »Erhebe dich! Vom Sultan sind Stoffe und das Gastmahl gekommen.« Ich stand auf im Glauben, es handele sich um Gewänder und Geld, aber es waren nur drei runde Brotfladen, ein Stück in ›ġartī‹ gebratenes Ochsenfleisch und ein Kürbis mit geronnener Milch. Als

686 Die Kolokasie wird in der lokalen Mundart ›taro‹ genannt; ›qāfī‹ könnte die Yamswurzel sein.

687 Herrscher von Mali von 1341 bis 1360.

688 Der vormalige Herrscher von Marokko, der nach der Niederlage gegen seinen Sohn Abū ʿInān im Jahre 1351 starb.

ich das sah, brach ich in Gelächter aus und mein Erstaunen über den geringen Verstand dieser Menschen und über den Wert, den sie einem so armseligen Geschenk beimessen, war groß.

Nachdem mir dieses Gastmahl gesandt worden war, blieb ich noch zwei Monate, ohne daß mir vom Sultan auch nur das Geringste geschickt wurde. Es kam der Monat Ramaḍān[689], und ich war in der Zwischenzeit wiederholt in den Ratssaal gegangen, hatte ihn begrüßt und mich zum Qāḍī und zum Prediger gesetzt. Ich unterhielt mich mit Dūġā, dem Dolmetscher, der sagte: »Sprich ihn an, und ich erkläre dir das Nötigste.« Als er in den ersten Tagen des Ramaḍān Audienz hielt, stellte ich mich vor ihn und sagte: »Ich habe die Länder der Welt bereist und bin ihren Königen begegnet. Nun bin ich seit vier Monaten in deinem Land, aber du hast mir noch nichts geschenkt. Was soll ich den Sultanen über dich erzählen?« – Er antwortete: »Ich habe dich noch nicht gesehen und wußte nichts von dir.« – Da standen der Qāḍī und der Sohn des Faqīh auf und erwiderten: »Er hat dich bereits begrüßt, und du hast ihm Lebensmittel geschickt.« Daraufhin befahl er, mich in einem Hause unterzubringen und für meinen Unterhalt zu sorgen. Am Abend des 27. Tages des Monats Ramaḍān verteilte er an den Qāḍī, den Prediger und die Rechtsgelehrten eine Geldsumme, die sie die ›Fastenspende‹ nennen, und gab mir 33 und ein Drittel Golddinare. Aus Anlaß meiner Abreise schenkte er mir 100 Golddinare.

Der Sultan besitzt eine erhöhte Kuppel, deren Tür im Inneren seines Hauses steht und in der er sehr häufig Platz nimmt. Zur Seite des Ratssaales hin hat sie drei hölzerne und mit Silberplättchen beschlagene Fenster, darunter drei weitere Fenster, die mit Plättchen aus Gold oder vergoldetem Silber beschlagen sind. Wollene Vorhänge sind vor den Fenstern angebracht, und am Tage seiner Ratssitzungen in dieser Kuppel werden die Vorhänge hochgezogen, so daß man weiß, daß er Sitzung hält. Wenn er Platz genommen hat, wird durch das Gitter eines Fensters eine Schnur gezogen, an der ein gestreiftes Schmucktuch aus ägyptischem Stoff befestigt ist. Sobald die Menschen dieses Tuch sehen, werden Trommeln geschlagen und Trompeten geblasen. Sodann treten aus dem Palasttor ungefähr 300 Diener, von denen einige Bögen, andere Schilde und kurze Lanzen tragen. Die Lanzenträger stellen sich auf dem rechten und linken Flügel des Saales auf, während sich die Bogenschützen auf die gleichen Seiten setzen. Nun werden gesattelte und gezäumte Pferde und zwei Widder hereingeführt, von denen sie erzählen, daß sie vor dem bösen Blick schützen. Sobald der Sultan Platz genommen hat, eilen drei seiner Diener herbei und rufen seinen Vertreter Qanǧā Mūsā. Die ›farārīya‹ oder Truppenoffiziere erscheinen, ebenso der Prediger und die Rechtsgelehrten und setzen sich vor die Bewaffneten auf beiden Flügeln des Saales. Dūġā, der Dolmetscher, nimmt in

[689] Er begann am 11. Oktober 1352.

prächtiger Zardaḫāna-Kleidung[690] am Tor Aufstellung. Auf dem Kopf trägt er einen Turban mit Fransen, den diese Menschen wundervoll wickeln können. Um seinen Hals hängt ein Säbel in goldener Scheide. An den Füßen trägt er Pantoffeln und Sporen. Niemand außer ihm trägt an diesem Tage Pantoffeln. In seiner Hand hält er zwei kurze Lanzen, eine aus Gold, die andere aus Silber, aber beide mit eisernen Spitzen.

Die Soldaten, Statthalter und Diener, Massūfa und andere, nehmen außerhalb des Saales an einer breiten baumbestandenen Straße Platz. Jeder Offizier hat seine Lanzenträger und Bogenschützen, seine Trommelschläger und Trompetenbläser vor sich, deren Trompeten aus Elfenbein bestehen, ferner die Musikanten mit ihren Instrumenten aus Rohr und Kürbis, die mit einem Stab geschlagen werden und einen angenehmen Ton hervorbringen.[691] Jeder Offizier hat sich einen Köcher um die Schultern gehängt, hält seinen Bogen in der Hand und hat ein Pferd bestiegen, während seine Soldaten teils zu Fuß, teils beritten sind. Im Inneren des Saales und unter den Fenstern des Kuppelbaus steht aufrecht ein Mann. Wer mit dem Sultan sprechen will, spricht Dūġā an. Dieser wendet sich an diesen Mann, der daraufhin den Sultan anspricht.

Bisweilen hält der Sultan seine Sitzungen auch im Hof, in dem unter einem Baum eine Tribüne steht, auf die drei Stufen führen und die ›bambī‹[692] genannt wird. Sie ist mit Seide bedeckt und mit Kissen belegt. Ein Sonnenschirm wird aufgespannt, der wie eine Kuppel aus Seide aussieht und auf dessen Spitze ein goldener Vogel von der Größe eines Falken angebracht ist. Der Sultan verläßt seine Residenz durch ein Tor an der Palastecke, hält seinen Bogen in der Hand und trägt den Köcher um die Schultern. Auf dem Kopf trägt er eine goldene Mütze, die mit einem goldenen Band befestigt ist, dessen Enden spitz zulaufen wie ein Messer und das mehr als eine Handspanne lang ist. Meist trägt er ein langes rotes Obergewand aus Wolle, wie sie auch für die griechische Kleidung verwendet wird, die ›muṭanfas‹[693] genannt wird.

Vor dem Sultan treten nun die Sänger mit ihren goldenen und silbernen ›qanābir‹[694] in den Händen auf. Ihnen folgen ungefähr 300 bewaffnete Diener. Der Herrscher geht gemächlichen Schrittes und sehr langsam und bleibt manchmal stehen. Wenn er das ›bambī‹ erreicht hat, blickt er die Anwesenden

[690] Seidenbestickter und mit Tierbildern versehener Stoff, der zumeist aus Alexandria stammte.

[691] Eine Art Xylophon, in der örtlichen Mundart ›balas‹ genannt.

[692] In Mandingo: ›bembe‹, ein aus Erde aufgeschichtetes Podest, auf den der Thron gestellt wird.

[693] Herkunft und Bedeutung dieses Wortes sind unklar.

[694] Ein mit zwei Saiten bespanntes Instrument, angefertigt aus dem Panzer der Schildkröte oder einer ausgehöhlten halben Holzkugel, bespannt mit Fell und versehen mit einem langen Griff.

an und steigt hoch, wie der Prediger seine Kanzel besteigt. Sobald er sich setzt, werden Trommeln geschlagen sowie Trompeten und Fanfaren geblasen. Drei Diener laufen schnell herbei und rufen den Stellvertreter und die Offiziere auf, die nun eintreten und Platz nehmen. Zwei Pferde und zwei Widder werden gemeinsam hereingeführt, Dūġā nimmt am Tor Aufstellung und die übrigen Anwesenden stellen sich auf der Straße unter den Bäumen auf.

Von allen Völkern sind die Neger diejenigen, die sich ihrem König am meisten unterwerfen und vor ihm demütigen. Sie schwören bei seinem Namen, indem sie sagen: »Mansā Sulaimān Kī.« Wenn der Herrscher unter seiner oben erwähnten Kuppel sitzt und jemanden ruft, so legt der Gerufene sein Gewand ab und zieht verschlissene Kleidung an, nimmt seinen Turban ab und setzt eine schmutzige Mütze auf. Dann tritt er ein und trägt sein Gewand und seine bis zu seinen Knien hochgezogene Hose. In Demut und Unterwürfigkeit nähert er sich, klopft mit seinem Ellbogen kräftig auf die Erde und verharrt wie ein Mann, der sich im Gebet niederwirft. So lauscht er auf die Worte seines Herrschers. Wenn jemand mit dem Sultan gesprochen und dessen Antwort gehört hat, nimmt er sein Gewand vom Oberkörper und wirft sich Staub auf Kopf und Rücken, wie es jemand mit Wasser macht, wenn er sich wäscht. Ich war sehr erstaunt darüber, daß diese Menschen daran nicht erblinden. Wenn der Sultan auf seinen Sitzungen eine Ansprache hält, nehmen alle Anwesenden ihre Turbane ab und lauschen seinen Worten. Bisweilen erhebt sich einer vor ihm, zählt auf, was er im Dienste des Sultans getan hat und sagt: »An dem und dem Tage habe ich das und das gemacht, an jenem Tage habe ich einen Mann getötet.« Wer davon Kenntnis hat, bestätigt die Wahrheit des Gesagten, indem er die Sehne seines Bogens spannt und losläßt, als ob er einen Pfeil abschießt. Sagt der Sultan: »Du hast wahr gesprochen«, oder wenn er ihm dankt, legt er sein Kleid ab und bedeckt sich mit Staub. Dies zählt zu ihren guten Sitten.

Ibn Ǧuzayy: »Mir hat der geheime Sekretär und Rechtsgelehrte Abu-l-Qāsim bin Raḍwān berichtet, daß, nachdem der Pilger Mūsa-l-Wanǧarātī als Botschafter Mansā Sulaimāns an den Hof unseres Herrn Abu-l-Ḥasan gekommen war und den berühmten Ratssaal betrat, einer seiner Männer einen Korb Staub trug. Wann immer unser Herr freundliche Worte an ihn richtete, bedeckte er sich mit Staub, wie er es aus seinem Lande gewohnt war.«

Ich nahm in Mālī sowohl am Opferfest als auch am Fest des Fastenbrechens teil.[695] Die Menschen gingen zum Betplatz in der Nähe des Sultanspalastes hinaus und hatten schöne weiße Kleider angelegt. Der Sultan war beritten und trug auf dem Kopf den ›ṭailasān‹. Die Neger legen dieses Tuch nur an den Festtagen um, außer dem Richter, dem Prediger und den Rechtsgelehrten, die es auch an den übrigen Tagen tragen. Diese Personen gingen am Festtag, den Ju-

[695] Diese Feste fielen auf den 18. Januar 1353 bzw. auf den 10. November 1352.

belruf[696] und den Lobesruf[697] singend, vor dem Sultan her. Rotseidene Fahnen wurden vor ihm hergetragen. Am Betplatz war ein Zelt aufgeschlagen worden, das der Sultan betrat und in dem er sich vorbereitete. Danach kam er wieder auf den Betplatz heraus. Das Gebet wurde verrichtet, die Predigt gesprochen, der Prediger stieg herab, setzte sich vor den Sultan und sprach lange mit ihm. Dort stand ein Mann, der eine Lanze hielt und den Menschen in ihrer Sprache die Worte des Predigers erklärte. Es waren Ermahnungen, Erinnerungen und Lobesworte für den Sultan sowie die Aufforderungen, ihm Gehorsam zu leisten und ihm die Ehre zu erweisen, die ihm zukommt.

An den beiden Festtagen setzte sich der Sultan nach dem Nachmittagsgebet in seinen Bambī. Seine Waffenträger kamen mit prächtigen Waffen, goldenen und silbernen Köchern, goldverzierten Säbeln und Scheiden aus Gold, mit goldenen und silbernen Lanzen und kristallenen Keulen. Neben dem Herrscher standen vier Emire, die die Fliegen verjagten und in ihren Händen einen silbernen Schmuck hielten, der dem Steigbügel des Sattels ähnlich sah. Die Offiziere, der Richter und der Prediger setzten sich, wie es der Brauch vorschreibt. Dūġā, der Dolmetscher, kam mit seinen vier Gattinnen und seinen etwa 100 Dienerinnen, alle aufs schönste gekleidet. Sie trugen goldene und silberne Kopftücher mit goldenen und silbernen Äpfeln darauf.

Für Dūġā wird ein Sitz hergerichtet, auf dem er sich niederläßt. Er schlägt ein Instrument aus Rohr an, unter dem Stäbchen angebracht sind[698], und singt ein Lobgedicht auf den Sultan, in dem er dessen Feldzüge und Taten rühmt. Mit ihm singen seine Gattinnen und Dienerinnen und spielen mit den Bögen. Zu ihnen gehören auch ungefähr 30 seiner jungen Diener in langen Umhängen aus roter Wolle und mit weißen Mützen. Jeder trägt um den Hals seine Trommel, auf die er schlägt. Dann kommen seine jungen Burschen, spielen und springen in die Luft, wie es auch die Menschen aus dem Sind tun. Dafür sind sie mit einem schlanken Wuchs und einer wunderbaren Behendigkeit ausgestattet. Es folgt ein sehr hübsch gespielter Säbelkampf. Auch Dūġā führt danach ein ausgezeichnetes Säbelspiel vor, und daraufhin befiehlt der Sultan, ihm ein Geschenk zu machen. Eine Geldbörse mit Goldstaub im Wert von 200 Golddinaren wird herbeigebracht, und Dūġā wird vor aller Welt mitgeteilt, was sie enthält. Nun stehen die Offiziere auf und spannen als Zeichen des Dankes ihre Bögen, und am nächsten Morgen bringen sie alle Dūġā ein Geschenk, wie ihre Mittel es erlauben. Jeden Freitag nach dem Nachmittagsgebet wiederholt Dūġā diesen Auftritt, von dem ich berichtet habe.

Am Tage des Festes treten, sobald Dūġā sein Spiel beendet hat, die Dich-

696 ›Es gibt keinen Gott außer Gott.‹

697 ›Gott ist der Allergrößte.‹

698 Wahrscheinlich ebenfalls ein Xylophon.

ter auf, die ›ǧulā'‹ genannt werden, ein Wort, das im Singular ›ǧālī‹[699] lautet. Sie treten in einer aus Federn bestehenden Gestalt auf, die einem Nashornvogel ähnlich sieht. Sie haben ihr einen hölzernen Kopf mit rotem Schnabel aufgesetzt, so daß er wie der Kopf eines Nashornvogels aussieht. In dieser lächerlichen Aufmachung stellen sie sich vor dem Sultan auf und tragen ihm ihre Hymnen vor. Man hat mir erzählt, ihre Gedichte seien eine Art von Ermahnungen, in denen sie dem Sultan sagen: »Dies ist der ›bambī‹, auf dem ein gewisser König sitzt, der diese oder jene gewaltigen Taten vollbracht hat, oder der und der, der große Werke getan hat. Vollbringe auch du viel Gutes, von dem man nach dir spricht.« Danach steigt der oberste Sänger die Stufen des ›bambī‹ empor, legt seinen Kopf in den Schoß des Sultans, steigt vollends auf das ›bambī‹, legt seinen Kopf erst auf die rechte, dann auf die linke Schulter des Herrschers und spricht in der Landessprache mit ihm. Danach steigt er wieder herab. Ich erfuhr, daß dieser Brauch sehr alt ist, schon vor der Übernahme des Islam bestand und daß sie an ihm festgehalten haben.

Ich nahm eines Tages an einer Sitzung des Sultans teil, als ein Rechtsgelehrter des Landes erschien, der aus einer weit entfernten Provinz gekommen war. Er stellte sich vor ihm auf und hielt eine lange Rede. Der Richter stand auf und bestätigte seine Worte. Daraufhin gab der Sultan beiden Recht. Die beiden Gelehrten nahmen nun ihren Turban ab und bedeckten sich vor dem Sultan mit Staub. Neben mir stand ein Weißer, der zu mir sagte: »Weißt du, was sie sagten?« – Ich sagte: »Nein.« – Er fuhr fort: »Der Faqīh hat berichtet, daß in seine Provinz die Heuschrecken eingefallen seien, daß einer ihrer heiligen Männer an die von den Heuschrecken befallenen Orte gegangen, entsetzt gewesen sei und gesagt habe, es seien ungeheuer viele Heuschrecken. Daraufhin habe ihm eine Heuschrecke geantwortet: ›In die Länder, in denen das Unrecht überhand nimmt, schickt uns Gott, damit wir ihre Saaten vernichten.‹ Der Richter und der Sultan haben den Bericht bestätigt.« Der Sultan sagte zu seinen Emiren: »Ich bin frei von Unrecht. Ich habe die unter euch bestraft, die Unrecht getan haben. Wer von einem Übeltäter hört, ihn mir aber nicht nennt, macht sich selbst der Sünde dieses Verbrechers schuldig. Gott wird es ihm anrechnen und ihn zur Rechenschaft ziehen.« Als er dies sagte, nahmen die Offizere ihre Turbane vom Kopf und erklärten sich für unschuldig.

Ich nahm einmal am Freitagsgebet teil, als sich ein Kaufmann aus dem Stamme der Massūfa, der auch Koranschüler war und sich Abū Ḥafṣ nannte, erhob und sagte: »Ihr Menschen in der Moschee! Ich rufe euch als Zeugen an, daß ich Mansā Sulaimān vor das Gericht des Gesandten Gottes lade.« Als er dies sagte, trat eine Gruppe von Männern aus der vergitterten Gebetsnische des Sultans hervor und sagte zu ihm: »Wer hat dir ein Unrecht getan? Wer hat dir etwas gestohlen?« – Er antwortete: »Manšā Ǧū aus Īwālātan« – gemeint war

[699] ›Dyeli‹: Hymnen- oder Legendensänger.

der dortige Statthalter, – »er nahm mir etwas im Werte von 600 Golddinar weg, hat mir aber dafür etwas angeboten, was nur 100 Golddinare wert ist.« Der Sultan ließ sofort den Statthalter kommen, der auch nach einigen Tagen erschien, und schickte die beiden zum Qāḍī, der die Wahrhaftigkeit des Kaufmanns feststellte. Dieser nahm sein Hab und Gut wieder an sich; der Statthalter aber wurde abgesetzt.

Während meines Aufenthaltes in Mālī entbrannte der Sultan im Zorn gegen seine erste Gattin, die Tochter seines Onkels väterlicherseits, die Qāsā hieß, was in ihrer Sprache ›Königin‹ heißt. Sie teilte sich nach den Bräuchen der Neger die Herrschaft mit ihrem Gemahl, und ihr Name wurde zusammen mit seinem von der Kanzel gerufen.[700] Er warf sie unter der Aufsicht eines Offiziers in den Kerker und nahm an ihrer Stelle seine andere Gattin namens Banǧū, die keine Königstochter war, in die Herrschaft auf. Die Leute sprachen sehr viel darüber und mißbilligten, was er getan hatte. Die Töchter seines Onkels väterlicherseits suchten Banǧū auf und beglückwünschten sie zu ihrer Königswürde. Sie streuten Asche auf ihre Arme, bedeckten ihre Köpfe aber nicht mit Staub. Später befreite der Sultan Qāsā aus ihrem Gewahrsam und die Töchter seines Onkels gingen zu ihr, um sie zu ihrer Befreiung zu beglückwünschen, und bewarfen sich, wie es Brauch war, mit Staub. Darüber aber beklagte sich Banǧū beim Sultan, der seinen Kusinen zürnte, so daß sie sich vor ihm fürchteten und in der Hauptmoschee Zuflucht suchten. Aber er verzieh ihnen und rief sie zu sich. Wenn sie zum Sultan gehen, so verlangt es die Sitte, daß sie ihre Kleider ablegen und nackt zu ihm gehen. So taten sie es auch und der Sultan war mit ihnen zufrieden. Sie begaben sich sieben Tage lang morgens und abends zum Tor des Sultans, so macht es jeder, dem der Sultan verziehen hat.

Qāsā ritt jeden Tag an der Spitze ihrer Dienerinnen und Diener, die Staub auf ihre Köpfe geworfen hatten, aus und hielt am Ratssaal an. Sie war verschleiert, so daß man ihr Gesicht nicht sehen konnte. Die Emire sprachen sehr viel über sie, der Sultan ließ die Emire in den Ratssaal kommen, und Dūġā sagte im Auftrag des Sultans zu ihnen: »Ihr habt sehr viel über Qāsā gesprochen, aber sie hat eine schwere Sünde begangen.« Man führte eine ihrer Dienerinnen herein, die Ketten an den Füßen und Fesseln an den Händen hatte, und forderte sie auf: »Sag, was du weißt!« Sie berichtete, daß Qāsā sie zu Ǧāṭal, dem Sohn des Onkels väterlicherseits des Sultans,[701] geschickt hätte, der nach Kamburnī geflohen war, und daß sie ihn aufgefordert hätte, den Sultan aus seinem Königsamte zu entfernen. Sie hätte ihm sagen lassen: »Ich und alle Soldaten gehorchen deinem Befehl.« Als die Emire dies hörten, sagten

[700] In der Freitagspredigt. ›Qāsā‹ soll nach At-Tāzī in der Mandingo-Mundart ›Lieblingsfrau‹ bedeuten.

[701] Möglicherweise handelt es sich um Mārī Ǧāṭā, den Großneffen und zweiten Nachfolger Sulaimāns (reg. 1360–1373).

sie: »Das ist ein großes Verbrechen, dessentwegen sie den Tod verdient.« Da bekam Qāsā Angst und suchte Schutz im Hause des Predigers, denn es ist dort üblich, in der Moschee Zuflucht zu suchen, oder, wenn das nicht möglich ist, im Hause des Predigers.

Die Neger haßten Mansā Sulaimān wegen seines Geizes. Vor ihm hatten Mansā Maġā und vor diesem Mansā Mūsā geherrscht, der ein vornehmer und großzügiger Mann gewesen war, der die Weißen liebte und für sie viel Gutes tat.[702] Er war es gewesen, der Abū ʾIsḥāq as-Saḫilī an einem einzigen Tage 4.000 Golddinare gegeben hatte. Ein vertrauenswürdiger Mann hat mir erzählt, daß er Mudrik bin Faqūṣ an einem einzigen Tage 30.000 Golddinare geschenkt hatte. Sein Großvater war Sāraq Ǧāṭa[703] gewesen, der durch die Bemühungen von Mudriks Großvater den Islam angenommen hatte.

Dieser Faqīh Mudrik erzählte mir, ein Mann aus Tilimsān namens Ibn Šaiḫ al-Laban habe dem Sultan Mansā Mūsā, als dieser noch jung war, sieben und einen Drittel Golddinar geschenkt. Mūsā war noch ein junger Bursche gewesen, dem noch nicht viel Beachtung geschenkt wurde. Später, als Mūsā Sultan geworden war, ging Al-Laban in einem Rechtsstreit zu ihm. Mūsā erkannte ihn wieder, rief ihn an, ließ ihn näher kommen, neben sich in den Bambī setzen und forderte ihn auf, zu berichten, was er ihm Gutes getan hatte. Danach sagte er zu den Emiren: »Was soll gelten für einen Mann, der ein so gutes Werk getan hat?« – Sie erwiderten: »Eine zehnmal so große Gabe. Gib ihm also 70 Golddinare!«[704] – Daraufhin gab ihm der Herrscher 700 Golddinare, ein Gewand, Diener und Dienerinnen und befahl ihm, ihn nie zu verlassen. Diese Geschichte erzählte mir auch der Sohn von Ibn Šaiḫ al-Laban, der ein Koranschüler war und in Mālī den Koran lehrte.

Zu den guten Eigenschaften der Schwarzen gehört, daß wenig Unrecht geschieht, denn vor ihm schrecken sie am meisten zurück, und ihr Sultan handelt ohne Nachsicht gegen jeden, der sich etwas zuschulden kommen läßt. In ihren Ländern herrscht umfassende Sicherheit, weder der Reisende noch der Seßhafte fürchtet sich vor Dieben oder Räubern. Sie beschlagnahmen auch nicht das Vermögen eines Weißen, der in ihren Ländern gestorben ist, auch wenn es sich um noch so große Reichtümer handelt, sondern belassen es in den Händen eines vertrauenswürdigen Weißen, bis der Berechtigte es an sich nehmen kann. Zu den guten Eigenschaften gehören auch die Ausdauer, mit der

702 Mansā Mūsā, Malis größter Herrscher (reg. 1312–1337), soll auf seiner Pilgerfahrt nach Mekka 1324 nicht weniger als anderthalb Tonnen Goldstaub ausgegeben haben. Sein Sohn Mansā Maġā folgte ihm als Maġā I., aber Mūsās Bruder Sulaimān übernahm die Macht im Jahre 1341.

703 Sūn Djāṭā, erster überhaupt erwähnter Herrscher Malis (reg. 1230–1255).

704 Koran, 6. Sure, Abschnitt 160: ›Wer mit einer guten Tat kommt, der bekommt zehnmal so viel.‹

sie die Gebete verrichten, und die Beflissenheit, mit der sie sich zum Gemeinschaftsgebet versammeln und mit der sie ihre Kinder zu ihren Gebetspflichten anhalten. Wer am Freitag nicht frühzeitig in der Moschee errscheint, findet wegen des Gedränges keinen Platz mehr für sein Gebet. Deshalb gehört es zu jedermanns Bräuchen, einen seiner Diener mit dem Gebetsteppich zu schicken, damit er ihn an der Stelle auslegt, auf die er Anspruch hat, bis er sich selbst in die Moschee begibt. Ihre Gebetsteppiche bestehen aus Blättern eine Baumes, der unserer Dattelpalme ähnlich ist, aber keine Früchte trägt. Freitags kleiden sich die Schwarzen in schöne weiße Gewänder. Besitzt einer nur ein einziges abgetragenes Hemd, so wäscht und reinigt er es und nimmt in ihm am Freitagsgebet teil. Außerdem gehört zu ihren guten Eigenschaften die Sorgfalt, mit der sie den erhabenen Koran auswendig lernen. Aber wenn ihre Kinder im Erlernen nachlässig werden, legen sie ihnen Fesseln an die Füße und nehmen sie ihnen erst ab, wenn sie ihn vollständig erlernt haben.

Am Tag des Festes ging ich zum Qāḍī und sah, daß seine Kinder gefesselt waren. Ich fragte ihn: »Läßt du sie nicht frei?« – Er antwortete: »Das tue ich erst, wenn sie den Koran auswendig kennen.« An einem anderen Tage ging ich an einem prächtig gekleideten Jungen von schöner Gestalt vorüber, der eine schwere Kette an seinem Fuß trug, und ich fragte jemanden, der mit mir ging: »Was hat der Junge getan? Hat er jemanden getötet?« – Der Junge verstand mich und lachte. Man sagte mir: »Er trägt die Kette, bis er den Koran auswendig kennt.«

Zu ihren schlechten Seiten gehört aber, daß die Dienerinnen, Mädchen und jungen Töchter völlig nackt und ohne ihre Scham zu bedecken, vor den Männern erscheinen. In diesem Aufzug hatte ich viele von ihnen im Ramaḍān gesehen: Es ist Brauch der Offiziere, das Fasten im Palast des Sultans zu brechen und sich ihr Essen selbst mitzubringen, das ihnen zwanzig oder mehr ihrer Dienerinnen auftragen, die vollkommen nackt sind. Wenn Frauen zum Sultan gehen, so tun sie es nackt und ohne Schleier, auch seine Töchter gehen nackt. In der Nacht zum 27. Ramaḍān sah ich ungefähr 100 Dienerinnen, die mit Speisen aus dem Palast kamen und nackt waren, darunter befanden sich auch zwei Töchter des Sultans, die volle Brüste hatten; auch sie waren unverschleiert.

Ferner gehört zu ihren schlechten Seiten, daß die Neger, um ihre gute Erziehung zu zeigen, Staub und Asche auf ihre Köpfe streuen, außerdem, daß sie sich beim Vortrag ihrer Gedichte lächerlich machen, wie ich schon erzählt habe, und schließlich, daß sie Kadaver, Hunde und Esel verspeisen.

Ich war am 14. Ǧumādā I des Jahres 753 angekommen und verließ Mālī wieder am 22. Muḥarram 754[705], begleitet von einem Kaufmann namens Abū Bakr bin Yaʿqūb, und schlug den Weg nach Mīma ein.[706] Ich bestieg ein Kamel,

[705] Vom 29. Juni 1352 bis zum 28 Februar 1353.

[706] Mema im Norden der Provinz Macina.

weil die Pferde, von denen eines 100 Golddinare kostet, sehr teuer sind. Wir kamen an einen großen Wasserlauf, der vom Nil herabfließt und den man nur in Booten überqueren kann. Die Stelle ist verseucht mit Mücken, so daß dort nur nachts jemand vorüberkommt. Wir erreichten den Fluß im ersten Drittel einer mondhellen Nacht.

Als wir an den Fluß kamen, erblickte ich am Ufer sechzehn Tiere, die von Natur aus sehr dick sind. Ich staunte über sie und hielt sie für Elefanten, die dort sehr häufig vorkommen. Dann aber sah ich sie in den Fluß tauchen und fragte Abū Bakr bin Yaʿqūb: »Was sind das für Tiere?« – Er sagte: »Es sind Flußpferde, die an Land gekommen sind, um zu weiden.« Sie sind viel dicker als Pferde, haben eine Mähne und einen Schwanz, ihre Köpfe gleichen denen der Pferde, ihre Füße aber denen eines Elefanten. Ich sah diese Pferde noch einmal, als wir auf dem Nil von Tumbuktū nach Kaukau[707] fuhren. Sie schwammen im Wasser und hoben ihre Köpfe heraus, um zu atmen. Die Schiffer fürchteten sich vor ihnen und hielten auf das Ufer zu, um nicht versenkt zu werden. Um sie zu jagen, greift das Volk zu einer schönen List: Sie nehmen durchbohrte Lanzen, durch deren Löcher sie starke Leinen ziehen. Mit dieser Leine schlagen sie die Tiere, und wenn der Schlag den Fuß oder Hals trifft, stoßen sie zu. Dann ziehen sie an der Schnur, bis das Tier ans Ufer kommt, wo sie es töten und sein Fleisch verspeisen. Am Ufer sieht man auch viele Knochen liegen.

An diesem Fluß stiegen wir in einem großen Dorfe ab, das einen Neger zum Statthalter hatte, der Pilger war und sich Farbā Maġā nannte. Er hatte zusammen mit Sultan Mansā Mūsā die Wallfahrt unternommen. Farbā Maġa erzählte mir, daß Mansā Mūsā sich, als er an diesen Fluß gekommen war, in der Begleitung eines Qadīs der Weißen befand, der den Beinamen Abu-l-ʿAbbās trug und aus Dukālā stammte. Der Sultan hatte ihm für seinen Reiseunterhalt 4.000 Golddinare geschenkt. Als sie nach Mīma kamen, beklagte sich der Qāḍī beim Sultan darüber, daß ihm die 4.000 aus seinem Hause gestohlen worden waren. Der Herrscher ließ den Emir von Mīma kommen und drohte ihm mit dem Tode, wenn er nicht den Dieb herbeibrächte. Der Emir suchte nach dem Dieb, fand ihn aber nicht, denn es gibt in diesen Ländern keine Räuber. Er ging ins Haus des Qāḍī, verhörte aufs strengste dessen Diener und bedrohte sie. Da sagte eine junge Dienerin: »Er hat nichts verloren, sondern das Geld an dieser Stelle selbst vergraben.« Sie zeigte ihm den Ort, der Emir nahm das Geld heraus, ging damit zum Sultan und teilte ihm alles mit. Dieser wurde wütend auf den Qāḍī und verbannte ihn in das Land der Ungläubigen, wo Menschenfresser leben. Dort hielt er sich vier Jahre auf und kehrte dann in sein Land zurück, aber die Ungläubigen verspeisten ihn nicht, weil er ein Weißer war, denn sie sagen, das Fleisch der Weißen sei sauer, weil es nicht reif ist; dagegen ist das Fleisch der Schwarzen, wie sie glauben, reif.

[707] Gao.

Zum Sultan Mansā Sulaimān kam einmal mit ihrem Häuptling eine Gruppe dieser schwarzen Kannibalen. Sie pflegen große Ringe in den Ohren zu tragen, deren Durchmesser eine halbe Elle beträgt, und hüllen sich in seidene Decken. In ihrem Lande gibt es eine Goldmine. Der Sultan nahm sie ehrenvoll auf und gab ihnen als Gastmahl eine Dienerin, die sie schlachteten und verspeisten. Sie besudelten ihre Gesichter und Hände mit ihrem Blut und kamen zum Sultan, um sich zu bedanken. Ich habe erfahren, daß dies ihre ständige Gewohnheit ist, wenn sie zu ihm kommen, und man hat mir von ihnen auch erzählt, daß das beste Fleisch der Frauen die Handfläche und die Brust sei.

Danach reisten wir von diesem Dorf am Fluß ab und kamen in den Ort Qurī Mansā.[708] Hier verendete mein Reitkamel. Der Kamelführer teilte es mir mit, und ich ging, um mir das Tier anzusehen, fand aber nur Neger, die es nach ihrer Gewohnheit, Kadaver zu essen, bereits verspeist hatten. Ich schickte zwei junge Burschen, die ich in meinen Dienst genommen hatte, aus, damit sie mir in Zāġarī, das zwei Tagesreisen entfernt lag, ein Kamel kauften. Einige Gefährten von Abū Bakr bin Yaʿqūb blieben bei mir, während er selbst nach Mīma aufbrach, um dort auf uns zu warten. Ich hielt mich sechs Tage auf und wurde von einigen Pilgern des Ortes gastfreundlich aufgenommen, bis die Burschen mit dem Kamel zurückkamen.

Während der Tage, die ich in diesem Ort zubrachte, sah ich eines Nachts im Traum einen Mann, der zu mir sagte: »O Muḥammad bin Baṭṭūṭa, warum liest du nicht alle Tage die Sure Yā Sīn?«[709] – Von diesem Tage an las ich sie jeden Tag, sei es auf der Reise, sei es während eines Aufenthalts.

Ich brach in den Ort Mīma auf, wo wir an einigen Brunnen vor dem Ort Lager machten. Danach reisten wir weiter zu der Stadt Tumbuktū, die vom Nil vier Meilen entfernt ist.[710] Die meisten Einwohner sind Massūfa, die einen Schleier[711] tragen. Ihr Statthalter war Farbā Mūsā. Ich befand mich eines Tages bei ihm, als er einen Massūfa zum Vorsteher seiner Gemeinde ernannte. Er legte ihm ein Gewand um, setzte ihm einen Turban auf und gab ihm Hosen, alle Stücke aus gefärbtem Stoff, und ließ ihn sich auf einen Lederschild setzen. Die Großen seines Stammes hoben ihn auf ihre Köpfe.

In dieser Stadt steht das Grab des berühmten Dichters Abū ʾIsḥāq as-Sāḥilī aus Granada, der in seiner Heimat als Aṭ-Ṭūwaiǧin bekannt ist. Auch das

708 Qurī Mansā, das sich auch als ›Dörfer des (Sultans) Mansā‹ lesen läßt, wird von At-Tazī in der Nähe der Siedlungen von Kukrī vermutet, nordöstlich von Sandanding und unweit von Ibn Baṭṭūṭas früherer Station Kārsaḫū.

709 Sure 36 des Korans.

710 Tombuktu wurde von Mansā Mūsā im Jahre 1325 eingenommen. Der Dichter As-Sāḥilī kam mit Mansā Mūsā nach der Pilgerreise aus Mekka nach Mali zurück und baute die Moscheen von Gao und Tombuktu.

711 Ein Schleier, der nur die untere Hälfte des Gesichts bis zu den Augen bedeckt.

Grab von Sirāǧ ad-Dīn Ibn al-Kūbak, eines bedeutenden Kaufmanns aus Alexandria, befindet sich dort.

Als Sultan Mansā Mūsā die Pilgerreise unternahm, machte er in einem Garten Halt, der dem Sirāǧ ad-Dīn am ›Brunnen der Abessinier‹ außerhalb von Kairo gehörte. Dort stieg der Sultan ab. Er brauchte Geld und lieh es sich von Sirāǧ ad-Dīn, von dem sich auch seine Emire Geld liehen. Sirāǧ ad-Dīn schickte ihnen einen Vertrauten mit, der das Geld zurückverlangen sollte. Aber dieser blieb in Mālī, so daß sich Sirāǧ ad-Dīn selbst mit seinem Sohn auf die Reise machte, um sein Geld zu fordern. Als er Tumbuktū erreichte, nahm Abū ʾIsḥāq as-Sāḥilī ihn als Gast bei sich auf, aber das Schicksal wollte es, daß er noch in der gleichen Nacht starb. Da begannen die Leute davon zu reden und argwöhnten, er sei vergiftet worden. Aber sein Sohn sagte: »Ich habe zusammen mit ihm genau die gleichen Speisen gegessen. Wäre darin Gift gewesen, hätte es uns gemeinsam getötet; nein, seine Lebensfrist war abgelaufen.« Der Sohn reiste weiter nach Mālī, verlangte sein Geld und kehrte nach Ägypten zurück.

In Tumbuktū schiffte ich mich in einem kleinen Boot, das aus einem einzigen Baumstamm gehauen war, auf dem Nil ein. Abends stiegen wir in einem Dorf ab und kauften dort, was wir an Lebensmitteln und Fett brauchten, die wir mit Salz, Gewürzen und Glasschmuck bezahlten. Ich kam in einen Ort, dessen Namen ich vergessen habe, aber dessen Ortsvorsteher ein wohltätiger Pilger namens Farbā Sulaimān war, ein für seine Tapferkeit und seine Körperkraft berühmter Mann. Niemand ist imstande, seinen Bogen zu spannen, und nirgends habe ich im Lande der Schwarzen einen größeren und beleibteren Mann gesehen als ihn. Ich benötigte in diesem Ort, und zwar am Geburtstag des Propheten[712], etwas Hirse und ging zu ihm. Ich grüßte ihn, und er fragte mich nach meiner Ankunft. Ein Rechtsgelehrter, sein Schreiber, war bei ihm. Ich nahm eine Tafel, die vor ihm lag, und schrieb: »O Faqīh! Sage dem Emir, daß ich etwas Hirse als Reiseproviant brauche! Und meinen Gruß!« – Ich reichte die Tafel dem Faqīh, damit er zunächst für sich lese, was darauf stand, und dann mit dem Emir in dessen Sprache darüber spreche. Er aber las laut und der Emir verstand, nahm meine Hände und führte mich in seinen Ratssaal, in dem sehr viele Waffen, Schilde, Bögen und Lanzen aufgestellt waren. Ich fand dort das ›Buch der Überraschungen‹ von Ibn al-Ǧauzī[713] und begann, darin zu lesen. Ein Getränk wurde gebracht, das sie ›daknū‹ nennen und das gestoßene Hirse in Wasser war, dem ein wenig Honig oder Milch zugemischt worden war. Sie trinken es statt Wasser, denn wenn sie Wasser unvermischt trinken, schadet es ihnen. Wenn sie keine Hirse haben, setzen sie Honig oder Milch zu. Außerdem brachte man grüne Melonen, von denen wir aßen.

712 17. April 1353.

713 ʿAbd ar-Raḥmān bin ʿAlīy al-Ǧauzī Abu-l-Farağ, hanbalitischer Rechtsgelehrter aus Bagdad (1116–1201).

Ein nur fünf Spannen[714] großer Bursche trat ein. Farbā Sulaimān sprach mich an und sagte: »Dies ist dein Gastgeschenk. Bewache ihn gut, damit er dir nicht davonläuft.« Ich nahm ihn an und wollte mich entfernen, aber der Emir sagte zu mir »Bleibe, bis das Essen kommt!« Eine Dienerin trat ein, eine Araberin aus Damaskus, und sprach mit mir arabisch, und während wir uns unterhielten, hörten wir im Hause lautes Geschrei. Die Dienerin ging, um zu erfahren, was geschehen war. Sie kehrte zurück und berichtete dem Emir, daß eine seiner Töchter gestorben war. Er sagte: »Ich mag keine Tränen. Stehe auf, wir gehen zum See!«, womit er den Nil meinte, an dessen Ufer er mehrere Häuser besaß. Ein Pferd wurde gebracht, und der Emir sagte zu mir: »Steig auf!« – Ich antwortete: »Ich steige nicht auf, denn du bist zu Fuß.« Wir liefen gemeinsam und kamen an seine Häuser am Nil. Nun wurden Speisen gebracht, und wir aßen. Danach nahm ich meinen Abschied von ihm und entfernte mich. Im ganzen Land der Schwarzen habe ich keinen großzügigeren und vornehmeren Mann angetroffen. Der Bursche, den er mir zum Gastgeschenk gemacht hatte, blieb bei mir und ist es noch heute.

Ich brach nach Kaukau[715] auf, einer großen Stadt am Nil und einer der schönsten, größten und fruchtbarsten im Lande der Neger. Es gibt im Überfluß Reis, Milch, Hühner, Fisch und die ›ʿinānī‹-Gurke, die nicht ihresgleichen hat. Für Kauf und Verkauf werden dort wie auch in Mālī Muscheln verwendet. Ich hielt mich einen Monat auf, während dessen mich Muḥammad bin ʿUmar aus Miknāsa gastfrei aufnahm. Er war ein vornehmer, aber auch geistreicher und zum Scherzen aufgelegter Mann, der nach meiner Abreise in dieser Stadt verstarb. Auch der Pilger Muḥammad al-Waǧdīy at-Tāzī, der später in den Jemen ging, und der Faqīh Muḥammad al-Fīlālī[716], der Vorsteher der Moschee der Weißen, bewirteten mich.

Von Kaukau reiste ich in einer großen Karawane, die aus Leuten aus Ġadamas bestand, auf dem Landwege nach Takaddā.[717] Ihr Anführer und auch Karawanenführer war der Pilger Wuǧain, was in der Sprache der Neger ›Wolf‹ bedeutet.[718] Ich hatte einen Kamelhengst zum Reiten und eine Stute für den Proviant. Aber nachdem wir eine Tagesstrecke zurückgelegt hatten, blieb die Stute stehen. Der Pilger Wuǧain nahm ihr die Last ab und teilte sie unter seine Männer auf, die sie unter sich verteilten. In der Karawane ritt auch ein Maġri-

714 Ausdruck zur Bezeichnung eines Jünglings.

715 Gao am Niger östlich von Tombuktu, Knotenpunkt der Transsaharastrecke.

716 Aus dem Tafilālt, der Region um Siǧilmāsa.

717 Tegidda n'Tesemt (›das salzige Tegidda‹), im Nordwesten von Agades in der Region von Aïr. Kupferverarbeitung allerdings ist nur in dem 25 Kilometer von Tegidda entfernten Ort Azelik angetroffen worden, die Minen selbst befanden sich in Azūza, 13 Kilometer östlich von Azelik.

718 Vermutlich eine Verwechslung mit dem Berberwort ›ūššīn‹ (›Schakal‹).

biner aus Tādala mit, der sich weigerte, auch nur den kleinsten Teil davon zu tragen, wie es die anderen taten, und als eines Tages mein Bursche Durst hatte und ich diesen Mann um Wasser bat, schlug er mir meine Bitte ab.

Wir kamen in das Land der Bardāma, eines Berberstammes. Nur unter ihrem Schutz können die Karawanen reisen, ja der Schutz durch Frauen gilt als noch wertvoller als der von Männern. Es sind Nomaden, die nie seßhaft werden und deren Zelte von sonderbarer Art sind: Sie pflanzen hölzerne Stangen auf, legen Matten darüber, auf diese Matten wiederum ein geflochtenes hölzernes Gitterwerk und auf das Ganze Häute oder baumwollene Decken. Ihre Frauen sind von vollkommenster Schönheit und einzigartiger Gestalt, von reinem Weiß und sehr beleibt. In keinem Land habe ich Frauen gesehen, die eine solche Wohlbeleibtheit erreichten. Ihre Nahrung besteht aus Büffelmilch und gestoßener Hirse, die sie, mit Wasser vermischt, aber ungekocht, abends und morgens trinken. Wer sie heiraten will, muß sich in nächster Nähe ihrer Heimat niederlassen, darf aber mit ihnen niemals die Grenzen von Kaukau oder Īwālātan hinter sich lassen.

In diesem Land erkrankte ich wegen der außergewöhnlichen Hitze und an einem Überschuß an gelber Galle. Wir beschleunigten unseren Ritt, bis wir die Stadt Takaddā erreichten, wo ich in der Nachbarschaft des magribinischen Scheichs Saʿīd bin ʿAlīy al-Ğuzūlī Unterkunft fand. Der Qāḍī Abū ʾIbrāhīm Isḥāq al-Ğanātī, ein gütiger Mann, bewirtete mich ebenso wie Ğaʿfar bin Muḥammad, der Massūfa. Die Häuser Takaddās sind aus roten Steinen erbaut, und das Wasser fließt über Kupferminen, die Farbe und Geschmack des Wassers verschlechtern.[719] Es gibt kein Getreide bis auf ein wenig Weizen, den die Kaufleute und die Ausländer essen und von dem zwanzig ›mudd‹[720] einen Golddinar kosten; ihr ›mudd‹ aber wiegt nur ein Drittel des unsrigen. Neunzig ›mudd‹ Hirse werden für einen Golddinar verkauft. Es gibt sehr viele Skorpione in diesem Land; sie töten Kinder, die noch nicht die Geschlechtsreife erreicht haben, erwachsene Männer dagegen töten sie nur selten. Als ich mich dort aufhielt, stachen Skorpione eines Morgens den Sohn von Scheich Saʿīd Ibn ʿAlī, und er starb auf der Stelle. Ich nahm an seinem Begräbnis teil. Die Leute von Takaddā haben keine andere Beschäftigung als den Handel. Jedes Jahr reisen sie nach Ägypten und bringen von dort schöne Stoffe und andere Dinge mit. Das Volk lebt in behaglichem Wohlstand und ist stolz auf seine vielen Sklaven und Sklavinnen, ebenso wie die Menschen aus Mālī und Īwālātan, aber sie verkaufen nur selten, und dann zu einem sehr hohen Preis, gut ausgebildete Sklavinnen.

Als ich nach Takaddā kam, wollte ich eine ausgebildete Sklavin kaufen, fand

719 Nach At-Tāzī ist das Wasser von Tegidda lehmig und salzig und daher untrinkbar.

720 Das ›mudd‹ ist ein Hohlmaß, das heute unterschiedliche Mengen, so in Syrien 18 Liter, aber in Marokko 46,6 Liter umfaßt, im Mittelalter aber nach At-Tāzī 513 Liter faßte.

aber keine. Da schickte mir Qāḍī Abū ʾIbrāhīm eine Sklavin, die aber einem seiner Freunde gehörte. Ich kaufte sie für 25 Golddinare. Nun bereute ihr früherer Herr den Verkauf und verlangte von mir, den Vertrag rückgängig zu machen. Ich sagte zu ihm: »Wenn du mir eine andere Sklavin angeben kannst, dann löse ich den Vertrag.« Er bezeichnete mir eine andere, die ʿAlī ʾAġyūl, jenem Maġribiner aus Tādala, gehörte, der nichts von meinem Gepäck hatte übernehmen wollen, als meine Kamelstute stürzte, und der sich geweigert hatte, meinem durstigen Diener zu trinken zu geben. Ich kaufte sie, die noch wertvoller war als die erste, und löste den Vertrag mit dem ersten Verkäufer auf. Dann aber bereute auch der Maġribiner den Verkauf seiner Sklavin und bestand ebenfalls darauf, den Vertrag wieder rückgängig zu machen. Ich aber lehnte ab, weil ich ihm sein schlechtes Verhalten vergelten wollte. Wenig hätte gefehlt und er wäre vor Ärger verrückt geworden oder gar gestorben. Schließlich aber löste ich den Vertrag doch auf.

Die Kupferminen liegen außerhalb von Takaddā. Sie graben in der Erde, bringen es in die Stadt und schmelzen es in ihren Häusern, eine Arbeit, die von ihren Sklaven und Sklavinnen besorgt wird. Sobald sie das Kupfer zur roten Glut gebracht haben, gießen sie es zu Stäben von der Länge einer und einer halben Spanne, einige dünn und andere dick. Vierhundert dieser dicken Stäbe kosten einen Golddinar, während von den dünnen 600 und 700 Stäbe einen Golddinar wert sind. Sie werden bei ihnen auch zur Zahlung verwendet. Mit den dünnen kaufen sie Fleisch und Brennholz, mit den dicken kaufen sie Sklaven, Sklavinnen, Hirse, Fett und Weizen. Das Kupfer wird in die Stadt Kūbar[721] in die Länder der Heiden gebracht, auch nach Zaġāī[722] und ins Land Barnū[723], das 40 Tagesreisen von Takaddā entfernt ist und dessen Bewohner Muslime sind. Ihr König nennt sich Idrīs, der sich nie seinem Volke zeigt und nur hinter einem Vorhang verborgen mit ihm spricht. Aus diesem Lande kommen die schönsten Sklavinnen, junge Burschen und vorzügliche Stoffe. Außerdem wird das Kupfer von Takaddā aus auch nach Ǧauǧawa im Lande der Mūrtabūn[724] gebracht.

In den Tagen meines Aufenthaltes wandten sich der Qāḍī Abū ʾIbrāhīm, der Prediger Muḥammad, der Koranlehrer Abū Ḥafṣ und Scheich Saʿīd bin Ālī an den Sultan von Takaddā, einem Berber namens Izār, der sich eine Tagesreise weit entfernt aufhielt. Zwischen ihm und Takarkarī[725], einem anderen Sultan der Berber, war ein Streit ausgebrochen, und sie gingen, um zwischen ihnen

721 Gobir in der Provinz Maradi im Süden der heutigen Republik Niger.

722 Wahrscheinlich Dia oder Diaga am Niger.

723 Baru liegt östlich des Tschad-Sees.

724 Wahrscheinlich Kukawa (oder Gaoga) nördlich von Darfur im heutigen Sudan. Ein Land ›Mūrtabūn‹ ist nicht identifiziert worden.

725 Richtig: ›Karkarī‹ (›aus Karkar‹), Wüstenregion im Norden der Provinz Aīr.

Frieden zu stiften. Ich wollte dem Sultan begegnen, mietete mir einen Führer und begab mich zu ihm. Die erwähnten Persönlichkeiten teilten ihm mit, daß ich angekommen war, und er kam auf einem ungesattelten Pferde, wie es bei ihnen üblich ist, denn sie verwenden statt eines Sattels einen prächtigen roten Teppich. Er trug einen wollenen Umhang, Hosen und einen Turban, alles von blauer Farbe. Er war in Begleitung der Söhne seiner Schwester, sie nämlich sind es, an die das Königreich vererbt wird. Wir erhoben uns vor ihm und begrüßten ihn mit Handschlag. Er fragte, wie es mir ginge und nach meiner Ankunft, und ich antwortete ihm. Er brachte mich in einem Zelt der Yanāṭibūn[726] unter, die den königlichen Schutzwachen in unserem Lande entsprechen. Er schickte mir einen am Spieß gebratenen Hammel und eine Schale Büffelmich. In unserer Nähe stand das Zelt seiner Mutter und seiner Schwester, die uns aufsuchten und uns begrüßten. Die Mutter hatte uns nach Einbruch der Dunkelheit Milch geschickt, denn zu dieser Zeit melken sie. Dann und auch morgens trinken sie die Milch. Korn essen sie nicht, ja, sie kennen es nicht einmal. Ich blieb sechs Tage bei ihnen, und täglich wurden uns zwei geröstete Widder geschickt, einer morgens und einer abends. Der Sultan schenkte mir eine Kamelstute und zehn Golddinare. Ich nahm meinen Abschied von ihm und kehrte nach Takaddā zurück.

Als ich wieder in Takaddā war, kam der Bursche des Pilgers Muḥammad bin Saʿīd aus Siǧilmāsa mit einem Befehl unseres Herrn, des Fürsten der Gläubigen und Wahrers des Glaubens, der sein Vertrauen in den Herrn der Welten setzt, zu mir, in dem mir befohlen wurde, in seine erhabene Hauptstadt zu kommen. Ich küßte den Befehl, befolgte ihn sofort und kaufte mir in der Absicht, nach Tawāt[727] zu reisen, für 37 und ein Drittel Golddinare zwei Reitkamele. Ich beschaffte mir Reiseproviant für 70 Nächte, weil es zwischen Takaddā und Tawāt kein Korn gibt, denn es findet sich auf dem Wege nur Fleisch, Milch und Butteröl, die man sich im Tausch gegen Stoffe kaufen kann. Am 11. Tage des Monats Šaʾbān des Jahres 754[728], einem Donnerstag, verließ ich Takaddā mit einer großen Karawane, an deren Spitze Ǧaʿfar at-Tawātī, ein ausgezeichneter Mann, stand. In meiner Begleitung reiste auch Faqīh Muḥammad bin ʿAbdallāh, der Qāḍī von Takaddā, und in der Karawane befanden sich ungefähr 600 Sklavinnen. Wir kamen nach Kāhir[729] im Lande des Sultans Karkarī. Es ist ein Land mit vielen Weiden, wo die Menschen von den Berbern Schafe kaufen, deren Fleisch sie in Streifen schneiden. Die Menschen aus Tawāt bringen es von dort in ihre Heimat.

Wir traten in eine Wüste ohne jede Besiedlung und ohne Wasser ein, die sich

726 Nicht identifizierter Stamm.

727 Der Nordwesten der Sahara.

728 12. September 1353.

729 Kel Aīr im Nordosten von Aīr.

drei Tage weit erstreckt. Danach reisten wir durch eine unbesiedelte Steppe von einer Länge von fünfzehn Tagesmärschen, in der es aber Wasser gab, und erreichten die Stelle, an der sich der Weg von Ġāt, der nach Ägypten führt, vom Weg nach Tawāt trennt.[730] Dort gibt es Brunnen, deren Wasser über Eisen fließt. Werden in diesem Wasser weiße Kleider gewaschen, so färben sie sich schwarz. Wir ritten von dort aus noch zehn Tage und kamen ins Land der Hakkār[731], eines Berberstamms, der sich das Gesicht verschleiert, aber an dem nichts Gutes ist. Einer ihrer Häuptlinge kam uns entgegen und hielt die Karawane an, bis man ihn mit Stoffen und anderen Dingen bezahlte. Unsere Ankunft in ihrem Land fiel in den Monat Ramaḍān, in dem sie die Karawanen nicht behindern oder ihnen den Weg versperren. Selbst wenn die Räuber unter ihnen im Ramaḍān irgendwelche Dinge am Wege finden, nehmen sie sie nicht an sich. So handeln alle Berber, die entlang dieses Weges leben.

Einen Monat lang reisten wir durch das Land der Hakkār, das wenige Pflanzen, aber viele Steine und beschwerliche Wege besitzt. So kamen wir am Tage des Fastenbrechens[732] in ein Land von Berbern, die einen ebensolchen Gesichtsschleier tragen. Sie brachten uns Nachrichten aus unserem Lande und teilten uns mit, daß die Söhne von Ḫarāǧ[733] und Ibn Yaġmūr[734] rebelliert und sich nun in Tasābīt[735] im Land von Tawāt niedergelassen hätten. Die Männer der Karawane waren darüber erschrocken. Wir erreichten Būdā[736], einen der größten Orte von Tawāt. Der Boden des Landes besteht aus Sand und Salzböden. Es gibt viele Datteln, die aber nicht gut schmecken, dennoch ziehen die Menschen aus Būdā sie denen aus Siǧilmāsa vor. Es gibt kein Korn, keine Butter, kein Öl, das sie alles aus dem Maġrib einführen. Die Menschen ernähren sich von Datteln und Heuschrecken, die dort sehr zahlreich werden. Sie heben sie auf, wie sie auch die Datteln aufbewahren, und ernähren sich von ihnen. Vor Sonnenaufgang gehen sie auf die Jagd nach ihnen, denn zu dieser Zeit fliegen sie wegen der Kälte nicht.

Einige Tage hielten wir uns in Būdā auf und reisten dann in der Mitte des Monats Ḏu-l-Qaʿda[737] mit einer Karawane weiter nach Siǧilmāsa, das ich am 2. Tage des Monats Ḏu-l-Ḥiǧǧa[738] und zu Beginn heftiger Kälte wieder verließ.

730 Wahrscheinlich liegt diese Stelle bei Ezzane im äußersten Süden Algeriens, von wo die Wege in die algerische Sahara und nach Ġāt in die lybische Wüste führen.

731 Die Hoggar, ein Tuareg-Stamm.

732 30. Oktober 1353.

733 Arabischer Stamm von der Gruppe der Maʿqil.

734 Die Banū ʿAbd al-Wād, deren Hauptstadt Tlemcen Abū ʿInān 1352 erobert hatte.

735 Oase im Tawāt.

736 Oase im Tawāt, 20 Kilometer nordwestlich von Adrar.

737 Mitte Dezember 1353.

738 29. Dezember 1353.

Viel Schnee ging auf den Weg nieder. Ich habe in Buḫārā und Samarqand, im Ḫurāsān und in den Ländern der Türken schon viele beschwerliche und verschneite Wege gesehen, aber nie bin ich einen mühseligeren Weg gegangen als den von Umm Ǧunaiba.[739] Am Abend vor dem Opferfest kamen wir in Dār aṭ-Ṭamaʿ[740] an, wo ich den Festtag verbrachte.[741] Dann brach ich wieder auf und endlich betrat ich die Hauptstadt Fās, die Residenz unseres Herrn, des Fürsten der Gläubigen, und küßte seine gnädige Hand. Ich begab mich zu ihm, um sein gesegnetes Antlitz zu schauen, und stellte mich nach langer Reise unter den Schutz seines Wohlwollens. Gott der Erhabene vergelte ihm, was mir seine Gnade an reichlichen Wohltaten und überreichen Gunsterweisen angedeihen ließ! Möge der Allerhöchste seine Tage verlängern und die Muslime durch sein langes Leben erfreuen!

Hier endet die Reise, benannt ›Das Geschenk für den, der die Wunder der Städte und das Sehenswerte der Reisen betrachten will‹. Das Ende der Niederschrift fiel auf den 3. Tag des Monats Ḏu-l-Ḥiǧǧa des Jahres 756.[742] Gott sei gelobt und Friede für die unter seinen Dienern, die er sich erwählt hat![743]

739 Der Ort, 90 Kilometer südlich von Fes, besteht heute nicht mehr.

740 Tamilālt.

741 6. Januar 1354.

742 9. Dezember 1355.

743 Koran, Sure 27, Abschnitt 59.

Nachwort Ibn Ǧuzayy

Hier ist das Ende meiner Zusammenfassung dessen, was ich aus dem Munde von Scheich Abū ʿAbdallāh Muhammad Ibn Baṭṭūṭa aufgezeichnet habe. Keinem verständigen Menschen wird es verborgen bleiben, daß er der Reisende seines Zeitalters ist, und wer sagt, er sei der Reisende unserer Glaubensgemeinschaft, hat nicht übertrieben. Er, der die Länder der Welt zum Ziel seiner Reisen machte, hat sich erst nach langen Wanderungen die Residenzstadt Fās als Ruhesitz und Heimat ausersehen, nachdem er sich vergewisserte, daß unser Herr der größte König der Erde und mit den umfassendsten Tugenden ausgestattet ist, der die Wohltaten vermehrt, der König mit der größten Fürsorge für die, welche ihn aufsuchen, und der vollkommenste Beschützer derjenigen, die nach dem Wissen streben.

Einem Manne wie mir geziemt es, Gott den Erhabenen zu loben, da er mir in seiner Jugend und auch, als ich auswanderte und mich in seiner Residenz niederließ, Gnade erwiesen hat, in der gleichen Hauptstadt, die sich unser Scheich nach einer Reise von 25 Jahren erwählte, wahrlich, eine unermeßliche Gnade, für die kein Dank ausreicht. Gott der Allerhöchste gewähre uns seinen Schutz im Dienste unseres Herrn, des Fürsten der Gläubigen, und lasse den Schatten der Obhut und des Erbarmens unseres Herrn fortdauern und vergelte es ihm zu Gunsten unserer kleinen Schar von ihrer Heimat getrennter Fremder mit der höchsten Belohnung, wie sie einem Wohltäter zukommt.

O Gott! Da du unseren Herrn wegen seiner beiden Tugenden, nämlich der des Wissens und der des Glaubens, allen Königen vorgezogen hast, da du ihn mit Sanftmut und unerschütterlicher Vernunft ausgestattet hast, breite die Ursachen seiner Kraft und Macht auch über seinem Königreich aus und lasse es die Wohltaten des allerhöchsten Schutzes und des strahlenden Sieges verspüren! Bewahre es für seine Nachkommenschaft bis an den Jüngsten Tag und erfreue es in seiner und seiner Söhne Person, in seinem Königreich und seinen Untertanen! O Gott, Barmherzigster der Barmherzigen! Segen und Heil Gottes seien auf unserem Herrn und Meister, unserem Propheten Muḥammad, dem vortrefflichsten der Propheten und Herrn der Gottesgesandten. Gott sei gepriesen, der Herr der Welten!

Diese Niederschrift wurde beendet im Monat Ṣafar des Jahres 757.[744] Gott belohne den, der sie abschreibt!

[744] Februar 1356.

Anhang

Zur Aussprache des Arabischen

ā	Langes »a«
ī	Langes »i«
ū	Langes »u«
ṯ	Wie stimmloses englisches »th« in »three«
ǧ	Wie »dsch« in engl. »Jim«, ital. »giorno«
ḥ	Scharfes, von deutschem »h« deutlich unterschiedenes »h«, nie als Dehnungszeichen zu lesen
ḫ	Wie in deutsch »Bach«, »Koch«
ḏ	Wie stimmhaftes englisches »th« in »there«, »mother«
r	Zungenspitzen-r
z	Stimmhaftes »s« wie in deutsch »Sonne«, auch im Silbenauslaut stimmhaft
š	Stimmloses »sch« wie in deutsch »Schal«
ṣ	Emphatisches stimmloses »s«
ḍ	Emphatisches »d«
ṭ	Emphatisches »t«
ẓ	Emphatisches »z«
ʿ	»ʿain«, stimmhafter pharyngaler Reibelaut
ġ	Stimmhafter velarer Reibelaut, Zäpfchen-r wie in deutsch »Raum«, »Burg«, »Turm«
q	Stimmloser velarer Verschlußlaut, am hinteren Gaumen gebildetes »k«
h	Wie in deutsch »haben«, »Hut«, niemals Dehnungszeichen, auch am Silbenauslaut zu hören
w	Wie englisches »w« in »William«, »would«
y	Wie deutsches »j«
ʾ	Ḥamz, Stimmabsatz vor vokalischem Silbenanlaut, wie in deutsch »ʾAnfang«, »beʾenden«

Für Ortsnamen, Titel und Begriffe, deren Schreibweise sich im Deutschen bereits eingebürgert hat, wurde auf die präzise Umschrift verzichtet, z. B. Kairo (statt al-qāhira), Bagdad (baġdād), Mekka (makka), Koran (qurʾān), Scheich (šaiḫ), Kalif (ḫalīfa).

Die Monate des islamischen Mondjahres

1. ʾAl-muḥarram	7. Rağab
2. Ṣafar	8. Šaʿbān
3. Rabīʿ al-ʾawwal	9. Ramaḍān (Fastenmonat)
4. Rabīʿ aṯ-ṯānī	10. Šawwāl
5. Ğumāda-l-ʾūlā	11. Ḏu-l-qaʿda
6. Ğumāda-l-ʾāḫira	12. Ḏu-l-ḥiğğa (Pilgermonat)

Glossar häufig verwendeter Begriffe

Emir	Fürst, Führer, Befehlshaber
Faqīh	Rechtsgelehrter, Kenner der islamischen Gesetzeswissenschaft
Ḥaram	Verboten, unverletzlich, der heilige Bezirk von Mekka
Ḥanbaliten	Nach Aḥmad bin Ḥanbal benannte strenge und puritanische Rechtsschule der orthodoxen Sunna
Ḥanafiten	Nach Abū Ḥanīfa benannte Schule des islamischen Rechts
Ḫāṭib	Prediger
Ḫātūn	Dame, vornehme Frau, Prinzessin
Imām	Führer einer der vier Rechtschulen der Sunna, Vorbeter in der Moschee oder auf einem Gebetsplatz, auch Kalif der gesamten islamischen Gemeinde
Madrasa	Koranschule
Malikiten	Nach Malik benannte, insbesondere in Nordwestafrika verbreitete Rechtsschule des Islam
Maulā	Herr, Meister
Miḥrab	Nische in der Moschee, die die Richtung nach Mekka anzeigt
Qāḍī	Richter
Qibla	Die Richtung nach Mekka
Sayyid	Herr, Gebieter; Ehrentitel der Nachkommen Muḥammads, die von Ḥusain abstammen
Šarīf	Vornehm, adlig, hochgeboren; Ehrentitel der Nachkommen Muḥammads, die von Ḥasan abstammen
Schafiiten	Nach Aš-Šāfiʿī benannte orthodoxe Rechtsschule
Scheich	(Šaiḫ) Alter, Stammes- und Familienoberhaupt, Titel geistlicher Würdenträger
Wesir	Hochrangiger Amtsinhaber, Minister

Literatur

Richard F. Burton: Personal Narrative of a Pilgrimage to Al-Madinah and Meccah, Band 2, London 1913.

Georges I. Bratianu: La mer Noire, des origines á la conquête ottomane, München 1969.

Defremery/Sanguinetti. Ibn Battûta – Voyages (in Französisch), Paris 1858, 3 Bände, neu herausgegeben von Stéphane Yérasimos, Paris 1997.

L.-Marcel Devic: Le Pays des Zendjs ou la Côte orientale d'Afrique au Moyen-Âge, Paris 1883, repr. Amsterdam 1975.

H. A. R. Gibb: Ibn Battúta – Travels in Asia and Africa 1325–1354, gekürzte Ausgabe, London 1929, reprint 1939.

Muḥammad Aḥmad Ǧād al-Maulā/Aḥmad al-Awāmīy (in Arabisch): Die Reise des Ibn Baṭṭūṭa, leicht gekürzte Ausgabe, Kairo 1939.

Ibn Ǧubair: Die Reisen (in Arabisch), Leyden 1907.

ʿAbd-al-Hādīy at-Tāzī: Die Reise des Ibn Baṭṭūṭa (in Arabisch), 5 Bände, Fes 1997.

Ṭalāl al-Ḥarb: Die Reise des Ibn Baṭṭūṭa (in Arabisch), Beirut 1992.

R. C. Majumdar (Hrsg.): The Struggle for Empire, in: The Indian History and Culture of the Indian People, Bombay, 1957.

Stanley Lane Poole: The Story of Cairo, London 1906.

Bertold Spuler: Die Mongolenzeit, in: Handbuch der Orientalistik, Berlin 1948.

Der Koran, übersetzt und eingeleitet von Hans Zirker, Darmstadt 2003.

Karten

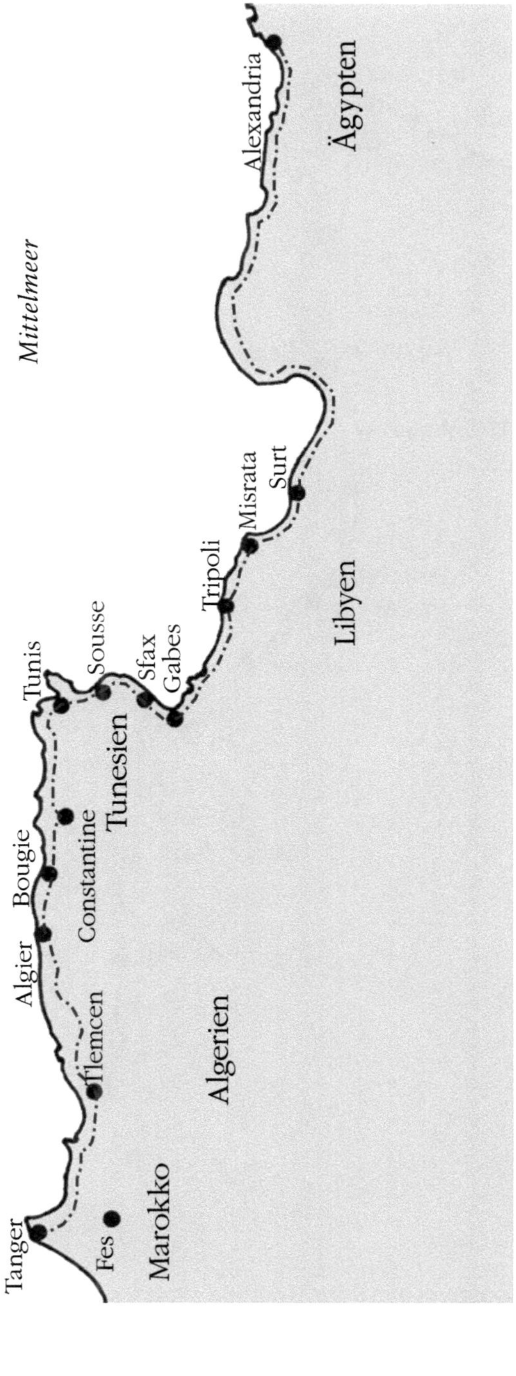

Von Tanger nach Alexandria

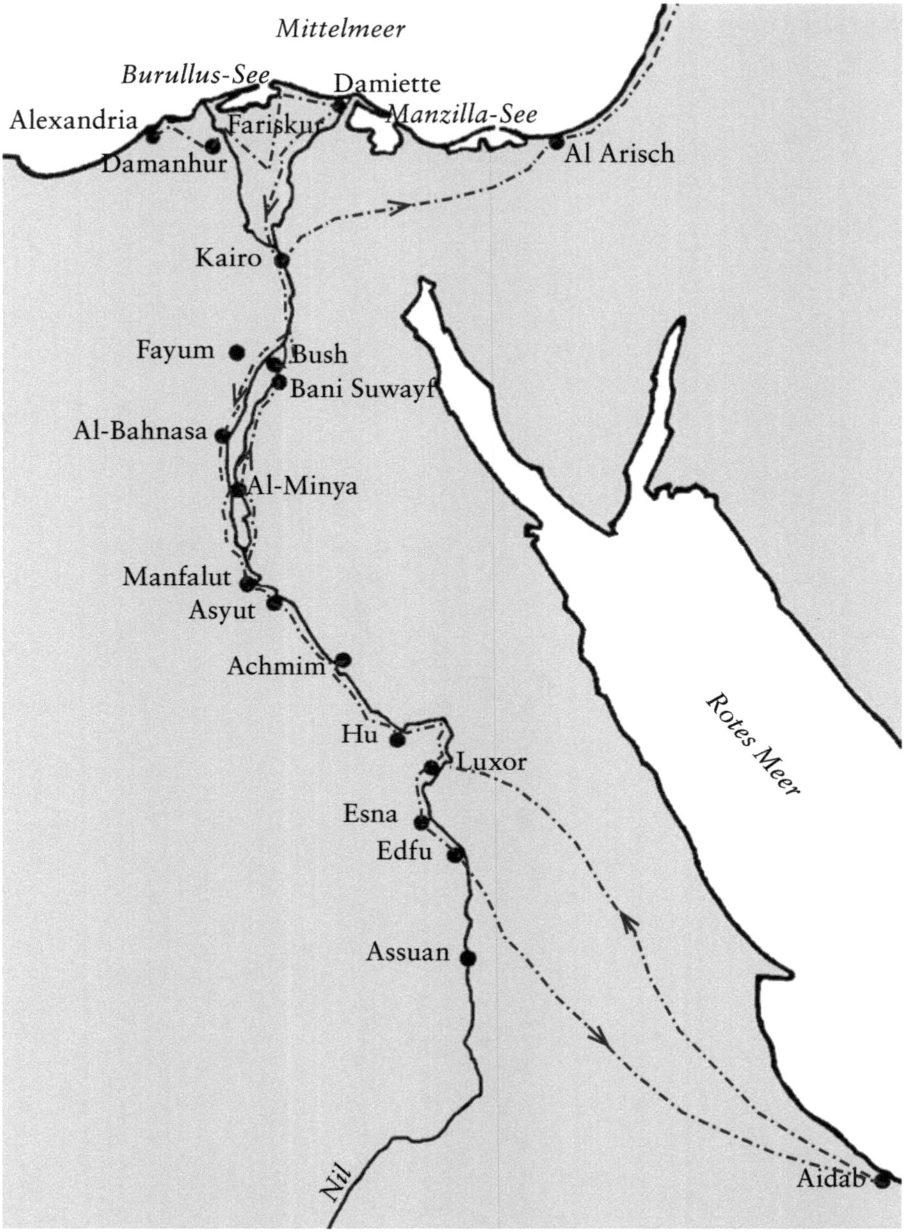

Von Alexandria ans Rote Meer und zurück nach Syrien

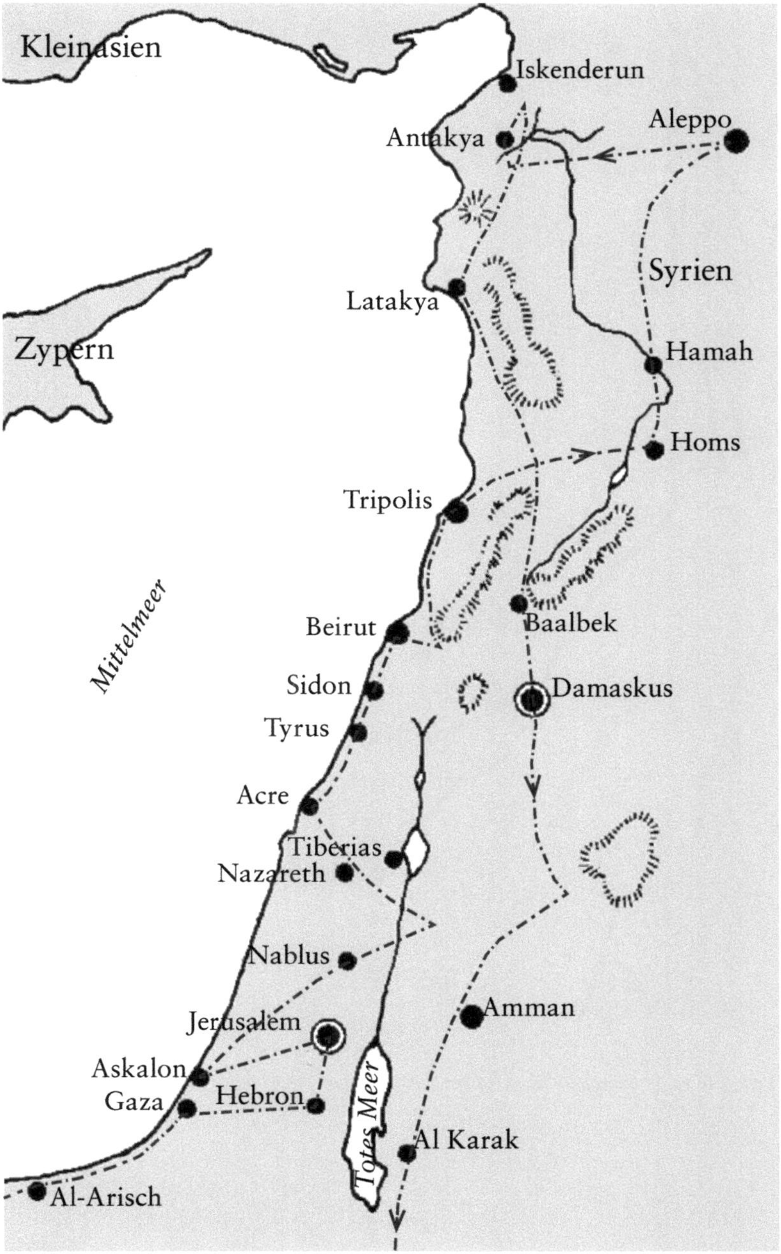

Durch Syrien

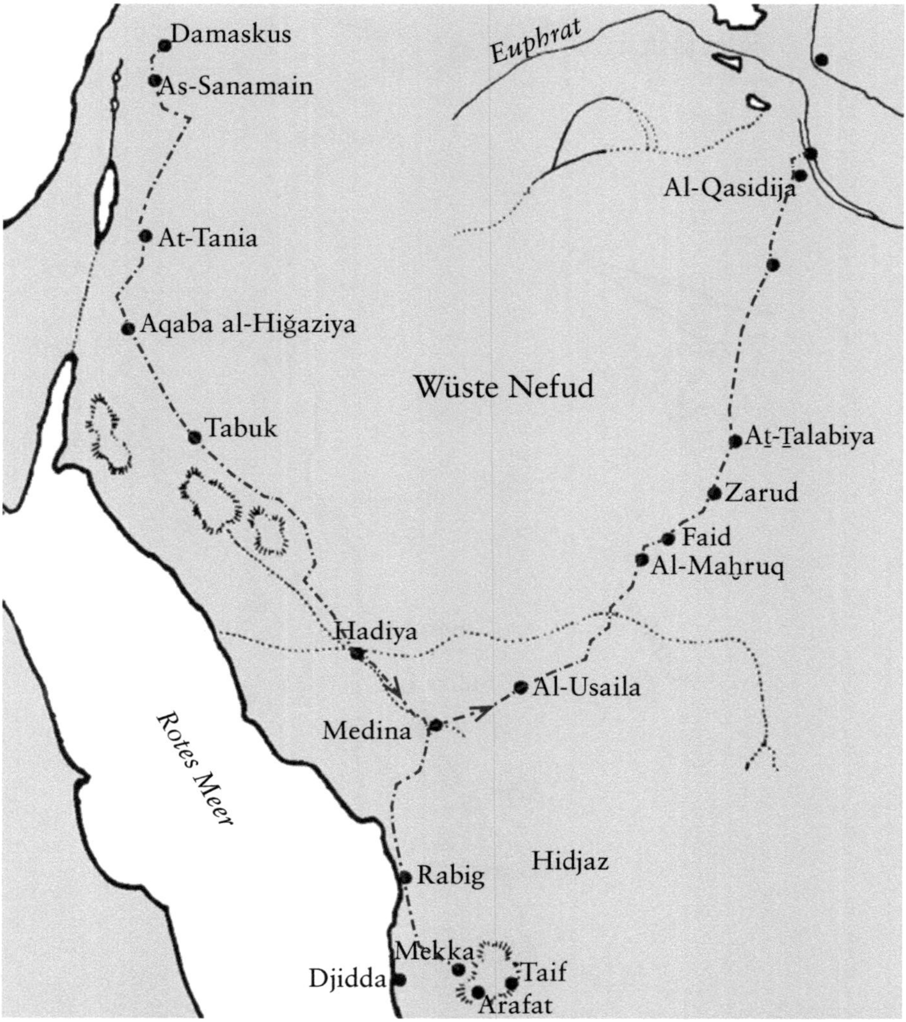

Von Damaskus nach Mekka und Nağaf im Iraq

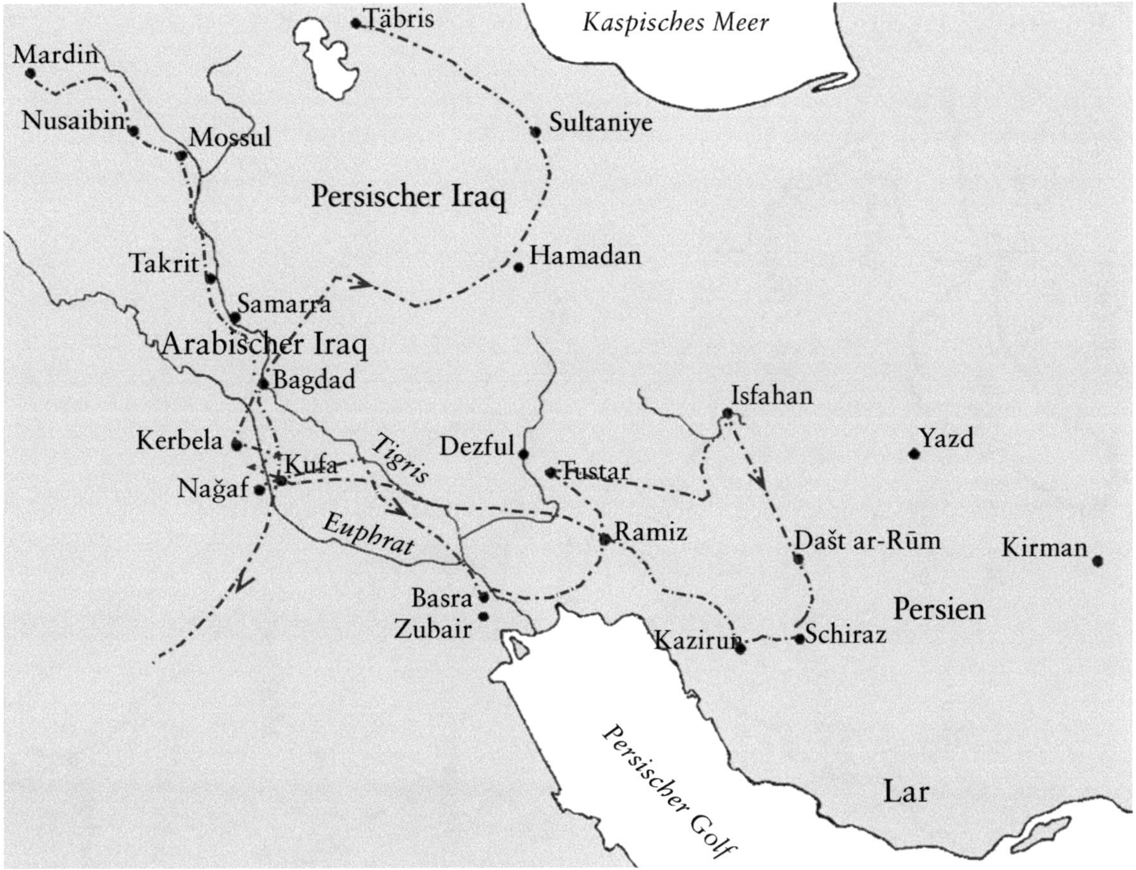

Durch Persien und den Iraq und zurück nach Mekka

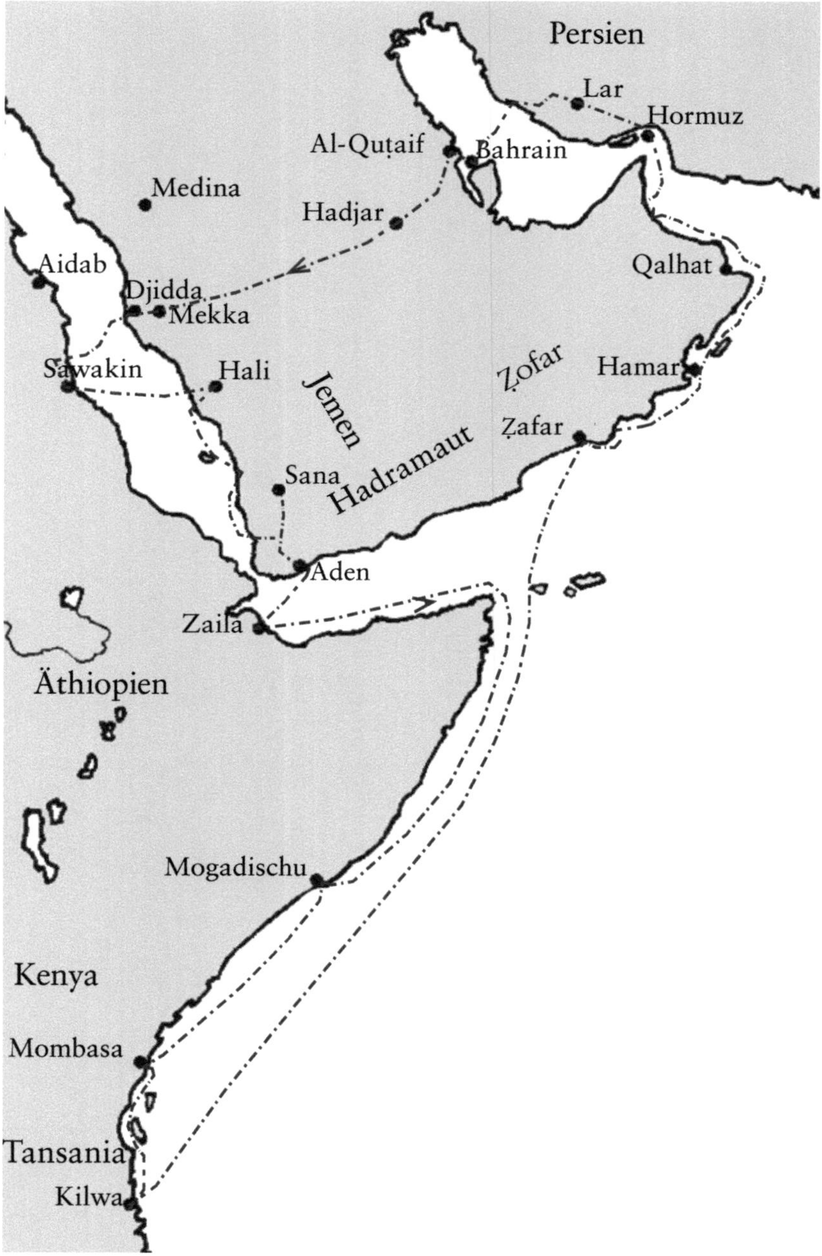

Die Ostküste Afrikas und der Persische Golf

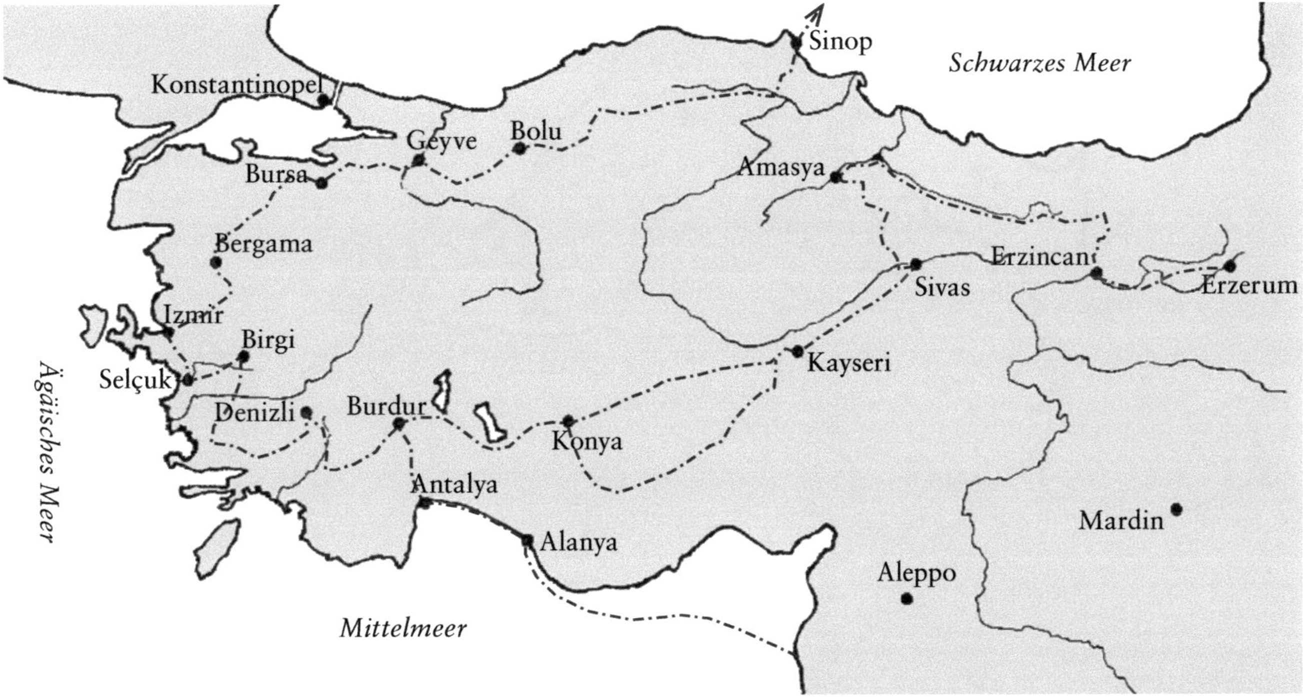

Durch Kleinasien und auf die Krim

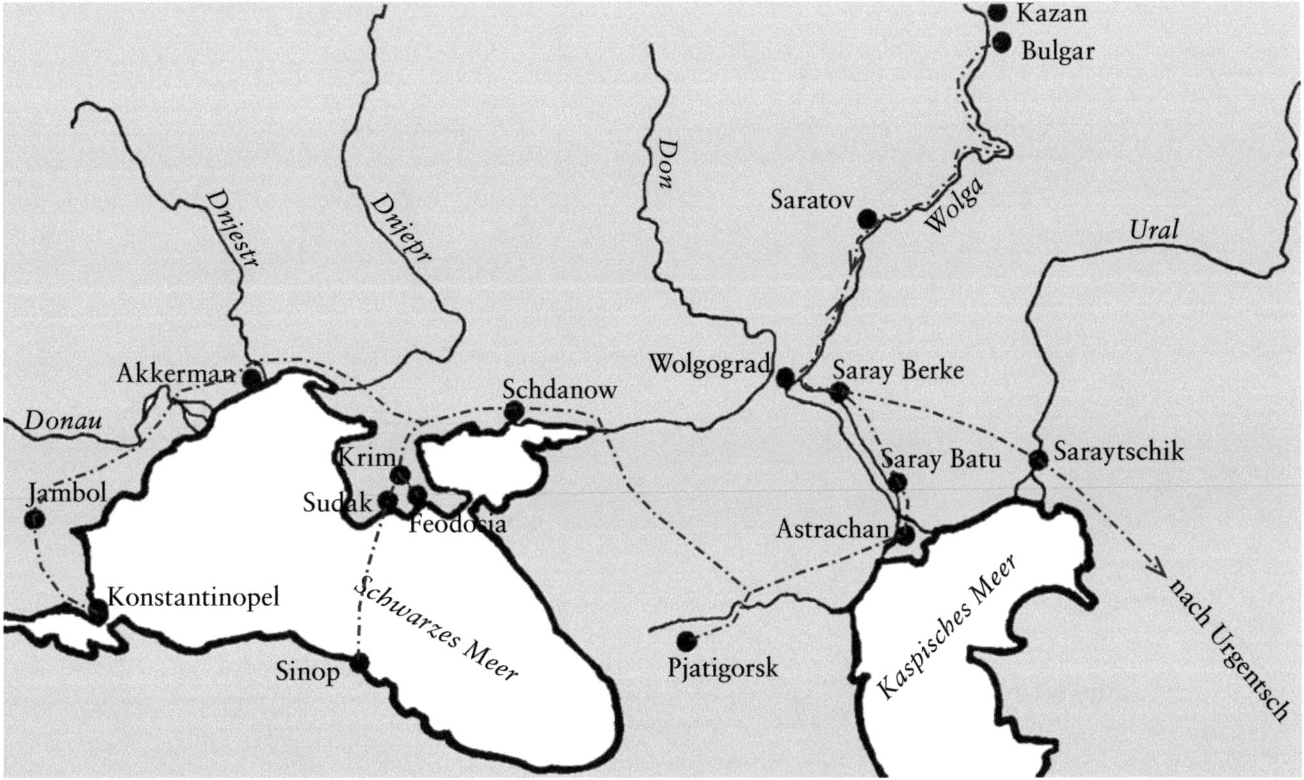

Südrußland, nach Konstantinopel und an die Wolga

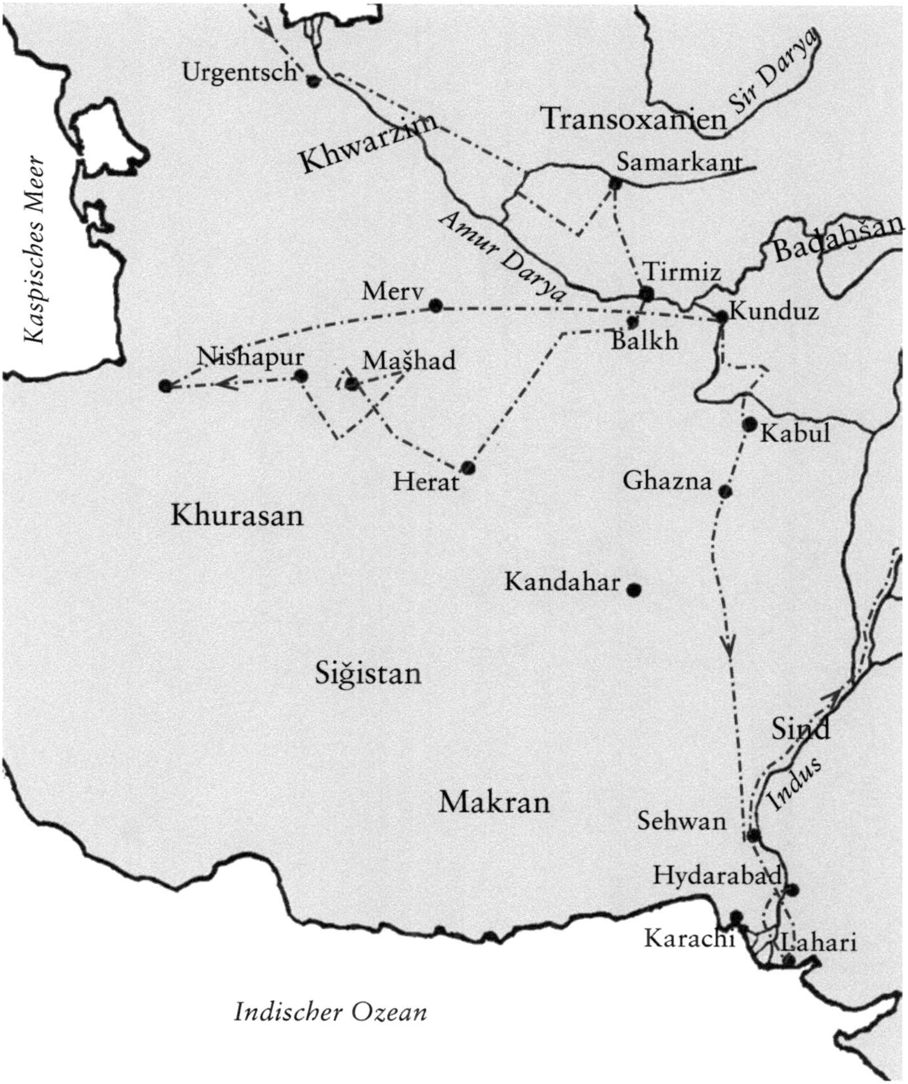

Uzbekistan, Afghanistan, Persien und an den Indus

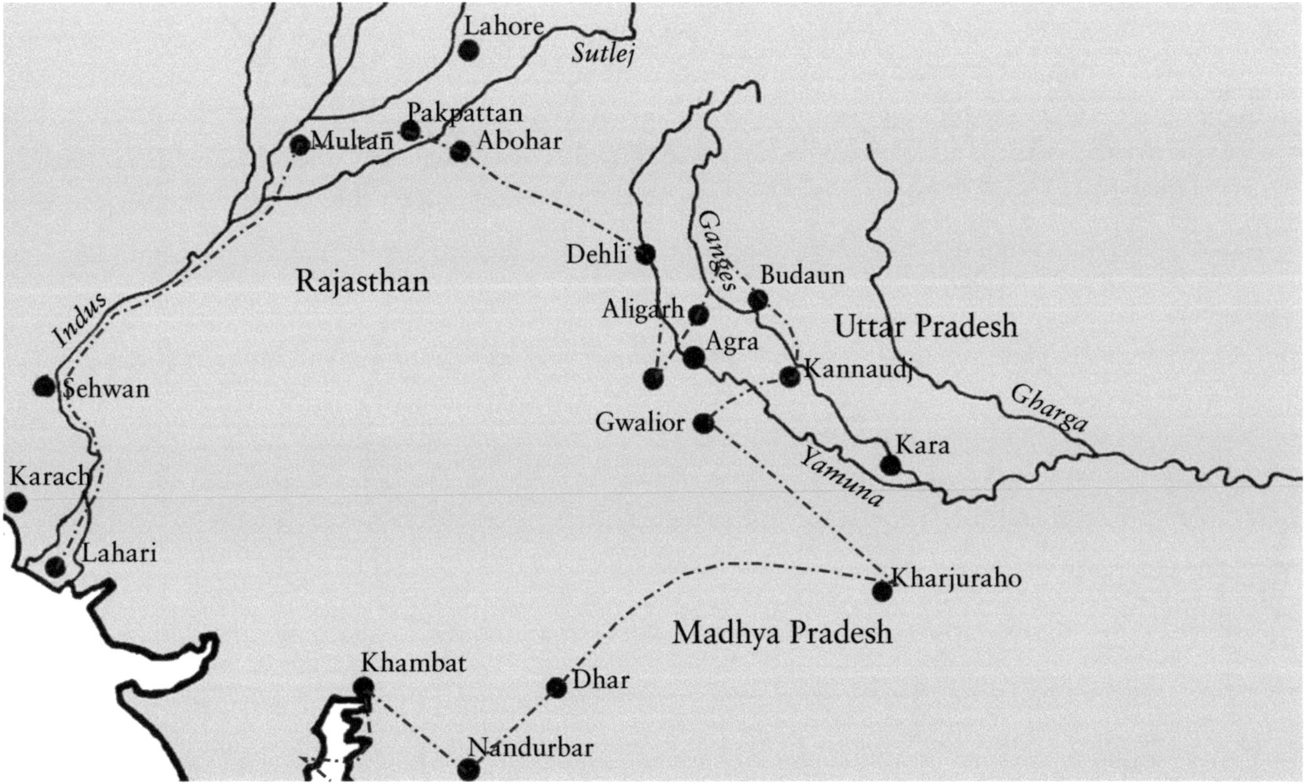

Der Weg nach Delhi und Südindien

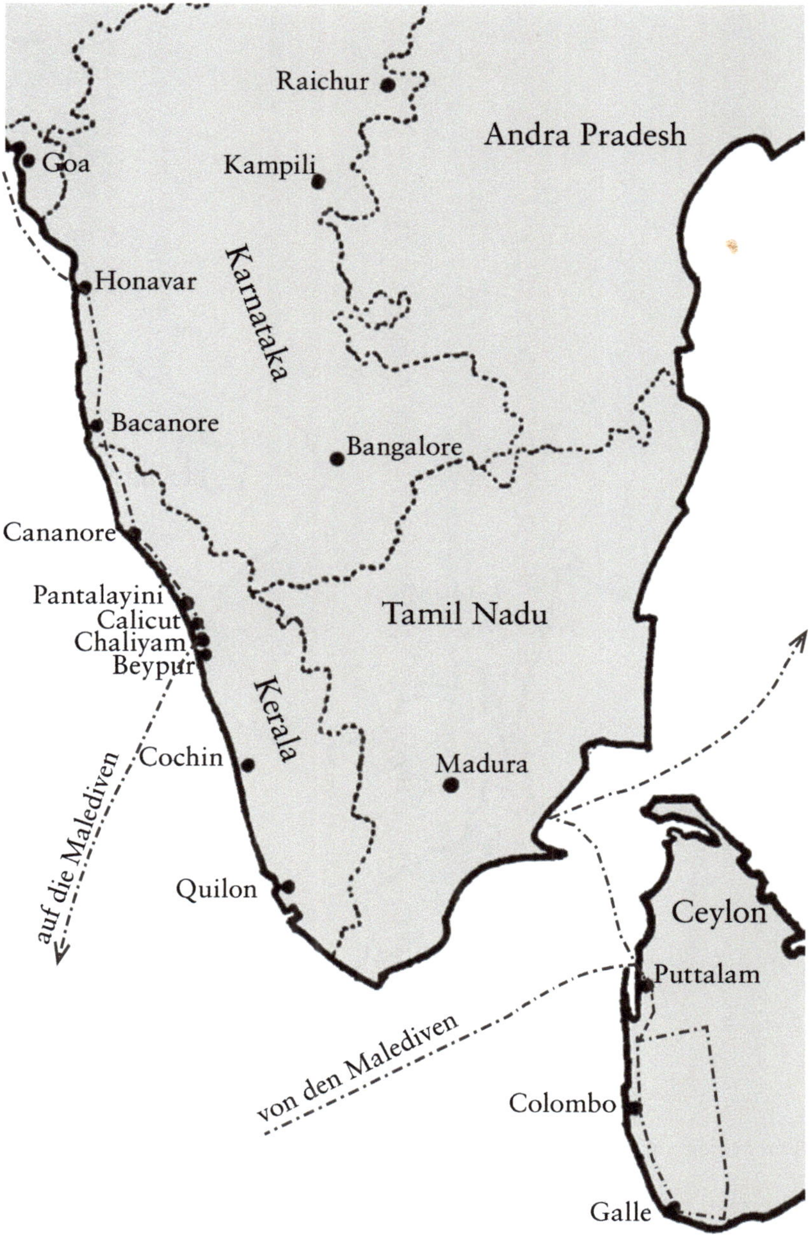

Die indischen Küsten, die Malediven und Ceylon

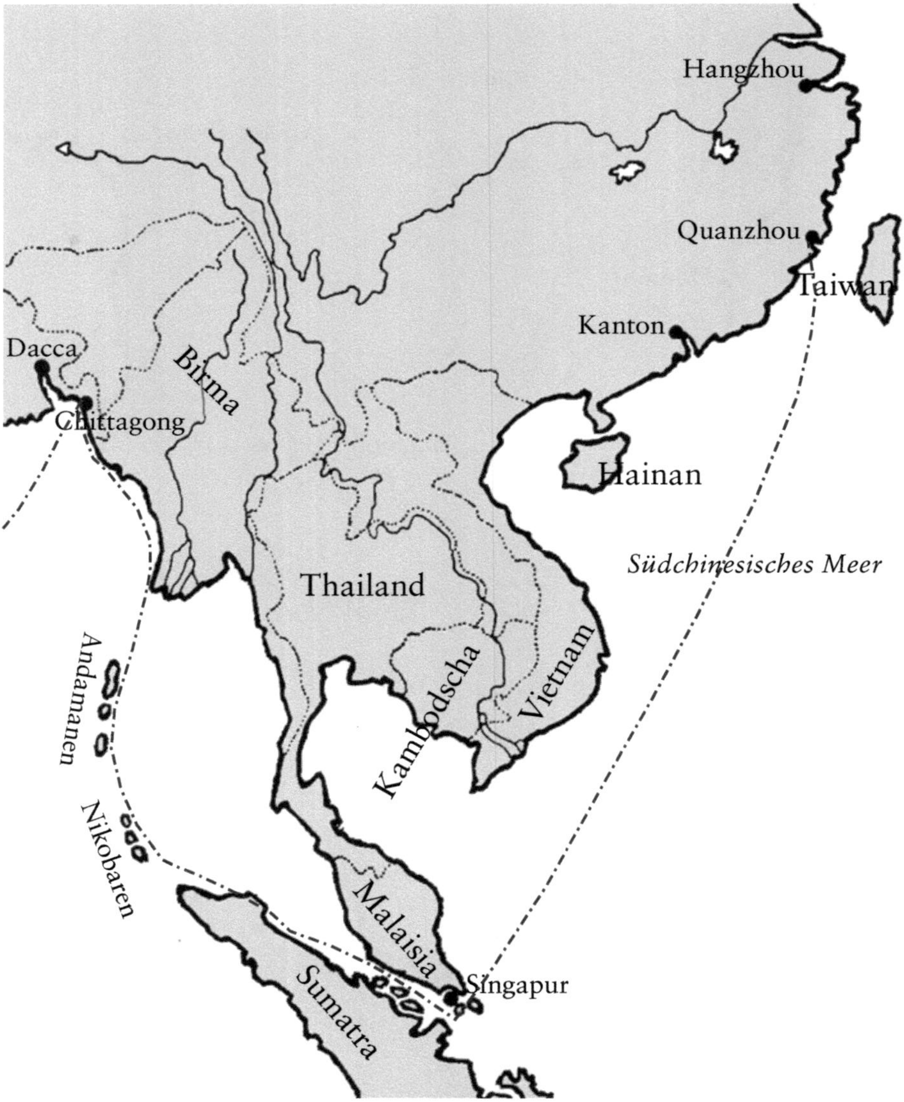

Von Indien nach China

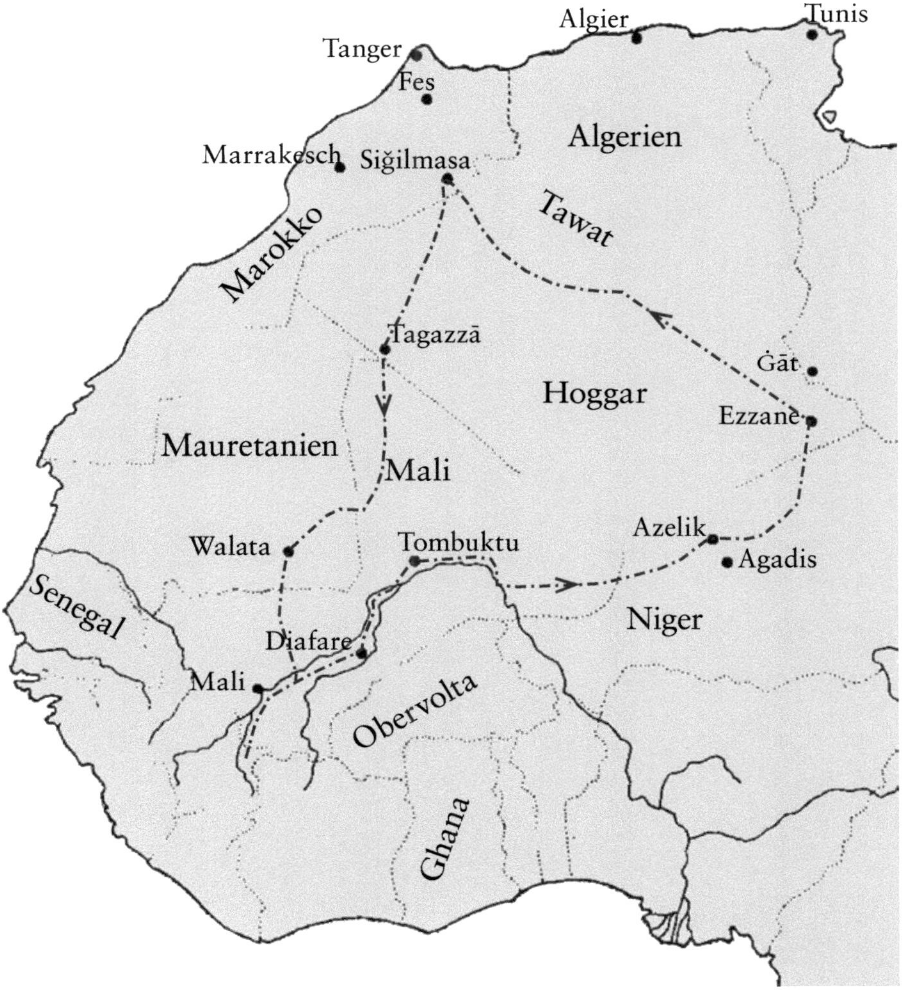

Durch die Sahara nach Mali und Niger